国际农业研究

2018

农业农村部农业贸易促进中心　编

中国农业出版社
北　京

编 写 委 员 会

主　编： 隋鹏飞　张陆彪

副主编： 谢建民　徐宏源　宋聚国　张晓婉

委　员： （按姓氏笔画排序）

马建蕾　王　丹　王力红　王东辉　王占禄
王岫嵩　叶东亚　田志宏　田维明　吕向东
吕新业　朱　晶　刘　岩　刘　桓　刘　博
刘启正　刘武兵　刘晓雪　远　铜　李　鸥
李　竣　李　想　李天祥　李先德　李亮科
李翠霞　杨艳涛　何秀荣　张　兵　张宁宁
张军平　张红玲　张明杰　张明霞　张海森
陈东升　陈永福　罗英姿　周应恒　宗义湘
宗会来　封　岩　赵　霞　赵军华　赵启然
柳苏芸　钟　钰　施　展　姜　冰　姜　楠
秦　富　耿献辉　聂凤英　原瑞玲　徐锐钊
高　颖　黄昕炎　崔海霞　章胜勇　董　程
蒋　将　韩一军　焦　点　蓝海涛　蔡海龙
谭砚文　潘　久

前　　言

2017年，全球农业生产继续保持良好发展态势，大宗农产品产量和库存增加，供应充裕，价格延续低位运行趋势。在此背景下，中国农产品贸易额、进口额和出口额呈“三增”态势，均创历史新高。农产品进出口总额首次突破2 000亿美元大关，达2 013.9亿美元，同比增长9.1%；出口755.3亿美元，增长3.5%；进口1 258.6亿美元，增长12.8%；贸易逆差503.3亿美元，增长30.4%。谷物、油籽进口创历史新高；保障措施发挥效力，食糖进口大幅下降；国内纺织用棉需求旺盛，棉花进口小幅回升；除猪肉外，畜产品进口全面快速上涨；水产品、果蔬、茶叶等特色优势产品出口继续保持增长。

为了科学统筹利用国际、国内两个市场、两种资源，农业农村部国际农业监测体系组织专家对国际农产品市场和主要国家农业政策开展了持续系统的跟踪监测。本书收录了2017年国际农业监测体系课题报告及相关研究成果，主要内容包括粮棉油糖等重点产品市场与贸易情况监测分析，美国、日本、欧盟、印度、“一带一路”国家和地区农业政策跟踪，以及中国—澳大利亚自贸区、中国—新西兰自贸区、中国—东盟自贸区重点农产品贸易影响评估。希望本书能够对研究探讨开放条件下中国农业发展问题有所启示。

2018年12月

目 录

综 合 篇

2018

中国农产品贸易发展特点研究

2017 年，全球主要农产品供需宽松，价格呈下行走势。受国内农产品需求提升，农产品成本上涨以及政策支撑的影响，部分粮食、油料等农产品价格呈现上涨趋势。随着发达国家和经济体经济基础增长广泛及“一带一路”倡议顺应发展潮流，中国与周边国家、地区贸易逐渐走强，蔬菜、水产品、畜产品出口形势向好。

一、中国农产品贸易总体变化特点

第一，贸易额同比增长，贸易逆差扩大。其中，进出口额均实现增长，进口额增幅大于出口额增幅（图 1）。2017 年，中国农产品贸易总额为 2 013.9亿美元，同比增长 9.1%。其中，进口 1 258.6 亿美元，同比增长 12.7%；出口 755.3 亿美元，同比增长 3.5%；贸易逆差 503.3 亿美元，同比增长 30.4%。

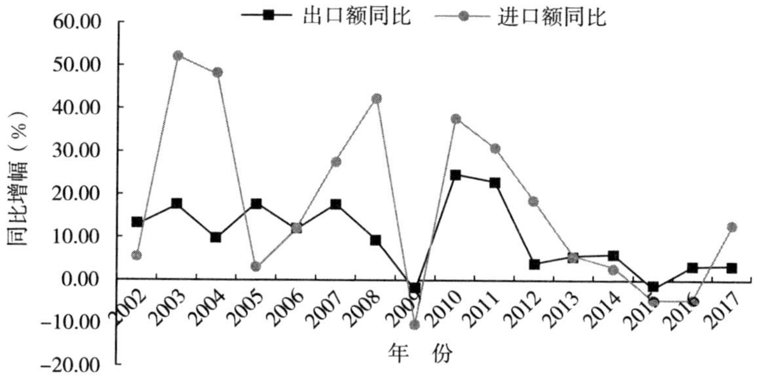

图 1　中国农产品进出口额同比增幅年度变化（2002—2017 年）

数据来源：中国海关

第二，按金额计算，农产品进口的最大来源地为美国，澳大利亚是农产品进口增长最快的主要进口来源地。2017 年，农产品进口来源地共计 179 个，按金额计算，前十大进口来源地为美国、巴西、澳大利亚、加拿大、新西兰、印度尼西亚、泰国、法国、阿根廷、越南（图 2）。其中，前五大进口来源地与 2016 年排位完全一致。前十大进口来源地共计进口农产品 900.32 亿美元，占农产品总进口金额的 71.5%。按金额计算，美国是最大的农产品进口来源地，进口自美国的农产品金额占农产品总进口金额的 19%，较上年相比，自美国进口的农产品金额占中国农产品总进口金额的比例下降 2.4%。主要进口来源地中，澳大利亚农产品进口增长最快，进口金额同比增长 26.4%。

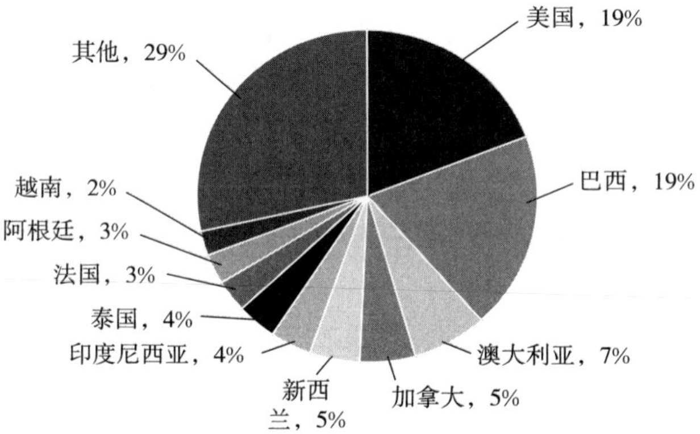

图 2　中国农产品主要进口来源地进口金额比例（2017 年）
数据来源：中国海关

农产品出口最大去向地为日本，农产品出口整体呈增长趋势。2017 年，农产品出口去向地共计 214 个，按出口金额计算，前十大出口去向地为日本、中国香港、美国、韩国、越南、泰国、中国台湾、马来西亚、印度尼西亚、菲律宾（图 3）。向前十大出口去向地共计出口农产品 495.6 亿美元，占农产品总出口金额的 65.6%。日本依旧是中国最大的农产品出口去向地，向日本出口的农产品金额占农产品总出口金额的 13.56%。

第三，粮棉油进口量、额齐增，食糖进口量、额同减。2017 年，谷物产品继续保持净进口，净进口量为 2 398.5 万吨，同比增长 12.3%，较上年上涨 198.8 万吨；棉花进口量、额齐增，分别同比增长 9.9%和 32.7%；食用油籽进口量、额齐增，分别同比增长 13.9%和 16.2%；食用植物油进口量、额齐增，分别同比增长 7.9%和 12.5%。与 2016 年进口形势相同，2017 年食糖进口量、额均下降，分别同比下降 25.2%和 7.9%。

第四，蔬菜、水产品进出口额在 2017 年均实现增长，水果进口额增长、出口额下降。2017 年蔬菜进口额为 5.5 亿美元，同比增长 4.3%；出口额达

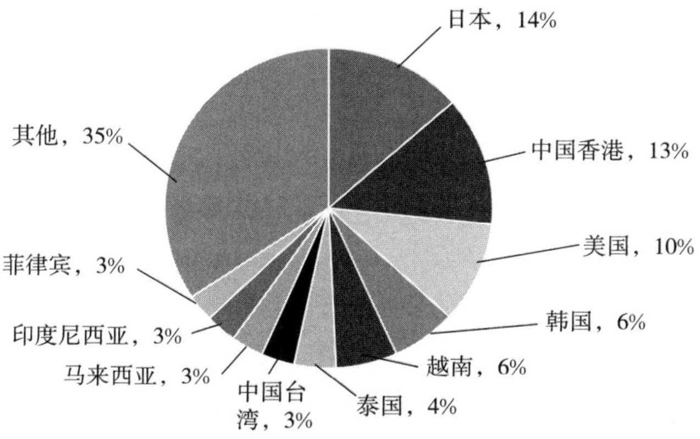

图 3　中国农产品主要出口去向地出口金额比例（2017 年）

数据来源：中国海关

155.2 亿美元，同比增长 5.4%。水果进出口额形势延续了 2016 年水果进口额上升、出口额下降的形势，2017 年，水果进口额为 62.6 亿美元，同比增长 7.6%；出口额为 70.8 亿美元，同比下降 0.9%。2017 年水产品进口额迅速增长，贸易顺差较上年收窄，水产品进口额为 113.5 亿美元，同比增长 21.0%；出口额为 211.5 亿美元，同比增长 2.0%；贸易顺差为 98.0 亿美元，贸易顺差较上年下降 15.7 亿美元。

二、主要农产品贸易变化及原因分析

（一）国内消费需求转型升级促进谷物总体进口不断增长，但不同品种相关产业政策致使品种间呈现差异分化

2017 年中国谷物共进口 2 560.1 万吨，同比增长 16.4%，进口额 64.9 亿美元，增长 13.7%。出口 161.6 万吨，增长 150%，出口额 8.0 亿美元，增长 57.8%。净进口 2 398.5 万吨，增长 12.3%。其中，小麦进口 442.2 万吨，同比增长 29.6%；大米进口 402.6 万吨，同比增长 13.0%；玉米进口 282.7 万吨，同比减少 10.7%；大麦进口 886.3 万吨，同比增长 77.1%；高粱进口 505.7 万吨，同比减少 23.9%。

澳大利亚、美国和加拿大是中国小麦前三大进口国，进口量分别为 190.4 万吨、155.5 万吨和 52.4 万吨，合计占小麦进口总量的 90%。2017 年随着国内优质小麦供给偏紧且价格持续走强，尽管美国墨西哥湾硬红冬麦到岸税后价有所上涨，但与国内优质小麦销区港口价仍有 500～1 000 元/吨的价差（图 4），导致当期小麦进口实现较大增长。

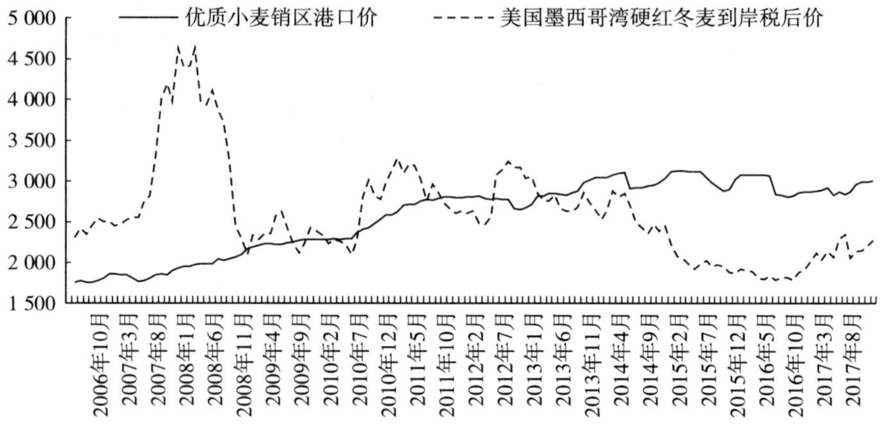

图 4　国内优质小麦销区港口价与美国墨西哥湾硬红冬麦到岸税后价

数据来源：国家粮油信息中心、FAO

大麦进口增加主要原因是替代玉米、高粱，满足国内饲料价格上涨的需求。

玉米进口数量减少主要受 2016 年开始的玉米供给侧改革的影响。中国玉米库存一直保持在极端高位，2016 年开始，国家取消了对玉米的托市收购，大量库存玉米进入市场，使得国内玉米价格低于国际玉米价格，导致对国际玉米需求减少。2017 年 2 月，国内三等玉米广州销区港口价甚至低于美国墨西哥湾 2 号黄玉米到岸税后价 66 元/吨（图 5）。国际玉米价格优势大幅减弱，玉米进口量下降。但是值得注意的是，2017 年底前几个月玉米的进口数量开始不断增加，

图 5　国内玉米销区价格与国际玉米到岸税后价（2002 年 1 月至 2017 年 12 月）

数据来源：国家粮油信息中心、FAO

这是因为国内玉米价格开始回升，买家重新加大了对国际玉米的进口。

大米进口数量不断增加主要与大米的国内外价差有关。虽然2017年国内大米迎来丰收，但是在国内外价差，尤其是国产大米和东南亚大米价格的差距仍然非常明显的情况下，国内进口大米的数量也在不断增加。

高粱进口数量减少主要原因有两个，第一是国内玉米价格下降，使得作为玉米替代品的高粱用量减少；第二是因为玉米供给侧改革，对“镰刀湾”地区玉米种植面积不断调减，使得国产高粱播种面积上升，国产高粱产量也在不断上升，对进口高粱减少了需求。

（二）国内外价差扩大，棉花进口增长

2017年，中国棉花进口136.3万吨，同比增长9.9%，进口额23.6亿美元，增长32.7%。此外，棉花替代性产品棉纱进口198.3万吨，同比增长0.8%。棉花棉纱简单合计进口334.6万吨，增长4.3%。受美元汇率变动影响，2017年上半年，进口棉到岸税后价波动上涨，受国家匀速抛储影响，国内棉价平稳运行，国外棉花价格始终高于国内，到下半年，进口棉到岸税后价开始下降，并跌穿国内价格线，国内外棉价价差不断扩大（图6）。

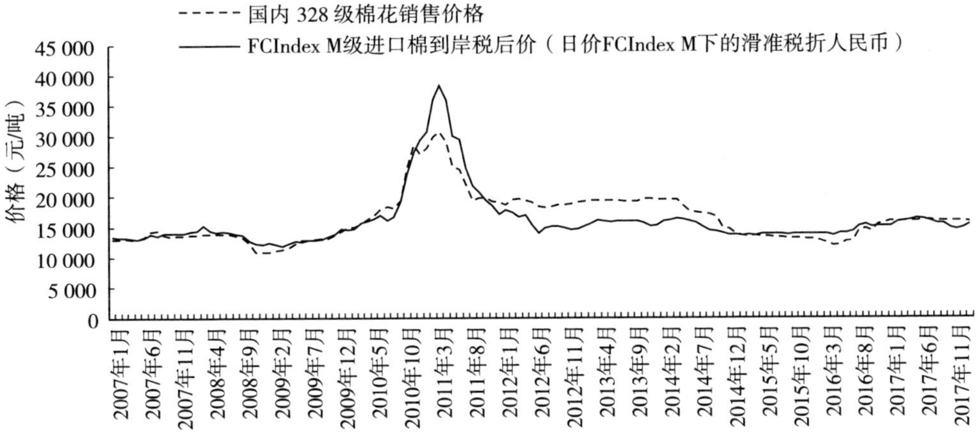

图6　国内棉花价格与国际棉花到岸税后价（2007年1月至2017年12月）

数据来源：中国棉花信息网

（三）国际供给宽松与国内需求增长推动食用油籽、植物油进口量、额齐增

2017年，中国食用油籽进口1亿吨，同比增长13.9%，进口额430.2亿美元，增长16.2%；出口110.0万吨，增长25.9%，出口额16.4亿美元，增长15.2%；贸易逆差413.8亿美元，增长16.2%。其中，大豆进口9 552.6万

吨，同比增长 13.8%；油菜籽进口 474.8 万吨，增长 33.2%。

2017 年，食用植物油进口 742.8 万吨，同比增长 7.9%，进口额 56.8 亿美元，增长 12.5%；出口 20.2 万吨，增长 75.5%，出口额 2.4 亿美元，增长 49.5%；贸易逆差 54.4 亿美元，增长 11.3%。其中，棕榈油进口 507.9 万吨，同比增长 13.4%；菜籽油进口 75.7 万吨，增长 8.2%；葵花油和红花油进口 74.5 万吨，减少 22.1%；豆油进口 65.3 万吨，增长 16.6%。

大豆进口增加主要是国际大豆供给宽松及国内需求增长所致。2017 年，世界大豆产量延续丰收之势，国内油脂压榨厂 2016 年获得较好利润，激发大豆加工积极性；国内饲料行业对大豆植物蛋白需求持续增长，受养猪效益的驱动及国家对生猪生产政策扶持的影响，中国养猪生产实现恢复性增长，对豆粕需求持续增加。

（四）关税提升促使食糖进口大幅减少

2017 年中国食糖进口 229.0 万吨，同比减少 25.2%；进口额 10.8 亿美元，减少 7.9%。受 2016 年主产国减产等原因而造成市场供给偏紧，国际糖价应声走高，价格一度涨至 5 544 元/吨，到 2017 年上半年，巴西等主产国产量持续利好，大大缓解国际连续两年减产的紧张局面，国际糖价进入下跌通道。泰国白糖到珠江三角洲的到岸税后价从 2017 年 1 月的 5 277.7 元/吨降至 2017 年 6 月的 3 867.8 元/吨，上半年均价为 4 703.1 元/吨，同期国内蔗糖均价保持高位运行，国内外糖价价差从年初的 1 366.5 元/吨增至 2 701.4 元/吨，增长 1 倍多，导致 2017 年上半年食糖进口保持增长。但是从全年来看，尽管国内外食糖价差仍然显著扩大，食糖进口量却降至 2010 年来最低水平（图 7）。

国务院关税税则委员会决定，自 2017 年 5 月 22 日起，对进口食糖产品实施最高保障措施，征收 45%的关税，导致进口食糖价格不再具有优势。

（五）水产品继续保持贸易顺差，进口增幅大于出口

2017 年，中国水产品出口额 211.5 亿美元，同比增长 2.0%，出口 433.9 万吨，增长 2.4%；进口额 113.5 亿美元，增长 21.0%，进口 489.7 万吨，增长 21.2%；贸易顺差 98.0 亿美元，减少 13.7%。水产品贸易市场较稳定。从进口市场来看，俄罗斯、美国、秘鲁、加拿大和智利仍位居前 5 位，进口额合计占进口总额的 52.0%。从出口市场来看，日本、美国、中国香港、中国台湾、韩国依然排前 5 位，合计出口额占出口总额的 58.2%。

（六）蔬菜出口量、额齐增，水果出口量增额降

2017 年，中国蔬菜出口额 155.2 亿美元，同比增长 5.4%，出口 1 095.1

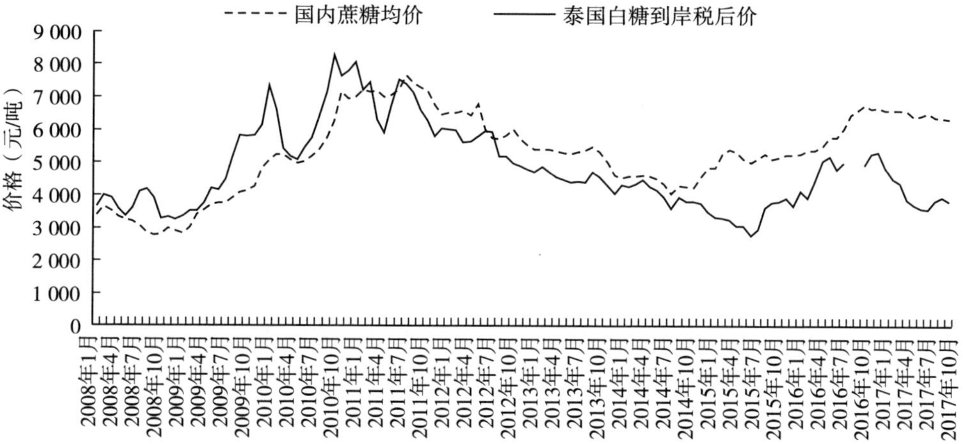

图 7　国内食糖销区价格与国际食糖到岸税后价（2008 年 1 月至 2017 年 12 月）

数据来源：中国食糖网

万吨，增长 8.5%；进口额 5.5 亿美元，增长 4.3%，进口 24.7 万吨，减少 1.1%；贸易顺差 149.7 亿美元，增长 5.5%。蔬菜出口量、额齐增，主要源于经济回暖，消费需求增强。2017 年中国水果出口额 70.8 亿美元，同比减少 0.9%，出口 520.1 万吨，增长 1.5%；进口额 62.6 亿美元，增长 7.6%，进口 474.7 万吨，增长 13.6%；贸易顺差 8.2 亿美元，减少 38.3%。出口市场方面，越南、印度尼西亚出口金额同比实现较大涨幅，美国、俄罗斯、泰国出口额同比出现不同程度下降。

（七）国内消费需求升级与国外价格优势促使牛、羊等畜产品进口不断增长

2017 年，中国畜产品进口 256.2 亿美元，同比增长 9.5%；出口 63.6 亿美元，增长 12.7%；贸易逆差 192.6 亿美元，增长 8.4%。其中，猪肉进口 121.7 万吨，减少 24.9%；猪杂碎进口 128.2 万吨，减少 14.1%；牛肉进口 69.5 万吨，增长 19.9%；羊肉进口 24.9 万吨，增长 13.1%；奶粉进口 104.0 万吨，增长 22.9%。

农产品贸易对农民就业和收入影响研究

中国对外经济开放40年来，人们始终担心贸易开放会对处于弱势地位的农业部门和农民产生重大冲击，或是对农业生产、农民就业和收入带来不利影响。这种担心不无原因，加入世界贸易组织（The World Trade Organization，简称WTO）近20年来，伴随着贸易开放进程的持续推进和贸易开放程度的不断提高，中国农业就业和农民收入均发生了显著变化，农业就业量下降超过1.3亿人，农民收入结构中农业收入的地位开始被工资性收入替代，种植业收入的比重已经降低到1/4。这些直观的现象均表明，加入WTO以来中国农业就业和农民收入状况已经发生了深刻变革，并且这种变革一定程度上可能与整体宏观经济及农业部门的贸易开放有紧密的关联。那么，贸易开放，尤其是随着国内农产品市场与国际农产品市场关联程度日益增强，对中国农业发展、农村就业和农民收入的影响到底如何？为了准确衡量农产品贸易开放对中国农业就业和农民收入的影响方向及程度，本文通过构建贸易开放对农业就业和收入影响的分析框架和实证模型，利用相关历史数据，实证检验和测度农产品贸易开放的就业效应和收入效应。

一、农产品贸易现状

（一）农产品贸易规模萎缩，贸易逆差缩小

2015年开始，中国农产品贸易规模有所减小。中国自2001年加入WTO至2014年，农产品贸易规模呈现持续扩大的趋势。2001—2014年中国农产品贸易总额由不足300亿美元增长到1 900亿美元，农产品国际贸易在中国农业发展中的地位显著提升。农业贸易额占第一产业增加值的比重（农产品贸易依存度）由2001年的14.7%迅速上升至2012年的21.2%。然而，由于人民币汇率变动、进出口减速及国内农业增长加快，2015年、2016年农产品贸易额均出现下滑，其中2015年贸易额下降为1 875亿美元，2016年降为1 845亿美元。

从中国的农产品贸易差额来看，自2014年起农产品贸易逆差规模有缩小的趋势。2004—2013年中国农产品贸易出现连续性逆差（由于水产品是中国最重要的出口产品之一，如果按WTO口径计算，实际上从2003年起，中国

农产品贸易就由加入 WTO 前的长期顺差转变为连续的逆差状态，而且逆差扩大趋势更加明显），且逆差值逐年扩大。其中仅在 2009 年受全球金融危机和国际粮食危机的影响，中国农产品贸易逆差有所回落，到 2013 年该逆差额已经达到 505.8 亿美元。但在 2014—2016 年农产品贸易逆差又呈现回落趋势（图 1）。

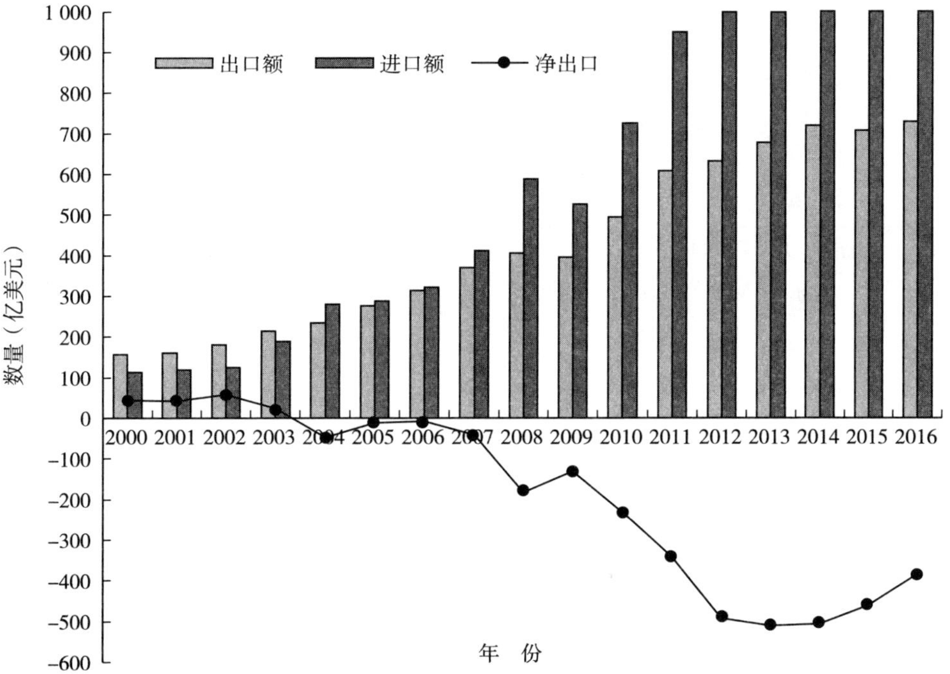

图 1 中国农产品进口与出口：2000—2016 年

数据来源：《国际农产品贸易统计年鉴》《中国农产品贸易发展报告》等

（二）劳动密集型农产品出口快速增长，土地密集型农产品出口规模较小

按照比较优势理论，市场开放后各国将按照产品的比较优势进行国际贸易，出口具有比较优势的产品，进口不具备比较优势的产品。人多地少的基本国情决定了中国在劳动密集型农产品生产上具有比较优势，而土地密集型农产品则不具备比较优势。中国加入 WTO 后，农产品贸易的产品结构变化基本符合这一规律，且近年来随着贸易规模的不断扩大，中国农产品出口结构呈现出一些值得关注的特征。2013 年以来，主要劳动密集型农产品出口和土地密集型农产品出口均表现出下降趋势，主要劳动密集型农产品出口额从 476.2 亿美元下降到 2015 年的 465.6 亿美元，主要土地密集型农产品出口额从 36.2 亿美

元下降到 21.4 亿美元。到 2016 年出现逆转，两种类型农产品出口额分别增至 482.6 亿美元和 24.6 亿美元（表 1）。

表 1　中国农产品出口（2001—2016 年）

农产品	金额（亿美元）				占农产品出口比例（%）			
	2001 年	2013 年	2015 年	2016 年	2001 年	2013 年	2015 年	2016 年
主要劳动密集型农产品出口	110.3	476.2	465.6	482.6	68.6	75.4	65.9	66.1
蔬菜	23.7	115.8	132.6	147.2	14.7	18.3	18.8	20.2
水果	7.9	62.3	70.8	71.4	4.9	9.9	10.0	9.8
畜产品	26.6	65.2	58.9	56.4	16.6	10.3	8.3	7.7
水产品	41.7	202.6	203.3	207.4	26.0	32.1	28.8	28.4
主要土地密集型农产品出口	22.3	36.2	21.4	24.6	13.9	5.7	3.0	3.1
谷物	11.0	7.0	4.4	5.0	6.9	1.1	0.6	0.7
食用油籽（含大豆）	5.9	15.7	14.6	17.1	3.7	2.5	2.1	2.1
植物油	0.7	2.0	1.9	2.3	0.4	0.3	0.3	0.3
棉花	0.8	0.2	0.5	0.2	0.5	0.0	0.1	0.0

注：参照前人研究中对土地密集型及劳动密集型农产品的一般定义以及考虑数据可获性，本文中涉及的土地密集型农产品主要指大宗农产品（如谷物、油籽、棉花、植物油、烟草等）；劳动密集型农产品主要包括畜产品、水产品、蔬菜、水果和饮品等，下同。

数据来源：根据《国际农产品贸易统计年鉴》、中国海关统计等所提供的数据整理计算得到。

从中国劳动密集型农产品出口的商品结构来看，主要包括蔬菜、水果、水产品和畜产品等。2001—2016 年，中国蔬菜的出口额由 23.7 亿美元增加到 147.2 亿美元，水果的出口额从 7.9 亿美元增加至 71.4 亿美元，占中国农产品出口总额的比重也由 14.7%、4.9%迅速上涨至 20.2%、9.8%。水产品是中国出口的另一类非常重要的农产品，出口额已经连续 7 年居世界首位。2016 年水产品出口占全国农产品出口总额比重为 28.4%。加入 WTO 后中国畜产品出口增速相对较慢，出口占比也在不断降低，2016 年已经降低到 7.7%。

从中国土地密集型农产品出口的商品结构来看，主要包括谷物、食用油籽（含大豆）、植物油及棉花等。中国土地密集型农产品的出口金额相对较小、增长较缓慢，且不同农产品增长趋势并不完全相同。其中，谷物产品出口波动较大，2003 年后中国谷物出口开始下降，并在 2012 年出现迅速下降的现象（由 2011 年的 8.1 亿美元急剧减少到 5.5 亿美元），虽然之后略有回升，但至 2016 年中国谷物出口金额仅为 5.0 亿美元。食用油籽（包含大豆）出口由 2001 年的 5.9 亿美元增加到 2014 年的 15.7 亿美元，但其出口占比于 2015 年下降到仅 2.1%，2016 年又恢复增长至 17.1 亿美元。其他土地密集型农产品，如棉花、植物油等，虽然出口金额略有增长，但数值相对较小，占农产品出口总额的比例较为有限。

（三）进口农产品以土地密集型农产品为主

加入 WTO 以来，中国劳动密集型和土地密集型农产品进口金额均有显著提升，但整体而言仍以土地密集型农产品进口为主。2013 年以来，主要劳动密集型农产品进口和主要土地密集型农产品进口均表现出下降趋势，主要土地密集型农产品进口额从 655.6 亿美元下降到 2016 年的 505.6 亿美元，主要劳动密集型农产品进口额从 397.5 亿美元下降到 2015 年的 362.4 亿美元，但 2016 年又回升到 391.1 亿美元（表 2）。

表 2 中国农产品进口（2001—2016 年）

农产品	金额（亿美元）				占农产品进口比例（%）			
	2001 年	2013 年	2015 年	2016 年	2001 年	2013 年	2015 年	2016 年
主要土地密集型农产品进口	47.0	655.6	565.0	505.6	39.7	55.2	48.3	45.3
谷物	6.3	51.0	94.0	57.1	5.4	4.3	8.0	5.1
食用油籽（含大豆）	31.9	414.0	383.9	370.6	27.0	34.8	32.8	33.2
植物油	4.9	89.4	59.9	62.3	4.1	7.5	5.1	5.6
棉花	1.2	87.2	27.2	15.6	1.0	7.3	2.3	1.4
主要劳动密集型农产品进口	56.7	397.5	362.4	391.1	47.8	33.4	31.0	35.1
蔬菜	1.1	4.2	5.4	5.3	0.9	0.4	0.5	0.5
水果	3.4	41.6	62.7	58.1	2.9	3.5	5.4	5.2
畜产品	27.9	195.1	204.5	234.0	23.5	16.4	17.5	21.0
水产品	18.7	86.4	89.8	93.7	15.8	7.3	7.7	8.4

数据来源：同上。

从中国土地密集型农产品进口的商品结构来看，主要包括食用油籽（含大豆）、植物油、棉花和谷物等。其中，食用油籽（含大豆）一直是中国进口数额最大且进口增长十分迅速的品种，2016 年进口额达到 370.6 亿美元，占农产品进口总额的比重也由 2013 年的 27%迅速扩大到 2016 年的 33.2%。进口的食用油籽主要是大豆，占油籽进口总额的 90%。同时，为更好地满足国内日益膨胀的食用油需求，中国还大量进口食用植物油产品，进口金额由 2001 年的 4.9 亿美元迅速攀升至 2013 年的 89.4 亿美元，占进口总额的比重也由

4.1%快速上升到7.5%，不过2014年和2015年进口金额有所回落。棉花的进口增长也很迅速，进口额一度由2001年的1.2亿美元飙升至2012年的124.9亿美元，受国内棉花库存变化影响，2016年回落至15.6亿美元，占中国农产品进口总额的1.4%。另外，近年来中国谷物产品进口增长势头也非常明显。2007—2016年中国谷物进口金额由5.4亿美元迅速增长至57.1亿美元，6年间扩大10多倍。

从中国劳动密集型农产品的进口商品结构来看，主要包括畜产品、水产品和水果、蔬菜等。其中，畜产品和水产品在中国农产品进口中一直扮演着十分重要的角色，进口额增长也较为迅速，2001—2014年两种产品的进口额分别增长了6.9倍和4.9倍。由于价格下跌所致，2015年畜产品进口额有小幅下降，2016年又恢复增长。水果和蔬菜的进口也有一定程度的增长，2016年的进口额分别达到了58.1亿和5.3亿美元，占农产品进口总额的比重相对较小。

（四）土地密集型农产品净进口与劳动密集型农产品净出口间差距缩小

综合出口和进口商品结构的变化来看，主要出口产品是蔬菜、水果及水产品等劳动密集型产品，主要进口产品是油料、棉花、谷物等土地密集型产品。

2013年以前，尽管劳动密集型农产品，如蔬菜和水果，表现出较为良好的出口增长势头，但其增长幅度仍然难以与土地密集型农产品的大量进口相抗衡，劳动密集型农产品净出口与土地密集型农产品净进口之间的差额越来越大（图2）。2013—2016年，主要土地密集型农产品的净进口额和主要劳动密集型农产品的净出口额都有一定幅度的下降。

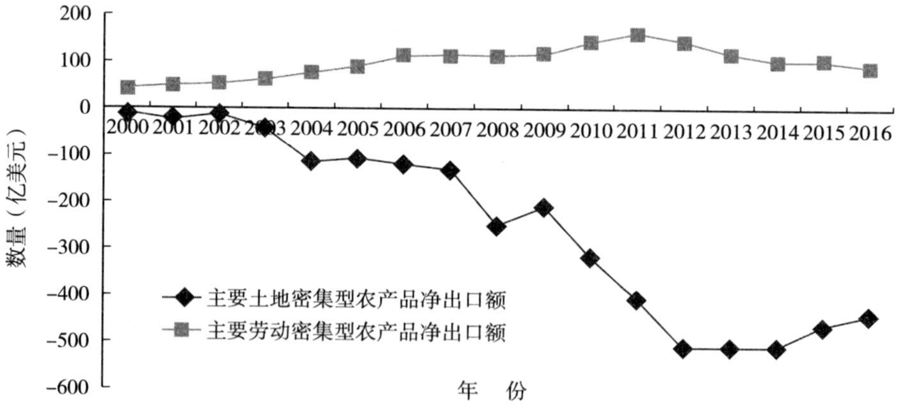

图2　中国土地密集型与劳动密集型农产品净出口额比较（2000—2016年）

数据来源：作者根据中国海关的统计数据分类加总计算

二、农产品贸易开放引致的农业就业效应

农产品贸易开放对国内农业及相关产业就业的影响深刻。对于农业就业的主体——农业劳动力而言，贸易引致的国内农产品产量的增减对其就业机会及收入的增减有着最为直接和显著的影响。一般认为，出口增长为农业部门带来扩张性调整压力下的“就业创造”效应；而农产品的进口增加则会对农业就业产生一定的收缩性调整压力下的“就业替代”效应的冲击。就业创造效应和替代效应的合力即构成了贸易开放引致的国内农业劳动力就业的“净”变化量（效应）。

（一）计算方法

估算农产品贸易开放引致的农业就业创造和就业替代效应，需要将贸易环节和生产环节相结合，分别计算各产品贸易净额和包含在单位贸易额下的产品生产中的农业劳动力要素含量。从实际数据可获性看，贸易流方面，可以通过贸易流量的计算得到贸易净额及贸易流方向，其中净进口代表在现有条件下受到国外进口产品对国内相应产品生产能力的替代，意味着国内可能丧失这部分生产所带来的劳动就业机会；净出口代表现有条件下国内相应产品生产规模的扩大，意味着国内可能增加生产从而创造的更多的就业机会。生产方面，如果我们可以得到在当前生产条件下达到各产业或产品的产出水平所需要的劳动-产出比，即生产每单位产品所需要的劳动工日；再赋予每个标准农业劳动力一个合理的工作负荷，即合理的年均工作日数，则可以得到生产每单位产品所需要的标准农业劳动力数量，即单位产品农业劳动量。假设，同种产品对同一贸易方而言，其单位产品农业劳动量相同，则结合该产品的贸易净额发生量，可以计算该产品净出口或进口引致的、以标准农业劳动力数量表示的、该农产品贸易对农业就业创造或就业替代的影响。汇总不同品种、不同类别的农产品贸易引致的以标准农业劳动力数量表示的农业就业量变化，则可以得出中国农产品贸易开放前后贸易引致的农业就业总量及其全面、综合的数量分析。

中国出口农产品贸易引致的对国内农业就业的创造效应用公式可以表示为：

$$L_{it}^{C} = X_{it} \times \Gamma_{it} / \Phi \tag{1}$$

或

$$L_{t}^{C} = \sum_{i=1}^{i} (X_{it} \times \Gamma_{it} / \Phi) \tag{2}$$

而进口农产品贸易引致的对国内就业的替代效应用公式可以表示为：

$$L_{jt}^{S} = M_{jt} \times Z_{jt} / \Phi \tag{3}$$

或

$$L_t^S = \sum_{j=1}^{j} (M_{jt} \times Z_{jt} / \Phi) \tag{4}$$

那么，农产品出口的就业创造和农产品进口的就业替代所产生的综合效应，即就业净效应为：

$$L_t^{C-S} = \sum_{i=1}^{i} (X_{it} \times \Gamma_{it} / \Phi) - \sum_{j=1}^{j} (M_{jt} \times Z_{jt} / \Phi) \tag{5}$$

其中，L_{it}^C，L_{jt}^S 分别为具体出口和进口品种在一定水平的贸易额下标准劳动力就业创造或就业替代效应，L_t^C，L_t^S 则分别为劳动密集型农产品净出口的标准农业劳动就业创造量加总和土地密集型农产品净进口的标准农业劳动就业替代量加总；L_t^{C-S} 为考虑了两类农产品就业创造和就业替代后的净效应；X，M 分别为各品种的净出口、净进口额；Γ，Z 分别为各品种生产单位价值产品所需要的劳动工日，即单位产品标准农业劳动量；Φ 为全年标准工日，i，j 为品种下标，t 为年份下标。

参照前人研究中对土地密集型及劳动密集型农产品的一般定义以及考虑数据可获性，本文中涉及的土地密集型农产品主要指大宗农产品（如谷物、油籽、棉花、糖料、烟草等）；劳动密集型农产品主要包括中间产品（如畜产品、水产品、蔬菜、水果等）。同时在对劳动工日数和具体劳动人数进行折算时，本文参考理论界基本意见，即用工数量以标准劳动日为计量单位，1 个中等劳动力正常劳动 8 小时为 1 个标准劳动日，并确定农民的合理工作负荷为年平均 270 个工作日。数据方面，本研究主要涉及土地密集型和劳动密集型农产品贸易数据以及各产品成本收益数据。贸易数据均来源于 UN Comtrade 数据库，采用 HS92 编码。成本收益数据来源于《全国农产品成本收益资料汇编》《中国食品工业统计年鉴》以及《中国工业统计年鉴》。进而本文可以得出生产相应贸易额的农业产出水平所需要的劳动力数量。计算公式如下：

劳动密集型农产品净出口以标准农业劳动表示的就业创造数量为：

$$L_{it}^C = X_{it} \times \Gamma_{it} / 270 \tag{6}$$

土地密集型农产品净进口以标准农业劳动表示的就业替代数量为：

$$L_{jt}^S = M_{jt} \times Z_{it} / 270 \tag{7}$$

相应的，劳动密集型农产品就业创造和土地密集型农产品就业替代的净效应为：

$$L_t^{C-S} = \sum_{i=1}^{i} (X_{it} \times \Gamma_{it} / 270) - \sum_{j=1}^{j} (M_{jt} \times Z_{jt} / 270) \tag{8}$$

通过上述公式即可对中国贸易引致的扩张性调整压力下的就业替代以及收

缩性调整压力下的就业创造进行科学判断，进而得出相应的农业劳动力要素面临的调整压力绝对量。

需要解释的是，在没有特殊说明的情况下本文所讲的单位产品指的是单位价值或等价值的产品。之所以选取单位价值产品而不选择单位数量作为衡量指标，主要基于对本文研究对象——贸易额变动引致的农业就业变动、数据加总、跨产品比较以及前人对要素含量的测算方法等方面的考虑。同时本文以1994年为基期采取不变价进行测度，尽量消除货币价格波动所造成的影响。同时本文所测度的贸易引致的就业创造效应和替代效应是指以“标准人”为单位的贸易净额可能创造或减少的就业机会数，并不是实际的就业或失业人数。实际上，由于中国农业产业非充分就业、劳动力非同质等因素及现实数据所限，以“标准人”为单位的就业效应的估计无论从数据准确性、可操作性、对未来趋势的预测性，还是对中国农业要素禀赋和贸易结构的关联研究方面都具有更深刻的意义。

（二）主要土地密集型农产品引致的就业替代效应加总

由于中国不具有生产土地密集型农产品的比较优势，因此，贸易开放后，中国土地密集型农产品的进口大幅度增加，占中国农产品进出口贸易的比重最大，进而导致中国农产品贸易的逆差情况。土地密集型农产品的大量进口，必然会对国内生产土地密集型农产品的农民造成影响，这种影响首先通过价格传导，使得国内土地密集型农产品的价格下降，随之生产土地密集型农产品的农户的收入下降，当这种下降幅度很大时，农户考虑机会成本会转而从事其他行业或者生产其他农产品，进而生产土地密集型农产品的农户数量会下降，这即是农产品贸易开放引致的土地密集型农产品的就业替代效应。

从整体来讲，加入WTO后，中国土地密集型农产品始终处于就业净替代状态，2001年贸易开放引致的土地密集型农产品就业替代量为231万个标准劳动力（以下简称万人），到2011年增加到848万人，增长了267%。受棉花进口大幅度下降影响，2013年土地密集型农产品贸易的就业替代量下降至825万人，2016年土地密集型农产品贸易的就业替代量下降至630万人。

细分类别来看，主要土地密集型农产品贸易引致的都是就业替代效应。谷物（包括小麦、稻谷和玉米）在2001年时是净出口状态，因而产生了就业创造效应，就业创造量为77.9万人，但是近几年中国谷物贸易转为净进口状态，因而引致就业替代效应。2009年谷物贸易引致的就业替代量为7.1万人，相对较小，但是到了2012年就业替代量增加至93.5万人，2013年有所回落为90.4万人，2014年增至101.4万人，谷物贸易引致的就业替代量从数量上已经超过100万人，需要引起重视。大豆贸易始终处于净进口状态，而且进口数量和金额都非常巨大，因而其引致的就业替代效应也非常大，是所有土地密集型农产品中就业替代效应最大的品种，2001 年大豆贸易引致的就业替代量为 269.5 万人，到 2011 年增加至 371.9 万人，增长了 38%，增长比较平稳；自 2012 年开始其就业替代量有所下降。棉花贸易引致的就业替代量在 2001—2011 年呈大幅上涨的趋势，2011 年其就业替代量达到 415.4 万人，2011—2016 年棉花贸易的就业替代量又出现了较大幅度的下降，至 2016 年为 71.4 万人。糖料和烟叶贸易的就业替代量比较小，但是波动性比较大。2016 年土地密集型农产品总的就业替代量为 630 万人。

对主要土地密集型农产品引致的就业效应进行加总，可以计算出主要土地密集型农产品引致的就业替代总效应。对于土地密集型农产品，利用净进口额中蕴含的农业就业数量作为贸易开放引致的中国农业就业替代效应会使得结果偏大。对比可以看出，大豆净进口额中蕴含的农业就业数量在数百万量级，而贸易开放引致的国内生产减少进而降低的农业就业数量在十万数量级，远低于前者。利用播种面积下降计算出的大豆就业替代量替换利用净进口额计算出的就业替代量，然后和其他主要土地密集型农产品的就业替代效应进行加总，结果见图 3。从结果中可以看出，这一加总结果计算出的就业替代总效应大幅度低于原方法加总的就业替代效应，2014 年的就业替代总量为 337 万人。由于基期选择原因，我们直接看 2008 年以后的数据，可以看出，在调整大豆后，土地密集

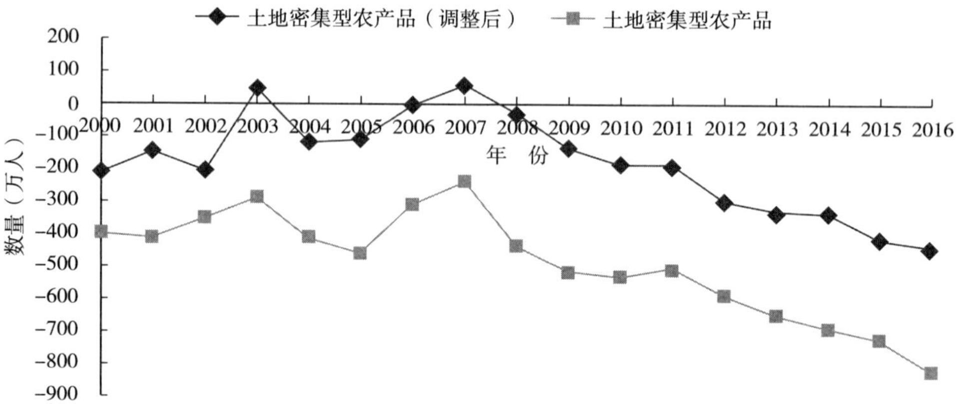

图 3　土地密集型农产品引致的就业效应加总（2000—2016 年）

注：未做调整情况下大豆的就业替代效应在百万量级，调整后则降低到十万量级，调整后的大豆就业替代量只是调整前的 1/10 左右。从绝对数量上看，调整大豆后的土地密集型农产品就业替代效应有比较大的变化，降低为未做调整情况下的约 1/3，虽然绝对数量相差较大，但是调整前后的土地密集型农产品的就业替代效应变动趋势基本相同。

数据来源：根据 UN Comtrade 和《全国农产品成本收益资料汇编》计算而得

型农产品的就业替代量是逐年上升的，这与调整前有所不同，主要原因是调整前利用的是贸易数据进行核算，而调整后是利用假设下的播种面积下降进行测算。但调整后的结果并不改变土地密集型农产品就业替代效应的结论。

因此从总体趋势来看，2000—2003 年，主要土地密集型农产品引致的就业替代总效应数量较少，到 2004 年，由于大豆进口的大幅度增加，之后年份保持了这种数量，并呈现上升的趋势。

（三）主要劳动密集型农产品引致的就业创造效应加总

由于中国农村人口多，相对土地、资本等要素，农业劳动力资源丰富。根据比较优势理论，中国在劳动密集型农产品生产上具有比较优势，事实上也是这样，中国劳动密集型农产品整体上始终处于净出口状态。劳动密集型农产品的净出口状态，相当于扩大了劳动密集型农产品的需求，会提高劳动密集型农产品的价格，因而农户有意愿生产更多的农产品或者调整生产品种来生产劳动密集型农产品，在中国耕地资源有限的情况下，增加农业劳动力投入来生产劳动密集型农产品是经济性上的必然选择。劳动密集型农产品净出口的增加，将会增加劳动密集型农产品的就业量，即创造了就业；相反，如果劳动密集型农产品净出口下降，将会降低劳动密集型农产品的就业创造效应。

整体来看，加入 WTO 以来，劳动密集型农产品贸易引致的就业效应始终为正值，即说明劳动密集型农产品贸易引致了就业创造效应。2001 年的就业创造量为 180 万人，到 2011 年增加至 313.9 万人，增长了 74.4%；之后出现下降趋势，2016 年下降至 174 万人，相比 2011 年，降幅达到 44.5%。这表明近几年劳动密集型农产品贸易引致的就业创造量已经越过最高点，开始呈下降趋势。此外，相对于土地密集型农产品，劳动密集型农产品的就业效应无论从数量上还是从增长速度上都是比较低的。

总的来说，劳动密集型农产品贸易并未能够如加入 WTO 前人们所预期的带来更多的就业机会，其就业创造呈现增长乏力，处于明显的收缩状态，尤其是水果和畜产品。从绝对数量而言，劳动密集型农产品引致的就业创造量相对较小，完全不能平衡土地密集型农产品所带来的就业替代量的增长。

（四）农产品贸易开放引致的农业就业总效应

综合前文分析，考虑到按照比较优势原理，在人多地少的资源禀赋下，中国农产品贸易模式以出口具有比较优势的劳动密集型农产品和进口不具有比较优势的土地密集型农产品为主，分别计算主要土地密集型农产品净进口引致的就业替代效应和主要劳动密集型农产品净出口引致的就业创造效应，并将二者进行加总求和，即可得到中国主要农产品贸易开放引致的农业就业总效应（净效应）。

除个别年份外，2000—2016 年，中国主要农产品贸易开放引致的农业就业总效应总体上都是负值，即表现为就业的净替代效应，这表明贸易开放对中国农业就业的影响总体是负向的（图 4）。

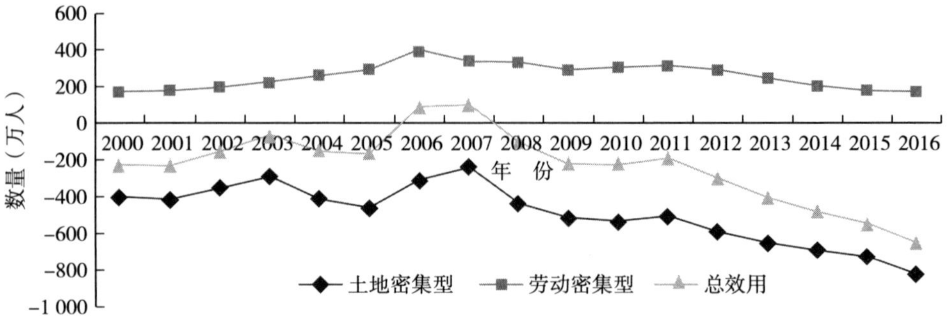

图 4　主要农产品贸易开放引致的农业就业总效应（2000—2016 年）

数据来源：根据 UN Comtrade 和《全国农产品成本收益资料汇编》数据计算得到

具体分类别来看，中国具有出口劳动密集型农产品的贸易比较优势，劳动密集型农产品出口大于进口，从而对农业就业产生了就业创造效应。2000—2016 年，主要劳动密集型农产品净出口引致的就业创造量变动的绝对量和波动幅度都不大，这说明虽然中国劳动密集型农产品的出口额在逐年增长，但劳动密集型农产品出口引致的就业创造增长乏力，趋于平稳。究其原因，主要是由于中国农业劳动力成本在逐年上升，尤其是近几年来劳动力成本的上升幅度超过 10%，这使得农户采用节约劳动的生产技术，生产劳动密集型农产品单位产值的劳动力投入数量有所下降，中国劳动密集型农产品的比较优势有所下滑。可以预见，未来中国劳动密集型农产品贸易所引致的就业创造量将会呈现逐年下降趋势，通过劳动密集型农产品出口来保持农业就业和增加农民收入的方式可能会遇到一定的挑战。

相对于丰富的劳动力资源，中国土地资源十分稀缺，生产土地密集型农产品处于比较劣势，土地密集型农产品贸易处于净进口状态，由此导致农业就业的替代效应。自 2000 年以来，中国主要土地密集型农产品净进口引致的农业就业效应均为负值，其中 2000 年土地密集型农产品贸易引致的农业就业替代量为 400.3 万人，到 2011 年这一数值增加到 500.3 万人，增加了近 100 万人。值得注意的是，2012—2016 年，主要土地密集型农产品贸易引致的农业就业替代量增长加速，到 2016 年主要土地密集型农产品贸易引致的农业就业替代量已经达到了 821.9 万人。考虑到随着中国经济的持续高速发展和居民消费结构升级，国内农产品消费需求将大幅度增加，大量的进口成为大势所趋，进口的持续增长所造成的农业就业替代效应压力也有可能会持续增加，这显然会对中国农业就业和农民收入产生比较强烈的冲击。

总体而言，由于劳动密集型农产品贸易引致的就业创造效应比较小且变化幅度不大，中国主要农产品贸易开放引致的农业就业总效应的变动趋势与土地密集型农产品贸易引致的农业就业替代效应的变动趋势基本保持一致。从绝对数量上看，仅在 2006 年和 2007 年中国主要农产品贸易开放引致的农业就业总效应为正值，即表现为农业就业的净创造效应，分别为 91.1 万人和 101.7 万人。自 2001 年中国农产品进口大幅度增加，主要农产品贸易开放引致的农业就业总效应开始变为负值，表现为净替代效应，农业就业替代量为 231.1 万人；并在 2008 年开始出现大幅度的上升，到 2016 年达到 648 万人，相比 2001 年增长了 1.8 倍，变化幅度比较大。这表明加入 WTO 以来主要农产品贸易开放对中国农业就业的影响程度还是比较大的，引致的农业就业净替代数量增加超过 400 万人。可以预期，随着未来农产品进口需求的持续扩大，中国主要农产品贸易开放引致的农业就业总效应（净替代效应）仍将继续扩大。因此，从整体上来说，主要农产品贸易开放对农业就业影响的程度会进一步增加，农业就业受此负面影响，进而会对农民的农业收入产生重大的冲击。

需特别指出的是，由于利用净进口额计算出的土地密集型农产品净进口的就业“替代效应”可能会偏大，本文采取了另外一种调整后的计算方法来弥补这一缺陷，利用调整后的土地密集型农产品就业替代量与劳动密集型农产品的就业创造量进行加总的结果来计算贸易开放引致的农业就业“净效应”，计算的结果见图 5。相比未进行调整之前的结果，调整后的土地密集型农产品的就业替代量大幅度下降，因而导致加总的农业就业总效应与未进行调整时的结果体现出一定的差异。2009—2016 年，相比计算方法未调整的情形，调整情形下的农业就业“总效应”大致也呈现上升趋势，2016 年达到 440 万人。总体来说，调整前后的两种计算结果都表明，贸易开放对中国农业就业的负面影响正在逐年加强。

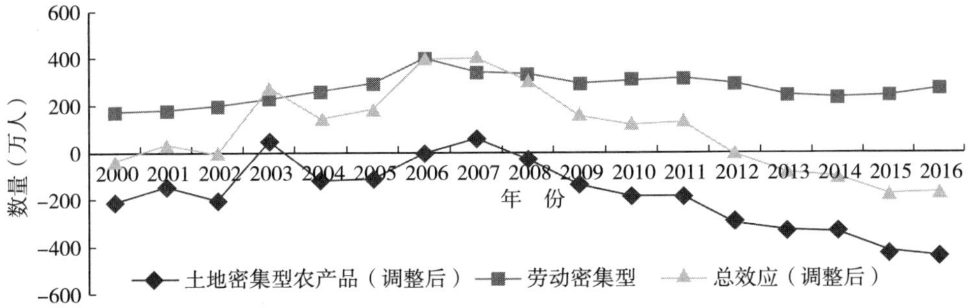

图 5 主要农产品贸易开放引致的农业就业总效应（调整大豆后）（2000—2016 年）

数据来源：根据 UN Comtrade 和《全国农产品成本收益资料汇编》（历年）计算得到

综上所述，本文研究结果表明，中国土地密集型农产品净进口引致的就业替代效应远大于劳动密集型农产品净出口引致的就业创造效应，从而使得贸易开放的农业就业总效应表现为净替代效应，即贸易开放总体上减少了国内的农业就业。单从农产品进出口对国内生产可能存在的挤压或促进上考虑，2016年进口土地密集型农产品引致的农业就业替代量为821.9万人，劳动密集型农产品引致的农业就业创造量为174万人，进而该年贸易开放引致的农业就业量减少648万人。从发展趋势上看，未来中国土地密集型农产品净进口所引致的农业就业替代量将极有可能继续大幅超过劳动密集型农产品净出口所引致的就业创造量，贸易开放对中国农业就业影响的整体“净替代”的趋势可能将长期持续。从分品种大类来看，2016年，棉花贸易引致的就业替代效应大幅度下降；大豆贸易引致的就业替代效应保持高位平稳的态势（但调整后的就业替代数量较小，在十万数量级）；谷物贸易引致的就业替代效应开始凸显；蔬菜贸易、水果贸易及水产品贸易引致的就业创造效应均出现下滑；畜产品贸易引致的就业创造效应较低但在缓慢增加。调整后的计算结果显示，调整后的就业变化量小于利用初始方法计算的就业替代量，约为后者的1/3。进一步分解就业替代量变化的贡献率发现，竞争性贸易引致的国内生产下降是造成就业替代的最主要因素。

三、价格传导视角下关税减让与人民币升值对农户实际收入的影响

从价格传导角度分析贸易自由化对农户福利的影响是目前国际上比较新的研究范式。在开放的条件下，贸易通过价格传导机制影响国内市场价格水平，一方面会影响农户作为消费者的消费支出，另一方面也会影响农户作为生产者的农业收入和作为劳动要素的工资性收入。贸易自由化既包括以关税减让为代表的贸易开放，也包含以汇率市场化为代表的金融开放。对于实行汇率管制的国家，汇率政策扭曲了货币的市场价格，影响了贸易品的价格形成及国际价格与国内价格间的传导，进而也会影响农户的收入、消费支出及总体的实际收入水平。这里将综合考察关税减让、汇率调整等对外经济开放政策对农户实际收入的影响。

（一）关税减让和汇率升值对农户实际收入影响的分析框架

1. 关税和汇率的价格传导

假定本国是贸易中的小国，根据一价定律，在存在进口关税的情况下，国内外市场的均衡条件为：

$$P = PX \times E \times (1+t) \tag{9}$$

其中，P 表示以本币表示的国内市场价格，PX 表示以外币表示的进口价格，E 是汇率（直接标价法，本币/外币）；t 表示关税税率。

基于市场完全竞争和小国模型的假设，本国国内市场消费价格完全由进口价格决定，汇率升值和关税减让对国内市场价格的影响是等价的，即同比例的关税和汇率下降会使得国内市场价格发生同比例的下降。而在不完全竞争市场情况下，关税和汇率也具有等价的价格传导效应。因此，理论上，无论市场结构如何，关税和汇率均具有等价的价格传导效应。然而，中国的关税减让和汇率升值是否具有等价的价格传导效应则需要进一步的实证检验。

由于贸易中存在的运输成本、贸易壁垒等因素，小国模型在现实中并不完全成立，即国内市场消费价格不完全是由进口价格决定的。并且贸易开放后，国内商品的消费价格不仅取决于进口商品价格的传导效应，还取决于国内生产者的生产价格的传导效应，此时，国内商品的消费价格由国内生产价格和进口价格共同决定。根据以上分析，构建汇率和关税的价格传导模型：

$$P_{gtr} = PP_{gtr}^{\alpha} \times (PX_{gt} \times E_t \times (1 + t_{gt}) \times TC_{gtr})^{1-\alpha} \tag{10}$$

其中，P_{gtr} 表示产品消费价格；PP_{gtr} 表示国内生产价格；PX_{gt} 表示以外币表示的进口边界价格；t_{gt} 表示进口关税税率；E_t 表示汇率，直接标价法；TC_{gtr} 表示进口商品的贸易成本，以反映进口商品从海关运输到国内不同地区所产生的中间成本。本章将所有商品分为两大类，农产品和工业消费品，$g=1$ 时，代表农产品；$g=2$ 时，表示工业消费品。系数 α 表示国内生产价格对商品消费价格的影响程度，$1-\alpha$ 表示进口商品的实际价格对国内商品消费价格的影响程度。

基于以上分析，价格传导的计量模型可以用自然对数形式表示为：

$$\begin{aligned} \ln P_{gtr} = {} & \beta_0 + \beta_1 \ln PP_{gtr} + \beta_2 \ln PX_{gt} + \beta_3 \ln(1 + t_{gt}) + \\ & \beta_4 \ln E_t + \beta_5 \ln TC_r + \xi_{gtr} \end{aligned} \tag{11}$$

其中，β 为各变量对应的估计系数，ξ_{gtr} 为残差项。

考虑模型中因变量（消费价格）的动态调整过程，即当期的消费价格可能会受到上期价格的影响，在模型中用加入滞后一期的因变量来表示。由于农产品消费价格中流通成本的比重比较高，为了避免模型中出现严重遗漏变量，本章在该模型中加入燃料价格变量以反映流通成本变化对农产品消费价格的影响。同时，由于关税和汇率在不同地区的价格传导效应可能存在差异，本章加入关税、汇率和贸易成本的交互项以反映这种地区异质性。农产品消费价格传导和工业产品消费价格传导的计量模型分别表示为：

$$\begin{aligned} \ln P_{1tr} = {} & \beta_0 + \beta_1 \ln PP_{1tr} + \beta_2 \ln PX_{1t} + \beta_3 \ln(1 + t_{1t}) + \beta_4 \ln E_t + \beta_5 \ln TC_r + \\ & \beta_6 \ln Oil_{tr} + \beta_7 \ln P_{1(t-1)r} + \beta_8 \ln(1 + t_{1t}) \times \ln E_t \times \ln TC_r + \xi_{1tr} \end{aligned} \tag{12}$$

$$\ln P_{2tr} = \beta_0 + \beta_1 \ln PP_{2tr} + \beta_2 \ln PX_{2t} + \beta_3 \ln(1 + t_{2t}) + \beta_4 \ln E_t + \beta_5 \ln TC_r + \beta_6 \ln P_{2(t-1)r} + \beta_7 \ln(1 + t_{2t}) \times \ln E_t \times \ln TC_r + \xi_{2tr} \quad (13)$$

通过对上面两个估计进行原假设为 $\beta_3 = \beta_4$ 的 t 检验，可以检验关税和汇率的价格传导效应是否等价，若不能拒绝原假设，则可证明理论推论是可接受的。

2. 工资价格弹性

在农村劳动力市场，农户除经营土地获得农业家庭经营收入外，还能以雇佣劳动的形式获得工资性收入。农产品消费价格的变化会直接影响农户的农业收入，而商品消费价格的变化则是通过影响农户的工资率进而间接影响农户工资性收入的，因此需要估计农户的工资价格弹性。理论上，商品消费价格的变化会引致农户雇佣市场的调整，产生要素市场的引致需求，从而引致农户工资率的变化。进一步构建关于农户工资率的理论模型，农户的工资率除受到工业产品消费价格影响外，也会受到农产品消费价格的影响，即：

$$W_{tr} = f(P_{1tr}, P_{2tr}) \quad (14)$$

其中，W_{tr} 表示工资率；P_{1tr} 表示农产品消费价格；P_{2tr} 表示工业产品消费价格。

实证中，影响工资率的因素中非价格因素很多，资源禀赋和技术条件的变化也会影响工资率。此外工资率一般具有黏性特征，上期工资率会对当期工资率有重要影响。根据以上分析，估计工资价格弹性的计量方程为：

$$\ln W_{tr} = \rho_0 + \rho_1 \ln P_{1tr} + \rho_2 \ln P_{2tr} + \rho_3 \ln W_{(t-1)r} + \rho_4 time_t + \rho_5 D_r + \xi_{tr} \quad (15)$$

其中，$W_{(t-1)r}$ 表示上一期的工资率；$time_t$ 是时间趋势，以反映资源禀赋和技术条件的变化对工资率的影响；D_r 表示省际虚拟变量，以控制省际因素对工资率的影响；ρ 为各变量对应的估计系数；ξ_{tr} 为残差项。

3. 实际收入变化的测度

农户的间接效应公式可以写为：

$$U^h = V^h(I^h, P) \quad (16)$$

从公式（16）可以看出，农户 i 的效应 U^h 是由该农户的收入 I^h 和商品价格 P 决定，其含义是农户在面临一定的收入和价格的预算约束线下的最大化效应。因此，效应的变化可以近似地由商品价格和农户收入的变化来反映。

农户既是生产者，同时也是消费者。作为生产者，农户可以获得农业收入和工资性收入；作为消费者，农户消费农产品和工业产品。假定短期内农户的生产和消费是可分离的以及农户的收入结构和消费结构不发生变化，那么农户的效应变化主要受农户的收入变化和商品消费价格变化的影响。进一步，农户效应变化可以分解为农业收入的变化、工资性收入的变化和工农产品消费支出的变化。农户的效应变化近似地表示：

$$dU_{tr}=\overbrace{(\theta_{tr}^{wage}dW_{tr}+\theta_{tr}^{agr}dP_{1tr})}^{\text{收入效应}}-\overbrace{(\phi_{tr}^{agr}dP_{1tr}+\phi_{tr}^{manu}dP_{2tr})}^{\text{消费效应}} \quad (17)$$

其中，dU_{tr} 表示农户效应的变化，由价格变化引致的农户收入的变化和消费支出的变化组成；θ_{tr}^{wage} 和 θ_{tr}^{agr} 分别表示农户收入结构中工资性收入和家庭农业经营性纯收入的比重；dW_{tr} 表示农户工资率的变化比例；dP_{1tr} 表示农产品消费价格的变化比例，dP_{2tr} 表示工业产品消费价格变化的比例；ϕ_{tr}^{agr} 和 ϕ_{tr}^{manu} 分别表示农户消费结构中农产品和工业产品所占的比重；本章使用的数据是省际面板数据，r 表示省份区域，t 为时间年份。

可将公式（17）进一步改写为：

$$dU_{tr}=\underbrace{(\theta_{tr}^{agr}-\phi_{tr}^{agr})dP_{1tr}}_{\text{农产品净福利}}+\underbrace{(\theta_{tr}^{wage}dW_{tr}-\phi_{tr}^{manu}dP_{2tr})}_{\text{工业产品净福利}} \quad (18)$$

由上式，农户效应变化可以由农产品净实际收入变化和工业产品净实际收入的变化构成。整体来看，农户是农产品的净生产者，农产品价格的上涨将会提高农户的实际收入，而农产品价格的下降将会降低农户的实际收入；同时，农户可以被视为工业产品的净消费者，那么工业产品价格的上涨将会降低农户的实际收入水平，而工业产品价格的下降将会提高农户的实际收入水平。即价格上涨会使净生产者获利而使净消费者受损。

根据公式（17）和（18），我们就能够测算出关税减让和汇率升值对中国农民实际收入的影响。

（二）关税减让引致的农户整体实际收入效应

根据公式（17）和（18）进行计算，估计出来的关税价格传导系数、工资价格弹性和统计的农户收入和消费结构等数据，可以测度出关税变化引致的全国层面的农户实际收入效应。

以 2002 年为例，2002 年农产品关税下降 3.99%，工业产品关税下降 2.81%。关税减让使得农户的实际收入提高了近 1%。具体来看，支出方面，农户农产品消费支出下降了 0.49%，工业产品消费支出下降了 1.5%；收入方面，农户的农业收入下降了 0.64%，工资性收入下降了 0.37%。农户的总消费支出下降幅度大于农户总收入的下降幅度，从而使得农户的实际收入表现为净增长。在全国层面，农户是农产品的净生产者，农产品关税减让使得国内农产品价格下跌，从而降低了农户的实际收入，农户农产品净实际收入下降了 0.15%；农户是工业产品的净消费者，工业产品关税减让降低了国内工业产品消费价格，从而提高了农户的实际收入，农户从工业产品中获得实际收入提升为 1.13%（表 3）。

表 3　1997—2005 年关税减让引致的农户实际收入效应

单位：%

年份	农产品关税	工业产品关税	农产品消费	工业产品消费	农业收入	工资性收入	总实际收入	农产品净实际收入	工业产品净实际收入	总消费	总收入
1997	−7.60	−4.45	−1.11	−1.99	−1.42	−0.83	0.85	−0.31	1.16	−3.10	−2.25
1998	−0.09	−0.01	−0.01	0.00	−0.02	−0.01	−0.01	0.00	−0.01	−0.02	−0.03
1999	−0.19	−0.35	−0.03	−0.16	−0.03	−0.02	0.14	−0.01	0.14	−0.19	−0.05
2000	0.74	−0.31	0.10	−0.16	0.12	0.07	0.26	0.03	0.23	−0.06	0.20
2001	−0.84	−1.00	−0.11	−0.52	−0.14	−0.08	0.41	−0.03	0.44	−0.63	−0.22
2002	−3.99	−2.81	−0.49	−1.50	−0.64	−0.37	0.99	−0.15	1.13	−1.99	−1.01
2003	−1.18	−0.96	−0.14	−0.52	−0.19	−0.11	0.37	−0.04	0.41	−0.66	−0.29
2004	−1.06	−0.75	−0.13	−0.39	−0.17	−0.10	0.26	−0.03	0.30	−0.53	−0.27
2005	−0.23	−0.42	−0.03	−0.23	−0.04	−0.02	0.20	−0.01	0.21	−0.26	−0.06
1997—2005	−13.80	−10.60	−1.80	−5.36	−2.30	−1.33	3.53	−0.49	4.03	−7.17	−3.63

数据来源：根据模型估计结果和《中国农村统计年鉴》相关数据测算。

为了衡量中国关税减让整体对农户实际收入的影响，我们计算了 1997—2005 年间总的关税减让对农户实际收入的影响。这一期间的关税减让使得农户总实际收入提高了 3.53%，其中农户的总消费支出下降 7.17%，农户的总收入下降 3.63%，其中农业收入下降 2.30%。农户从工业产品关税减让中获益 4.03%，从农产品关税减让中受损 0.49%。总的来说，中国的关税减让过程虽然降低了农户的收入，但使得农户的消费支出下降得更多，因此提高了农户的实际收入水平。

（三）汇率升值引致的农户整体实际收入效应

以 2008 年为例，基于价格传导视角，2008 年汇率下降 8.66%，使得农户实际收入提高了 0.21%。分细分项来看，农户的总消费支出下降 1.83%，由于汇率对农产品和工业产品的价格传导系数相差不大，因此，农产品消费支出和工业产品消费支出下降的幅度也相差不大。农户的总收入下降 1.61%，其中农业收入下降幅度较大，下降了 1.02%，这说明 2008 年汇率升值对农户的农业收入造成了一定的负面影响。农户从农产品中获得的实际收入下降 0.15%，从工业产品中获得的实际收入提高 0.36%（表 4）。

表 4　2005—2016 年人民币汇率升值的价格传递效应引致的农户实际收入变化

单位：%

年份	汇率	农产品消费	工业产品消费	农业收入	工资性收入	总实际收入	农产品净实际收入	工业产品净实际收入	总消费	总收入
2005	−1.00	−0.10	−0.11	−0.13	−0.08	0.01	−0.03	0.03	−0.21	−0.21
2006	−2.70	−0.27	−0.30	−0.33	−0.19	0.04	−0.07	0.11	−0.57	−0.53
2007	−4.59	−0.45	−0.51	−0.56	−0.32	0.08	−0.10	0.19	−0.97	−0.88
2008	−8.66	−0.87	−0.96	−1.02	−0.59	0.21	−0.15	0.36	−1.83	−1.61
2009	−1.69	−0.16	−0.20	−0.19	−0.11	0.05	−0.03	0.08	−0.35	−0.30
2010	−0.90	−0.08	−0.10	−0.10	−0.06	0.03	−0.01	0.05	−0.19	−0.16
2011	−4.56	−0.42	−0.53	−0.48	−0.28	0.19	−0.06	0.25	−0.96	−0.77
2012	−2.31	−0.21	−0.27	−0.24	−0.14	0.11	−0.03	0.14	−0.48	−0.37
2013	−1.94	−0.17	−0.24	−0.19	−0.11	0.10	−0.02	0.13	−0.41	−0.30
2014	−0.81	−0.06	−0.10	−0.08	−0.04	0.05	−0.01	0.06	−0.17	−0.12
2015	1.40	0.11	0.18	0.13	0.07	−0.09	0.02	−0.11	0.29	0.20
2016	6.65	0.49	0.88	0.59	0.34	−0.45	0.09	−0.54	1.38	0.93
2005—2016	−2.91	−0.16	−0.19	−0.18	−0.11	0.06	−0.03	0.08	−0.35	−0.29

数据来源：根据模型估计结果和《中国农村统计年鉴》相关数据测算。

为了衡量汇率制度改革以来人民币汇率变动对农户收入影响的总效应，我们进一步计算了 2005—2016 年汇率下降对农户实际收入的影响。计算结果表明，2005—2016 年，人民币汇率下降了 2.91%，使得农户的实际收入水平下降 0.29%。因此，基于价格传导视角，中国关税减让对农户实际收入的提升作用要远高于人民币升值带来农户实际收入效应。

（四）关税减让和汇率升值引致的农户实际收入分配效应——分收入组

前述分析结果表明，从价格传导的角度来看，关税减让和汇率升值都提高了农户整体的实际收入水平，但是不同收入水平的农户可能获益不同，即存在不同群体之间实际收入分配效应。鉴于此，本部分将农户按照收入进行五等分组，以测算关税减让和汇率升值引致的分收入组农户实际收入分配效应。

以关税减让幅度最大的 2002 年为例来考察关税减让的分收入组农户实际收入分配效应。收入水平越高的农户，其实际收入提高的幅度也越大，高收入农户的总实际收入增长了 1.27%，而低收入农户的总实际收入只增长了 0.65%，仅占高收入农户总实际收入增长比例的 1/2（表 5）。同理，测算 1997—2005 年的其他年份，也均表明关税减让的实际收入分配效应是偏向富农的。因此可以说，基于价格传导视角，中国的关税减让政策加剧了农户间的不平等状况。

表 5　2002 年关税减让引致的分收入组农户实际收入分配效应

单位：%

收入组	农产品消费	工业产品消费	农业收入	工资性收入	总实际收入	农产品净实际收入	工业产品净实际收入	总消费	总收入
全国平均	−0.49	−1.50	−0.64	−0.37	0.99	−0.15	1.13	−1.99	−1.01
低收入	−0.59	−1.23	−0.74	−0.43	0.65	−0.15	0.80	−1.82	−1.17
中低收入	−0.56	−1.33	−0.71	−0.41	0.77	−0.15	0.92	−1.88	−1.12
中等收入	−0.52	−1.42	−0.67	−0.39	0.89	−0.14	1.03	−1.94	−1.05
中高收入	−0.48	−1.52	−0.63	−0.36	1.01	−0.14	1.16	−2.00	−0.99
高收入	−0.41	−1.71	−0.54	−0.31	1.27	−0.13	1.40	−2.12	−0.86

数据来源：根据模型估计结果和《中国农村统计年鉴》相关数据测算。

基于价格传导视角，2008 年人民币汇率升值引致的农户实际收入效应中，中低收入组农户的实际收入增长最低，仅有 0.15%，而高收入组农户的实际收入增长了 0.27%，因此，整体来看，2008 年人民币汇率升值的实际收入分配效应是偏向于高收入农户的（表 6）。与之相反，基于价格传导视角，2012 年人民币汇率升值的实际收入分配效应却是偏向于低收入组农户的，低收入组农户的实际收入增长幅度最大，达到 0.14%（表 7）。对比 2008 年和 2012 年的结果可知，人民币汇率升值的分收入组农户实际收入分配效应在方向上并不明确，而是存在着一定的年度差异，其主要原因可能在于农户的收入结构和消费结构在逐年变化。

表 6　2008 年人民币汇率升值的价格传导效应引致的分收入组农户收入分配效应

单位：%

收入组	农产品消费	工业产品消费	农业收入	工资性收入	总实际收入	农产品净实际收入	工业产品净实际收入	总消费	总收入	农产品净出售
全国平均	−0.87	−0.96	−1.02	−0.59	0.21	−0.15	0.36	−1.83	−1.61	7.50
低收入	−1.01	−0.84	−1.04	−0.60	0.21	−0.03	0.23	−1.85	−1.64	1.35
中低收入	−0.97	−0.87	−1.07	−0.62	0.15	−0.10	0.25	−1.84	−1.69	5.07
中等收入	−0.93	−0.91	−1.03	−0.60	0.21	−0.10	0.31	−1.83	−1.62	5.14
中高收入	−0.86	−0.96	−0.99	−0.57	0.26	−0.13	0.39	−1.83	−1.56	6.36
高收入	−0.73	−1.07	−0.97	−0.56	0.27	−0.24	0.51	−1.81	−1.54	12.04

数据来源：根据模型估计结果和《中国农村统计年鉴》相关数据测算。

表 7　2012 年人民币汇率升值的价格传导效应引致的分收入组农户收入分配效应

单位：%

收入组	农产品消费	工业产品消费	农业收入	工资性收入	总实际收入	农产品净实际收入	工业产品净实际收入	总消费	总收入	农产品净出售
全国平均	−0.21	−0.27	−0.25	−0.14	0.10	−0.03	0.13	−0.48	−0.39	5.78
低收入	−0.23	−0.25	−0.22	−0.12	0.14	0.01	0.12	−0.48	−0.34	−2.81
中低收入	−0.23	−0.26	−0.24	−0.14	0.09	−0.02	0.11	−0.48	−0.39	3.48
中等收入	−0.22	−0.26	−0.24	−0.14	0.11	−0.02	0.13	−0.48	−0.37	3.91
中高收入	−0.21	−0.27	−0.23	−0.13	0.12	−0.02	0.14	−0.48	−0.36	4.10
高收入	−0.19	−0.29	−0.24	−0.14	0.10	−0.05	0.15	−0.48	−0.38	9.46

数据来源：根据模型估计结果和《中国农村统计年鉴》相关数据测算。

综上所述，通过对人民币汇率升值对农户收入影响的分析表明，从价格传导的视角来看，2005—2016 年人民币汇率升值使得农户总实际收入仅提高了 0.06%。这反映出中国关税减让对农户实际收入的提升作用较大，而人民币汇率升值对农户实际收入产生的影响则比较微弱。进一步分收入组讨论表明，人民币汇率升值引致的农户实际收入分配效应在不同收入人群中的分布不太明确。

四、政策建议

中国农产品贸易开放的进程中，中国农业整体上承受了巨大的冲击，贸易逆差急剧扩大，农业就业人数大幅度减少，农民农业收入受到了显著的负面影响。整体上来说，中国加入 WTO 是获利的，但这是以损失农业特别是农业就业和农民农业收入为代价。为了弥补贸易开放对国内农业就业和农民农业收入的负面影响，国内相关的支持政策应该更多地转向农业和农民。在稳定农业生产的基础上，有序完善农业就业人员的职业转移，扩大对受损农户进行相应的财政支持。基于研究结论，本文提出以下可供选择的政策建议：

（1）提高农民就业转换弹性，促进被“就业替代”农民的再就业。本研究表明，农产品贸易开放的过程中，大量的农产品进口替代了中国数百万农业劳动力，因此，促进被替代农民的再就业应成为政策着力点的关键所在。中国贸易开放的进程伴随着中国农民职业变换的过程，不仅存在着农业内部的职业转换，更为显著的是农民转移到工业和服务业等产业。农民人力资本较低等导致其职业变换时的流动性较低，无法相对容易地转移到其他产业就业。因此，政府应加大对农民到城市务工等方面的劳动力市场制度建设，促进和保障农民有序的职业转换弹性，从而避免大量农民失业。

（2）收入分配政策应更多地向低收入农户和中西部农户倾斜。本文研究结果表明，贸易开放过程中，低收入农户和中西部农户承担了大部分农产品贸易开放的成本，而只分享了很少的贸易开放收益。中国农产品贸易开放的过程，城乡收入差距非常大，农村内部收入差距也逐渐凸显，因此，国内的相关收入分配政策应该更多地考虑到这些低收入农户和中西部农户的需要，对其进行相应的收入补贴和政策支持。

（3）收入分配政策的制定应该考虑农户收入和消费结构的变化。2005 年以来，人民币的大幅度升值对农业的影响不容忽视，而本文的研究结果表明，人民币汇率升值对农民收入的影响比较小，也会产生相应的收入分配效应。但其收入分配效应具有不确定性，随着农户消费结构和收入结构的变化而改变。因此，收入分配的制定应因时而变，因人而异，需要具体地甄别不同年份的不同收入水平、不同地区农户受影响程度的差异，从而有效地调整政策的方向和力度。

（4）促进农业生产结构的进一步调整。农产品贸易开放本质是一个福利重新分配的过程。对于生产不具有比较优势农产品的农户，其就业量和收入都会下降，现行的国内政策尚存在一些对于不具有比较优势农产品（如棉花）的过度保护政策，这种政策短期内可能是保障了生产这类农产品农户的就业和收入，但长期来看，这种保护政策不可持续。因此，应该进一步调整农业生产结构，与工业淘汰落后产能一样，对除主粮以外的多数农产品进行结构调整，按照比较优势优化生产结构，才能从根本上保障农业就业和收入。

（5）充分利用非农就业，保障农民就业和收入。保障农民就业和收入应立足农业，但不应局限于农业。目前，农业劳动力在农村劳动力的比重已经大幅度下降，第一产业能够吸纳的就业人数不断下降，其比重已经低于工业，同时，农民收入的主要来源已经从农业经营性收入转变为了工资性收入。因此，仅从农业角度来保障农民就业和收入的手段和效果都是有限的，通过完善促进农民非农就业、农民向市民有序转移等制度是保障农民就业和收入的重要途径。

“一带一路”背景下中国与东盟主要国家农业贸易与投资研究

东盟由于在地理等方面的独特优势，成为中国农业开展国际合作，进行国际市场建设的重要方面。习近平总书记提出的“丝绸之路经济带”和“21世纪海上丝绸之路”重大倡议，将集中解决沿线国家交通不便、政策不畅、信息不通等问题，全面提升中国与东盟农业合作的质和量。在新的时代背景下，农业技术合作、农产品贸易和农业投资成为“一带一路”沿线国家农业合作与交流的主要内容。东盟位于“一带一路”沿线，不但在地理位置上与中国临近，且从农产品贸易来看，属于沿线国家中主要的农产品贸易国（中国与东南亚国家的农产品贸易占“一带一路”国家或地区农产品贸易总额的54.68%），同时该地区农业资源丰富，有较大的农业开发潜力。深入研究双边的农产品贸易状况对于今后充分挖掘双方的农业合作潜力十分有益。

一、中国与东盟主要国家农业资源比较

东盟位于亚洲东南部，地处热带，主要有热带雨林气候、热带季风气候和热带海洋性气候，高温多雨。在东盟国家中，依据农业增加值占国内生产总值的比重和农产品贸易占货物贸易的比重情况，将东盟各国的农业发展水平分为三类：

第一类国家位于热带气候带，属于农业较发达国家。主要有印度尼西亚、马来西亚、泰国和菲律宾4国，农业是国民经济中的重要产业，主要以经济作物为主，盛产热带水果，并且渔业资源、森林资源丰富，以小农生产为主。其中，菲律宾农业用地主要以粮食用地和食物用地为主，粮食作物主要是稻谷、玉米，基本是小农生产；其经济作物以水果为主，水果还是其主要产业；同时其海洋资源蕴藏丰富，水产品产量达300万吨/年，其产值占农业总产值的20%左右。马来西亚农业主要以棕榈油、木材、橡胶等经济作物为主，同时盛产各种热带水果。泰国盛产稻米，被称为“亚洲米库”，也是橡胶的主要产地，是世界上水果的主要生产国和出口国之一；泰国渔业资源丰富，是世界第一产虾大国。印度尼西亚是东盟最大的经济体，粮食作物主要有水稻、玉米、木薯、甘薯；主要经济作物中胡椒、咖啡和可可的产量均居世界前四；渔业资源

和林业资源丰富。

第二类国家属于以农业产业为主导的传统农业国家。包括老挝、缅甸、越南和柬埔寨 4 个国家。这些国家经济水平较其他国家相对落后，农业发展水平也较低。绝大部分国家农业劳动力丰富；农业资源尤其是渔业资源和森林资源比较丰富。老挝地广人稀，主要农作物是稻谷；咖啡是老挝重要的出口农产品；其森林面积所占比重最大、珍贵木材较多。缅甸农业占国民生产总值的 60%，禾谷类和豆类作物在缅甸耕作面积最大，橡胶和水产品是缅甸主要出口创汇行业，渔业开发潜力大，另外柚木、花梨木和铁力木等木材也是主要的出口创汇产品。越南水稻和玉米的种植面积占耕地面积的 86%，产量约占粮食总产量的 84%；农业人口约占总人口的 75%。柬埔寨水稻种植面积 480 万公顷，占总耕地面积的 80%；其内陆渔业兴盛，海水养殖具有很大的潜力。

第三类国家也位于热带气候带，农业占 GDP 的比重很低，农业资源不丰富，但是农业技术发达，尤其是新加坡。新加坡农业占 GDP 不到 1%，土地和水资源有限，农业资源匮乏，粮食全部依靠进口，蔬菜的 95%依靠进口。但其农业技术先进，生产方式先进，比如气耕法栽培蔬菜的技术就是由新加坡开发出来的，同时其都市农业十分发达，花卉产业是都市农业的标志性产业，现代化、集约化的农业科技园就是发展都市农业的一个重点模式。文莱耕地面积只占文莱国土面积的 5%，森林覆盖率高达 75%，农业总产值很低，文莱的主要农作物有水稻、蔬菜和水果，所需食品的 70%依赖进口；文莱的农业生产基础设施薄弱、技术落后。

总体来看，东盟国家大多处于热带地区，高温多雨，具有明显的热带特色，适合种植热带作物，主要生产和出口热带农产品，东盟国家人均土地多；中国气候多种多样，横跨寒、温、热带，大部分地区处于温带，因此主要以生产温带农产品为主，人多地少。可见，中国和东盟在农业资源方面有较强的互补性。

二、中国与东盟主要国家农业技术合作

（一）中国与东盟主要国家的农业技术互补性

东盟各国由于历史、经济等原因，导致不同国家的农业技术水平差别较大，发展参差不齐。中国与东盟国家可以取长补短，双方在技术方面具有较大合作潜力。根据不同国家农技水平具体差别，可以将双方重点合作的领域分为以下几个方面：

一是农业科技创新。新加坡的农业技术水平是东盟国家的高地。新加坡因发展都市农业而催生出一系列农业高新技术，使得新加坡在食品技术、种植技

术和农业旅游观光等领域领先于其他国家。泰国的水稻育种技术优势突出，掌握保持水稻品种纯正、遗传性状稳定的关键技术。因此，在农业科技创新领域的合作成为与这两个国家技术合作的重点。

二是农业技术成果转化。马来西亚在农业规模化生产、农业技术成果转化等方面经验丰富。马来西亚在农业生产的各个环节都注重科技成果的转化运用，国家层面成立了科研中心，在种植园中配套成立农业科研机构，同时大力支持私人开办科研机构。

三是农业技术输出。印度尼西亚、越南、文莱、柬埔寨和老挝这些国家农业技术的发展水平处于较为落后的水平，农业机械化程度低，农业科研能力较弱，农业技术推广程度不足，这些国家在农业技术方面存在较大需求缺口。

（二）中国与东盟主要国家农业技术合作的主要形式

中国与东盟国家农业技术合作以人才培训和科技示范项目为主。如早在2002年签署的《中国—东盟农业合作备忘录》中，中国就承诺向东盟成员国派遣专家进行指导，为东盟提供包括生物科技、水稻种植、渔业养殖、农业机械等培训。10多年来，中国农业部为东盟培训了1 000多名管理和技术人员。此外，中国与东盟各国也建立了一些科技示范项目，如中国与菲律宾农业技术示范中心项目等。

2014年在共建“21世纪海上丝绸之路”和“中国—东盟命运共同体”等目标的指引下，中国与东盟国家之间的农业合作开始提速。双方之间的技术合作仍以人才培训和科技示范项目为主，合作范围不断扩大。截至2015年，中国农业部共投入资金5 400余万元，为东盟国家在华举办了160余个培训班，培训涉及农田水利、农作物种植、农业机械以及农村可再生能源和农业信息化等多个领域，吸引了3 200多名来自东盟国家的农业管理和技术人员参与。同时中国广西、云南等西南省份与东盟三国积极开展跨国农业技术交流与合作，建立一大批国际农业科技合作基地、农业科技创新中心、农业技术转移中心以及农业科技示范园区。中国对越南等东盟国家农业技术输出的力度也在不断加大，在超级稻、转基因抗虫棉、禽流感疫苗、农业机械技术、农产品加工技术、生鲜冷链技术等方面农业技术的合作不断深入。

（三）“一带一路”倡议下中国与东盟的农业技术合作前景分析

总体来说，中国在农业技术方面优于东盟国家，中国在种植技术、良种培育技术、动物疫病防控技术等方面有比较优势，新加坡、文莱农产品加工技术先进，泰国、菲律宾等国家的热带水果加工生产技术发达，中国和东盟可以在以下农业技术方面展开合作。

一是农作物良种繁育和栽培技术。中国农作物品种资源丰富，并且拥有亚洲最大的种质资源库，另外，中国良种繁育和作物栽培技术较先进，尤其是杂交水稻技术达到了世界先进水平。东盟国家农业基础设施、技术落后，中国可以有针对性地通过试验示范、人力资源开发培训等形式对东盟国家在良种繁育和栽培技术、杂交水稻技术方面进行培训和示范。

二是畜牧、水产养殖技术和远洋捕捞技术。中国畜牧、水产养殖技术和远洋捕捞技术经过改革开放几十年的发展有了很大的提高，但是由于土地沙漠化现象日益严重、水资源短缺等对畜牧业和渔业造成了严重的影响，从而无法满足高质量畜牧和水产品的需求。而东盟国家渔业资源丰富，并且部分东盟国家国内有许多宜农的荒地，但是东盟国家与之相配套的农业技术较落后。因此，中国可以和东盟国家在畜牧、远洋捕捞技术方面进行合作，开发东盟畜牧和渔业资源，促进东盟畜牧和渔业的发展，满足中国国内市场的消费需求。

三是动物疫病防控技术。中国在动物疫病防控方面具有丰富的实践经验和先进的技术水平，如禽流感、口蹄疫等动物疫病。中国农业科学院哈尔滨兽医研究所和兰州兽医研究所研制出的疫苗能有效地防止动物发病和病毒传播。大湄公河次区域内有许多河流流经中国境内，这些河流很容易成为疫病传播的渠道。中国与东盟在动物疫病防控技术方面加强合作和交流对促进双方畜牧业健康发展，提高人民食物安全水平至关重要。

四是农村能源和生态技术。中国与东盟在开展农业合作方面时应尽量减少对环境的破坏，加强双方在农村能源和生态技术上的合作。以户用沼气为纽带的农户生态家园建设是中国在东盟大力推广的一项非常实用的农业技术，对改善农村居住环境，保持农业可持续发展有很大的促进作用。中国应继续加强对东盟国家在户用沼气技术等生态技术方面的培训。农业技术的合作将为中国与东盟农业合作提供源源不断的动力。

三、中国与东盟主要国家农产品贸易合作

（一）“一带一路”倡议前后中国与东盟农产品贸易政策变化

中国—东盟于 2002 年签订并实施了《中国—东盟全面经济合作框架协议》。并于 2004 年 11 月实施了关于货物贸易的协议，即《中国—东盟经济合作框架协议货物协议》，2007 年颁布实施了《服务贸易协定》。CAFTA（中国—东盟自贸区）涉及农产品的条款主要体现在《货物贸易协议》中，在这个协议中，对农产品的相关问题进行了细致的规定，为中国与东盟各国之间进行农产品贸易的相关活动提供了强有力的法律与机制体系保障。CAFTA 已经签订实施的协议中有关农产品贸易的规定主要涉及：有关农产品关税削减方面的规定，关于市场准入、数量限制、动植物检验检疫及技术壁垒等问题的相关规

定，有关中国和东盟自由贸易区农产品贸易救济措施的相关规定。

首先，关于中国与东盟农产品贸易的关税削减方面主要涉及两个方面。一是对于“早期收获计划”的第一至八章的560多个种类的农产品实行快速削减关税的模式。对于东盟老的成员国，即印度尼西亚、马来西亚、新加坡、泰国、菲律宾及文莱，要求其在2006年之前必须完成对这些农产品关税削减至零。对于其他4个新的成员国即缅甸、柬埔寨、老挝及越南，可以推迟4年完成这个关税削减的目标。二是对于那些未列入“早期收获计划”的农产品类目，分成两类以完成关税削减的目标。对于正常类的关税产品也就是未列入敏感清单的农产品，经过一定时间最终完成关税降低至零的目标。对于列入敏感清单的农产品，尤其是对于那些本国高度敏感的农产品，各国根据本国的基本国情可以采取适当的保护措施，最终的关税水平可以不降低为零。通过这种措施可以使双边进行农产品贸易的绝大多数类目的关税水平最终都降低为零。总体来说，中国—东盟采取的是“逐步降税、适当保护”的原则，以此来达到最终关税削减为零的目标（表1）。

表1　中国—东盟自由贸易区部分关税削减时间表

起始时间	关税税率	覆盖关税条目	参与的国家
2000年	对所有东盟成员国0～5%	85%的CEPT（普遍有效优惠关税）条目	原东盟6国
2002年1月1日	对所有东盟成员国0～5%	全部CEPT条目	原东盟6国
2003年7月1日	WTO最惠国关税水平	全部	中国与东盟10国
2003年10月1日	中国与泰国果蔬关税降至0	中泰水果蔬菜	中国、泰国
2004年1月1日	农产品关税下调	农产品	中国与东盟10国
2005年1月	对所有成员国开始削减关税	全部	中国与东盟10国
2006年	农产品关税降到0	农产品	中国与东盟10国
2010年	对所有东盟成员国0～5%	全部减税产品	原东盟6国
2010年	关税降至0	全部产品（部分敏感产品除外）	中国与原东盟6国
2015年	对所有东盟成员国关税降至0	全部产品（部分敏感产品除外）	东盟新成员国
2015年	对中国—东盟自由贸易区成员国关税降至0	全部产品（部分敏感产品除外）	东盟新成员国
2018年	对东盟自由贸易区和中国—东盟自由贸易区所有成员国关税降至0	剩余的部分敏感产品	东盟新成员国

其次，关于数量限制、动植物检疫措施和技术贸易壁垒等市场准入问题的具体内容。对于数量限制，中国与东盟是不允许使用这种方式来对进口产品进行限制的，各成员国之间只能通过提高关税水平至最惠关税水平的方式；对于技术性贸易壁垒和动植物检验检疫问题，中国—东盟自由贸易区中没有专门成立关于这两个方面的条款规定，而是笼统地规定如果双方在进行贸易的过程中涉及此类问题则参照 WTO 中关于此类问题的相关条款来解决。

最后，关于中国与东盟中有关农产品贸易救济的相关问题。中国和东盟各国的相关协议中仅对农产品贸易中保障措施的相关问题进行了规定，指出当一国农产品的进口数量增加并且给本国的国内产业造成了严重损害或将造成严重损害后果的威胁时，才能实施相关的保障措施。中国—东盟对于补贴与反补贴相关问题的规定则是若出现相关现象或后果时遵从 WTO 的相关条款的规定。

在双方进行贸易的过程中，各种针对品质、卫生、原产地、贸易救济等问题的争端问题也会相继显现，而之后签订的《争端解决机制协议》也给贸易双方农产品贸易争端的解决提供了一个强有力的法律保障。一旦相关问题显现，各国即可参照此协议进行公平公正的裁决。

（二）“一带一路”倡议前后中国与东盟农产品贸易情况分析

自“一带一路”倡议提出以来，东盟作为“一带一路”倡议的响应者与参与者，双边农产品贸易额急剧飙升，成效显著，已成为中国农产品贸易最重要的合作伙伴。以下将利用 2001—2016 年中国—东盟农产品贸易数据，来分析“一带一路”倡议给中国—东盟农产品贸易带来的影响。

1.“一带一路”倡议前双边贸易发展总体概况

据联合国商品贸易统计数据库（UN Comtrade）资料显示，2001 年，中国与东盟农产品贸易总额为 27.81 亿美元，其中自东盟进口 14.83 亿美元，对东盟出口 12.98 亿美元，中方逆差 1.85 亿美元。2002 年随着中国—东盟自贸区的启动以及《农业合作备忘录》的签署，双边农产品贸易合作驶入“快车道”，在取消关税的贸易创造与转移效应下，双边农产品贸易额保持两位数以上的高速增长。2007 年，双边农产品贸易额首次突破百亿美元，达 110.22 亿美元。2010 年 1 月 1 日，自贸区宣告建成，“零关税”为农产品贸易合作注入了新动能。

2001—2013 年，双边农产品贸易在中国与东盟各自农产品贸易中比例攀升，影响力不断增大。2001 年，东盟在中国农产品贸易中所占比例为 10.01%，排名第四，次于日本、美国和欧盟，中国占东盟农产品贸易的 5.42%。2007 年以来，东盟在中国农产品贸易中的占比超过日本，跃居第二，次于美国。2001—2013 年，中国在大多数年份中处于逆差地位，2012 年以来，逆差日趋递减，中国与东盟农产品贸易逆差累计达 356.18 亿美元。

整体来看，东盟是中国重要的农产品贸易伙伴，但中国与东盟各国间农产品贸易合作存在较大差异，贸易发展不均衡。

表 2　2010—2016 年中国与东盟农产品贸易合作发展状况

单位：亿美元、%

年份	中国对东盟出口	中国自东盟进口	中国与东盟进出口	增长率	贸易差额
2010	74.53	107.13	181.66	30.55	−32.61
2011	98.56	145.99	244.55	34.62	−47.43
2012	100.87	161.42	262.28	7.25	−60.55
2013	118.73	148.44	267.17	1.86	−29.71
2014	135.24	160.08	295.32	10.54	−24.84
2015	147.94	158.13	306.07	3.64	−10.19
2016	153.78	144.94	298.73	−2.4	8.84

数据来源：根据 UN Comtrade 数据库整理而得。

2. “一带一路”倡议后中国与东盟农产品贸易总体概况

2013 年，中国提出了“一带一路”倡议，推动双边农产品贸易迅速发展，2014 年双边贸易增长率由 2013 年的 1.86%上升到 10.54%。2015 年，双边农产品贸易额首次突破 300 亿美元。2016 年，中国自东盟进口 144.95 亿美元，对东盟出口 153.78 亿美元，中国出现了近 15 年来首次贸易顺差，金额为 8.84 亿美元（表 2）。2016 中国与东南亚国家的农产品双边贸易总额达到 303.93 亿美元，占“一带一路”沿线国家农产品双边贸易总额的 54.68%。2016 年，东盟占中国农产品贸易总额的 16.30%，次于美国（17.10%），中国占东盟农产品贸易总额的 13.19%。

2016 年中国与东南亚国家农产品双边贸易总额达到 60 亿美元的有 3 个国家，分别为泰国 78.52 亿美元、越南 67.36 亿美元和印度尼西亚 60.01 亿美元。中国与东盟部分国家（缅甸、柬埔寨、老挝、文莱）的双边贸易额很小，其中与文莱的农产品双边贸易额最小，2016 年仅为 0.15 亿美元（表 3）。

表 3　2016 年中国与东盟国家的农产品贸易额

单位：亿美元

国家	出口额	进口额	双边贸易总额
泰国	35.33	43.20	78.52
越南	38.71	28.64	67.36

（续）

国家	出口额	进口额	双边贸易总额
印度尼西亚	20.61	39.40	60.01
马来西亚	26.22	23.54	49.75
菲律宾	19.41	6.30	25.71
新加坡	9.10	4.31	13.41
缅甸	3.82	1.71	5.53
柬埔寨	0.39	1.61	2.00
老挝	0.25	1.18	1.43
文莱	0.14	0.01	0.15

数据来源：根据 UN Comtrade 数据库整理所得。

在此选择与中国农产品贸易频繁的国家，按照双边农产品贸易总额的大小，具体分析双边的贸易状况。

3. 中国与泰国农产品贸易分析

（1）中国与泰国的农产品贸易额变化。2010—2013 年，中国与泰国农产品贸易总额逐年上升，2010 年为 35 亿美元，2013 年达到 66.7 亿美元，2013 年“一带一路”倡议提出之后，农产品贸易总额又得到了进一步提升，其中 2015 年达到历史峰值 85.50 亿美元，2016 年略有回落。中国对泰国农产品出口额在 2006—2015 年逐年上升，2016 年略微降低，2015 年达到其峰值 37 亿美元；中国从泰国进口农产品整体上也是处于逐年增长状态，除了 2015 年和 2016 年略有回落，其余年份都处于增长状态，2014 年达到其峰值 48.6 亿美元；中国对泰国农产品贸易长期处于逆差状态，2014 年达到其逆差峰值 21 亿美元，2016 年缩小至 7.87 亿美元（图 1）。

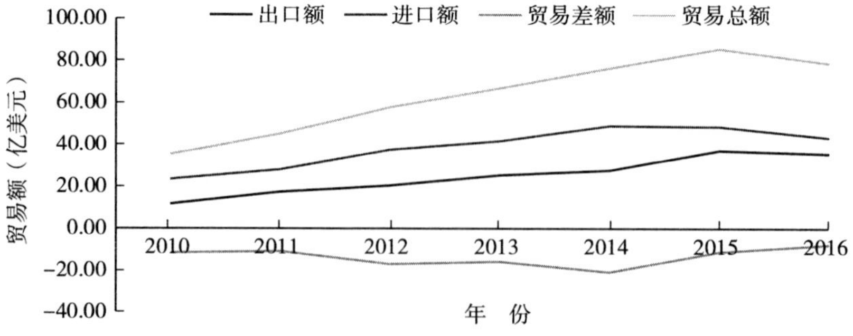

图 1　2010—2016 年中国与泰国农产品贸易额

数据来源：根据 UN Comtrade 数据库整理而得

(2) 中国与泰国农产品竞争性分析。本文采用贸易竞争显示性比较优势指数（*RCA* 指数）来研究贸易的竞争性。*RCA* 指数是衡量一国产品在国际市场竞争力的重要指标，用公式表示为式（1）：

$$RCA_{xik} = (X_{ik}/X_i)/(W_k/W) \tag{1}$$

式（1）中，X_{ik} 表示 i 国 k 类产品的出口额；X_i 表示 i 国所有产品的出口额；W_k 表示 k 类产品的世界出口额；W 表示所有产品的世界出口额。RCA_{xik} 大于 1，说明该国 k 类产品具有比较优势，该类产品的国际竞争力较强；RCA_{xik} 小于 1，说明该国 k 类产品的国际竞争力较弱。

从中国出口的分类农产品角度来看，HS05（其他动物产品）、HS07（食用蔬菜、根及块茎）、HS16（肉、鱼、甲壳动物、软体动物及其他水生无脊椎动物的制品）、HS20（蔬菜、水果、坚果或植物其他部分的制品）、HS51（羊毛、动物细毛或粗毛，马毛纱线及其机织物）、HS52（棉花）的 *RCA* 指数在 2006—2016 年均大于 1，具有较强的国际竞争力；HS03（鱼、甲壳动物、软体动物及其他水生无脊椎动物）、HS13（虫胶、树胶、树脂及其他植物液、汁）的 *RCA* 指数在 2006—2016 年呈增大趋势，在 2010 年后均大于 1，具有较强的国际竞争力。其余分类农产品的国际竞争力都较弱（表 4）。

表 4　中国分类农产品 *RCA* 指数变化

HS 编码	2006 年	2007 年	2008 年	2009 年	2010 年	2011 年	2012 年	2013 年	2014 年	2015 年	2016 年
01	0.28	0.29	0.35	0.29	0.25	0.31	0.30	0.29	0.25	0.21	0.24
02	0.13	0.12	0.11	0.10	0.10	0.11	0.10	0.10	0.10	0.08	0.09
03	0.94	0.75	0.85	0.91	1.18	1.27	1.43	1.39	1.38	1.06	1.03
04	0.08	0.11	0.11	0.06	0.05	0.07	0.08	0.08	0.07	0.06	0.05
05	2.29	2.19	2.54	2.07	1.79	2.42	2.75	2.74	2.55	1.65	1.72
06	0.08	0.10	0.09	0.12	0.10	0.12	0.13	0.14	0.18	0.11	0.08
07	1.21	1.14	1.06	1.07	1.48	1.63	1.27	1.36	1.15	1.09	1.03
08	0.30	0.30	0.39	0.35	0.37	0.38	0.50	0.47	0.45	0.43	0.39
09	0.55	0.55	0.55	0.55	0.50	0.60	0.57	0.64	0.53	0.48	0.45
10	0.25	0.42	0.10	0.08	0.05	0.05	0.05	0.05	0.04	0.02	0.03
11	0.32	0.68	0.47	0.40	0.32	0.36	0.38	0.36	0.34	0.29	0.27
12	0.51	0.53	0.52	0.40	0.31	0.30	0.39	0.39	0.36	0.27	0.25
13	0.51	0.6	1.23	1.26	1.26	1.86	1.85	2.12	1.83	1.67	1.56
14	1.29	1.04	1.14	0.81	0.96	1.01	1.21	0.97	0.93	0.97	0.88
15	0.11	0.08	0.11	0.06	0.04	0.06	0.08	0.08	0.06	0.06	0.07
16	2.32	2.39	2.01	1.52	1.45	2.08	2.27	2.25	1.88	1.54	1.51

（续）

HS编码	2006年	2007年	2008年	2009年	2010年	2011年	2012年	2013年	2014年	2015年	2016年
17	0.19	0.22	0.25	0.26	0.31	0.37	0.32	0.36	0.28	0.24	0.22
18	0.07	0.07	0.08	0.05	0.06	0.09	0.09	0.10	0.10	0.08	0.08
19	0.32	0.32	0.28	0.26	0.24	0.31	0.29	0.30	0.26	0.23	0.25
20	1.29	1.70	1.43	1.12	1.06	1.34	1.47	1.49	1.26	1.08	1.02
21	0.34	0.36	0.35	0.33	0.33	0.40	0.45	0.45	0.45	0.41	0.35
22	0.20	0.13	0.12	0.10	0.10	0.12	0.15	0.14	0.15	0.16	0.12
23	0.20	0.32	0.44	0.41	0.35	0.33	0.50	0.43	0.46	0.30	0.25
24	0.26	0.25	0.27	0.28	0.29	0.31	0.32	0.31	0.29	0.25	0.23
51	1.81	1.86	1.53	1.19	1.64	2.06	2.21	2.26	1.56	1.31	1.36
52	2.23	2.32	2.35	2.11	2.45	2.90	3.15	3.80	2.30	2.01	2.22
53	0.17	0.08	0.11	0.07	0.04	0.06	0.08	0.08	0.13	0.06	0.07

数据来源：根据 UN Comtrade 数据库整理而得。

从泰国出口的分类农产品角度来看，HS03（鱼、甲壳动物、软体动物及其他水生无脊椎动物）、HS10（谷物）、HS11（制粉工业产品、麦芽、淀粉、菊粉、面筋）、HS16（肉、鱼、甲壳动物、软体动物及其他水生无脊椎动物的制品）、HS17（糖及糖食）、HS19（谷物、粮食粉、淀粉或乳的制品，糕饼点心）、HS20（蔬菜等其他制品）、HS21（杂项食品）、HS23（食品工业残渣、饲料）、HS52（棉花）的 *RCA* 指数在2006—2016年均大于1，具有较强的国际竞争力。其余分类农产品的国际竞争力都较弱（表5）。

表5　泰国分类农产品 *RCA* 指数变化

HS编码	2006年	2007年	2008年	2009年	2010年	2011年	2012年	2013年	2014年	2015年	2016年
01	0.07	0.08	0.39	0.30	0.47	0.49	0.48	0.44	0.53	0.73	0.68
02	0.04	0.06	0.06	0.03	0.07	0.11	0.24	0.28	0.44	0.47	0.45
03	3.35	3.36	3.32	1.46	2.81	2.60	2.46	1.76	1.65	1.53	1.68
04	0.26	0.26	0.23	0.13	0.21	0.21	0.21	0.23	0.22	0.30	0.34
05	0.38	0.38	0.27	0.13	0.39	0.40	0.31	0.33	0.41	0.34	0.39
06	0.59	0.58	0.54	0.26	0.49	0.44	0.45	0.46	0.45	0.46	0.49
07	1.69	1.60	1.37	0.76	1.50	1.68	1.94	2.06	2.33	2.23	2.34
08	0.62	0.65	0.58	0.33	0.60	0.93	1.12	0.95	1.09	1.09	1.14
09	0.20	0.20	0.15	0.14	0.11	0.08	0.08	0.11	0.13	0.12	0.15

（续）

HS 编码	2006 年	2007 年	2008 年	2009 年	2010 年	2011 年	2012 年	2013 年	2014 年	2015 年	2016 年
10	5.03	4.57	5.51	5.87	5.16	4.61	3.15	3.14	4.01	3.60	3.97
11	4.76	3.68	3.19	3.79	5.07	4.95	5.13	5.80	6.22	6.28	6.80
12	0.26	0.15	0.11	0.12	0.10	0.12	0.11	0.12	0.13	0.12	0.15
13	0.84	0.47	0.47	0.39	0.38	0.24	0.30	0.44	0.34	0.36	0.42
14	1.04	0.97	0.82	0.61	0.45	0.58	0.67	0.57	0.60	0.66	0.67
15	0.43	0.57	0.66	0.34	0.34	0.54	0.51	0.70	0.48	0.37	0.49
16	13.03	12.20	13.36	13.47	12.66	12.98	12.78	11.99	11.01	11.16	12.22
17	2.81	4.32	4.64	5.08	4.27	5.90	6.61	5.22	5.45	5.83	5.89
18	0.19	0.17	0.18	0.18	0.17	0.16	0.15	0.12	0.16	0.20	0.23
19	1.15	1.21	1.22	1.26	1.31	1.34	1.41	1.45	1.43	1.49	1.46
20	3.46	2.98	3.08	2.97	2.92	2.99	2.69	2.73	2.90	3.02	3.22
21	2.11	1.89	2.02	2.24	2.20	2.40	2.39	2.50	2.63	2.52	2.67
22	0.31	0.34	0.42	0.49	0.55	0.68	0.91	0.94	1.02	1.08	1.08
23	1.77	1.66	1.36	0.64	1.44	1.39	1.41	1.48	1.56	3.11	3.13
24	0.29	0.32	0.29	0.11	0.22	0.21	0.21	0.18	0.18	0.21	0.34
51	0.09	0.24	0.27	0.08	0.08	0.13	0.09	0.05	0.05	0.04	0.03
52	1.42	1.51	1.29	1.70	2.77	2.87	3.15	4.19	3.41	3.78	3.89
53	0.18	0.18	0.21	0.23	0.29	0.33	0.32	0.31	0.31	0.33	0.29

数据来源：根据 UN Comtrade 数据库整理而得。

（3）中国与泰国农产品贸易互补性分析。本文将利用贸易互补性指数（*TCI* 指数）来研究贸易的互补性。*TCI* 指数是常用的测算国家间贸易差异性与融合性的指标。用公式表示为式（2）：

$$TCI_{ijk} = RCA_{xik} \times RCA_{mjk} \tag{2}$$

式（2）中，RCA_{xik} 表示 i 国 k 类产品的显示性比较优势；RCA_{mjk} 表示 j 国 k 类产品的显示性比较优势。TCI_{ijk} 大于 1 时，表明出口国与进口国 k 类产品的贸易互补性较强；TCI_{ijk} 小于 1 时，表明出口国与进口国 k 类产品的贸易互补性较弱。

由于中泰农产品贸易中，泰国始终处于顺差地位，本文选择中国进口、泰国出口的农产品数据来分析两国贸易情况，且泰国具有比较优势的农产品种类多于中国，不同类别农产品的贸易互补性如表 6 所示。

中国进口、泰国出口的农产品贸易互补性指数整体呈现上升趋势，说明在中泰农产品贸易中，中国对泰国的依存度逐渐加深。中泰地理位置接近，加上两国自然条件、资源禀赋、农业生产结构的差异，泰国成为中国热带农作物和农产品原材料的天然来源地。从分类产品来看，泰国出口中国的农产品中，HS11（制粉工业产品、麦芽、淀粉、面筋）的互补性最强，这正好也是泰国具有极强比较优势的农产品，而 HS03（鱼、甲壳动物等）、HS10（谷物）、HS14（其他植物产品）、HS17（糖及糖食）的互补性也很强，特别是棕榈油、天然橡胶、原木、锯材、纸浆等中国产量较少或没有比较优势的产品，互补性程度进一步加深。

表 6 中泰农产品 *TCI* 指数

HS 编码	2006 年	2007 年	2008 年	2009 年	2010 年	2011 年	2012 年	2013 年	2014 年	2015 年	2016 年
01	0.00	0.00	0.03	0.06	0.08	0.10	0.12	0.86	0.19	0.45	0.54
02	0.01	0.01	0.02	0.02	0.02	0.02	0.09	0.14	0.20	0.20	0.18
03	2.29	2.23	2.90	2.39	1.77	1.59	1.50	1.50	1.40	1.43	1.55
04	0.05	0.05	0.05	0.06	0.07	0.08	0.09	0.17	0.15	0.16	0.17
05	0.28	0.19	0.23	0.15	0.13	0.24	0.20	0.15	0.16	0.16	0.17
06	0.05	0.04	0.05	0.04	0.03	0.03	0.03	0.04	0.04	0.03	0.05
07	0.34	0.47	0.54	0.25	0.40	0.46	0.53	0.79	0.74	0.75	0.75
08	0.11	0.11	0.16	0.14	0.20	0.18	0.31	0.45	0.35	0.34	0.35
09	0.01	0.07	0.02	0.01	0.00	0.01	0.00	0.01	0.01	0.00	0.01
10	2.58	1.27	0.90	0.64	0.89	1.11	0.85	1.38	1.39	1.75	1.61
11	1.41	2.14	1.65	1.67	2.34	1.92	1.76	2.68	3.20	3.50	3.80
12	0.65	0.91	0.80	0.83	0.65	0.63	0.52	0.49	0.44	0.54	0.59
13	0.17	0.25	0.20	0.18	0.13	0.10	0.06	0.07	0.11	0.15	0.19
14	2.34	2.55	3.42	1.39	1.11	1.35	1.29	1.34	1.65	1.66	1.72
15	0.65	0.66	2.56	2.15	0.62	0.46	0.67	0.76	0.45	0.55	0.63
16	0.23	0.31	0.46	0.45	0.25	0.40	0.59	0.54	0.54	0.59	0.63
17	1.02	1.00	1.85	0.99	0.97	1.92	2.34	2.22	2.15	2.16	2.19
18	0.01	0.02	0.02	0.02	0.02	0.03	0.09	0.14	0.20	0.30	0.28
19	0.15	0.16	0.23	0.36	0.39	0.40	0.50	0.59	0.59	0.58	0.53
20	0.26	0.28	0.29	0.27	0.24	0.33	0.37	0.31	0.35	0.33	0.32
21	0.34	0.29	0.35	0.43	0.24	0.25	0.14	0.12	0.19	0.14	0.17
22	0.03	0.04	0.05	0.08	0.08	0.16	0.17	0.27	0.25	0.15	0.16
23	1.05	1.00	1.01	0.72	0.55	0.88	0.65	0.27	0.25	0.22	0.25
24	0.06	0.07	0.11	0.11	0.07	0.05	0.06	0.66	0.27	0.35	0.45
51	0.21	0.63	0.44	0.14	0.13	0.35	0.22	0.13	0.12	0.14	0.18
52	0.26	0.33	0.46	0.47	0.25	0.42	0.53	0.54	0.54	0.53	0.63
53	0.11	0.29	0.33	0.32	0.27	0.41	0.43	0.64	0.48	0.56	0.78

数据来源：根据 UN Comtrade 数据库整理。

（4）结论。中国劳动力资源优势明显，具有出口优势的农产品主要是劳动密集型产品，泰国土地密集型农产品具有较强的比较优势，因此中国应重点发展水果、蔬菜、动物养殖等劳动密集型产业，同时要注重发挥规模效应，将农业生产向适度规模经营、集约型经营转变，建立优势农业产区，加大对农业产业化龙头企业的扶持力度，培育中国具有较强竞争力的产品。另外，要加大现有农产品的深加工，进一步提高农产品自身的附加值，不断增加各种加工类农产品的出口份额。

4. 中国与越南农产品贸易分析

（1）中国与越南的农产品贸易额变化。2010—2016 年，中国与越南农产品贸易总额逐年上升，2010 年为 20.45 亿美元，2016 年达到 67.36 亿美元。中国对越南农产品贸易长期处于顺差状态，仅在 2012 年处于逆差，2016 年达到顺差的峰值 10.07 亿美元。

其中，中国对越南农产品出口额逐年增大，仅在 2012 年有小幅减少，2016 年达到峰值 38.71 亿美元；中国从越南进口农产品额逐年增大，仅在 2013 年小幅回落，2016 年达到峰值 28.64 亿美元（图 2）。

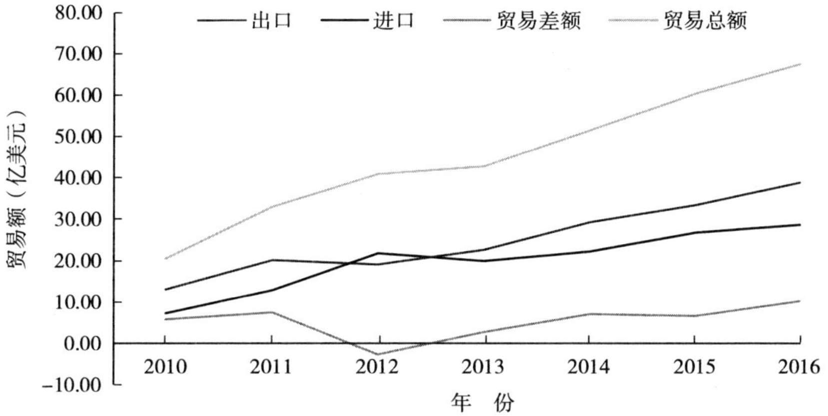

图 2 2010—2016 年中国与越南的农产品贸易额

数据来源：根据 UN Comtrade 数据库整理所得

（2）中国与越南农产品贸易竞争性分析。从越南出口的分类农产品角度来看，HS03（鱼、甲壳动物、软体动物及其他水生无脊椎动物）、HS07（食用蔬菜、根及块茎）、HS08（食用水果及坚果，柑橘属水果或甜瓜的果皮）、HS09（咖啡、茶、马黛茶及调味香料）、HS10（谷物）、HS11（制粉工业产品、麦芽、淀粉、菊粉、面筋）、HS14（编结用植物材料、其他植物产品）、HS16（肉、鱼、甲壳动物、软体动物及其他水生无脊椎动物的制品）、HS19（谷物、粮食粉、淀粉或乳的制品，糕饼点心）的 *RCA* 指数在 2006—2016 年均大于1，具有较强的国际竞争力；HS52（棉花）的*RCA*指数在2006—2016年呈增大趋势，在2008年后均大于1，具有较强的国际竞争力。其余分类农产品的国际竞争力都较弱（表7）。

表7　越南分类农产品*RCA*指数变化

HS编码	2006年	2007年	2008年	2009年	2010年	2011年	2012年	2013年	2014年	2015年	2016年
01	0.10	0.10	0.07	0.06	0.03	0.02	0.03	0.03	0.04	0.03	0.04
02	0.11	0.20	0.18	0.12	0.08	0.11	0.11	0.08	0.08	0.10	0.11
03	14.29	13.18	14.62	10.10	12.08	11.16	11.00	9.39	8.82	8.56	8.31
04	0.73	0.30	0.30	0.24	0.28	0.40	0.50	0.53	0.42	0.34	0.47
05	0.53	0.36	0.33	0.37	0.35	0.48	0.46	0.45	0.39	0.42	0.41
06	0.17	0.21	0.20	0.26	0.29	0.30	0.33	0.33	0.30	0.36	0.29
07	1.56	1.77	1.32	1.82	1.28	2.04	2.28	1.54	2.17	2.32	2.19
08	3.34	3.57	4.56	3.31	3.97	4.01	4.68	3.83	4.19	4.43	4.21
09	20.82	29.86	24.68	18.93	16.66	21.81	24.28	17.89	16.45	15.34	14.97
10	7.62	7.94	10.03	7.32	6.48	6.12	7.42	5.26	4.35	4.67	4.98
11	5.17	7.18	4.58	4.92	4.94	6.98	9.70	7.90	7.06	6.99	6.54
12	0.31	0.69	0.46	0.22	0.28	0.26	0.12	0.12	0.11	0.09	0.08
13	1.11	0.55	0.44	0.25	0.04	0.15	0.12	0.28	0.28	0.26	0.27
14	5.39	3.12	2.35	2.02	3.10	2.40	3.27	3.19	2.90	2.84	2.75
15	0.12	0.32	0.42	0.29	0.24	0.46	0.76	0.55	0.40	0.51	0.58
16	4.09	4.64	4.68	4.44	4.91	6.07	5.56	6.74	6.63	6.66	7.23
17	0.26	0.46	0.60	0.60	0.76	1.64	0.70	1.48	0.63	1.42	1.09
18	0.01	0.01	0.03	0.04	0.05	0.06	0.06	0.07	0.05	0.04	0.05
19	1.36	1.71	1.68	1.43	1.31	1.50	1.45	1.55	1.12	1.09	1.15
20	1.08	1.06	0.98	0.76	0.76	0.75	0.64	0.91	0.77	1.07	0.88
21	0.40	0.40	0.41	0.41	0.46	0.69	0.82	1.37	1.05	1.22	1.03
22	0.13	0.23	0.23	0.23	0.28	0.45	0.59	0.54	0.46	0.45	0.39
23	0.24	0.28	0.33	0.37	0.53	0.60	0.88	0.92	1.06	1.19	1.23
24	1.32	1.11	1.09	1.13	1.30	1.20	1.19	1.21	0.98	0.99	1.09
51	0.09	0.24	0.17	0.08	0.08	0.13	0.09	0.05	0.05	0.04	0.03
52	0.48	0.61	1.29	1.70	2.77	2.87	3.15	4.19	3.41	3.78	3.89
53	0.16	0.08	0.21	0.25	0.29	0.33	0.32	0.31	0.31	0.33	0.29

数据来源：根据UN Comtrade数据库整理而得。

（3）贸易互补性分析。由于中国与越南农产品贸易长期存在顺差，所以在此分开说明中国出口越南和越南出口中国的农产品互补性。2006—2016年，中国农产品出口对越南农产品进口的*TCI*指数大于1的农产品只有HS05（其他动物产品）、HS52（棉花），说明中国出口的 HS05（其他动物产品）、HS52（棉花）比较符合越南需求，该类农产品的贸易互补性较强。HS03（鱼、甲壳动物、软体动物及其他水生无脊椎动物）、HS13（虫胶、树胶、树脂及其他植物液、汁）、HS23（食品工业的残渣及废料，配制的动物饲料）、HS51（羊毛、动物细毛或粗毛，马毛纱线及其机织物）等分类农产品的 *TCI* 指数逐年增大，在 2011 年后均大于 1，贸易互补性增强。其他种类的农产品贸易互补性较弱（表 8）。

表 8　中国农产品出口对越南农产品进口的 *TCI* 指数变化

HS 编码	2006 年	2007 年	2008 年	2009 年	2010 年	2011 年	2012 年	2013 年	2014 年	2015 年	2016 年
01	0.02	0.03	0.04	0.03	0.08	0.07	0.07	0.18	0.45	0.38	0.44
02	0.01	0.02	0.04	0.02	0.01	0.02	0.02	0.02	0.02	0.03	0.02
03	0.55	0.40	0.55	0.46	0.69	1.13	1.35	1.29	2.05	1.98	2.13
04	0.07	0.11	0.12	0.04	0.05	0.07	0.07	0.07	0.08	0.08	0.09
05	2.25	1.93	2.95	2.32	2.69	5.41	6.35	10.12	12.34	13.15	14.56
06	0.01	0.01	0.01	0.02	0.03	0.05	0.05	0.06	0.08	0.11	0.10
07	0.19	0.25	0.32	0.31	0.57	0.70	0.86	0.93	0.80	0.85	0.82
08	0.15	0.17	0.30	0.22	0.31	0.44	0.41	0.49	0.55	0.48	0.52
09	0.03	0.06	0.11	0.11	0.19	0.26	0.32	0.34	0.29	0.31	0.38
10	0.21	0.38	0.08	0.09	0.08	0.09	0.09	0.09	0.10	0.08	0.11
11	0.36	1.20	0.92	0.66	0.61	0.65	0.70	0.73	0.68	0.79	0.75
12	0.07	0.09	0.16	0.10	0.10	0.27	0.54	0.45	0.53	0.52	0.51
13	0.21	0.33	0.51	0.60	0.73	1.05	1.11	1.38	1.38	1.44	1.52
14	1.12	0.42	0.20	0.12	0.28	0.19	0.30	0.18	0.26	0.30	0.31
15	0.07	0.08	0.13	0.05	0.05	0.10	0.10	0.08	0.09	0.11	0.11
16	0.03	0.10	0.08	0.06	0.06	0.09	0.10	0.05	0.11	0.09	0.08
17	0.18	0.11	0.18	0.18	0.45	0.55	0.30	0.30	0.21	0.23	0.24
18	0.00	0.00	0.00	0.00	0.01	0.01	0.01	0.01	0.01	0.01	0.01
19	0.22	0.22	0.20	0.21	0.22	0.33	0.38	0.39	0.29	0.32	0.33
20	0.07	0.11	0.11	0.09	0.08	0.12	0.12	0.13	0.13	0.14	0.16
21	0.13	0.15	0.18	0.17	0.22	0.33	0.36	0.45	0.50	0.54	0.59
22	0.02	0.01	0.02	0.02	0.01	0.02	0.02	0.02	0.03	0.02	0.03
23	0.58	1.21	2.11	1.73	1.70	1.64	2.39	2.22	2.68	2.72	2.83
24	0.20	0.18	0.24	0.28	0.26	0.28	0.28	0.28	0.22	0.34	0.29
51	0.49	0.87	1.04	0.73	1.29	2.25	2.86	2.86	2.31	2.76	2.83
52	6.96	8.54	11.13	10.06	13.03	24.04	19.20	30.82	17.88	22.34	19.35
53	0.21	0.33	0.08	0.09	0.08	0.19	0.09	0.09	0.10	0.08	0.21

数据来源：根据 UN Comtrade 数据库整理而得。

2006—2016 年，越南农产品出口对中国农产品进口的 *TCI* 指数大于 1 的农产品有 HS03（鱼、甲壳动物、软体动物及其他水生无脊椎动物）、HS11（制粉工业产品、麦芽、淀粉、菊粉、面筋）、HS14（编结用植物材料、其他植物产品），说明越南出口的 HS03（鱼、甲壳动物、软体动物及其他水生无脊椎动物）、HS11（制粉工业产品、麦芽、淀粉、菊粉、面筋）、HS14（编结用植物材料、其他植物产品）比较符合中国需求，该类农产品的贸易互补性较强。HS08（食用水果及坚果，柑橘属水果或甜瓜的果皮）、HS09（咖啡、茶、马黛茶及调味香料）、HS10（谷物）等分类农产品的 *TCI* 指数逐年增大，在 2011 年后均大于 1，贸易互补性增强。HS52（棉花）的 *TCI* 指数除 2006 年、2016 年外均大于 1。其他种类的农产品贸易互补性较弱（表 9）。

表 9　越南农产品出口对中国农产品进口的 *TCI* 指数变化

HS 编码	2006 年	2007 年	2008 年	2009 年	2010 年	2011 年	2012 年	2013 年	2014 年	2015 年	2016 年
01	0.00	0.01	0.01	0.00	0.00	0.00	0.01	0.01	0.02	0.03	0.02
02	0.01	0.04	0.05	0.02	0.02	0.03	0.04	0.04	0.04	0.03	0.04
03	7.34	6.63	8.20	4.62	5.70	6.37	5.54	4.94	6.20	6.62	6.73
04	0.08	0.04	0.05	0.04	0.06	0.12	0.17	0.28	0.35	0.37	0.39
05	0.18	0.14	0.13	0.14	0.16	0.22	0.19	0.21	0.20	0.24	0.26
06	0.01	0.01	0.01	0.02	0.02	0.02	0.02	0.03	0.03	0.03	0.03
07	0.30	0.34	0.19	0.39	0.33	0.58	0.85	0.56	0.84	0.87	0.96
08	0.44	0.51	0.92	0.73	0.96	1.19	1.78	1.34	2.14	2.44	2.65
09	0.35	0.67	0.77	0.43	0.63	1.21	1.56	0.94	1.38	1.37	1.44
10	0.83	0.50	0.83	0.69	0.86	1.10	2.94	2.22	2.54	2.65	2.69
11	1.08	1.35	0.83	1.05	1.27	2.18	2.86	3.35	3.80	3.87	3.92
12	0.47	1.39	1.63	0.59	0.82	0.83	0.48	0.47	0.55	0.58	0.69
13	0.16	0.10	0.05	0.04	0.01	0.03	0.03	0.08	0.03	0.04	0.06
14	9.85	3.65	3.71	2.46	8.47	5.74	7.33	4.96	7.12	6.67	7.34
15	0.06	0.32	0.60	0.27	0.23	0.57	1.03	0.62	0.53	0.59	0.76
16	0.06	0.11	0.11	0.06	0.11	0.25	0.20	0.28	0.28	0.33	0.38
17	0.05	0.06	0.07	0.07	0.17	0.75	0.39	0.74	0.28	0.38	0.64
18	0.00	0.00	0.00	0.00	0.00	0.01	0.01	0.01	0.01	0.02	0.02
19	0.13	0.19	0.30	0.32	0.27	0.42	0.41	0.60	0.48	0.45	0.56
20	0.06	0.08	0.07	0.06	0.06	0.08	0.07	0.10	0.10	0.13	0.12
21	0.04	0.04	0.05	0.04	0.05	0.10	0.12	0.24	0.23	0.22	0.27
22	0.01	0.03	0.03	0.03	0.04	0.11	0.16	0.14	0.12	0.13	0.15
23	0.07	0.08	0.12	0.11	0.23	0.24	0.32	0.38	0.57	0.40	0.47
24	0.24	0.20	0.29	0.26	0.25	0.31	0.35	0.38	0.43	0.45	0.46
51	0.19	0.62	0.45	0.16	0.18	0.37	0.22	0.13	0.12	0.14	0.18
52	0.97	1.02	2.10	2.33	4.63	7.87	9.48	13.80	7.98	8.78	0.67
53	0.11	0.29	0.33	0.32	0.27	0.41	0.43	0.64	0.48	0.56	0.78

数据来源：根据 UN Comtrade 数据库整理而得。

(4) 结论。从中国出口的分类农产品角度来看，蔬菜、水产品、水果、羊毛、棉花的 *RCA* 指数大于 1，具有较强的国际竞争力。从越南出口的分类农产品角度来看，水产品、蔬菜、水果、咖啡、茶、调味香料、谷物、淀粉、烟草的 *RCA* 指数均大于 1，具有较强的国际竞争力。2006—2016 年，中国农产品出口对越南农产品进口的 *TCI* 指数均小于 1，说明中国对越南出口的农产品不太符合其进口需求，贸易互补性较弱。越南农产品出口对中国农产品进口的 *TCI* 指数在 2006—2016 年均大于 1，说明越南对中国出口的农产品比较符合中国进口需求，贸易互补性较强。从分类农产品来看，中国的棉花、动物产品的 *TCI* 指数大于 1，越南的水产品、淀粉、编结用植物材料的 *TCI* 指数大于 1。

中国与越南存在气候差异等自然禀赋的差异，两国的生产和需求结构存在一定的互补性。中越两国可以从丰富农产品贸易种类、提升农产品附加值、加强两国在农业领域的合作与交流等方面促进农产品贸易的增长。还可以利用营销手段强化品牌意识，提高产业规模化程度，以降低单位成本，促进中越农产品贸易的健康发展。

(三)“一带一路”倡议下中国与东盟主要国家农产品贸易发展对策

目前中国与东盟在农产品贸易领域还是存在着贸易逆差、贸易结构不合理等问题，为促进中国与东盟国家农产品贸易的更好发展，应该从以下几个方面进行改进。

1. 利用深加工提高出口农产品的附加值

中国可以对产品进行深加工，制成半成品或者成品进行销售，这样不仅可以通过增大产品的差异性以获得更多的贸易额，还能够树立中国的农产品形象，形成品牌效应，增强产品的国际竞争力。中国可以根据进口市场的需求和偏好生产适合消费者口味的制成品，减小产品之间的相似性，增加生产到销售过程中的附加值，打入国外中高端市场，提高中国福利水平。此外，由于农产品是初级产品，需求价格弹性较低，一旦需求紧缩或是被其他国家的产品抢占了市场，势必造成出口价格的大幅度波动，影响贸易额。因此，中国应当增加产品的多样性，应对需求市场可能发生的风险，减少贸易额的大幅度变化。

2. 调整对东盟市场农产品的出口结构

在今后的中国东盟双边农产品贸易中，应该参照双方的资源禀赋特点和比较优势原则，调整中国农产品结构，重点转向生产具有竞争优势的产品，提高农业体系效率。中国应发挥地区四季分明、雨量充沛等适合农作物生长的优势，选择有特点的作物进行栽培。东盟国家地处热带，主要以生产热带水果为主；中国大部分的地区属于温带气候，主要以生产温带果蔬为主。东盟国家拥有丰富的自然资源，且人均资源占有量相对较大，在资源密集型和土地密集型的农产品方面更具优势；中国则在劳动密集型的农产品方面有较强的竞争优势，以水产品、水果、蔬菜、马铃薯和甘蔗等优势作物为主。在贸易过程中强化各自产品的差异，弱化竞争，推动形成规模经济效应。同时在出口到世界或是其他第三方市场的时候，中国和东盟也应进行合理的分工，各自生产自己更具比较优势的产品。

3. 加快建立中国与东盟的多元化农业合作模式

在与东盟进行农业合作中体现出多元化，进行分层次的农业合作。同文莱、新加坡的合作，以直接投资为主，同柬埔寨、缅甸、越南、老挝的农产品合作，以技术、资金输出为主；同马来西亚、印度尼西亚、菲律宾、泰国可在CAFTA框架下开展相互投资、研发生产技术合作项目、建立联合基地等多种合作方式。

加大农业的科研开发和资金投入，积极参与农业科学技术国家间合作，重视新型农产品和绿色产品的种植和推广，增强科研力度，走专业化路线。鼓励中国企业到东盟的国家投资建厂，充分发挥中国资金雄厚的优势，使双方充分利用各自要素禀赋，实现资源的优化合理配置。

四、“一带一路”倡议前后中国与东盟的农业投资政策变化及农业投资情况分析

农业投资是“一带一路”倡议下中国对外交流合作的一个重要组成部分，也是中国对外农业投资的主要体现。“一带一路”为中国加强与东盟国家在农业领域的投资合作提供了良好时机，也为中国—东盟的农资产品和农产品贸易提供了良好的契机。

（一）中国与东盟相关政策交流情况

“一带一路”倡议提出后，中国与东盟的政策交流日益频繁。2015年11月，第十八次东盟与中日韩（10＋3）领导人会议上，李克强总理提出，深化农业减贫合作，中方支持加强“10＋3”大米紧急储备机制，推进东南亚现代农业合作示范基地和东亚畜牧产品交易平台建设，将加强与各方在农产品流通、农业生产技术、农业金融扶持和人才培训等领域的交流合作。2017年习近平总书记访问老挝期间，签署了《关于共同建设中老现代化农业产业合作示范园区的谅解备忘录》，并表示支持老挝农业、水利等基础设施建设。2017年习近平总书记对越南访问期间，提出要落实好《农产品贸易领域合作谅解备忘录》，中方愿扩大自越南进口，优先开展越南乳类及乳制品输华的准入评估工作，加快履行各项法律程序，对越南部分水果开放市场，开展包括大米、木薯

在内的农林水产领域合作。2017 年，在《落实中国—东盟面向和平与繁荣的战略伙伴关系联合宣言的行动计划》中提到，通过实施“中国—东盟粮食综合生产能力提升行动计划”等措施，加强在农作物、畜牧业、林业及渔业领域的合作，加强先进适用技术交流和能力建设。

（二）中国对东盟农业投资状况

中国对东盟投资的农业企业收益情况普遍较好，高于亚洲其他区域的农业投资。“一带一路”区域农业企业平均营业收入为 7 541.4 万美元，其中，东南亚区域的企业平均营业收入最高，达到 10 163.7 万美元，其他次区域表现一般①。总体上来看，中国对东盟地区的投资特点主要表现为以下方面：

中国对东盟地区农业投资越来越重视，投资占比在不断扩大。2015 年，中国对东南亚国家的农业投资流量为 8.9 亿美元，占中国对外农业投资流量总额的 24.5%。其中，种植业 5.7 亿美元，占比 60.0%；农林牧渔服务业 2.3 亿美元，占比 25.8%；渔业 3 986.0 万美元，占比 4.5%；农副产品加工业 1 900.0万美元，占比 2.1%；林业 2 587.8 万美元，占比 2.9%；畜牧业 193.0 万美元，占比 0.2%。从投资存量来看，截至 2015 年年底，中国对东盟国家的农业投资存量为 43.9 亿美元，占中国对外农业投资存量总额的 33.9%。其中，种植业 27.6 亿美元，占比 62.9%；农林牧渔服务业 9.1 亿美元，占比 20.8%；林业 3.2 亿美元，占比 7.4%；渔业 1.7 亿美元，占比 3.9%；农副产品加工业 1.9 亿美元，占比 4.4%；畜牧业 2 778.0 万美元，占比 0.6%。

产业布局集中在粮食作物和经济作物的种植领域。2015 年，中国企业对东盟各国农业投资的粮食作物总产量为 65.8 万吨，主要的种植作物是水稻和玉米，分布于越南、柬埔寨、缅甸和老挝等国；经济作物总量 242.1 万吨，主要是甘蔗、油棕、天然橡胶和薯类，分布于泰国、印度尼西亚、马来西亚和老挝等国；畜产品产量 30.1 万吨；水产品产量为 6.5 万吨。中国企业在“一带一路”东南亚区域的种植业投资比较集中，主要集中在水稻、小麦和玉米等粮食作物以及大豆、油棕和天然橡胶等经济作物生产。

项目投资主体多元化。国有农垦、种子企业、食品加工企业已成为投资东盟国家的主力军，发挥了示范带动作用，民营企业和农民个人投资日益增加。例如：广西农垦已经与马来西亚东方资本集团合作建设中国东盟风情园，与马来西亚麒麟阁房地产有限公司合作建设桂林科技新城，与新加坡裕廊顾问公司合作规划农垦柳州新兴机动车零配件物流基地，与新加坡唐人集团合作建设防

① 数据来源：《2016 中国对外农业投资合作分析报告》。

城港 30 万吨精制糖项目等。湖北省种子公司先后在印度尼西亚、马来西亚、缅甸、柬埔寨、菲律宾、越南等国开展了品种试验示范与技术合作，效果比较显著。

项目投资领域多元化。项目投资领域涉及经济作物种植、动物养殖、农业机械、生物能源、远洋渔业等。例如：广西与越南合作种植甘蔗 6 300 亩*，计划用 3～5 年时间在越南种植甘蔗 3.5 万亩左右。除甘蔗种植之外，广西还与越南开展剑麻和木薯种植合作，以解决剑麻加工和木薯加工企业原料供应不足问题。

投资形式多样化。中国在东盟的农业投资形式有租赁土地、购买捕捞许可证、建立生产加工基地、进行农业资源开发、农产品加工贸易等。例如：广东农垦从 2002 年起规划建设 50 万吨境外天然橡胶基地，并在泰国和越南收购、扩建了 5 座天然橡胶加工厂，稳步推进在马来西亚沙捞越州的天然橡胶种植基地项目，目前天然橡胶生产能力达到 20.6 万吨。

（三）问题与展望

1. 双边农业投资合作存在的问题

中国对东盟投资面临融资难、汇率风险等金融问题。以云南省为例，国家开发银行云南省分行是云南省外汇贷款规模第一位的金融机构，但是由于农业投资周期长，还款保障性较差，该行仅在云南特色花卉的“走出去”方面给予了较多的关注，对行业具有明显的偏好性。此外，云南企业较为集中的大湄公河次区域国家大多数实行严格的外汇管制，有些国家又实行汇率双轨制，官方汇率和自由市场汇率严重背离，这迫使在外投资合作的企业有时不得不携带大量现金过境，或交纳较高的交易费，通过地下钱庄进行货币兑换，增大了企业经营成本和对外投资的金融风险。

2. 对双边投资合作的展望

“一带一路”倡议可以通过投资促进农业市场深度融合。中国与东盟一直以来以初级农产品贸易为主，较少涉及农业生产链条其他环节。“一带一路”倡议致力于发掘新的合作空间，拓宽中国与沿线国家的贸易和投资领域，优化上下游产业链分工布局，带动上下游产业链和其他关联产业协同发展，支持建立研发、生产加工和营销推广体系，同时鼓励跨境电子商务等新兴业态的发展，为中国—东盟实现农业全产业链合作打下了基础，实现了农业从生产到销售各个市场的深度融合。

培育具有一定国际竞争能力并有中国特色的农业“走出去”企业，以有效

---

* 亩为非法定计量单位，1 亩＝1/15 公顷。

应对融资难、承担风险能力差等问题。选择一批具有一定规模、发展基础较好、有从事对外农业投资开发经验和基础、并有较强经济实力的跨国涉农企业进行重点支持，以带动中国农业产业整体竞争力的不断提升。其中，可将农垦企业和国家级农业产业化龙头企业作为优先考虑的对象，鼓励龙头企业坚持市场化运作，推动优势企业通过跨地区兼并、重组等方式，整合资源，实现"强强联合""强弱联合"，开展全球战略合作，通过宽领域、全产业链的全球布局，通过发展产业高端资本运作将利润集中到贸易等核心环节，进而掌控资源、价格和利润话语权。

对东南亚投资主要集中在经济作物和粮食作物的种植业、农产品加工业以及饲料业等产业。种植业需要规模化种植才能发挥较好的经济效益，具体品种上可重点选择天然橡胶、油棕、优质水稻等三大优势品种。东南亚农产品加工处于起步阶段，应重点选择具有一定规模的加工企业。东南亚是全球人口密度较大的区域之一，畜禽消费需求基数大、增长稳定，饲料业有丰富的市场。东南亚岛屿多、海岸线长，拥有丰富的海洋捕捞、海水养殖资源，水产养殖业发展潜力大。

中国与“一带一路”沿线国家农业贸易研究

加强“一带一路”沿线农业领域的贸易合作是“一带一路”建设的重点内容之一。2017年中国农业部、国家发展和改革委员会、商务部、外交部4个部委联合制定并发布《共同推进“一带一路”建设农业合作的愿景与行动》，指出推进“一带一路”建设农业合作是沿线各国农业发展、对外开放的共同愿景，中国愿与沿线各国携手努力，创建“一带一路”陆海联动、双向开放的农业国际合作新格局。近年来，中国与“一带一路”沿线国家农产品贸易合作形势总体良好。

一、中国与“一带一路”沿线国家农产品贸易现状与近年来变化

（一）总体状况

从中国与“一带一路”沿线国家的农产品贸易历史与现状来看，表现出以下特点。

一是“一带一路”国家已成为中国最重要的农产品进出口市场。中国对沿线国家的农产品进出口总额虽存在小幅波动，但整体上呈现上升趋势。2001年，中国与沿线国家农产品进出口总额仅为64.92亿美元，而2016年达到439.67亿美元，比2001年增长约6倍。与此同时，中国对沿线国家农产品出口额整体上也稳步增长，从2001年的33.76亿美元增长到2016年的227.78亿美元；中国对沿线国家农产品出口额占对世界农产品出口总额的比重也由2001年的15.70%提高到2016年的31.46%，年均增速为4.74%。中国自沿线国家农产品进口额也稳步增长，从2001年的31.16亿美元增长到2016年的211.89亿美元；中国自沿线国家农产品进口额占自世界农产品进口总额的比重也由2001年的20.70%提高到2016年的25.65%，年均增速为1.44%。

二是中国尚未成为“一带一路”沿线国家的主要农产品出口市场。总体上看，“一带一路”沿线国家对中国的农产品出口市场份额仅占其对世界出口总额的5%左右，且较为稳定。相对于同期中国对“一带一路”沿线国家出口占

其对世界出口总额的比重，“一带一路”沿线国家对中国农产品出口占其对世界出口的比重较小，这可能与中国保持高度的粮食安全和自身的劳动力优势以及精耕细作有关。对中国出口比重份额最大的地区为中亚、南亚和东南亚，这3个地区首先在距离上都与中国非常接近，都有与中国接壤的国家，其次东南亚、南亚都是具有农业地理优势的国家，其热带农产品资源丰富，与中国的互补性很强。

三是中国对“一带一路”沿线国家的农产品贸易逆差逐渐扩大。中国与沿线各国的农产品贸易自2004年首次出现逆差9.77亿美元，随后开始逐渐增大。到2012年中国与沿线国家的贸易逆差已经达到38.02亿美元，2013—2016年贸易逆差额有所波动，2016年中国与沿线国家的农产品贸易逆差达15.89亿美元。

（二）区域分布

对不同的国家或不同的地区，中国与其开展的农产品贸易存在巨大差异，不仅体现在贸易的数量上，也体现在农产品贸易的结构上。中国的主要农产品贸易集中在东南亚地区且逐年上升，其他区域贸易额相对较小。

1. 东南亚

2002年中国东盟自贸区协议生效以来，中国逐渐成为东南亚地区最重要的贸易伙伴，东盟也是中国农产品的出口市场之一。近年来中国与东南亚各国的农产品贸易有很大增长。在东南亚地区的农产品贸易中，主要的贸易对象国包括印度尼西亚、越南与马来西亚。2016年中国与东南亚11国农产品贸易额达303.93亿美元，其中与印度尼西亚农产品贸易额为60.01亿美元。中国自东南亚进口的农产品数量大幅增加，主要进口农产品包括水稻、水果、蔬菜、糖类、植物油等。同样，中国向东南亚地区出口的农产品也显现出普遍性的增长趋势，主要农产品包括水稻、其他粮食作物、水果、蔬菜、猪禽肉、羊毛及蚕丝、水产品等。

2. 中东欧

2001年以来，中国与中东欧农产品贸易总体上呈逐步上升的趋势，其中在2009年和2012年出现下降，其余年份均呈明显增长态势。2001年中国与中东欧农产品贸易额为5.21亿美元，之后逐步上升。受2008年金融危机影响，2009年双边的农产品贸易额首次出现下降，后开始稳步增长。2016年中国对中东欧农产品贸易额已达68.05亿美元，达到历史最高纪录。伴随着贸易总额的增长，农产品进口额与出口额也都有明显增长，其中进口额增速明显大于出口额，中国与中东欧地区的农产品贸易逆差已经由2001年的1.10亿美元增加到2016年的9.25亿美元。在中东欧地区的农产品贸易中，主要的贸易对象国包括俄罗斯、乌克兰和波兰。2016 年中国与俄罗斯农产品贸易额为 39.32 亿美元，占中国与中东欧地区农产品贸易总额的 57.78%；与乌克兰的农产品贸易额为 13.84 亿美元，占中国与中东欧地区农产品贸易总额的 20.34%；与波兰农产品贸易额为 4.08 亿美元，占中国与中东欧地区农产品贸易总额的 6.01%，三国累计占比 84.13%，接近中东欧地区与中国农产品贸易总额的 85%。2001 年，中俄农产品贸易总额为 18.2 亿美元，2016 年则达 39.3 亿美元，年均增长 5.3%。其中水产品、蔬菜、水果、肉鱼制品在双边农产品贸易中所占比重较大。中国对俄罗斯出口主要是蔬菜、水果制品和肉鱼制品。中国自俄罗斯主要进口水产品、动物饲料、油料作物，其中水产品进口占据了较大比例。

3. 南亚

中国与南亚农产品贸易规模较小，双边农产品贸易额仅占中国农产品贸易总额的 2%。中国与南亚地区的农产品贸易额呈增长趋势，2001 年中国与南亚农产品贸易额仅为 7.36 亿美元，2016 年已经增长至 31.35 亿美元，年均增长 10.14%。双边农产品贸易的进口额与出口额都有显著增加，但是进口额的增速明显大于出口额的增速。2001 年中国对南亚地区的农产品贸易顺差为 5.71 亿美元，但随着中国农产品进口增速的提升，双边农产品进出口基本持平，2016 年中国对南亚的农产品贸易保持 2.10 亿美元的顺差。中国对南亚国家出口的农产品以食物及活动物这类劳动密集型产品为主，占中国对南亚国家农产品出口总额的 54.1%。南亚国家对中国主要出口非食用原料（燃料除外），占南亚国家对中国出口农产品总额的 67.5%。南亚国家对中国出口的非食用原料（燃料除外）中，印度出口额占据地区产品出口总额的 90%，主要向中国出口纺织纤维（毛条除外和其他精梳羊毛）及其废料（不成纱或布料制造的）类农产品。中国与印度的农产品贸易占中国与南亚农产品贸易市场的一半以上。2001—2016 年中印农产品贸易额由 2001 年的 5.59 亿美元增加到 2015 年的 15.28 亿美元，年均增速 12.81%。但是中国对印度农产品贸易出现巨大逆差，进出口差距逐渐扩大，2016 年中国对印度农产品贸易逆差达 6.34 亿美元。主要原因在于中国对印度的农产品出口呈缓慢增长趋势但增幅极小，相反中国自印度进口农产品却波动很大。中国从印度进口的农产品主要包括棉花、食糖和食用植物油，印度分别是中国的第二大棉花供应国、第九大食糖供应国和第十大食用植物油供应国。2016 年中国自印度进口棉花 23 906 万美元，进口水产品 9 811.81 万美元，进口食用油籽 2 662.40 万美元。而中国对印度出口的主要是水果和蔬菜，2016 年中国向印度出口水果 18 433.69 万美元，出口蔬菜 1 829.49 万美元。

二、中国与“一带一路”沿线国家农业贸易发展前景

（一）中国与沿线国家农产品贸易发展潜力巨大

在“一带一路”沿线国家中，发展中国家占据半数以上，农业产值占沿线国家或地区的国民生产总值（GNP）的比例较高。中国与沿线国家或地区开展农业贸易在内的国际合作，对促进沿线国家或地区的经济民生发展具有不言而喻的重要意义，符合沿线国家或地区的共同愿景，也必将得到沿线国家或地区的鼎力支持。具体来看，中国长期从东南亚进口水果、大米，从中亚进口棉花、小麦，从欧洲、大洋洲进口奶制品、玉米；而中国番茄酱、苹果汁等生产在世界占据重要地位，其主要出口市场就是欧洲，具有极其广阔的发展前景。农业国际合作发展，尤其是区域间农产品贸易发展，离不开仓储与物流的发展。随着中国“一带一路”倡议的提出，贯穿东南亚、南亚、中西亚、东欧与北欧的多条高铁将在未来建成，这对于改善“一带一路”沿线国家的仓储物流能力将起到大动脉的重要作用，也为开展“一带一路”农业合作发展提供了有效的可行性保障。综合来看，中国与“一带一路”沿线国家农产品贸易发展具有显著潜力。

本文利用数学模型（主要考虑因素包括自然资源、经济结构、农产品贸易现状、地理距离、交通成本、贸易五通指数 6 个方面）计算了“一带一路”区域的农产品贸易潜力，按照双边农产品贸易潜力的大小将“一带一路”国家分为以下几类：

其一，潜力较大型。共有 25 个国家属于此类，白俄罗斯、印度、哈萨克斯坦与俄罗斯等国均属于此类。中国与这些国家的农产品进口和出口贸易均有较大的发展空间。以印度为例，虽然中印两国农产品国际竞争力水平存在较大差异，且两国农产品产业内贸易总体水平仍然较低，但由于中印两国在基本国情和经济发展水平等方面具有较高的相似性，劳动力资源等要素禀赋又趋同，因此，未来中印两国间的农产品贸易将呈现出“竞争和互补”并存的局面。目前，中印两国农产品贸易的规模仍相对较小，两国比较优势明显的农产品贸易潜力并未得到充分发挥（如印度的玉米、水稻、食糖等产量巨大，在“一带一路”区域中占有显著份额，然而对中国出口量仍然非常小），双边贸易仍有较大的拓展空间。

其二，潜力适中型。这类国家大约有 13 个，波兰、埃及、孟加拉国基本上属于此类国家，这类国家与中国的农产品贸易量适中，在进口及出口方面仍有一定的拓展空间（如波兰与埃及是小麦产量大国，埃及还是玉米产量大国，

埃及与孟加拉国是生猪与牛养殖大国，而目前其对中国的出口量仍然非常小；而中国对波兰、埃及、孟加拉国出口的水产品、羊毛、蚕丝与水果仍然有显著增长空间）。

其三，市场饱和型。这类国家共有 22 个，包括菲律宾、泰国、印度尼西亚、柬埔寨等国家。

总体来看，“一带一路”沿线国家中一半以上的国家与中国之间进行双边农产品贸易的潜力巨大，双边存在着明显的市场拓展空间，而其余国家的市场则已处于贸易量适中或相对饱和的状态。潜力型国家主要集中在中东欧和西亚地区。

（二）面临的风险与挑战

中国与“一带一路”沿线国家的农产品贸易，面临着全球范围内的贸易保护主义抬头、国际农业经贸规则体系转轨以及各个国家和地区政治经济文化风险等方面的冲击与挑战。

其一，随着农业全球化对生态环境和自然资源的冲击不断扩大，相关保护等议题越来越受人瞩目。全球农产品贸易结构的不平衡，农业全球化中粗放型的国际化扩张与发展模式，加剧了对第三世界国家生态环境与自然资源的破坏与损害。全球农业产业竞争与国际农业政治的博弈更加紧张激烈，全球农业贸易保护主义再次抬头。

其二，随着美国宣布从 2014 年之后所有的双边投资协定均在新的“文本框架”上采取“准入前国民待遇＋负面清单”的方式制定，中国也将在 2018 年全面实施“准入前国民待遇＋负面清单”的国际贸易投资规则新体系。这一新体系正逐渐成为国际贸易投资规则的新标准，而“一带一路”沿线国家和地区在未来也参考实施这一新规则体系的可能性极大。与此同时，难民危机、英国脱欧、特朗普治理下的美国逆自由贸易的国际经贸政策（如退出跨太平洋伙伴关系协定 TPP，提出重新商定北美自由贸易协定 NAFTA，多次实质性突破 WTO 框架协议，发起中美与美欧贸易争端）等事先难以预计的突发因素，正在不断给全球化进程造成冲击，给未来国际贸易投资新规则体系的建立带来更多的不确定性。而国际农产品贸易竞争与合作将可能面对新一季多事之秋，这将给“一带一路”沿线国家或地区农产品贸易的发展与相关投资带来不确定。

其三，近年来全球区域性政治动荡与社会冲突层出不穷，第三世界范围内更是雪上加霜。“一带一路”沿线国家一半为存在政治风险的地区，而政局动荡、战乱冲突、文化矛盾等都会限制中国与“一带一路”沿线国家农业合作的健康开展。因此应密切关注形势变化，做好监测预警，加强风险防范。

典型国家农业支持水平与政策调整研究
——基于 OECD 分析框架

本研究运用 OECD 农业政策评估工具，通过对主要监测国家农业支持水平、支持结构以及政策选择的比较，为中国政府优化和调整农业政策提供现实依据和对策建议。在监测的国家中，美国、澳大利亚和俄罗斯均属于地广人稀的国家，而欧盟、巴西则属于人地较平均的国家，日韩及中国则属于典型的人多地少国家。各国不同的农业发展条件不仅决定了农业发展形态，也影响着各国政府在农业补贴政策上的选择。

一、农业总支持水平及结构变动比较

（一）总支持水平变动及比较

总支持水平估计值（TSE）是衡量通过执行农业支持政策，每年从纳税人和农产品消费者转移到农业生产者的总价值。表 1 显示了各国 1995—2016 年总支持水平及变化情况。总体来看，欧盟、中国的 TSE 处于较高水平，澳大利亚支持较低。从支持水平变动趋势来看，OECD 成员总支持量变化不大，呈下降或小幅波动趋势；巴西、俄罗斯、中国作为非 OECD 成员代表，TSE 波动幅度较大且存在明显的上升趋势。

而从%TSE（表示一国对农业 TSE 占该国当年 GDP 的比重，%TSE 值越高表示该国的国内收入用于支持农业的开支越大）来看，OECD 国家近年来一直为减少农业支持对财政的压力而减少农业支持，%TSE 从 1995 年的 1.62%降至 2016 年的 0.6%。从各国变动趋势来看，OECD 成员或降低（澳大利亚、日本、韩国、欧盟）或维持支持水平不变（美国），而非 OECD 观察国变动趋势不明显，中国在经历了以较高 GDP 比重用于农业支持后，在改革中开始降低%TSE 水平，由 2015 年的 2.52%降至 2016 年 2.22%（表 1）。

表 1　1995—2016 年各国总支持水平（TSE、%TSE）

单位：百万美元、%

国家/经济体	1995 年		2000 年		2010 年		2015 年		2016 年	
	TSE	%TSE	TSE	%TSE	TSE	%TSE	TSE	%TSE	TSE	%TSE
澳大利亚	1 733	0.44	939	0.23	2 119	0.16	1 650	0.13	1 753	0.14

（续）

国家/经济体	1995 年		2000 年		2010 年		2015 年		2016 年	
	TSE	%TSE	TSE	%TSE	TSE	%TSE	TSE	%TSE	TSE	%TSE
日本	97 639	1.83	67 553	1.43	63 564	1.16	43 084	1.04	50 395	1.09
韩国	28 810	5.18	22 061	3.93	20 035	1.83	23 753	1.72	22 930	1.63
美国	41 980	0.55	74 563	0.72	81 724	0.55	76 258	0.42	90 849	0.49
欧盟	139 054	1.51	99 127	1.17	123 280	0.73	107 392	0.66	111 592	0.68
OECD	338 471	1.62	302 171	1.03	338 976	0.78	294 246	0.58	317 405	0.60
巴西	−5 230	−0.66	4 122	0.63	15 776	0.71	6 833	0.39	10 655	0.60
中国	17 352	2.37	21 760	1.80	130 698	2.14	274 876	2.52	246 934	2.22
俄罗斯	6 881	2.08	917	0.33	19 373	1.19	11 042	0.84	13 839	1.09

数据来源：OECD 数据库整理。

（二）总支持结构比较及变动趋势

TSE 由对生产者的支持（PSE）、一般服务的支持（GSSE）以及从纳税人向消费者的转移支付（TCT）三部分组成，即 TSE＝PSE＋GSSE＋TCT。

1995—2016 年各国农业支持结构（表 2）显示，除美国外①各国均主要采用生产者支持的方式对农业进行支持，PSE 占比均在 50%以上。OECD 国家中，除澳大利亚较为平衡外，其余各国 2016 年 PSE 均占比 80%以上。而非 OECD 国家中巴西 PSE 占比水平略低，为 69.1%，中国和俄罗斯该值则高达 85%以上；从趋势上看，OECD 国家中对生产者高保护高补贴的欧盟、日本和韩国一直维持了 PSE 的较高占比，而非成员波动范围更大，政策的不确定性更强。

表 2　1995—2016 年各国总支持结构

单位：%

国家/经济体	1995 年		2000 年		2005 年		2010 年		2015 年		2016 年	
	PSE 占比	GSSE 占比	PSE 占比	GSSE 占比	PSE 占比	GSSE 占比	PSE 占比	GSSE 占比	PSE 占比	GSSE 占比	PSE 占比	GSSE 占比
澳大利亚	79.28	20.72	83.11	30.02	66.56	43.77	61.04	38.96	47.54	52.46	50.77	49.23
日本	74.55	25.17	80.07	19.86	82.72	17.24	86.74	13.24	81.70	18.29	82.68	17.31
韩国	88.05	10.52	87.30	12.29	87.20	12.50	84.85	14.94	87.77	12.09	87.39	12.47
美国	47.05	10.00	68.24	7.11	55.14	9.54	37.66	12.18	50.06	11.47	36.63	10.53
欧盟	89.36	7.26	88.60	7.84	87.60	9.67	86.61	11.62	87.39	11.34	89.38	9.78
OECD	78.62	14.01	80.41	12.04	79.10	12.12	74.08	13.10	75.73	13.62	71.85	12.55

① 美国 1935 年开始实施的"营养计划"等政策，致使农业支持大部分转向消费者。

（续）

国家/经济体	1995年		2000年		2005年		2010年		2015年		2016年	
	PSE占比	GSSE占比	PSE占比	GSSE占比	PSE占比	GSSE占比	PSE占比	GSSE占比	PSE占比	GSSE占比	PSE占比	GSSE占比
巴西	158.58	−58.58	66.17	33.07	70.71	26.69	60.58	24.63	54.99	28.48	69.10	21.66
中国	71.78	26.56	44.36	54.34	70.07	29.91	83.42	16.58	82.89	17.11	85.93	14.07
俄罗斯	88.52	11.35	40.27	59.63	84.59	13.32	85.78	10.85	82.64	14.12	86.19	12.50

数据来源：OECD数据库整理。

二、生产者支持水平及政策选择比较分析

（一）生产者支持水平比较

从PSE来看，欧盟、日韩、美国以及中国、俄罗斯均对生产者有较高的支持（表3）。从生产者支持率%PSE来看，日韩和欧盟对生产者高保护的特征并未改变，其%PSE水平远高于OECD平均水平，中国和俄罗斯虽然生产者支持的绝对量较大，但从占农业总收入的份额角度来看，所占比重并不高（表4）。从对生产者支持的变动趋势来看，无论是支持总量还是支持率，OECD国家近年来均在逐步减少对生产者支持的投入，表明在多边贸易规则体制下，各国均有意愿逐步放弃政府对农业生产和农产品市场的直接干预，调控手段趋于市场化，农民收入对政策依赖程度变小。与之相反，非OECD成员则都有加大对生产者支持的倾向。

表3　1995—2016年各国生产者支持总量（PSE）比较

单位：百万美元

国家/经济体	1995年	2000年	2005年	2010年	2015年	2016年
澳大利亚	1 374	780	1 114	1 293	785	890
日本	72 788	54 088	44 379	55 137	35 198	41 666
韩国	25 369	19 259	21 978	17 000	20 847	20 039
美国	19 753	50 881	40 069	30 774	38 177	33 277
欧盟	124 255	87 825	127 853	106 774	93 848	99 735
OECD	266 102	242 964	269 907	251 109	222 831	228 052
巴西	−8 293	2 728	5 156	9 558	3 758	7 362
中国	12 454	9 654	32 616	109 031	227 837	212 182
俄罗斯	6 091	369	6 409	16 619	9 125	11 928

数据来源：OECD数据库整理。

表 4　1995—2016 年各国生产者支持率（%PSE）比较

单位：%

国家/经济体	1995 年	2000 年	2005 年	2010 年	2015 年	2016 年
澳大利亚	6.44	3.74	3.64	2.95	1.81	1.95
日本	62.22	59.74	53.80	54.11	44.07	48.05
韩国	72.77	66.14	59.61	44.64	50.77	49.20
美国	9.75	22.67	15.05	8.58	9.59	8.71
欧盟	34.98	33.19	31.23	20.33	19.14	20.99
OECD	31.86	32.92	27.61	19.86	17.89	18.77
巴西	−17.90	7.11	7.67	6.37	2.56	4.86
中国	5.58	3.67	7.75	12.27	15.67	14.51
俄罗斯	15.37	1.53	14.70	22.40	12.21	16.06

数据来源：OECD 数据库整理。

（二）生产者支持结构及政策比较分析

按照 2007 年 OECD 农业政策分类框架体系，PSE 分为 7 个部分。A 基于商品产出的支持；B 基于投入使用的支付；C 基于当前 A/An/R/I（耕作面积/牲畜数量/收入/收益）的，以生产为基础的支付；D 基于非当前 A/An/R/I 的，以生产为基础的支付；E 基于非当前 A/An/R/I 的，不以生产为基础的支付；F 基于非商品标准的支付；G 其他支付。PSE 等于A～G的总和。

表 5 列示了主要监测国家 PSE 6 个类别占生产者支持总量的比重。不同的支持政策与支持方法措施对农户最终的生产选择和决定很重要，直接影响了农产品的种类和产量，潜在地影响农户的生产、贸易、收入和环境等。2016 年澳大利亚主要的 PSE 构成是 B 项和 E 项，两项比重占到 PSE 总和的 86.33%；日本和韩国则主要以 A 项为主，分别占到 PSE 总和的 83.84%和 89.02%；美国属于分布较均衡的国家，A、B、C、E 项均占 20%以上；欧盟主要涉及 A、C、E 项投入，占到 PSE 总和的 87.03%；巴西以 A 项为主，B、C 项为辅助的 PSE 结构；中国的 PSE 投入主要集中在 A、B、C 三项，占到 PSE 总和的 97.39%；俄罗斯也主要是 A、B、C 项投入，其他支出为 0。

从各国 PSE 结构演变来看，澳大利亚 B 项一直占有重要地位，E 项在不断调整中趋于稳定，形成了以 B、E 项为主的 PSE 结构，且近年来 C 项支出有所提高；日本一直维持 A 项占比较高的结构状况，但近年来随着世贸农业谈判对价格支持的削减，有所下降，而 C、E 项则有所提高，2016 年最新数据二者比例占到 PSE 的 13.38%；韩国与日本情况类似，一直以来主要通过市场价格支持对生产者进行支持，近年来E项支出略有提高，2016年达到3.78%；美国从早期以市场价格支持和基于投入的使用的支持为主逐渐在各类支出中进行均衡；早期欧盟主要的生产者支持集中在A、C项，而通过共同农业政策的数次改革，逐渐将支持分布于A、C、E项，并且近年来E项成为主要的生产者支持方式；巴西通过市场改革将以价格支持为主的支持方式向以A、B项支持为主转化；而中国对生产者支持一直以来以价格支持为主，但近年来逐渐增加C项支出；俄罗斯改革趋势明显，由最初基于产出的支持为负，逐渐依赖市场价格支持，而逐渐减少B基于投入的使用的支付，从1995年的占比94.86%到2016年降为17.45%。

表5　1995—2016年各国PSE结构比较

单位：%

国家/经济体	类别	1995年	2000年	2005年	2010年	2015年	2016年
澳大利亚	A	45.15	12.20	0.00	0.13	0.00	0.00
	B	41.08	46.39	43.94	48.70	42.65	44.02
	C	1.85	0.57	3.32	18.79	9.75	11.42
	E	11.88	40.84	52.43	30.68	44.17	42.31
	F	0.05	0.00	0.00	1.70	3.43	2.23
	G	0.00	0.00	0.00	0.00	0.00	0.01
日本	A	94.08	93.62	93.05	86.14	83.68	83.84
	B	4.62	3.60	2.86	3.59	3.38	2.78
	C	0.00	0.00	0.60	3.67	5.75	6.30
	E	1.30	2.78	3.49	6.60	7.18	7.08
	F	0.00	0.00	0.00	0.00	0.00	0.00
	G	0.00	0.00	0.00	0.00	0.00	0.00
韩国	A	94.71	95.63	88.12	88.16	91.81	89.02
	B	4.12	2.82	2.29	3.65	2.27	2.55
	C	1.17	1.56	6.84	4.60	2.16	4.64
	E	0.00	0.00	2.73	3.60	3.76	3.78
	F	0.00	0.00	0.02	0.00	0.00	0.00
	G	0.00	0.00	0.00	0.00	0.00	0.00
美国	A	41.98	51.13	36.40	23.90	29.56	21.80
	B	33.50	14.26	23.15	29.08	22.72	24.54
	C	15.31	10.17	7.23	19.91	20.90	23.31
	E	0.00	20.70	27.23	18.64	21.81	25.17
	F	9.21	3.75	5.99	8.47	5.01	5.17
	G	0.00	0.00	0.00	0.00	0.00	0.00

（续）

国家/经济体	类别	1995年	2000年	2005年	2010年	2015年	2016年
欧盟	A	62.08	57.28	48.74	17.82	20.40	22.63
	B	5.73	7.52	10.19	14.80	14.95	11.35
	C	31.10	34.88	24.51	19.22	19.78	25.44
	E	0.03	0.02	15.64	45.76	43.21	38.96
	F	1.25	1.27	1.31	2.11	0.79	0.88
	G	−0.19	−0.96	−0.51	0.08	0.76	0.74
OECD	A	72.09	69.05	59.22	47.21	47.07	47.06
	B	8.59	7.92	10.09	12.87	12.92	11.07
	C	16.73	15.96	14.54	13.92	14.53	17.59
	E	1.12	6.06	14.44	23.31	22.46	21.50
	F	1.29	1.27	1.57	2.00	1.51	1.44
	G	−0.01	−0.28	−0.18	0.11	0.40	0.39
巴西	A	115.27	25.43	37.50	68.61	16.89	57.18
	B	−15.27	74.57	62.18	29.49	80.07	41.10
	C	0.00	0.00	0.31	1.90	3.04	1.72
	E	0.00	0.00	0.00	0.00	0.00	0.00
	F	0.00	0.00	0.00	0.00	0.00	0.00
	G	0.00	0.00	0.00	0.00	0.00	0.00
中国	A	86.47	34.77	41.23	67.61	72.48	72.26
	B	10.02	56.23	40.52	11.84	9.78	9.64
	C	3.04	5.06	9.64	15.96	14.94	15.49
	E	0.46	3.78	2.01	1.38	1.64	1.51
	F	0.00	0.16	6.61	3.21	1.15	1.10
	G	0.00	0.00	0.00	0.00	0.00	0.00
俄罗斯	A	−5.32	−128.13	73.60	72.65	60.21	78.55
	B	94.86	185.38	23.83	25.34	31.17	17.45
	C	0.00	0.00	0.26	2.01	7.03	4.00
	E	0.00	0.00	0.00	0.00	0.00	0.00
	F	0.00	0.00	0.00	0.00	0.00	0.00
	G	10.46	42.75	2.32	0.00	1.60	0.00

数据来源：OECD数据库整理。

注：由于较少国家涉及D项的使用，本文中暂不分析。

1. 基于商品产出的支持

基于商品产出支持项中，最主要的政策工具为市场价格支持（MPS），如果支持的金额为正值，则说明实行市场价格支持政策；如果支持的金额为负值，说明向农产品征税。

2016年各国MPS占PSE比例如图1所示，OECD国家中日本和韩国是典型的使用市场价格支持的国家，MPS占PSE比重均在80%以上，美国和欧盟该比值保持在20%左右，澳大利亚则未使用该政策工具；非OECD国家中中国和俄罗斯更注重该政策工具的使用，其占比均在70%以上，巴西则由于农业竞争力较强，对市场的干预较少，占PSE比重50%左右。A2基于产出的支付仅有少数国家使用，且多以金融手段支持。中国目前尚未开发该项下政策工具，随着市场价格支持操作空间的减小，可考虑在该项下通过金融创新提供支持。

支持产品种类与饮食习惯、农业发展战略有密切关系。日韩及中国出于粮食安全考虑均把粮食类产品作为主要的支持对象，而美国、欧盟、俄罗斯等国则因为饮食习惯等原因将牛奶、肉类等作为主要支持对象。从变动趋势来看，美国、欧盟、巴西等国近年支持种类逐渐减少，财政集中于几项重点农产品支持。

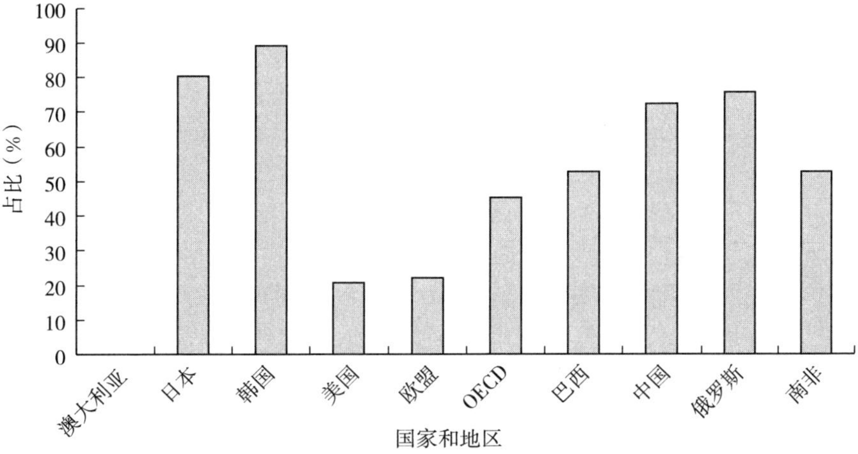

图1　2016年各国家和地区MPS占PSE比重

数据来源：OECD数据库整理

2. 基于投入使用的支持

根据2007年OECD农业政策分类框架体系，B类（基于投入使用的支付）又细分为3个子类，分别为：B1基于农业生产可变投入；B2基于固定资本构成；B3基于农业服务。欧盟、俄罗斯、巴西该项政策的工具数量较多。其中，B2在投入使用中占比较大的国家为中国、俄罗斯以及澳大利亚。俄罗斯主要为畜牧业投资贷款，该支出占到B项的22%；中国主要为农业机械补贴，占到 B 项的 18%；澳大利亚主要涉及未来水项目，占 B 项支出的 27%。B1 占比较多的国家和地区为日本、韩国、欧盟和巴西。日本的主要政策工具为保险（占 B 项 40%），韩国主要涉及灌溉补贴、水土保持方案（占 B 项 13% 和 10%）；欧盟主要为燃油税补贴（占 B 项 31%），巴西主要为优惠利息补贴（占 B 项 11%）。美国在该项支出上以 B3 为主，政策主要涉及动物和植物健康检查服务（占 B 项 18%）。

3. 基于耕地面积、牲畜数量、收入、收益的支持

OECD 的 PSE 分类中，关于耕地面积、牲畜数量、收入、收益的支持分为 3 个类别，分别是：C 以生产为基础的、基于当前耕地面积、牲畜数量、收入、收益的补贴；D 以生产为基础的、基于非当前耕地面积、牲畜数量、收入、收益的补贴；E 不以生产为基础的、基于非当前耕地面积、牲畜数量、收入、收益的补贴。由于较少国家涉及 D 项的使用，因此将 C、D、E 三项按照一个整体来比较。

以 2016 年数据对比来看，澳大利亚、美国、欧盟是使用该政策工具比重较大的国家和地区，占比分别为 53.8%、48.5%、和 64.4%。其中，美国主要通过作物保险对玉米、大豆等（占 C 项 28%）以及农业风险承保支付（占 E 项 70%）实施支持；欧盟则通过农业环保生产、全国补偿性津贴（不发达地区）（均占 C 项 13%左右）以及基础支付、绿色直接支付（分别占 E 项 44%、32%）实施支持；澳大利亚主要实施家庭农场补贴（占 C 项 77%）和农场管理存款计划（占 E 项 56%）。其余国家和地区和地区使用该政策工具较少，韩国、巴西、俄罗斯该比重低于 10%，中国虽有约 17%的占比，但相比欧盟等国家和地区而言，处于较低水平，因此可以通过 PSE 内部结构调整减少市场干预，实现政策目标。

（三）各国生产者支持政策动态调整

各监测国在生产者支持政策的实施上各有特点。欧盟自 20 世纪 90 年代中期以来逐渐减少生产扭曲的支持。2015 年取消牛奶、2017 年取消糖类生产配额，葡萄园种植限额于 2016 年放宽，均是欧盟降低市场扭曲支持政策的举措。在降低市场扭曲支持的同时，欧盟主要采用脱钩收入支持的方式保证农民的收入并将这种支付大部分赋予了强制性的环保标准，在保证农民收入的同时推进欧洲耕作方式的统一和保持良好的农业生产环境。

美国在生产者支持上更注重通过信贷资金支持的方式对生产者支持。最新的政策调整主要涉及 2014 农业法案下相关项目的开展和调整，针对的对象包括促进小农场、特种作物生产等，涉及的小额贷款计划、农场仓储设施贷款以及农业服务机构 FSA 推出的担保贷款计划和对贷款申请程序的简化。此外还向棉花生产者提供一次性的费用分摊援助，以帮助棉花生产者在棉花生产成本分担计划（CGCS）下预测轧棉成本。

澳大利亚并未采取市场价格干预措施提供生产者支持，因此其国内价格与世界市场价格基本一致。生产者支持中约有45%是基于投入使用的，其中大部分是针对农场固定资产形成。澳大利亚生产者支持更注重生产者的风险管理能力支持。2016年3月29日澳大利亚实施管理农场风险计划，该计划消除了农场面对复杂金融产品的信息障碍，并且降低了交易成本。同时澳大利亚政府还修改了农场管理存款计划，提高了存款限额，并允许金融机构将存款提供给农场进行账户业务对冲，从而让农民更好地应对气候风险。为了缓解乳制品行业风险，澳大利亚针对性地采取行业援助，除了行业优惠贷款计划，还承诺建立一个牛奶价格指数，以提高市场透明度，帮助奶农更好地遵循价格趋势进行生产。

日本主要的生产者支持仍以市场价格支持为主，生产者（NPC）收到的价格平均比世界市场价格高出75%。近年来，PSE中直接支付的份额不断增加，特别是以面积和收入为基础的付款形式。2016年11月，日本修订了“为工业和社区创造活力的计划”，增加了各种政策方案，以提高竞争力和促进农产品出口。该计划概述了农业政策改革议程，包括降低投入成本，实行收入保险计划，改革原奶分配制度，改善牛肉和乳制品部门的生产力，改革农业供应链，促进饲料稻米生产。该计划还旨在通过按照国际标准促进生产、保护知识产权和促进日本料理和饮食文化以促进农产品出口。2017年4月，日本对牛奶生产者的补偿价格方案进行修订，除脱脂奶粉、黄油和奶酪外，将用于新鲜奶油、浓缩脱脂牛奶和浓缩全脂牛奶的牛奶也纳入进来。

韩国与日本类似，主要的生产者支持为市场价格支持。韩国宣布了大米供求平衡计划，目标是2019年使供需达到平衡，为此韩国计划实施一系列政策措施。在鼓励作物多样化和使用优质种子而不是高产种子的同时，减少稻田面积。为了扩大大米消费，政府计划加强大米食品加工业的研发投资，加强稻米营养价值的饮食教育。用作饲料的公共大米库存将由90 000吨增加至2017年的470 000吨。新的5年（2016—2020年）推广环保农业计划已实施，该计划旨在扩大绿色农产品的市场规模，政府计划增加无农药（包括有机）作物种植面积和普遍降低粮食生产中化肥和农药的投入。

巴西主要通过优惠信贷和农业保险补贴对生产者提供支持。直接付款的作用较小，主要是补贴付款的形式，而且大多数农业资助方案获得均以环境标准为条件。2016/2017财政年度为了最大限度地降低严重通货膨胀的影响，提高地区最低保证价格；继续努力恢复国内和国际对食品（尤其是肉类）安全的信心，特别是在病虫害防治和可追溯性方面，出台了促进环境改善的方案，如在保险和信贷支持中设置环境制约条件，以及为现代化生产系统和保护自然资源提供信贷资金等，预计这些将改善该部门的长期可持续性。

俄罗斯主要的生产者支持是带有扭曲效果的市场价格支持和基于产出和可变投入使用的补贴。近期俄罗斯农业政策调整频繁，力度较大。2017 年进一步修订实施了农业发展 2013—2020 年国家计划。为激发农业出口潜力设立新的次级方案，并对以前的子项目重新进行组合，为优先使用资金的地区提供更大的灵活性。始于 2015 年的共同融资范围除了原有的乳品、牛肉和园艺部门，扩大到生猪部门。政府宣布将此前仅用于谷物的干预措施扩大到黄油。首次公布了农业生产条件不利的地区名单。鉴于粮食的公共库存过高，生产者回购向国家干预基金提供的粮食，并暂时免除小麦出口税。

中国同样主要通过市场价格支持的方式对生产者支持。但近年来也同样在不断尝试市场价格干预的改革。2016 年，中国在内蒙古和东北三省按照“市场定价、价补分离”的原则，将以往的玉米临时收储政策调整为“市场化收购”加“补贴”的新机制；建立玉米生产者补贴制度，对三省一自治区给予一定的财政补贴，中央财政补贴资金拨付到省（自治区），由地方政府统筹将补贴资金兑付到生产者，以保持优势产区玉米种植收益基本稳定。

三、一般服务支持水平与政策选择比较

（一）一般服务支持水平比较

除了对生产者、消费者个体或单一农产品提供支持外，各国还通过财政转移对农业服务提供支持。表 6 列示了 1995—2016 年各国一般服务支持（GSSE 和%GSSE）的变动情况，整体来看 OECD 国家中的欧盟和非 OECD 国家中的中国一般服务支持水平较高，2016 年分别为 109 亿美元和 347.5 亿美元，结合%GSSE 即一般服务支持在总支持中的占比进行分析，该项支出占总支出比重较多的为澳大利亚（50%）。从一般服务支持变动趋势来看，OECD 国家在该项支出上均保持基本平衡，非 OECD 国家则波动幅度较大，中国呈现明显上升的趋势。

表 6 1995—2016 年各国一般服务支持 GSSE 水平

单位：百万美元、%

国家/经济体	1995 年		2000 年		2010 年		2015 年		2016 年	
	GSSE	%GSSE	GSSE	%GSSE	GSSE	%GSSE	GSSE	%GSSE	GSSE	%GSSE
澳大利亚	359	20.7	282	30.0	825	39.0	866	52.5	863	49.2
日本	24 574	25.2	13 418	19.9	8 414	13.2	7 878	18.3	8 722	17.3
韩国	3 030	10.5	2 711	12.3	2 994	14.9	2 871	12.1	2 859	12.5

（续）

国家/经济体	1995 年		2000 年		2010 年		2015 年		2016 年	
	GSSE	%GSSE	GSSE	%GSSE	GSSE	%GSSE	GSSE	%GSSE	GSSE	%GSSE
美国	4 198	10.0	5 302	7.1	9 950	12.2	8 747	11.5	9 568	10.5
欧盟	10 096	7.3	7 769	7.8	14 324	11.6	12 178	11.3	10 916	9.8
OECD	47 418	14.0	36 378	12.0	44 406	13.1	40 064	13.6	39 844	12.6
巴西	3 063	−58.6	1 363	33.1	3 885	24.6	1 946	28.5	2 308	21.7
中国	4 609	26.6	11 824	54.3	21 667	16.6	47 039	17.1	34 751	14.1
俄罗斯	781	11.4	547	59.6	2 102	10.9	1 559	14.1	1 730	12.5

数据来源：OECD 数据库整理。

（二）一般服务支持结构比较分析

2014 年最新修订的一般服务支持，将 GSSE 分为 6 类：H 农业知识和创新体系；I 检验和控制；J 基础设施的发展和维护；K 营销与促销；L 公共储备；M 其他。图 2～图 9 显示了各国分阶段的 GSSE 构成情况。

结合图 2 可以得出，澳大利亚 GSSE 主要涉及 H 项、J 项以及 I 项，2016 年 3 项所占比重分别为 50.73%、34.44%及 12.82%，从变化趋势来看，近年来 H 项支出有所下降，从 1995 年的 82.22%降至 2016 年的 50.73%，主要的政策工具为合作研发中心的支出；而 J 项支出则上升明显，从 1995 年的 6.32%提高到 2016 年的 34.44%，表明澳大利亚越来越重视基础设施的发展与维护，尤其在推动清洁生产方面有大量投入。

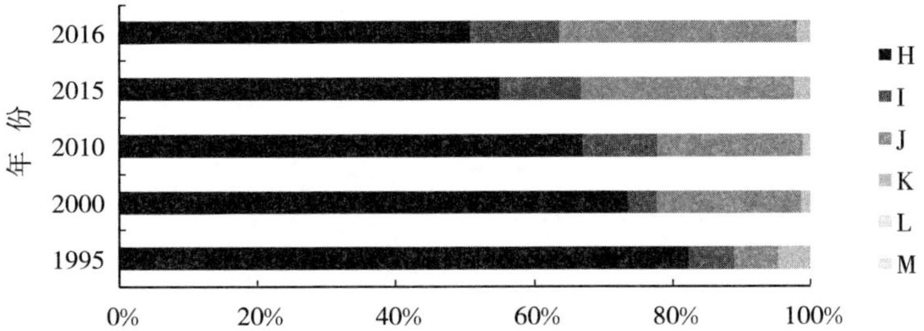

图 2　1995—2016 年澳大利亚 GSSE 结构

数据来源：根据 OECD 数据库整理，图 2～图 9 同

结合图 3，日本的主要一般服务支出为 J 项一般占比在 80%以上，除此之外还有少量的 H 项，近年来主要通过灌溉排水设施（25%）、农村社区支援计划（14%）以及养老金计划等政策工具进行支持。从变动趋势来看，变动趋势并不明显。

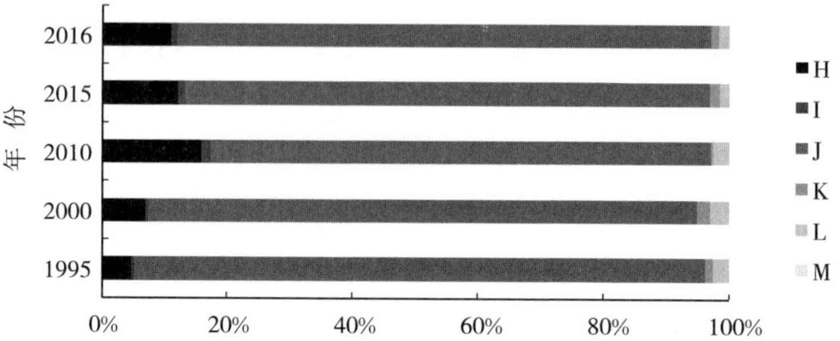

图 3 1995—2016 年日本 GSSE 结构

与日本类似，结合图 4 可看出，韩国的主要一般服务支出集中在 J 项，各年占比均在 50%以上，且保持相对稳定的比例，主要政策工具为水文基础设施支出（占比 48%）；其次近年来在 H 项以及 I 项上有所增加，分别从 1995 年的占比 13.86%和 2.1%提高至 2016 年的 29.77%和 8%，增幅分别为 114.8%和 281%。主要的政策工具为农业研究与开发以及农产品安全检查支持。

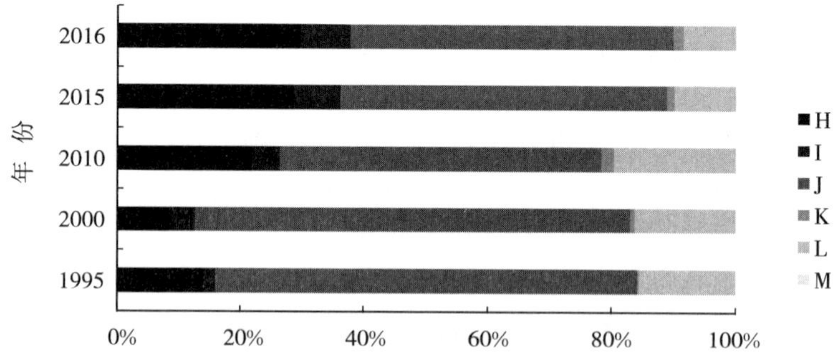

图 4 1995—2016 年韩国 GSSE 结构

美国一般服务支持保持了较为均衡的水平，主要涉及 J 项、H 项、I 项以及 K 项，2016 年最新数据分别为 35.02%、24.01%、14.92%、12.91%；从趋势来看，变化较为明显的是 J 项，从 1995 年的占比 0.63%升至 2016 年第一位的 35.02%。主要的政策工具为作物保险——管理和运营报销（占比 20%），农业创新与推广方面主要利用新技术新知识的研发以提高农业技术能力，食品的安全检查服务占比 11%（图 5）。

欧盟一般服务支出主要分布在 H 项和 J 项，从趋势来看，明显的趋势性变动在于 L 项的锐减和 H 项的稳步提高。主要的政策措施涉及知识传播教育支出（31%）和知识产权财政支出（20%）。表明欧盟更重视新技术的研发以及通过教育培训的方式推广技术（图 6）。

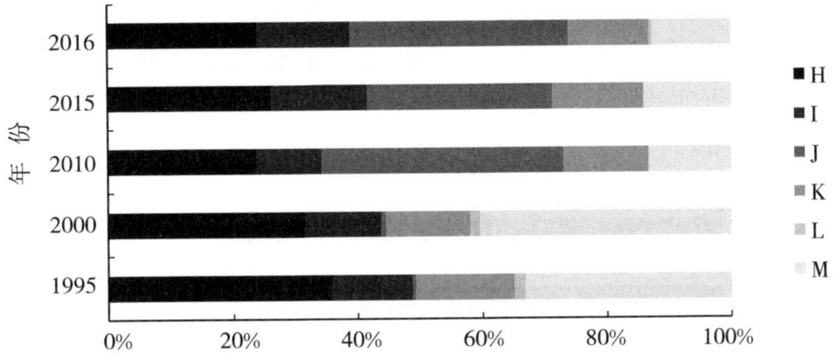

图 5　1995—2016 年美国 GSSE 结构

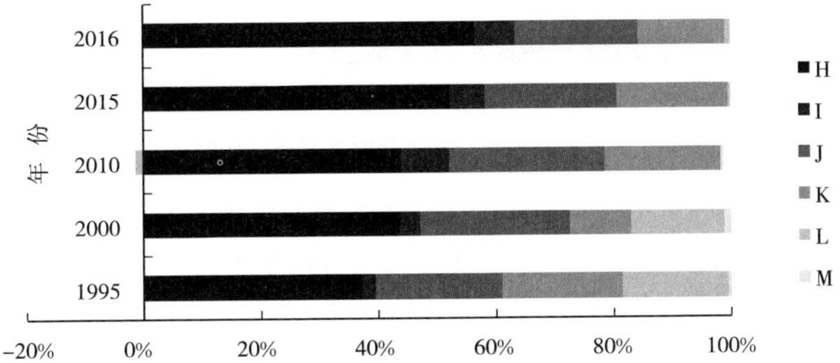

图 6　1995—2016 年欧盟 GSSE 结构

巴西在一般服务支持上的支出主要是 H 项，2016 年该比值为 81.4%，除此之外是 J 项和 L 项（9.45%、7.49%）。巴西主要的变动涉及农业知识与创新比重的逐步提高以及对基础设施投入逐渐下降。研究与技术创新政策工具的使用占比 86%，而基础设施的投入逐年下降，从 1995 年的 50.77%降至 9.45%，降幅超过 95%（图 7）。

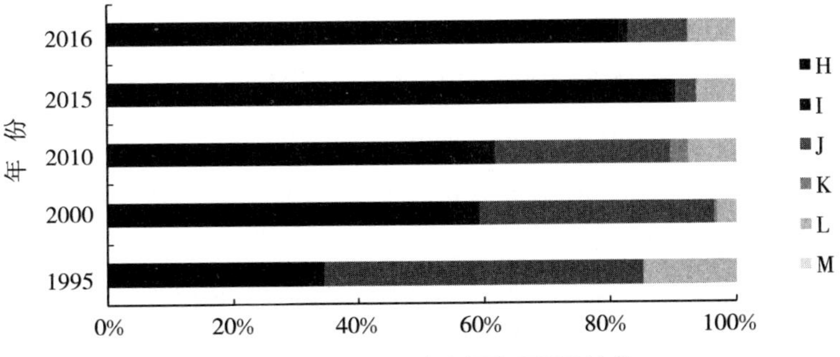

图 7　1995—2016 年巴西 GSSE 结构

俄罗斯主要的一般服务支持集中在I项、H项以及杂项部分，其中占主要部分的I项2016年占比达44.08%，兽医及植物检疫是主要的政策措施。从趋势来看，俄罗斯近年来基于粮食自给的需要，L项支出有所增加，并且对J项也较为关注（图8）。

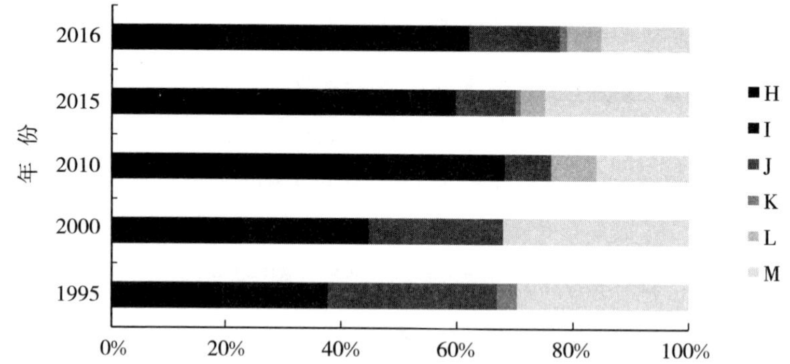

图8　1995—2016年俄罗斯GSSE结构

图9显示中国主要的一般服务支持为L项、H项及J项，2016年分别占比33.76%、26.3%及32.03%。从趋势来看近年来随着公共储备财政压力的加大，政府开始有意识地缩减公共储备支出，且对农业知识和创新越来越关注。从政策工具来看，技术的研发与推广并重，基础设施方面则通过农田灌溉工程、大型灌溉区连续配套和节水改造工程等进行支持。

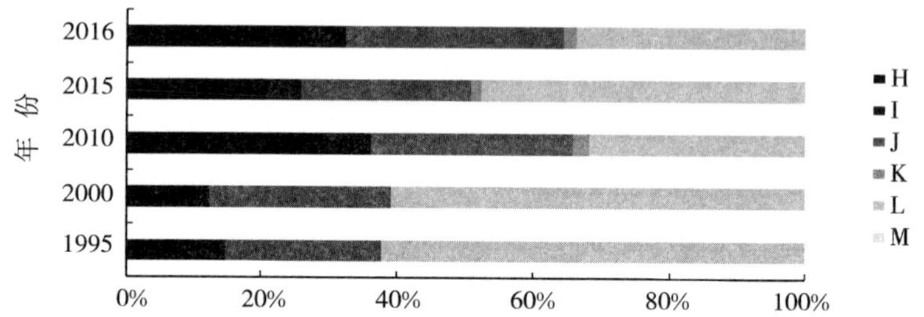

图9　1995—2016年中国GSSE结构

（三）近年来一般服务支持政策调整

欧盟2014—2016年一般服务支持占总支持水平10%左右。其中主要的支出为农业知识和基础设施的支出。

日本2014—2016年农业一般服务支持占总支持的17%，其中大约80%涉及基础设施的开发和维护如灌溉设施和灾害预防，12%涉及农业知识创新体系。2016年11月，日本修订了“为工业和区域社区创造活力的计划”，通过增加各种政策方案来提高竞争力和促进农产品出口。实行收入保险计划，改革原奶分配制度；提高牛肉和奶制品行业的生产率；改革农业供应链以及促进饲料、水稻生产。该计划还旨在按照国际标准促进农产品出口、保护知识产权以及日本料理和饮食文化的推广。

韩国一般服务支持占到总支持的12.5%，其中基础设施的发展与维护支出占到52%，其余为农业知识与创新支出。韩国金种子项目计划2012—2021年10年间，将从公共和私人基金中投资491亿韩元（4.23亿美元），以开发国内种子，促进种子出口。截至2016年，韩国已经开发了300个新品种。该政策措施旨在减少稻田的面积并鼓励作物多样化，使用优质而非高产种子。2016年12月，设立支持农业和渔业的共同基金，该基金主要用于向来自农村的青年提供教育机会以及促进农村福利和发展。该基金资金来源于受益行业，每年通过民营企业自愿捐款筹集资金可达1 000亿韩元（8 600万美元），用于农民和渔民救助专项行动。

澳大利亚一般服务支持从1986—1989年占农业增加值的0.9%提高至2014—2016年的3%，表明其农业支持在从生产者支持向一般服务支持转变，其主要的一般服务支持为对农业创新体系的支持。澳大利亚农业的主要问题在于稀缺资源尤其是水资源的有效利用。水市场改革和流域管理是其政策重点。

美国一般服务支持占总支持比重从1986—1988年的6.4%增至2014—2016年的9.9%。主要支出为研发创新支出以及检验与控制支出。从政策取向来看，美国对保险和风险管理政策工具重视程度不断提高。

巴西一般服务支出占到2014—2016年总支持的25%，主要支持与研发和创新有关。巴西更注重保持农业研究能力，以及农业创新向农户的扩散。同时也更关注食品安全（特别是肉类）的信息监测，尤其是改进可追溯性信息系统。

俄罗斯2014—2016年一般服务支持占到总支持的13%，其中农业知识体系以及检验与控制是主要的支持领域。新的重点是发展国内种子生产和畜牧业谱系，以减少对这些农业投入的进口依赖，以及改善农业营销和粮食分配基础设施。

四、消费者支持水平及政策调整

该指标测量农业补贴政策实施后，向（或从）农产品消费者转移的补贴总额。CSE为负值，表明对消费者进行隐蔽征税；为正值则表明消费者得到纳税人或农业生产者的补贴。表7为各国消费者支持水平，从表中可以看出除美国以外的其他被研究国均存在向消费者的隐蔽征税，其中尤其中国的数据引人关注，2016年隐形征税达1 608亿美元，远远高于同期其他国家，且从趋势来看还有进一步扩大的趋势；美国作为唯一CSE为正值的国家，消费者通过旱地棉花经济调整援助计划和儿童营养援助计划、食品券计划从纳税人或农业生产者得到补贴。除此之外，欧盟和韩国通过牛奶消费补贴方式、俄罗斯通过对下游产业提供利率补贴的方式向消费者提供支持。

表 7　1995—2016 年各国消费者支持（CSE）水平

单位：百万美元

国家/经济体	1995 年	2000 年	2005 年	2010 年	2015 年	2016 年
澳大利亚	−263	−165	−173	−1	0	0
日本	−93 350	−62 356	−51 429	−61 770	−41 785	−47 071
韩国	−28 389	−20 048	−22 920	−18 131	−21 466	−21 638
美国	8 873	1 666	16 362	32 390	16 888	39 888
欧盟	−64 768	−40 222	−51 446	−15 270	−17 162	−22 675
OECD	−191 728	−142 643	−131 211	−92 105	−84 288	−70 301
巴西	5 795	−827	−2 059	−3 003	782	−1 881
中国	−10 160	−936	−12 292	−83 733	−170 983	−160 849
俄罗斯	2 785	1 243	−7 569	−17 726	−6 916	−11 790

数据来源：OECD 数据库整理。

五、典型国家农业政策演进规律

（一）OECD 国家总支持水平波动幅度不大，基本保持稳定

%TSE 澳大利亚和美国处于较低水平，日韩处于较高水平，而欧盟接近 OECD 平均水平；非 OECD 国际总支持水平波动幅度较大，中俄处于较高水平，而巴西和南非则较低。从支持结构来看，欧盟、日本、韩国及中国、巴西、俄罗斯主要以生产者支持为主，澳大利亚和南非则为生产者支持和一般服务支持两部分，美国近年来主要以消费者支持为主。

（二）OECD 国家均重视脱钩支付对农民增收的保障作用

无论是对农业采取高保护的欧盟、日本和韩国，还是更多引入市场因素的澳大利亚和美国，生产者支持均以不以生产为基础的、基于非当前耕地面积、牲畜数量、收入、收益的补贴为主，或该补贴比重近年来呈增加的趋势。该生产者补贴的性质具有脱钩支持的性质，尤其在保障农民收入方面具有积极作用；而监测的非 OECD 国家，则主要以基于产出和投入的支持为主，这些支持往往带有生产扭曲作用，因此可考虑中国生产者支持结构的调整。

（三）监测中的 OECD 国家普遍对环境问题、农业的绿色发展问题较为关注

在农产品产量充足，农业生产压力较小的背景下，农业支持政策将关注从农业产出转向可持续农业发展，降低产量要求，增加对长期稳定供给的要求。

这表明欧盟、美国、澳大利亚、日本和韩国均已进入可持续农业发展阶段，农业支持政策着眼于环境的改善、农业的多功能性。

（四）各国普遍重视乡村基础设施的完善和农业知识与创新

从监测国一般服务支持来看，各国主要的支出项均涉及农业知识研发与创新及基础设施，表明各国在一般服务支持上均通过知识创新与研发提高农业的技术水平，并通过基础设施的完善为农业发展提供必要条件。

（五）特定产品支持在提高产品竞争力方面发挥重要作用

虽然各国在特定产品支持上力度有大有小，支持范围也有很大差异，但是除澳大利亚外各监测国均通过特定产品支持以提高相应产品竞争力，并是基于产品支持中的主要部分。

六、政策建议

（一）采用脱钩支付保障农民收入

目前中国农业支持政策在保障农民收入上主要通过价格支持的方式，这种方式往往以生产扭曲或贸易扭曲为代价，也是常常为 WTO 规则所不允许的，这也是中国农业支持被其他成员所关注的一个很重要的方面。脱钩支付是采用不与当期面积、牲畜头数、收益或收入为基础的，与生产脱钩的支付方式对农民进行支持。这种支付方式因为不与生产挂钩因此不会带来生产扭曲，也是主要发达国家普遍使用的保障农民收入的方式。因此，中国可考虑在保障农民收入的支持方式上进行调整，通过脱钩支付保障农民收入。

（二）通过投入限制、支付限制等方式保障政策的绿色目标

无论是主要的 OECD 监测国还是非 OECD 国家中的农业发达国巴西，均通过投入限制和支持的绿色约束条件方式保障政策的绿色目标。这种政策设计对实现双重或多重政策目标有很好的帮助。一方面可以对支持的需求方提供有效的支持，提高支持效率；另一方面，赋予支持政策绿色外衣，既有助于绿色发展目标的实现，也避免了与 WTO 国内支持规则的冲突。中国目前同样面临农业的绿色发展问题，2017 年中国政府工作报告和 2017 年中央 1 号文件都明确指出，改善农业生态环境，是当下中国“三农”工作的重要目标。党的十九大报告把生态文明建设提到了新的高度，指出建设生态文明是中华民族永续发展的千年大计，为中国开启生态文明建设新时代指明了方向。可考虑在支持政策设计中以投入限制或支付限制的方式保证绿色目标的实现。

（三）加强一般服务支持促进乡村振兴

一般服务支持在农业发展中的作用主要是辅助性的。通过农业知识创新和技术的扩散提高农业的技术水平以提高农业竞争力；通过农业基础设施的完善为农业

的发展提供良好基础；通过营销与促销的支持以推动农产品的销售等。一般性服务支持的资金效果虽不如生产者支持或消费者支持那么直接，但是也不容忽视。尤其目前中国在党的十九大报告中提出乡村振兴战略，乡村基础设施的完善、农业多功能性的实现均需要一般服务支持的投入。因此一般服务支持应针对中国农业农村发展现阶段的问题和发展需求，加大投入力度和调整投入结构，以期更有效地利用资金。

（四）发挥农业保险在农业发展中的重要作用

由于农业本身的弱质性，更容易面临自然灾害，OECD成员中的美国以及非OECD国家（地区）中发达农业大国巴西在农业支持政策中均重视农业保险和信贷的运用。由于农业保险与其他农业支持政策之间既相互替代又互为补充，旨在保障农业稳定发展、帮助农户抵御自然和市场双重风险。通过农业保险的方式实现了运用现代金融保险的“间接”方法，代替过去传统商品市场补贴的“直接”手段，也可实现支持手段由黄箱政策向绿箱政策的转变。因此，在支持政策设计中可加大农业保险在支持农业发展中的重要作用。

（五）增加对农民教育投资提升劳动力素质

随着中国新型农业经营主体的不断完善，对农业从业人员素质要求不断提高。通过对农业服务的投入，主要是对农场主的生产技术支持，包括培训、技术咨询等，可以在一定程度上提高农业生产率，增加农业产量。现代农业发展要依靠农业生产技术与农业劳动力素质的提高，应加大国家对农业的科技投入，提高科技在农产品中的应用率，鼓励农民采用农业新技术，转变农业生产方式，与田间学校、阳光工程等现有培训项目相结合，加强新型职业农民培训，提高农业劳动力素质，进一步增强农业农村发展活力。

全球品牌农业企业研究

2016 年，习近平总书记对品牌建设高度重视，提出“品牌是信誉的凝结”“要大力培育食品品牌，用品牌保证人们对产品质量的信心”“推动中国产品向中国品牌转变”。2016 年中央 1 号文件对大力发展名特优新农产品，培育知名品牌作出重要部署。实施农业品牌战略，已成为推动农业转方式、调结构，加快推进农业现代化的一项紧迫任务。

中国农业品牌建设有一定进展，但仍面临不少问题和制约因素：一是对品牌农业的认识还不到位。管理部门、经营主体、农民还没有充分认识到品牌建设在现代农业发展中的战略地位和作用，促进品牌化发展的新思维、新办法和新手段不足。二是品牌培育保护制度体系缺失。农产品生产和加工标准化程度低、质量参差不齐，品牌培育和保护投入不够，品牌发展缺少统一、系统的规划组织和引导。三是品牌影响力亟须扩大。农产品品牌影响力仅停留在局部地域，跨省、跨区域的不多，品牌的社会信任度不高，国际知名品牌少，农业品牌状况与农产品大国的地位不相称。四是区域公用品牌理念有待普及。区域公用品牌建设尚未整体规划，品牌资源未能得到很好整合，公用品牌制度体系尚未建立，代表国家形象的农产品民族品牌尚未形成。

全球跨国品牌农业企业经过上百年的发展，已经形成了一套成熟的农业品牌运作模式。细致梳理品牌农业跨国企业历史发展沿革、商业模式变化、产业并购等前沿信息，总结出品牌农业跨国企业经营模式等前沿动态，可为国内品牌农业发展提供借鉴。

一、品牌消费品迎来黄金十年发展期

（一）拉动消费增长的核心驱动力由人口红利转变为城镇化

中国总人口 2017 年达 13.9 亿人，预计未来中国的人口增长率将持续下滑，到 2029 年达到峰值 14.42 亿人后将开始缓慢下降（图 1）。经历过刘易斯拐点，预计中国 15～64 岁劳动力人口在 2016 年达到 10.10 亿人之后，劳动力人口占比将由 75％的历史峰值逐年下滑至 2050 年的 60％以下（图 2），中国的劳动力供给将逐步下滑，人口红利时代宣告结束。

随着中国人口红利逐步消失，拉动消费增长的核心驱动力正由人口红利转变为城镇化。中国城镇化率将持续上升（图 3）。城镇化主要通过提高城乡居民收入和促进消费结构升级推动消费。根据民生宏观测算，未来随着城市化率每提高 1 个百分点，将会带来 100 万～120 万人口从农村迁移到城市，由于城市人均消费是农村的 2.5 倍到 3 倍，将拉动消费增长 1.5～1.6 个百分点，最终拉动消费品增长。

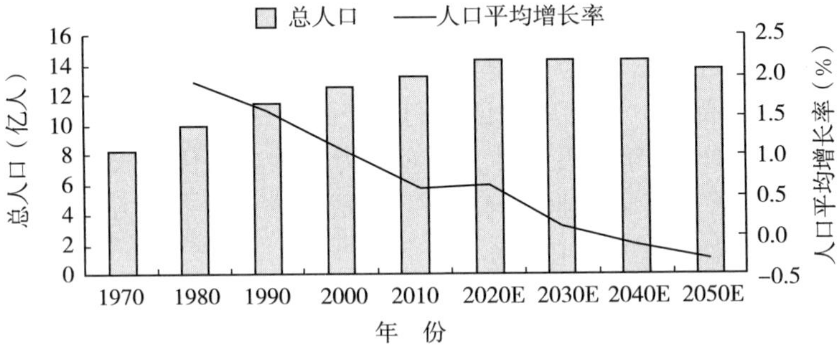

图 1　中国人口数量 2010 年后缓慢增长

注：E 代表估计值，图 2、图 3 同

数据来源：世界银行

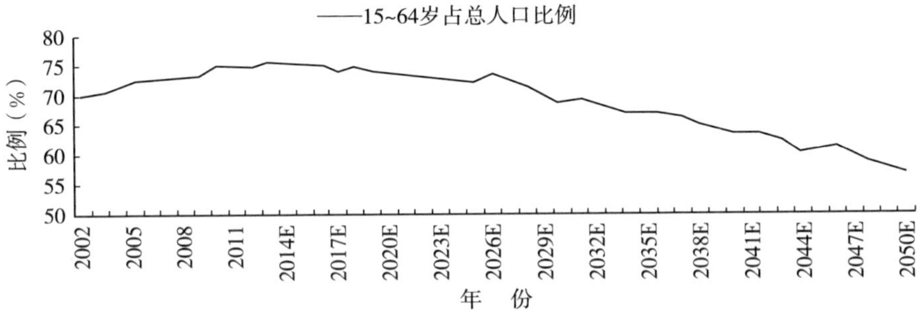

图 2　中国劳动力人口占比

数据来源：世界银行

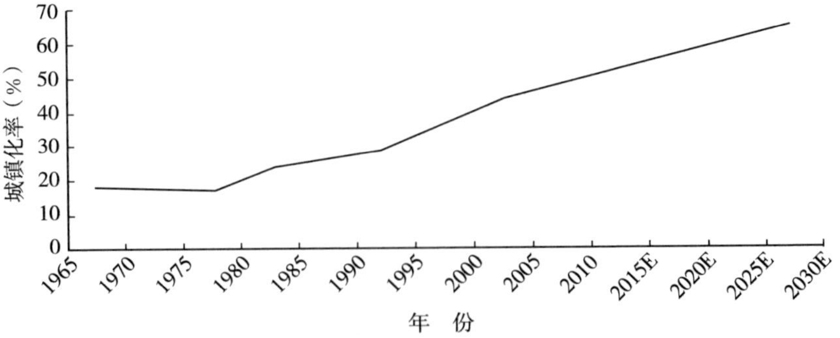

图 3　中国城镇化率

数据来源：世界银行

（二）投资驱动转为消费驱动，品牌消费品迎来黄金10年发展期

中国人均GDP2017年达到8 836美元，已由2010年之前的中等偏下收入国家，转变成为中等偏上收入国家。另外，2017年全国城镇非私营单位就业人员年平均工资为74 318元，实际增长8.2%。随着中国劳动力供给越过刘易斯拐点，未来中国居民平均工资增速有望达到15%～20%。

随着人口红利结束，中国经济发展已经进入由投资驱动型社会向消费驱动型社会转变的阶段。即以政府为代表的自然资源所有者未来收入占GDP的比例将不断下降，收入分配将以劳动力和技术所有者为主，预计未来10年工资提升将是中国经济发展的大方向。对比欧美以及日本，在经济转型期以后，能够持续不断创造超额收益的行业是消费品行业。

（三）行业供给端集中度加速提升，需求端品牌化和结构升级凸显

从供给端来看，刘易斯拐点之后，工资上涨压力最大的为中低端制造业，进而带来消费品行业竞争力较差的企业退出市场，行业集中度提升加速，品牌消费品占比加速提升。从需求端来看，刘易斯拐点之后，中国居民中高收入占比提升，品牌化以及结构升级趋势将逐步显现，进而带来中高档消费持续繁荣，品牌消费品将备受青睐。

经济转型后，美国50年数据显示，20个最佳幸存者中11家为消费品。美国沃顿商学院杰里米·J·西格尔教授在《投资者的未来》中汇总出1957—2003年表现最佳的标准普尔500指数“幸存者”，令人吃惊的是这20个最佳“幸存者”的关键数据在表1中有两个产业牢牢占据着统治地位：一是高知名度的消费品牌公司（11家公司），二是著名的大型制药企业（6家公司）。这11家消费品牌公司和6家制药企业，占据了表1中20家公司85%的名额，它们的共同点是均拥有著名品牌（表1）。

表1　1957—2003年美国20个最佳“幸存者”的关键数据

排名	公司名称	年化收益率（%）	平均市盈率（%）	行业分类
1	菲利普·莫里斯公司	19.75	13.13	消费品
2	雅培制药公司	16.51	21.37	制药
3	百时美施贵宝公司	16.36	23.52	制药
4	小脚趾圈实业公司	16.11	16.8	消费品
5	辉瑞公司	16.03	26.19	制药
6	可口可乐公司	16.02	27.42	消费品
7	默克公司	15.90	25.32	制药
8	百事可乐公司	15.54	20.42	消费品

（续）

排名	公司名称	年化收益率（%）	平均市盈率（%）	行业分类
9	高露洁棕榄公司	15.22	21.6	消费品
10	克瑞公司	15.14	13.38	机械制造
11	亨氏公司	14.78	15.4	消费品
12	箭牌公司	14.65	18.34	消费品
13	富俊公司	14.55	12.88	消费品
14	克罗格公司	14.41	14.95	零售
15	先灵葆雅公司	14.36	21.3	制药
16	宝洁公司	14.26	24.28	消费品
17	好时食品公司	14.22	15.87	消费品
18	惠氏公司	13.99	21.12	制药
19	荷兰皇家石油公司	13.64	12.56	能源化工
20	通用磨坊	13.58	17.53	消费品

资料来源：杰里米·J·西格尔《投资者的未来》。

以下将分别选取生产的品牌农业企业——都乐食品、贸易商成就品牌农业企业——AMD、畜产品品牌——史密斯菲尔德食品公司和调味品行业的亨氏、龟甲万、味好美等品牌农业企业进行重点研究。

二、都乐食品——生产端品牌农业代表

（一）主要业务介绍

都乐是全球知名的水果品牌，主要包括鲜果蔬和包装食品业务。其中鲜果蔬业务面向亚洲各地区出售种类繁多的新鲜果蔬产品，涵盖香蕉、菠萝、橘类、苹果、梨、木瓜、蔬菜等。其核心领域为香蕉、菠萝和蔬菜，其中香蕉份额最大。香蕉和菠萝在亚洲主要国家占有相当的市场份额。都乐包装食品板块核心产品为冰冻水果、水果杯、菠萝罐头、果汁、水果罐业务。从销售量上来看，都乐国际的包装食品业务以北美地区为主，并且在北美拥有领先的市场份额，其菠萝罐头、菠萝汁、水果杯、水果罐分别占到北美地区一半以上的市场份额。都乐的主要产品包括果蔬以及包装食品的售价均普遍高于其他同类商品。对于干果/果脯这样的新类别，与本地或区域品牌竞争时，都乐产品的标价通常会高出10%。

（二）都乐的成功之道

都乐的成功之道在于其经营理念和战略。都乐的自定位是高端、高品质的

全球性品牌，并致力于成为其核心商业领域的领头羊。在多个国家、地区，都乐的产品如菠萝、香蕉、水果杯等产品是市场份额的领先者。同时，都乐也是受到广大批发商、零售商以及消费者喜爱和认可的食品品牌。因而，都乐产品的定价也明显高于市场同类产品，如包装食品通常高出10%或更多。鲜果蔬的定价明显高于市场均价，也高于其他大品牌的竞争对手：在日本，都乐香蕉比其竞争对手 Sumifru、Del Monte（帝盟）普遍高出1～2美元。在韩国都乐香蕉比 Del Monte（帝盟）和 Sumifru 高出1～2美元，比无品牌高出3～5美元。在中国高于其他竞争对手人民币10～20元/箱。

都乐在经营中着重强调以下几个方面，以维持产品的高品质和品牌的高价值。包括①控制食品安全和遵从各地法规的综合程序；②严格的产品质量检测和控制；③先进的生产和运输技术；④推广营养学教育来帮助公众了解每日多吃果蔬的益处；⑤新产品的研发；⑥维护雇员、社区和环境的安全。

三、ADM——贸易商成就品牌农业

ADM（Archer Daniels Midland Company）是全球最大的油籽、玉米、小麦、可可和其他农产品加工企业之一，也是蛋白粉、植物油、玉米甜味剂、面粉、生物柴油、乙醇和其他高附加值食品和饲料添加剂的主要制造商。ADM与邦吉、嘉吉以及路易达孚并称“四大粮商”。2013年（数据更新到2017年），公司主营业务收入已经达到898亿美元，净利润达13.42亿美元。

（一）公司发展历程

ADM在美国起家，于20世纪70年代开始海外扩张，之后相继进入欧洲、南美洲、亚洲市场，至今在超过140个国家拥有470多个粮食采购地点，280多个加工厂，40多所创新研发中心和农作物全球运输网络。公司由最初的亚麻籽压榨公司发展到以大豆、玉米、小麦和可可加工为主的全球农业龙头企业。总体上，我们将ADM的发展历程划分为3个阶段：

1. 第一阶段（1923—1967年）：**多元化之路造就美国农业巨头**

1923年，ADM由 Archer Daniels 亚麻籽公司并购 Midland 公司正式成立。在为期40多年的初始成长阶段中，ADM历经大萧条和第二次世界大战（简称二战）艰难前进，由单一的亚麻籽压榨业务发展到以油籽、大豆、面粉和饲料加工业务为主的多元化业务结构，并成为农产品主要加工企业。该阶段驱动ADM快速发展的因素如下：

一是并购进入新业务，开启多元化之路。公司以亚麻籽压榨业务起家，不久便收购 Midland 公司成立谷物事业部。1929年，农业衰退和金融崩溃引发美国经济大衰退。而ADM却因已将油籽加工成肥皂、药品、制动液、润滑油、石油和化学物质等产品成功避免损失，依然保持盈利。ADM 初尝甜头，更加坚定其多元化发展之路。1929 年，ADM 兼并美国当时最大的榨油厂和面粉厂，快速切入大豆和面粉领域。同时，ADM 的油类副产品业务和面粉厂 Commander Larabee 的饲料原料副产品业务产生协同效应，减少成本。紧接着 ADM 进入饲料行业。尽管二战阻碍了 ADM 的快速发展，公司生产能力依然得到大幅度提高。到 1949 年，公司已经成为美国亚麻籽油领导者，第四大面粉加工厂和最大的大豆加工厂。二战后公司稳步发展，尽管在 20 世纪 60 年代遭遇自创立以来最严重的危机，但 ADM 很快做出调整，出售连年亏损的化工业务，专注于农产品加工业务。

二是注重研发。早在 ADM 正式成立时，公司就雇用了第一名化学家开展研发。在通过兼并获得技术的基础上，ADM 持续专注于产品研发和技术改进，到 1934 年成功采用溶剂浸出法萃取豆油，生产效率高、自动化程度高、出油率高，易于大规模生产。凭此技艺，ADM 于 1939 年在迪凯特建立了当时世界上最大的溶剂萃取工厂，并在全美迅速扩张。

20 世纪 40 年代，新产品研发迅猛发展，将生亚麻油和粗榨豆油转变成数百个不同的产品。ADM 于 1957 年开始大豆蛋白分离业务，并于 1966 年开始生产组织化植物蛋白 TVP。TVP 是 ADM 的首创，有类似于肉的纤维结构，富有咀嚼感，具有良好的吸水性、保油性，广泛运用于肉制品，可降低成本、改善营养结构。直到 20 世纪 80 年代才有类似产品问世，而 ADM 已经成为 TVP 生产领域的领导者。

2. 第二阶段（1967—1986 年）：由农业向生物能源领域延伸

1967—1986 年，公司从剥离化工事业部专注农产品，到大规模海外扩张，ADM 共经历了 20 年的过渡期，同时也是其快速发展时期。公司从 1963 年营业收入和净利润分别为 3.62 亿美元和 490 万美元，到 1986 年分别为 47.4 亿美元和 1.64 亿美元，其间分别增加了 12 倍和 32 倍。该阶段驱动 ADM 快速发展的因素如下：

一是加快业务整合。在剥离连年亏损的化工业务后，1968 年公司净利润重新回到 440 万美元，并开始发力农产品加工业务。在 1970 年和 1971 年，在收购数家公司后，ADM 获得干法、湿法加工玉米技术，切入玉米深加工领域。受益于玉米深加工的巨大回报和公司在传统大豆加工业务的持续成功，公司业务快速增长，营业收入和净利润复合增长率分别为 37.1%和 53.9%。

这一时期，ADM 开始产业链的纵向整合。1967 年，公司购买组建了一支拥有 30 艘驳船的船队，标志着公司开始进入运输业。1972 年成立 American River 运输公司，1985 年收购 Growmark 公司的粮仓并建立 ADM/GROW-

MARK 河流系统公司，ADM 的全球运输网络开始成型。

二是进入能源领域。在这一阶段，ADM 最具战略影响力的事件无疑是进入生物能源领域，并开始燃料乙醇的生产加工。公司开始大规模生产燃料乙醇，主要是基于政治要求。1973 年和 1978 年连续两次石油危机直接引发了 20 世纪 70～80 年代美国经济的严重滞涨，沉重打击了当时过于依赖石油的美国经济（图 4）。美国一方面加快建立战略石油储备以抑制油价的上涨，另一方面开始重视并推动可再生能源的研发（图 5）。1978 年，美国总统卡特要求 ADM 将一个新建的饮料酒精厂改造成合成燃料厂，由此 ADM 开始进入生物能源领域。1980 年，ADM 成立工业油事业部，到 1986 年年底共收购或建立了 3 座乙醇加工厂。如今，ADM 已成为世界上最大的玉米乙醇和生物柴油生产商，其乙醇年产能达到 18 亿加仑[①]，而生物柴油年产能已经达到 4.5 亿加仑。

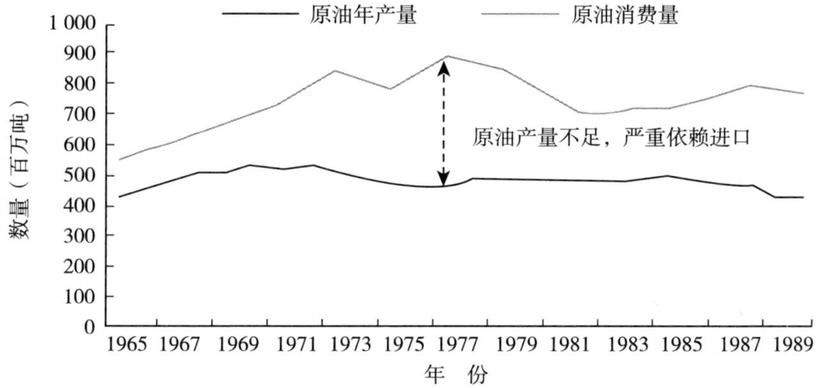

图 4 美国原油年产量及消费量

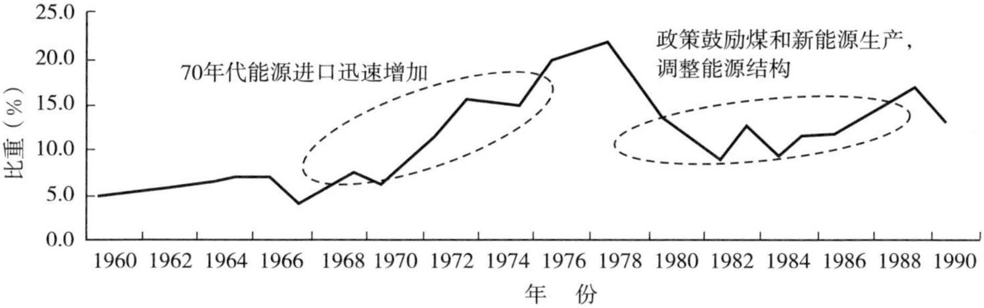

图 5 美国能源进口净值占能耗总量比重

① 加仑为非法定计量单位，1 美制加仑＝3.785 升。

3. 第三阶段（1986 年至今）：**国际化与产业整合加速，重塑 ADM**

1986 年以来，ADM 大大加快了全球市场的开发。公司营业收入和净利润从 1987 年的 53.4 亿美元和 2.3 亿美元到 2013 年的 898 亿和 13.4 亿美元，分别增长了 15.8 倍和 4.83 倍。在此阶段 ADM 的快速壮大主要源于三个方面：

一是发力全球市场，加快产业整合。早在 20 世纪 70 年代，ADM 就开始开发全球市场。1974 年，公司在巴西和荷兰收购数家大豆加工厂，从而建立其在欧洲和南美洲的首个加工基地。到 80 年代时，ADM 加速国际化。1983 年 ADM 在香港建立亚太分公司；1986 年在欧洲扩张，分别收购了联合利华在德国汉堡和荷兰的加工厂；1994 年开始在亚洲扩张，投资新加坡丰益控股，首次投资中国，在张家港投建东海粮油公司，前者成为以后 ADM 在亚洲市场的主要合作伙伴；1997 年在巴西扩张，收购了 Glencore 在巴西的谷物业务，包括位于圣保罗总部的 33 座粮仓和一家化肥加工厂。至今，ADM 在全球超过 140 个国家拥有 470 多个粮食采购地点，280 多个加工厂和 40 多所创新研发中心，形成了“收储→运输→加工→转化→配送→市场销售”的全产业链。

与此同时，ADM 加快开拓新业务。1991 年开展了柠檬酸业务，1992 年开始基于菜籽油的生物柴油的试点生产，1997 年进入可可业务，1999 年成立大米公司。更为重要的是，ADM 分别在 1996 年和 2001 年开通公司世界网站和 E－ADM 网站，成为信息服务提供商。公司可以通过 E－ADM 为客户和供应商提供账单发票汇总、网络订单、在线库存、后勤管理等服务，从而实现信息共享、成本规避和库存管理，与公司的全产业链相辅相成。

二是受益政策福利。ADM 被称为典型的“公司福利的受益者”，加图研究所于 1995 年发布的报告称：“从 1980 年开始 ADM 直接耗费美国经济共数十亿美元，并以更高的价格和税收间接地耗费美国人数百亿美元。至少有 43％的利润来源于美国政府大量补贴或保护的产品。进一步而言，ADM 玉米甜味剂每 1 美元的盈利要耗费消费者 10 美元，乙醇业务每 1 美元的盈利要耗费纳税人 30 美元”。公司直接从能源部得到大量新能源补贴，而美国农业补贴也间接帮助 ADM 等跨国农业公司开拓全球市场（表 2）。每年大量的农业补贴压低了原材料收购价格，进而也推低了农产品的价格，美国农业公司就能获得价格空间和比较优势，进而占领全球市场。

表 2　1971—2009 年美国能源方面大事记

年份	事　件	影　响
1971	尼克松《保证美国未来洁净能源计划》报告	强调化石能源带来的生态环境恶化，呼吁使用清洁能源

（续）

年份	事 件	影 响
1978	《能源税收法》	对安装太阳能供暖系统的人们提供税收优惠
1979	卡特《第二个国家能源计划》	促进可再生能源工业的发展计划，对有可能替代石油的可再生能源技术提供研发和产品支持，对地热资源的开发提供税收优惠和贷款保障
2005	《国家能源政策法案》	10年内向全美能源企业提供146亿美元的减税额度，给予相关企业总额不超过50亿美元的补助
2007	《能源独立和安全法案》	提高汽油中混有的生物燃料比例，到2022年生物燃料产量要达到360亿加仑；给予生物燃料研发补助
2009	《经济复苏与再投资法案》	投资约199亿美元投资于再生能源及节能项目，其中131亿美元用于对再生能源生产的税收抵减
2009	《清洁能源安全法案》	到2020年减排20%，到2025年共投资900亿美元用于新清洁能源技术和能源效率津贴，投资200亿美元用于基础科学研发

三是重塑企业形象。伴随着全球化扩张，企业形象日益重要。而ADM在20世纪90年代遭遇形象危机。1993年，ADM被美国司法部以合谋操纵赖氨酸价格为由起诉，3名高管被判刑，罚金高达1亿美元，是当时美国历史上最大的一笔反垄断罚款，后续到2005年又支付4亿美元罚金。之后的政策福利争议、环境污染罚款和乌克兰子公司行贿案都对ADM形象造成巨大破坏，进而对公司业绩造成不可预料的损失。为了挽回公司形象，赢得新市场，ADM开始采取一系列措施。在重新设计企业LOGO后，ADM陆续发动相关计划回馈社会，改进环保技术，定期公布企业责任报告，重塑企业形象。

（二）ADM成功之道

ADM之所以能迅速成为全球农产品加工企业龙头，关键在于其“以农产品加工为核心的，兼具收储、物流、贸易的全产业链闭环”模式。ADM公司将自己定位于产业链的采购、存储、加工和销售环节，是农户和全球消费者之间的连接者。公司首先在加工环节建立核心能力，以收储、物流和贸易作为支撑，最终建立起竞争优势，达到对整条产业链的整体控制。因而我们认为，公司的核心能力主要体现在：

一是以农产品加工为核心的业务之间形成了横向协同。ADM在亚麻籽、大豆等传统加工业务建立核心能力，实现低成本和规模效应，随着产品群的不断延伸，ADM就能将这种模式灵活运用到其他业务，快速建立新市场优势，进而巩固原有业务发展。同时各业务之间有强烈的协同效应，并具备自我扩张的能力，能不断增加派生的新产品和产品新用途，带来农作物价值最大化。

二是收储、物流和贸易等业务之间形成了纵向协同效应与自我扩张。基于在产业链中的定位，ADM在全球范围内建立了合理的资产分布。公司在原材料主要产区建立相应的收储设施，在主要销售市场建立加工厂。这样，主产区收获的谷物粮食可以迅速入库，并通过物流业务运往加工厂加工成最终产品直接在当地销售。ADM就能为供应商和客户提供更便捷的服务，加强对采购、订单和库存的管理，从而实现更高的运行效率和更大的整体效益。同时通过发展物流业务建立了全球运输网络，强大的全球化运输能力将作物、产品和需求紧密联系，以支撑公司加工业务的规模效应和低成本战略，并帮助客户管理交货和库存。整体来看，ADM在收储、运输、加工、转化、配送和市场销售的每个环节都建立起核心竞争优势，使ADM最大限度地分享农业产业的成长带来的机会和收益。而上下游业务单元的协同，使得ADM能够有效化解单环节运营可能带来的市场风险与成本无价值增加。

三是资源共享协同。ADM开发的新产品可以利用其原有的客户资源进行销售推广，从而增强其谈判能力与话语权，进而大大加强原有产品的销售能力，获得新的客户资源。而产业链上游不同业务所需的原材料可以共享ADM位于全球的收储设施，实现资源利用率最大化。

四、史密斯菲尔德食品公司——畜产品品牌

史密斯菲尔德食品公司（Smithfield Foods，Inc，SFD）的前身是1936年在美国弗吉尼亚州成立的史密斯菲尔德包装公司（The Smithfield Packing Company）。公司生产超过50个品牌的肉制品，多于200种的美味食品，拥有从饲养到宰杀，再到分装鲜猪肉和制作加工肉制品的全套产业链。公司养殖部门主要为加工部门提供生猪，实现较高的原料自给率，形成垂直整合的纵向产业链。2015年，史密斯菲尔德的生猪出栏量约为全美出栏总量的12.2%，屠宰量占24.2%左右。2015财年营收212亿美元，净利润达10亿美元。

史密斯菲尔德于1984年在纳斯达克上市，1990年市值达到6 700万美元；在美国生猪养殖规模化加速阶段的1990—2000年，市值年复合增长率高达33%。在2000—2010年，市值年复合增长率高于10%，2013年6月市值达47亿美元。2013年9月底，双汇国际收购SFD。

史密斯菲尔德近80年的发展历程中，在不同的背景下提出不同的战略重心，形成核心竞争力，引导高效经营，在美国猪肉行业集中化整合背景下脱颖而出，成为全球最大的猪肉生产商。

（一）公司发展历程

1. 第一阶段（1980—1999 年）：**内外兼修，构造猪肉王国**

1981 年后史密斯菲尔德开始了一系列收购，1987 年以垂直整合猪肉加工业的领导者身份而闻名全美，1998 年成为全美排名第一的猪肉生产商，同年公司走出美国开始在加拿大、法国和波兰进行收购，展开国际市场扩张步伐并成为全球最大的猪肉生产加工商。总结史密斯菲尔德第一阶段快速发展的原因主要有以下两点：

一是内部垂直整合构建全产业链、优化产品结构、控制成本。史密斯菲尔德成立之初以猪肉屠宰加工为主，产品主要是新鲜猪肉和加工肉品。在美国猪肉产业不断整合的背景下，1987 年开启垂直整合战略，通过合作进入生猪养殖行业；1999 年通过连续收购大型生猪养殖企业真正拥有生猪养殖部门，完成全产业链构建，为自身经营屠宰加工提供高质稳定的低成本原材料。目前，在生猪养殖板块，70%以上的出栏以公司加农户的合同关系进行。

发展初期，史密斯菲尔德的生猪原料主要来源于传统采购区即美国中西部，导致运输成本及运输中产生的损失都较高，且不利于产品的保鲜度，公司遂将来自中西部的原材料供应比例降低，从 1987 年的 34%下降到了 1995 年的 7.2%，转而提高东部沿海岸的供应比例。1995 年之后，除去中西部独立的经销商采购点外，公司重点在东部的北卡罗来纳州、南卡罗来纳州及弗吉尼亚州布局工厂和采购点，并随着市场的不断扩大增加工厂及配送中心。

在发展具有一定规模之后，史密斯菲尔德通过良好布局，降低配送成本，提高效率。史密斯菲尔德通过对原料供应点、加工厂及配送中心布局上的规划，采取协调交付和回程满载的方式，降低运输费用及运输中的损失，半天之内运输覆盖面达到一半以上的美国，对所有客户基本实现次日送达的承诺，最高效地将新鲜产品提供给客户，在降低费用的同时成就了产品的竞争力。

二是在外部通过“收购＋合作”的方式实现从区域垄断到全面扩张。在内部高效经营的基础上，史密斯菲尔德也通过收购与合作并举的方式加快扩张步伐。在合作上，史密斯菲尔德主要从原材料资源即生猪的获取及产品经营考虑，以合作方式助力自身强大。在收购标的选择上考虑公司品牌知名度、顾客忠诚度、公司自有资源及区域市场垄断等可取之处；收购时机上抓准在市场背景不佳情况下出现亏损或财务问题的有价值公司。

1982—2000 年，史密斯菲尔德主要进行了 12 次规模较大的收购。1982 年，由对 Gwaltney 的收购开启公司的扩张步伐，此次收购承上启下，既是 1975 年进行财务改革之后良好运作的结果，确立了公司东部海岸的霸主地位，也为后续对一系列高品牌知名度的区域性肉类加工公司的收购奠基。在高达 20%的利率下，使用杠杆收购竞争对手 Gwaltney，使公司规模扩大一倍，增加了一些热门生产线和品牌产品，并利用 Gwaltney 与公司的众多相似之处，在生产、采购和运输的整合上发挥协同作用，效益凸显。1984 年肉类行业出现产能过剩，全美猪肉屠宰量下降，同业竞争激烈，而消费者需求下降，行业进入低潮期，史密斯菲尔德收购了一些区域市场占有率较高、同时具有品牌知名度及顾客忠诚度的肉类加工商，实现逆市增长。1995 年史密斯菲尔德完成了对 John Morrell&Co. 的收购，使史密斯菲尔德的市场延伸至中部，增加了 4 个高效加工厂及许多著名品牌的肉制品生产线，销售额及屠宰量扩大了一倍，国际市场销售额也扩大了一倍。同时增强了公司在东部市场上熏香肠等产品上的优势，并通过技术和人员的共享，运营绩效得到提升，加工、营销、采购和配送上的协同作用也有效实现了成本的节约。1998 年，史密斯菲尔德在生猪价格跌至历史低点的关键节点收购了生猪企业 Circle Four Farms，Carroll's Foods 及 Murphy Farm，Inc.，使其成为全球领先的生猪生产商，完成全产业链版图的构建（表 3）。

表 3　1980—2000 年史密斯菲尔德的收购情况

年份	收购标的	业务类型	所在区域	说　明
1982	Gwaltney	加工肉品	弗吉尼亚州	当时的最大竞争者，经营热狗、午餐肉等猪肉产品，此次收购对史密斯菲尔德具有里程碑意义
1985	Patrick Cudahy	加工肉品	威斯康星州	低潮中亏损，有相当的消费者忠诚度，收购后增加了新的品牌和产品线，尤其是突出的干香肠产品线
1986	Esskay，Inc.	加工肉品	华盛顿州	企业出现经营不善，拥有高品牌忠诚度，是一家品类众多的熟食产品公司，尤其在华盛顿区市场占有率高
1991	Mash 品牌及在 Landover，Maryland 的火腿加工厂	加工肉品	马里兰州	增加有价值的品牌和加工厂
1993	Valleydale、Reelfoot 品牌 Salem，Virginia 的加工厂	加工肉品	弗吉尼亚州	
1995	John Morrell&Co.	加工肉品	加利福尼亚州	生产熏香肠等众多加工肉品，成为史密斯菲尔德由多区域经营向全美覆盖的关键点
1996	Lykes Meat Group of Lykes Bros，Inc.	加工肉品	佛罗里达州	生产热狗、培根、香肠等，被大众忽视，盈利低下，主要市场在南部及东南部，包括 Lykes 及 Sunnyland 等品牌，是具有知名度和资产价值的猪肉加工商

（续）

年份	收购标的	业务类型	所在区域	说明
1997	Curly's Foods, Inc.	加工肉品	艾奥瓦州	深加工肉类产品，提供食品服务，业务覆盖全美
1998	North Side	加工肉品	—	麦当劳的主要供应商
1998	Circle Four Farms	生猪	犹他州	之前的生猪生产合作伙伴
1999	Carroll's Foods	生猪	北加利福尼亚州	全美生猪产量第四，获得 180 000 头母猪，生猪年产 350 万头
2000	Murphy Farm, Inc.	生猪	—	全美生猪产量第一，获得 345 000 头母猪，年产生猪 610 万头，收购完成后公司生猪产能扩大至 4 倍

除收购外，史密斯菲尔德还于 1987 年与 Carroll's Foods 合作进入生猪养殖行业，为公司带来稳定的生猪原材料，屠宰量增加，新鲜猪肉的收入占比也进入上升期。鲜猪肉及初加工的肉制品具有保鲜时效的问题，一级产品线无法进行大面积覆盖，史密斯菲尔德通过紧密的收购动作进行市场渗透，由点到面实现全覆盖，由区域垄断到全面扩张，资产规模持续增长（表 4）。

表 4　1980—2000 年史密斯菲尔德的合作情况

合作对象	合作内容	合作效益
Carroll's Foods	合作成立 Smithfield-Carroll's，正式进入生猪养殖行业	美国第五大生猪生产商。其位置坐落在北卡罗来纳州，对史密斯菲尔德有战略性的地位，帮助公司减少对中西部地区原料的依赖，合作具有先见之明
Murphy Family Farms	为公司提供生猪原料	合作为公司解决每年近 50%的原料生猪需求
Britain's National Pig Development Company	获得 NPD 在美独家经销权	1994 年推出差异化的瘦肉猪产品，1996 年在超市中占有极大份额

2. 第二阶段（1999—2007 年）：**挖掘新的市场和盈利点，进行国际布局**

面临国内猪肉市场的需求扁平化，史密斯菲尔德聚集力量挖掘新的市场和盈利点，实现销售额的增长。除去因 2003 年受生猪价格下降而养殖成本上升，利润率水平有所下降外，整体保持上升。总结史密斯菲尔德在第二阶段快速发展的主要原因在于其能抓住时机拓展国际新市场，增加多元化新需求。

1998 年之前，史密斯菲尔德在国际上的销售主要是与住友公司合作向日本出口冷鲜肉，其国际布局始于 1998 年末，2000 年加速全球扩张，以一贯的价值导向购买资产或联营的方式拓展国际市场，包括法国、波兰、加拿大、中国、墨西哥、西班牙、英国、巴西和罗马尼亚等，抵挡国内市场消费下滑的不利影响。2005 年国际市场销售额超过 10 亿美元，2003—2005 年，国际市场销售额复合增长率达 15%。

同时，秉承第一阶段的方式继续扩张猪肉业，除收购 Farmland Foods 实现年销售额破百亿外，还提出产品多元化策略，包括牛肉和火鸡业务。2001 年通过收购 Moyer Packing 的牛肉业务开始新一轮的扩张。除早期收购的 Carroll's Foods 涉及火鸡业务外，2006 年联营成立 Butterball，LLC，成为当时美国最大火鸡生产商，年销售额达 10 亿美元（表 5、表 6）。

表 5 史密斯菲尔德国际扩张大事记

年份	公 司	区 域	效 益
1998	Schneider Corporation	加拿大——服务业肉类加工品的最大供应商	史密斯菲尔德成为加拿大第二大肉类加工商和行业领导者
1998	SBS	法国——最大的生产火腿、猪肩肉和培根的私有商标生产商	布局法国市场，并增加来自西班牙、比利时、意大利及捷克的销售额
1999	Animex	波兰——最大的肉类及家禽加工商	可观的波兰市场份额，也是史密斯菲尔德进入欧洲市场的机会。波兰作为欧洲的粮食带，有着充裕而低价的原材料供应，劳动力成本低
1999	SFGP	法国——SBS 的主要竞争者	Smithfield France 的市场份额翻倍
1999	Norson	墨西哥——合资联营的生猪养殖和猪肉加工公司	使得史密斯菲尔德北美生猪养殖业扩大，并有望增加其在墨西哥、美国、亚洲的市场销售份额
2002	AFG	中国——合资联营	进入中国市场，扩大销售额
2003	Stefano's	意大利——便利食品	每年的销售额近 2 200 万美元
2004	Morliny，Comtim Jean Caby，Agrotorivs	波兰，罗马尼亚，法国	
2004	Campofrío	西班牙——当地最大的肉品加工商，欧洲最大多元化肉品生产商之一，产品销往 40 个国家	欧洲市场份额扩大，来源于国际市场的销售额持续增长
2004	Smithfield Foods Ltd	英国——Norwich Food Company Ltd 和 RidpathPek 合并形成	

（续）

年份	公 司	区 域	效 益
2007	Sara Lee's	欧洲——通过合营方式收购其在欧洲肉类业务	该业务在欧洲销售额超过 15 亿美元，在法国、葡萄牙、荷兰及德国拥有巨大市场份额
2007	Group Smithfield	合并自身在欧洲的 Group Jean Caby 和 Sara Lee's 资产	成为欧洲最大的包装肉类生产公司

表 6　史密斯菲尔德业务多元化进展

年份	收购标的（合作联营）	说 明	进 展
2001	Moyer Packing	美国东部最大的牛肉加工企业	进入牛肉行业，产品多元化
2001	Packerland Holding	美国中西部地区的主营牛肉的肉制品加工企业	成为全美第五大牛肉加工企业
2005	Five Rivers	收购 MF Cattle Feeding，与 Conti Group 的联营	联营全球最大的牛养殖公司
2006	Butterball，LLC	与 Maxwell Farms 联营	联营全美最大火鸡加工商，产品销往 20 多个国家

3. 第三阶段（2008—2013 年）：**加减法并用，扭亏为盈**

2008 年后美国整体消费低迷，市场饱和而行业供给过剩，加上 2003 年美国发生的疯牛病导致很多国家对美国牛肉颁布了禁止令，牛肉出口受阻。2009 年饲料成本大幅上涨，盈利大幅下滑，致使连续两年史密斯菲尔德的净利润出现负值，在此背景下，史密斯菲尔德加减法并用，扭亏为盈。

2008 年史密斯菲尔德公司将史密斯菲尔德牛肉集团公司出售并入 JBS S. A.，获得现金收入。2009 财年宣布重组猪肉集团，将 7 个独立运营公司减少到 3 个，整合资源提升效率，削减费用开支，同时减少生猪供应。2010 年开展成本节约计划，包括对农场、工厂的组合再配，将 Portsmouth 工厂关闭，扩大 Kinston 工厂，配备先进技术设备，以提高效率、降低费用率；同时终止高成本的第三方生猪采购合同，降低成本。

对公司进行精简优化的同时，公司还增加了深加工产品占比，加大研发创新力度，增加广告投入，强调品牌价值，增加高附加值产品即增加包装肉品的销售占比，以实现毛利率水平的提高。在一系列的调整后，史密斯菲尔德转亏为盈。

（二）核心竞争力

1. 垂直整合的全产业链

垂直整合的全产业链模式有自身的优点：一是垂直整合的全产业链有利于盈利的稳定。行业存在周期性波动的特点，在生猪价格上涨时，生猪盈利的增长部分抵消肉类加工原材料价格上涨的利空，下降时反方向平滑利润。二是有利于经营效率的提升。垂直整合产业链模式下，上下游紧密接合，实现设施和技术使用效益的最大化，规模效应显现。同时，有利于保证产品质量的稳定和一致性。垂直整合全产业链发展有利于公司掌握产品的质量，铸就史密斯菲尔德良好形象。2006 年，史密斯菲尔德被评为最受美国人民尊敬的企业之一。再次，不同国家产品标准不同，全产业链模式有利于史密斯菲尔德在不同环节进行调整，为其国际扩张奠定基础。

构建全产业链并向上游养殖延伸后，史密斯菲尔德以优质的猪源为原材料加工高质的差异化产品。通过研发创新完美 NPD 基因良种猪，形成高质高竞争力的差异化商品。NPD 基因系的猪瘦肉率高，屠宰率高且易于加工，商业价值极高。1991 年，史密斯菲尔德获得在美国生产 NPD 种猪的独家特许经营权，1994 年推出高瘦肉率的肉制品，2000 年的 NPD 完美基因猪加工数量较 1996 年增长达 337%，打造出具有竞争力的差异化商品，迅速占领市场。同时，在猪肉产品的加工上，公司力求低脂、低盐，发展无脂和 40%低脂的肉制品，满足消费者在健康和营养方面不断提高的要求。1998 年、1999 年美国生猪价格大幅下降，尤其是 1999 年生猪价格面临 5 年来的历史最低点，史密斯菲尔德依靠高竞争力商品销售量的增长抵消了价格下降带来的部分损失。

2. 品牌知名度提升

首先，在原材料端，2003 年以 SPG（Smithfield Premium Genetics）命名公司特有许可证的良种基因猪，即包括一贯推崇的 NPD 完美基因猪，在源头提升顾客对产品价值的认可度及品牌的知名度。

其次，在新鲜猪肉产品上，加大 case-ready 产品的投入，实现产品增值。case-ready 对新鲜猪肉进行初步包装、称重、贴标、预定价，方便机构客户直接销售给消费者。case-ready 产品既有利于推广品牌、进入新市场，也拓宽了新鲜猪肉的利润空间。2000—2003 年，case-ready 产品的复合增长率达 62%。

最后，充分利用渠道价值提升产品知名度。史密斯菲尔德针对的客户主要是连锁超市及餐饮服务商等机构客户，在主要市场的关键零售商提高品牌商品的渗透率以提升产品知名度。2003 年，公司收购具有 30 年美食烹饪经验的 Global Gulinary Solutions，Inc.，成立 Smithfield Innovation Group，为渠道商研发新产品，以发挥渠道价值。在 2000 年末整个市场低迷的背景下，由于与机构客户的稳定合作，实现新鲜猪肉销售额的3倍增长，也提升了产品知名度，成为少数逆市场增长的企业。

五、亀甲万——日本调味品企业

亀甲万株式会社前身是1917年由日本八大家族企业合并而成的野田酱油株式会社。产品包括酱油、风味酱、烹饪酱、罐头食品、饮料、酒、生物医药制品等。亀甲万在酱油领域拥有绝对优势，在日本国内市场份额约为30%(到2016年在日本市场份额上升至33.2%，是排名第二的企业Yamasa市场份额的3倍)，北美市场约为50%。此外，在豆乳行业，2013年亀甲万的市场份额就已达到52.6%，同样位居第一。迄今为止在全世界范围内有10余个生产基地，产品累计销往超过100个国家和地区。1992—2017年，公司营业收入的复合年均增长率为3%，净利润的复合年均增长率为7%。1992年以来，亀甲万的营业收入和净利润保持2.78%和6.12%的复合年均增长率，除2010年由于合并财务报表时剔除可口可乐业务导致收入出现大幅下降外，其他年度收入和利润增长保持稳定。2012—2016年，亀甲万净利润的复合年均增长率达到23.38%。受益于规模效应带来的成本优势、强大品牌力带来的提价权以及公司在费用控制方面的持续改进，亀甲万盈利能力得以稳定提升，其毛利率维持在较高的水平，净利率则呈现上升趋势，净资产收益率长时间维持稳定。总结亀甲万的发展历程发现其取得成功的关键在于：

一是在保持优势业务竞争力的同时，开辟餐饮和食品加工渠道是调味品销售增长的新动力。具体来看，亀甲万坚守百年家族企业的“酱文化”，在高端酱油市场保持核心竞争力；在酱油领域，亀甲万深耕国内外高端酱油市场。20世纪70年代以后，日本调味品行业进入成熟期，增速放缓。受益于同期日本人均可支配收入提升引发的消费升级趋势，亀甲万通过调整产品结构，推出高端化和功能多元化的酱油产品，由于亀甲万拥有较强的品牌积累，公司的升级产品深受消费者欢迎，市场份额不断提升。亀甲万在其“2020全球化构想”中提出“让亀甲万酱油成为世界标准的调味品”。亀甲万酱油的生产秉持着工匠精神，坚持生产高附加值的高端酱油。其一，坚持使用小麦原料。其二，在工艺上抵制化学合成，采用利用微生物发酵的天然酿造技术工艺生产酱油，虽然成本较高，但口味更为醇香。其三，不使用添加剂，力求最大限度地衬托出食材的天然原味。因此，亀甲万酱油的售价较高，在中国市场的平均售价为每500毫升18元，超过传统酱油1倍。

二是深耕高端市场，国际化多元发展。兼并收购当地企业是提高国内市场份额、解决不同地区口味差异、打通国际市场的有效途径。亀甲万的全球布局涉足4个领域，分别是酱油、Del Monte、日式食品批发、健康食品四大业务。

龟甲万通过多元化和国际化来扩张业务。其扩张路径分为以下三个阶段：

第一阶段（1917—1969年）——在国内增设子公司，销售可口可乐和酒。投资东方食品供应商JFC；20世纪50年代后，随着女性就业率走高，社会晚婚化，城镇化迁徙，居民对健康饮食的要求提高以及西式餐饮在日本的渗透，导致日本国内酱油需求趋于饱和。对此，龟甲万通过以下措施来应对：在酱油领域，深耕国内外市场；在国内外拓展业务实现产品的多元化和国际化。

第二阶段（1972—1999年）——在欧洲、日本、澳大利亚等地增设酱油工厂、贸易公司和日料餐厅，取得美国食品公司Del Monte在亚太地区（除菲律宾外）的永久代理权，生产销售西式调味品、罐头食品、饮料。

第三阶段（2000年至今）——拓展亚太地区市场。随着日本和欧美市场份额趋于稳定，龟甲万随之在亚太市场开辟新天地。于1990年进入中国，在昆山、厦门、上海分别成立公司，主要生产和销售酱油、以番茄制品为主的Del Monte食品等。在中国和新加坡等地投资酱油工厂和设立商贸公司等，生产销售酱油、豆奶、Del Monte旗下商品等。至2017年，龟甲万的海外业务营收占比53%，净利润占比48%。

六、味好美——美国调味品企业

味好美成立于1889年，并于1896年收购费城F. G. Emmett公司开始进入香辛料市场，随后逐步发展为全球最大的香辛料供应商之一。味好美业务覆盖美洲、中东、非洲、亚太地区超过150个国家和地区，在全球调味品市场中占有20%的份额。味好美通过一系列兼并收购来丰富其产品品类，如今旗下产品除了香辛料，还包括蜂蜜、风味酱、烹饪酱、草药等。1987年至今，公司营业收入复合年均增长率为4%，净利润复合年均增长率为7%。2017年的营业收入和净利润分别达到44.12亿美元和4.72亿美元。总结味好美发展的历史发现，其取得成功的关键在于实施“纵横向并购＋开辟新渠道”经营策略。

味好美的扩张战略之一是兼并收购。其一，味好美通过横向并购完善其产品线。体现在：收购各国调味品行业细分领域的领先公司，扩大其调味品全球市场份额；收购食品行业其他领域领先公司，实现业务多元化。2013年，通过收购亚太味业在武汉建立第三个生产基地，生产旗下“大桥”和“厨师乐”品牌增鲜剂。2012年鸡精产量为4万吨，味精产量为2万吨，年销售额为7.5亿元人民币。2017年，味好美陆续收购了植物香辛料供应商澳洲Botanical Food Company、腌泡汁供应商Caijun Injector、Reckitt Benckiser食品业务。

其二，味好美通过纵向合并收购上游企业，整合产业链。例如，1986 年收购旧金山的韭菜供应商 Armanino Farms。

味好美的扩张战略之二是通过为餐饮企业和食品加工商提供增值服务拓宽销售渠道。除了零售业务的家庭渠道，公司通过拓展工业业务，打造食品加工和餐饮服务渠道。味好美每年追踪口味潮流趋势，发布风味预测报告，研发新产品，并向食品加工商和餐饮服务商提供个性化菜谱、厨师培训及各类调味品，以此拓宽调味品销路。全球十大食品饮料商和十大餐饮连锁店中分别有 9 个都是味好美的客户。诸如肯德基、星巴克、哈根达斯等知名企业都是味好美的合作者。2016 年，工业业务收入占据了味好美总营收的 37%。

七、经验借鉴

通过梳理四大国际农产品企业的发展阶段以及成功之道，对中国的农产品品牌建设有以下启示。

1. 品牌农业是农业供给侧改革的关键抓手，但应跳出农业看品牌农业

综合国际发展经验来看，品牌农业是农业实现产业升级的重要抓手。不应仅仅局限在农林牧渔等第一产业，也应涵盖农资农技、农产品流通贸易的大农业概念，更应该扩展至加工食品、酒水饮料、调味品等大食品概念。只有扩大品牌农业的边界，才能统筹一、二、三产资源，做到农业的品牌化和商品化。

2. 品牌农业最重要的是核心竞争力，各环节的研发是铸就核心竞争力的关键

从国际经验看，发达国家品牌农业企业都拥有独特的、区别于竞争对手的核心竞争力，如都乐的果蔬标准体系和生鲜物流体系、ADM 的全球布局以及加工物流体系、史密斯菲尔德纵向一体化带来的高品质产品、龟甲万工匠精神铸就的一以贯之的品质酱油，

3. 企业品牌是农业品牌的终极形式，国家品牌、地区品牌是重要支撑

从各国经验来看，真正能够长久保持的农业品牌往往是企业品牌，因为通过品牌效应获得差额利润的企业才是品牌的最终维护者。但是企业品牌往往需要与区域品牌、国家品牌形成良好的互动效应，互相成就，如都乐起家于夏威夷，夏威夷高品质的香蕉（区域品牌）是都乐能够被广大消费者接受的前提。龟甲万作为日本企业，在国际市场上也被贴上了日本“工匠精神”的标签，借助国家品牌畅销国际市场。

中国农产品主要贸易伙伴非关税壁垒研究

随着经济全球化和贸易自由化的发展，各国之间的农产品贸易竞争越来越激烈，传统的关税壁垒作用日益减弱，而由复杂的技术标准、技术法规、技术认证等要求组成的技术性贸易壁垒、绿色壁垒等非关税壁垒措施成为贸易保护主义的新内容。近年来，中国农产品出口不断受到欧盟、美国、日韩等国家和地区非关税壁垒的限制，随着中国农产品进出口贸易量的逐年增长，国外技术性贸易措施对中国出口的影响也随之加剧，导致中国农产品出口竞争力大幅下降，极大地损害了中国农产品对外贸易利益。本文对中国农产品主要贸易伙伴非关税壁垒情况进行详细分析与跟踪监测，对中国农产品出口所遭遇的非关税贸易壁垒现状、特点、原因及趋势进行综合考察，并结合中国对进口农产品采取的非关税措施进行对比研究，为相关政策制定提供科学依据。

一、中国农产品出口遭遇技术性壁垒现状及原因分析

（一）技术性壁垒总体现状

中国每年都会有相当批次数量的农产品因遭遇国外技术性壁垒而被扣留/召回，从而造成出口受阻，因此国外扣留/召回情况是中国出口农产品遭受技术性壁垒影响的直观体现。

1. 中国遭遇技术性壁垒的国别分析

2016 年，美国、日本、欧盟、韩国、加拿大和澳大利亚相关机构扣留/召回中国出口不合格农食产品类达 1 619 批次，较 2015 年的 1 842 批次减少 12.11%。其中，美国食品和药品监督管理局扣留中国不合格农食产品类最多，达 796 批次，较 2015 年的 941 批次减少 15.41%；其次为韩国农林部国立兽医科学检疫院扣留 289 批次，较 2015 年的 260 批次增长 11.15%；韩国食品医药品安全厅扣留 155 批次，较 2015 年的 121 批次增长 28.10%；欧盟食品和饲料委员会召回 154 批次，较 2015 年的 298 批次减少 48.32%；欧盟健康与消费者保护总司扣留 0 次，较 2015 年的 1 批次减少了 100%；日本厚生劳动省扣留 134 批次，较 2015 年的 130 批次增长 3.08%；加拿大食品检验署召回 50 批

次，较2015年的47批次增长6.38%；澳大利亚农林渔业部召回41批次，较2015年的44批次减少6.82%（表1和图1）。

表1 2015年、2016年中国出口农产品被扣留/召回情况

单位：次、%

发布国家/组织	发布机构	2015年	2016年	增长情况
美国	美国食品和药品监督管理局	941	796	−15.41
韩国	韩国农林部国立兽医科学检疫院	260	289	11.15
	韩国食品医药品安全厅	121	155	28.10
欧盟	欧盟食品和饲料委员会	298	154	−48.32
	欧盟健康与消费者保护总司	1	0	−100.00
日本	日本厚生劳动省	130	134	3.08
加拿大	加拿大食品检验署	47	50	6.38
澳大利亚	澳大利亚农林渔业部	44	41	−6.82
总计		1 842	1 619	−12.11

数据来源：中国技术性贸易措施网。

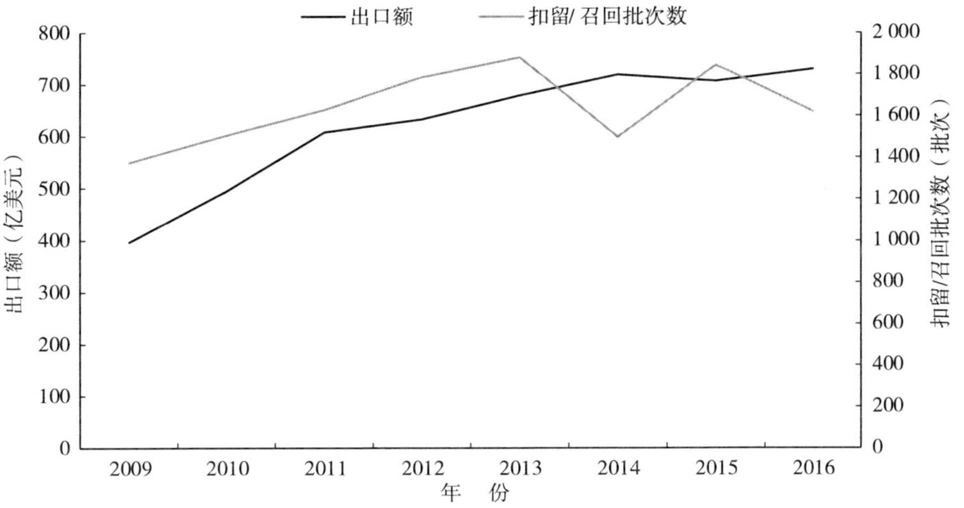

图1 2009—2016年中国农产品出口受阻情况

数据来源：中国技术性贸易措施网，《中国统计年鉴》

2. 中国遭遇技术性壁垒的产品类别分析

2016年，美国、日本、欧盟、韩国、加拿大和澳大利亚相关机构扣留/召回中国出口不合格的农产品中，其中位列前3位的产品为：水产及制品类

343 批次，较 2015 年 353 批次减少了 2.83%；蔬菜及制品类 289 批次，较 2015 年 386 批次减少了 25.13%；肉类 229 批次，较 2015 年 220 批次增长了 4.09%；三者分别占总批次的 21.19%、17.85%和 14.14%（表 2）。

表 2　2015 年、2016 年中国农产品出口受阻种类和情况

单位：次、%

产品种类	2015 年	2016 年	增长情况	占比
水产及制品类	353	343	−2.83	21.19
蔬菜及制品类	386	289	−25.13	17.85
肉类	220	229	4.09	14.14
干坚果类	149	138	−7.38	8.52
其他加工食品类	97	112	15.46	6.92
糕点饼干类	48	74	54.17	4.57
植物产品	69	62	−10.14	3.83
饲料类	47	54	14.89	3.34
植物性调料类	32	43	34.38	2.67
粮谷及制品类	77	33	−57.14	2.04
中药材类	91	31	−65.93	1.91
油脂及油料类	58	31	−46.55	1.91
糖类	15	27	80.00	1.67
饮料类	10	25	150.00	1.54
茶叶类	44	23	−47.73	1.42
调味品类	23	23	0.00	1.42
蛋及制品类	25	22	−12.00	1.36
动物产品	28	19	−32.14	1.17
罐头类	12	16	33.33	0.99
乳制品类	33	10	−69.70	0.62
其他植物源性食品类	1	5	400.00	0.31
蜜饯类	2	4	100.00	0.25
蜂产品类	9	3	−66.67	0.19
其他动物源性食品类	7	3	−57.14	0.19
酒类	4	—	—	0.00
动物源性产品	1	—	—	0.00
卷烟类	1	—	—	0.00
总计	1 842	1 619	−12.11	100.00

数据来源：中国技术性贸易措施网。

（二）出口受阻原因分析

2016 年，美国、日本、欧盟、韩国、加拿大和澳大利亚相关机构扣留/召回中国出口不合格农食产品类 1 619 批次，扣留/召回原因位列前 3 位的是：农兽药残留不合格 341 批次，较 2015 年的 470 批次减少了 27.75%；品质不合格 271 批次，较 2015 年的 262 批次增长 3.83%；含有非食用添加物 190 批次，较 2015 年的 215 批次减少 11.63%；三者分别占总批次数的 21.06%、16.74%和 11.74%。具体情况见表 3。

表 3　2015 年、2016 年中国农产品出口受阻原因及情况

单位：次、%

扣留/召回原因	2015 年	2016 年	增长情况	占比
农兽药残留	470	341	−27.75	21.06
品质	262	271	3.83	16.74
含有非食用添加物	215	190	−11.63	11.74
不符合动物检疫规定	152	175	15.13	10.81
证书不合格	191	151	−20.94	9.33
微生物	145	144	−0.69	8.89
标签不合格	133	114	−14.29	7.04
生物毒素感染	135	100	−25.93	6.18
食品添加剂超标	47	59	25.53	3.64
污染物	55	46	−16.36	2.84
致敏源	3	7	133.33	0.43
包装不合格	5	6	20.00	0.37
转基因成分	4	5	25.00	0.31
其他不合格项目	1	5	400.00	0.31
不符合储运规定	5	2	−60.00	0.12
化学性能方面	3	2	−33.33	0.12
有害生物	1	1	0.00	0.06
辐照	11	—	−100.00	—
人类受到危害	3	—	−100.00	—
机械物理方面	1	—	—	—
总计	1 842	1 619	−12.11	100.00

数据来源：中国技术性贸易措施网。

国内学者一般将技术性壁垒的表现形式归纳为五类，分别为：技术法规、标准与合格评定程序，产品检验检疫措施，包装和标签要求，信息技术壁垒，绿色壁垒。采用上述标准对 2016 年中国农产品出口受阻原因进行归类，并对各类目发生批次数及其所占比重进行统计，结果显示技术法规、标准与合格评定程序所占的比重最大，受阻批次占中国农产品出口遭受技术性壁垒总数的32.24%。其次是绿色壁垒502次、产品检疫检验319批次、包装和标签要求271批次，占比分别为31.01%、19.70%、16.74%。目前中国农产品多为初级产品，技术含量较低，所以在中国农产品出口贸易遭遇的技术性壁垒中，信息技术壁垒则几乎为零（表4）。

表4　2016年中国农产品出口受阻原因分类

单位：次、%

技术性壁垒细分	批次数	占比	包含种类
技术法规、标准与合格评定程序	522	32.24	品质不合格、食品添加剂、非食品添加剂、储运规定
绿色壁垒	502	31.01	农兽药残留不合格、生物毒素不合格、污染物不合格、违规转基因成分、辐照、有害生物、人类受到危害、化学性能方面、致敏源
产品检疫检验措施	319	19.70	不符合动物检疫规定、微生物污染、检疫物违规
包装和标签要求	271	16.74	证书不合格、标签不合格、包装不合格
信息技术壁垒	0	0	无
其他原因	5	0.31	非法进口，非法贸易，其他原因
总计	1 619	100.00	

数据来源：中国技术性贸易措施网

（三）发展趋势分析

从发展趋势来看，2016年中国农产品出口除在遭遇产品检疫检验和其他原因上有所上升以外，技术法规、标准与合格评定、包装和标签要求以及绿色壁垒方面受阻的数量都有所下降。其中绿色壁垒502批次，较2015年的687批次下降26.93%；技术法规、标准与合格评定522批次，较2015年的528批次下降1.14%；包装和标签要求271批次，较2015年的329批次下降17.63%。总体来看，2016年中国农产品出口扣留/召回情况较2015年出现好转的迹象（图2）。技术法规、标准与合格评定程序、产品检疫检验措施、包装和标签要求以及绿色壁垒是中国农产品出口遭遇的主要技术性壁垒，近年因不符合进口国技术法规、标准与合格评定程序而导致的农产品出口受阻数量最多，并且由于污染物检测措施逐年严格，绿色壁垒的影响也越来越大，2016年因技术法规、标准与合格评定程序和绿色贸易壁垒而受阻的批次数分别占到受阻总批次的32.24%和31.01%。

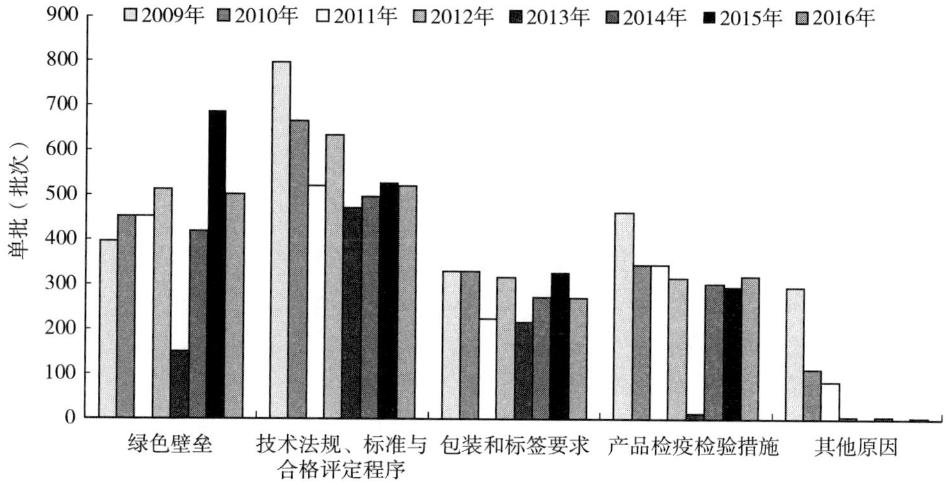

图 2　2009—2016 年中国农产品出口受阻原因

数据来源：中国技术性贸易措施网

二、中国农产品出口遭遇贸易救济措施的现状及影响分析

贸易救济是各国政府为保护本国产业免受进口冲击而采取的行政措施，是 WTO 规则所允许的，措施主要有反倾销措施、反补贴措施和保障措施。前两项针对价格歧视这种不公平贸易行为；后一项针对公平贸易条件下进口产品激增的情况。反倾销、反补贴、保障措施对国内产业短期的直接影响主要体现在：通过反倾销税、反补贴税、保障性关税提高进口产品的成本，从而减少进口产品对国内产业的冲击；同时增加国内生产者的福利水平。贸易救济的主要直接效果还是通过影响价格的方式来对产业国际竞争力产生作用，这种效果具有短期性特征。

自 2013 年，习近平主席提出"一带一路"构想，为中国农产品国际贸易的扩大、市场结构的改善、产业结构的升级带来了机遇。中国虽然是农产品贸易大国，但近年来农产品贸易的逆差扩大，而且出口市场过于集中，又经常遭遇进口国的非关税贸易壁垒，对中国农业全球化战略的实施造成了一定的不利影响。针对中国产品的反倾销、反补贴等贸易救济调查似乎越来越猛。统计显示，2016 年，中国共遭遇来自 27 个国家（地区）发起的 119 起贸易救济调查案件，其中反倾销 91 起，反补贴 19 起，保障措施 9 起；涉案金额 143.4 亿美元。其中立案数量最多的国家为印度、美国，案件数量分别为 21 起和 20 起。

与 2015 年全年相比（22 个国家和地区、87 起案件，金额 81.5 亿美元），数量上升了 36.8%，金额上升了 76%[①]。

（一）中国遭遇贸易救济措施现状

2017 年上半年，中国产品共遭遇来自 15 个国家和地区发起的 37 起贸易救济调查案件，其中反倾销 28 起、反补贴 4 起、保障措施 5 起；涉案金额总计 53 亿美元。2016 年同期，中国遭遇贸易救济调查案件数量达到历史高点，总计是 65 起，涉案金额 85 亿美元。2017 年上半年，中国遭遇贸易救济调查案件数量和金额均有明显下降，但与过去 5 年同期相比，总体波动不大，仍然处于高位。从国别来看，印度立案 12 起，美国立案 11 起，位列前两位[②]。

1. 中国遭遇反倾销措施的现状

反倾销是 3 种国际贸易救济措施中被采用最多的救济措施。倾销是指出口商品以低于正常价值的价格出口到另一国市场的行为。进口国一般都会对倾销行为采取限制措施，即反倾销措施。根据 WTO 反倾销调查报告（表 5），从 1995 年 WTO 成立至 2016 年，全球一共发起了 5 286 起反倾销立案调查，其中针对中国出口产品的反倾销立案调查 1 217 起，占反倾销案件总数的 23%。中国已经连续 21 年成为全球遭遇反倾销调查最多的国家，远远超过第二名韩国的 398 起。其中，印度对中国发起反倾销立案调查最多，共计 199 起，占其对外全部反倾销数量的 23.59%；其次为美国，共计 141 起，占其对外全部反倾销数量的 23.61%。

表 5　WTO 成员对中国发起反倾销案件数量和比重（1995—2016 年）

单位：起、%

申诉方	对中国发起反倾销数量	对全球发起反倾销数量	比重	申诉方	对中国发起反倾销数量	对全球发起反倾销数量	比重
全部	1 217	5 286	23.02	新西兰	9	57	15.79
印度	199	839	23.72	以色列	7	50	14.00
美国	141	606	23.27	乌克兰	9	48	18.75
欧盟	129	493	26.17	俄罗斯	11	40	27.50
巴西	96	403	23.82	委内瑞拉	9	31	29.03
阿根廷	106	348	30.46	智利	2	28	7.14
澳大利亚	50	316	15.82	菲律宾	3	20	15.00

①② 数据来源：中华人民共和国商务部网站。

（续）

申诉方	对中国发起反倾销数量	对全球发起反倾销数量	比重	申诉方	对中国发起反倾销数量	对全球发起反倾销数量	比重
南非	39	229	17.03	摩洛哥	2	13	15.38
加拿大	39	213	18.31	秘鲁	22	73	30.14
土耳其	80	213	37.56	特立尼达和多巴哥	3	13	23.08
墨西哥	52	144	36.11	波兰	2	12	16.67
印度尼西亚	26	135	19.26	日本	4	11	36.36
韩国	29	135	21.48	乌拉圭	1	7	14.29
巴基斯坦	25	118	21.19	越南	3	7	42.86
埃及	24	100	24.00	牙买加	1	6	16.67
马来西亚	11	84	13.10	多米尼加共和国	1	4	25.00
哥伦比亚	46	81	56.79	巴拉圭	1	3	33.33
泰国	22	78	28.21	危地马拉	1	2	50.00

备注：比重＝对中国反倾销数量/对外全部反倾销数量。

数据来源：根据 WTO 反倾销调查报告整理所得。

2. 中国遭遇反补贴措施现状

反补贴是指进口商品在生产、制造、加工、买卖、输出过程中接受了直接或间接的奖金或补贴，并对进口国已建立的国内产业造成实质损害或者产生实质损害威胁，或者对建立国内产业造成实质阻碍的，进口国可以对该产品进行调查，采取反补贴措施，对该产品按补贴数额征收反补贴税。1995—2016 年，WTO 成员启动的 445 起反补贴调查共涉及 49 个国家（地区）。其中，中国被诉 119 起，居各国（地区）之首，占同期反补贴案件总数的 26.74％。在所有发起的 119 起对中国反补贴调查中，美国、加拿大、澳大利亚、欧盟分别发起 60 起、23 起、16 起、10 起，4 国发起数量就达 109 起，占总数的 91.60％，仅美国就独占 50.42％。而这些都是中国主要的贸易伙伴，中国受到的反补贴威胁主要也来源于这些国家。截至 2016 年年底，中国已连续 10 年成为全球被诉反补贴调查最多的国家。中国遭遇反补贴数量之多、频率之快、涉及产品范围之广、影响之大，在全球贸易经济史上是罕见的。反补贴已经成为中国近年来贸易摩擦的新热点。对中国反补贴调查不仅直接影响了中国产品的出口，更重要的是影响中国政府政策制定和执行的独立性。

表 6　WTO 成员对中国发起反补贴案件数量和比重（1995—2016 年）

单位：件、%

申诉方	对中国发起反补贴数量	对全球发起反补贴数量	比重
全部	119	445	26.74
美国	60	195	30.77
加拿大	23	54	42.59
澳大利亚	16	28	57.14
欧盟	10	77	12.99
印度	3	3	100.00
埃及	2	12	16.67
南非	1	13	7.69
巴西	1	11	9.09
新西兰	1	7	14.29

备注：比重＝对中国发起反补贴数量/对全球发起反补贴数量。

数据来源：根据 WTO 反补贴调查报告整理所得。

3. 中国遭遇保障措施现状

保障措施是 WTO 规则允许的保护本国国内产业的一种行政措施，是各成员方政府依法维护本国产业利益的重要手段。其目的是允许任何一个成员方在特定的紧急情况下，为保护本国的经济利益而解除 WTO 协定规定的义务，对因履行 WTO 协定所造成的严重损害进行补救，或避免严重损害威胁可能产生的损害后果。与反倾销和反补贴相比，保障措施可以采取提高关税、数量配额和关税配额等多种救济方式，对一国国内产业的保护更为充分，而且无须证明被调查方存在“不公正的贸易行为”，保障措施调查的发起较之反倾销和反补贴更为容易。特别保障措施是 WTO 成员方利用特定产品过渡性保障机制针对来自特定成员方的进口产品所采取的保障措施，即在 WTO 体制下，在特定的过渡期内，进口成员方为防止来源于特定成员方的进口产品对本国相关产业造成损害或损害威胁而实施的限制性保障措施。

自 1995 年 1 月 1 日 WTO 成立到 2017 年 6 月 30 日，已过去 22 年，据 WTO 保障措施调查报告显示，这 22 年间共有 51 个 WTO 成员发起 328 起保障措施调查。2016 年，WTO 成员共发起 11 起贸易保障措施调查，中国遭遇国外贸易保障措施 1 起，占比 9.09%，成为国际贸易保障措施的主要受害国。随着中国经济的快速发展，目前尽管从案件数量、涉案产品的出口额来看，中国出口受制于国外实施的保障措施的情况与反倾销和反补贴相比尚不算很严重。但是随着WTO成员实施保障措施的热情不减，今后国外保障措施对中国出口贸易发展的负面影响将越来越大。

（二）国外对中国贸易救济措施特征分析

1. 对中国实施反倾销的国家增多

随着中国经济的快速发展和出口的大幅度增长，世界各国对中国实施反倾销总量急剧增加，中国与发展中国家之间的贸易摩擦也急剧增加。20世纪80年代，对中国实施反倾销的国家基本上集中在欧共体、美国、澳大利亚、加拿大等一些西方发达国家和地区。进入20世纪90年代以来，外国对中国反倾销的势头愈发激烈，许多发展中国家如印度、墨西哥、伊朗、智利等也纷纷加入对中国反倾销调查的行列。截至2016年上半年，据WTO反倾销报告显示，国外对中国发起的反倾销调查案件达到1 217起，印度位居各国之首，对中国共发起199起反倾销调查报告，其次为美国、欧盟、阿根廷和巴西。由此可见，美欧等发达国家和新兴经济体仍是对中国反倾销调查的主要发起者，且发展中经济体（如印度、巴西等）成为发起贸易救济调查主体趋势日渐显著。

2. 显著的连锁效应与示范效应

许多国外政府对本国企业发起对外反倾销常采取鼓励和支持态度，助长了国内贸易保护主义的气焰，一件出口商品的反倾销案常引发进口国其他生产商对中国产品提出反倾销投诉，希望利用反倾销手段以达到限制进口中国产品的目的。例如，2002年1月，欧盟宣布全面禁止中国动物源性产品进口后，瑞士、日本、韩国等国家相继采取措施，加强对中国动物源性产品的检测，德国、荷兰等国提出更高更严的要求，沙特阿拉伯暂停了对中国此类产品的进口。此外，当中国某一商品在一国遭到反倾销投诉后，其他国家开始担心中国产品在被挤出申诉方所在国后会大量涌入本国市场，往往采用“预防性”的反倾销手段，从而使中国产品在一国遭受反倾销调查后，相继在其他一系列国家被投诉。此外，由于美国和欧盟是世界上最大、最发达的经济体，对世界的影响很大，也是世界上较早颁布反倾销法的经济体，它们对中国的反倾销行为常具有很强的示范效应，它们在反倾销上的举措常会为其他国家所效仿。

3. 反倾销税率高，涉案金额大

各国在对中国反倾销税的确定上存在着较大的主观性和随意性，征收幅度从百分之十几到百分之几百乃至上千。如美国1994年对中国出口的大蒜征收的反倾销税率平均为378.67%；2004年美国商务部对冻煮淡水小龙虾终裁征收的反倾销税率平均是122.92%，最低的是91.5%，最高的是156.77%。另外，各国在实际中常不采用统一标准对待所有出口同一商品的国家，相比之下对中国产品往往征收高额的反倾销税。面对如此高的税，中国相关企业已经占有的市场份额面临被挤占的风险，许多企业不得不退出已经占有的市场份额，有的甚至被彻底逐出市场。此外，在 20 世纪 80 年代，外国对中国反倾销的案件中，根本没有超过 1 亿美元，涉案金额超过 1 000 万美元的也不足 10 起。而进入 20 世纪 90 年代以来，对中国反倾销案件的涉案金额也在日益增大。

4. 双重救济，反补贴和反倾销双管齐下

从现有对中国反补贴调查来看，除了印度只发起了单纯的反补贴调查，其他都是和反倾销结合在一起的“双反”调查。对国外而言，这样做可以给国内产业提供双重保护，以便更彻底地限制中国相关产品的进口；对中国而言，则意味着双重打击。美欧等 WTO 成员对现有反倾销和反补贴规则的衍生运用，从单纯的反倾销演变到反倾销和反补贴等多种形式捆绑，以实现“双重救济”等。对于“双反”调查，尤其是对美国发起的“双反”调查，中国曾积极抗辩，在中方看来，“美方在不承认中国市场经济地位的情况下，开启反补贴调查并采取反补贴措施违反了美方的法院判例，也违背了其已经遵循 20 多年的不对所谓‘非市场经济国家’适用反补贴的惯例”，但事实上，WTO《补贴与反补贴措施协定》并未明文规定反补贴措施不适用于非市场经济国家。在多次抗辩之后，美国仍然紧锣密鼓地发起“双反”调查，其他国家也蜂拥而上，可见这种抗辩并不能起到实质作用，中国产品的出口仍然面临双重救济的风险。

（三）中国农产品屡遭国外贸易救济措施原因分析

中国对外农产品贸易频繁遭遇“两反一保”等贸易救济措施，其原因是多种多样的。既有外部环境方面的原因，也有自身不足方面的原因，具体如下：

1. 外部原因

（1）政治等非经济因素。一国贸易政策的制定常常受到相关利益团体政治立场的影响，部分国家在内部采取的贸易保护政策常为特殊的选民集团、企业和相关利益集团、党派所需要，其走向往往取决于一国国内不同利益集团之间的力量对比。目前，中国作为世界上最大的发展中国家，在社会制度、意识形态等方面与发达的资本主义国家不同，致使中外经贸关系的发展往往会受到许多非经济因素的影响，如贸易问题政治化和国内问题国际化等。如在中美贸易中，美国国内的政治和安全等非经济因素的影响不容忽视，美国的利益集团一向非常活跃。

（2）WTO 争端解决机制仍存在一定缺陷。与关税及贸易总协定（GATT）相比，WTO 的争端解决机制为各成员顺利解决贸易纠纷与矛盾提供了一种体制保证。同时，为协调各成员的利益，WTO 还规定了一些例外条款，缔约国可以以维护国家安全、保护环境等理由暂停、修改或撤销 WTO 的各项义务。而这些界定不清晰且存在漏洞的例外条款常常被贸易保护主义者所利用，进而使得贸易摩擦更加频繁。WTO 的根本目的是推动贸易自由化。而实践证明，WTO在推动贸易自由化方面仍存在许多先天不足，如争端解决的程序过于冗长、制裁有效性不足、补偿缺乏实际意义等。这些缺陷和不足在一定程度上为发达国家（地区）频繁设置贸易壁垒提供了制度上的保障，促成了中国农产品频繁遭遇贸易救济措施的发生和加剧。

（3）制度性歧视。其他国家（地区）针对中国的歧视性政策也使得中国农产品遭遇国外贸易救济措施频繁发生。中国在市场经济地位上虽得到世界的逐渐认可，但是实证研究的结果显示该因素对反倾销调查的影响并不显著。其中最为典型的是《中国加入世贸组织议定书》的第十五、十六和十八条款，亦即“三大条款”。在对中国实施反倾销调查时，美国、日本等发达国家视中国为“非市场经济国家”，进而采取“替代国”等歧视性办法。这种制度的随意性、不可预见性和歧视性给近年来中国农产品出口企业应诉造成了很大障碍，使许多出口农产品失去了相对优势，成为许多出口企业对外贸易发展的软肋。此外，诸如特保措施等制度性歧视更是为发达国家（地区）随意发起针对中国的贸易调查以及设置贸易壁垒提供制度基础。虽然按照规定，中国的“非市场经济问题”将自动于2016年结束，越来越多的国家承认中国的市场经济地位，但这并未对世界对中国反倾销调查起到明显的抑制作用，究其原因可能是由于美国、印度等主要的对中国反倾销国家还未完全承认中国的市场经济地位，而每年大量的对中国反倾销调查案件又是这些国家发起的，所以导致中国在“非市场经济地位”问题上的改善未能对反倾销产生显著的抑制作用。

2. 内部原因

（1）中国农产品对外贸易依存度不合理。中国出口对外贸易依存度较高，刚加入WTO的前5年，即2002—2006年中国的对外贸易依存度一直处于上升趋势，2002年突破50%，2006年甚至高达65%。此后受中国经济转型、内外需求结构调整以及国际金融危机的影响，从2009年开始对外贸易依存度逐步回落，2011年则低至50%，随后一直低于50%。2015年，中国对外贸易依存度降到36%。尽管近年来，中国对外贸易依存度有下降的趋势，但是整体来看，仍然高于世界对外贸易依存度的平均水平。过高的对外贸易依存度也暴露出中国农产品贸易目的地较为集中、对外贸易商品结构不够合理以及战略资源农产品进口依存度较高等诸多弊端，这也为中国农产品对外贸易摩擦埋下了“隐患”，容易引起世界对中国农产品的敏感程度提高，最终导致国外对中国农产品贸易救济调查的发起。

（2）中国出口商品贸易地理方向过于集中。从中国农产品出口市场看，中国农产品出口贸易的市场以发达国家为主，主要集中在欧盟、美国、日本以及其他周边国家和地区。仅中国的第一和第二贸易伙伴欧盟和美国每年合计占比就基本在37%以上，且中国持续多年的贸易顺差主要来自欧美等发达国家（地区）。贸易地理方向过于集中，挤占进口国国内农产品市场，对进口国内部相同产业的制造商和就业人员形成了压力，对进口国造成严重威胁。进口国一方面是为了增加其财政收入，但更为重要的是出于保护本国农产品贸易的目的，对中国采取贸易保护措施。而中国在农产品出口上由于存在资源、劳动力等成本相对低廉的比较优势，使得中国农产品出口商品价格相对较低，这就为国外针对中国发起反倾销、反补贴等贸易救济措施寻找到了借口。一旦有争端发生，中国往往处于被动地位，缺乏对发达国家经济的控制能力，只能被动应对。

（3）对贸易救济案件应诉不力。长期以来，中国农产品企业对贸易摩擦的危害性认识不足。在面对国外指控时，中国农产品出口企业普遍存在着“搭便车”的侥幸心理，应诉积极性不高，往往导致贸易摩擦升级。近年来，中国针对欧美等主要贸易伙伴的自我保护意识明显增强，但对非洲、拉丁美洲和部分亚洲的案件中，企业应诉的积极性仍不高，这无疑助长了国外产业借贸易保护调查和排斥中国产品的申诉惯性。由于不能很好地利用贸易争端解决机制，因此便进一步加剧了国外对中国实施贸易救济措施的现状。同时，又由于中国政府、行业、民间协会及企业间无法很好地协调彼此在应诉过程中的关系，常常使中国在面对国外贸易救济措施时应诉不力，从而造成各国对中国采取贸易救济措施数量的增多。

（4）农产品企业核心竞争力较低。中国出口的农产品在国际市场上的竞争力过多地依赖价格优势。中国的技术制度、国家创新体系等很多方面与发达国家（地区）之间存在较大的差距，同时中国企业在农产品质量防疫、检疫以及病毒感染等方面能力不强，质量安全与标准意识不强，导致中国出口农产品的核心竞争力较低。同时国际上现行的技术标准大多是由发达国家（地区）制定和主宰的，导致中国企业在国际市场的竞争中没有主动权，常成为遭遇贸易救济的对象。

三、应对措施及相关建议

1. 积极参与WTO谈判，规范全球反倾销调查

目前，无论是发达国家还是发展中国家，都倾向于在各国颁布的反倾销法律和条例中赋予国内反倾销管理机构较大的自由裁量权。同时为解决各国的贸易争端，建立了较为完善的争端解决机制，明确了各国在处理贸易争端过程中的具体过程和操作规范，保证了贸易争端解决过程的公平、公正。WTO在《反倾销协定》中也对倾销和反倾销的争端做出了明确的规定。随着中国经济的快速发展和全球贸易地位的不断攀升，中国在WTO中的话语权和影响力也

逐年提高，针对全球越来越不规范的反倾销运用，中国要积极参与 WTO 新一轮谈判，修订和完善现行贸易规则，通过更加完整、合理和严密的 WTO 规则机制来约束其他国家的贸易保护主义行为，保证发展中国家的合法利益。

2. 注重农产品贸易均衡发展

中国农产品对外贸易应以进出口基本平衡为目标，要逐渐减少附加值低的农产品出口，增加附加值高的农产品出口。同时中国企业在出口农产品时要充分考虑进口国国内市场容量及进口国国内农产品竞争者状况，对出口农产品进行合理定价，优化农产品出口结构，通过产品创新来增加产品附加值和科学技术含量。积极开拓不同的出口市场，避免市场过度集中，实现市场多元化，降低进口国利益方对该产品的关注度，否则一旦被进行贸易救济案件调查，未来损失会超过现在市场开拓成本。

3. 低成本优势向技术优势转化

长久以来，中国以大量出口劳动密集型农产品为主，产品附加值低，价格偏低。例如，遭受欧盟反倾销的草莓在反倾销调查期年份出口价格下降了24%，遭受美国反倾销的苹果汁在反倾销调查期年份出口价格下降了 31%，遭受美国反倾销的小龙虾仁在反倾销调查期年份出口价格下降了 37%①。国外对中国农产品采取的贸易积极措施使其价格下降更加体现了中国农产品在价格上的比较优势非常强烈，从而对进口国利益方产生更强烈的刺激。从中国农产品出口的长远发展来看，中国农产品的低成本优势逐渐消失，农产品出口企业要实现出口的可持续发展就一定要重视产品的升级。通过产品升级、提高附加值实现竞争优势后，进口国对中国出口产品价格敏感度随之降低，贸易救济措施的威胁也会减少。

4. 完善贸易救济预警和应诉机制

为了防止可能爆发的贸易摩擦，并保护已有的市场，政府部门应正确引导，行业协会主动组织，企业积极参与，围绕 WTO 规则，不断建立和完善政府实施反倾销、反补贴、保障措施、特保措施以及技术性贸易壁垒等方面的法律法规体系，加快与贸易摩擦相关的产业损害预警机制的建设，进一步健全应对贸易摩擦的预警机制与快速反应机制。建立农产品出口监测体系，监控农产品的生产、销售、出口量以及出口价格变化情况，预判可能发生的贸易摩擦。企业要从思想上高度重视贸易摩擦，遇到贸易救济情况要积极应诉，同时从技术创新的角度不断创新农产品加工技术，延长农产品的产业链，提高出口农产品的附加值。

---

① 数据来源：根据联合国统计署数据计算所得。

技术性壁垒对中国虾类贸易的影响

——基于中外标准体系对比分析

中国是世界上最大的虾及制品生产国，也是主要的虾及制品出口国之一。随着世界虾类产品生产和贸易的发展，虾类产品贸易在国际水产品市场上占据了日益重要的地位。中国虾类产品出口主要集中在美国、日本、欧盟，这些国家和地区对进口虾类产品制定了严格的技术性标准，中国的虾类产品不可避免地受到这些技术性贸易壁垒的限制。自2002年以来，美国、日本、欧盟相继采取了各种技术性贸易措施来限制进口中国虾类产品，使中国的虾类产品出口面临越来越严峻的考验，技术性贸易壁垒成为制约中国虾类产品出口的最大因素。因此，本项目将从中国虾及制品主要贸易市场的角度出发，将中国虾及制品的质量标准与其进行对比，找出差距，从监测、监管以及环境等方面提出应对措施，及时缓解目前中国虾及制品出口受阻的现状。

一、中国虾及制品出口贸易现状

伴随着中国对虾养殖苗种繁育技术的突破、养殖模式的不断改进，中国虾及制品产量得到大幅度增长。自加入WTO以来，贸易出口自由化程度也不断加大，中国虾及制品出口贸易得到飞速发展，中国虾及制品出口贸易呈现出持续上升的格局，出口规模逐年扩大。参照中国商务部对外贸易司《中国农产品进出口月度统计报告》中的农产品统计口径，本文主要分析对象为《商品名称及编码协调制度的国际公约》（HS编码）中1992第3章0306六位数“活、鲜、冷、冻、干、盐腌、盐渍、熏制的带壳或去壳甲壳动物，蒸过或用水煮过的带壳甲壳动物，可供人食用的甲壳动物的细粉、粗粉及团粒”系列和第16章“制作或保藏的甲壳动物、软体动物及其他水生无脊椎动物”所列产品。

（一）中国虾及制品出口贸易逐年增长

虾及制品出口贸易在国民经济发展和对外贸易中发挥着关键作用。2015年商务部同相关部门积极推进“一带一路”建设，取得了较好进展，带动了中国虾及制品出口贸易发展。近年来，中国虾及制品的出口额整体呈持续增长态势，主要原因是外部环境逐步回暖以及中国促进外贸、稳定增长措施的实行。数据显示，2001—2016年，中国虾及制品出口贸易总额从5.54亿美元增加到24.41亿美元。即使在2008年全球经济形势较差的情况下，中国虾及制品出口额仍比2007年增长了5.06%，为15.52亿美元。虽然2015年中国虾及制品出口总额出现小幅下滑，为22.15亿美元，同比下降25.47%，但2016年中国虾及制品出口额上升到24.41亿美元，较2015年增长10.21%。整体来看，中国虾及制品出口贸易呈逐年增长趋势，规模也在不断地扩大（图1）。目前，中国虾及制品出口企业顺应良好形势，充分发挥劳动密集型产业所具备的比较优势，虾及制品出口贸易持续发展。

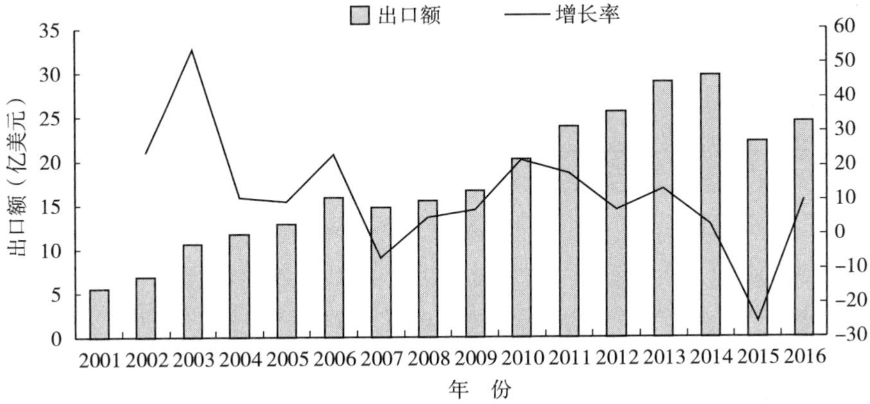

图1　中国2001—2016年虾及制品出口额及增长率统计

数据来源：UN Comtrade

（二）中国虾及制品出口初步形成多元化市场格局

虽然近年来中国虾及制品出口贸易逐步进军新兴市场，拓展了中东欧16国、拉美地区、“一带一路”沿线国家，多元化出口市场格局初显成效，但传统市场仍占比较大。2016年，中国虾及制品的出口市场中，美国、中国香港、日本仍排名前三，同期出口金额分别达到4.71亿美元、3.06亿美元、2.62亿美元，占比分别为19.30%、12.54%、10.73%；其次是马来西亚，出口额为1.50亿美元，占比6.15%；排序第五的是澳大利亚，出口额为1.28亿美元，占比5.24%。向以上5个国家的总出口额合计占比53.95%（表1）。

表1　2016年中国虾及制品主要贸易对象（前5个国家和地区）

国家和地区	金额（亿美元）	份额（%）	排名
美国	4.71	19.30	1

（续）

国家和地区	金额（亿美元）	份额（%）	排名
中国香港	3.06	12.54	2
日本	2.62	10.73	3
马来西亚	1.50	6.15	4
澳大利亚	1.28	5.24	5

数据来源：UN Comtrade。

（三）中国虾及制品出口品种集中度较高

从虾及制品的贸易结构来看，中国对外出口的虾及制品的品种集中度较高，主要以小虾和对虾为主。2016 年，中国对外出口的虾及制品排序的前四名都是小虾及对虾，单就小虾及对虾合计就已经占总出口额的 87.32%（表 2）。

表 2　2016 年中国虾及制品出口结构

产　　品	出口量（万吨）	份额（%）	排名
其他冻小虾及对虾（长额虾属、褐虾）	9.74	42.16	1
非密封包装制作或保藏的小虾及对虾	4.81	20.81	2
其他制作或保藏的小虾及对虾	3.05	13.23	3
小虾及对虾	2.57	11.12	4
其他制作或保藏的甲壳动物	2.38	10.32	5

数据来源：UN Comtrade。

（四）中国虾及制品出口受阻原因以腐烂和兽药残留为主

中国虾及制品的出口主要面向美国和日本，来自美国与日本的出口受阻事件也居多，主要受阻原因是腐烂和兽药残留。WTO/TBT-SPS 通报咨询网相关数据表明，近两年中国虾及制品出口受阻事件屡屡发生（表 3）。中国虾及制品出口价格低，除了加工技术薄弱，加工工艺跟不上水产品市场需求，直接影响鲜冷冻品在市场上的卖相外，还因为收购过程中长时间泡水，保鲜剂使用方法不合理导致腐烂，严重影响了虾的品质。此外，部分厂家拼命追求数量，忽视提高质量，为了提高竞争力添加不少药物添加剂，导致在检测中发现不安全添加剂和兽药而受阻。因此中国虾及制品出口容易受到 SPS/TBT 壁垒的限制。

表 3　2015—2017 年中国虾及制品出口受阻事件

序号	产　品	目的地	日　期	受阻原因
1	冷冻虾类	日本	2017－10－27	成分规格不合格（大肠杆菌呈阳性）

（续）

序号	产　品	目的地	日　期	受阻原因
2	虾	美国	2017-10-16	含兽药
3	虾	美国	2017-09-07	含兽药
4	龙虾	美国	2017-08-16	含李斯特菌
5	冷冻龙虾尾	英国	2017-08-03	温度控制不良，冷链断裂（-1.0℃）
6	冷冻虾仁	日本	2017-07-18	使用基准不合格［检测出焦亚硫酸钠（作为二氧化硫）0.18克/千克］
7	虾	美国	2017-05-16	含兽药
8	虾米	韩国	2017-05-10	有变黑现象，颜色不合格
9	琵琶虾	美国	2017-04-26	腐烂
10	虾	美国	2017-04-18	含兽药
11	虾	美国	2017-04-13	含兽药
12	虾	美国	2017-03-30	含硝基呋喃
13	虾	美国	2017-03-30	含硝基呋喃
14	虾	美国	2017-03-21	含不安全添加剂
15	虾	美国	2017-03-21	含不安全添加剂
16	龙虾	美国	2017-03-10	腐烂
17	龙虾	美国	2017-03-10	腐烂
18	虾	美国	2017-02-24	含兽药
19	虾	美国	2017-02-24	含兽药
20	虾	美国	2017-02-21	含兽药
21	冷冻虾	西班牙	2017-02-10	温度控制不佳
22	虾	美国	2017-02-09	含兽药
23	虾	美国	2017-02-01	含不安全的添加剂，兽药
24	琵琶虾	美国	2017-02-01	含污秽的、腐烂的、分解的或其他不适合于食用的物质
25	冷冻熟南美白对虾	澳大利亚	2016-12-28	菌落总数超标
26	虾	美国	2016-12-16	含不安全的添加剂
27	虾	美国	2016-12-01	含不安全兽药
28	虾	美国	2016-11-22	疑含兽药
29	虾	美国	2016-11-18	含兽药
30	冷冻虾饼	日本	2016-11-17	成分规格不适合（细菌数量 3.9×10^6/克）
31	龙虾鱼板棒	韩国	2016-10-27	大肠杆菌呈阳性
32	冷冻对虾	日本	2016-09-30	材质规格不合格（测出绿色合成色素0.039毫克/千克）

（续）

序号	产　品	目的地	日　期	受阻原因
33	虾	美国	2016-09-12	含不安全兽药
34	冷冻熟虾	澳大利亚	2016-09-09	菌落总数超标
35	小龙虾	美国	2016-09-08	疑含李斯特菌
36	冷冻熟龙虾	美国	2016-08-17	含李斯特菌
37	明虾	西班牙	2016-07-20	未声明的色素 E102-柠檬黄（9.6 毫克/千克），E110-日落黄（12.8 毫克/千克），E124-胭脂红（2.16 毫克/千克），E129-诱惑红（<1 毫克/千克），E133-亮蓝（<1 毫克/千克）
38	小龙虾尾肉	澳大利亚	2016-07-19	菌落总数超标
39	虾	美国	2016-07-14	含兽药
40	虾	美国	2016-06-03	含兽药
41	虾	美国	2016-05-11	含氯霉素
42	冷冻养殖虾	日本	2016-04-30	成分规格不适合（测出呋喃唑酮 0.001 毫克/千克）
43	虾	美国	2016-04-29	含兽药
44	虾	美国	2016-04-22	含兽药
45	小虾	美国	2016-03-22	产品含有不安全新型兽药残留；发现该物品含有一种第 512 节定义为不安全范畴的新型动物药物（或其转化产品）
46	大螯虾	美国	2016-03-17	不干净；发现该物品整体或其部分由不干净、腐烂或降解的物质构成，或存在其他原因致使其不适合作为食品
47	小虾	美国	2016-03-07	含呋喃西林；该物品服从拒绝准入条款，因为发现其带有或含有一种被称为呋喃西林的不安全食品添加剂
48	小虾	美国	2016-03-01	含不安全新型兽药残留；发现该物品含有一种第 512 节定义为不安全范畴的新型动物药物（或其转化产品）
49	小虾	美国	2016-02-05	含兽用药物；发现该物品含有一种第 512 节规定为不安全范畴的新型动物药物（或其转化产品）
50	冷冻虾	澳大利亚	2016-02-04	葡萄球菌超标

（续）

序号	产　品	目的地	日　期	受阻原因
51	虾酱	美国	2016-01-13	生产企业未注册为低酸或者酸化食品生产企业
52	虾	美国	2015-12-21	未标注食品的常用名或通用名
53	冷冻红虾	意大利	2015-11-12	含食品添加剂和调味品
54	虾	美国	2015-10-20	该商品含有第512节中规定的不安全的新兽药
55	虾	美国	2015-10-02	该商品含有第513节中规定的不安全的新兽药
56	冷冻去壳虾	日本	2015-09-30	成分规格不适合（检测出呋喃唑酮0.002毫克/千克）
57	小龙虾	美国	2015-08-08	含李斯特菌
58	虾	美国	2015-08-06	疑含兽药
59	冷冻红虾	西班牙	2015-07-13	食品添加剂不合格：亚硫酸盐含量过高（253毫克/千克）
60	冷冻玫瑰虾	西班牙	2015-04-14	阿尔及利亚出口至欧盟的冷冻深水玫瑰虾（长额拟对虾）的冷链断裂，导致温度控制较差
61	对虾	美国	2015-04-13	根据第801（a）（3）节，它似乎掺假，似乎包含有毒或有害物质，可能导致本产品危害健康［掺假，第402（a）（1）节］，因此本产品被拒绝接纳；本产品似乎含有一种新的动物药物（或其转换产品），该药物为第512节产品包含物中所指的不安全药物
62	面包屑虾	美国	2015-04-13	本产品似乎含有一种新的动物药物（或其转换产品），该药物为第512节产品包含物中所指的不安全药物
63	对虾	美国	2015-04-07	根据第801（a）（3）节，它似乎掺假，似乎包含有毒或有害物质，可能导致本产品危害健康［掺假，第402（a）（1）节］，因此本产品被拒绝接纳；本产品似乎含有一种新的动物药物（或其转换产品），该药物为第512节产品包含物中所指的不安全药物
64	对虾	美国	2015-04-02	本产品似乎含有一种新的动物药物（或其转换产品），该药物为第512节产品包含物中所指的不安全药物

（续）

序号	产　品	目的地	日　期	受阻原因
65	淡水小龙虾	美国	2015-02-18	产品含有李斯特菌，是有毒有害物质，对人体健康会造成危害
66	淡水小龙虾	美国	2015-02-05	产品含有李斯特菌，是有毒有害物质，对人体健康会造成危害
67	对虾	美国	2015-02-04	该产品含有新兽药或转换产品，是不安全的
68	淡水小龙虾	美国	2015-01-22	产品含有李斯特菌，是有毒有害物质，对人体健康会造成危害
69	熟虾	澳大利亚	2015-01-15	霍乱弧菌/125 克
70	虾	立陶宛	2015-01-14	损坏
71	对虾	美国	2015-01-12	产品含有脏的和腐烂物质，不适合食用；产品含有沙门氏菌，是有毒有害物质，对人体健康会造成危害
72	对虾	美国	2015-01-09	产品含有不安全的食品添加剂
73	淡水小龙虾	美国	2015-01-06	产品含有脏的和腐烂物质，不适合食用；该食品为包装箱形式，缺少制造商、食品包装商或者分销商的名称和产地信息的标签；该食品由两种或者多种成分制造而成，但其标签并未标明每种成分常用或者通常的名称；错贴标签，标签未能包含所需的营养信息；标签没有标明食品的常用或通用名称
74	涂面包屑虾	美国	2015-01-02	产品含有不安全的食品添加剂

资料来源：WTO/TBT-SPS 通报咨询网。

二、中外虾及制品标准体系特点

（一）国际虾及制品标准体系以 CAC 标准为主

CAC 标准。虾及制品方面的国际标准主要是国际食品法典委员会（Codex Alimentarius Commission，简称 CAC）发布的水产方面的标准和规定。CAC 是联合国粮食及农业组织（The Food and Agriculture Organization，FAO）和世界卫生组织（World Health Organization，简称 WHO）于 1961 年建立的政府间协调食品标准的国际组织。它的工作宗旨是通过建立国际协调一致的食品标准体系，保护消费者的健康，促进公平的食品贸易。WTO 成立之后，SPS

和 TBT 协定赋予其新的涵义，CAC 标准已成为促进国际贸易和解决贸易争端的依据，同时也成为 WTO 成员保护自身贸易利益的合法武器。在食品领域，一个国家只要采用了 CAC 标准，就被认为是与 SPS 和 TBT 协定的要求一致。

CAC 颁布的法规和标准基本涵盖了虾及制品方面的所有标准和规定，世界上各个国家和经济联合体大都在借鉴 CAC 标准的基础上制定本国或者地区的标准和法规，有的直接转化为国家标准，而大多数发达国家更是利用现有的高科技仪器和先进的检测方法，制定了远远高于国际标准的国家标准和技术法规。CAC 中制定虾及制品标准的委员会是 CCFFP，相关标准有：CODEX STAN 95－1981《国际食品法典标准速冻龙虾》、CODEX STAN 37－1991《国际食品法典标准虾或对虾罐头》、CODEX STAN 92－1981《国际食品法典标准速冻虾或对虾》。

（二）主要虾及制品进口国家标准体系较为严格

一般而言，进口国对虾及制品的标准制定比较严格，尤其体现在虾及制品质量安全指标方面。

1. 美国对虾产品进口主要有两项技术壁垒

一是虾产品企业备案制度。对美出口的虾产品企业必须建立 HACCP 质量保证体系，取得输美水产品 HACCP 验证证书，经美国食品药物监督管理局（FDA）备案后才能进入美国市场，美国今后还会推广更为系统的 ISO 22000 食品安全管理体系。

二是对进口虾产品实施严格抽样检测制度。FDA 规定虾产品中不得检出致病菌、单胞增生李斯特菌和霍乱弧菌，并对细胞总数、沙门氏菌、致病性大肠杆菌、金黄色葡萄球菌有严格的限量指标。2003 年 10 月以后美国采用了新的方法检测进口的小龙虾、虾等水产品，新增加了对硝基呋喃代谢产物残留的检测，而且氯霉素的检测限量由 1 微克/升改为 0.3 微克/升。2007 年 6 月 28 日晚 FDA 发布预警，在全美范围内对中国的虾产品实施自动扣留并禁止入境，除非进口商通过独立的检测来证明这些产品不含未经批准的残留物质。残留物质包括抗菌剂硝基呋喃、孔雀石绿、结晶紫、喹诺酮类。

2. 日本执行肯定列表制度提高了贸易技术门槛

自 2006 年 5 月 29 日日本开始实施“肯定列表制度”，中国虾产品进入日本市场变得更加困难。“肯定列表制度”要求除豁免物质外，虾产品中化学残留限量必须符合日本“肯定列表制度”规定的要求，否则不准许进入日本市场。从食品安全管理的角度看，该制度提高了中国水产品出口的技术门槛，加重了出口企业负担。其具体表现为：

一是增加了检验难度。该“肯定列表制度”涉及虾产品限量标准超过100项，最大限用量都在0.1毫克/千克以下，中国大多数检疫部门的仪器达不到所要求的检验水平。

二是检测项目繁多，出口成本大幅度提高。由于中国出口虾产品生产成本低，价格较便宜，很受日本消费者的欢迎。日本采用“肯定列表制度”后，大大增加了需要检测的农药、兽药、添加剂项目，费用偏高，使得中国输日虾产品的成本增大。

三是减慢通关速度，大幅度增加出口风险。“肯定列表制度”给日本在口岸通关及市场监管方面留出了很大的随意性空间。从法律理论上讲，国际上虾产品中可能存在多少化学品残留物质，日本就可以对准备进入日本市场的虾产品检测多少种残留物质，可以抽查来自任何国家或地区的任何虾产品食品的任意一个项目。来自不同国家或地区的产品在抽查频率、抽查比例、抽查项目上可以有很大的伸缩性、针对性、随意性，大大增加了不公平竞争的可能性，从而对国际贸易构成潜在的歧视性威胁。

3. 欧盟在对虾进口方面形成了苛刻的技术性壁垒

近几年，欧盟对食品安全非常重视，制定了一系列新的食品安全法规，形成了较完善的食品安全法规体系。欧盟规定，从2005年1月1日起，凡在欧盟市场销售的虾产品必须贴有可追溯标签，否则拒绝进入。可追溯标签是指对虾产品的原料生产、加工、包装、运输等各个环节上的管理过程进行标识，利用条码和人工可读方式使其相互关联，这样一旦虾产品出现卫生安全问题，就可以立即通过这些标识追溯到虾产品的源头。2005年1月11日，欧盟发布了2005/34/EC决议，使得中国小龙虾的出口受阻。该决议对动物源性产品中药物残留做了新规定，添加了一些要求极高的检测指标，如氯霉素含量小于0.3微克/千克，硝基呋喃代谢产物小于1微克/千克，形成了苛刻的技术性壁垒。

4. 韩国对自中国进口虾产品的技术标准高于国际规则

韩国政府利用卫生标准、检验检疫等技术性贸易壁垒重重设限，降低本国虾产业受市场开放和进口产品增加带来的冲击。一是韩国对入境虾产品实行原产地标识，通过隐性的贸易壁垒起到抑制韩国人消费进口产品的作用。二是对于进口虾产品的农药残留、兽药残留、重金属及其他有害物质等含量标准，韩国卫生部门制定了严格甚至苛刻的规定。而且，韩国对中国某些虾产品的规定明显高于国际通用规则。三是根据“中韩水产品卫生条件”规定，韩方要对从中国进口的虾产品在通关时进行金属探测检查，一旦检出金属异物，将对全部货物予以返运或销毁。

（三）中国虾及制品标准体系建设日益受到重视与国际接轨

中国现有与虾及制品有关的国家标准 13 项，进出口行业标准 12 项，农业标准 4 项，水产标准 42 项（表 4）。除此之外，地方标准、商业标准以及其他质量标准对虾及制品的质量都有相关规定。中国标准中主要技术指标和污染物指标与国际标准（CAC 标准）及欧盟、美国、日本、韩国的规定基本是一致的，但由于整个管理体系的运转不够完善，以及中国所采用的检验方法技术落后，对产品中微量成分的检出率少等诸多原因，导致中国的虾及制品出口频频受阻，引起了中国政府的高度重视。同时在 2001 年中国启动了无公害食品行动计划，全国各级主管部门及生产企业高度重视食品安全，同时中国的标准制（修）订部门在近几年的标准制定工作中，重视采用国际标准，及时修订了原来与国际标准不相适应的标准及相应的质量安全指标，在制（修）订水产品的国家及行业标准时，及时调整、修订主要的安全技术指标，使其与国际标准及先进的国外标准相一致。

表 4　虾及制品的国家标准

标准号	中文标准名称	内　容
GB/T 19782—2005	中国对虾	规定了中国对虾的主要形态结构特征、生长与繁殖、遗传学特性以及检测方法。本标准适用于中国对虾的种质检测和鉴定
GB/T 20768—2006	鱼和虾中有毒生物胺的测定　液相色谱-紫外检测法	规定了鱼和虾中苯乙胺、腐胺、尸胺、组胺、章鱼胺、酪胺和亚精胺的液相色谱-紫外检测法。本标准适用于鱼和虾中苯乙胺、腐胺、尸胺、组胺、章鱼胺、酪胺和亚精胺的测定
GB/T 20555—2006	日本沼虾	给出了日本沼虾［*Macrobrachium nipponense*（de Haan)］的学名与分类、主要形态构造特征、生长与繁殖、遗传学特性检测方法
GB/T 21672—2008	冻裹面包屑虾	规定了速冻裹面包屑虾的定义、质量要求、试验方法、检验规则、标签、包装、贮存和运输要求
GB/T 15101.1—2008	中国对虾　亲虾	规定了中国对虾和亲虾的来源、质量要求、检验方法、检验规则和运输要求
GB/T 15101.2—2008	中国对虾　苗种	规定了中国对虾苗种的规格、质量要求、检验方法、检验规则和运输要求
GB/T 26619—2011	斑节对虾	规定了斑节对虾（*Penaeus monodon*）的主要形态特征、生长与繁殖特性、遗传学特性以及检测方法
GB/T 26621—2011	日本对虾	规定了日本对虾（*Marsupenaeus japonicus*）的主要外部形态构造特征、生长与繁殖、遗传学特性以及检测方法

（续）

标准号	中文标准名称	内　容
GB/T 25878—2010	对虾传染性皮下及造血组织坏死病毒（IHHNV）检测PCR法	规定了对虾传染性皮下及造血组织坏死病毒（IHHNV）聚合酶链式反应（PCR）检测方法的原理、所需试剂和材料、仪器和设备、操作步骤和结果判定
GB/T 23207—2008	河豚、鳗鱼和对虾中485种农药及相关化学品残留量的测定　气相色谱-质谱法	规定了河豚、鳗鱼和对虾中485种农药及相关化学品残留量气相色谱-质谱测定方法
GB/T 23208—2008	河豚、鳗鱼和对虾中450种农药及相关化学品残留量的测定　液相色谱-串联质谱法	规定了河豚、鳗鱼和对虾中450种农药及相关化学品残留量气相色谱-质谱测定方法
GB/T 21672—2014	冻裹面包屑虾（2015-3-1实施）	规定了冻裹面包屑虾的定义、质量要求、试验方法、检验规则、标签、包装、运输和贮存要求
GB/T 30889—2014	冻虾（2015-3-1实施）	规定了冻虾产品的术语和定义，规定了冻虾产品的试验方法、检验规则、标签、包装、运输和储存的要求

资料来源：根据标准信息网整理所得。

三、中国与国际虾及制品标准差异分析

（一）虾及制品质量分级标准与国外存在差距

虾及制品质量分级是指根据虾及制品质量标准将不同质量的虾及制品进行分级、归类。虾及制品分级是产品进入流通的第一个环节，直接关系到虾及制品的包装、运输、贮藏和销售的效果和效益。虾及制品有优劣之分，完整度、大小、新鲜度不完全一致，甚至还有外来杂质、加工缺陷等，销售时若混在一起既不便于贮藏运输，也不便以质论价销售。在商品经济高度发达的今天，各种商品的分级、归类等均离不开标准化，而虾及制品分级就是实现其商品标准化最基础的一步，也是商品异地销售、大宗虾及制品交易和国际贸易顺利开展的基础。总体上来看，中国在虾及制品分级方面还不能完全与国际标准和发达国家接轨（表5）。

1. 相比CAC，中国虾及制品质量分级标准偏重描述产品优点

CAC对水产品质量分级主要依据产品外观、规格和品质，如大小、粗蛋

白和水分含量、破损率、颜色和气味等，但不同产品标准的等级划分不一致。同时，CAC 水产品标准偏重对产品感官指标缺陷的描述，特别提出“缺陷定义”一章，对缺陷描述很细致和明确，一些缺陷要素如破损率、颜色变化等甚至还数值化，便于检验人员进行判定。而中国水产品标准以具体描述产品的主要性状为主，偏重于描述产品的优点。

2. 相比美国，中国虾及制品质量分级标准表示程度术语有差距

美国现有水产品质量分级标准达 27 项之多，主要规定了冻鱼、冻鱼片/鱼片、块冻鱼、贝类、虾类等产品的分级，美国还将这些标准纳入了《联邦法规》农业篇，使标准的制定和采用有法可依，无论是国内市场还是进出口农产品都要严格进行分级和标识，产品需符合相应的分级要求，与 HACCP 法规保证虾及制品质量卫生安全一样严格。同时，美国的虾及制品质量分级标准表示程度术语较为严密和先进，对所有表示程度的术语如严重、较严重都有严格的数值界定，中国标准在这方面差距较大。

3. 相比欧盟，中国虾及制品质量分级标准涉及产品种类有所不同

《欧共体理事会规则第 2406/96 号——一些水产品的共同市场标准》较 1976 版更先进，首先是标准中规定的水产品种类增多，包括海产鱼、甲壳类、头足类和贝类 4 大类，而且产品形态也不是仅限于新鲜和冷藏产品，还包括熟制品。分级要素同样包括鲜度和规格 2 个要素，各种产品鲜度又从不同方面进行规定，分为极优、A、B 等级和未达标，但没有对螃蟹、大扇贝和欧洲峨螺 3 类产品进行鲜度分级。鱼类的规格分级大多是按照“条/千克或千克/条”，而虾、蟹、扇贝和螺类产品则是根据外壳的宽度进行分级，并且制定最小规格限制，而且规则分别对适用的每一种产品进行规格等级划分。总体而言，欧盟水产品质量分级较简单明朗，分级要素描述方式与中国标准接近，但是欧盟标准涉及的产品种类由于地理因素，与中国差别较大。

4. 相比日本，中国虾及制品质量分级要素有所不同

日本对农产品的质量等级要求严格，几乎所有农产品进入市场前，都要按一定标准进行严格分级。日本现行的水产品检验及质量分级标准覆盖冻、盐渍、熟制、干制水产品、鱼类熏制品等种类，其品种和产品加工形式与中国最接近，且分级规定也包含在水产品标准之中。具体而言，每个虾及制品等级标准的内容一般包括适用范围、术语定义、等级要求、测定方法、合格认证、合格标签、生产许可证认定技术要求等。日本水产品（等级）标准的技术内容可以分为大小规格和质量要求两部分，产品先按大小分出等级，在此基础上某一级的产品当中再按质量要求进行分级。质量要求主要包括该品种的肉质、外形、色泽、新鲜度、杂质率、含水量、完整性以及病虫害等内容。

表 5　各国和地区及 CAC 虾及制品的质量分级标准

国家或地区	虾种类	分级要素	等级划分
CAC	虾或对虾罐头	个体大小	特大和巨大、大、中、小、微小
美国	冻去头生虾	每磅虾的商品计数数目	美国 A 级、美国 B 级、美国 C 级、标准外级
欧盟	虾	最低要求、带壳虾或深水虾外观、去壳过程中和去壳后的肉质、断节、气味外壳、眼睛和腮、气味、肉质	极优、A 级
	挪威龙虾	同上	极优、A 级、B 级
日本	冻对虾	形态、色泽、气味、肉质、品种挑选、加工状况、冰衣	A 级、B 级、C 级和等外级
	熟虾干	形态、色泽、霉变、气味、干燥度、杂质率	一等、二等、三等、等外级
中国	虾米	色泽、组织及形态、口味及气味、水分、盐分、完整率	一级品、二级品、三级品
	虾皮	色泽、组织及形态、水分、盐分、水产夹杂物	一级品、二级品、三级品
	冻虾	色泽、形态、气味、肌肉、杂质、蒸煮后特性、挥发性盐基氮	一级品、二级品、三级品
	烤虾	肠腺有无、色泽、光泽、完整性、肉质、滋味及气味、挥发性盐基氮	一级品、二级品、三级品

（二）中国水产品质量安全风险分析体系建设与发达国家和地区存在差距

通过将中国与对美国、欧盟及日本等发达国家和地区的虾及制品质量安全风险分析体系运行情况进行对比分析，可以发现中国当前标准体系的运行体制与日本和美国相比尚存在较大差距（表 6）。

表 6　有关国家和地区虾及制品质量安全风险分析体系比较

国家和地区	组织机构	相关法律法规	应用范围	程序方法
美国	美国食品药品监督管理局（FDA）及疾病控制与防疫中心（CDC）以及环境保护总署（EPA）	总统食品安全计划及美国联邦法典	• 进口风险分析（SPS 事务） • 国内虾及制品质量安全和出口活动风险分析	• 参照 FDA 及 CAC 的风险分析程序 • 采用风险分级管理机制

（续）

国家和地区	组织机构	相关法律法规	应用范围	程序方法
欧盟	欧洲食品安全局（EFSA）及欧盟委员会	《一般食品法》及EC/178/2002等相关欧盟指令	•进口风险分析 •成员国内部虾及制品质量安全风险评估	•参照FDA及CAC的风险分析程序 •各成员国可根据自身实际建立风险分析框架
日本	食品安全委员会（FSC）、厚生劳动省和农林水产省	《食品安全法》	•进口动物及动物产品风险分析 •国内虾及制品质量安全风险评估	•参照FDA及CAC的风险分析程序 •建立了肯定列表风险制度

1. 美国使用US－NAS风险分析框架

美国是世界上最早建立从农场到餐桌的微生物风险评估机制的国家。美国目前使用的是US－NAS（美国国家科学院）风险分析框架。美国的风险管理一般由相关主管政府机构下属的风险管理团队来进行。政府机构与风险评估机构联合建立评估项目，并配合评估机构开展评估。美国虾及制品质量安全风险分析有严格的程序规定，其风险评估必须经历危害确认、危害描述、暴露评估3个步骤：一是虾及制品在生产过程中必须确保影响消费者健康的危害物质在可接受的范围内；二是必须依据采集的信息和数据分析其潜在的风险；三是根据这些信息和数据开展风险评估。风险管理部门在接到风险评估结果后，依据评估结果启动风险管理。美国的虾及制品质量安全风险管理存在3个特点：一是美国最早建立了“危害分析及关键控制点”（即HACCP）作为风险管理工具，HACCP能够全面地对潜在危害进行识别，并有针对性地开展控制措施。二是为了减少虾及制品生产加工过程中潜在的危害，美国制定了大量详细而又严格的操作规程及标准，如在虾及制品加工过程中，相关法规规定了一整套生产和加工标准，确保了加工过程有法可依。三是美国各相关机构定期举办风险管理联席会议，共同制定相关国家及行业食品安全标准。

2. 欧盟主要设立EFSA承担食品生产链中的风险评估任务

欧盟食品安全局（EFSA）目前主要承担食品生产链中的风险评估任务，欧盟已颁布的《一般食品法》中有多个章节涉及EFSA的组织、机构及其运行机制，从法律层面上确保EFSA的风险评估工作更加科学、合理和规范。在开展评估工作前，EFSA一般会收到来自各利益相关方提出的意见及要求，这些要求一部分来源于欧盟委员会，另一部分来源于欧盟其他相关机构及各成员政府，还有一些评估工作是依据EFSA自身工作的需要开展的。收到相关要求后，EFSA 会启动相关程序，评估其是否符合相关的法律程序，并根据评估结果决定是否启动风险评估工作，并向利益相关方发出评估时间表及任务计划书，确定评估过程及截止日期。在评估启动后，EFSA 一般会委托某个风险评估团队开展评估工作，并将评估结果及时通报给各利益相关方。

3. 日本建立了从风险评估启动到风险交流以及风险管理实施的完整程序

作为日本管理食品质量安全的核心法律，《食品安全法》对包括水产品在内的食品安全风险评估的程序做了详细规定。包括风险评估的启动程序及相关步骤。风险评估一般通过申请评估和自主评估两种方式启动。申请评估即食品安全委员会依据农林水产省和厚生劳动省等风险管理部门的申请而启动风险评估程序，自主评估即委员会专家根据实际需要或根据内阁的相关要求自主决定是否开展相关评估工作。《食品安全法》还对风险评估和风险交流的基本程序进行了规定，并对食品安全委员会的运行机制制定了相关的要求，使风险评估和风险交流活动能够依法进行，日本的食品质量安全风险交流是食品安全委员会的一项重要职能。食品安全委员会依据风险评估后所获取的信息及数据分析得出最终评估结论，以此为依据监督农林水产省和厚生劳动省等风险管理部门是否采取有效的风险管理措施，并在风险管理过程中与上述机构开展积极的互动并提供技术支持；与此同时，日本食品安全委员会非常重视与利益相关方的交流和沟通，定期通过网络、媒体、手机等通讯方式以及研讨会、听证会等方式与公众就食品质量安全问题开展深入交流与沟通。委员会还定期通过信息数据公开等方式，引导公众开展风险交流，作为日本内阁直属机构，委员会利用自身便利积极调整各利益相关方的关系，获取他们的意见及反馈信息。

4. 中国水产品质量安全风险分析体制尚不健全

与发达国家和地区相比，中国在水产品质量安全领域开展的风险分析工作起步较晚，风险分析体制机制尚不健全，目前尚难以针对各类水产品开展科学、全面的质量安全风险分析工作；风险管理措施的制定也多以危机应对为主要目的，大量政策缺乏风险评估依据。当某一起水产品质量安全事件发生后，不同专家和机构可能会给出多种不同意见，彼此之间缺乏统一的评估标准，使得针对同一事件可能得出完全不同的评估结果，严重时可能会造成较大的经济和社会影响，甚至危及社会的安定和谐。

虽然早在 20 世纪 90 年代就有专家提出应尽快建立一套完善的水产品质量安全风险评估制度。但在中国水产品质量安全风险分析及管理领域，目前还没有出台独立的法规细则对涉及风险分析的相关事项进行规范，相关法律法规仍有很多实施细则亟待完善，存在着水产品质量安全风险评估的规定无章可循，缺乏条理性、科学性等诸多问题。

四、应对措施及相关建议

（一）建立技术性贸易壁垒的监测、预警体系

突破国外绿色技术壁垒最好且最根本的办法是提高国内虾及制品的质量标准，相关部门在制定虾及制品技术法规和标准时，应从国际贸易角度来开展标准化活动，将国家标准、行业标准与国际标准进行协调，并按照需要将这些国际标准引入中国。同时，及时掌握国际标准的动态及其制定背景，细致分析，合理采纳，从而达到促进生产者进行绿色生产，增加绿色虾及制品出口比例，用国际标准打破虾及制品面临绿色技术壁垒的目的。主要从两个层面展开：第一，增加国内绿色环境标志认证制度；第二，加强各国之间绿色标志的认可度。面对来自发达国家的绿色贸易壁垒，中国应该及时制定合理的绿色战略，引导更多的企业走上绿色发展的道路，拿到绿色产品通行证，如中国的无公害食品标志、绿色食品标志等。通过绿色标志认证，一方面可以保证虾及制品的质量，另一方面可以在出口时减少很多检测检验流程。同时在建立无公害食品和绿色食品标志基础上，指导这些企业提高虾及制品的技术含量，使之与国际规定的绿色检验检疫标准接轨，促使更多的虾及制品种类进入国际市场。因为各国对环境保护的程度不同，其国内相关的法律法规技术标准必然存在差异，所以增强中国和其他国家之间的绿色标志互认度，一方面可以避免因虾及制品出口对象不同而需要适用“多标准”的困扰，另一方面可以减少虾及制品出口的检验检疫工作，提高出口效率。

（二）完善出口质量检测体系

建立与国际标准接轨的虾及制品质量安全、认证体系，加强对中国出口虾及制品的质量检测工作。目前，中国虾及制品虽已有多项国家和行业标准，但仍不能满足当前渔业生产、虾及制品养殖加工以及对外贸易快速发展的要求。中国采用国际先进标准的比例仅占所有虾及制品国家标准的43.7%。只有将中国的国家标准与国际标准接轨，才能更好地开拓虾及制品的国际市场。随着中国国内对食品安全的逐步重视，我们应该鼓励企业建立虾及制品质量安全体系和认证制度，广泛推行先进的质量管理办法，对出口虾及制品严把质量关。同时，加强执法与监督力度，建立虾及制品安全状况监测制度。通过政府设立执法与监督部门，对从生产到销售的全程控制和社会化共同实行监督，最大限度地保障中国出口的虾及制品符合国际食品卫生安全的标准。

（三）推广健康养殖生产环境

养殖设施不仅是健康养殖的重要物质条件，也是决定虾养殖效果的直接因

素，与环境生态效益联系紧密。因此，对传统养殖设施结构应进行重新科学改造，引进先进设备、开发多种功能显得尤为重要。在功能方面，养殖设施必须具备基本的虾类生长空间和良好的排水功能，使养殖用水内部循环使用，最大限度地减少养殖过程中废弃物的产生。还要具备较强的水质调控和净化功能，逐步引导向产业化方向发展。此外，从源头开始管理，在培育新苗种方面不断提高技术水平，合理安排放养密度、平衡投入和产量水平，充分利用各种资源，达到最佳环境生态效益。设计并应用这种养殖设施既能改善养殖效果，也能有效达到保护环境的目的，大大减少了水资源的消耗和对水环境的不良影响，以此出口符合国际市场质量要求的虾类，在国内外市场差异化竞争中占据较高地位。

技术性壁垒对中国大葱贸易的影响

——基于中外标准体系对比分析

大葱是中国广泛栽培的重要蔬菜作物，一直是中国的传统优势和特色产业，在国际上占有非常重要的地位。农业部统计数据显示，在2014年中国大葱栽培面积已经达到57.32公顷，占世界葱栽培面积的90%左右[①]，不仅如此，从生产发展趋势看，中国大葱栽培面积占世界的比重也越来越大，并且呈现出逐年增长的趋势。同时，大葱也是中国重要的出口蔬菜之一，主要销往日本、韩国和欧美国家。但是，随着贸易自由化进程的逐步推进，发达国家已经或正在制定种类繁多、标准严格的技术法规或制度，以隐蔽的手段提高市场的准入门槛，直接导致近年来中国出口的鲜葱经常遭遇国外技术壁垒的困扰，造成了巨大的经济损失。

一、中国大葱出口贸易现状

中国是世界上葱栽培面积、生产数量最大的国家，也是世界上最大的葱出口国。据海关信息统计，2016年，中国大葱对外出口量共计76.34万吨，对外出口额为5.14亿美元。参照中国商务部对外贸易司《中国农产品进出口月度统计报告》中的农产品统计口径，本文主要分析对象为《商品名称及编码协调制度的国际公约》（HS编码）中1992第7章0703六位数“鲜或冷藏洋葱、青葱、大蒜、韭葱及其他葱类蔬菜”系列所列产品。

（一）中国大葱出口总体呈增长的趋势

2001—2006年连续6年中国大葱出口持续上升，其中，2002年，日本（中国大葱的主销地）大葱主产地千叶县遭到台风袭击，造成日本大葱供应不足。为满足市场需求，日本进口商增加了从中国进口的数量。这使得2003年中国大葱的出口额增长率达到84.48%，为历年来大葱出口额增长率的最大值。2007年大葱出口开始下降，受金融危机影响2008年大葱出口延续了负增

---

① 数据来源：农业部种植业管理司蔬菜数据库（数据截至2014年）。

长的态势。从出口额来看，2008 年比上年同期减少 9.66%。同时由于中国大葱出口主要面向日本、东南亚等国家和地区，因此金融危机后，大葱出口市场恢复很快，在 2008—2016 年总体上呈现出逐年增长的趋势（图 1）。

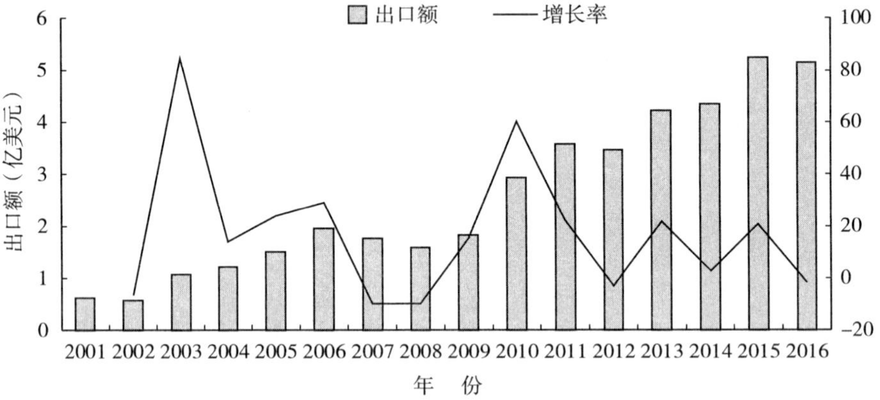

图 1　中国 2001—2016 年大葱出口额及增长率统计

数据来源：UN Comtrade

（二）中国大葱出口以亚洲国家为主

亚洲国家是中国大葱的主销地区。2016 年中国对越南的大葱出口额占到中国大葱总出口额的 45.55%。其次分别为日本、菲律宾、马来西亚和韩国，分别占比 34.75%、4.81%、4.41%和 2.59%。中国对这 5 个国家的大葱出口额占据出口总额的 92%左右。综合历年中国大葱出口数据，日本是中国最大的葱进口国，中国大葱在日本大葱进口市场上的份额一直维持在 95%左右（表 1）。由于出口流向地比较单一，贸易依存度较高，一旦这些国家提高进口标准，将会严重阻碍中国大葱出口。

表 1　2016 年中国大葱主要贸易对象（前 5 个国家和地区）

国家	金额（亿美元）	份额（%）	排名
越南	2.35	45.55	1
日本	1.79	34.75	2
菲律宾	0.25	4.81	3
马来西亚	0.23	4.41	4
韩国	0.13	2.59	5

数据来源：UN Comtrade。

（三）中国大葱出口产品集中度高

从葱类蔬菜贸易结构上来看，中国葱类蔬菜出口的产品集中度较高，主要以鲜的或冷藏的洋葱为主。2016 年，鲜的或冷藏的洋葱占总出口量的 90.90%，鲜的或冷藏的洋葱和大葱就已经占到总出口量的 97.31%。其他葱类产品的出口量相对偏少（表 2）。

表 2　2016 年中国葱类蔬菜出口结构

产　品	出口量（万吨）	份额（%）	排名
鲜的或冷藏的洋葱	69.39	90.90	1
鲜的或冷藏的大葱	4.89	6.41	2
鲜的或冷藏的青葱	1.72	2.25	3
鲜的或冷藏的其他葱类蔬菜	0.32	0.42	4
鲜的或冷藏的韭葱	0.02	0.03	5

数据来源：UN Comtrade。

（四）中国大葱出口受阻严重

为实现自由贸易与公平贸易的平衡，WTO 允许一定条件下可以适当偏离 WTO 的基本原则，出现了若干 WTO 例外制度，这在给成员遇到特殊困难时起到减少冲击作用的同时，也为一些贸易保护主义者提供了可乘之机。中国大葱出口就身受其害，中国大葱的主要出口市场纷纷利用非关税贸易壁垒对中国出口的大葱进行限制，其中技术性贸易壁垒备受关注。中国出口的大葱因为有害物质残留、检验检疫标准、技术法规和标准、包装和标签不符合要求而受到严重阻碍，其中日本作为中国大葱的主要出口国，一直对大葱进口密切关注，甚至曾经对中国出口大葱采取限制措施。中国大葱受阻事件来自日本的比重较多。WTO/TBT-SPS 通报咨询网相关数据表明，近两年中国大葱出口受阻事件屡屡发生，且有不断上升的趋势（表 3）。

表 3　2015—2017 年中国葱类蔬菜出口受阻事件

序号	产　品	目的地	日　期	受阻原因
1	冻洋葱	日本	2017-10-27	成分规格不合格（检测出噻虫嗪 0.04 毫克/千克）
2	葱拌菜	韩国	2017-08-03	配料含量超标不合格
3	香葱泡菜	韩国	2017-07-27	检出环已氨基磺酸盐
4	生鲜葱头	日本	2017-07-18	成分规格不合格（检测出噻虫嗪 0.14 毫克/千克）
5	生鲜葱头	日本	2017-06-12	成分规格不合格（检测出噻虫嗪 0.03 毫克/千克）
6	韭葱	美国	2017-06-08	己唑醇、霜霉威、腐霉利、氧乐果
7	韭葱	美国	2017-05-25	农药

（续）

序号	产　品	目的地	日　期	受阻原因
8	大葱	美国	2017-05-11	农药
9	大葱	美国	2017-04-25	农药
10	大葱	美国	2017-04-06	甲霜灵、多菌灵、氧化乐果
11	冷冻葱	美国	2016-12-22	腐霉利
12	干葱	日本	2016-11-28	残留量超过规定的不损害人体健康的数量（测出虫酰肼 0.02 毫克/千克）
13	生鲜葱头	日本	2016-09-30	成分规格不合格（测出赛灭速杀 0.05 毫克/千克）
14	生鲜葱头	日本	2016-08-30	成分规格不合格（测出赛灭速杀 0.03 毫克/千克）
15	生鲜葱头	日本	2016-08-30	成分规格不合格（测出赛灭速杀 0.04 毫克/千克）
16	生鲜葱头	日本	2016-07-30	成分规格不合格（测出赛灭速杀 0.03 毫克/千克）
17	生鲜葱头	日本	2016-07-30	成分规格不合格（测出赛灭速杀 0.04 毫克/千克）
18	葱头	日本	2016-01-30	残留量超过规定的不损害人体健康的数量（测出赛灭速杀 0.07 毫克/千克）
19	冷冻葱头	日本	2015-12-30	残留量超过规定的不损害人体健康的数量（测出赛灭速杀 0.02 毫克/千克）
20	生葱头	日本	2015-11-12	残留量超过规定的不损害人体健康的数量（测出赛灭速杀 0.02 毫克/千克）
21	大葱	日本	2015-10-30	残留量超过规定的不损害人体健康的数量（测出哒螨灵 0.02 毫克/千克）
22	韭葱	美国	2015-08-10	未标注生产、包装、经销商的名称及地址；未声明产品的重量、尺寸、数量；未标注配料的常用名或通用名；未标注食品的常用名或通用名

资料来源：WTO/TBT-SPS 通报咨询网。

二、中外大葱标准体系介绍

（一）国际大葱标准体系

葱类蔬菜方面的国际标准主要是世界卫生组织/联合国粮食及农业组织（WHO/FAO）下属的国际食品法典委员会（CAC）发布的果蔬方面的标准和规定，此外国际标准化组织（International Organization for Standardization，简称 ISO）也制定了葱类蔬菜相关的标准。

1. ISO 标准

ISO 直接对于葱类蔬菜制定的标准有 4 项，分别为 ISO 1673：1991《葱贮存指南》、ISO 5559：1995《脱水洋葱 规范》、ISO 7922：1985《韭葱 冷藏和冷藏运输指南》和 ISO 1673：1991《洋葱 贮存指南》，ISO 葱类蔬菜质量标准体系见表 4，可以看出，ISO 对于葱类蔬菜的标准规定主要集中于葱类蔬菜贮藏和葱类蔬菜加工规范方法。

表 4 ISO 葱类蔬菜质量标准体系

标准编号	标准名称	起草单位	发布日期	内容介绍
ISO 1673：1991	葱 贮存指南	ISO/TC 34	1991 年 5 月	食品；农产品；葱头；蔬菜；储存
ISO 5559：1995	脱水洋葱 规范	ISO/TC 34	1995 年 9 月	包装间；蔬菜；干制食品；葱头；规范；化学性质；食品
ISO 7922：1985	韭葱 冷藏和冷藏运输指南	ISO/TC 34	1985 年 7 月	储存；运输；冷藏；蔬菜；农产品；韭菜；货物运输
ISO 1673：1991	洋葱 贮存指南	ISO/TC 34	1991 年 5 月	食品；农产品；葱头；蔬菜；储存

资料来源：WTO/TBT－SPS 通报咨询网。

2. CAC 标准

CAC 成立了 28 个通用标准和食品标准的分技术委员会，负责起草标准并向 CAC 提出具体的意见和建议。CAC 制定了 8 000 多个食品标准，涉及农药、兽药残留量标准，添加剂标准，各种污染物限量，辐射污染标准，感官、品质检验标准，检验检测方法标准，检验数据的处理准则，安全卫生管理指南等诸多方面。

在葱类蔬菜方面，相关的国际标准主要有以下几个：《食品中污染物和毒素含量通则》、《食品微生物指标设定及应用通则》、《食品中农药残留最大限量标准》、《兽药最大残留限量》、《食品中农药残留最大限量标准和食品中添加剂残留最大限量标准》、CAC/GL 020－1995《食品进出口检验和出证原则》、CAC/GL 021－1997《食品微生物指标设定及应用原则》、CAC/GL 030－1999《微生物风险评估的原则及导则》、CAC/GL 032－1999《有机食品生产、加工、标识、销售导则（除牲畜产品外）》、CAC/RCP 01－1969《食品卫生通则国际推荐规程》、CAC/RCP 02－1969《水果蔬菜罐头的卫生操作规程》、CAC/RCP 05－1971《国际推荐的脱水水果蔬菜（包括食用菌）卫生操作规程》。此外，CODEX STAN 320－2015 速冻蔬菜标准制定了关于韭葱的质量标准[①]。

① 资料来源：CAC。

（二）主要大葱进口国家和地区标准体系

1. 日本执行肯定列表制度

“肯定列表制度”（Positive List System），全称“食品中残留农业化学品肯定列表制度”，是日本为加强食品中农业化学品（包括农药、兽药和饲料添加剂）残留管理而制定的一项新制度。日本于 2003 年出台了“食品中残留农业化学品肯定列表制度”，并于 2006 年 5 月开始实施。该制度要求食品中的农药残留含量不得超过最大残留限量标准，对于未制定最大残留限量标准的农业化学品，其在食品中的含量不得超过“一律标准”[①]，即 0.01 毫克/千克。另外，在这个制度中，所涉及的农产品由 130 种增至 135 种，受限的农药种类增加到了 799 种，农药残留标准由 9 000 个增至 2.8 万个，这意味着进入日本市场的农产品几乎不允许存在任何农药残留。此外，日本农产品标准的制定具有明显的歧视性，许多进口农产品的农药 MRLs（最高残留限量）标准均超过国内标准[②]。“肯定列表制度”分别对洋葱、葱（包括韭葱）以及繁殖洋葱（包括青葱）三大类葱类蔬菜制定了上百种农业化学品的限量标准。有关数据显示，一根大葱要出口日本，必须进行 200 多项农残检测。执行世界上最严格的农药兽药残留限量标准，是日本极少发生食品安全事故的制度保障。

2. 美国已建立了多元化蔬菜法规标准体系

美国负责食品安全管理的机构主要有 3 个，分别为农业部、食品药品监督管理局、环境保护署。美国的农产品标准由国家标准、行业标准、农场主和贸易商制定的企业操作规范 3 个层次组成。

目前，美国已建立了以较完备的自愿性标准和政府技术法规组成的多元化蔬菜法规标准体系。美国的自愿性蔬菜标准体系有 3 个层次：一是国家标准，由联邦农业部、卫生部和环境保护署等政府机构，以及经联邦政府授权的特定机构制定。二是行业标准，由民间团体制定标准，这些标准具有很高的权威性，不仅在国内享有盛誉，而且也被国际广为采用。三是由农场主或公司制定的企业操作规范，相当于中国的企业标准。由于美国农业技术标准体系建设起步较早，目前已形成了安全与卫生标准、产品标准、投入品标准、生产技术规程、生态环境标准、包装贮运、有机食品等标准在内的完备的标准体系。

---

① 一律标准是日本对既非“豁免物质”也未制定“最大残留限量标准”的农业化学品在食品中的残留制定的统一标准。日本确定的“一律标准”为 0.01 毫克/千克。“一律标准”是“肯定列表”制度的核心，也是其与现行管理制度的根本差别所在。

② 最大残留量是指按照优良农业操作规范使用农药后残留在食品上或内部的最大农药浓度。规定了在实际条件下国家允许的、能可靠并有效控制害虫的农药使用量。

3. 欧盟大葱标准由三部大法和韭葱质量通用标准进行约束

目前，影响欧盟食品安全的重要法律包括欧盟食品法（EC）NO. 178/2002，食品卫生的法规（EC）NO. 852/2004，欧盟食品安全与动植物健康监管条例（EC）NO. 882/200。欧盟关于进口葱及葱类制品的法规除了以上3部大法外，还有专门的欧盟韭葱质量的通用标准。

（三）中国大葱标准体系以技术法规为主

中国涉及葱及葱类制品的技术法规有4部，《中华人民共和国食品卫生法》（1995年10月30日）、《中华人民共和国农产品质量安全法》（2006年4月29日）、《中华人民共和国进出境动植物检疫法》（1992年4月1日）、国家认证认可监督管理委员会《出口食品生产企业卫生要求》（2002年5月20日）。中国涉及葱类蔬菜的标准较多，现行与大葱有关的质量安全标准体系结构分为国家标准、农业标准、地方标准和行业标准四级，共计26项。其中国家标准4项，农业标准4项，行业标准9项，地方标准9项（表5）。

表5 中国大葱标准结构

标准分类	标准号	标准名称	标准内容
国家标准（4项）	GB 23200.28—2016	食品安全国家标准 食品中多种醚类除草剂残留量的测定 气相色谱-质谱法	规定了食品中苯醚类除草剂的气相色谱-负化学离子源-质谱检测方法
	GB/Z 26577—2011	大葱生产技术规范	规定了大葱生产的基本要求，主要包括生产基地的选择和管理、生产投入品管理、栽培管理、有害生物防治、劳动保护、批次管理、档案记录等方面
	GB/T 5009.218—2008	水果和蔬菜中多种农药残留量的测定	适用于菠菜、大葱、番茄、柑橘、苹果中211种农药残留量的测定和苹果、梨、白菜、萝卜、藕、大葱、菠菜、洋葱中107种农药残留量的测定
	GB/T 23416.9—2009	蔬菜病虫害安全防治技术规范 第9部分：葱蒜类	规定了葱蒜类蔬菜常见病虫害的种类、防治原则、农业防治、物理防治、生物防治和化学防治
农业标准（4项）	NY/T 744—2012	绿色食品 葱蒜类蔬菜	规定了绿色食品葱蒜类蔬菜的技术要求、检验规则、标志和标签、包装、运输和贮存

（续）

标准分类	标准号	标准名称	标准内容
农业标准（4项）	NY/T 1835—2010	大葱等级规格	规定了大葱等级规格的要求、抽样方法、包装、标识和参考图片
	NY/T 2340—2013	植物新品种特异性、一致性和稳定性测试指南 大葱	规定了大葱新品种特异性、一致性和稳定性测试的技术要求和结果判定的一般原则
	NY/T 1208—2006	葱蒜热风脱水加工技术规范	规定了葱蒜热风脱水加工的基本条件、工艺流程、操作要求、计量包装、运输与贮藏
地方标准（9项）	DB 34/T 1217—2010	无公害大葱生产技术规程	规定了无公害大葱的产地环境、肥料及农药使用的原则和要求、生产管理措施、病虫害防治和采收
	DB3701/T 116—2010	有机食品　章丘大葱生产技术规程	规定了有机食品章丘大葱的产地环境、生产管理措施、病虫害防治、收获和验收质量标准
	DB140400/T 017—2004	绿色农产品　大葱生产操作规程	规定绿色大葱的产地基本要求、生产技术、加工贮藏及后续管理
	DB13/T 512—2004	大葱种子产地检疫规程	规定了大葱种子产地检疫的程序与方法
	DB21/T 1374—2005	农产品质量安全　大葱生产技术规程	规定了无公害大葱生产要求的产地环境、生产技术和采后技术管理
	DB3701/T 100—2007	无公害食品　章丘大葱生产技术规程	—
	DB3301/T 113—2007	出口大葱栽培技术规程	规定了出口大葱品种、栽培技术、病虫害防治、采收等要求
	DB61/T 567—2013	地理标志产品　华县大葱	—
	DB35/T 873—2008	大葱	—
行业标准（9项）	SN/T 3149—2012	出口食品中三苯锡、苯丁锡残留量检测方法　气相色谱-质谱法	规定了出口食品中三苯锡和苯丁锡的气相色谱-质谱检测方法
	SN/T 0148—2011	进出口水果蔬菜中有机磷农药残留量检测方法　气相色谱和气相色谱-质谱法	规定了水果蔬菜中敌敌畏、乙酰甲胺磷、硫线磷等70种有机磷类农药残留量的气相色谱及气相色谱-质谱检测方法

（续）

标准分类	标准号	标准名称	标准内容
行业标准（9项）	SN/T 2229—2008	进出口食品中稻瘟灵残留量检测方法	规定了进出口食品中稻瘟灵残留量的气相色谱和气相色谱-质谱检测方法
	SN/T 1969—2007	进出口食品中联苯菊酯残留量的检测方法 气相色谱-质谱法	规定了食品中联苯菊酯残留量的气相色谱-质谱检测及确证方法
	SN/T 1972—2007	进出口食品中莠去津残留量的检测方法 气相色谱-质谱法	规定了食品中去莠去津残留量的气相色谱-质谱检测方法
	SN/T 2156—2008	进出口食品中苯线磷残留量的检测方法 气相色谱-质谱法	规定了食品中苯线磷残留量的气相色谱-质谱检测方法
	SN/T 2158—2008	进出口食品中毒死蜱残留量检测方法	规定了进出口食品中毒死蜱残留量的气相色谱检测和气相色谱-质谱确证方法
	SN/T 2147—2008	进出口食品中硫线磷残留量的检测方法	规定了进出口食品中硫线磷残留量的气相色谱测定和气相色谱质谱确证方法
	SN/T 3622—2013	出口食品中2-氯苯胺含量的测定 液相色谱-质谱法	规定了出口食品中2-氯苯胺含量的液相色谱-质谱测定方法

资料来源：根据标准信息网查询结果整理。

三、中国与国际大葱标准差异比较

农药残留是影响中国葱类蔬菜质量安全的首要因素，农药残留标准是葱类蔬菜质量安全标准壁垒的主要内容。因此葱类蔬菜农药残留标准技术水平代表着整个葱类蔬菜质量安全标准体系的标准技术水平，在此重点分析比较中国葱类蔬菜农药残留标准与国际标准和国外先进国家和地区标准存在的差距。

（一）中国葱类蔬菜农药残留限量标准体系与国际标准的差距

1. 中国葱类蔬菜农药残留限量种类较CAC少

相比之下，从数量上来看，中国对葱类蔬菜制定的最大残留限量标准（MRLs）限制农药种类数目比CAC的少。CAC涉及的农药种类有36种，而中国只有27种。由此可见，中国葱类蔬菜农药残留标准较国际标准还有一定的差距。CAC制定的葱类蔬菜农药最大残留限量标准（MRLs）见表6。

表 6　CAC 葱类蔬菜农药最大残留限量标准（MRLs）

单位：毫克/千克

分类	农药名称	MRLs	农药名称	MRLs
鳞茎洋葱（30 项）	氯硝胺	0.2	苯霜灵	0.2
	氯氰菊酯	0.1	百菌清	0.5
	咯菌腈	0.5	甲酚噻草胺-P	0.0
	硫丹	0.2	百克敏	0.2
	甲霜灵	2.0	马拉硫磷	1.0
	抗蚜威	0.5	嘧菌环胺	0.3
	甲硫威	0.5	苯达松	0.1
	腐霉利	0.2	灭多威	0.2
	二嗪磷	0.1	灭菌丹	1.0
	二硫代氨基甲酸盐类	0.5	抑芽丹	15.0
	毒死蜱	0.2	抑菌灵	0.1
	草胺膦	0.1	异菌脲	0.2
	吡虫啉	0.1	乙烯菌核利	1.0
	三唑磷	0.1	溴氰菊酯	0.1
	涕灭威	0.1	烯草酮	0.5
洋葱（5 项）	二硫代氨基甲酸盐类	10.0	氯菊酯	0.5
	二嗪磷	1.0	马拉硫磷	5.0
	咯菌腈	5.0		
韭葱（10 项）	吡虫啉	0.1	甲硫威	0.1
	布洛芬	0.7	抗蚜威	0.5
	塞草酮	0.2	溴氰菊酯	0.2
	二硫代氨基甲酸盐类	0.5	氯氰菊酯	0.5
	甲苯氟磺胺	2.0	氯菊酯	0.5
葱（2 项）	甲酚噻草胺-P	0.1	抑芽丹	15.0

数据来源：CAC。

2. 中国葱类蔬菜农药残留限量种类少于发达国家和地区

从总体上看，中国葱类蔬菜农药残留种类的总量明显少于发达国家和地区。日本作为主要的葱进口国，制定的“肯定列表制度”对所有农业化学品在食品中的残留提出了限量要求，与日本原农药残留标准相比，设限数量大幅增加，限量标准更加严格。因此制定的葱类蔬菜的农药残留限量标准涉及的农药种类也最多，有 338 种。其次是欧盟 158 种，韩国 127 种，中国有 27 种，马来西亚 22 种，加拿大 21 种。由此可见，中国对葱类蔬菜制定的农药残留限量标准较发达国家和地区不够全面，对葱类蔬菜的分类与欧盟相比不够齐全。农药种类的缺失会使中国葱类蔬菜在出口时面临监督检验检疫漏检的问题，在一定程度上影响中国葱类蔬菜的进出口贸易（表7）。

表7 各个国家和地区葱类蔬菜最大残留限量标准（MRLs）限制农药种类数目对比

单位：个

国家（地区）	农药种类总数	葱	韭葱	繁殖洋葱	洋葱	细香葱	小洋葱	鳞茎洋葱
中国	27	12	5		23	—	—	—
CAC	36	2	12	—	5	—	—	31
欧盟	158	157	155	—	157	161	157	—
日本	338	321*		291	316	—	—	—
韩国	127	88	15	—	103	—	—	—
加拿大	21	7	—	—	14	—	—	—
马来西亚	22	—	—	—	22	—	—	—

注：*为葱与韭葱合计，—表示暂无该项记录。

数据来源：根据各国标准查询整理所得。

（二）中国葱类蔬菜标准体系建设存在的问题

日本、美国、欧盟农业标准的法律体系已经达到了十分完善的程度。它们既有基础的普遍性法律，又有专门的针对性法律，而且涵盖了农产品从生产到进入市场的各个环节，形成了层次分明的网络体系。相比之下，中国的农业标准体系相对落后，标准体系的建设起步较晚，普遍性法律不够完善，实施时间较短，专门性法律的约束范围也不全面。同时还存在着标准数量少，标准设置不合理以及采标率低的问题。

1. 技术法规和标准与国际惯例有差距

美日两国在蔬菜质量安全方面都按照国际规则分别建立了强制执行的技术法规体系和自愿执行的标准体系，同时在法律法规等法律形式文件中引用技术标准，使标准成为法律法规和契约合同的技术依据和组成部分，是发达国家标准法制化的重要特征。而中国现行标准管理体制将标准分为强制性标准和推荐性标准两种。然而强制性标准毕竟不同于技术法规，标准本身并不存在强制的问题，强制性是法律赋予的；技术法规可以将产品的一种或几种特性划分出来加以规定，并强制执行，而强制性标准则具有完整性标准的特点，虽然目前中国采用一种变通方式，将强制性标准分为全部强制和条文强制两种，但即使条文强制也是体现在完整的标准体系中，并通过标准的方式表现出来。同时中国现行强制性标准的制定程序仍是标准制定程序，与立法程序相差较大。这种以强制性标准来代替技术法规的做法只能是权宜之计，与国际准则不相符。

2. 标准层级过多导致各级标准不协调

中国现行蔬菜质量安全标准体系结构分国家标准、行业标准、地方标准和企业标准四级，比美、日两国要多一级标准。由于国家、部门和地方政府三者在标准制定权限上划分不清，导致同一类产品、同一标准化对象存在既有国家标准、行业标准又有地方标准，甚至三者技术内容相互矛盾的现象。由于这四个层级的标准在适用范围上存在重叠，首先不符合标准体系结构的"简化原理"。其次，因为体系结构的简化、统一、协调和最优化是通过"效益性"原理来体现的，由于现行蔬菜质量安全标准体系层级设置过多，客观上增加了各层次标准之间的协调难度。因此，从体系结构来看，国家标准与行业、地方标准，行业标准与地方、企业标准之间之所以不协调乃至相互出现冲突，正是由于标准的层级设置过多、过繁以及适用范围重叠所导致的。

3. 中国农业标准国际化程度低

美国凭借经济实力最大、技术能力最强的超级大国优势，在控制现有领导权的基础上，全力争夺国际标准的制高点——实施"控制、争夺"战略，其核心是"加强国际标准化活动，使国际标准反映美国技术，承担更多的国际标准组织秘书处工作"。美国一直主持 CAC 的水果和蔬菜制品委员会（CC/PFV）和食品卫生两方面的工作，占据着这些领域国际标准制（修）订的有利优势。而日本依靠强大的经济实力和技术能力，拼命争夺国际标准制高点——实施"争夺"战略，其核心是"加强国际标准化活动，建立适应国际标准化活动的标准体系，争夺国际标准化组织的最高领导权，争夺制定国际标准的主导权"。日本是生物技术食品的政府间特别工作组成员。中国的农业标准国际化进程起步比较晚，很少能实质参与国际标准化活动，更谈不上通过主导国际标准的制定去建立国际规则。一方面由于中国以往制定的蔬菜质量安全标准水平低，大部分农药残留标准并没有在"风险评估"的基础上制定，缺乏科学性，无法与国际标准衔接一致，即使对中国具有比较优势的蔬菜品种的国际标准也没有话语权。另一方面，中国参与 ISO 和 CAC 等国际标准化组织的工作都比较晚。而且由于历史及语言的限制，中国进入这些国际性的标准化组织的工作核心比较困难，妨碍了中国参与国际标准的制定。

四、应对措施及相关建议

（一）建立健全葱及葱类制品生产和质量标准体系

2015 年中央 1 号文件提出要"加快完善农产品质量安全标准体系，建立农产品质量安全追溯制度"。这样，一旦农产品出现问题，特别是出现危及消费者生命和健康的重大问题时，可追究直接责任人的违规责任。通过建立健全葱及葱类制品从种植到生产加工、包装、储运、销售等整个链条的责任追溯制度，提高广大生产者的安全意识和责任意识，切实保障葱及葱类制品的质量安全。此外，政府应当建立健全葱类产品质量标准体系，大力发展绿色葱类蔬菜、有机葱类蔬菜生产。中国的葱及葱类制品出口处于数量规模型加速向质量效益型发展模式转变过程。若不重视产品质量，会被市场淘汰。因此，与国际接轨，从田间到餐桌，提高葱及葱类制品质量，尽快制定出大葱绿色食品、有机食品生产规程及其产品质量标准，建立健全葱及葱类制品生产和质量标准体系，加快完善检验监测体系。以绿色大葱、有机大葱为重点，建立生产基地，搞好产品质量认证等各项工作。

（二）积极推动葱类蔬菜精深加工，提高产品技术含量和附加值

目前，中国葱类出口还主要集中在初级产品，要保持葱类行业的稳步发展，必须发展精深加工，提高产品技术含量和附加值。葱类相关行业组织应积极推动如葱粉、葱油等大葱深加工产品的宣传和开发工作，一方面提高产品附加值，拉长产业链，提高经营效益；另一方面进一步缓解中国葱类产销失衡的矛盾，规避风险。当前的国际市场竞争已不再是低水平的价格竞争，已上升到价格、质量、服务与品牌的综合竞争。因此，有关出口企业应积极转变生产与经营观念，调整竞争策略，发展精深加工，提高产品技术含量和附加值。

（三）加强行业自律，规范经营秩序，营造公平竞争的贸易环境

中国葱类出口长期以来的低价竞销、无序竞争不仅打压了企业的利润空间，同时也给整个行业健康有序发展埋下阴影。在这种严峻形势下，葱类相关行业组织应充分发挥行业中介桥梁作用，一方面组织企业形成合力，积极应对国外贸易壁垒，另一方面引导企业自觉执行国家的方针政策、法律法规，完善行业自律互律机制，从出口数量、价格、质量等多方面入手，不断探索行业自律的方式和内容，规范葱及葱类制品出口经营秩序。

技术性壁垒对中国苹果贸易的影响

——基于中外标准体系对比分析

中国苹果种植历史悠久。2015 年苹果栽培面积 232.89 万公顷，产量 4 261.3万吨，栽培面积和产量均居世界首位，规模优势日益突出，市场竞争优势日益显现。2016 年中国苹果产量较上年增加 90 万吨，达到 4 350 万吨，创下苹果年产量的新纪录[①]。近几年，中国苹果价格下降，促进了向泰国、菲律宾、印度、孟加拉国、印度尼西亚等亚洲市场的出口，出口量预计增加 15 万吨，将达到 130 万吨[②]。然而，随着中国加入 WTO，中国的苹果产品出口在面对广阔机遇的同时也遭受着残酷的技术性贸易壁垒措施制约，绿色贸易壁垒尤其严重，其中日本和美国利用其发达的技术优势，对从中国进口的苹果设置严格的绿色贸易壁垒，日本政府加大了对其国内农业发展的保护力度，相继出台了“肯定列表制度”和“进攻的农业政策”，这些政策和制度对进口相关农产品的化学残留量等指标做了严格限制，对包括苹果在内的中国农产品出口造成了极大损失。因此，拟在对苹果质量标准体系进行系统分析的基础上，从法律策略研究、运营机制以及国际接轨等方面提出建议，来改善目前中国苹果出口受阻的现状。

一、中国苹果出口贸易现状

中国虽然是世界上的苹果生产大国，但是却是出口贸易小国，出口量占生产总量的比例非常小。长期以来，中国苹果一直以国内市场为主，出口贸易所占比重很低，中国苹果出口量仅占其总产量的 2%左右，同世界主要苹果出口国之间的差距很大。虽然近年来中国苹果出口贸易增长迅猛，出口比例扩大，但是与发达国家相比，还有很大的差距。在中国的苹果出口贸易中，出口量和出口额与中国苹果产量占世界 33%的大国地位极不相符，出口方

① 数据来源：《中国农业统计资料》。

② 孙平平，王文辉：《2016/2017 年世界苹果、梨、葡萄、桃及樱桃产量、市场及贸易情况》。

面还有巨大的发展潜力。参照中国商务部对外贸易司《中国农产品进出口月度统计报告》中的农产品统计口径，本文主要分析对象为《商品名称及编码协调制度的国际公约》（HS编码）中1992第8章080810“鲜苹果”系列所列产品。

（一）中国苹果贸易稳步发展

2016年，中国苹果产量高达4 350万吨，出口总量仅为132.33万吨，出口量占总产量的3.04%。中国苹果出口的贸易发展与生产规模相比极不相称。从出口额上看，中国加入WTO以后，中国苹果的出口势头较之前更为强劲。2001—2016年中国苹果出口额逐年上升，2016年中国苹果出口额为14.54亿美元，较2015年增长40.86%，为近16年的最高值。从出口数量上看，2001—2015年，大致经历了快速增长和缓慢下降两个阶段。一是快速增长阶段（2001—2009年），中国加入WTO后，苹果出口快速增长，出口总量从2001年30.36万吨增加到2009年的117.18万吨，8年间平均年增长率达18.39%；二是缓慢下降阶段（2009—2015年），该阶段由于受金融危机的冲击以及其他技术性壁垒的影响，中国苹果出口受阻，出口总量从2009年最高出口量下降到2015年的83.84万吨。2016年，中国苹果出口量达到132.33万吨，为历年来出口量最高值（图1）。可见，中国苹果出口总量是在波动中增长。总之，从出口规模上看，中国苹果出口总体上表现出贸易规模不断扩大，出口贸易稳步发展的特征。

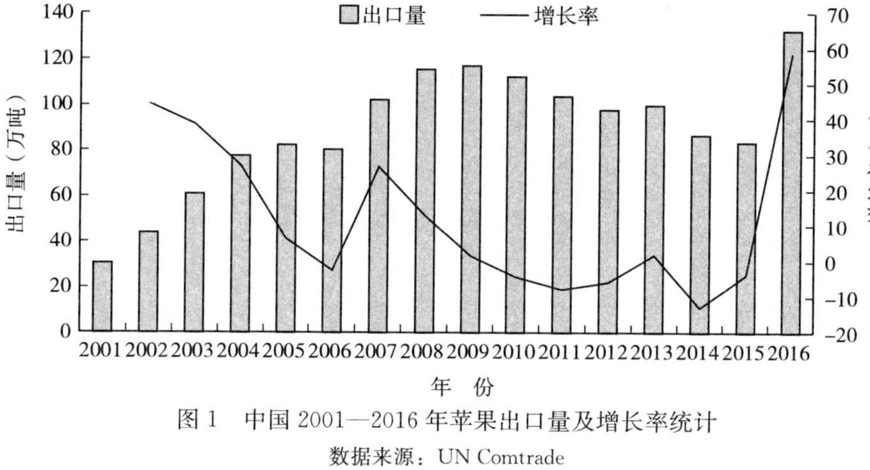

图1 中国2001—2016年苹果出口量及增长率统计

数据来源：UN Comtrade

（二）中国苹果出口以俄罗斯和东南亚国家为主

中国苹果出口国家主要集中在周边国家，以俄罗斯、东南亚各国为主，少量出口至欧洲。俄罗斯、东南亚各国是中国低档苹果出口的传统市场和主销市场，每年进口苹果数量占到中国苹果出口量的 50%以上，泰国、菲律宾已成为进口中国苹果最多的国家。随着出口苹果质量的不断提升，中国苹果对高档市场的出口数量在逐渐增加。可以看出，中国苹果产品的出口市场过于集中，主要市场占总市场的比例很高，而其他市场份额却很少。这不仅减弱了中国苹果产品出口竞争力，同时也表明中国苹果产品抗击市场风险能力较低。2016 年，从中国进口苹果排名前五名的国家分别是泰国、菲律宾、印度、越南及孟加拉国，分别占中国苹果出口总额的 13.56%、10.98%、10.25%、9.63%、8.62%（表 1）。

表 1　2016 年中国苹果主要贸易对象（前 5 个国家和地区）

国家	金额（亿美元）	份额（%）	排名
泰国	1.97	13.56	1
菲律宾	1.60	10.98	2
印度	1.49	10.25	3
越南	1.40	9.63	4
孟加拉国	1.25	8.62	5

数据来源：UN Comtrade。

（三）中国苹果出口良种比例有所提高

中国苹果生产集中在环渤海地区、西北黄土高原、黄河故道和西南冷凉高地 4 个区域。其中，环渤海和西北黄土高原栽培面积与产量分别占全国的 78%和 80%，已基本实现了规模化经营。良种比例大幅提高，“红富士”“元帅系”“金冠”“乔纳金”“嘎拉”的栽培面积所占比重分别达到 49.2%、9.7%、3.0%、2.8%、1.9%。现有浓缩汁加工生产线 40 多条，产品无菌灌装线 138 条，半成品无菌大包装灌装线 80 条，苹果加工量占产量的 10%，为提高苹果汁的国际竞争力提供了必要的条件①。中国主要苹果产品出口的品种见表 2。

表 2　中国主要苹果产品出口品种情况

品　种	主销地	具体内容
红富士	东南亚地区	东南亚地区的消费者喜欢吃比较甜、比较大的苹果，出口品种以“红富士”为主，在东南亚地区有较强的竞争力
金苹果、青苹果	美国、法国、新西兰等国家	美国、法国和新西兰等国家的消费者喜欢吃含糖量低的“金苹果”“青苹果”等，因此向这些地区出口的苹果以金苹果、青苹果为主
澳洲青苹	西方发达国家	一种优质的浓缩苹果汁的加工品种

① 林建安：《中国苹果产品出口贸易发展研究》。

(四) 中国苹果出口受阻事件较多

中国加入WTO，虽然为扩大中国苹果出口贸易提供了机遇，创造了条件，但同时也带来了挑战。西方发达国家果品质量安全标准高、要求严，中国果品质量很难通过发达国家设置的技术壁垒。近3年来，中国苹果出口受阻的国家主要是韩国和美国，中国苹果不符合发达国家的食品安全标准，很难进入美国等发达国家市场，出口仅限于东南亚等周边国家。农药残留是长期困扰中国苹果出口的主要问题，除此之外，中国苹果品质差、不安全色素、采后商品化处理程度低、贮藏保鲜技术滞后也是制约中国苹果出口的主要原因。2015—2017年中国苹果出口受阻事件统计情况见表3。

表3 2015—2017年中国苹果出口受阻事件

序号	产 品	目的地	日期	受阻原因
1	青苹果提取粉末	韩国	2017-08-10	检出焦油色素
2	苹果浓缩汁	韩国	2017-06-01	违反食品的标准及规格中2.6储存及流通标准
3	青苹果提取粉末	韩国	2017-03-10	检出食用色素
4	苹果	美国	2017-03-02	生产工艺未备案
5	青苹果提取物	韩国	2016-11-04	检验含有Tar色素（食用色素黄色五号）
6	青苹果提取物粉	韩国	2016-10-04	Tar色素不符合标准：检验出食用色素黄色4号，青色1号
7	冷冻苹果酱	韩国	2016-08-09	大肠菌不合标准
8	苹果提取物粉末	韩国	2016-06-30	二氧化硫超标
9	苹果干	美国	2016-06-03	含不安全色素
10	冷冻苹果泥	韩国	2016-04-08	细菌数和大肠菌数不符合标准
11	苹果酱	美国	2016-01-05	农药
12	苹果	美国	2015-08-21	含不安全色素
13	苹果提取物	美国	2015-03-06	含氟吡菌胺、异菌脲等农药

资料来源：WTO/TBT-SPS通报咨询网。

二、中外苹果标准体系建设现状

学者通过对食品安全标准对于中国蔬菜出口的影响研究发现，安全标准确实对于中国农产品出口具有显著的负影响。通过以上对中国苹果出口受阻原因进行的分析结果也表明，大部分技术性贸易壁垒案例都涉及产品质量与安全卫生问题。虽然中国关于苹果的标准体系与CAC、欧盟标准基本接轨，但还应注意中国苹果质量和安全卫生标准与主要进口国标准之间的差异。

（一）国际苹果标准体系较为成熟

国际标准化组织（ISO）、国际食品法典委员会（CAC）、经济合作与发展组织（OECD）、联合国欧洲经济委员会（UNECE）等重要国际组织开展苹果标准化工作已有数十年历史，积累了丰富经验，形成了各具特色、日趋成熟的苹果标准模式。

ISO 制定的与苹果相关产品有关的标准包括 ISO 1212：1995（苹果 冷藏）、ISO 8682：1987（苹果 气调贮藏）、ISO 8128－1：1993（苹果汁、浓缩苹果汁和含苹果汁的饮料 棒曲霉素含量的测定 第 1 部分：高效液相色谱法）、ISO 8128－2：1993（苹果汁、浓缩苹果汁和含苹果汁的饮料 棒曲霉素含量的测定 第 2 部分：薄层色谱法）和 ISO 7701：1994（苹果干 规范和试验方法）等 4 项，其他均为水果通用性标准，如新鲜水果取样方法、形态和结构学术语、冷藏物理条件定义和检测、包装、命名以及 39 项测定方法标准。

CAC 制定的相关标准包括苹果的产品标准以及新鲜水果的包装和运输操作规范、卫生操作规范等通用性标准，产品标准涉及产品定义、质量规定、大小规定、容许度规定、摆放规定、标识规定、污染物、卫生等方面内容。CAC 下设 29 个专业分委员会，其中，农药残留、加工水果和蔬菜、新鲜水果和蔬菜、果汁、速冻食品等 5 个专业委员会都与水果有关。与苹果有关的是新鲜水果和蔬菜法典委员会（CCFFV），制定适用于新鲜水果和蔬菜的国际标准与操作规范。相关标准是 CODEX STAN 299－2010（苹果法典标准）。

OECD 于 1962 年颁布了《水果和蔬菜国际标准——苹果和梨》，1983 年对其进行了修订。修订后的标准将苹果分为特等、一等和二等，并对最低要求及各等级苹果的果形、发育、着色、果柄、缺陷、果锈、果径（包括果径差异和最小果径）等均做了比较详细的规定。该标准通过附加的定义、描述、图片和彩色照片，能更准确地评定苹果的色泽、成熟度、机械伤、虫蚀和病害程度。

（二）主要苹果进口国家和地区标准体系侧重保障产品质量安全

美国等发达国家和地区拥有较为完善的标准体系，制定了一系列在苹果的国际贸易中有重大影响力、科学先进的标准。国际组织及发达国家和地区的果汁标准体系大多侧重于保障产品质量安全。

1. 美国

美国制定了《美国苹果等级标准》《美国加工用苹果等级标准》《出口苹果和梨》和《美国速冻苹果等级标准》4 项有关苹果质量的标准。

《美国苹果等级标准》技术内容非常详细和具体，根据成熟度、损伤（又分轻度损伤和重度损伤）、着色等情况将苹果分为“美国超特级”、“美国特级”、“美国一级”（包括“美国早一级”和“美国雹伤一级”）、“美国实用级”和“混等级”，另有“未分级苹果”；“着色要求”分三大类品种规定了“美国超特级”“美国特级”和“美国一级”的具体要求；另外，还规定了容许度、容许度应用、百分数计算、贮运后状况、包装要求、标志要求；标准末尾定义了 9 个术语。在《美国苹果等级标准》中，除规定“美国早一级”苹果直径不小于 50 毫米外，其余等级均未对果实大小提出具体要求。

《美国加工用苹果等级标准》较为简单，将加工用苹果分为“美国一级”“美国二级”“美国制酒级”和“等外级”，规定果实大小（即最小尺寸和最大尺寸或大小范围）按买卖双方商议测定；并规定了标准应用、容许度和容许度应用；标准最后对“一个品种”和“过熟”进行了定义。

《出口苹果和梨》规定了出口苹果的最低要求，即出口苹果至少应达到《美国苹果等级标准》中的“美国实用级”或“美国早一级”标准，向俄罗斯太平洋港口出口的苹果应至少达到《美国苹果等级标准》中的“美国实用级”或“美国雹伤一级”标准。该标准的作用是“保护美国产苹果在国外市场上不被拒收；避免美国产苹果出口时其品质受到欺诈或被曲解；为美国产苹果进行出口或其他目的，提供商业检查方法”。

《美国速冻苹果等级标准》分为“美国 A 级”“美国 C 级”和“等外级”，并对各级的品质因素（包括确定等级、因素打分、颜色、大小、缺陷、特征等）做了比较详细的规定。

美国苹果产品标准中不包括卫生质量方面的内容。而在美国联邦法规汇编（CFR）第 40 篇第 180 节中分苹果、苹果（采后）、苹果（采前和采后）、苹果（开花期）规定了详细的农药残留最大限量，涵盖 78 种农药。

2. 欧盟

欧盟制定了关于苹果和梨的产品标准《苹果和梨标准》（Standard for apples and pears）和苹果农药残留最大限量标准。《苹果和梨标准》定位于鲜食苹果和梨（工业加工用苹果和梨不在此列），规定了鲜食苹果的质量（包括最低要求和分级）、大小、容许度（包括质量容许度和大小容许度）、摆放（包括一致性、包装和摆放）、标志（包括验明、产品特性、产地、商品规格和官方控制标志），并以附录的形式提供了苹果着色标准、苹果果锈标准、苹果大小标准，以及根据着色、果锈和大小等标准对苹果品种进行的分类（不完全列表）。此外，欧盟非常重视苹果卫生质量，并专门制定了详细、完善的苹果农药残留最大限量标准，涉及农药 163 种。

3. 俄罗斯

俄罗斯已制定 ГОСТ 16270－70《早熟鲜苹果——规格》、ГОСТ 21122－

75《晚熟鲜苹果——规格》、FOCT 27572－87《加工用鲜苹果——规格》、FOCT 50528－93《鲜苹果气调贮藏》等标准，这些标准多已进行数次修订。俄罗斯早熟鲜苹果和加工用鲜苹果均分为一级和二级；晚熟鲜苹果分为高级、一级、二级和三级。前3项标准均根据外观、成熟度、缺陷、果实大小（果实最大横径）等进行分级。除《加工用鲜苹果——规格》外，均不涉及理化指标，卫生指标仅规定"苹果中农药残留量不应超过苏联卫生部规定的农药残留最大限量"，并不列出具体内容，《加工用鲜苹果——规格》比《美国加工用苹果等级标准》更为详细，对苹果的外观、果实大小、香味、气味、内质、农药残留等均有要求，并对内质（如可溶性固形物含量）、果实横径、缺陷等规定了数量指标，分别对早熟鲜苹果和晚熟鲜苹果制定规格标准，是俄罗斯苹果质量标准的一大特点，与《早熟鲜苹果——规格》相比，《晚熟鲜苹果——规格》所列指标更多（包括外观、大小、成熟度、机械损伤、锈斑、病虫伤害、缺果柄、果皮褐变、皮下斑点、萎蔫、果肉褐变等），要求更高更细；该标准还有一个独特之处，就是按果实形状（圆形果和长圆形果）分别规定果实大小（即最大横径要求）。此外，《早熟鲜苹果——规格》和《晚熟鲜苹果——规格》分别按采购地和销售点及贮藏地和目的地，对苹果机械损伤进行规定，这在其他国家和国际组织标准中很少见，但确有存在的意义，因为，苹果采收后经贮藏和运输，其机械损伤情况可能会有所不同。俄罗斯苹果质量标准在框架结构和表述方式上与中国苹果质量标准比较接近，比美国标准更易理解。

（三）中国苹果标准体系制定较为全面、完善

苹果质量标准是中国果品中制定最全面、最完善的标准体系。目前，中国发布的苹果质量全程管控相关国家和行业标准共有80项，其中6项已废止。现行有效的74项中，强制性标准3项，推荐性标准71项；国家标准（GB）14项，农业行业标准（NY）37项，林业行业标准（LY）2项，出入境检验检疫行业标准（SN）19项，国内贸易行业标准（SB）2项，分别包括产前检验检疫、种质资源、苗木、建园，产中产地环境要求、栽培技术、病虫害防治，产后贮藏包装、相关产品、检疫鉴定和检验检测等生产全过程的各个方面（表4）。

表4　中国苹果标准体系情况

苹果生产阶段标准	分类	项数	占比	主要内容
产前标准（33项）	检验检疫	19	57.58%	以出入境检验检疫行业标准为主，包括苹果13种主要虫害和病害的检疫鉴定方法和防治

（续）

苹果生产阶段标准	分类	项数	占比	主要内容
产前标准（33 项）	种质资源	4	12.12%	均为农业行业标准 NY/T2424—2013、NY/T2478—2013、NY/T1318—2007、NY/T2029—2011
	苗木	9	27.27%	繁育技术、产地检疫、病毒检测、质量要求、脱毒技术等方面，均为国家标准和农业行业标准
	建园	1	3.03%	均为农业行业标准 NY/T2136—2012
产中标准（17 项）	产地环境	1	5.88%	NY/T856—2004
	栽培技术	11	64.71%	全部为农业行业标准，主要从不同产区和品种生产技术、高接换种技术、套袋技术、良好农业规范、育果纸袋、采摘技术等方面进行了规定，也包括无公害苹果和有机苹果等不同等级产品的栽培技术
	病虫害防治	5	29.41%	主要为苹果主要病虫害的防治技术规程和测报调查规范方面的规定，包括综合性防治技术规程 1 项，桃小食心虫相关标准 3 项，腐烂病防治技术 1 项
产后标准（24 项）	贮藏包装	3	12.50%	分别规定了苹果的包装、冷藏技术和采收贮运技术
	产品	11	45.83%	包括不同鲜苹果的品质要求、等级规格、加工用产品、品质指标评价、销售质量标准、地理标志产品、绿色食品、流通规范等产品的相关要求，构成苹果产后标准的主要内容
	检疫鉴定	5	20.83%	检疫鉴定类标准均为与果实检疫鉴定相关的出入境检验检疫行业标准
	检验检测	5	20.83%	分别涉及可溶性固形物、可滴定酸、酚类物质、碳同位素比值、类黄酮、进出口检验等参数和指标

数据来源：根据标准信息网整理。

三、中国与国际苹果标准的差异

（一）各国的苹果农药最大残留限量标准（MRLs）不一

MRLs 是指在食品或农产品内部或表面法定允许的农药最大浓度，以每千克食品或农产品中农药残留的毫克数表示（毫克/千克）[①]。上市农产品的残留物成分含量不能超过 MRLs，这已经成为各国共识，美国等发达国家对其执行非常严格。但由于各国间的标准不一，互相间的承认存在着一定的误差，所以，农产品被检测出“违禁成分”而被退回的事情屡屡发生，有些国家以此为

① GB 2763—2016 食品安全国家标准　食品中农药最大残留限量。

借口保护本国农业，成为农产品贸易壁垒的一大特色。

目前中国涉及苹果农药最大残留限量的标准是GB 2763—2016《食品安全国家标准　食品中农药最大残留限量》，于2016年12月18日发布，是中国监管食品农药残留的唯一强制性国家标准。该标准是对GB 2763—2014《食品安全国家标准　食品中农药最大残留限量》的修订，2017年6月18日起实施，并代替GB 2763—2014。新标准修订了果品中59项农药残留限量，新增了果品中97项农药残留限量，涉及农药80种。其中，GB 2763—2016中明确对苹果指定的农药最大残留限量的标准共有97项，涉及农药97种（表5）。

表5　中国制定的苹果中97种农药的最大残留限量标准

单位：毫克/千克

农药名称	MRLs	农药名称	MRLs	农药名称	MRLs
2甲4氯	0.05	吡虫啉	0.5	代森锰锌	5
阿维菌素	0.02	吡唑醚菌酯	0.5	代森锌	5
百草枯	0.05*	丙环唑	0.1	单甲脒和单甲脒盐酸盐	0.5
百菌清	1	丙森锌	5	敌草快	0.1
保棉磷	2	丙溴磷	0.05	敌敌畏	0.1
苯丁锡	5	草甘膦	0.5	敌螨普	0.2
苯氟磺胺	5	除虫脲	2	丁醚脲	0.2*
苯菌灵	5*	哒螨灵	2	丁香菌酯	0.2*
苯醚甲环唑	0.5	代森铵	5	啶虫脒	0.8
吡草醚	0.03	代森联	5	啶酰菌胺	5
福美双	5	福美锌	5	氟氯氰菊酯和高效氟氯氰菊酯	0.5
甲氧虫酰肼	3	腈菌唑	0.5	氯氰菊酯和高效氯氰菊酯	2
乐果	1*	联苯肼酯	0.2	氯氟氰菊酯和高效氯氟氰菊酯	0.2
螺螨酯	0.5	氯苯嘧啶醇	0.3	己唑醇	0.5
马拉硫磷	2	咪鲜胺和咪鲜胺锰盐	2	克菌丹	15
嗪氨灵	2	灭菌丹	10	联苯菊酯	0.5
三氯杀螨醇	1	二氰蒽醌	5	氯虫苯甲酰胺	2*
杀虫双	0.1*	三氯杀螨砜	2	醚菊酯	0.6
四螨嗪	0.5	杀铃脲	0.1	萘乙酸和萘乙酸钠	0.1
辛菌胺	0.1*	肟菌酯	0.7	炔螨特	5
蚜灭磷	1	溴菌腈	0.2*	三乙膦酸铝	30*
异菌脲	5	亚胺唑	1*	双胍三辛烷基苯磺酸盐	2*
三唑磷	0.2	唑螨酯	0.3	戊唑醇	2
毒死蜱	1	三唑酮	1	溴螨酯	2

（续）

农药名称	MRLs	农药名称	MRLs	农药名称	MRLs
多菌灵	5	氟环唑	0.5	乙蒜素	0.2*
多抗霉素	0.5*	醚菌酯	0.2	三唑锡	0.5
多杀霉素	0.1	宁南霉素	1*	氟氰戊菊酯	0.5
多效唑	0.5	噻螨酮	0.5	甲基硫菌灵	5
噁唑菌酮	0.2	三唑醇	1	喹啉铜	2*
溴氰菊酯	0.1	双甲脒	0.5	硫丹	0.05
乙烯利	5	烯唑醇	0.2	氰戊菊酯和S-氰戊菊酯	1
氟虫脲	1	氟啶虫酰胺	1*	二苯胺	5
杀虫单	1*				

数据来源：GB 2763—2016《食品安全国家标准　食品中农药最大残留限量》。

注：* 该限量为临时限量。

1. 中国 GB 2763—2016 标准中对农药残留限量覆盖范围已超过 CAC

CAC 农药残留委员会（CCPR）每年都要制（修）订一批农残限量标准，提出次年标准制（修）订优先列表，然后交由 CAC 大会审议通过。目前，CAC 农药残留限量标准是国际食品法典中数量最多、比例最大、制（修）订最为活跃的一类食品安全标准。2017 年 4 月 24 日，国际食品法典农药残留委员会（CCPR）第 49 届年会在北京召开①。

目前，无论是涉及农药总数，还是限量总数上，GB2763—2016 覆盖范围已经超过 CAC 标准。GB2763—2016 与 CAC 标准都提供了农药的主要用途、ADI 值和残留物。但与 CAC 标准的一个主要区别是，中国在限量后提供了该种农药在不同产品中的测定方法。CAC 和中国共同制定限量标准的农药有 123 种，CAC 单独制定的有 31 种，中国单独制定的有 94 种。中国单独制定限量的农药是根据中国国情，在苹果生产中经常使用的农药种类。

2. 与其他国际组织和贸易方相比，中国的苹果农药 MRLs 标准相对宽松

美国、欧盟和日本的苹果农药 MRLs 标准制定得比较严格，尤其是欧盟。中国规定的农药种类，欧盟几乎都有规定，而且 1/2 以上的限量标准比中国规定得低。这样就会大大限制中国苹果对欧盟的出口。相对来说，CAC 作为世界上唯一的政府间协商国际食品标准法规的国际组织，其规定的苹果限量标准比较宽松。以前中国苹果农药残留标准的制定大部分都是参照 CAC 的标准，可是随着农药检测技术的发展和中国苹果贸易的需要，必须针对中国苹果主要贸易国的限量标准，制定出更为合理的苹果农药 MRLs 标准，从而在国际苹

① 资料来源：农业部网站。

果贸易市场上更加灵活和主动。具体差别表现在以下几个方面：

一是农药种类不均衡。国外禁用和控制剧毒杀虫剂，由于不存在剧毒农药的残留问题，其产品的农残重点在低毒的除草剂和杀菌剂上。而中国剧毒的杀虫剂占 3/5，对于低毒药剂则规定较少较宽。这种规定农药种类比例的不均衡，使得中国的标准对于国外的苹果产品几乎没有限制。

二是限量标准针对性不强。欧盟、CAC 和美国均分树种设定指标值，美国还分生产时期设定相应的指标值。中国多种水果的农残限量规定共用。而涉及苹果的多种农药规定相同的残留限量值，与发达国家和地区、国际组织的规定差异较大，不利于对外贸易。

三是考虑因素偏少。欧美等发达国家和地区制定的残留限量，综合考虑生产生活需要和国际贸易等多方面因素，并把设置贸易壁垒作为主要考虑内容。而中国的标准与贸易结合松散，重点是生产和安全。未考虑具体品种的特异性，规定宽泛，在国际贸易中难以起到技术壁垒的作用。

表 6 中国与主要国际组织、贸易国和地区苹果农药 MRLs 标准比较

单位：毫克/千克

主要农药名称	中国	CAC	美国	日本	欧盟
百菌清	1	—	1	1	1
苯丁锡	5	5	7	5	2
敌敌畏	0.1	—	—	0.1	0.1
毒死蜱	1	1	1.5	1	0.5
二苯胺	5	5	10	5	5
甲基对硫磷	—	0.2	1	0.2	0.2
溴氰菊酯	0.1	0.1	0.1	0.5	0.1
克菌丹	15	25	25	15	3
乐果	1*	1	2	1	0.02
唑螨酯	—	—	—	—	0.01
灭多威	—	2	1	—	0.2
多菌灵	5	—	—	—	2
多效唑	0.5	0.5	—	0.5	0.5
克螨特	—	—	5	5	5
异菌脲	5	5	—	10	10
硫丹	0.05	1	1	—	0.3
代森锰锌	5	5	7	—	3
马拉硫磷	2	2	8	0.5	0.5
除虫脲	2	1	1	1	1
噻螨酮	0.5	0.5	—	—	0.5

（续）

主要农药名称	中国	CAC	美国	日本	欧盟
三唑酮	1	0.5	1	0.2	0.2
阿维菌素	0.02	0.02	—	—	—
草甘膦	—	—	0.05	0.2	0.1
氯氟氰菊酯	0.2	0.1	—	0.2	0.1

数据来源：根据各国标准整理所得。

注：* 该限量为临时限量；一表示该国或组织对农药最大限量尚未规定或未涉及。

（二）苹果质量与等级分类标准与国外有所不同

农产品质量分级标准是提高和稳定农产品质量、实现农产品优质优价、促进农产品国际贸易、满足消费者不同产品需要的技术基础，根据农产品的质量要求和特性，将相同用途及消费人群但不同质量的农产品进行分等和定级的规范性技术文件。中国的农产品质量分级标准或产品质量标准的现状和特点是中国的农业生产发展水平、消费习惯和市场流通方式等特点和现状的综合反映。因此中国农产品的分级目的、依据和原则等方面具有与国外不同的特点。

从欧盟制定的关于苹果和梨的产品标准《苹果和梨标准》来看，其规定了苹果的质量分布及标准。不仅在质量最低要求方面做出了明确的规定，在分级方面将苹果分为特级、一级和二级。同时在果实大小方面，规定果实大小用果实最大横截面直径或重量表示，当用重量表示时，最小重量应能确保所有果实恰如其分地满足规定的最小果径要求。

UNECE 也制定了关于苹果和梨的产品标准《苹果和梨》（UN/ECE STANDARD FFV-01：APPLES AND PEARS）。其定位与欧盟《苹果和梨标准》相同。除最小果径外，该标准在技术内容和框架结构上与欧盟《苹果和梨标准》几乎完全相同。

从中国与欧盟、UNECE 制定的关于苹果和梨的产品标准之间对比来看，较明显的差异在于规定的各等级鲜苹果横切面最小直径是有差异的。中国标准规定的各等级的横切面最小直径均大于欧盟与 UNECE 标准（表 7）。

表 7　中国与欧盟、UNECE 各等级鲜苹果横切面最小直径

单位：毫米

种类	中国		欧盟		UNECE	
	大果型品种	其他品种	大果型品种	其他品种	大果型品种	其他品种
特等	≥80	≥75	≥70	≥60	≥65	≥60
一等	>75	>75	≥65	≥55	≥60	≥55
二等	≥70	≥70	≥65	≥55	≥60	≥50

四、应对措施及相关建议

（一）制定统一的食品安全国家标准

整合现行标准，制定统一的食品安全国家标准。苹果国家标准 GB/T 10651—2008《鲜苹果》已实施了 6 年多，苹果汁国家标准 GB/T 18963—2012《浓缩苹果汁》也已实施两年。但两项标准仅为推荐性标准，目前现行的鲜苹果标准还有 NY/T 268—1995《绿色食品　苹果》、NY/T 1075—2006《红富士苹果》、GB/T 18965—2008《地理标志产品　烟台苹果》、GB/T 22740—2008《地理标志产品　灵宝苹果》、GB/T 22444—2008《地理标志产品　昌平苹果》、NY/T844—2010《绿色食品　温带水果》以及部分省市根据当地生产实际制定发布的地方标准，如 DB 61/310—2003《原产地域保护产品　陕西苹果》等，果汁标准还有 GB 17325—2005《食品工业用浓缩果蔬汁（浆）卫生标准》、QB/T 1687—1993《浓缩苹果清汁》、SB/T 10199—1993《苹果浓缩汁》、NYT 434—2007《绿色食品　果蔬汁饮料》等。由此可以看出，中国并无统一的强制性标准作为保障苹果及苹果汁产品质量的纲领性文件。为规范中国苹果及果汁加工行为，保障消费者的营养健康，促进苹果加工行业的健康发展，中国迫切需要制定出台统一的食品安全国家标准。

（二）建立完善的农业标准化工作运行机制

完善农业标准化工作运行机制，建立标准制（修）订计划立项、标准实施、标准鉴定登记与奖励制度；建立标准评估和评价机制，对标准的起草过程及实施情况进行监督，以确保标准的实用性、可操作性和项目的完成率。标准制定应根据市场需要，制定过程广泛吸收社会各方的意见和建议，协商一致，提高标准制定的透明度，从根本上解决国家标准、行业标准间交叉重复的现象。另外，针对苹果产品标准执行不力的情况，监管部门应加强卫生监督管理，以提高食品安全性，确保食用安全与身体健康。

（三）采用国际标准和国外先进标准，加快农业质量标准的制定和修订

第一，积极采用国际标准和国外先进标准。国际标准是指国际标准化组织（ISO）和国际电工委员会（IEC）所制定和颁布的标准；ISO 认可的其他国际组织制定的一些标准；以及其他一些国际组织制定的得到国际公认的某些标准。先进标准是指国际上有权威的区域性标准、世界主要经济发达国家的国家标准和通行的团体标准以及其他国际上先进的标准。我们要积极参与国际标准化活动，采用国际先进标准来改造我们的农业，按照 WTO 协议中关于食品安全和动植物卫生健康标准的协议，积极研究和采用国际标准，特别是 CAC 关于食品的标准、国际兽医组织关于动物健康的标准、国际植物保护联盟关于植

物健康的标准以及国际标准化组织等方面的标准，提高产品质量，促进中国农业走向世界，走向未来。第二，加快中国农业质量标准的制定和修订工作。从现在起，我们要按照农业结构调整、农产品质量升级、保护消费者利益、公平贸易和与 WTO 规定接轨的需要，加快农业标准特别是主要农产品的内在品质、加工性能、分等分级、包装新鲜和安全卫生标准的制定和修订工作，用 4 年左右的时间，使主要农产品的标准成龙配套，基本实现农产品生产的各个环节都有标准作为技术依据。

技术性壁垒对中国鸡肉贸易的影响

——基于中外标准体系对比分析

改革开放以来，中国肉鸡产业发展迅速，中国是鸡肉及制品生产大国，居世界第二位。鸡肉及制品是中国主要的禽畜肉产品之一，也是中国最主要的出口肉产品之一。在经历了2004年高致病性禽流感和2008年金融危机两个低谷后，近年来中国的鸡肉及制品及其产品出口数量和金额均有明显回升。根据商务部统计数据，2016年，中国出口鸡肉及制品数量为38.63万吨，金额为12.84亿美元。中国是世界第二鸡肉及制品生产大国，也是消费大国，但出口量和人均消费量相对很小。除了价格以及其他影响因素之外，国际贸易保护主义抬头，国外的贸易技术壁垒和绿色壁垒日益增强，中国逐渐由肉鸡产品净出口国变为净进口国。由于中国有关鸡肉及制品生产的检验检疫制度与国际通行标准以及一些发达国家和地区的标准相比，还存在一些差距，从而造成中国鸡肉及制品出口遭遇技术性贸易壁垒。因此，本项目拟在对国内外禽肉标准结构、管理体系和农残标准进行对比的基础上，从政府、行业协会和企业三个层面提出针对性建议，以促进中国鸡肉及制品出口贸易的健康持续发展。

一、中国鸡肉及制品出口贸易现状

中国是一个鸡肉及制品生产大国、消费大国、进口大国、出口弱国。中国鸡肉及制品主要出口去向地为日本、中国香港，鸡肉及制品出口去向单一，出口风险大。2016年，中国出口鸡肉及制品数量为38.63万吨，金额为12.84亿美元。参照中国商务部对外贸易司《中国农产品进出口月度统计报告》中的农产品统计口径，本文主要分析对象为《商品名称及编码协调制度的国际公约》（HS编码）中1992第2章0207六位数“品目0105所列家禽的鲜、冷、冻肉及食用杂碎”系列和第16章“其他方法制作或保藏的肉、食用杂碎或动物血”系列与鸡肉及制品相关所列的产品。

（一）中国鸡肉及制品出口总量

中国是鸡肉产业大国，涉及4 000多万养殖场户，7 000多万从业人员，关系 1.3 亿人的生计。然而中国在全球鸡肉市场上的贸易量太小，与体量相当的美国、巴西相比差距甚大。加入 WTO 以来，中国在大多数年份里为鸡肉净进口国。2003 年爆发的“禽流感”是一个严重的干扰因素，改变了中国鸡肉出口的发展态势，导致 2004 年鸡肉出口下降到最低点，同比下降了 37.92%。随后，鸡肉进口有一个“过山车”现象，2008 年发生的金融危机，使得中国鸡肉及制品的进口达到最大值 78.73 万吨，超过出口 48.07 万吨，成为最大的净进口年。在此之后，鸡肉出口也在增长，但在 2010 年鸡肉及制品出口恢复到金融危机前的水平之后，2011—2016 年，中国肉鸡业又发生“速生鸡”事件和“H7N9 流感”风波，造成生产严重过剩、市场持续低迷，中国鸡肉及制品的出口增速缓慢。2016 年，鸡肉及制品的出口量和出口额分别是 38.63 万吨和 12.84 亿美元（图 1）。

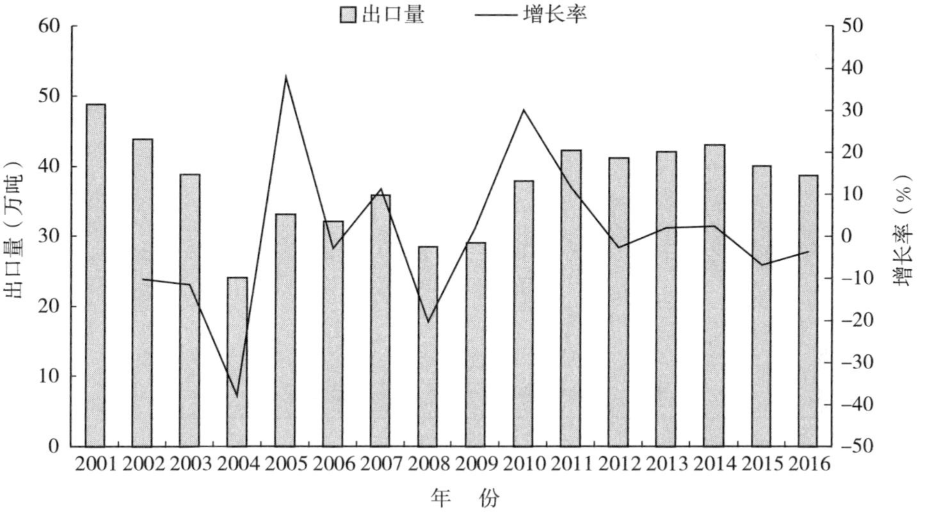

图 1 中国 2001—2016 年鸡肉及制品出口量及增长率统计

数据来源：UN Comtrade

（二）中国鸡肉及制品出口以亚洲为主

对于鸡肉出口商来说，亚洲是他们最主要的目标市场。2016 年，中国鸡肉产品的出口主要面向亚洲，主要出口地为日本和中国香港地区。从鸡肉及制品的出口额来看，根据 2016 年中国的鸡肉及制品出口额进行排序，日本最高，出口额达到了 6.83 亿美元，占总出口额的 53.19%，占比达到一半之多，这说明中国鸡肉出口高度集中于日本单一市场，存在很大风险；其次是中国香港地区，出口额为 4.22 亿美元，份额为 32.87%；第三是马来西亚，出口额为 0.3 亿美元，份额为 2.34%；第四是荷兰，出口额为 0.25 亿美元，份额为

1.95%；第五是中国澳门地区，出口额为 0.17 亿美元，份额为 1.32%。这 5 个贸易对象的出口额合计占总出口额的 91.67%（表 1）。

表 1 2016 年中国鸡肉及制品主要贸易对象（前 5 个国家和地区）

国家和地区	金额（亿美元）	份额（%）	排名
日本	6.83	53.19	1
中国香港	4.22	32.87	2
马来西亚	0.30	2.34	3
荷兰	0.25	1.95	4
中国澳门	0.17	1.32	5

数据来源：UN Comtrade。

（三）中国鸡肉及制品出口结构

中国鸡肉贸易包括活鸡、整的或分割鸡肉和鸡肉加工品。2016 年中国鸡肉及制品出口额为 12.84 亿美元，以鸡块及杂碎，冻的为主，约占整个鸡肉及制品出口量的 29.06%；其次为其他制作或保藏的鸡腿肉，约占整个鸡肉出口量的 26.50%；整只鸡，鲜的或冷的出口量为 6.07 万吨，占 15.72%；其他制作或保藏的鸡胸肉出口量 5.38 万吨，占 13.93%；其他制作或保藏的鸡肉及食用杂碎出口量为 5.09 万吨，份额为 13.18%（表 2）。以上 5 种合计占比达到 98.40%。

表 2 2016 年中国鸡肉及制品出口结构

产　　品	出口量（万吨）	份额（%）	排名
鸡块及杂碎，冻的	11.23	29.06	1
其他制作或保藏的鸡腿肉	10.24	26.50	2
整只鸡，鲜的或冷的	6.07	15.72	3
其他制作或保藏的鸡胸肉	5.38	13.93	4
其他制作或保藏的鸡肉及食用杂碎	5.09	13.18	5

数据来源：UN Comtrade。

（四）中国鸡肉及制品出口受阻主要源于成分规格问题

中国鸡肉及制品主要向日本出口，出口受阻事件也大多来源于日本，主要原因是成分规格不适合。鸡肉产品质量包括食品安全、食品卫生、食品营养等相关情况。影响中国鸡肉产品出口质量的主要问题是动物瘟疫病害、重金属超标、药物残留等相关问题。此外，鸡肉产品质量还和很多其他因素有关，如鸡的品种、饲料质量、饲养方式、饲养环境及卫生防疫等（表3）。

表3　2015—2017年中国鸡肉及制品出口受阻事件

序号	产　品	目的地	日　期	受阻原因
1	烤鸡肉串	欧盟	2017-12-08	含未经批准的阿奇霉素（0.5～9.1微克/千克）
2	鸡翅	意大利	2017-07-10	非法进口
3	烤鸡肉串	日本	2016-08-30	成分规格不适合（大肠菌群阳性）
4	烤鸡肉	英国	2016-08-11	温度控制不良（在−4.8～−1.4℃之间）
5	油炸鸡腿	日本	2016-07-30	成分规格不适合（大肠杆菌阳性）
6	烤鸡肉	日本	2016-03-30	成分规格不适合（大肠菌群阳性）
7	蒸鸡肉	日本	2016-01-30	成分规格不适合（大肠杆菌阳性）
8	冷冻鸡胗	日本	2015-10-30	成分规格不适合（大肠杆菌阳性）
9	干鸡胸肉	奥地利	2015-07-27	含病原微生物
10	炒鸡肉	日本	2015-06-31	成分规格不合格（细菌数 2.4×10^6/克）
11	炒鸡肉	日本	2015-06-30	成分规格不合格（细菌数 1.3×10^7/克）
12	冷冻鸡排	日本	2015-05-30	成分规格不合格（E. coli阳性）
13	冷冻香料火鸡	荷兰	2015-04-15	巴西出口至欧盟的冷冻香料火鸡中发现含有沙门氏菌属（检出25克）
14	冷冻火鸡肉制品	荷兰	2015-04-15	巴西出口至欧盟的冷冻火鸡肉制品中发现含有沙门氏菌属（检出250克）
15	冷冻鸡肉制品	荷兰	2015-04-14	巴西出口至欧盟的冷冻鸡肉制品（野鸡）中发现含有沙门氏菌属（检出25克）
16	玉米鸡肉	荷兰	2015-04-14	荷兰出口至欧盟的腿肉（玉米鸡肉）中发现含有鼠伤寒沙门氏菌（检出25克）
17	冷冻鸡肉	意大利	2015-04-13	德国出口至欧盟的冷冻鸡肉MSM中发现含有鼠伤寒沙门氏菌（检出10克）
18	冷冻蒸鸡	日本	2015-02-15	成分规格不合格（大肠菌群阳性）

资料来源：WTO/TBT-SPS通报咨询网。

二、中国与国际鸡肉及制品标准的差异比较

加入WTO后，质量安全成为影响国际农产品贸易的主要因素。影响鸡肉质量安全的主要因素有疫病、药物残留、微生物和致病菌。目前影响鸡肉健康的主要疫病是禽流感和新城疫，尤其是禽流感病毒已成为影响鸡肉消费的致命

因素。国际贸易中鸡肉多以冷冻形式销售，微生物超标是影响鲜冻鸡肉质量安全的重要因素。从国内外标准对比来看，药物残留限量是国内外鸡肉质量安全标准最大的差异。

（一）各国（地区）鸡肉及制品标准体系的制定

国际上遵循 CAC 标准，另外各国内部也制定不同的标准对鸡肉及制品的农业残留进行限制。日本由日本食品化学研究基金会制定限制标准，美国标准由美国联邦法典进行限制，欧盟标准由欧洲委员会欧盟食品安全法规进行规定和限制，中国最早制定的有关鸡肉质量的标准是由卫生部提出，于 1981 年制定的国标 GB 2742—18《鲜鸡肉卫生标准》和 GB 2710—81《冻鸡肉卫生标准》。目前中国现行鸡肉及制品的国家标准是 GB 16869—2005《鲜、冻禽产品》、GB 2707—2005《鲜（冻）畜肉卫生标准》和 GB2707—2016《食品安全国家标准　鲜（冻）畜、禽产品》。此外，还有 NY 5034—2005《无公害食品禽肉及禽副产品》和 NY/T 753—2003《绿色食品禽肉》等其他标准。

（二）中国与日本、CAC 兽药残留限量标准略有差别

在肌肉的兽药残留限量标准中，中国有 21 种与日本规定的限量标准相同，有 13 种与 CAC 规定的限量标准相同。对红霉素的兽药残留限量标准最严格的是日本，为 0.05 毫克/千克，中国和 CAC 的规定分别为 0.20 毫克/千克、0.10 毫克/千克。中国对莫能菌素、甲基盐霉素的兽药残留限量标准规定也比日本和 CAC 宽松。而对于土霉素、金霉素和四环素的兽药残留限量标准中国的规定严于日本和 CAC。

在脂肪的兽药残留限量标准中，中国有 19 种与日本规定的限量标准相同，有 12 种与 CAC 规定的限量标准相同。日本和 CAC 对螺旋霉素的兽药残留限量标准规定都为 0.30 毫克/千克，而中国未做规定。中国和 CAC 对林可霉素的兽药残留限量标准规定为 0.10 毫克/千克，严于日本规定的 0.30 毫克/千克。对于泰乐菌素的兽药残留限量标准，中国的规定最宽松，为 0.20 毫克/千克，而日本和 CAC 的规定分别为 0.05 毫克/千克、0.10 毫克/千克。

在肝脏的兽药残留限量标准中，中国有 18 种与日本规定的限量标准相同，有 13 种与 CAC 规定的限量标准相同。中国缺少对卑霉素的兽药残留限量标准，而日本和 CAC 规定的标准分别为 0.03 毫克/千克和 0.30 毫克/千克。二氟沙星是中国独有的兽药种类，中国对其规定的兽药残留限量标准为 1.90 毫克/千克，日本和 CAC 均未做规定。

在肾脏的兽药残留限量标准中，中国有 17 种与日本规定的限量标准相同，有 12 种与 CAC 规定的限量标准相同。日本和 CAC 对卑霉素规定的兽药残留限量标准分别为 0.03 毫克/千克和 0.20 毫克/千克，对磺胺二甲嘧啶的兽药残

留限量标准都为 0.10 毫克/千克，而中国对卑霉素、磺胺二甲嘧啶二者都未做规定。中国和日本都对阿莫西林和甲砜霉素的兽药残留限量标准有规定，而 CAC 未做规定。

在可食组织的兽药残留限量标准中，中国有 4 种与日本规定的限量标准相同，有 3 种中国规定的兽药残留限量标准比日本宽松，分别是癸氧喹酯、倍硫磷和马拉松的兽药残留限量，中国的标准分别是 2.00 毫克/千克、0.10 毫克/千克和 4.00 毫克/千克，日本的标准则分别是 0.10 毫克/千克、0.05 毫克/千克和 2.00 毫克/千克。还有 2 种中国规定的兽药残留限量标准比日本严格，分别是灭蝇胺和洛克沙砷，而 CAC 对此未做规定（表 4 和表 5）。

表 4　中国与日本、CAC 鸡肉及制品兽药残留限量指标值差异类型比较

单位：种

鸡肉类产品（靶组织）	与日本相比			与 CAC 相比		
	相同	严格	宽松	相同	严格	宽松
肌肉	21	4	21	13	3	4
脂肪	19	4	17	12	1	4
肝脏	18	8	15	13	3	4
肾脏	17	3	12	12	2	3
可食组织	4	2	3	0	0	0

表 5　中国与日本、CAC 鸡肉及制品部分兽药残留限量标准比较

单位：毫克/千克

鸡肉类产品（靶组织）	药物中文名	最大残留限量		
		中国	日本	CAC
肌肉	青霉素	0.05	0.05	0.05
	红霉素	0.20	0.05	0.10
	马杜拉霉素	0.24	0.10	—
	莫能菌素	1.50	0.50	0.01
	甲基盐霉素	0.60	0.10	0.001 5
	土霉素	0.10	0.20	0.20
	金霉素	0.10	0.20	0.20
	四环素	0.10	0.20	0.20
脂肪	阿莫西林	0.05	0.02	—
	左旋咪唑	0.01	0.01	0.01
	林可霉素	0.10	0.30	0.10
	沙氟沙星	0.02	0.02	0.02
	螺旋霉素	—	0.30	0.30
	泰乐菌素	0.20	0.05	0.10

（续）

鸡肉类产品（靶组织）	药物中文名	最大残留限量		
		中国	日本	CAC
肝脏	卑霉素	—	0.03	0.30
	达氟沙星	0.40	0.40	0.40
	二氟沙星	1.90	—	—
	红霉素	0.20	0.05	0.10
	恶喹酸	0.15	0.04	—
肾脏	卑霉素	—	0.03	0.20
	阿莫西林	0.05	0.02	—
	黏菌素	0.20	0.20	0.20
	磺胺二甲嘧啶	—	0.10	0.10
	甲砜霉素	0.05	0.02	—
可食组织	灭蝇胺	0.05	0.10	—
	癸氧喹酯	2.00	0.10	—
	倍硫磷	0.10	0.05	—
	马拉松	4.00	2.00	—
	洛克沙砷	0.50	2.00	—

备注：表中“—”表示暂无数据。

（三）中国与主要国际组织和各贸易国（地区）农（兽）药残留限量项目数量也不尽相同

1. 与 CAC 对比

CAC 规定了鸡肉中 106 种农（兽）药残留限量，其中 17 项兽药残留限量，无禁用物质，农药残留限量 89 项，可以看出兽药残留限量标准较少。中国规定了鸡肉中 108 种农（兽）药残留限量，农药残留限量 8 项，兽药残留限量 100 项。中国规定不得检出或禁用物质较多，其中有 9 种允许使用但不得检出，30 种是禁止使用的。CAC 规定中有 26 项是与中国同时有限量要求的，其中 17 项的限量值相同，中国严于 CAC 的有 5 项，宽于 CAC 的有 4 项。

2. 与美国对比

美国对鸡肉中 97 种农（兽）药规定了残留限量，没有禁止使用物质。其中 22 项是与中国同样有限量规定的，有 14 项的限量值相同，有 5 项严于中国，有 3 项宽于中国。中国规定了鸡肉中 108 种农（兽）药残留限量，其中有 9 种允许使用但不得检出，30 种是禁止使用的。美国对禽肉及制品中 74 种农药残留进行了限制，而中国只对 8 种农药残留进行了限制。

3. 与欧盟对比

欧盟规定了鸡肉中 321 种农（兽）药残留限量，有 27 项是与中国同时有限量要求的，其中林丹、呋喃丹 2 项，中国是禁止在鸡肉中使用的，而欧盟规定的最高残留量分别是 0.02 毫克/千克和 0.1 毫克/千克。在其 27 项共同规定限量项目中，有 14 项的限量值相同，有 7 项宽于中国，有 6 项严于中国。另外，欧盟还允许 59 种农（兽）药在鸡肉中使用，但没有限量值。

4. 与日本对比

日本规定了鸡肉中 360 种农（兽）药残留限量，与中国同时有限量要求的有 58 项，25 项的限量值相同，其中克伦特罗在两国规定中均不得检出。其余 33 项项目中，中国严于日本的有 11 项，其中林丹、呋喃丹、玉米赤霉醇 3 项，中国是禁止在鸡肉中使用的，而日本规定的最高残留量分别是 0.7 毫克/千克、0.08 毫克/千克、0.002 毫克/千克。中国规定宽于日本的有 22 项。

5. 与韩国对比

韩国对鸡肉规定了 81 种农（兽）药残留限量，卡巴氧和喹乙醇在韩国食品公典中均不得检出。与中国同时有限量值要求的项目有 22 项，其中，玉米赤霉醇在中国是禁止在鸡肉中使用的，而韩国规定的最高残留量是 3 毫克/千克，潮霉素 B 在两国规定中均不得检出。在 22 项项目中，有 20 项的限量值相同，中国严于韩国的有 2 项。

表 6　中国与主要国际组织和各贸易国（地区）的鸡肉及制品中农（兽）药残留限量值要求对比

单位：项

项　　目	CAC	美国	欧盟	日本	韩国
与中国一致的项目	17	14	14	25	20
严于中国的项目	4	5	6	22	—
宽于中国的项目	5	3	7	11	2
与中国对比有限量值规定的农（兽）药种类的数量	106	97	321	360	81
与中国对比未做限量值规定的农（兽）药种类	80	75	294	302	59

三、应对措施及相关建议

（一）从政府角度

第一，政府部门要加强监管力度，加大畜禽的疫病检测和预防工作，完善家禽饲料、药物残留监控系统，制定严格的质量卫生安全法，不准许药物残留超标的畜产品进入市场，注意防御疫病、控制疫情，尽量降低疫病造成的经济损失。严格把好畜禽产品进出口检测检疫这一关，建立无疫病鸡肉产品出口检验基地，根据国际标准对鸡肉产品的生产、加工和质量监测进行管理。此外，还要建立在生产加工的整个过程可追溯性的监管制度，从根本上确保食品安全，对养殖、加工、运输、销售及消费的整个过程进行监管，对于有问题的产品要做到从根源上去追溯。第二，要加大鸡肉产业基础科学研究的支持力度，培育自己的优良品种，同时支持企业的品牌建设、国际认证，树立企业视产品质量为生命的经营理念。

（二）从企业角度

提高鸡肉产品质量，获取市场份额。在影响中国鸡肉产品国际竞争力的因素中，产品质量是非常重要的因素。目前，尽管中国鸡肉产品的总体产量很大，可是出口量少，根本原因是贸易保护问题，但更深层的原因是中国鸡肉产品质量、农药重金属残留等相关指标不能达到国际标准。这就要求中国鸡肉产业不断通过科技创新，繁育出高质量的肉鸡品种，发展自己的绿色品牌，加强企业的核心竞争力，争取国内外市场份额，同时结合市场的基本需求，积极引进国外的优秀品种。与此同时，中国家禽出口加工企业还要统一采取 HACCP 管理系统，积极获得 ISO14000 国际质量、环保体系的认证，从而提高质量管理水平，在获得出口国认证许可的前提下，为中国家禽产品走向国际市场开创道路。在国家加工技术标准要求下，将那些不合格的违法加工企业进行停产、关闭处置，加快更新生产设备，使好的资源向优秀企业靠拢，把那些好的加工企业培养成畜产品加工领域的龙头企业，使其做大做强。肉鸡生产企业还应以国际市场作为标准，采取生产、加工、销售一体化经营模式，龙头企业根据国际市场需求，与个体经营户签订产销合同，同时提供相关技术指导；个体经营户根据合同要求进行生产、销售，企业根据合同来收购产品并进行加工，然后将产品出口到国外市场。提高鸡肉产品质量，使中国鸡肉产业的市场竞争力得到增强。

（三）从行业协会角度

中国畜牧业协会禽业分会应当做好标准的宣传和普及工作，提供资金支持与相关市场信息，加大养殖企业的相关标准宣传贯彻力度，将当期产品的国家强制标准以及农业部的相关公告进行重点宣传，提高企业的标准化意识。同时对出口型养殖企业进行技术性贸易壁垒知识的培训。此外，中国畜牧业协会禽业分会需加大农业科技投入，培养技术人才，努力提高科技水平，加强兽药残留研究工作，制（修）订兽药残留限量，积极开展风险评估等科学方法的应用，提高兽药残留限量标准的合理性和实用性。

产 业 篇

2018

全球谷物生产、市场与贸易形势跟踪研究

随着经济一体化、贸易全球化进程的逐步深化，在新形势下，中国政府明确提出了“以我为主、立足国内、确保产能、适度进口、科技支撑”的粮食安全新战略。要坚持“引进来”和“走出去”相结合，全面提升统筹利用国内国际两种资源、两个市场的能力，建立基于全球视野的粮食安全保障机制。放眼全球谷物市场，影响国际谷物进出口贸易的不确定性因素日益增多，一是全球气候变化将直接影响主要生产国和地区，全球谷物产量波动较大；二是农业“能源化”趋势将进一步推动生物质能源快速发展，大幅增加对玉米的需求；三是近年来主要国家和地区谷物进出口政策不断变化，加剧了国际谷物市场价格的波动。在此背景之下，中国的谷物进口将面临较大的不确定性，一方面能否适时进口到所需的谷物品种，另一方面如何提高中国粮食贸易在国际粮食市场上的话语权。基于这两个目标，本文着重对全球主要国家和地区谷物生产、市场与贸易及政策进行跟踪研究，及时掌握并分析主要进出口国家和地区玉米、小麦和稻米的生产、市场与贸易及政策的变化动态，对及时调整中国粮食宏观调控政策，确保国家粮食安全目标具有十分重要的理论意义。

一、全球谷物生产变化分析

（一）小麦

1. 2017/2018 年度全球小麦产量略降

全球小麦产量自 2012/2013 年度以来连续增长，2017/2018 年度略降，但仍处于历史较高水平。据美国农业部（USDA）预测，2017/2018 年度全球小麦产量 7.431 8 亿吨，较上年度减少 1 182 万吨。全球小麦增产主要来源于单产的增加；而收获面积处于波动态势，2012/2013—2015/2016 年度收获面积增加了 623 万公顷，而 2016/2017 年度至 2017/2018 年度处于下降态势（图 1）。

2. 2017/2018 年度主要国家和地区小麦产量变化波动较大

在小麦主产国中，中国和印度是产量大国，产量变化相对较为稳定，均为自给率较高的国家；美国及黑海地区国家产量变化波动较大。据 USDA 预计，2017/2018 年度中国小麦继续增产，产量达 1.3 亿吨，比上年度增加 115 万

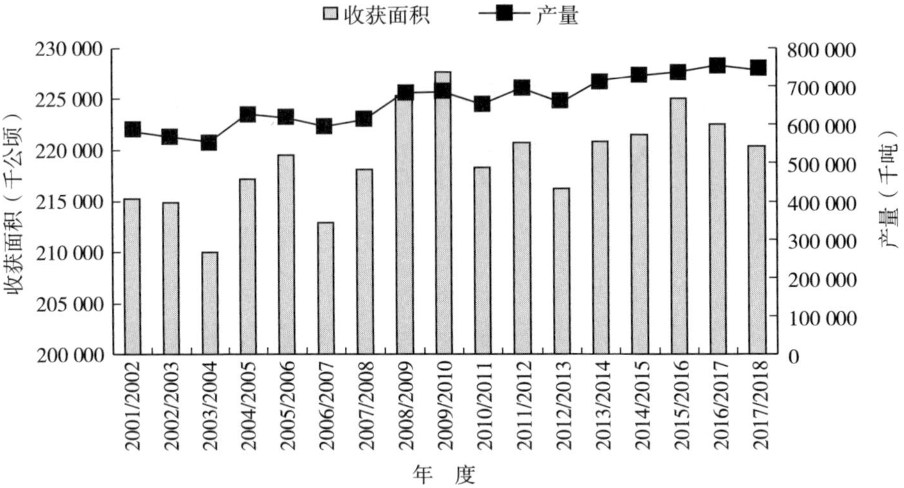

图 1　全球小麦收获面积及产量变化

数据来源：USDA

吨，增幅 0.9%，中国小麦在国家粮食政策支持下，一直保持稳定增长态势。印度作为产量第二大国，产量总体保持增长态势，2017/2018 年度小麦产量为 9 600 万吨，比上年度增产 900 万吨，增幅 10.3%，为 2015/2016 年度减产以来的恢复性增长。欧盟 2017/2018 年度小麦产量 1.495 6 亿吨，比上年度增产 386 万吨，增幅 2.7%。黑海地区国家的小麦播种面积和单产都波动较大，是全球小麦市场最大的不确定因素，2017/2018 年度俄罗斯产量 7 750 万吨，比上年度增加 497 万吨，增幅 6.85%，乌克兰、哈萨克斯坦均减产。加拿大 2017/2018 年度小麦减产幅度较大，产量 2 650 万吨，比上年度减少 520 万吨，减幅 16.4%，主要由于该国小麦价格较低导致播种面积及单产均下降。澳大利亚、美国 2017/2018 年度小麦均大幅减产，美国比上年度减少 1 553 万吨，减幅 24.7%，主要由于种植面积和单产均减少所致（图 2）。

3. 2017 年中国小麦夏粮产量平稳略增

根据国家粮油信息中心预计，2017 年全国小麦产量 1.302 0 亿吨，较 2016 年增加 135 万吨，增幅为 1.0%。其中冬小麦产量为 1.234 5 亿吨，较 2016 年增加 126 万吨，增幅为 1.1%；春小麦产量为 675 万吨，较 2016 年增加 9 万吨，增幅为 1.4%。

（二）稻谷

1. 2017/2018 年度全球稻米生产略减

全球稻米生产量保持略有下降，生产较为集中。据 USDA 预测，2017/

2018年度全球稻米收获面积为1.605亿公顷，比上一年度减少0.2%；产量4.847亿吨，比上年减少0.5%，减产主要是由于印度减产幅度较大（图3）。稻米生产比较集中，主产国主要分布在亚洲。2017年主产国泰国和越南的大米产量也从由于厄尔尼诺现象造成的两年干旱中恢复过来，出现较大增长。据

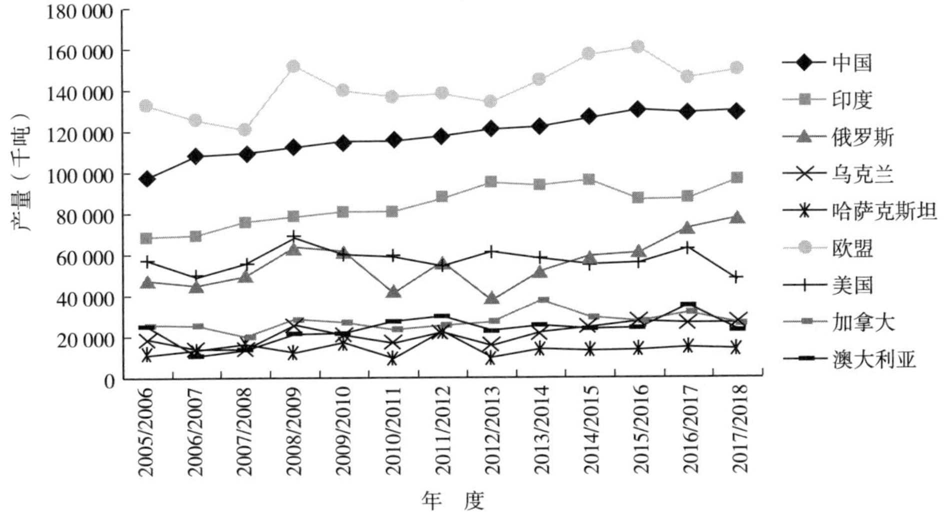

图2　全球小麦主产国产量变化

数据来源：USDA

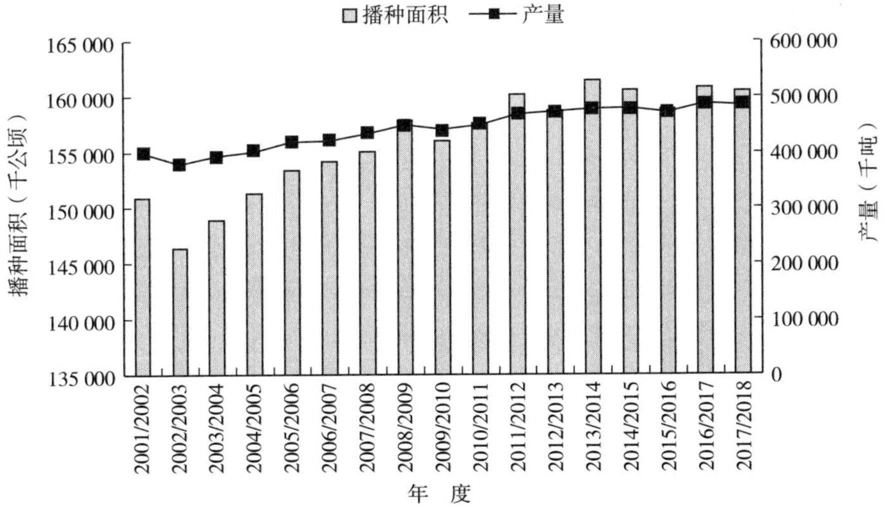

图3　全球稻米播种面积与产量变化

数据来源：USDA

USDA预计，2017/2018年度泰国稻米产量为2 040万吨，比上年度增长6.3%；越南2 845万吨，比上年增长3.83%；菲律宾1 197万吨，比上年减少2.4%；印度1.08亿吨，比上年减少2.4%；巴基斯坦720万吨，比上年增长5.1%；中国1.460亿吨，比上年增长0.7%。

2. 2017年中国稻谷生产呈“两减一增”态势

根据国家粮油信息中心预计，2017年中国稻谷种植面积610万公顷，同比略减，减幅0.7%。其中早稻种植面积同比减少15.7万公顷，减幅2.8%，减播的主要原因是“双改单”“稻改虾”及湖南稻谷轮作休耕等；中稻种植面积同比增加20万公顷，增幅1.1%，主要是“双改单”导致一季中籼稻种植面积增加；晚稻种植面积同比减少4.5万公顷，减幅0.7%，其中粳稻种植面积增加，主要是由于东北地区玉米改种水稻较多。从产量变化看，预计2017年中国稻谷产量2.085 6亿吨、同比增长0.7%。

（三）玉米

1. 2017/2018年度全球玉米产量小幅缩减

全球玉米产量总体呈不断上涨趋势，近10年增幅为30.0%。据USDA预测，2017/2018年度全球玉米产量为10.45亿吨，较上年度减少约3 058万吨，减幅2.8%。2007/2008至2017/2018年度，全球玉米产量增幅30%，年均增幅3.0%，2014/2015年度突破10亿吨。增产主要由于全球平均玉米单产及播种面积的增加，单产增加到2017/2018年度的5.71吨/公顷，10年增幅15.8%；2017/2018年度播种面积增加到1.816 0亿公顷，10年增幅12.8%（图4）。

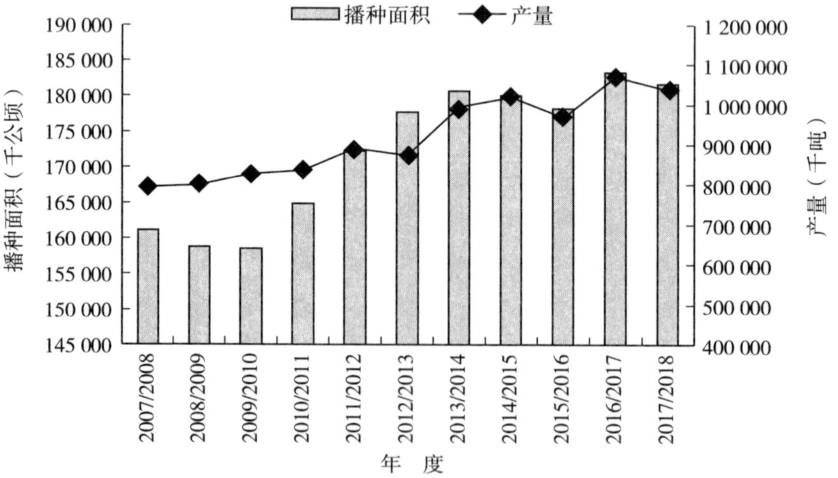

图4 全球玉米播种面积与产量变化

数据来源：USDA

2. 2017/2018 年度美国等主产国和地区玉米产量有所减少

全球玉米产量最多的 10 个国家和地区分别是美国、中国、巴西、欧盟、阿根廷、墨西哥、乌克兰、印度、南非和加拿大，10 个主产国和地区玉米总产量约占全球的 84.5%，其中美国玉米产量占全球的 35.0%左右，位居全球第一。

据 USDA 预测，2017/2018 年度美国玉米生产量 3.703 亿吨，比上一年度减少 3.8%；单产为 10.7 吨/公顷，比上一年度减少 2.2%；收获面积为 3 364 万公顷，比上一年度减少 4.2%（图 5）。

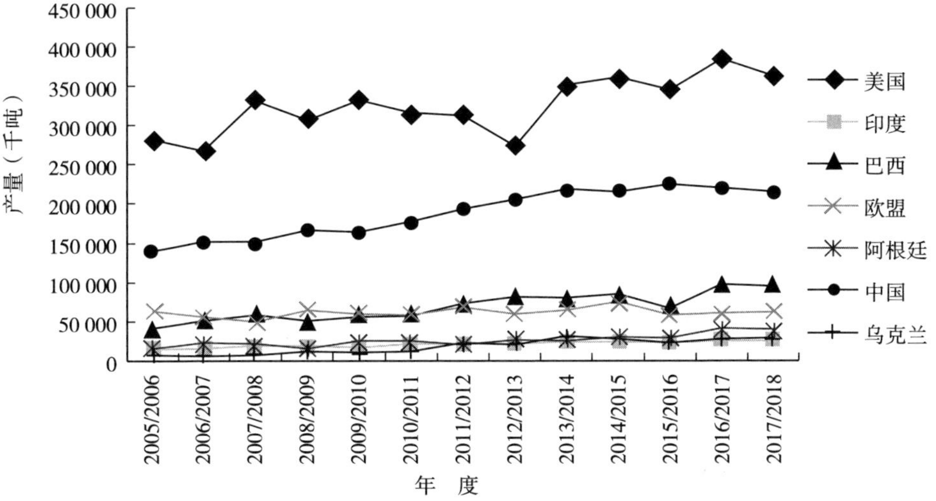

图 5 全球玉米主产国和地区产量的变化

数据来源：USDA

3. 2017 年中国玉米生产继续下调

据国家粮油信息中心预计，2017 年玉米种植面积比 2016 年减少 132 万公顷（减幅 3.6%）。2017 年全国玉米生长期间，气候条件良好，雨水充足，光照、积温也高于常年水平，有利于玉米生长，单产较上年增加已成定局。但由于面积调减幅度较大，2017 年国内玉米总产仍下降，玉米产量为 2.159 亿吨，比上年下降 366 万吨，降幅 1.7%。

二、全球谷物消费及供需分析

（一）小麦

1. 全球小麦消费量总体呈刚性增长趋势

据 USDA 预测，2017/2018 年度全球小麦消费量 7.364 7 亿吨，比上年度增长 0.09%。其中食用、种用和工业消费量 5.958 4 亿吨，较上一年度增长 1.2%，全球小麦总消费一直呈现刚性增长。

2. 全球小麦供需格局较为宽松

据 USDA 预计，2017/2018 年度全球小麦库存 2.649 6 亿吨，比上一年度增加 613 万吨，库存消费比为 36.0%，处于较高水平。全球小麦供需格局随着产量和消费量的变化而变化，2013 年度以来由于全球小麦产量连续增加，库存消费比保持增加态势，供需保持较为宽松的格局（图 6）。

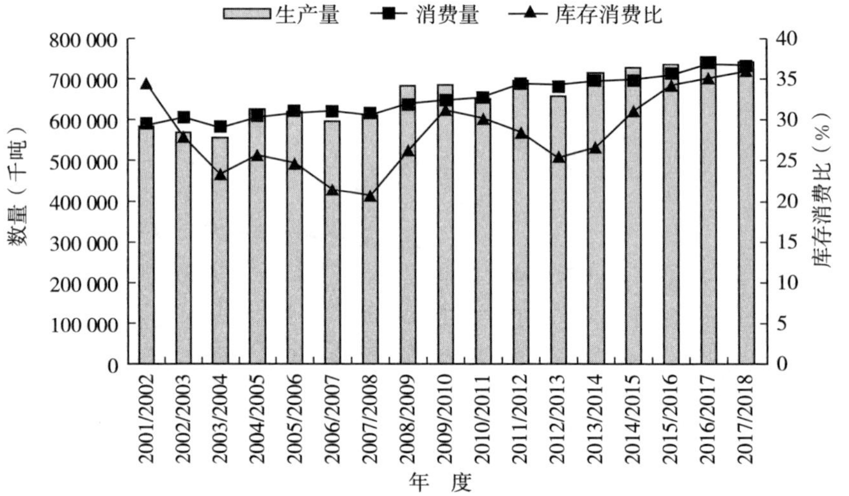

图 6　全球小麦供需变化

数据来源：USDA

3. 中国小麦工业消费和饲用消费均较上年度减幅较大

国家粮油信息中心数据显示，2017/2018 年度国内小麦消费总量为 1.037 亿吨，较上年度减少 401 亿吨，减幅 3.7%。其中，食用消费较上年度减少 100 万吨，减幅 1.1%；饲料消费较上年度减少 200 万吨，减幅 30.8%；工业消费较上年度减少 100 万吨，减幅 11.7%；种用消费与上年度基本持平（图 7）。

4. 中国小麦供需总量继续保持宽松格局，但品种结构性矛盾突出

2017/2018 年度，中国小麦供需继续保持供大于需的宽松格局。据国家粮油信息中心预计，2017/2018 年度中国小麦产量 1.302 亿吨，消费量 1.037 亿吨（图 8）。小麦供需在总量上保持宽松格局，但在质量与品种上存在结构性矛盾。由于近几年夏收期间主产区遭受持续降雨等不利天气，小麦质量受到影响；同时在国内专用粉需求旺盛、食品质量安全要求严格等因素影响下，面粉加工企业对小麦的内在质量指标要求提高，有效供给与市场需求匹配度较低。国产小麦品种与需求也存在结构性矛盾。强筋、弱筋品种退化及纯度不高，不能满足加工企业需求，导致结构性短缺，部分品种需要依赖进口。

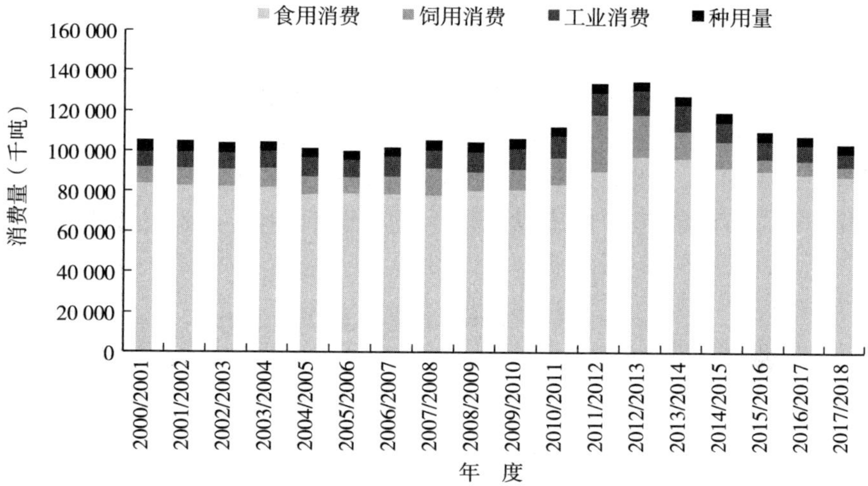

图 7 中国小麦消费量的变化

数据来源：国家粮油信息中心

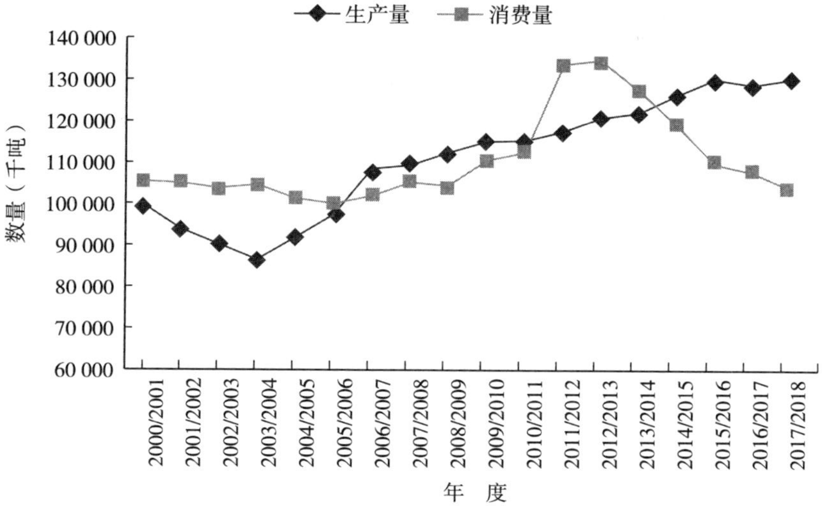

图 8 中国小麦供需变化

数据来源：国家粮油信息中心

（二）稻米

1. 全球稻米消费呈稳步增长态势

随着全球人口的增长，稻米消费量呈稳步增加态势，据 USDA 预测，2017/2018 年度全球稻米消费量 4.805 0 亿吨，比上一年度增长 0.8%。其中，中国和印度是人口大国，也是稻米消费大国，两国稻米消费量基本占到全球的一半以上。

2. 全球稻米供需格局保持宽松，库存消费比持续上升

由于全球稻米产量的稳步增长，且增速快于消费量的增加，稻米库存量连续增加，据 USDA 预测，2017/2018 年度全球稻米库存量 1.411 亿吨，比上一年度增长 2.2%；自 2004 年度以来库存消费比持续上升，2017/2018 年度达到 29.4%，远高于 17%的警戒线水平（图 9）。

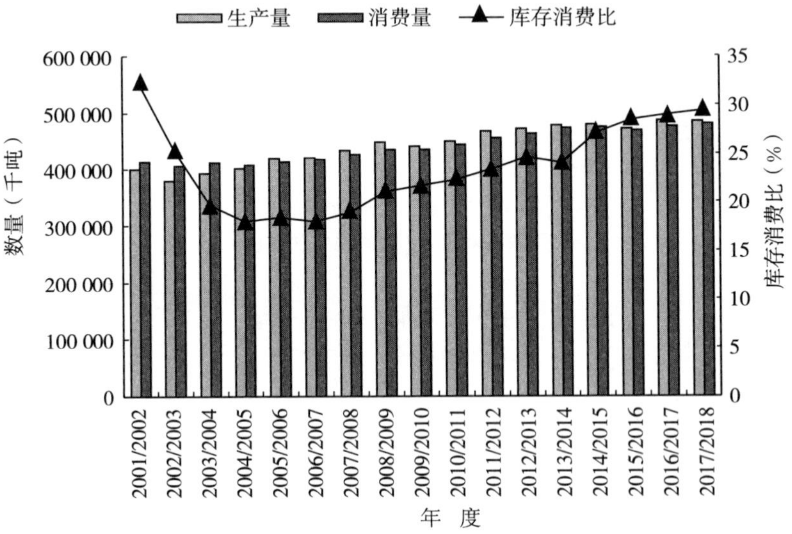

图 9　全球稻米供需变化

数据来源：USDA

3. 中国稻米总消费量预计增幅不大，饲用消费明显减少

据国家粮油信息中心数据显示，预计 2017/2018 年度中国稻米总消费为 18 560 万吨，较上年度增加 49 万吨，增幅 0.3%。其中，食用消费为 15 680 万吨，较上年度略减 20 万吨，减幅 0.12%；饲料消费及损耗为 1 350 万吨，较上年度减少 30 万吨，减幅 2.2%，主要是受到玉米价格下降的冲击；工业消费 1 400 万吨，较上年增加 100 万吨，增幅 7.7%，主要由于 2012 年产超期储存稻米进入深加工。

4. 中国稻米市场仍保持供大于需格局，去库存压力进一步加大

从供给看，稻米总产还将增加，另外国家拍卖 2013 年产中晚稻，加之各省地储陈稻出库，后期稻米市场供应压力仍然较大。从需求看，当前国内宏观经济形势及终端消费市场都缺乏拉动稻米消费的因素，稻米市场消费将继续维持低迷态势。国内稻米市场供大于求，高库存矛盾突出，预计 2017 /2018 年度全国稻米结余量 2 490 万吨（图 10）。

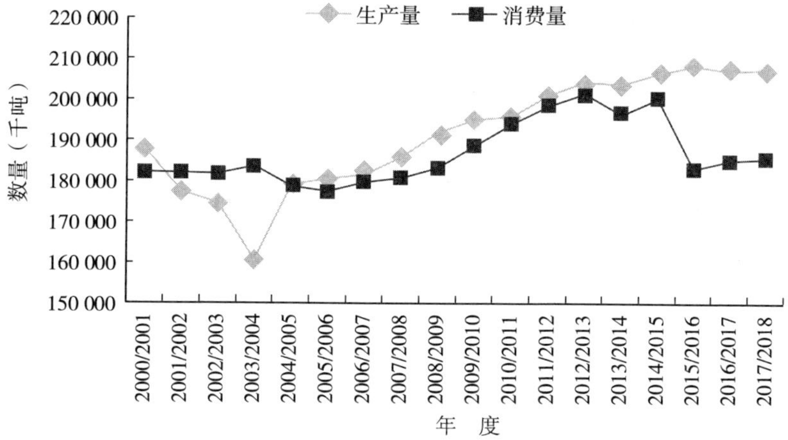

图 10　中国稻米年产量与消费量的变化

数据来源：国家粮油信息中心

（三）玉米

1. 全球玉米消费量呈刚性增长，近 10 年增幅为 36.7%

据 USDA 预测，2017/2018 年度全球玉米消费量 10.629 亿吨，比上一年度增长 2.68%。全球玉米消费量呈刚性增长，近 10 年增幅为 36.7%。其中食用、种用和工业消费量占总消费量的 38.3%；饲用消费量占总消费量的 61.7%（图 11）。2017/2018 年度美国玉米消费量 3.169 亿吨，比上一年度增幅 1.05%，约占全球总消费量的 30%。其中食用、种用和工业消费量占总消费量的 56.1%；饲用消费量占总消费量的 43.9%。近 10 年来美国食用、种用和工业消费量的增幅为 57.6%，主要是玉米用于燃料乙醇的工业消费量大幅增加。

2. 全球玉米供需格局继续维持宽松

据 USDA 预测，2017/2018 年度全球玉米库存消费比为 19.2%，比上年减少 2.76 个百分点，但仍处于较高水平，2016/2017 年度库存消费比达到 21.96%的最高水平。由于全球玉米消费量增长以及产量减少等原因，2008/2009—2010/2011 年度玉米库存消费比下降，2010/2011—2012/2013 年度曾保持在15%左右，低于FAO确定的17%警戒线水平，全球玉米供需形势处于紧张局面，由于全球玉米产量的增加，自2013/2014年度以来，库存消费比回升至17%以上（图12）。

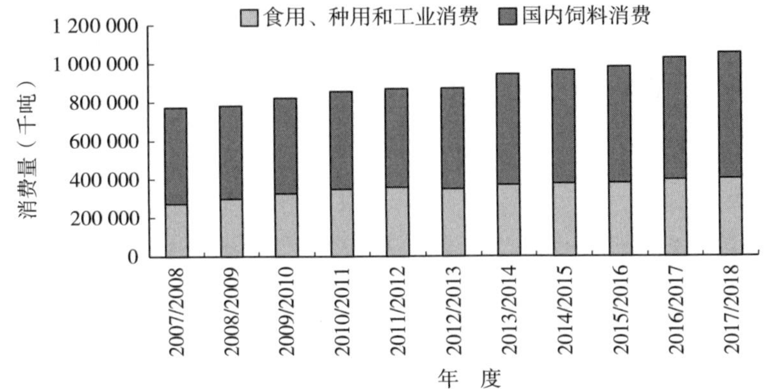

图11　全球玉米消费量的变化

数据来源：USDA

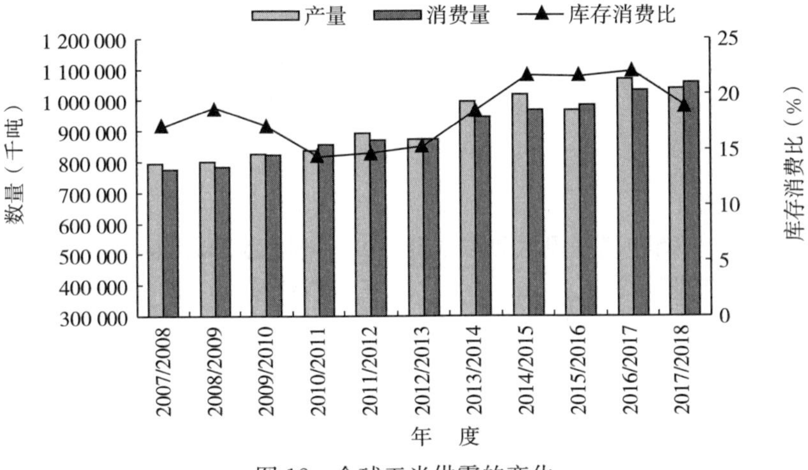

图12　全球玉米供需的变化

数据来源：USDA

3. 中国玉米产业链下游行业回暖，饲料消费量和工业消费量双增长

2013年以来中国玉米消费持续低迷，2016年逐步走出低迷的状态，2016/2017年度消费总量达到2.016 8亿吨、比上年增长14.2%，2017/2018年度消费量为2.219 7亿吨，比上年增长8.4%。增幅主要是饲料消费和工业消费的双增长（图13）。

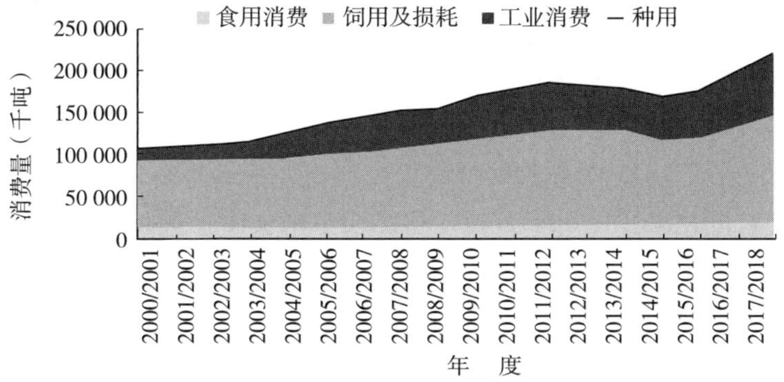

图 13 中国玉米消费量的变化

数据来源：国家粮油信息中心

一是饲料消费总量增加，增长点仍来自国内畜禽存栏的回升和进口高粱等替代品数量的下降。2017/2018 年度饲料消费比上年度增长 6.6%。主要是以畜禽为主的养殖业成为带动玉米饲用消费量增长的主导力量。2017 年生猪养殖利润依然较好，生猪存栏总体回升，提振了玉米饲料消费需求。

二是工业消费总量增加。2016 年 11 月以来，由于玉米原料价格大幅下跌，用粮企业成本明显降低，玉米深加工行业开工率大幅回升，东北地区开工率已接近饱和状态。2016 年全年工业消费量为 6 400 万吨（比上年增长 16.4%）。2017/2018 年度工业消费预计比上年度增加 900 万吨，增幅 14.1%。受原料玉米价格下降影响，淀粉价格处于 2009 年以来低位，传统淀粉需求明显增加，同时还衍生出淀粉在新领域的应用，比如塑料制品厂、煤球制造厂甚至建筑行业等，另外酒精及燃料乙醇行业也呈扩张趋势，将增加玉米工业需求。国内深加工行业产能持续扩张，在东北深加工补贴政策支持下，深加工行业开工率保持在近几年最高水平，截至 2017 年 12 月末，玉米淀粉行业开工率为 82%、酒精行业开工率为 78%，因此全年度深加工玉米消费量预计增长较快。

三是食用消费、种用消费基本稳定。食用消费、种用消费在玉米总消费中占比不大，对玉米消费总量影响较小。2017/2018 年度种用消费由于玉米种植面积的调减而略减，食用消费由于消费者对粗粮的偏爱而略增。

4. 中国玉米年度结余量总体呈逐年减少趋势，玉米市场供需形势逐渐向均衡水平回归

2016 年中国开始大力推进农业供给侧改革，调结构、去库存是农产品供给侧改革的关键。目前来看，玉米供给侧改革已对中国玉米的供需格局产生较大影响。从供给端看，玉米种植面积和产量将连续两年下降，减少供给增量；国内玉米价格下降，进口玉米及替代品进口随之减少，有利于消化国内玉米库存。从需求端来看，受生猪养殖利润向好拉动，玉米饲用消费持续回暖；玉米深加工行业利润提高，产能扩张，提振玉米工业消费需求。受玉米供给减少、需求增加双重推动，近年中国玉米年度结余量总体呈逐年减少趋势，市场形势逐渐向均衡水平回归。国家粮油信息中心预计 2017/2018 年度中国玉米生产量与消费量为 2010/2011 年度以来首次出现缺口，市场结余量首次出现负值，为 −600 万吨，同比减少 2 584 万吨，将加快玉米去库存进程（图 14）。

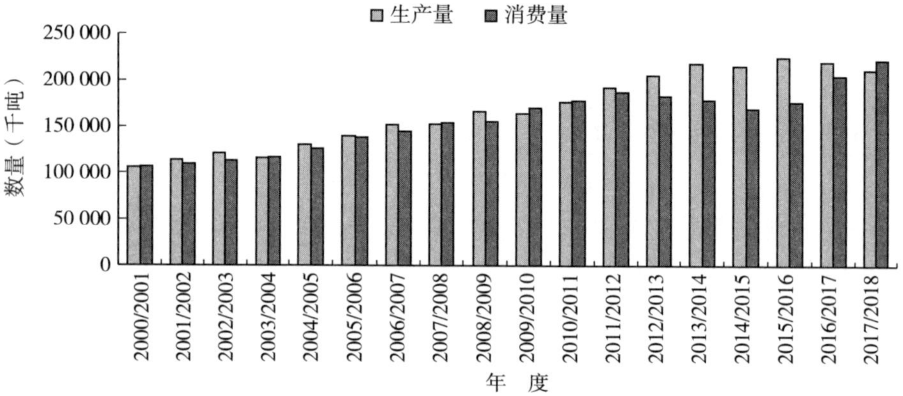

图 14　中国玉米产需形势变化

数据来源：国家粮油信息中心

三、全球谷物市场变化分析

（一）小麦

1. 国际小麦市场价格先升后降

受全球小麦供需格局保持宽松的基本面的影响，近年来国际小麦价格走势总体维持震荡下跌态势。以美国 2 号硬红冬小麦现货价格为例，2015 年平均价格为 233 美元/吨，2016 年平均价格为 196 美元/吨，2017 年价格表现为先升后降，2017 年 1～7 月平均价格为 209 美元/吨，比 2016 年同期（1～7 月）201 美元/吨增加 8 美元/吨，2017 年 7 月达到最高的 240 美元/吨，8～12 月明显下跌，12 月降至 193 美元/吨。CBOT 小麦期货价格变化与现货价格变化极为相似（图 15）。

2. 国内小麦价格呈两头高中间低态势

2017 年年初价格行情处于高位，5 月价格开始回落，优质优价格局凸显，7 月以后价格开始稳步上涨。如图 16，1～4 月市场供应短缺局面尚未改善，使得小麦价格继续处于高位。进入 5 月随着新麦上市，主产区小麦价格逐渐趋弱，河南郑州普通小麦进厂价为 2 460 元/吨左右，新季优质小麦进厂价格在

2 520～2 680 元/吨，制粉企业对传统的品种西农 979 并不热衷，优质优价、劣质劣价体现明显。7 月以后小麦价格稳中有涨，主产区 6 省全部启动托市收购，市场流通粮源趋紧，再加上秋季开学以及中秋国庆增加消费，主产区小麦供应出现紧张局面，小麦价格受到需求促进继续推升。2018 年是乡村振兴落地实施的初始之年，预计小麦价格行情将维持在合理空间运行，较难出现反常表现。

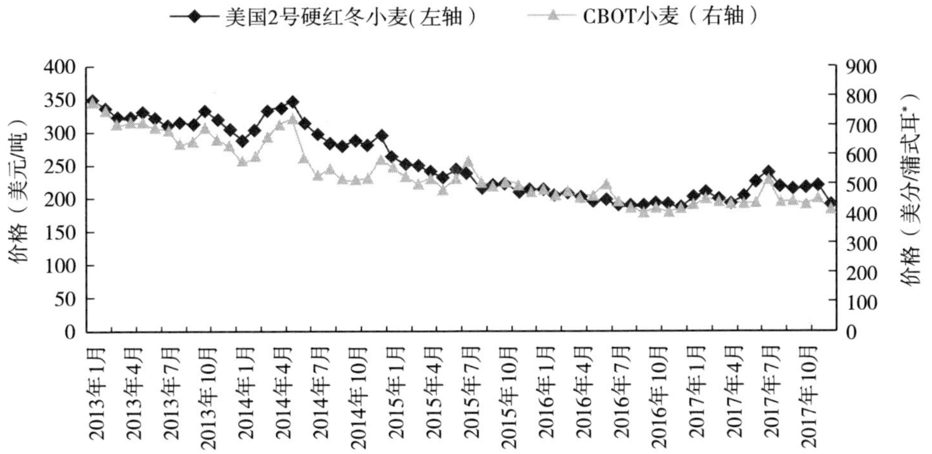

图 15　国际小麦市场价格变化

数据来源：USDA（数据截至 2017 年 12 月）

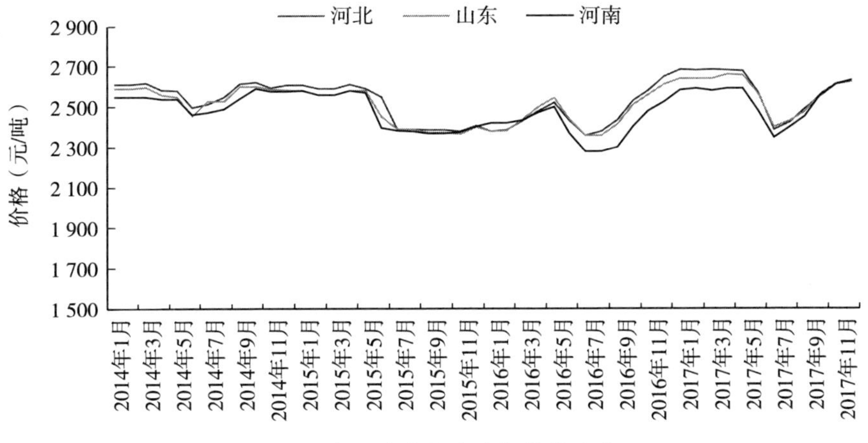

图 16　中国小麦批发市场价格变化

数据来源：国家粮油信息中心

* 蒲式耳为非法定容量计量单位，以此衡量谷物类农产品时，其国际单位换算标准因谷物品种不同而异，不同国家之间也可能有差异。

（二）稻米

1. 国际稻米价格先涨后跌

全球稻米市场价格近几年来总体呈震荡下跌态势，2017 年呈先涨后跌走势。2013 年以来国际稻米市场期货、现货价格总体呈震荡下跌态势，年度内价格波动较为明显，以泰国大米现货价格为例，2012 年平均价格 587 美元/吨，2013 年 533 美元/吨，2014 年 434 美元/吨，2015 年 395 美元/吨，2016 年 407 美元/吨，2017 年 414 美元/吨。2017 年上半年泰国大米现货价格由年初的 392 美元/吨上涨到 6 月的 469 美元/吨，之后开始下跌至 12 月的 420 美元/吨。国际稻米期货价格与现货价格走势变化相仿（图 17）。

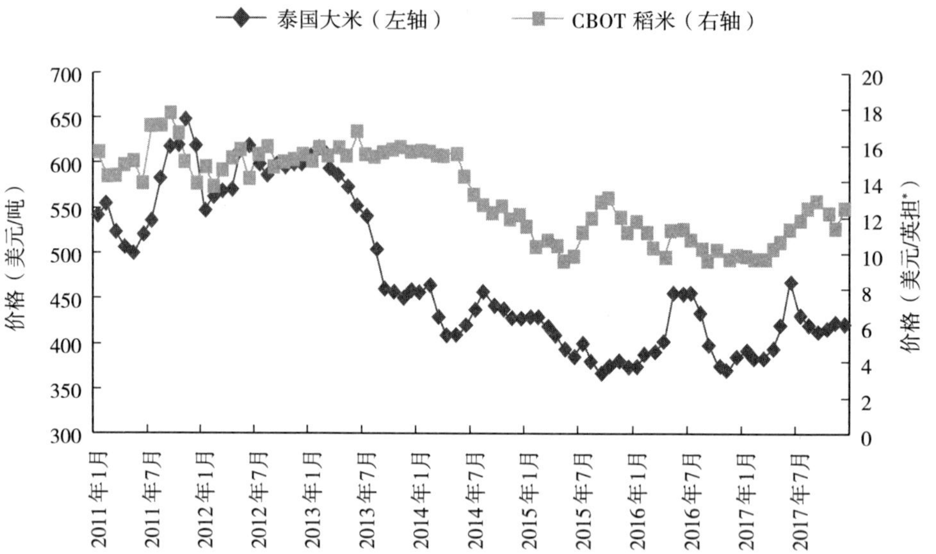

图 17　国际稻米市场价格变化

数据来源：USDA

2. 国内稻米价格稳中略涨

2017 年国内稻谷市场价格总体呈稳中略涨态势，政策市较为明显，稻强米弱、粳强籼弱格局突出，分区域、分品种阶段性行情特征较为明显。从全年价格走势来看，大体表现为 1～2 月平稳偏强运行，托市收购支撑市场；3～4 月震荡回落，地方粮集中投放市场；5～7 月稳中上扬，市场有效粮源紧缺；8～10 月弱势下降，低价政策性粮源大量投放市场；11～12 月平稳略涨，政策收购提振市场。粳稻价格上涨趋势更加明显（图 18）。

* 英担为非法定计量单位，1 英担＝501.802 千克。

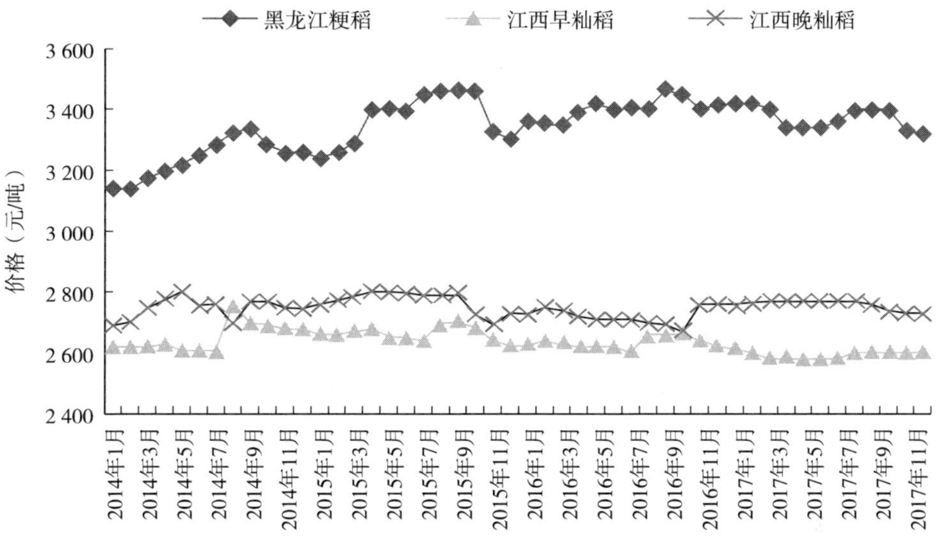

图 18　中国粳稻与籼稻价格变化

数据来源：国家粮油信息中心

（三）玉米

1. 国际玉米市场价格维持下跌

受国际市场供需格局影响，2012 年以来国际玉米市场价格下跌趋势明显，至 2014 年 9 月跌至谷底，CBOT 玉米报价 341 美分/蒲式耳，美国 2 号黄玉米现货价格 164 美元/吨，创下自 2009 年 9 月以来的新低。2015 年以来跌幅收窄，但仍然维持震荡下跌之势，以美国 2 号黄玉米现货价格为例，2015 年平均价格为 170 美元/吨，2016 年平均价格为 159 美元/吨，2017 年平均价格为 154.6 美元/吨，比 2016 年同期下降 4.4 美元/吨。走势原因分析：国际玉米市场价格的变化主要受全球玉米供需基本面以及美国玉米生产变动的影响，2013 年以来全球玉米供给充足，不断打压国际玉米市场，导致国际玉米价格持续下跌（图 19）。

2. 国内玉米市场价格探底上涨，国内外价差重新拉大

2016 年国家取消了玉米临储政策，实行市场定价，加上玉米库存压力大，玉米价格大幅下跌。在玉米价格市场形成机制改革和东北产区退出临储收购大背景下，一是国家及相关部门采取补贴等一系列措施，吸引多元主体入市收购，对玉米价格形成一定支撑；二是针对 2016 年玉米产量下降，国家及时投放政策性陈玉米，增加了市场供应，保障了国内玉米市场有序平稳运行；三是年初深加工及饲料企业的库存偏低，持续存在补库需求；四是年中由于出库问

题、物流趋紧和天气等不利因素的叠加，东北玉米流入有限且优质玉米尤为稀缺，导致优质玉米价格持续上涨，致使华北玉米价格领涨全国。分阶段看，1～3月在市场诸多利多因素支撑下，玉米价格触底反弹且稳步上涨；4～6 月

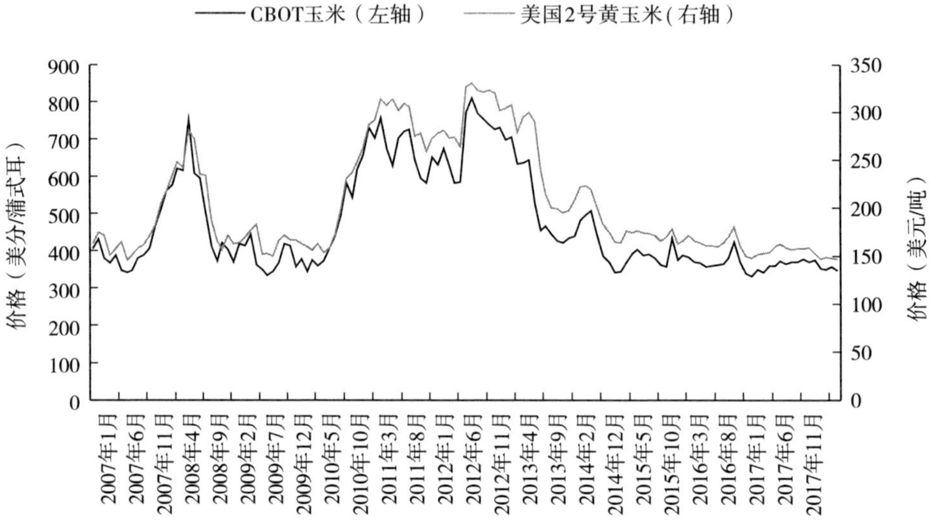

图 19　国际玉米期货与现货价格变化

数据来源：USDA

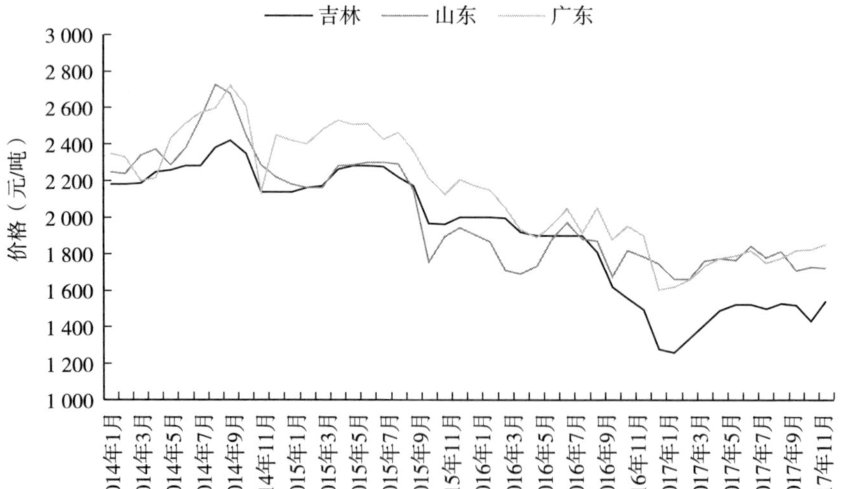

图 20　中国玉米市场价格变化

数据来源：国家粮油信息中心

基层粮源继续减少，拍卖成交火爆，多数贸易商有补库需求，推动价格震荡上行；7～9 月玉米价格保持稳中偏强态势，新季玉米上市初期出现小幅下调；10～12 月用粮主体对玉米价格预期较好，企业收购价格不断上涨。由于 2016 年国内玉米价格的大幅下跌，至 2017 年 1 月底国内外玉米价差开始出现反转，国家粮油信息中心监测显示，2017 年 1 月底国产玉米广东港口价约 1 580 元/吨，美国玉米进口完税价约 1 630 元/吨，国内玉米价格低于进口玉米价格约 50 元/吨。随着 2017 年上半年国内玉米价格的回升，价差重新拉大，进口玉米利润重现，截至 2017 年年底，国产玉米广东港口价 1 940 元/吨，美国玉米进口完税价 1 500 元/吨，价差 440 元/吨（图 20）。

四、全球谷物贸易变化分析

（一）小麦

1. 全球小麦贸易量不断增长，俄罗斯小麦出口量位居全球首位

在全球谷物贸易中，小麦贸易量位居第一。全球小麦贸易量呈不断增长趋势，10 年增幅为 58.4%，年均增幅 5.8%。USDA 预计，2017/2018 年度全球小麦贸易量 1.821 5 亿吨，比上年度减少 0.66%。近年来全球小麦出口格局发生变化，小麦主产国（地区）美国、加拿大、澳大利亚、欧盟等地出口量有减弱之势，而黑海地区三国呈现出强大的出口竞争力，俄罗斯 2017/2018 年度小麦出口量 3 350 万吨，比上年度增长 20.5%，占全球小麦出口量的 18.4%，位居全球第一。

2. 中国小麦进口数量进一步增加，进口小麦价格优势明显

据海关统计，2017 年中国进口小麦 430 万吨，比上年增长 27.6%；出口 0.997 万吨，比上年减少 5.3%。自 2009 年以来，中国小麦进口量持续超过出口量，进口的主要品种是强筋小麦和弱筋小麦，另外是受价差驱动的作用，国内小麦竞争优势下降。从进口结构看，2017 年中国小麦进口主要来自澳大利亚（占进口总量的 44.2%）、美国（占进口总量的 36.2%）、加拿大（占进口总量的 12.2%）。2013 年 11 月以来，国内外小麦价差不断拉大，进口小麦价格优势明显。截至 2017 年 12 月，进口小麦到岸完税价与国产小麦价差，硬麦为 1 200 元/吨左右、软麦为 1 000 元/吨左右。

（二）稻米

1. 全球稻米贸易量继续增长，印度稻米出口位居第一

据 USDA 预计，2017/2018 年度全球稻米贸易量 4 582 万吨，比上一年度增长 2.1%。全球稻米贸易仍维持“出口国集中、进口国分散”的格局，出口国集中在东南亚国家。2017/2018 年度预计印度稻米出口量 1 200 万吨，比上

年度增长 7.0%，占全球出口量的 26.2%，位居第一；泰国稻米出口量 1 020 万吨，比上年度减少 9.3%；越南稻米出口量 650 万吨，比上年度增长 1.56%。

2. 中国稻米进出口双向增长，国内外价差有缩小趋势

据海关统计，2017 年累计进口稻米 403 万吨、比上年增长 13.2%，出口稻米 120 万吨、比上年增长 203%。进口方面，受国内外稻米价差较大等因素影响，中国稻米进口量进一步增长；从进口结构来看，越南、泰国、巴基斯坦仍是进口的主要来源地。出口方面，2017 年以来随着国内稻谷市场去库存的力度逐渐加大，2017 年以来中国积极开拓新的稻米出口国家，稻米出口数量增幅加大；出口国家，粳米主要是朝鲜、蒙古、日本、韩国，籼米主要是非洲各国和印度尼西亚。国内外价差方面，截至 2017 年 12 月，越南 5%破碎率稻米到广东口岸完税价约为 3 100 元/吨，广东早籼米批发价约为 3 750 元/吨，价差约为 650 元/吨，价差与上年同期相比有缩小趋势。

（三）玉米

1. 全球玉米贸易量不断增长，乌克兰玉米出口量跃居全球第四

在谷物贸易中，玉米贸易量仅次于小麦，居第二位。据 USDA 预计，2017/2018 年度全球玉米贸易量 1.52 亿吨，比上一年度减少 4%。全球玉米出口主要集中在少数几个生产大国（地区）（表 1），美国是出口玉米最多的国家（地区），出口量约占全球的 31%，2013/2014 年度以来乌克兰玉米出口量跃居全球第四，成为玉米主要出口国家（地区）。进口玉米的国家（地区）主要集中在亚洲、非洲和中美洲。进口玉米较多的国家包括日本、中国、韩国、墨西哥、埃及以及印度尼西亚、马来西亚、菲律宾、中国台湾等东南亚国家和地区。日本玉米进口量最大，约占全球进口总量的 10%（表 1）。

表 1　玉米主要出口国（地区）和进口国（地区）贸易量

单位：千吨

		2010/2011 年度	2011/2012 年度	2012/2013 年度	2013/2014 年度	2014/2015 年度	2015/2016 年度	2016/2017 年度	2017/2018 年度
主要出口国（地区）	全球总量	91 286	116 941	95 156	130 137	112 342	119 618	159 738	152 462
	美国	46 508	39 143	18 545	48 703	44 452	48 202	56 518	47 627
	巴西	8 404	24 337	24 948	21 500	19 500	13 996	34 000	34 000
	乌克兰	5 008	15 157	12 726	20 004	16 500	16 595	20 500	20 500
	阿根廷	16 349	17 149	18 687	15 500	12 000	21 642	27 500	28 500

（续）

		2010/2011 年度	2011/2012 年度	2012/2013 年度	2013/2014 年度	2014/2015 年度	2015/2016 年度	2016/2017 年度	2017/2018 年度
	全球总量	91 286	116 941	95 156	130 137	112 342	119 618	159 738	152 462
主要进口国（地区）	日本	15 648	14 892	14 412	15 121	15 400	15 194	15 000	15 000
	墨西哥	8 252	11 172	5 676	10 954	10 900	14 011	14 800	15 500
	韩国	8 107	7 636	8 174	10 406	9 600	10 121	9 800	10 200
	埃及	5 803	7 154	5 059	8 500	7 500	8 776	9 000	1 000
	中国	979	5 230	2 702	3 277	2 000	3 174	3 000	3 000
	欧盟	7 385	6 113	11 351	15 816	6 000	13 768	13 100	15 000

数据来源：USDA。表中各国贸易年度统一为当年 10 月至次年 9 月，因此可能与按国别执行的贸易年度在数值上有差别。

2. 中国玉米进口量同比大幅减少，替代品进口也受到明显抑制

2017 中国玉米进口量累计为 282.56 万吨，较上年同期下降 10.8%。分国别来看，从老挝进口 15.06 万吨，从美国进口 75.66 万吨，从乌克兰进口 182.18 万吨，从缅甸进口 9.31 万吨，从俄罗斯进口 0.22 万吨。2017 年玉米替代品进口情况：2017 年中国大麦进口量累计高达 886.35 万吨，同比增长 77.1%；累计进口高粱 505.7 万吨，同比下降 24%；累计进口木薯 797.5 万吨，同比下降 5.6%；累计进口 DDGS 39.1 万吨，同比下降 87.3%。2017 年 4 种替代品进口量合计 2 228.65 万吨，与上年基本持平，除了大麦进口量增幅较大外，高粱、木薯、DDGS 进口量都明显减少。

3. 中国玉米出口量大幅增加

2017 年玉米累计出口 8.52 万吨，比上年增长 2 050%。出口国家主要是朝鲜 5.09 万吨、占 60%，日本 1.99 万吨、占 23%。

五、主要国家谷物生产潜力及出口潜力分析

（一）玉米

从全球玉米贸易格局的变化来看，北美、南美玉米主产区国家美国、阿根廷、巴西等是传统的主要玉米出口国家，而乌克兰近年来玉米出口量增幅较大，据 USDA 发布的长期预测报告，以乌克兰为主的苏联地区到 2022 年将增加 660 万吨的玉米出口量，增幅约 43%，将超过阿根廷成为全球第二大玉米出口地区。

1. 美国粮食增产潜力大，南美地区牧场转变为耕地的潜力大

美国的粮食增产潜力较大，以休耕地为例，美国的耕地休耕制度，相当于

耕地储备制度，2008 年农业法中规定的全国休耕地 3 200 万英亩*，折合耕地 1.94 亿亩，如果逐步释放出来将增加全球供给。阿根廷的玉米主产区主要在潘帕斯草原，有利于高效率的机械化生产，阿根廷政府十分重视农业科技的研究推广。巴西玉米种植每年播种两季，目前待开发的可利用耕地达 1 亿多公顷，现有牧场 2.2 亿公顷，耕地面积每年递增 1.84%。阿根廷、巴西有大量土地用作牧场，因此阿根廷、巴西将牧场转变为耕地的潜力远远大于美国。未来的阿根廷、巴西将成为“世界的粮仓”。

2. 美国玉米出口潜力有下降趋势，南美洲国家及乌克兰出口潜力较大

对比美国、阿根廷、巴西和乌克兰 2007/2008 年度至 2017/2018 年度产量、国内总消费量、自给率和出口量的变化，可以看出，美国玉米平均自给率为 1.17，自给率呈波动减少趋势，出口量总体呈减少趋势；阿根廷玉米平均自给率为 3.23，自给率变化较为平稳，出口量总体呈增加趋势；巴西玉米平均自给率为 1.36，自给率呈逐步增加趋势，出口量总体呈增加趋势，但波动较大；乌克兰玉米平均自给率为 2.85，自给率呈逐步增加趋势，出口量总体呈增加趋势。可见美国虽为世界第一大玉米出口国，但其国内消费量的增幅大于产量的增幅，自给率呈减少趋势，出口量也呈减少趋势，说明由于国内需求增长而减少了玉米出口；相比之下另外 3 个国家，产量增幅均大于国内总消费量的增幅，自给率、出口量呈增加趋势，说明产量的增加大多用于出口，尤其是乌克兰产量增幅最大而国内总消费量较稳定，产量的增加大都用于出口了。由此可见，阿根廷、巴西、乌克兰玉米出口潜力较大，市场可依赖性较强，而美国虽然是玉米生产、出口第一大国，但其未来的玉米出口潜力呈下降趋势，从美国进口玉米的风险呈增大趋势。因此中国应该逐步改变玉米进口主要依赖美国的格局，向阿根廷、巴西、乌克兰等国转移，以分散风险，尤其是乌克兰属于“一带一路”沿线国家，与乌克兰加强玉米贸易合作有利于提高“一带一路”沿线国家区域合作水平（表 2）。

（二）小麦

近年来全球小麦出口贸易格局发生了变化，相比传统出口国美国、澳大利亚、加拿大等国家，黑海三国俄罗斯、乌克兰和哈萨克斯坦的小麦出口在全球小麦市场占据越来越重要的位置。

1. 黑海地区小麦生产潜力大

黑海地区土地储备充足，提高可耕地面积的能力超过了欧洲、北美洲和

* 英亩为非法定计量单位，1 英亩=4 046.86 平方米。

表 2　主要玉米出口国出口潜力比较

单位：千吨、%

		2007/2008年度	2008/2009年度	2009/2010年度	2010/2011年度	2011/2012年度	2012/2013年度	2013/2014年度	2014/2015年度	2015/2016年度	2016/2017年度	2017/2018年度
美国	产量	331 177	305 911	331 921	315 618	312 789	273 192	351 272	361 091	345 506	384 778	360 302
	国内总消费	261 632	258 041	280 987	284 549	277 961	262 973	292 958	301 792	298 785	312 307	314 974
	自给率	1.27	1.19	1.18	1.11	1.13	1.04	1.20	1.20	1.16	1.23	1.14
	出口量	61 913	46 965	50 270	46 508	39 096	18 545	48 790	47 421	48 288	58 296	46 992
	出口量变化率		−0.24	0.07	−0.07	−0.16	−0.53	1.63	−0.03	0.02	0.21	−0.19
阿根廷	产量	22 017	15 500	25 000	25 200	21 000	27 000	26 000	29 750	29 000	41 000	42 000
	国内总消费	6 800	6 400	6 900	7 300	7 000	7 900	8 800	9 300	9 200	11 000	12 500
	自给率	3.24	2.42	3.62	3.45	3.00	3.42	2.95	3.20	3.15	3.73	3.36
	出口量	14 799	10 324	16 504	16 349	17 149	18 691	17 102	18 963	21 642	27 500	28 500
	出口量变化率		−0.30	0.60	−0.01	0.05	0.09	−0.09	0.11	0.14	0.27	0.04
巴西	产量	58 600	51 000	56 100	57 400	73 000	81 500	80 000	85 000	67 000	98 500	95 000
	国内总消费	44 000	45 500	48 500	50 000	51 500	52 500	55 000	57 000	57 500	60 500	61 500
	自给率	1.33	1.12	1.16	1.15	1.42	1.55	1.45	1.49	1.17	1.63	1.54
	出口量	7 791	7 136	11 599	8 404	24 337	24 948	20 967	34 461	13 996	36 000	34 000
	出口量变化率		−0.08	0.63	−0.28	1.90	0.03	−0.16	0.64	−0.59	1.57	−0.06
乌克兰	产量	7 421	11 447	10 486	11 919	22 838	20 922	30 900	28 450	23 333	28 000	27 500
	国内总消费	5 750	5 850	5 200	7 100	6 900	8 600	10 600	8 600	6 900	6 400	5 900
	自给率	1.29	1.96	2.02	1.68	3.31	2.43	2.92	3.31	3.38	4.38	4.66
	出口量	2 074	5 497	5 072	5 008	15 208	12 726	20 004	19 661	16 595	21 500	22 000
	出口量变化率		1.65	−0.08	−0.01	2.04	−0.16	0.57	−0.02	−0.16	0.30	0.02

数据来源：USDA。

澳大利亚，单产提高还有很大的空间，而且种植成本比南美洲更有竞争力。如俄罗斯2011年可耕地面积为18.558亿亩，实际播种面积仅为6.615亿亩，仅占35.6%，可见种植面积提升的潜力还很大；在同样的气候条件下，2007—2009年加拿大的小麦单产为2.65吨/公顷，而俄罗斯是2.29吨/公顷，二者相差16%。乌克兰国土面积约60万平方千米，其中近70%为可耕地，由于乌克兰目前实行轮作和休耕制度，平均复种指数不到0.6；同样气候条件下，乌克兰的小麦单产是3.03吨/公顷，欧盟是6.13吨/公顷，二者相差103%。同样气候条件下，与澳大利亚相比，哈萨克斯坦小麦单产1.15吨/公顷，而澳大利亚是1.42吨/公顷，二者相差23%。因此，未来耕地面积的增加和单产的提高，将是黑海三国的粮食生产具有较大潜力的主要因素。

2. 俄罗斯、乌克兰、哈萨克斯坦小麦出口潜力大于美国、加拿大

对比美国、澳大利亚、加拿大、俄罗斯、乌克兰和哈萨克斯坦2007/2008年度至2017/2018年度产量、国内总消费量、自给率和出口量的变化（表3），可以看出：美国小麦产量呈减少趋势，国内总消费量呈增加趋势，平均自给率为1.81，自给率呈逐步减少趋势，出口量总体呈减少趋势；澳大利亚小麦产量呈增加趋势，国内总消费量变化较为稳定，平均自给率为3.59，自给率呈逐步增加趋势，出口量总体呈增加趋势；加拿大小麦产量呈增加趋势，国内总消费量呈波动变化趋势，平均自给率为3.26，自给率呈波动变化趋势，出口量总体呈增加趋势；俄罗斯小麦产量增幅较大，国内总消费量较为平稳，平均自给率为1.52，自给率呈逐步增加趋势，出口量总体呈增加趋势；乌克兰小麦产量增幅较大，国内总消费量较为平稳甚至略减，平均自给率为1.90，自给率呈逐步增加趋势，出口量呈增加趋势；哈萨克斯坦小麦产量、国内总消费量变化较为平稳，平均自给率为2.01，自给率呈平稳趋势，出口量变化也较为稳定。由此可见，美国虽然长期占据世界小麦出口第一的位置，但其产量减少、国内消费量增加，出口量呈减少趋势；而俄罗斯、乌克兰小麦产量增幅远远大于国内消费量的增幅，产量的增加大都用于出口，尤其是乌克兰出口量增幅巨大，2017/2018年度俄罗斯小麦出口量已超越美国，位居全球第一。较高的自给率和不断扩大的产需盈余，使俄罗斯、乌克兰和哈萨克斯坦表现出不断增加的小麦出口潜力。由此，俄罗斯、乌克兰、哈萨克斯坦3国的小麦出口潜力要大于美国、加拿大。今后中国加强从俄罗斯、乌克兰和哈萨克斯坦的小麦进口将有利于丰富中国小麦的进口来源，降低市场集中度，减少进口风险。

表 3　主要小麦出口国出口潜力比较

单位：千吨、%

		2007/2008年度	2008/2009年度	2009/2010年度	2010/2011年度	2011/2012年度	2012/2013年度	2013/2014年度	2014/2015年度	2015/2016年度	2016/2017年度	2017/2018年度
美国	产量	55 821	68 363	60 117	58 868	54 244	61 298	58 105	55 147	56 117	62 859	47 334
	国内总消费	28 614	34 640	30 728	29 424	31 993	37 810	34 260	31 328	31 942	31 676	31 733
	自给率	1.95	1.97	1.96	2.00	1.70	1.62	1.70	1.76	1.76	1.98	1.49
	出口量	34 363	27 635	23 931	35 147	28 606	27 544	32 012	23 523	21 168	28 716	26 535
	出口量变化率		−0.20	−0.13	0.47	−0.19	−0.04	0.16	−0.27	−0.10	0.36	−0.08
澳大利亚	产量	13 569	21 420	21 834	27 410	29 905	22 856	25 303	23 743	22 275	33 500	22 500
	国内总消费	6 615	7 415	5 170	5 815	6 505	6 740	6 950	7 200	7 125	7 750	7 000
	自给率	2.05	2.89	4.22	4.71	4.60	3.39	3.64	3.30	3.13	4.32	3.21
	出口量	7 487	14 747	14 827	18 600	24 661	18 647	18 615	16 590	16 124	23 200	18 500
	出口量变化率		0.97	0.01	0.25	0.33	−0.24	0.00	−0.11	−0.03	0.44	−0.20
加拿大	产量	20 090	28 619	26 950	23 300	25 288	27 205	37 530	29 420	27 594	31 700	26 500
	国内总消费	6 869	7 847	7 212	7 551	9 852	9 555	9 422	9 054	7 888	10 293	8 200
	自给率	2.92	3.65	3.74	3.09	2.57	2.85	3.98	3.25	3.50	3.08	3.23
	出口量	16 116	18 876	19 042	16 575	17 352	18 953	23 268	24 170	22 111	20 201	20 500
	出口量变化率		0.17	0.01	−0.13	0.05	0.09	0.23	0.04	−0.09	−0.09	0.01
俄罗斯	产量	49 368	63 765	61 770	41 508	56 240	37 720	52 091	59 080	61 044	72 529	81 000
	国内总消费	37 982	38 900	39 600	38 600	38 000	33 550	34 100	35 500	37 000	40 000	43 000
	自给率	1.30	1.64	1.56	1.08	1.48	1.12	1.53	1.66	1.65	1.81	1.88
	出口量	12 220	18 393	18 556	3 983	21 627	11 308	18 609	22 800	25 543	27 804	32 500
	出口量变化率		0.51	0.01	−0.79	4.43	−0.48	0.65	0.23	0.12	0.09	0.17
乌克兰	产量	13 938	25 885	20 866	16 844	22 324	15 761	22 278	24 750	27 274	26 800	26 500
	国内总消费	12 300	11 900	12 300	11 600	14 950	11 400	11 500	11 500	12 200	10 300	10 000
	自给率	1.13	2.18	1.70	1.45	1.49	1.38	1.94	2.15	2.24	2.60	2.65
	出口量	1 236	13 037	9 337	4 302	5 436	7 190	9 755	11 269	17 431	18 107	16 500
	出口量变化率		9.55	−0.28	−0.54	0.26	0.32	0.36	0.16	0.55	0.04	−0.09
哈萨克斯坦	产量	16 466	12 538	17 051	9 638	22 732	9 841	13 941	12 996	13 748	14 985	14 000
	国内总消费	7 500	7 600	7 700	6 700	7 600	6 800	6 800	6 800	6 900	6 900	6 900
	自给率	2.20	1.65	2.21	1.44	2.99	1.45	2.05	1.91	1.99	2.17	2.03
	出口量	7 915	6 152	8 254	4 862	11 844	6 288	8 100	5 539	7 600	6 800	7 500
	出口量变化率		−0.22	0.34	−0.41	1.44	−0.47	0.29	−0.32	0.37	−0.11	0.10

数据来源：USDA。

（三）稻米

东南亚地区的泰国、越南、缅甸、老挝和柬埔寨，南亚的印度和巴基斯坦，以及美国等是世界稻米主产国。

1. 东南亚地区的稻米生产潜力大

从生产潜力看，处于东南亚地区的越南等 5 国稻米总产量目前不足全球总产量的 15%。相关研究表明，越南、老挝、柬埔寨和缅甸等东南亚国家，目前农业生产尚处于“靠天吃饭”的粗放式经营状态，良种、化肥、农药与农业机械使用水平较低，农田水利等基础设施薄弱，单产水平较低。从耕地面积看，仅老挝、柬埔寨和缅甸 3 国就有 2.7 亿亩未开垦的耕地面积。因此未来东南亚地区的农业生产发展潜力很大，据中国储备粮管理集团有限公司在老挝的科技示范项目试验研究测算，若增加复种指数、改良品种和使用先进技术，老挝、柬埔寨、缅甸 3 国的稻米出口潜力可以增加到 800 万～1 000 万吨。越南 620 万公顷可耕地有 2/3 以上种植稻米，由于复种指数的提高，未来稻米收获面积还有不断增长的潜力。目前越南作物总体复种指数为 180%，而湄公河三角洲地区的复种指数普遍为 210%，因此若按照复种指数 210%估算，收获面积还有 30%的上升空间。从单产看，2014 年越南稻米单产已达到 5.21 吨/公顷，与美国 8.54 吨/公顷、中国 6.69 吨/公顷相比还有很大的提升空间。据研究，越南稻米产量增加的空间粗略估算为 53%，按目前产量 3 985 万吨，可以估算未来的产量约在 6 000 万吨左右，还有 2 000 万吨的增长空间。

2. 越南、巴基斯坦稻米出口潜力大

对比主要稻米出口国泰国、越南、印度、美国和巴基斯坦 2007/2008 年度至 2017/2018 年度产量、国内总消费量、自给率和出口量的变化（表 4）可以看出：泰国稻米产量变化不大，国内总消费量呈增加趋势，平均自给率为 1.90，自给率呈减少趋势，出口量总体变化不大；越南稻米产量增加明显，国内总消费量呈增加趋势，平均自给率为 1.29，自给率变化稳定，出口量呈增加趋势；印度稻米产量，国内总消费量均呈增加趋势，平均自给率为 1.09，自给率变化稳定，出口量增加明显；美国稻米产量、国内总消费量呈减少趋势，平均自给率为 1.66，自给率变化不大，出口量较为稳定；巴基斯坦稻米产量增幅明显，国内总消费量较为稳定，平均自给率为 1.66，自给率增幅明显，出口量呈增加趋势。由此可见，越南、印度、巴基斯坦稻米产量增幅大于国内消费量增幅，产量的增加用于出口，尤其是巴基斯坦产量增幅远远大于国内消费量增幅，稻米出口量增幅较大。印度稻米出口量虽然位居世界第一，但由于印度是人口大国，其稻米自给率低于越南、泰国、巴基斯坦等国。从中国未来的稻米进口国看，应该加强与越南、巴基斯坦的贸易合作。

表 4　主要稻米出口国出口潜力比较

单位：千吨、%

		2007/2008年度	2008/2009年度	2009/2010年度	2010/2011年度	2011/2012年度	2012/2013年度	2013/2014年度	2014/2015年度	2015/2016年度	2016/2017年度	2017/2018年度
泰国	产量	19 800	19 850	20 260	20 262	20 460	20 200	20 460	18 750	15 800	19 200	20 400
	国内总消费	9 600	9 500	10 200	10 300	10 400	10 500	10 600	10 000	9 100	12 000	11 500
	自给率	2.06	2.09	1.99	1.97	1.97	1.92	1.93	1.88	1.74	1.60	1.77
	出口量	10 011	8 570	9 047	10 647	6 945	6 722	10 969	9 779	9 867	10 500	10 000
	出口量变化率		−0.14	0.06	0.18	−0.35	−0.03	0.63	−0.11	0.01	0.06	−0.05
越南	产量	24 375	24 393	24 993	26 371	27 152	27 537	28 161	28 166	27 584	27 971	28 450
	国内总消费	19 400	19 000	19 150	19 400	19 650	21 600	22 000	22 000	22 600	22 500	22 600
	自给率	1.26	1.28	1.31	1.36	1.38	1.27	1.28	1.28	1.22	1.24	1.26
	出口量	4 649	5 950	6 734	7 000	7 717	6 700	6 325	6 606	5 088	6 000	6 000
	出口量变化率		0.28	0.13	0.04	0.10	−0.13	−0.06	0.04	−0.23	0.18	0.00
印度	产量	96 690	99 180	89 083	95 970	105 301	105 241	106 646	105 482	104 408	110 150	110 000
	国内总消费	90 466	91 090	85 501	90 196	93 325	93 972	98 727	98 244	93 568	97 000	98 000
	自给率	1.07	1.09	1.04	1.06	1.13	1.12	1.08	1.07	1.12	1.14	1.12
	出口量	4 654	2 090	2 082	2 774	10 376	10 869	10 619	12 238	10 240	11 000	11 800
	出口量变化率		−0.55	0.00	0.33	2.74	0.05	−0.02	0.15	−0.16	0.07	0.07
美国	产量	6 288	6 546	7 133	7 593	5 866	6 348	6 117	7 106	6 133	7 117	5 707
	国内总消费	4 042	4 082	4 014	4 329	3 492	3 779	3 978	4 284	3 580	4 171	3 651
	自给率	1.56	1.60	1.78	1.75	1.68	1.68	1.54	1.66	1.71	1.71	1.56
	出口量	3 336	3 032	3 516	3 516	3 200	3 385	3 004	3 078	3 396	3 704	3 366
	出口量变化率		−0.09	0.16	0.00	−0.09	0.06	−0.11	0.02	0.10	0.09	−0.09
巴基斯坦	产量	5 712	6 901	6 883	4 823	6 160	5 536	6 798	6 900	6 800	6 800	6 900
	国内总消费	3 980	3 980	4 000	3 385	3 456	3 578	3 950	3 800	4 100	3 900	4 100
	自给率	1.44	1.73	1.72	1.42	1.78	1.55	1.72	1.82	1.66	1.74	1.68
	出口量	4 980	5 980	6 914	5 832	5 937	5 781	6 450	6 400	6 900	6 800	7 100
	出口量变化率		0.20	0.16	−0.16	0.02	−0.03	0.12	−0.01	0.08	−0.01	0.04

数据来源：USDA。

全球马铃薯产业发展现状、问题及对策研究

马铃薯是世界上第四大粮食作物，仅次于小麦、水稻和玉米，在保障粮食安全、消除贫困与饥饿、改善营养状况等方面发挥着重要作用，随着马铃薯加工业的兴起，以薯片、薯条等为代表的主食和休闲食品正在改变着人类的生产、生活，关注世界马铃薯生产、消费和贸易的发展情况对中国马铃薯产业发展具有重要的指导意义。

一、世界马铃薯生产、消费和贸易现状

（一）世界马铃薯生产状况

1. 马铃薯产量变动趋于平稳，亚洲和欧洲是世界马铃薯主产区

2000 年世界马铃薯产量为 3.23 亿吨，之后以 0.97%的年均速度增长，至 2014 年，世界马铃薯产量为 3.81 亿吨（历史最高），2015—2016 年马铃薯产量均维持在 3.77 亿吨左右。就各大洲马铃薯生产情况来看，北美洲、南美洲、非洲和大洋洲马铃薯产量较低且变动相对稳定，尽管欧洲马铃薯产量呈现下滑趋势，但亚洲马铃薯产量呈现稳步增长态势，整体而言，世界马铃薯产量变动趋于稳定态势。

2016 年亚洲和欧洲马铃薯产量分别以 19 051.63 万吨和 11 755.56 万吨在各大洲中排名第一位和第二位，两者的产量合计占比高达 80%左右，北美洲、南美洲、非洲和大洋洲马铃薯产量合计占比相对较小，除 2006 年达到 20.75%以外，其余年份均在 20%以下（图 1）。

2. 马铃薯种植面积趋于平稳

2000—2011 年马铃薯种植面积波动较大，2012—2016 年马铃薯种植面积波动趋于平稳。2000 年，世界马铃薯种植面积为 1 989.52 万公顷，之后呈现下滑趋势，至 2006 年，世界马铃薯种植面积下降至 2000 年以来的最低点（1 780.29万公顷），之后，随着中国等发展中国家对马铃薯产业的引导，马铃薯种植面积开始回升；受金融危机影响，2010 年马铃薯种植面积出现下滑，但于 2011 年开始回升，2012 年种植面积达到 1 944.92 万公顷；低迷的市场行情导致 2013 年和 2014 年马铃薯种植面积有所下滑，至 2016 年，世界马铃薯种植面积维持在 1 924.65 万公顷。与 2000—2011 年马铃薯种植面积年际变动

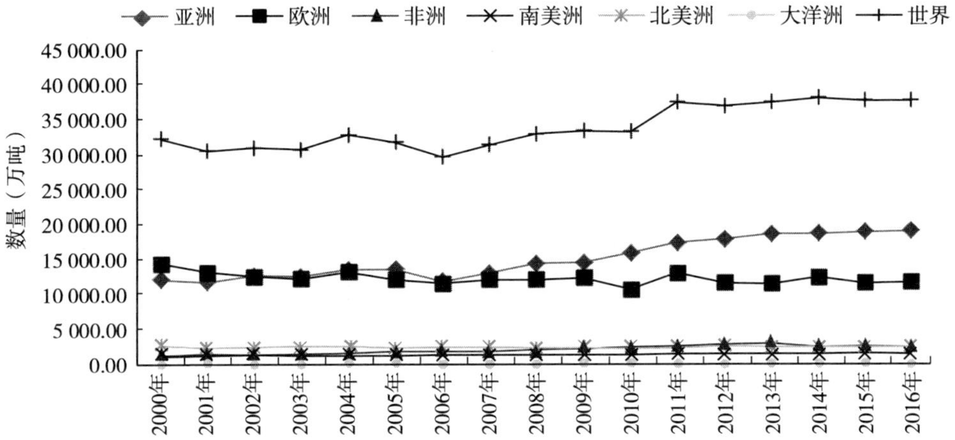

图 1　2000—2016 年世界马铃薯产量变化

数据来源：根据 FAO 数据库整理

相比，2012—2016 年马铃薯种植面积变动相对较小。

3. 亚洲成为世界马铃薯种植增长引擎

2002 年以前，欧洲是世界上马铃薯最大的产区，但随着东欧政治的变迁，东欧地区马铃薯生产模式逐渐向西欧个体家庭经营和私人农庄经营转变，饲用马铃薯需求减少导致马铃薯种植面积持续下滑；自 2002 年开始，亚洲马铃薯种植面积超越欧洲成为世界最大的马铃薯产区，截至 2016 年，两大洲之间马铃薯种植面积之差扩大至 470.79 万公顷；非洲马铃薯种植面积呈现波动增长趋势，但波动幅度相对较小，2016 年其种植面积为 176.80 万公顷，较 2000 年增加 51.44 万公顷；美洲马铃薯种植面积呈现下滑趋势，至 2016 年，其种植面积大致与同期非洲相当；大洋洲马铃薯种植面积最小，并自 2001 年逐年下跌，至 2016 年该洲种植面积仅为 3.93 万公顷（图 2）。

从马铃薯主产国来看，世界马铃薯前十大种植国分别为中国、印度、俄罗斯、乌克兰、孟加拉国、美国、加拿大、尼日利亚、波兰和秘鲁，以上国家马铃薯种植面积约占世界马铃薯种植面积的 69.97%，其中，中国种植面积最大，占比为 30.20%，印度次之，其占比为 11.07%。

4. 世界马铃薯平均单产水平稳定增长，各大洲间单产水平存在较大差异

随着马铃薯种植技术和新种薯（脱毒种薯）的采用，世界马铃薯单产呈现稳步增长态势，自 2001 年开始，世界马铃薯单产以年均 1.18%的速度增长，至 2016 年世界马铃薯单产均值达到 19 579.00 千克/公顷。

马铃薯单产水平最高的是大洋洲，2016 年其单产水平达到 42 270.80 千克/

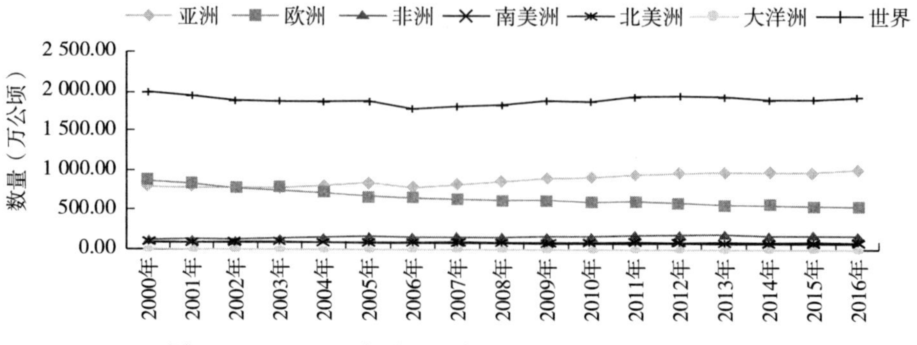

图 2　2000—2016 年世界及各大洲马铃薯种植面积变化

数据来源：根据 FAO 数据库整理

公顷，约是同期世界平均单产水平的 2.16 倍；北美洲和欧洲马铃薯单产虽然高于世界平均水平且保持不断增长的态势，但与大洋洲相比，还有较大的增长空间；亚洲和非洲马铃薯单产均低于世界平均水平，但亚洲马铃薯单产水平与世界平均水平相差不大，而非洲马铃薯单产仅为世界平均单产水平的 70.78％，其马铃薯单产增长潜力较大（图 3）。

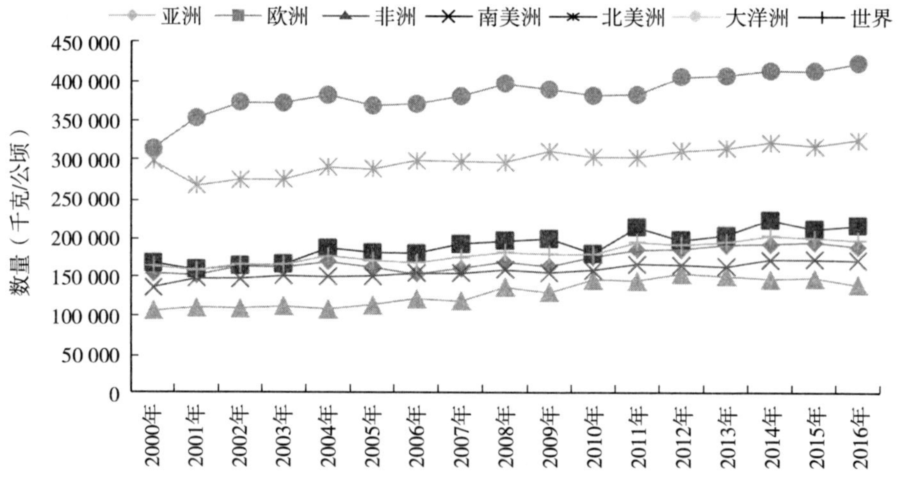

图 3　2000—2016 年世界及各大洲马铃薯单产变化

数据来源：根据 FAO 数据库整理

（二）世界马铃薯消费状况

1. 2006 年以来世界马铃薯消费增长趋势明显

从世界消费总量来看，2006 年马铃薯消费量为 3.12 亿吨，随着马铃薯产量的增长、马铃薯粮食功能的发挥以及马铃薯薯片、粉等休闲食品的开发，马铃薯消费呈现快速上升态势，2013 年世界马铃薯消费总量达到 3.78 亿吨，7 年间增长了 21.12%，年均增速达 2.78 个百分点（图 4）。

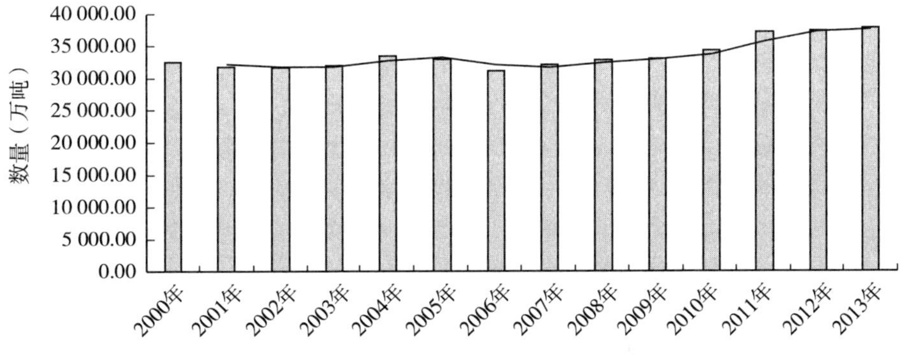

图 4　世界马铃薯消费量变化

注：实线为 2 周期移动平均线

数据来源：根据 FAO 数据库整理

2. 亚洲和欧洲是马铃薯主要消费地

从地区消费量来看，庞大的人口规模效应（亚洲人口占比为 59.54%）以及马铃薯粮食功能性作用，使得亚洲马铃薯消费量稳居各大洲榜首，其消费量约占世界马铃薯消费总量的 50.08%；欧洲人口规模占比仅为 9.73%，但得益于欧洲马铃薯消费习惯，其马铃薯消费量约占世界总消费量的 30.64%；美洲、非洲和大洋洲马铃薯消费占比分别为 11.28%、7.47%和 0.54%，消费占比相对较小。

3. 各大洲间人均马铃薯消费量存在较大差异

欧洲人均马铃薯消费位居各大洲之首，2000 年其人均消费量为 92.08 千克，但之后消费量呈下降趋势，2013 年下滑至 82.59 千克，约是同期世界人均马铃薯消费量（34.17 千克）的 2.41 倍；大洋洲人均马铃薯消费量在各大洲排名第二，2013 年其人均马铃薯消费量为 51.75 千克，与 2000 年相比下降 0.06 千克；美洲马铃薯消费也呈现下降趋势，2000 年其人均马铃薯消费量为 38.06 千克，而至 2013 年其人均马铃薯消费量下降为 34.76 千克，与同期世界人均马铃薯消费量相当；亚洲人均马铃薯消费量历年来均低于同期世界平均水平，2000 年其人均消费量为 23.27 千克，之后呈较快的增长态势，2013 年人均消费量达到 29.00 千克；非洲人均马铃薯消费量偏低，2000 年为 13.02 千克，随着马铃薯产量的增加，其人均消费量呈现明显增长态势，2013 年为 19.09 千克（图 5）。

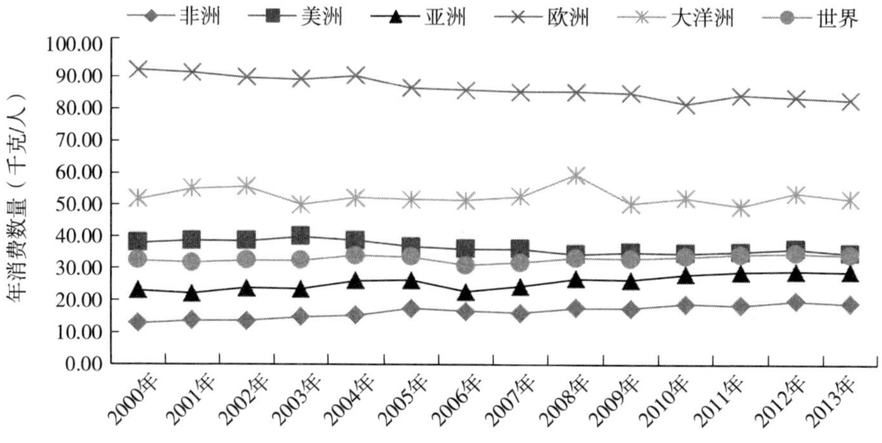

图5　2000—2013年世界各大洲年人均马铃薯消费变动

数据来源：根据FAO数据库整理

4. 马铃薯以食用需求为主

马铃薯需求主要包括食用、饲用、加工①、其他非食用、种用和损耗。在马铃薯各种需求中，食用需求占比最大，2013年其在总需求中的占比为63.32%；饲用需求占比其次，为12.52%；种用、损耗、加工和其他非食用需求分别占8.53%、9.39%、3.43%和2.82%。

（三）世界马铃薯贸易状况

1. 世界马铃薯进出口量、进口金额均略有上升

2016年世界马铃薯出口量为2 143.50万吨，较2015年增长3.99%；进口量为2 124.82万吨，较2015年增长2.35%。种用马铃薯、马铃薯细粉末/粗粉末、马铃薯粉片及其团粒颗粒和马铃薯淀粉出口数量虽有下降，但由于其在马铃薯总体出口中占比较小，对马铃薯整体出口影响不大。从进口情况来看，除马铃薯粉片及其团粒颗粒和马铃薯淀粉两种商品进口额略有下降外，马铃薯其他产品进口均呈现增长态势（表1、表2）。

表1　2015—2016年世界马铃薯出口情况

种　　类	出口数量（万吨）		出口金额（亿美元）	
	2015年	2016年	2015年	2016年
种用马铃薯	166.42	165.13	8.08	8.27
非种用鲜/冷藏马铃薯	968.13	1 025.47	26.20	30.23

① 加工比例仅包含不能还原成马铃薯的加工产品，并非实际加工比例。

（续）

种 类	出口数量（万吨）		出口金额（亿美元）	
	2015 年	2016 年	2015 年	2016 年
冷冻马铃薯	17.44	19.85	1.28	1.62
马铃薯细粉末/粗粉末	9.52	8.14	1.04	0.85
马铃薯粉片及其团粒颗粒	42.58	41.86	5.01	4.83
马铃薯淀粉	77.82	52.38	4.93	3.52
非用醋制作/保存的冷冻马铃薯	679.50	726.46	58.58	64.94
非用醋制作/保藏的非冷冻马铃薯	99.90	104.23	19.92	20.93
合计	2 061.31	2 143.50	125.06	135.19

数据来源：根据 WITS 数据整理。

表 2　2015—2016 年世界马铃薯进口情况

种 类	进口数量（万吨）		进口金额（亿美元）	
	2015 年	2016 年	2015 年	2016 年
种用马铃薯	135.73	146.70	7.22	7.76
非种用鲜/冷藏马铃薯	1 040.55	1 058.96	28.49	31.43
冷冻马铃薯	40.36	43.10	3.08	3.27
马铃薯细粉末/粗粉末	10.45	11.13	1.01	1.15
马铃薯粉片及其团粒颗粒	39.82	39.23	4.89	4.81
马铃薯淀粉	99.93	94.81	6.78	6.58
非用醋制作/保存的冷冻马铃薯	624.89	644.84	58.01	60.67
非用醋制作/保藏的非冷冻马铃薯	84.38	86.05	19.76	19.81
合计	2 076.12	2 124.82	129.25	135.50

数据来源：根据 WITS 数据整理。

2. 非用醋制作的冷冻马铃薯在进出口贸易中占比最大

非种用马铃薯和非用醋制作/保存的冷冻马铃薯进出口量的增长是全球马铃薯进出口量上升的主要原因。在出口方面，非用醋制作/保存的冷冻马铃薯贸易金额最大，2016 年出口额为 64.94 亿美元；其次是非种用鲜/冷藏马铃薯，出口额为 30.23 亿美元，非用醋制作/保藏的非冷冻马铃薯以 20.93 亿美元的出口金额位居第三。在进口方面，2016 年非用醋制作/保存的冷冻马铃薯进口金额为60.67亿美元，较2015年增长4.59%；非种用鲜/冷藏马铃薯和非用醋制作/保藏的非冷冻马铃薯分别以31.43亿美元和19.81亿美元的进口额位居第二和第三。通过进出口贸易数据可以发现，马铃薯贸易以鲜薯和冷冻薯等初级产品为主。

3. 马铃薯出口地主要集中于欧美国家

2016年世界前十大马铃薯出口国（按贸易金额排名，见表3）分别是荷兰、比利时、美国、加拿大、德国、法国、英国、波兰、中国、埃及，出口额合计为114.81亿美元，占世界马铃薯出口总额的84.93%，出口量合计为1 757.68万吨，占世界马铃薯出口量的82.00%。马铃薯出口之所以集中于欧美地区，得益于该地区优质的马铃薯种薯资源和适宜加工的专用商品薯（如油炸专用薯、全粉专用薯等）。

表3　2016年世界前十大马铃薯出口国出口情况

序号	国家	出口量（万吨）	出口额（亿美元）
1	荷兰	440.10	30.40
2	比利时	335.10	21.49
3	美国	169.52	17.41
4	加拿大	158.95	12.44
5	德国	259.94	11.23
6	法国	221.96	9.87
7	英国	39.24	3.91
8	波兰	35.20	3.07
9	中国	43.84	2.69
10	埃及	53.82	2.30

注：前十大马铃薯出口国按照出口额排序。

数据来源：根据WITS数据整理。

4. 欧美国家同样也是马铃薯主要进口国

以马铃薯进口额排序来看（表4），马铃薯前十大进口国依次是美国、法国、英国、德国、荷兰、比利时、意大利、西班牙、日本、巴西，以上10个国家2016年马铃薯进口额合计为73.42亿美元，占全球进口额的55.00%，进口量合计达到1 237.28万吨，占全球进口总量的59.44%。与出口目的地市场集中度相比，马铃薯进口来源地相对分散。

表 4　2016 年世界前十大马铃薯进口国进口情况

序号	国家	进口量（万吨）	进口额（亿美元）
1	美国	154.14	13.01
2	法国	124.91	9.28
3	英国	102.97	8.41
4	德国	106.89	7.79
5	荷兰	228.46	7.74
6	比利时	226.16	6.85
7	意大利	104.02	6.12
8	西班牙	107.05	5.53
9	日本	41.41	4.98
10	巴西	41.27	3.70

注：前十大马铃薯出口国是以进口额排序。

数据来源：根据 WITS 数据整理。

5. 荷兰同时是全球最大的马铃薯出口国和进口国

2016 年，荷兰出口的马铃薯产品主要是非用醋制作/保存的冷冻马铃薯、种用马铃薯、非用醋制作/保藏的非冷冻马铃薯和非种用鲜/冷藏马铃薯，分别占该国马铃薯产品总金额的 56.31%、16.66%、12.25%和 9.84%。在进口方面，非种用鲜/冷藏马铃薯和非用醋制作/保存的冷冻马铃薯进口金额合计占 74.01%，可以看出，荷兰马铃薯进口品种相对集中；由于品种间的差异，非用醋制作/保存的冷冻马铃薯存在既大量进口又大量出口的现象。

二、中国马铃薯生产、消费、价格和贸易现状

中国马铃薯种植面积和产量均位居世界第一位，但单产水平与发达国家相比存在较大差距，甚至低于世界平均水平，中国是马铃薯生产大国，但并非马铃薯生产强国。

（一）中国马铃薯生产情况

1. 中国马铃薯生产总量特征

中国马铃薯种植面积稳步增长。就马铃薯种植规模而言，2006 年以前，马铃薯种植面积整体呈减少趋势，种植面积由 2000 年的 472.32 万公顷下降至 2006 年的 421.13 万公顷，2006 年以后，中国出台了一系列促进马铃薯发展的

政策文件：2006 年农业部出台了《关于加快马铃薯产业发展的意见》，对马铃薯种植面积、总产和单产提出了阶段性发展目标；2007 年农业部将马铃薯纳入优势农产品区域布局规划，并提出了中长期发展目标；2009 年，国家启动马铃薯原种扩繁补贴；2010 年，中央 1 号文件将马铃薯列入良种补贴范围，主产区开展良种补贴试点，各地出台了相应的配套政策；2015 年，中国启动马铃薯主粮化战略；2016 年，中央 1 号文件提出推进马铃薯主食开发号召，农业部发布推进马铃薯产业开发的指导意见。在政策激励作用下，中国马铃薯种植面积呈现稳步增长态势，2016 年马铃薯种植面积为 562.60 万公顷，创下历史新高（图 6）。

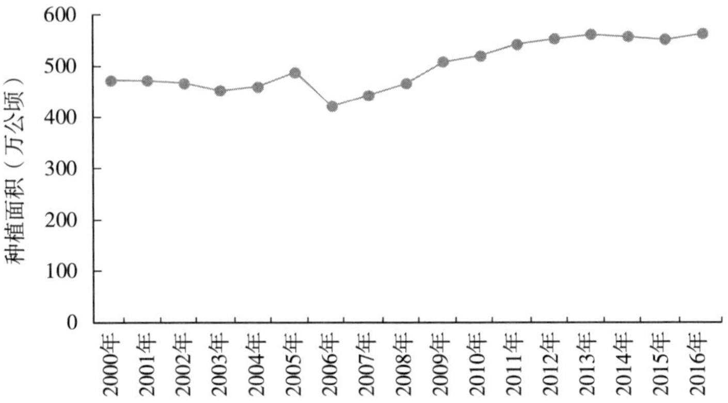

图 6　2000—2016 年中国马铃薯种植面积

数据来源：根据《中国农业统计资料》整理

2011 年以前马铃薯单产波动相对较大，2011 年以后马铃薯单产变动趋于稳定，整体而言，马铃薯单产呈现增长态势。2000—2009 年马铃薯单产较不稳定，品种退化问题导致马铃薯单产呈现隔年增长的走势。随着优质种薯、脱毒种薯资源的推广，2010—2012 年马铃薯单产呈现稳步增长的态势，其中，2011 年马铃薯单产达到历史最高值 3 475.46 千克/公顷，2013—2016 年虽有回落，但基本维持在 3 400 千克/公顷左右（图 7）。

2000—2006 年中国马铃薯产量徘徊不前，2006 年以后呈现稳定增长态势。2000—2006 年，中国马铃薯种植面积呈现下滑趋势，单产也相对不稳定，此期间马铃薯产量停滞不前甚至出现下滑的趋势。在政策的激励与马铃薯种植技术、品种改进等多重因素作用下，2006 年以后马铃薯产量趋于上升态势，2016 年马铃薯产量创下历史新高，达到 1 947.70 万吨。2013 年以后，中国马铃薯产量变动较小，基本维持在 1 900 万吨左右（图 8）。

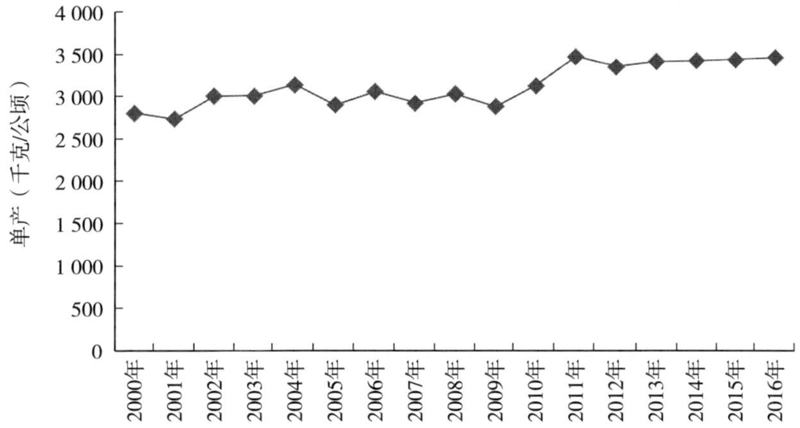

图 7　2000—2016 年中国马铃薯单产变化

数据来源：根据《中国农业统计资料》整理

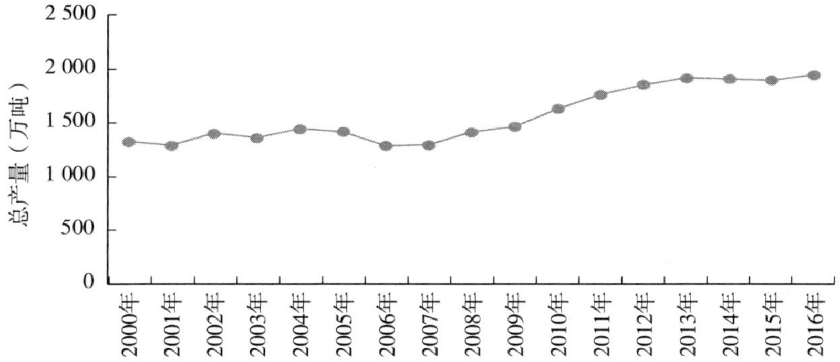

图 8　2000—2016 年中国马铃薯总产量变动

数据来源：根据《中国农业统计资料》整理

2. 马铃薯生产区域特征

中国地域辽阔、气候类型多样，而马铃薯具有生育期短、适应性广、耐瘠薄等特点，从南到北一年四季均有马铃薯种植，基于生态的差异，一些学者将马铃薯划分成四大生产区域：北方一作区、西南混作区、中原二作区和南方冬作区，其中北方一作区包括河北、山西、内蒙古、辽宁、吉林、黑龙江、陕西、甘肃、青海、宁夏和新疆，西南混作区包括重庆、四川、贵州、云南、西藏、湖北和湖南，中原二作区包括北京、天津、上海、江苏、浙江、安徽、江西、山东和河南，南方冬作区包括福建、广东、广西和海南。中国马铃薯区域生产呈现以下特征：

马铃薯生产布局集中趋势明显并且趋于稳定。马铃薯生产集中在北方一作区和西南混作区，两个区域马铃薯种植面积和产量分别占到全国总种植面积和产量的90%以上（表5）；而就省级层面数据来看，2016年十大主产省（自治区、直辖市）的马铃薯产量和种植面积占比均在80%左右，马铃薯生产布局较为集中；就2015年和2016年马铃薯种植面积和产量变动而言，两者的变动幅度相对较小（表6）。

表5　2016年马铃薯四大作区生产基本情况

作　区	种植面积（万公顷）	比重（%）	产量（万吨）	比重（%）
北方一作区	253.47	45.05	851.00	43.69
西南混作区	280.24	49.81	968.20	49.70
中原二作区	9.25	1.64	46.70	2.40
南方冬作区	19.64	3.49	82.00	4.21

数据来源：根据《中国农业统计资料》整理。

表6　主要省份马铃薯生产情况

省份	种植面积（万公顷）		产量（万吨）	
	2015年	2016年	2015年	2016年
四川	79.72	80.70	307.60	322.30
贵州	55.81	73.17	237.60	233.40
甘肃	70.92	67.39	225.30	226.10
云南	51.22	55.78	170.50	172.40
内蒙古	66.49	54.57	146.30	167.00
重庆	36.37	37.18	128.10	129.30
黑龙江	25.33	21.58	99.90	100.40
湖北	21.40	25.15	77.20	75.90
陕西	29.68	29.59	73.80	74.70
河北	—	18.13	58.30	59.50
小计	436.94	463.24	1 524.60	1 561.00
占全国百分比	79.17%	82.34%	80.36%	80.15%

数据来源：根据《中国农业统计资料》整理。

与中原二作区和南方冬作区相比，北方一作区和西南混作区单产水平①较

① 在中国的统计资料中，马铃薯产量按照5∶1的比例进行了折合，目的是为了与其他粮食作物比较，故此处中国的马铃薯单产水平与上文各大洲马铃薯单产水平不能直接比较。

低，未来具有较大的增长空间。2016 年，北方一作区、西南混作区、中原二作区和南方冬作区马铃薯单产分别为 3 357.40 千克/公顷、3 454.90 千克/公顷、5 048.65 千克/公顷、4 175.15 千克/公顷，北方一作区和西南混作区单产水平与中原二作区和南方冬作区相比还有较大差距，从图 9 来看，北方一作区、西南混作区和南方冬作区马铃薯单产差距呈现缩小的趋势。

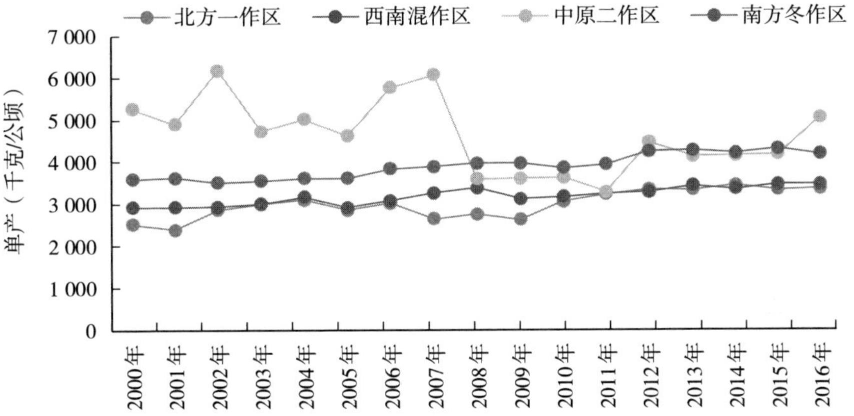

图 9 2000—2016 年马铃薯四大作区单产走势

数据来源：根据《中国农业统计资料》整理

（二）中国马铃薯消费情况

中国马铃薯需求总量呈增长态势，食用需求占比最大，饲用需求次之，加工、损耗和种用需求占比相对较小且变动相对稳定。具体而言，2000 年马铃薯需求量为 6 494.20 万吨，2013 年马铃薯需求量为 9 672.00 万吨，增长幅度达到 48.93%。从马铃薯需求结构来看，马铃薯食用占比由 2000 年的 65.98%下降至 2013 年的 59.69%，而饲用占比由 2000 年的 17.11%增长至 2013 年的 22.95%，可以看出，饲用和食用仍是马铃薯的主要消费方式；加工、损耗、种用和其他需求合计占比不足在 20%左右，且各年间变动不大（图 10）。

中国人均马铃薯摄入量呈现快速增长态势，尽管高于世界平均消费水平，但与欧盟国家相比仍存在较大的差距。2000 年中国人均马铃薯摄入量为 32.72 千克，但受马铃薯产量下降的影响，2006 年人均马铃薯消费量下滑至 29.25 千克，之后，整体呈现增长态势，2013 年，中国人均马铃薯消费量达到 40.75 千克，明显高于世界平均消费水平（34.17 千克），但与人均消费量 82.59 千克的欧盟相比还有较大差距，随着中国马铃薯主粮化的推进，中国人均马铃薯消费有望进一步增加（图 11）。

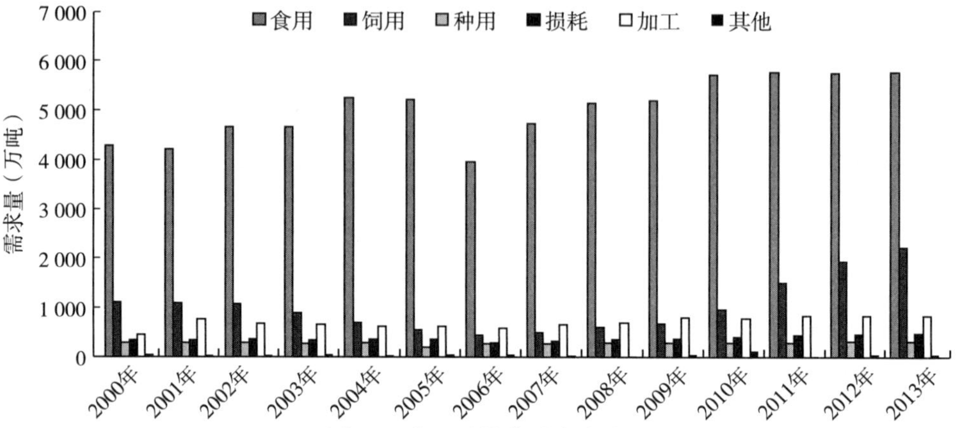

图 10　中国马铃薯需求变动

数据来源：根据 FAO 数据库整理

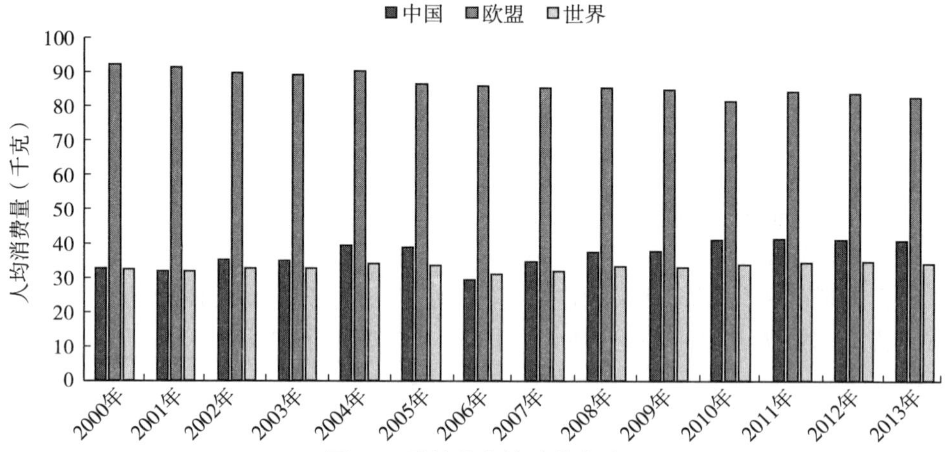

图 11　马铃薯人均消费变动

数据来源：根据 FAO 数据库整理

（三）中国马铃薯价格变动情况

1. 马铃薯市场价格走势

马铃薯价格波动呈现一定的周期性。从价格运行规律看，马铃薯市场价格具有每年一个小波动，3 年一个大波动的特点，在周期波动中，价格的最高点一般出现在新薯上市前的 4～5 月。

2016 年马铃薯价格波动剧烈。2016 年马铃薯零售价格较往年呈现出巨大的波动（图 12），具体表现为前期价格持续拉升，即年初价格延续 2015 年底翘尾走势而继续上涨，春节后，倒春寒使得其他蔬菜供给短缺，马铃薯价格保持高位运行；

10月随着秋季马铃薯陆续上市，市场价格回落至年内最低价位；但甘肃等地夏季经历了近60年来最严重的持续高温天气，宁夏、内蒙古、黑龙江及西南地区也不同程度受灾，马铃薯市场供给相对紧缺，导致以上地区马铃薯价格坚挺。

2017年马铃薯价格波动回归常态。2017年马铃薯价格波动可以分为两个阶段：第一阶段为1～4月，该阶段马铃薯市场供给主要以消化上年库存薯为主，节日效应等因素支撑马铃薯价格继续维持较高水平；第二阶段为5～12月，随着早熟马铃薯陆续上市，存储商在5月中下旬至6月初加速甩货，价格快速回落，而后期秋季马铃薯大量上市，市场供给大幅增加导致价格下行，随着秋收结束，马铃薯价格迈入"N"字形的后半程。

马铃薯零售价格与批发价格走势基本一致，零售价格较批发价格高出60%左右，且有扩大的趋势。马铃薯零售价格走势和批发价格走势虽基本吻合，但两者存在较大差额：2000—2017年马铃薯零售价格比批发价格高出大约60%，其中，2016年马铃薯零售价格大约比批发价格高61.46%，而至2017年攀升至66.23%（图12），未来马铃薯零售价格与马铃薯批发价格价差有继续扩大的迹象。

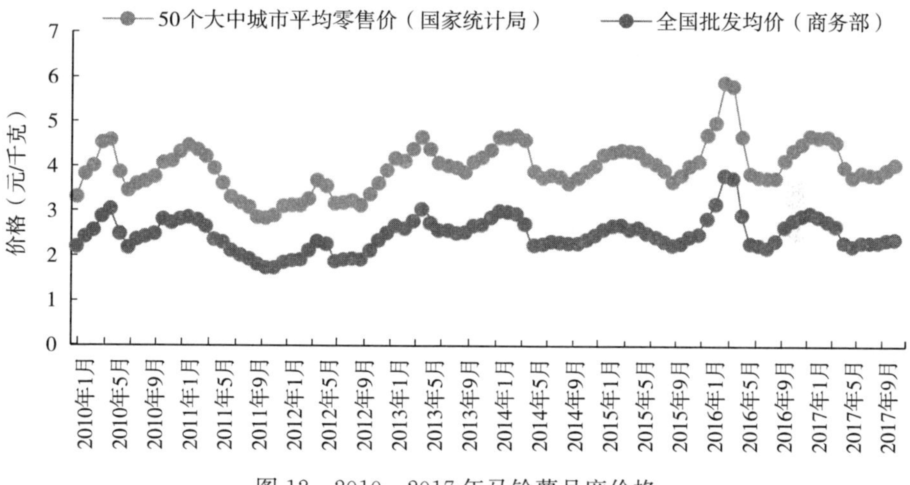

图12 2010—2017年马铃薯月度价格

数据来源：根据wind数据整理

2. 马铃薯与三大主粮价格变动

2017年上半年，马铃薯价格与三大主粮价格呈现反方向变动，下半年，马铃薯价格与玉米、小麦均呈现小幅增长态势。2016年马铃薯价格变动较为剧烈，此时玉米、小麦和稻谷价格亦呈现出较大的变动，尤其是稻谷。进入2017年以后，新薯尚未上市，马铃薯价格走高，而此时，三大主粮价格有所下跌，进入 6 月以后，四大主粮价格变动趋于平缓，而至年底，除稻谷价格有所下跌外，玉米、小麦和马铃薯价格均呈现小幅增长（图 13）。

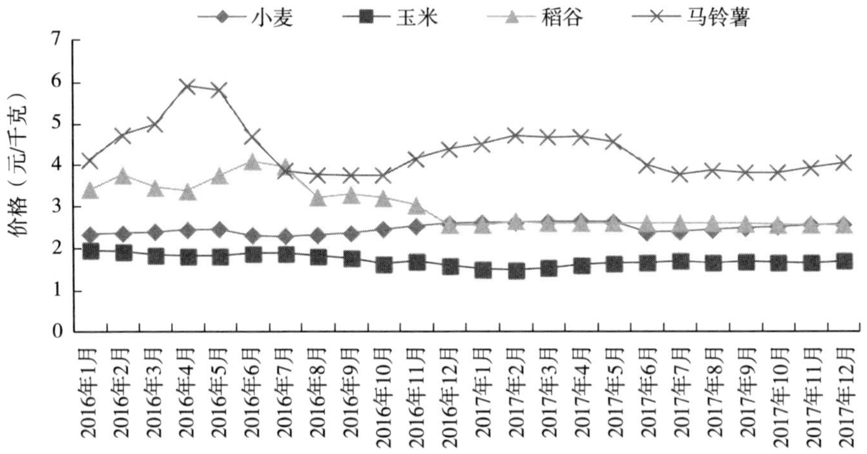

图 13　2016—2017 年四大主粮价格[①]变动

注：月度价格数据根据日价格数据简单算术平均求得

数据来源：根据 wind 数据整理

3. 马铃薯价格波动成因分析

供过于求的市场行情压低马铃薯价格。2015 年国家开始推行马铃薯主粮化战略，在政策激励作用下，马铃薯种植面积迅速扩张，2016 年中国马铃薯产量达到 9 738.5 万吨[②]，其中绝大部分用于国内消费[③]，由于马铃薯主食消费尚处于起步阶段，以菜用为主的需求结构未能及时随着产量的快速增长而转变，供过于求的市场行情压低了市场价格。

局部灾害加剧马铃薯价格波动。2017 年 4～5 月云南省出现持续高温干旱，6 月中旬出现大范围降雨，高温高湿环境导致晚疫病迸发，并呈中等程度发作态势；7 月，受洪涝和干旱等不利气候影响，云南、甘肃和内蒙古等主产区土壤墒情较差，苗情长势极差，整体而言，极端天气导致优质马铃薯货源供应紧张，供不应求的市场行情抬升了局部地区马铃薯市场价格。

① 由于数据获取相对困难，此处的小麦价格为国标三等小麦价格，数据来源于国家统计局；玉米价格以黄玉米二等价格代替，数据来源于国家统计局；稻谷价格为早籼稻价格，数据来源于农业部；马铃薯价格为 50 个大中城市平均零售价，数据来源于国家统计局。

② 此处的 9 738.5 万吨是指鲜薯产量，按照 5∶1 比例折合后即为中国农业统计资料公布的马铃薯产量 1 947.70 万吨。

③ 鲜食占比 60%左右，饲用 23%左右，加工 9%左右，种用 3%左右，损耗 5%左右，本处数据来源于 http：//mp. weixin. qq. com/s/FKeap3ItIUGQM5CTMk3QpA。

蔬菜价格压低马铃薯价格。当前马铃薯主销区低价蔬菜存量偏大，一定程度挤压了马铃薯销售市场，低迷市场行情下，产地货主心态较为恐慌，选择陆续放货，市场供需矛盾愈加明显，市场价格被迫持续走低；受山东前期持续阴雨天气影响，秋薯入市产量缩水，货源质量偏差，进而导致市场价格呈低迷态势。

（四）中国马铃薯贸易情况

与 2015 年相比，2016 年中国马铃薯出口量为 43.92 万吨，出口总额为 2.69 亿美元，较上年减少 3.6%；进口量为 20.10 万吨，较上年减少 2.80 万吨，进口额为 2.24 亿美元，较上年减少 7.4%，马铃薯贸易逆差为 0.45 亿美元。通过分析马铃薯进出口时间序列数据（2009—2016 年）可以发现，中国马铃薯贸易呈现出以下特点：

1. 出口贸易波动较大，进口贸易整体稳步上升

近年来中国马铃薯及其制品出口额快速增长，从 2009 年的 1.53 亿美元增长到 2014 年的 3.24 亿美元，2015 年有所回落，至 2016 年出口额下降至 2.70 亿美元。相对于出口而言，进口贸易呈现稳步上升态势，即从 2009 年的 0.63 亿美元增长至 2015 年的 2.43 亿美元，受国际贸易环境的影响，2016 年进口额回落至 2.25 亿美元（图 14）。

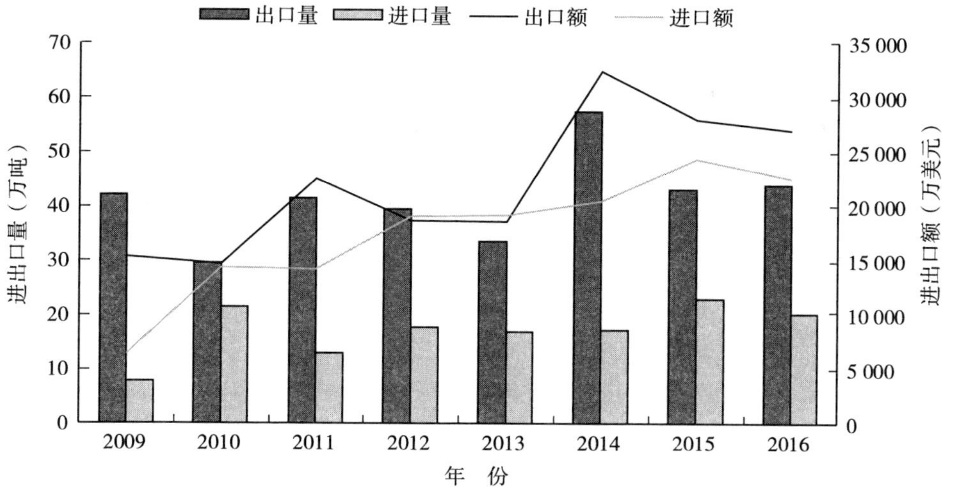

图 14 2009—2016 年中国马铃薯贸易变动情况

数据来源：根据中国海关数据整理

2. 中国马铃薯国际贸易竞争力呈下降趋势

国际贸易理论表明，一个国家或地区某种商品的国际贸易差额在很大程度

上表明了该国该产品的国际竞争力情况。从中国马铃薯及其制品国际贸易差额来看，2009—2013 年，中国马铃薯及其制品国际贸易顺差不断缩小，其中，2012 年和 2013 年连续两年贸易逆差，尽管逆差金额较小，但足以说明近年来中国马铃薯及其制品的国际竞争力呈现衰弱的迹象。2014 年贸易顺差额创近 6 年的新高，但在 2015 年又有所回落，并且在 2016 年又出现了贸易逆差，马铃薯贸易呈现出不稳定的状态。

3. 中国进口以冷冻马铃薯为主，出口以鲜/冷藏马铃薯为主

2016 年中国马铃薯进口额最大的产品是非醋方法制作/保藏的冷冻马铃薯，占进口总额的 68%；马铃薯淀粉进口额为 3 137.79 万美元，占进口总额的 14%，其中，马铃薯细粉及粗粉、粉末进口额为 1 008.93 万美元。从出口产品看，2016 年出口额位于前三的马铃薯及制品分别是鲜/冷藏马铃薯、非醋方法制作/保藏的冷冻马铃薯与非醋方法制作/保藏的未冷冻马铃薯，三者占出口总额的 95%以上，可以看出，中国马铃薯出口品种相对集中。

4. 进口来源地以欧美国家（地区）为主，出口目的地主要集中在亚洲国家（地区）

在进出口市场结构上，近两年没有显著变化，进口来源地主要是美国、德国、荷兰、加拿大、比利时等欧美地区，出口目的地主要是越南、中国香港、马来西亚、俄罗斯、巴基斯坦等地区。

三、中国马铃薯产业发展面临的问题

（一）马铃薯生产成本逐年增加

自 2010 年以来，马铃薯生产总成本逐年增加，从 2010 年的 935.64 元/亩上涨到 2016 年的 1 474.87 元/亩，年均增长 7.88 个百分点，其中，土地成本、生产成本、人工成本和物质与服务费用年均增长率分别为 2.09%、9.29%、12.05%和 7.02%（表 7）。生产成本的上涨挤压了农户收益空间，对马铃薯生产带来不利影响。

表 7　2010—2016 年露地马铃薯亩均生产成本

单位：元

	2010 年	2011 年	2012 年	2013 年	2014 年	2015 年	2016 年
总成本	935.64	1 092.90	1 299.21	1 440.09	1 390.33	1 392.26	1 474.87
土地成本	208.41	153.93	184.77	210.46	210.19	227.44	235.91
生产成本	727.23	938.97	1 114.44	1 229.63	1 180.14	1 164.82	1 238.96
人工成本	306.98	371.04	516.99	511.50	574.88	572.40	607.49

（续）

	2010年	2011年	2012年	2013年	2014年	2015年	2016年
直接费用	405.14	533.81	561.02	600.44	576.20	564.34	595.06
种子费	156.02	243.07	217.71	219.43	227.13	215.75	225.04
肥料费	171.13	182.27	223.43	226.51	194.26	185.70	192.68
农药费	5.33	10.32	11.54	17.37	13.72	14.10	21.10
农膜费	3.05	5.87	5.62	5.88	4.44	6.12	6.15
其他	69.61	92.28	102.72	131.25	136.65	142.67	150.09
间接费用	15.11	34.12	36.43	44.57	29.06	28.08	36.41

注：①直接费用包括种子费、肥料费（化肥和农家肥）、农药费、农膜费、租赁作业费、燃料作业费、技术服务费、工具材料费、修理维护费和其他直接费用。

②间接费用包括固定资产折旧、保险费、管理费、财务费和销售费。

数据来源：根据《全国农产品成本收益资料汇编》整理。

（二）优质种薯的推广率低

种薯带毒将会导致马铃薯病害概率大大增加，严重影响马铃薯单产的提高和马铃薯产量的增加。从目前中国马铃薯脱毒种薯采用率来看，脱毒种薯种植面积仅占30%左右，而发达国家脱毒种薯种植面积占比一般在70%以上，由此而言，中国优质马铃薯种薯具有较大的推广空间。

（三）专用薯比例较低，马铃薯品种结构型矛盾突出

与国外相比，中国马铃薯的专用品种严重短缺，特别是加工型品种。具体而言，以荷兰为例，其拥有鲜食专用型、淀粉专用型、油炸专用型、全粉专用型等400多个专用注册薯种，而中国马铃薯种薯市场中，仅有274个种薯通过评审，拥有一定种植面积的种薯仅90余种，专用种薯比例相对较低，生产和推广的品种多以菜用品种为主，用于加工薯片、薯条和全粉的种薯较少，专用薯比例过低一定程度上限制了马铃薯加工业的进一步发展。

（四）马铃薯生产统计标准不一致影响区域布局

马铃薯生产统计标准的不统一使得马铃薯的生产安排受到了严重制约，以山东滕州为例，滕州是中国重要的马铃薯产地，同时也是重要的粮食产区，近年来该地区马铃薯生产发展迅速，并成为该地区的优势产业，但在对马铃薯统计时将其归为蔬菜，这就使得政府在蔬菜和粮食之间抉择。此外，不同省份的统计标准存在差异，使得马铃薯生产资料的获取十分困难，对马铃薯产业研究造成较大制约。

中国棉花市场形势分析研究

2017 年，国内棉花产量提高，棉花进口量增加，棉纱进口量持平略增，纺织品服装出口形势转好，储备棉投放成交水平保持高位。在这样的供需格局下，国内棉价高位震荡，国际棉价震荡上行。

一、国内棉花供需形势

（一）供给总体宽松

中国国内棉花供给主要来源于三个方面，一是当年国产棉花，二是当年进口棉花，三是国内储备棉轮出棉花。2017 年，受上年棉花价格大幅上涨、种植比较收益提高等因素影响，中国棉花生产面积反弹，棉花生长关键期主产棉区气象条件有利，棉花产量明显提高，棉花进口略有反弹，储备棉轮出成交量保持较高水平。

1. 棉花产量大幅反弹，品质提升

2017 年中国棉花产量明显反弹。2016 年棉花价格大幅走高，使得 2017 年全国棉花种植面积出现反弹，并且 2017 年棉花生长关键时点主产棉区的气象条件较为有利，大风、冰雹、低温、寡照、持续阴雨等不利天气出现较少，或是仅影响局部地区，大幅提升全国棉花单产水平。在面积和单产共同提高的作用下，2017 年中国棉花产量大幅增加。

据《中国农产品供需形势分析 CASDE - No. 20》预测，2017 年中国棉花产量为 579 万吨，较 2016 年增加 97 万吨，同比增长 20.1%。USDA 2018 年 1 月预测 2017 年中国棉花产量为 575 万吨。

分区域看，2017 年新疆在目标价格补贴试点政策的有力支持下，并且在 2016 年棉花种植收益大幅提升的刺激下，种植面积明显增加，同时天气条件较为理想，新疆棉花单产大幅提高，总产量大幅增加。棉花价格上涨提高了内地棉区植棉的比较效益和种植积极性，黄河流域棉区植棉面积有所反弹，长江流域棉区保持稳定。黄河流域光温条件较好，雨量适中，病虫害轻度发生，棉花生产条件总体适宜，河北、山东部分地区后期温度偏高，引起棉花早衰，产量受到一定的不利影响。长江流域生产条件一般，部分地区遭受了强降雨，影响棉花长势，但总体影响有限。整个内地棉区棉花总产量有所反弹。

棉花品质有所提升。截至 2017 年 12 月 31 日，2017/2018 年度已公检皮棉平均绒长 29.05 毫米，马克隆值 B 级以上占 79.4%，平均断裂比强度为 28.09，整齐度中等级以上占 98.8%，白棉 3 级以上占 93.7%，棉花品质保持较高水平。

2. 棉花进口量出现反弹

2017 年国家继续收紧滑准税配额发放，棉花进口保持低位，但由于国内高品质棉花供不足需，高品质棉花进口增长较快。据海关统计，2017 年中国累计进口棉花 115.48 万吨，同比增长 28.8%；全年平均进口价格 1 893 美元/吨，较 2016 年上涨 8.4%（图 1）。

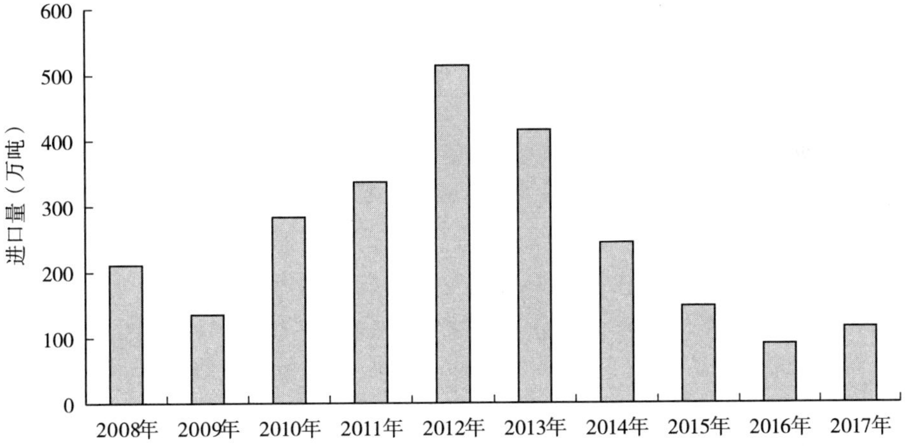

图 1　2008 年以来中国棉花年度进口量

数据来源：中国海关

2017 年，中国棉花主要进口来源国为美国、澳大利亚、印度、乌兹别克斯坦和巴西，进口量分别为 50.6 万吨、25.8 万吨、11.2 万吨、9.3 万吨和 6.7 万吨，进口量分别占中国皮棉进口总量的 43.8%、22.3%、9.7%、8.1% 和 5.8%（图 2），高品质皮棉的进口趋势十分明显。棉花进口方式主要以进料加工贸易、特殊监管区域物流货物、一般贸易和保税监管场所进出境货物为主，分别占比 37.4%、28.7%、20.7%和 13.3%。

3. 储备棉投放成交比例高，去库存效果明显

2017 年储备棉投放从 3 月 6 日启动，储备棉挂牌供应量充足。从初期成交结果看，新疆棉成交率高，内地棉大量流拍，储备棉抛储的品质结构与市场需求之间出现一定的矛盾。后期有关部门及时调整了储备棉抛储规模和结构，较好地满足了市场需求。随着商品棉资源不断消耗，内地纺织企业使用储备棉

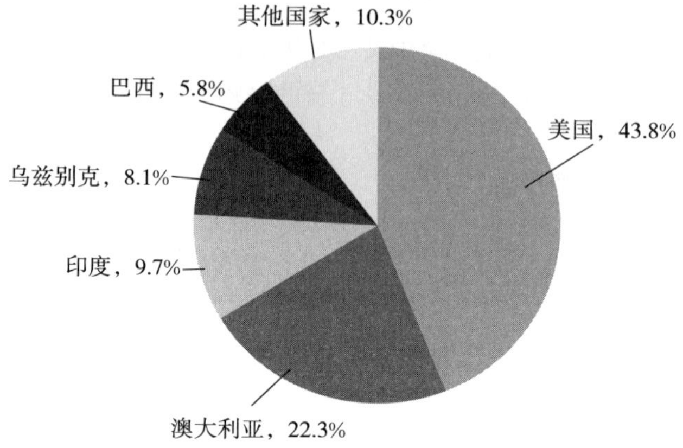

图 2　2017 年中国棉花进口国别构成

数据来源：中国海关

比例普遍增加，储备棉出库成交率企稳回升。7 月以后，内地棉价格优势凸显，成交率提升。8 月 31 日原定的储备棉抛储结束后，针对国内棉花需求有较大缺口、棉花价格上涨势头较猛等特点，有关部门又发布延长储备棉抛储时间到 9 月 30 日，市场恐慌情绪得到有效缓解。截至 9 月 30 日储备棉累计成交 322 万吨，成交比例 74%。其中，新疆棉成交 183 万吨，内地棉成交 139 万吨，平均成交价格为每吨 14 754 元，成交平均价格折标准级（3128B）价格为每吨 15 951 元。

（二）需求缓慢复苏

2017 年全球经济缓慢复苏，中国纺织工业运行平稳，储备棉轮出成交踊跃，有效满足了纺企需求，棉花需求持续回升。

1. 纺织品服装出口同比增加

2017 年全球经济缓慢复苏，纺织品服装消费回稳向好，纺织品服装出口较上年有所增加。据中国海关统计，2017 年中国纺织品服装累计出口 2 669.5 亿美元，与上年相比增长 1.5%。年初，在经济增长乏力的大背景下，纺织品服装出口延续上年低迷走势，1～2 月出口额同比下滑超 10%。3 月起，出口形势好转，除 8 月受人民币升值影响出口额出现同比下滑外，其他月份出口额同比均增加。

2. 棉纱进口量同比基本持平

国内外棉花价格联动性增强，进口棉纱优势减弱。据海关统计，2017 年中国棉纱线进口数量为 198.3 万吨，同比微增 0.6%。近年来，中国大批企业赴东南亚投资设厂，进口棉纱的前 5 大来源国全部来自东南亚地区。越南是中国最大的棉纱进口来源国，中国从越南进口棉纱线持续增长，2017 年自越南进口棉纱线 71.6 万吨，同比增长 14.5%，占棉纱线进口总量 36.1%。除越南外，中国还从印度、巴基斯坦、印度尼西亚、乌兹别克斯坦等国进口棉纱线。其中自印度尼西亚和乌兹别克斯坦的进口额增长较快，2017 年同比分别增长 29%和 16.1%。

二、棉花价格走势

（一）国内棉价维持较高水平

受 2016/2017 年度国内棉花产量下降、质量较好，国储棉质量难以满足市场需求等因素影响，2017 年上半年国内棉价整体维持在较高水平。1～4 月，由于新棉销售旺盛和储备棉投放，国内市场持续震荡，价格在 15 700～15 900 元/吨区间波动。5 月开始，新棉销售基本结束，国内高质量现货资源偏紧，棉商挺价、惜售意愿强，对国内棉价形成支撑，5～6 月国内棉价保持在 16 000元/吨以上。7～8 月，储备棉投放顺利并且投放期延长、国际供需宽松，价格有所下滑。9 月，储备棉竞拍限制贸易企业，推动棉价再次上涨。11～12 月，受籽棉价格下行、新棉大量上市、新年度储备棉轮入轮出政策明确因素影响，国内棉花供应压力明显，国内皮棉价格下行。12 月，国内 3128B 级棉花月均价每吨 15 790 元。2017 年国内 3128B 级棉花均价为每吨 15 925 元，与上年相比上涨 18.3%。

（二）国际棉价震荡上行

2017 年，国际棉价受经济形势影响呈 N 形波动，先上涨后下跌再上涨。1～5 月，受美棉出口形势较好，中国和东南亚国家用棉需求增加，美元指数下跌等因素影响，国际棉价持续走高，Cotlook A 指数（相当于国内 3128B 级棉花）月均价从每磅[*] 82.33 美分上涨至 88.64 美分，上涨 7.7%。进入 6 月以来，新年度全球主要产棉国棉花普遍增产，特别是美棉产量可能高于预期，对 ICE 期棉市场形成直接压力，国际棉花价格承压下降，Cotlook A 指数月均价下降至每磅 85.04 美分，环比下跌 4.1%。此后美国农业部不断调增新年度棉花产量预测，虽有哈维飓风等对棉花生产的影响，但 Cotlook A 指数仍然持续下行，至 10 月跌至每磅 78.60 美分。11 月，受印度和巴基斯坦新棉产量与质量下滑、美棉出口签约率较高利好影响，国际棉价反弹，Cotlook A 指数涨至 80.30 美分/磅。12 月，印度棉花主产区连续遭遇虫灾和风暴威胁，美棉出口保持高速增长，同时在美元指数下跌和原油价格上涨等因素共同作用下，国

① 磅为非法定计量单位，1 磅=435.6 克。

际棉花价格继续大幅上涨，Cotlook A 指数涨至每磅 85.19 美分。2017 年 Cotlook A 指数均价为每吨 12 495 元，与上年相比上涨 14.1%。

三、主要产业政策监测

（一）深化棉花目标价格改革

1. 政策内容

2017 年 3 月，国家发展和改革委员会发布公告，为贯彻落实 2017 年中央 1 号文件精神，经国务院批准，自 2017 年起在新疆深化棉花目标价格改革。主要内容包括 5 点：一是完善目标价格形成机制。继续坚持生产成本加收益的定价原则，棉花目标价格水平按照近 3 年生产成本加合理收益确定。二是合理收益具体取值综合考虑棉花产业发展需要、财政承受能力和市场形势变化等因素确定。三是合理确定定价周期，棉花目标价格水平 3 年一定，如定价周期内棉花市场发生重大变化，报请国务院同意后可及时调整目标价格水平。四是调整优化补贴方法，对新疆享受目标价格补贴的棉花数量进行上限管理，超出上限的不予补贴，补贴数量上限为基期（2012—2014 年）全国棉花平均产量的 85%，确定 2017—2019 年新疆棉花目标价格水平为每吨 18 600 元。五是内地棉区补贴方案由财政部会同农业部制定。

2. 政策效果

2017 年新疆棉花目标价格改革方案的发布，稳定了新疆棉花生产主体的种植意向，对保障新疆乃至全国棉花市场的整体稳定具有重要意义。同时，新疆相关部门在总结过去 3 年试点工作经验的基础上，形成了一整套棉花目标价格补贴政策的操作规范和机制。补贴计算方式合理，资金兑付时间提前，并且通过信息平台的升级和完善，减轻了基层政府部门的工作强度，基本解决了面积核实、皮棉转圈、库容布局、公检能力、出库速度、资金质押等多种问题，受到了各方的一致肯定。在政策的支撑下，2017 年，新疆成为中国棉花生产的绝对核心区，产量占比超过 80%，并且随着加工企业向新疆转移，未来一段时期，新疆都将是中国整个棉纺产业的核心区域。

需要关注的是，新疆棉花目标价格补贴政策的补贴规则制约、新疆生产能力制约、加工企业补贴额度制约等一系列因素，将长期影响棉花产业整体发展。

（二）储备棉轮出政策

1. 政策内容

2017 年，储备棉轮出主要发布了 4 个公告，分别是 3 月 1 日发布的《关于组织 2016/2017 年度国家储备棉轮出销售的公告》，8 月 9 日发布的《关于继续做好2016/2017年度储备棉轮出销售工作的公告》，9月3日发布的《关于2016/2017年度储备棉轮出有关事项的公告》，9月12日发布的《关于销售部分按批抽检公检储备棉的公告》。主要是对储备棉发布的相关安排进行了说明，以及在关键时点对储备棉轮出政策进行调整的说明。

2. 政策效果

2015/2016年度的储备棉轮出，为这一轮推进供给侧结构性改革、大幅降低国储棉数量奠定了坚实的基础。面对大规模轮出过程中出现的新情况和新问题，各方积极应对，及时调整，较好解决了问题，保障储备棉轮出平稳推进，维持了市场的总体稳定。在充分吸收2015/2016年度储备棉轮出工作经验的基础上，2016/2017年度储备棉轮出过程中，轮出进度平稳，市场总体稳定，轮出结构合理，并针对拍卖成交变化适时调整轮出方式，保障了国内棉花供应，推动了去库存平稳运行。

中国棉纱贸易特点、问题及产业发展研究

中国是世界最大的纺织品服装出口国。加入WTO以来，中国纺织品服装出口持续快速增长，国内对棉纱的需求也不断扩张。但是，2010—2011年全球棉花价格剧烈波动对中国棉花生产格局和棉纱加工产业均产生了持久且重大的影响。尤其是2011年棉花价格的快速回落，造成了植棉农户收益的明显下滑。为保护国内棉花生产能力，中国从2011年起启动了持续3年的棉花临时收储政策。2014年起，为更好发挥市场机制在棉花价格形成中的作用，中国又开始3年棉花目标价格改革试点工作。到2017年，棉花目标价格政策进一步完善明确，整个棉花生产支持和市场调控政策体系逐渐完善。改革过程中，中国棉花生产波动加剧，产量先增后减的局面造成了产业的诸多问题。在目标价格政策实施之后，国内棉花生产面积持续下降，中国棉花第一大生产国的地位2016年易主印度，但生产支持政策最终还是保障了国内棉花生产水平的稳定。

棉纱作为棉花直接的下游产品，又作为纺织品服装的上游原料，在棉花市场改革的6年中，产业结构也随着整个产业链的波动发生了明显的变化。尤其是棉纱的进口量，在棉花临时收储政策实施之后快速增加，在目标价格补贴政策实施之后仍然居高不下。本文对中国棉纱进口的特点、变化原因、国内棉纱生产的问题进行梳理，从棉花和棉纱全产业链的角度来看待棉纱进口的问题，并提出三点政策建议。

一、近年来中国棉纱贸易特点及原因

（一）2012年起棉纱进口快速增长

中国棉纱进口以含棉量85%以上中低端纱线品种为主。2011年以前，棉纱线（含棉量85%以上）进口量基本稳定在80万～100万吨的水平，但2012年起，中国棉纱（含棉量85%以上）进口量开始快速增长，从2012年的140.5万吨增加到2015年的222.2万吨。2016年，因需求下降及内外价差缩小，进口量降至185.9万吨，仍维持较高水平（表1）。

表 1　2009—2016 年中国棉纱（含棉量 85%以上）进口情况

单位：万吨

年份	2009	2010	2011	2012	2013	2014	2015	2016
进口量	95.4	102.7	80.3	140.5	197.2	190.0	222.2	185.9

数据来源：中国海关统计。

（二）进口来源地较为集中

中国棉纱进口前 3 位的来源地为越南、印度和巴基斯坦，近年从上述 3 国合计进口量占比均超过 70%。2016 年，从越南、印度和巴基斯坦进口棉纱量分别为 62 万吨、42 万吨和 39 万吨，占当年中国棉纱进口总量的 76.8%（表 2）。近几年，受国内棉花成本居高不下的影响，国内部分纺织企业到东南亚投资建厂，主要利用越南的进出口税收优势，越南纱进口量快速提高，成为中国棉纱进口最重要的来源地。

表 2　2014—2016 年中国棉纱进口来源地

单位：万吨

年份	越南	印度	巴基斯坦	中国台湾	印度尼西亚	乌兹别克斯坦
2014	39.6	54.1	50.6	11.2	9.4	6.7
2015	50.3	70.3	54.2	10.6	11.2	11.0
2016	62.4	41.5	38.8	11.6	10.8	8.8

数据来源：中国海关统计。

（三）临储政策造成棉纱进口快速增加

加入 WTO 以来，中国纺织品服装出口加速，带动棉纺产业加快发展，产业呈现出“大进大出、两头在外”的特征。棉花的产需缺口逐渐显现，并且缺口长期维持在 200 万吨以上。从中国棉花历年进口量数据也可以看到（表 3），2011 年开始实施的棉花临时收储政策，使得国内棉花供需格局骤然紧张，储

表 3　2001—2016 年中国棉花进口情况

单位：万吨

年份	2001	2002	2003	2004	2005	2006	2007	2008
进口量	6	18	87	191	257	364	246	211
年份	2009	2010	2011	2012	2013	2014	2015	2016
进口量	153	284	337	514	415	244	147	90

数据来源：中国海关统计。

备棉投放的高价格使纺织企业更多地寻求进口棉，也推动了 2012 年进口棉数量达到历史高位。在棉花进口增加但配额有限的同时，棉纱替代棉花进口也成为下游纺织服装企业的一种理性选择，棉纱进口开始明显增加。棉花临时收储政策造成了国内棉花供应紧张的局面，国内产能不得不向外转移或者直接采购外纱，棉花临时收储政策是 2012 年起中国棉纱进口快速增加的根本原因。

（四）内外棉纱价差助推棉纱进口

国内外棉纱的巨大价差是棉纱进口的直接动力。在国内高棉花价格的影响下，国内棉纱价格远高于进口棉纱价格。以主流棉纱品种 32 支纯棉普梳纱（C32S）为例，2013—2015 年，国产棉纱和进口棉纱到岸税后价价差较大，每吨年均价差分别达 837 元、1 144 元和 1 115 元（表 4），部分时段价差高达 2 000 元以上，贸易商和纺织服装企业对棉纱的进口动力强劲。这几年也正是中国棉纱进口量增长最快的时期。2016 年以后，在国内棉花价格快速下降、人民币贬值、外纱价格上涨等综合因素作用下，内外棉纱价差明显缩小，棉纱进口量也有所回落。

表 4　国产棉纱与进口棉纱税后价价差

单位：元/吨

年份	CY Index C32S（国产棉纱到厂价）	FCY Index C32S（进口棉纱到港价）	内外价差
2013	26 211.6	25 374.2	837.4
2014	24 535.7	23 391.7	1 144.0
2015	21 028.6	19 914.0	1 114.6
2016	20 805.3	21 048.4	−243.1

数据来源：中国棉花协会。

（五）配额政策调整使得近两年棉纱进口居高不下

2016 年和 2017 年，为配合棉花目标价格改革，推进棉花供给侧结构性改革，加快储备棉消化，国家对棉花的滑准税配额发放开始限制，2016 年起停发滑准税配额。在内外棉价差缩小和政策调整双重作用下，棉花进口量快速下滑，降至加入 WTO 以来的较低水平，2016 年的棉花进口量仅为 90 万吨。但是由于 2014 年临储政策取消之后，国内棉花种植面积快速下滑，国内棉花年度产需不平衡的局面加剧。虽然储备棉轮出一定程度补充了国内棉花产需缺口，但国内棉花供给总量仍然有限，棉花品种结构也不能完全满足市场需求，在纺织品服装出口回暖的局面下，下游部分中小棉纺企业仍然依赖外纱，棉纱进口成为国内消费的重要补充渠道，导致棉纱的进口量居高不下。

二、中国棉纱产业发展面临的几个问题

（一）纺纱业产能利用不足

据中国棉纺织行业协会数据，2016年中国拥有环锭纺能力1.2亿锭，按照当年全球2.54亿锭的产能计算，中国棉纺产能约占全球总产能的47%，接近全球棉纺总规模的一半。而2000年中国的环锭纺能力仅为3 000余万锭，2005年后呈爆发式增长，2011年达到高峰的1.3亿锭。考虑到加工工艺水平参差不齐，按照每万锭用棉1 000吨估计，目前中国的棉花加工能力要超过1 200万吨，棉纺行业产能处于明显过剩的状态。在中国的棉纺企业中，中小企业占比超过五成，受棉花、棉纱市场波动冲击，内地传统纺织产业基地中不少中小纺织企业破产倒闭。

（二）棉纱生产竞争力弱

目前中国纺织工业面临国际市场的挤压，主要来自两个方面。一是部分新兴发展国家，包括南亚、东南亚、非洲等地，特别是印度、孟加拉国、越南等国家加工成本的优势，包括劳动力成本、原料成本、能源成本、运输成本、环境治理成本等方面均明显低于中国。二是近年来世界经济发展的逆全球化倾向，经济发达的原纺织大国（英、美、法、德、意等）开始实施“再工业化”方针，恢复棉纺织加工生产。中国棉纱生产成本偏高，在这两方面的冲击下，国产棉纱的竞争力逐渐减弱。

（三）棉纱进口门槛低

中国对棉花进口实施关税配额管理，近两年停发滑准税配额后，棉花进口数量明显下降，2016年基本上降至配额数量附近，2017年有所增加，也仍然在较低水平。但中国对棉纱进口实行单一关税管理，无进口关税配额限制，进口关税仅为5%，对一些东南亚贸易伙伴实行优惠税率，越南、印度尼西亚等东盟国家更是零关税，棉花进口受限、棉纱进口相对自由的关税结构使中国棉纱企业腹背受敌，严重损害了产业的竞争力。

（四）纺纱业部分产能转移

由于国内棉纱生产的成本高、价格缺乏竞争优势，使得棉纱产业发生着两种路径的转移。一是部分纱企转至成本较低的越南、柬埔寨等东南亚国家，利用其较低的原料、劳动力、资源环境成本和有利的国际贸易规则，生产棉纱后再出口到中国。二是利用新疆近几年为发展棉纺产业出台的多项扶持政策，前往新疆投资建厂。但是转移到东南亚会承担一定的地缘政治和不确定的国际贸易形势的风险，新疆建厂则要面对政策持续性和高运输成本的障碍，中国棉纺产业布局调整仍然面临困境。

三、保障中国棉纺产业健康发展的政策建议

（一）棉花生产支持政策继续完善实施

中国是传统的棉花生产大国和纺织工业大国，棉纱产业的竞争力部分程度取决于国产棉花的品质与价格，因此国内棉花生产决不能放松。从目前国内情况看，棉花生产出现了明显的区域布局分化。2011—2016 年，国内棉花市场支持政策经历两轮大调整，最终探索出比较适宜中国棉花生产特点和产业格局的目标价格补贴机制。棉花价格基本与国际市场接轨，棉花品质不断提升。2017 年起，新疆继续深化棉花目标价格改革，坚持生产成本加收益的定价原则，目标价格水平按照近 3 年生产成本加合理收益确定，目标价格水平 3 年一定，调整优化补贴方法。新疆棉区的植棉面积在目标价格补贴政策的支持下将保持稳定，品质进一步提升，为国内棉花稳定供给奠定坚实基础，保障了国内棉纺产业的健康运转。内地棉区在临时收储政策取消以后，植棉收益下滑较为严重，植棉面积明显萎缩。目标价格补贴政策应进一步调整完善，支持资金向内地优势棉区和传统棉区倾斜，支持重点向提高生产效率、减少人力投入的技术倾斜，支持方式向社会化服务补贴、保险保费补贴、生产技术改进补贴、绿色发展补贴等方向转变，务必保护内地棉区的基本生产能力和生产规模，保障中国棉花生产的科学合理布局。

（二）适度放宽棉花进口限制

近两年全球经济出现复苏迹象，2017 年 3 月以来中国纺织品服装出口也出现增长，棉花需求有所反弹，中国棉花年度消费量恢复到 800 万吨左右。而国内棉花生产能力的萎缩使得产需缺口明显。在储备棉投放期间，棉花产需缺口通过棉花进口和储备棉轮出弥补，基本上保障了棉纺产业的用棉需求。但储备棉数量迅速缩减，2017/2018 年度末将降至合理水平，储备棉将无法补充国内产需缺口。在近两年滑准税配额严格控制的情况下，外棉进口量保持在较低水平。全关税下外棉价格明显高于国产棉，并无进口优势。因此，根据估算的年度产需缺口适度增发滑准税配额，一方面由于滑准税下外棉与国产棉价格相当，不会对国内市场造成过度冲击，另一方面价格合理的外棉进口可以有效补充国内纺织企业用棉紧张的局面，利于国内棉纺工业的发展，也能避免棉纱进口的进一步增加。

（三）配套棉纺产业支持政策

目前中国棉纺产能仍然充足，通过创造有利的政策环境，棉纺产业仍有很大的发展空间。第一，给予棉纺企业优惠电价，既能大幅降低棉纺企业经营成本，又能充分利用风力发电、太阳能发电等清洁能源，使各种发电能力可以并

网利用，发电方和用电方双方得利。第二，对纺织品物流开通绿色通道，纺织品作为棉花的直接产品，由于生产和加工消费区域分离，物流极大提高了产业的运行成本，纺织品物流也应享受农产品的绿色通道政策，提升产业的整体竞争力。第三，在纺织产业集聚区或者产业基地集中建设高标准、高技术的污水处理设施，并在一定时期内给予运营费补贴，推进绿色发展的同时，保持产业发展的可持续性和竞争力。第四，对棉纺产业升级改造给予金融支持，棉纺行业属于资本密集型产业，设备的升级改造需要大量资金投入，对棉纺企业的固定资产投资给予一定的贷款贴息，有利于企业做大做强，产业健康发展。

全球油料及植物油供需贸易研究

一、全球主要油料及植物油的供需、贸易情况①

（一）全球主要油料②生产

1. 主要油料产量、结构分析

进入21世纪以来，全球主要油料收获面积除了2007/2008年度和2015/2016年度同比略有减少外，其他年度一直处于扩张状态。2017/2018年度全球主要油料的收获面积预计为2.77亿公顷，比2016/2017年度大幅增长4.75%，处于历史最高水平。2017/2018年度与2008/2009年度相比，全球主要油料收获面积增长了20.32%。

全球主要油料面积增加的同时带来产量的稳步提升，2017/2018年度全球主要油料产量预计将比上一年度增长1.02%，达到5.80亿吨，为历史最高水平。从进入21世纪以来看，全球主要油料产量绝大部分年份处于增长状态，2017/2018年度与2008/2009年度相比，10年间全球主要油料产量增长了45.26%（表1）。作物面积的增加和单产的提高共同促进了油料产量的增长。

表1　全球主要油料生产情况

单位：百万公顷、百万吨

年度	收获面积	期初库存	产量	期末库存
2008/2009	230.45	62.84	398.98	57.23
2009/2010	235.79	57.23	447.52	74.22
2010/2011	245.27	74.22	461.14	84.63

① 2017/2018年度数据为美国农业部估计值。

② 油料是油脂制取工业的原料，油脂工业通常将含油率高于10%的植物性原料称为油料，亦常称油籽，通常包括大豆、油菜籽、花生、葵花籽、芝麻、棉籽、棕榈仁、椰子干、亚麻籽以及蓖麻籽等10余种原料，但不同的统计体系对纳入统计的油料品种不同。比如，FAO的油料统计纳入了棕榈仁，但没有把棕榈果纳入；美国农业部的油籽原料生产和贸易统计不把芝麻、亚麻籽、蓖麻籽等纳入，可能与美国农业部关注主要油料的视野有关。而中国把国际公认的油料作物大豆作为粮食作物来统计。本报告把大豆作为油料来对待。

（续）

年度	收获面积	期初库存	产量	期末库存
2011/2012	248.17	84.63	447.64	67.15
2012/2013	256.20	67.15	475.57	68.94
2013/2014	260.05	68.94	504.22	78.80
2014/2015	264.76	78.80	537.59	93.36
2015/2016	262.82	93.36	520.87	90.53
2016/2017	264.70	90.53	573.69	108.40
2017/2018	277.27	108.40	579.54	110.80

数据来源：美国海外农业服务局（Foreign Agricultural Service，简称 FAS）/USDA。

从油料构成看，大豆是最主要的油料，2017/2018 年度占到全球油料总产量的 60.13%。大豆的产量增长也最快，从 2013/2014 年度的 2.83 亿吨增加到 2017/2018 年度的 3.48 亿吨，占油料总产量的份额提高了 4.04%。油菜籽是第二大油料，2017/2018 年度产量为 7 286 万吨，占到全球油料总产量的 12.57%。其次是葵花籽、花生和棉籽，三类油料产量比较接近，占全球油料总产量的 7%～8%。棕榈仁的产量较少，占全球油料总产量的 3.20%。椰子核的产量最少，占全球油料总产量不到 1%（表 2，图 1）。由于近几年大豆产量的快速增长，其他油料（除棕榈仁外）占全球的份额均有所下降。

表 2　全球主要油料产量

单位：百万吨

主要油料	2013/2014 年度	2014/2015 年度	2015/2016 年度	2016/2017 年度	2017/2018 年度
椰子核	5.42	5.42	5.32	5.41	5.54
棉籽	45.04	44.43	35.78	39.01	44.04
棕榈仁	15.94	16.56	15.96	17.30	18.53
花生	41.87	40.46	40.42	42.77	44.34
油菜籽	71.68	71.45	69.33	70.27	72.86
大豆	282.75	320.02	313.77	351.32	348.47
葵花籽	41.54	39.25	40.30	47.61	45.77
合计	504.22	537.59	520.87	573.69	579.54

数据来源：FAS/USDA。

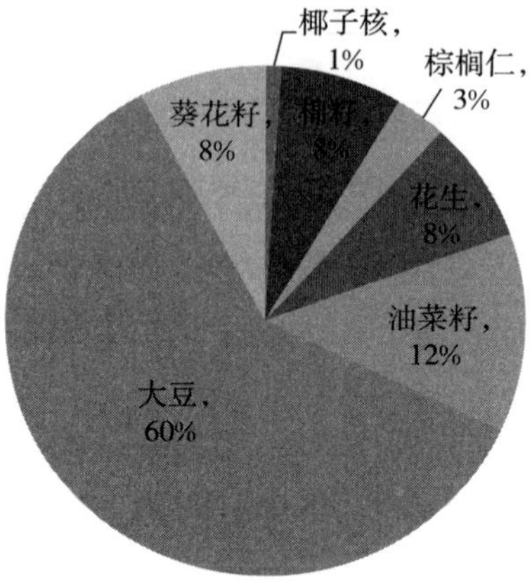

图 1　2017/2018 年度全球油料产量构成

数据来源：根据 USDA/FAS 数据整理

2. 主要油料生产国的生产情况

全球最重要的油料生产大国是美国、巴西、阿根廷和中国①。其中美国是全球最大的油料生产国，产量从 2013/2014 年度的 9 902 万吨增加到 2017/2018 年度的 1.32 亿吨，增长了 33.47%，占全球的份额增长到 22.80%。其次是巴西，2017/2018 年度的产量达到了 1.11 亿吨，占全球的 19.20%。阿根廷的产量也有所增长，但增长较慢。而中国和印度的产量和份额均出现了下降，中国下降幅度较大（表 3，图 2）。

表 3　全球主要油料生产大国

单位：百万吨

主要油料生产国	2013/2014 年度	2014/2015 年度	2015/2016 年度	2016/2017 年度	2017/2018 年度
美国	99.02	116.03	115.88	126.94	132.16
巴西	90.01	100.16	99.01	117.04	111.25
阿根廷	57.03	66.26	60.80	62.82	62.26
中国	58.64	57.66	53.82	55.00	57.45
印度	36.86	32.28	29.37	37.76	36.61
其他	162.66	165.20	161.98	174.13	179.81
总计	504.22	537.59	520.87	573.69	579.54

数据来源：FAS/USDA。

① 马来西亚和印度尼西亚是棕榈油生产大国，但在美国农业部目前的油料统计中，只包含棕榈仁，所以，这里没有把棕榈果生产纳入考虑。

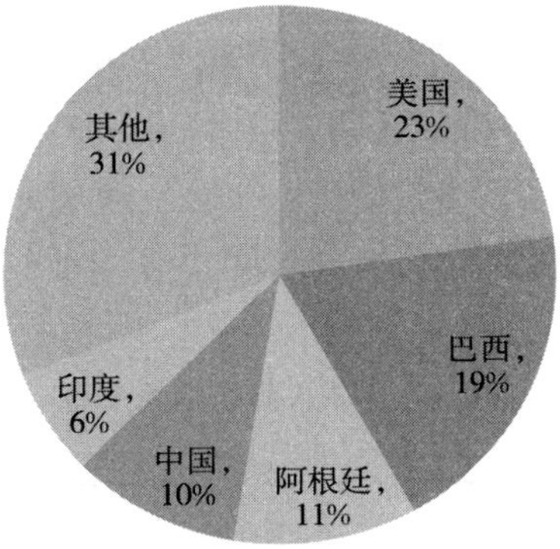

图 2　2017/2018 年度各国油料产量占全球的比重

数据来源：根据 USDA/FAS 数据整理

（二）全球主要植物油生产

1. 主要植物油[①]产量、结构分析

2017/2018 年度全球主要植物油产量预计将进一步大幅增加，达到 1.97 亿吨的新高。进入 21 世纪以来，全球主要植物油产量一直逐年增加，2017/2018 年度与 2008/2009 年度相比，主要植物油产量增长了 45.88%（表 4）。

表 4　全球植物油生产

单位：百万吨

年度	期初库存	产量	进口	期末库存
2008/2009	14.93	134.97	54.00	15.69
2009/2010	15.69	142.45	55.66	16.71
2010/2011	16.71	149.12	57.08	19.29
2011/2012	19.29	158.28	61.89	22.66
2012/2013	22.66	161.63	65.53	22.06
2013/2014	22.06	171.78	67.24	24.09
2014/2015	24.09	177.27	71.11	24.34
2015/2016	24.34	176.66	70.63	20.71
2016/2017	20.71	188.60	74.53	19.53
2017/2018	19.53	196.89	75.66	20.73

数据来源：FAS/USDA。

① 植物油产量与油籽产量有一定的关系，但并非是完全对应的，因为相应植物油的产量还取决于具体产品本身的含油率和出油率、实际用于榨油的产量比例，此外，各国的实际植物油产量还与油料贸易数量有关。

分种类看，棕榈油、豆油、菜籽油和葵花籽油是最重要的四大植物油，2017/2018 年度产量分别达到了 6 933 万吨、5 620 万吨、2 845 万吨和 1 771 万吨，分别占全球主要植物油产量的 35.21%、28.54%、14.45%和 8.99%。其他植物油的产量相对较少，占比均不到 5%（表 5，图 3）。

从产量变化看，棕榈油和豆油总体上保持了较快增长；葵花籽油、棕榈仁油和菜籽油产量小幅增长；棉籽油和橄榄油产量有下降的趋势。

表 5　全球主要植物油产量

单位：百万吨

主要植物油	2013/2014 年度	2014/2015 年度	2015/2016 年度	2016/2017 年度	2017/2018 年度
椰子油	3.38	3.37	3.32	3.38	3.44
棉籽油	5.16	5.12	4.29	4.40	5.02
橄榄油	3.20	2.40	3.12	2.49	2.70
棕榈油	59.31	61.81	58.83	64.80	69.33
棕榈仁油	7.07	7.31	7.01	7.59	8.09
花生油	5.72	5.43	5.44	5.86	5.94
菜籽油	27.27	27.61	27.70	27.99	28.45
豆油	45.22	49.29	51.57	53.86	56.20
葵花籽油	15.45	14.92	15.38	18.22	17.71
合计	171.78	177.27	176.66	188.60	196.89

数据来源：FAS/USDA。

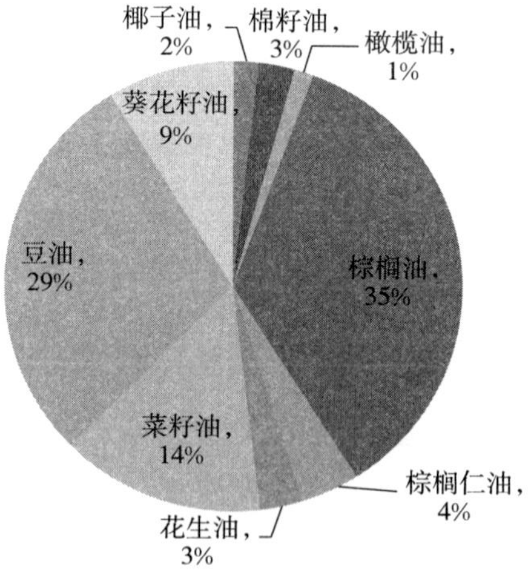

图 3　2017/2018 年度全球植物油产量构成

数据来源：根据 USDA/FAS 数据整理

2. 主要植物油生产国（经济体）的生产情况

由于贸易的存在，各国（经济体）植物油的生产和油料的生产并不一致。全球最主要的植物油生产大国（经济体）是印度尼西亚、中国、马来西亚和欧盟，2017/2018年度该四大国（经济体）生产的植物油占到全球植物油产量的57.87%。印度尼西亚和马来西亚主要生产棕榈油，中国和欧盟主要生产豆油和菜籽油。其次重要的植物油生产国是美国、阿根廷和巴西，主要生产豆油，3国植物油产量合计约占全球的15.66%（表6，图4）。

表6 植物油生产大国（经济体）情况

单位：百万吨

国家（经济体）	2013/2014年度	2014/2015年度	2015/2016年度	2016/2017年度	2017/2018年度
印度尼西亚	35.02	37.78	36.68	41.12	43.91
中国	24.31	25.04	26.12	26.98	28.58
马来西亚	22.59	22.27	19.85	21.13	22.93
欧盟	18.24	18.08	18.41	18.07	18.53
美国	10.43	10.94	11.21	11.44	11.65
阿根廷	7.84	8.98	9.69	9.87	10.22
巴西	8.00	8.65	8.45	8.72	8.97
其他	45.35	45.54	46.25	51.28	52.10
总计	171.78	177.27	176.66	188.60	196.89

数据来源：FAS/USDA。

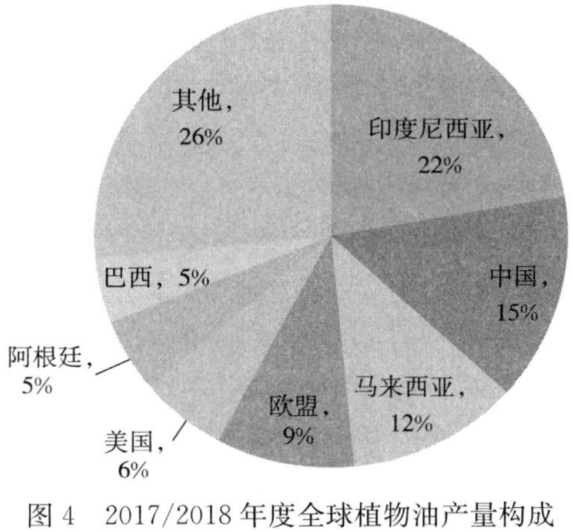

图4 2017/2018年度全球植物油产量构成

数据来源：根据USDA/FAS数据整理

(三)全球主要油料消费

1. 主要油料消费量、结构分析

2017/2018 年度全球主要油料的消费总量将达到创纪录的 5.74 亿吨，比上一年度增长 4.02%。进入 21 世纪以来，全球主要油料的消费量逐年扩大，2017/2018 年度与 2008/2009 年度相比，主要油料的总消费量增长了 41.73%。

2017/2018 年度，全球主要油料的生产量也大幅上升，超过消费的增加量，导致期末库存保持高位，库存与消费比为 19.30%，处于历史高位，全球市场供应相对宽松（表 7）。

表 7　全球主要油料消费总量

单位：百万吨

年度	总供给	总消费	期末库存	库存消费比（%）
2008/2009	461.82	404.99	57.23	14.13
2009/2010	504.75	425.52	74.22	17.44
2010/2011	535.36	446.76	84.63	18.94
2011/2012	532.27	466.98	67.15	14.38
2012/2013	542.72	470.45	68.94	14.65
2013/2014	573.16	494.14	78.80	15.95
2014/2015	616.39	519.50	93.36	17.97
2015/2016	614.23	524.26	90.53	17.27
2016/2017	664.22	551.83	108.40	19.64
2017/2018	687.94	574.01	110.80	19.30

数据来源：FAS/USDA。

注：这里的总供给量是全球视野的总体供给量（=全球期初库存量+产量），与 USDA 提供的总供给量的差异在于这里的总供给消除了进出口因素。

由于库存变化的绝对量比较小，全球主要油料的消费变化基本与生产一致，因此本文主要分析油料的最主要用途——压榨的消费情况。历年全球油料压榨占到油料消费的 80%以上。在油料压榨消费中，大豆具有举足轻重的地位，2017/2018 年度全球大豆的压榨量达到 3.02 亿吨，占全球所有油料压榨量的 61.72%；其次重要的是油菜籽、葵花籽、棉籽，分别占全球油料压榨量的 14.22%、8.63%、6.79%；其他油料压榨量占比均低于 5%（表 8，图 5）。

表 8　全球主要油料压榨消费

单位：百万吨

主要油料	2013/2014 年度	2014/2015 年度	2015/2016 年度	2016/2017 年度	2017/2018 年度
椰子核	5.40	5.38	5.32	5.38	5.48
棉籽	34.22	33.84	28.39	29.20	33.16
棕榈仁	15.85	16.50	15.89	17.19	18.38
花生	17.70	16.77	16.82	18.09	18.35
油菜籽	66.86	67.58	67.50	68.32	69.49
大豆	242.83	264.86	275.36	288.12	301.57
葵花籽	36.99	35.55	36.65	43.15	42.15
总计	419.85	440.48	445.93	469.45	488.58

数据来源：FAS/USDA。

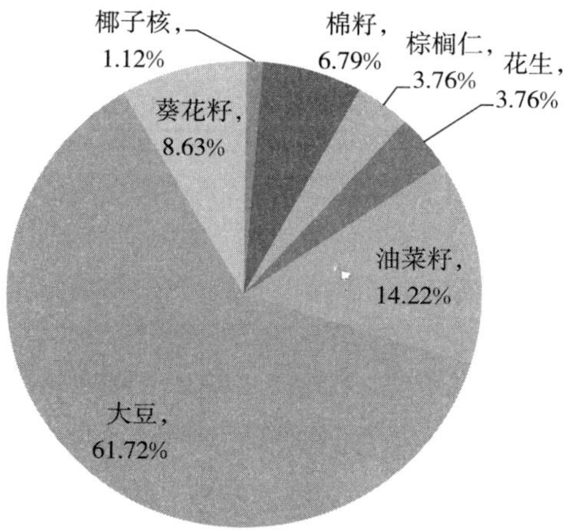

图 5　2017/2018 年度全球主要油料压榨消费构成

数据来源：根据 USDA/FAS 数据整理

2. 主要消费大国（经济体）的压榨消费情况

各国（经济体）油料的压榨量不仅取决该国（经济体）油料的生产量，还取决于一国（经济体）油料的进出口贸易量、油料品种用于压榨的比例（比如花生和芝麻用于食用而非用于榨油的比例较高），以及影响出油率的工艺等因素。从 USDA 提供的数据看，中国、美国、阿根廷、欧盟和巴西是油料压榨消费大国（经济体），这五大国（经济体）的压榨量超过了全球油料压榨量的近 2/3。中国是全球最大的油料压榨国（经济体），油料压榨量逐年增加，

2017/2018 年度将达到 1.32 亿吨，超过全球全部油料压榨消费的 1/4。其他 4 个经济体各自的油料压榨份额相对较小，在 10%上下（表 9，图 6）。

表 9　全球主要国家（经济体）油料压榨消费

单位：百万吨

国家（经济体）	2013/2014 年度	2014/2015 年度	2015/2016 年度	2016/2017 年度	2017/2018 年度
中国	107.63	112.09	117.30	123.17	131.70
美国	51.46	55.11	55.06	56.24	57.69
阿根廷	38.79	43.39	46.37	46.85	48.72
欧盟	44.97	47.84	46.74	46.98	48.02
巴西	39.71	42.94	41.84	43.38	44.74
印度	28.91	25.15	22.90	27.78	28.47
俄罗斯	13.15	12.98	13.59	15.45	16.00
乌克兰	12.16	11.45	12.93	15.60	14.20
其他	83.07	89.54	89.18	94.00	99.04
合计	419.85	440.49	445.91	469.45	488.58

数据来源：FAS/USDA。

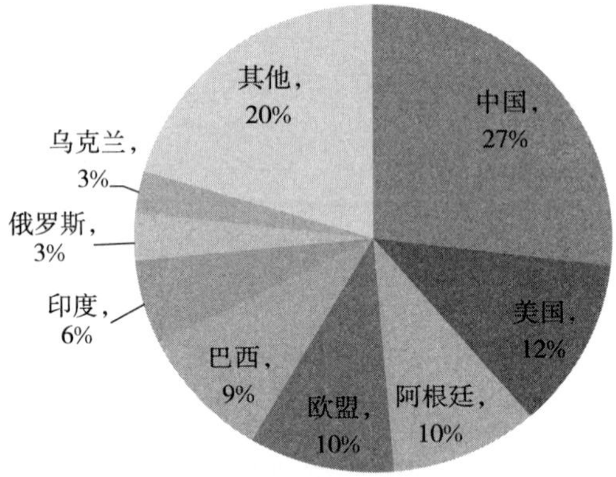

图 6　2017/2018 年度各国（经济体）主要油料压榨消费占世界的比重

数据来源：根据 USDA/FAS 数据整理

(四) 全球主要植物油消费

1. 主要植物油消费数量、结构分析

2017/2018 年度全球主要植物油的消费总量将达到创纪录的 1.90 亿吨，比上一年度增长 3.36%。进入 21 世纪以来，全球主要植物油的消费量一直在

逐年增加，2017/2018 年度与 2008/2009 年度相比，主要植物油的总消费量增长了 44.63%。

进入 21 世纪以来，主要植物油的消费量和生产都在上升，期末库存量在总体上也缓慢上升，但最近几年主要植物油的库存量和库存消费比有下降趋势，库存量从 2014/2015 年度的 2 434 万吨下降到 2017/2018 年度的 2 073 万吨，库存消费比从 2014/2015 年度的 14.18% 下降到 2017/2018 年度的 10.91%（表 10）。

表 10　全球主要植物油消费

单位：百万吨、%

年度	总供给	总消费	期末库存	库存消费比
2008/2009	149.90	131.33	15.69	11.95
2009/2010	158.14	138.20	16.71	12.09
2010/2011	165.83	142.96	19.29	13.49
2011/2012	177.57	152.06	22.66	14.90
2012/2013	184.29	159.46	22.06	13.83
2013/2014	193.84	166.76	24.09	14.45
2014/2015	201.36	171.64	24.34	14.18
2015/2016	201.00	177.44	20.71	11.67
2016/2017	209.31	183.77	19.53	10.63
2017/2018	216.42	189.94	20.73	10.91

注：这里的总供给量是全球视野的总体供给量（=全球期初库存量+产量），与 USDA 提供的总供给量的差异在于这里的总供给消除了进出口因素。

数据来源：FAS/USDA。

全球植物油消费与生产非常吻合，棕榈油、豆油、菜籽油和葵花籽油是最重要的四大植物油种类。以 2017/2018 年度的植物油消费构成看，棕榈油是最大的植物油种类，占主要植物油消费量 33.54%，以下依次是豆油（占 29.49%）、菜籽油（占 15.38%）、葵花籽油（占 8.90%），其余的植物油种类均在 4%以下（表 11，图 7）。

表 11　植物油分类别消费及结构

单位：百万吨

植物油	2013/2014 年度	2014/2015 年度	2015/2016 年度	2016/2017 年度	2017/2018 年度
椰子油	3.34	3.29	3.26	3.17	3.22

（续）

植物油	2013/2014 年度	2014/2015 年度	2015/2016 年度	2016/2017 年度	2017/2018 年度
棉籽油	5.09	5.06	4.40	4.38	4.91
橄榄油	2.97	2.64	2.81	2.63	2.64
棕榈油	57.52	58.69	59.23	61.30	63.70
棕榈仁油	6.58	7.22	6.81	7.13	7.35
花生油	5.68	5.50	5.44	5.77	5.99
菜籽油	26.17	27.29	28.19	29.00	29.22
豆油	45.28	47.83	52.16	53.81	56.01
葵花籽油	14.14	14.11	15.16	16.59	16.91
合计	166.76	171.64	177.44	183.77	189.94

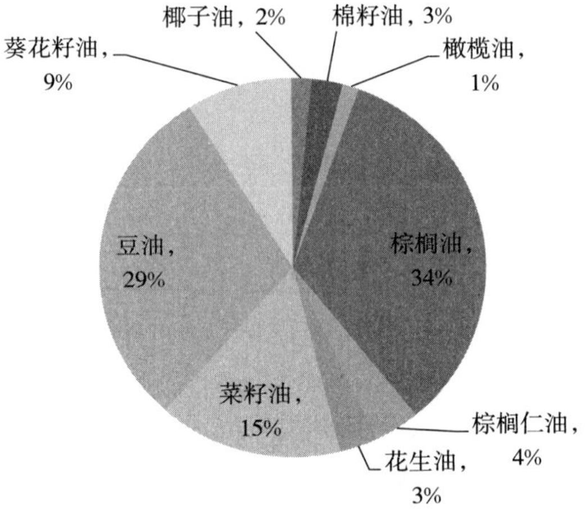

图 7　2017/2018 年度主要植物油消费占比

数据来源：根据 USDA/FAS 数据整理

2. 主要消费大国（经济体）消费情况

2017/2018 年度，中国、欧盟、印度、美国 4 个国家（经济体）消费了全球一半以上的植物油，其中，中国植物油的消费量占了接近 20%（表 12，图 8）。

表 12　全球主要植物油消费

单位：百万吨

国家（经济体）	2013/2014 年度	2014/2015 年度	2015/2016 年度	2016/2017 年度	2017/2018 年度
中国	32.77	33.61	34.68	35.71	36.75
欧盟	25.20	25.88	26.11	26.06	26.07
印度	18.66	20.05	21.05	22.49	23.44
美国	13.50	13.68	14.57	14.73	15.57
印度尼西亚	11.05	9.90	11.40	11.72	12.20
巴西	7.00	7.52	7.48	7.85	8.02
马来西亚	4.36	4.56	4.53	4.33	4.73
巴基斯坦	3.77	4.15	4.26	4.43	4.64
其他	50.45	52.29	53.36	56.45	58.52
合计	166.76	171.64	177.44	183.77	189.94

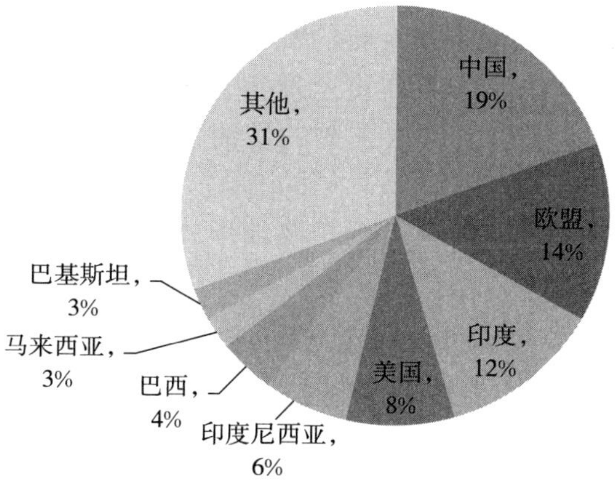

图 8　2017/2018 年度各国（经济体）主要植物油消费占全球的比重

数据来源：根据 USDA/FAS 数据整理

（五）全球主要油料贸易

1. 主要油料贸易数量、结构分析

全球油料贸易[①]（以出口量来代表）总体呈不断上升的趋势，贸易量从 2008/2009 年度的 0.94 亿吨上升到 2017/2018 年度的 1.76 亿吨，增长了 87.29%。

① 从全球的角度看，总出口和总进口大致相等，因此本文仅从出口角度分析全球贸易。

全球油料贸易量的增长速度要快于产量的增长，油料出口贸易量占总产量的比重缓慢上升，从 2008/2009 年度的 23.60%逐步上升到 2017/2018 年度的 30.43%，上升了 6.83 个百分点（图 9）。

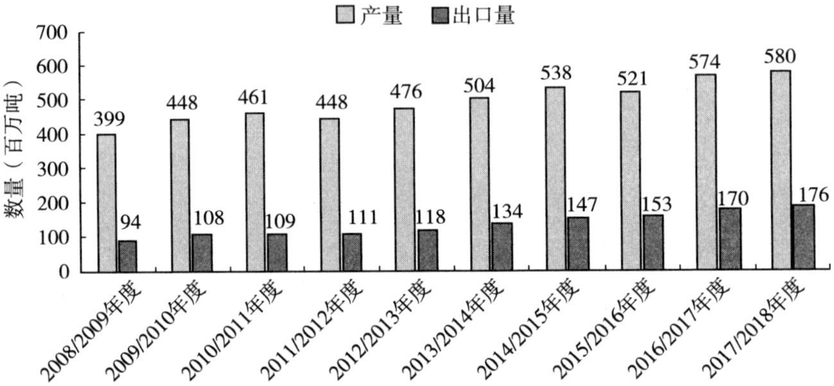

图 9　全球主要油料产量和出口量

数据来源：FAS/USDA 数据，作者制作

全球油料贸易中，大豆是最主要的贸易油料，近几年占到全球油料出口贸易总量的 85%以上。2017/2018 年度全球大豆出口量将达到 1.52 亿吨，占全球油料贸易总量的 86.46%。其次重要的是油菜籽，2017/2018 年度出口量预计为 1 669 万吨，占全球油料贸易总量的 9.47%。其他油料的贸易比重较小。有些大宗油料如棕榈仁采取的主要是植物油形式而非油料形式的贸易（表 13、图 10）。

表 13　全球主要油料分类出口贸易量

单位：百万吨

主要油料	2013/2014 年度	2014/2015 年度	2015/2016 年度	2016/2017 年度	2017/2018 年度
椰子核	0.11	0.11	0.11	0.13	0.10
棉籽	0.94	0.72	0.69	0.91	1.08
棕榈仁	0.04	0.04	0.04	0.05	0.05
花生	2.90	3.30	3.53	3.65	4.12
油菜籽	15.10	15.10	14.37	16.03	16.69
大豆	112.72	126.22	132.55	147.26	152.45
葵花籽	1.96	1.66	2.01	2.46	1.84
总计	133.77	147.14	153.30	170.49	176.33

数据来源：FAS/USDA。

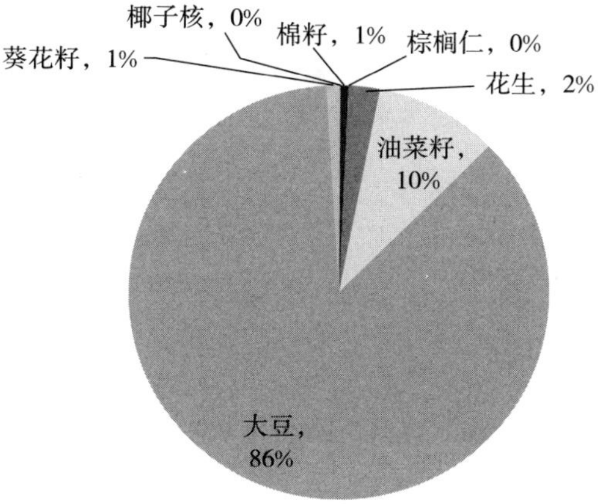

图 10　2017/2018 年度全球主要油料贸易结构

数据来源：FAS/USDA

2. 主要国家贸易情况

在油料出口中，巴西和美国是当前全球最重要的油料出口国，两国的油料出口量合计占全球出口量的 70%以上。尤其是巴西，已经超越传统出口老大美国成为全球最大的油料出口国，2017/2018 年度出口量为 6 575 万吨，占全球出口总量的 37.29%。加拿大和阿根廷是第二层级的出口大国，2017/2018 年度各自的油料出口量分别占到全球油料出口总量的 9.66%和 5.43%（表 14，图 11）。其中巴西、美国和阿根廷主要出口大豆，加拿大主要出口油菜籽。

表 14　全球油料出口大国

单位：百万吨

国家	2013/2014 年度	2014/2015 年度	2015/2016 年度	2016/2017 年度	2017/2018 年度
巴西	46.99	50.85	54.65	63.33	65.75
美国	45.57	51.12	53.96	60.28	61.81
加拿大	12.69	13.01	14.55	15.75	17.03
阿根廷	8.59	11.56	11.22	7.95	9.57
巴拉圭	4.86	4.62	5.41	6.18	6.01
乌克兰	3.57	4.43	3.89	4.13	4.40
澳大利亚	3.07	2.92	2.23	3.56	2.91
其他	8.42	8.64	7.40	9.32	8.86
总计	133.77	147.14	153.30	170.49	176.33

数据来源：FAS/USDA。

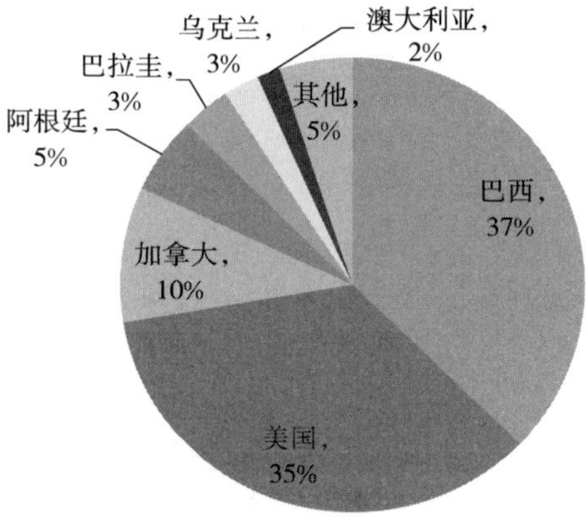

图 11　2017/2018 年度全球主要油料出口贸易国别结构
数据来源：FAS/USDA

在油料进口中，中国是全球最重要的进口国，最近 5 年每年的油料进口量占全球进口量的一半以上，并且还在逐年攀升，2017/2018 年度中国进口油料将达到 1.02 亿吨，占全球油料进口量的 59.10%。欧盟油料进口量位居全球第二，其年进口量波动上升，2017/2018 年度的进口量为 1 974 万吨，占比下降到 11.40%。日本和墨西哥是第三层级重要的油料进口国，两国进口量比较接近，在 600 万吨的水平，但是其占全球油料进口比重均有所下降，近年都在 4%以下。2017/2018 年度，预计上述 4 个国家（经济体）的合计进口量占到全球油料进口量的 77.74%（表 15，图 12）。

表 15　全球油料进口大国（经济体）

单位：百万吨

国家（经济体）	2013/2014 年度	2014/2015 年度	2015/2016 年度	2016/2017 年度	2017/2018 年度
中国	75.58	83.15	87.93	98.42	102.35
欧盟	18.01	17.35	20.14	19.20	19.74
墨西哥	5.58	5.73	5.92	6.28	6.54
日本	5.49	5.70	5.78	5.79	6.00
泰国	1.89	2.51	2.91	3.18	3.25
巴基斯坦	1.15	1.68	2.63	2.79	3.22
印度尼西亚	2.55	2.25	2.52	2.95	2.95
土耳其	2.40	3.12	2.98	3.01	2.93
其他	20.91	22.12	23.06	24.88	26.23
合计	133.54	143.61	153.87	166.51	173.19

数据来源：FAS/USDA。

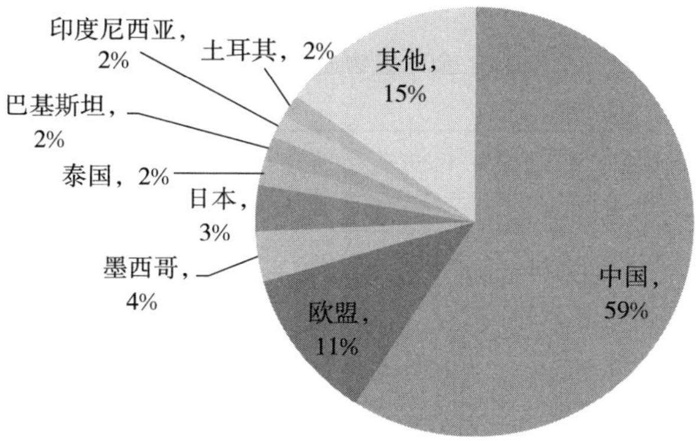

图 12　2017/2018 年度全球主要油料进口贸易国别结构

数据来源：FAS/USDA

（六）全球主要植物油贸易

1. 主要植物油贸易数量、结构分析

21 世纪以来，全球植物油贸易（以出口量来代表）呈不断上升的趋势，贸易量从 2008/2009 年度的 5 687 万吨上升到 2017/2018 年度的 8 141 万吨，增长 43.15%。全球植物油贸易量基本保持与产量相同的增长幅度，植物油出口贸易量占总产量的比重基本稳定在 41%左右（图 13）。

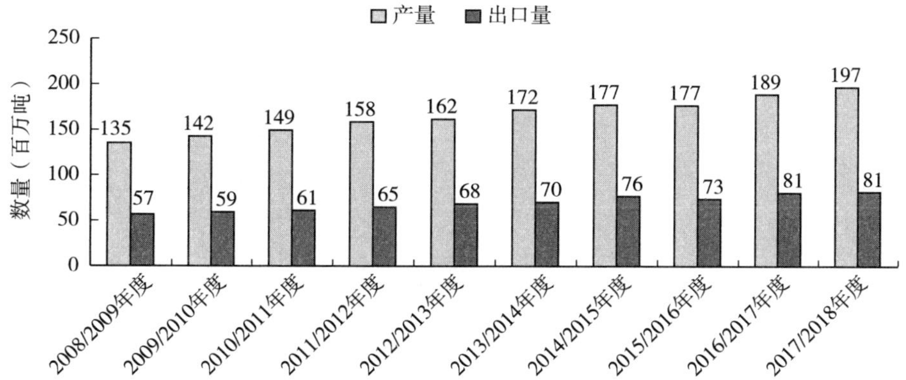

图 13　全球主要植物油产量和出口贸易量

数据来源：FAS/USDA

全球贸易中，最重要的植物油依次是棕榈油、豆油和葵花籽油。2017/2018 年度，在植物油贸易总量中，棕榈油占到 61.22%，比重略有下降，豆油占 14.37%，基本稳定，葵花籽油占 11.28%，下降较多，三者合计达到贸易总量的 86.86%。其他在植物油贸易占比相对较大的是菜籽油，大部分年份占

5%～6%（表 16，图 14）。

表 16 全球植物油分类出口贸易

单位：百万吨

植物油	2013/2014 年度	2014/2015 年度	2015/2016 年度	2016/2017 年度	2017/2018 年度
椰子油	1.91	1.94	1.56	1.85	1.71
棉籽油	0.14	0.14	0.06	0.07	0.11
橄榄油	0.84	0.99	0.9	0.88	0.92
棕榈油	43.19	47.37	43.73	48.28	49.83
棕榈仁油	2.88	3.23	3.02	3.02	3.16
花生油	0.22	0.26	0.26	0.22	0.26
菜籽油	3.83	4.07	4.14	4.47	4.54
豆油	9.42	11.1	11.71	11.33	11.7
葵花籽油	7.78	7.38	8.11	10.41	9.18
总计	70.22	76.48	73.47	80.54	81.41

数据来源：FAS/USDA。

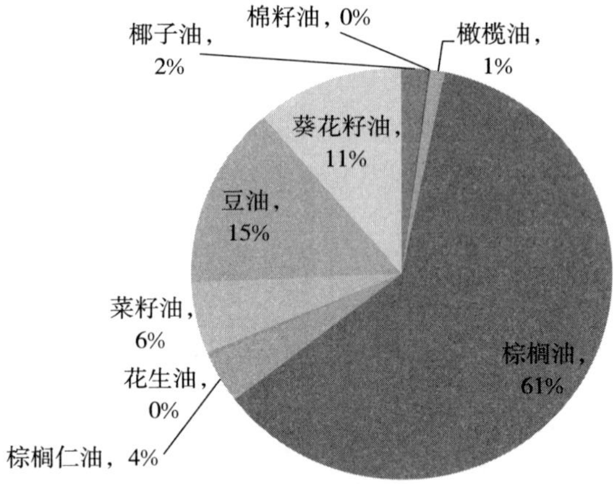

图 14 2017/2018 全球主要植物油分类别出口贸易结构

数据来源：FAS/USDA

2. 主要贸易大国（经济体）贸易情况

全球植物油出口比较集中，印度尼西亚和马来西亚是当前全球最重要的植物油出口国，两国合计的植物油出口量占全球出口总量的 60%左右，他们出口的植物油主要是棕榈油。2017/2018 年度，印度尼西亚和马来西亚分别出口了 3 042 万吨和 1 853 万吨植物油，分别占全球植物油出口量的 37.37%和 22.76%。除上述两国外，其他较为重要的植物油出口国分别是阿根廷、乌克兰和加拿大，他们的出口量占全球的比重在 4%～9%。上述前 5 个植物油出口国的合计出口量占到全球的 3/4 以上（表 17，图 15）。

表 17　全球植物油出口大国（经济体）出口量

单位：百万吨

国家（经济体）	2013/2014 年度	2014/2015 年度	2015/2016 年度	2016/2017 年度	2017/2018 年度
印度尼西亚	23.94	28.51	25.19	29.89	30.42
马来西亚	18.75	18.84	17.84	17.52	18.53
阿根廷	4.55	5.72	6.41	6.29	6.77
乌克兰	4.36	4.12	4.81	6.10	5.27
加拿大	2.45	2.54	2.93	3.31	3.34
俄罗斯	2.46	2.23	2.23	2.95	2.82
欧盟	2.31	2.48	2.48	2.41	2.25
其他	11.41	12.04	11.58	12.06	12.02
合计	70.22	76.48	73.47	80.54	81.41

数据来源：FAS/USDA。

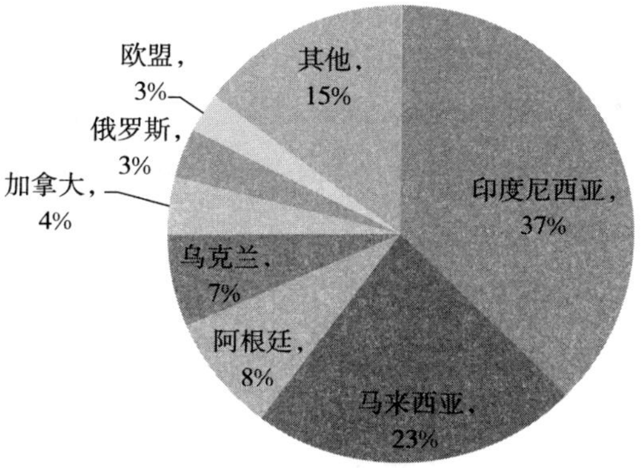

图 15　2017/2018 年度全球主要出口国（经济体）出口占比

数据来源：FAS/USDA

在植物油进口中，印度、欧盟和中国是全球最重要的进口国家（经济体）。近几年印度、欧盟和中国植物油进口量合计占到全球的 45%左右。2017/2018 年度，印度、欧盟和中国植物油进口量分别占全球的 21.64%、12.91%和 10.19%，合计占全球植物油进口量的 44.74%。除了上述 3 国（经济体）外，其他较为重要的植物油进口国还有美国、巴基斯坦、孟加拉国、埃及、土耳其、马来西亚和伊朗等（表 18，图 16）。

表 18　全球植物油进口大国（经济体）进口量

单位：百万吨

国家（经济体）	2013/2014 年度	2014/2015 年度	2015/2016 年度	2016/2017 年度	2017/2018 年度
印度	11.50	14.14	15.11	15.48	16.37
欧盟	9.98	9.88	9.97	10.27	9.77
中国	9.10	8.63	7.77	8.00	7.71
美国	4.02	4.23	4.53	4.73	4.94
巴基斯坦	2.84	2.98	2.91	3.20	3.28
孟加拉国	1.68	1.79	2.15	2.15	2.35
其他	28.11	29.47	28.18	30.70	31.24
合计	67.24	71.11	70.63	74.53	75.66

数据来源：FAS/USDA。

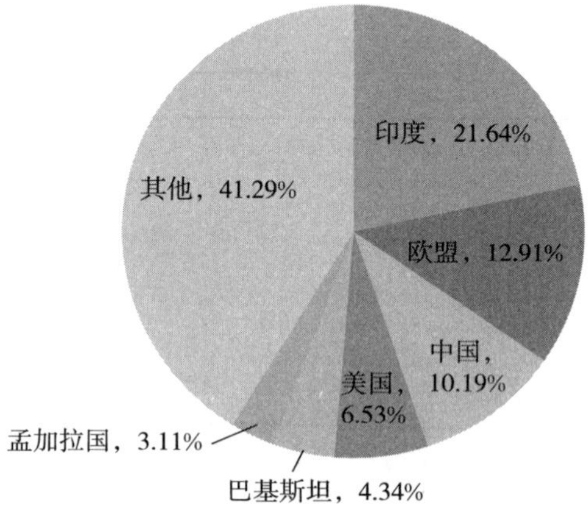

图 16　2017/2018 年度全球主要植物油进口国（经济体）进口占比

数据来源：FAS/USDA

二、中国主要油料及植物油的供需、贸易情况

（一）中国主要油料生产

1. 主要油料播种面积

最近 5 年，中国主要油料（不含大豆）的播种面积基本稳定、轻微扩大，2017 年播种面积为 1 420 万公顷，比 2013 年扩大了 1.26%。从主要品种看，花生播种面积呈扩大趋势，从 2013 年 463 万公顷增加到 2017 年 480 万公顷，增长了 3.60%；油菜籽由于受 2015 年临储政策调整导致油菜籽比较效益大幅

下降，2015 年以来油菜籽播种面积出现了较明显的下降，2017 年播种面积为 728 万公顷，比 2013 年下降了 3.33%。

如果把大豆[①]纳入油料范畴来一同考察的话，2015 年以前，由于大豆面积的持续缩小，使得含大豆在内的油料作物总面积在逐年缩小，油料面积从 2010 年的 2 241 万公顷下降到 2015 年 2 024 万公顷。2015 年后，随着大豆、玉米政策的调整，提高了大豆比较效益，大豆播种面积出现了明显回升，从而使含大豆在内的油料作物播种面积出现了回升，2017 年达到了 2 210 万公顷，基本恢复到 10 年前的播种面积水平。从结构看，大豆、油菜籽和花生依次位居油料作物播种面积的前 3 位（表 19，图 17）。

表 19　中国主要油料播种面积

单位：千公顷

主要油料	2008 年	2009 年	2010 年	2011 年	2012 年	2013 年	2014 年	2015 年	2016 年	2017 年
花生	4 246	4 377	4 527	4 581	4 639	4 633	4 604	4 616	4 727	4 800*
油菜籽	6 594	7 278	7 370	7 347	7 432	7 531	7 588	7 534	7 331	7 280*
其他	1 986	1 999	1 993	1 926	1 859	1 859	1 851	1 885	2 080	2 120*
合计（不含大豆）	12 825	13 654	13 890	13 855	13 930	14 023	14 043	14 035	14 138	14 200
大豆	9 127	9 190	8 516	7 889	7 172	6 791	6 600	6 200	7 200	7 900*
合计（含大豆）	21 953	22 844	22 405	21 744	21 102	20 814	20 643	20 235	21 338	22 100*

注：标“*”符号的为初步估计数。
数据来源：根据《中国农业统计资料》等资料。

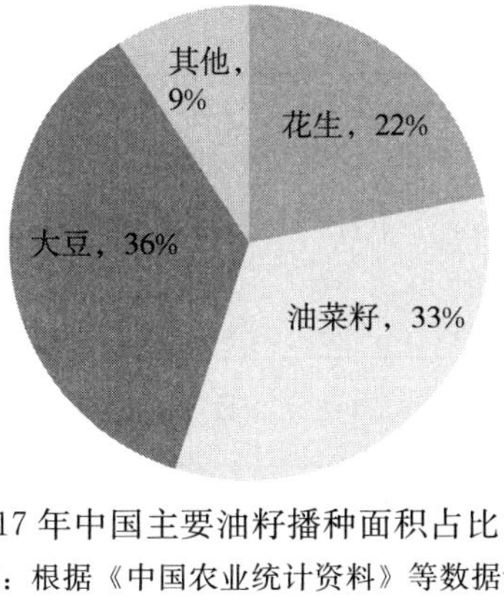

图 17　2017 年中国主要油籽播种面积占比（含大豆）
数据来源：根据《中国农业统计资料》等数据计算制作

① 中国把大豆统计在粮食当中。

2. 主要油料产量情况

最近 5 年，中国不含大豆的油料产量稳定在 3 500 万吨以上。虽然 2014 年以来油菜籽播种面积逐年下降，油菜籽产量下滑，2017 年降至 1 440 万吨；但花生因播种面积扩大，花生总产明显上升，2017 年产量达到近 1 800 万吨。由于花生产量的大幅增加，2017 年中国不含大豆的油料产量达到 3 732 万吨，比上年增产 2.82%，达到新的历史总产高度。

把大豆纳入油料来一同考察的话，中国油料自 2011 年至 2015 年一直处于下降趋势。但随着 2015 年之后中国大豆产量的增长，2015 年中国含大豆的油料产量出现了逆转，2017 年在大豆和不含大豆的油料增产下，2017 年含大豆油料总产达到 5 172 万吨，是新的历史总产高度。

从油料结构看，近几年，中国含大豆在内的油料结构中，花生产量一直占据第一的位置（表 20，图 18）。

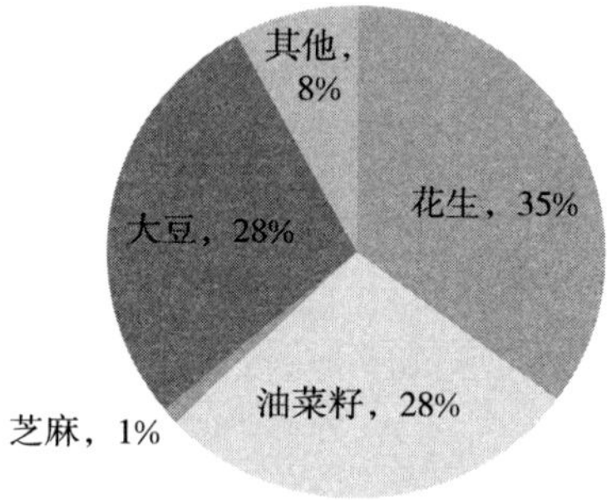

图 18　2017 年中国主要油籽产量占比（含大豆）

数据来源：根据中国农业统计资料等数据计算制作

表 20　中国主要油料产量

单位：万吨

主要油料	2008 年	2009 年	2010 年	2011 年	2012 年	2013 年	2014 年	2015 年	2016 年	2017 年
花生	1 429	1 471	1 564	1 605	1 669	1 697	1 648	1 644	1 729	1 800*
油菜籽	1 210	1 366	1 308	1 343	1 401	1 446	1 477	1 493	1 455	1 440*
芝麻	59	62	59	61	64	62	63	64	63	67*
其他	255	256	299	299	303	312	319	336	383	425*
合计（不含大豆）	2 953	3 154	3 230	3 307	3 437	3 517	3 507	3 537	3 630	3 732
大豆	1 554	1 498	1 508	1 449	1 305	1 195	1 180	1 215	1 250	1 440*
合计（含大豆）	4 507	4 652	4 738	4 755	4 742	4 712	4 687	4 752	4 880	5 172*

注：标“*”符号的为初步估计数。

数据来源：根据《中国农业统计资料》等资料。

（二）中国主要油料及植物油消费

1. 主要油料消费情况

从总体来看，中国的油料需求量一直在增长。分类别看，大豆消费量逐年增加，从 2008/2009 年度的 5 126 万吨增加到 2017/2018 年度的 1.1 亿吨，增加了一倍多（图 19）。

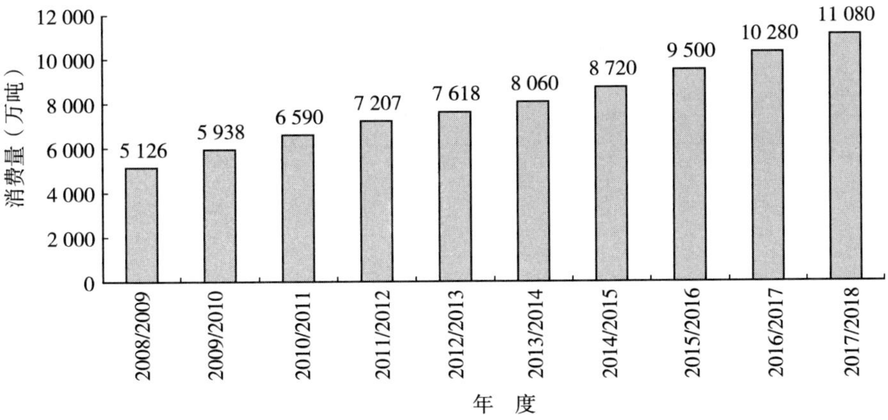

图 19 中国大豆消费

数据来源：FAS/USDA

油菜籽消费量波动较大，但总体来看也呈上升的趋势，从 2008/2009 年度的 1 374 万吨增加到 2013/2014 年度的 1 910 万吨，2014/2015 年度以来开始出现小幅下降趋势，预计 2017/2018 年度中国油菜籽总消费量为 1 780 万吨（图 20）。

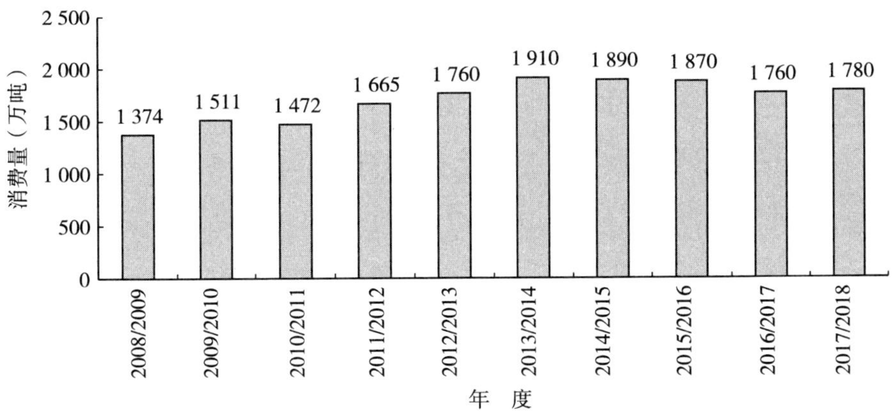

图 20 中国油菜籽消费

数据来源：FAS/USDA

中国花生的消费量略有波动，总体呈上升趋势，从 2008/2009 年度的 1 360万吨增加到 2017/2018 年度的 1 720 万吨，增长了 26.5%（图 21）。

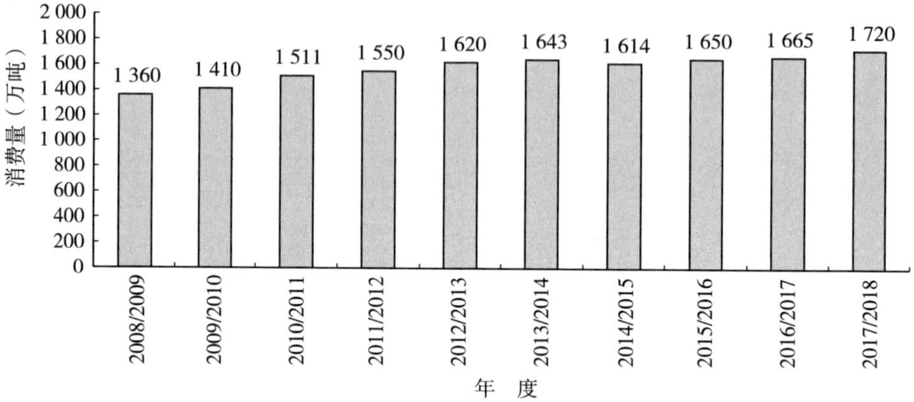

图 21 中国花生消费量

数据来源：FAS/USDA

2. 主要植物油消费情况

随着经济发展和人民生活水平的提高，中国植物油的消费量逐年上升，从 2013/2014 年度的 3 276.8 万吨增加到 2017/2018 年度的 3 675.3 万吨，年均增长率接近 3%。从植物油具体种类看，棕榈油的消费量出现下降，菜籽油消费量比较稳定，其他主要植物油的绝对消费量都在上升。从植物油的消费结构看，大豆油在消费结构中的比例上升较快，从 2013/2014 年度的 41.66%上升到 2017/2018 年度的 47.34%。棕榈油占比快速下降，从 2013/2014 年度的 17.40%下降到 2017/2018 年度的 13.06%。其他植物油占比变化较小（表 21，图 22）。

表 21 中国主要植物油消费量

单位：万吨

主要植物油	2013/2014 年度	2014/2015 年度	2015/2016 年度	2016/2017 年度	2017/2018 年度
棕榈油	570.0	570.0	480.0	482.0	480.0
花生油	285.1	281.9	291.9	296.7	308.5
菜籽油	740.0	775.0	840.0	840.0	810.0
大豆油	1 365.0	1 420.0	1 535.0	1 635.0	1 740.0
葵花籽	101.0	99.8	137.9	127.9	139.2
其他	215.7	214.1	183.2	189.2	197.6
合计	3 276.8	3 360.8	3 468	3 570.8	3 675.3

数据来源：FAS/USDA。

注：其他植物油包括椰子油、棉籽油、橄榄油和棕榈仁油。

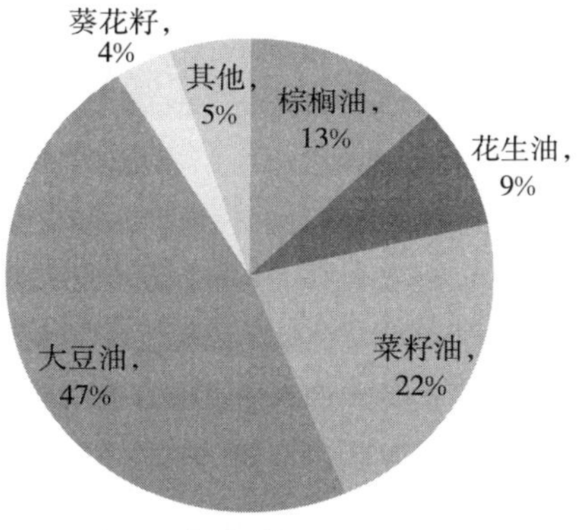

图 22　2017/2018 年度中国主要植物油消费量占比

注：其他植物油包括椰子油、棉籽油、橄榄油和棕榈仁油

数据来源：FAS/USDA

（三）中国主要油料及植物油贸易

1. 大豆、豆油进出口情况

大豆是中国进口量最大的油料产品，而且进口量呈逐年上升的趋势，进口量从 2008/2009 年度的 4 109.8 万吨上升到 2017/2018 年度的 9 700.0 万吨，增加了 1 倍多。同时，中国也是全球最大的大豆进口国，中国大豆进口量占全球大豆进口量的比重从 2005/2006 年度的 44.2%快速上升到 2017/2018 年度的 64.5%。

与进口相比，中国大豆的出口量几乎可以忽略不计，2017/2018 年度的出口量仅为 15.0 万吨，仅占全球大豆出口量的 0.1%（表 22）。

表 22　中国大豆进出口量

单位：万吨、%

年度	进口量	占全球比重	出口量	占全球比重
2008/2009	4 109.8	52.8	40.0	0.5
2009/2010	5 033.8	57.5	18.4	0.2
2010/2011	5 233.9	58.3	19.0	0.2
2011/2012	5 923.1	62.6	27.5	0.3
2012/2013	5 986.5	61.6	26.6	0.3
2013/2014	7 036.4	62.2	21.5	0.2
2014/2015	7 835.0	63.0	14.3	0.1
2015/2016	8 323.0	62.4	11.4	0.1
2016/2017	9 349.5	64.8	11.4	0.1
2017/2018	9 700.0	64.5	15.0	0.1

注：USDA 的进出口数据是按市场年度进行统计的，而中国海关的进出口数据是按日历年度进行统计的，因此两者数据有较大差异。

数据来源：FAS/USDA。

与大豆相比，中国豆油的进口出现了相反的发展趋势，豆油进口量总体呈下降趋势，从 2007/2008 年度的 249.4 万吨下降到 2017/2018 年度的 50.0 万吨，占全球豆油进口总量的比重也从 2008/2009 年度的 27.7%下降到 2017/2018 年度的 4.4%。中国豆油的出口量也很少，大部分年份不到 10 万吨，近几年略有增加，2017/2018 年度出口量为 11.8 万吨。从占全球的比重看，绝大部分年度中国豆油的出口量占比不到 1%（表 23）。

表 23　中国豆油进出口量

单位：万吨、%

年度	进口量	占全球比重	出口量	占全球比重
2008/2009	249.4	27.7	8.3	0.9
2009/2010	151.4	17.9	7.7	0.8
2010/2011	131.9	14.1	5.2	0.5
2011/2012	150.2	18.8	6.0	0.7
2012/2013	140.9	16.6	8.4	0.9
2013/2014	135.3	14.6	9.4	1.0
2014/2015	77.3	7.7	10.7	1.0
2015/2016	58.6	5.0	9.6	0.8
2016/2017	71.1	6.5	11.8	1.0
2017/2018	50.0	4.4	11.8	1.0

数据来源：FAS/USDA。

2. 油菜籽、菜籽油进出口情况

中国油菜籽、菜籽油的进口量都比较大，而出口量非常少，几乎可以忽略不计。从进口来看，中国油菜籽的进口量呈上升的趋势，从 2005/2006 年度的 67.6 万吨（占全球油菜籽总进口量的 10.1%）上升到 2013/2014 年度的 504.6 万吨（占全球的 32.5%）。近几年中国油菜籽的进口量有所下降，但仍处于高位，2017/2018 年度的进口量为 470.0 万吨（占全球的 28.3%）。

菜籽油的进口量总体也呈增加的趋势，但是波动比较大。2008/2009 年度以前，菜籽油的进口量在 50 万吨以下，2009/2010 年度以后均超过了 50 万吨，其中 2012/2013 年度达到了 159.8 万吨（占全球菜籽油总进口量的 40.6%），近几年基本在 70 万吨以上，2017/2018 年度的进口量为 75.0 万吨（表 24）。

表 24 中国油菜籽、菜籽油进口量

单位：万吨、%

年度	油菜籽	占全球比重	菜籽油	占全球比重
2008/2009	303.4	25.0	45.3	18.3
2009/2010	217.7	20.1	78.5	26.5
2010/2011	93.0	9.1	64.7	19.1
2011/2012	262.2	19.8	103.6	25.4
2012/2013	342.1	26.7	159.8	40.6
2013/2014	504.6	32.5	90.2	23.6
2014/2015	459.1	32.1	73.2	18.5
2015/2016	401.1	27.6	76.8	18.4
2016/2017	426.0	26.9	80.2	18.5
2017/2018	470.0	28.3	75.0	16.6

数据来源：FAS/USDA。

3. 其他主要油料及植物油进出口情况

从油料看，花生和葵花籽以出口为主，少量进口。2017/2018 年度出口花生 65.0 万吨，进口 35.0 万吨，净出口 30.0 万吨；出口葵花籽 30.0 万吨，进口 10.0 万吨，净出口 20.0 万吨。从植物油看，棕榈油、葵花籽油和花生油都处于净进口状态，其中进口最大的是棕榈油。中国虽然是棕榈油的消费大国，但是几乎不生产棕榈油，国内消费几乎全部来自进口，进口量比较大，但是从总体来看进口量呈下降的趋势。2017/2018 年度的进口量为 480.0 万吨，已经连续 3 年少于 500 万吨。葵花籽油和花生油进口绝对量相对较小，但总体呈上升的趋势。其中花生油从 2008/2009 年度的 2.0 万吨上升到 2017/2018 年度的 13.0 万吨；葵花籽油从 2008/2009 年度的 12.5 万吨上升到 2017/2018 年度的 80.0 万吨（表 25）。

表 25 其他主要油料及植物油的进出口情况

单位：千吨

市场年度	花生进口	花生出口	花生油进口	花生油出口	葵花籽进口	葵花籽出口	葵花籽油进口	葵花籽油出口	棕榈油进口
2007/2008	14	713	6	10	1	143	2	3	5 223
2008/2009	4	690	20	10	2	109	125	1	6 118
2009/2010	14	621	47	9	7	132	169	0	5 760
2010/2011	72	604	68	8	4	175	23	1	5 711

（续）

市场年度	花生进口	花生出口	花生油进口	花生油出口	葵花籽进口	葵花籽出口	葵花籽油进口	葵花籽油出口	棕榈油进口
2011/2012	38	589	62	9	3	186	122	1	5 841
2012/2013	27	516	65	6	2	158	362	1	6 589
2013/2014	27	565	74	10	61	173	531	2	5 573
2014/2015	161	502	141	8	45	244	534	2	5 696
2015/2016	541	484	113	10	74	286	878	1	4 689
2016/2017	295	644	111	8	105	365	725	2	4 881
2017/2018	350	650	130	5	100	300	800	0	4 800

数据来源：FAS/USDA。

全球糖料市场、贸易与政策研究

一、全球糖料产业特征分析

（一）全球糖料与食糖生产特征分析

1. 全球食糖产量稳中有增

FAO数据表明，全球糖料总产量由2001年14.88亿吨波动增长至2016年21.68亿吨。2016年糖料产量比2015年增长1.7%，收获面积增加和甜菜单产提升是糖料产量增长的主要原因。Licht数据库表明，食糖总产量由2001/2002年度13 772.4万吨增长到2016/2017年度的17 951万吨，增长了30.34%，其中，2016/2017年度比2015/2016年度增长3.13%。

2. 气候和政策成为影响全球食糖产量的重要因素

干旱天气导致印度食糖产量大幅减少；澳大利亚受热带气旋"黛比"影响，产量和出口量双降；泰国前期受干旱影响，后期得益于作物成熟期有利的天气条件，出糖率提高使得该国食糖出现复产。

3. 全球食糖生产集中在亚洲、南美洲和欧洲

从大洲分布来看，2016/2017年度，亚洲食糖产量6 001.5万吨，居全球首位，占全球食糖产量的33.43%；南美洲食糖产量5 003.16万吨，占全球食糖产量的27.87%；欧洲食糖产量3 079.48万吨，占全球食糖产量的17.15%；北美洲、非洲、大洋洲食糖产量分别占全球食糖产量的12.61%、6.16%和2.77%。与2016/2017年度相比，2017/2018年度全球食糖生产呈现3个特点：第一，亚洲产量增幅最大，这与一些国家（印度、泰国）之前受干旱影响作物产量受损后出现复苏以及种植面积增加有关。第二，欧洲食糖产量也将大幅增加，主要是因为欧盟取消食糖生产配额。第三，北美洲、大洋洲和非洲保持相对稳定。

4. 全球食糖主产国（地区）高度集中

2016/2017年度，巴西食糖产量达4 237.8万吨，占全球食糖总产量的23.61%；印度食糖产量约为2 212.5万吨，占全球食糖产量的12.33%；欧盟食糖产量为1 752万吨，占比9.76%；泰国食糖产量为1 029.9万吨，占全球食糖产量的5.74%；中国食糖产量约为930万吨，占比5.62%。

5. 发展中国家食糖产量约占全球食糖产量3/4

2016/2017年度，发达国家和发展中国家食糖产量分别占全球食糖产量的24%和76%。

6. 甘蔗单产高位徘徊，甜菜单产稳步增长

2001—2016年，全球甘蔗单产由2001年64.55吨/公顷增长到2008年71.72吨/公顷的峰值后，逐渐回落到2014年的68.69吨/公顷，2015年和2016年单产基本在70.61吨/公顷的水平徘徊。同期，全球甜菜单产呈现稳步增长态势，由2001年的38.23吨/公顷增长到2016年的60.73吨/公顷，2016年世界甜菜单产是迄今为止的最高单产水平。

（二）全球食糖消费特征分析

1. 全球食糖消费量持续刚性增长

全球食糖消费总量呈刚性增长态势，由2002/2003年度的13 627.7万吨稳步增长到2016/2017年度的18 056万吨，年均增速达2.03%。其中，2016/2017年度全球食糖消费量较上年度微增0.31%。

2. 食糖消费主要集中在亚洲、欧洲和南美洲

2016/2017年度，亚洲食糖消费约8 538.2万吨，占全球食糖消费的47.29%；欧洲食糖消费约3 084.2万吨，占全球食糖消费的17.08%；非洲食糖消费约2 195.2万吨，占全球食糖消费的12.16%；北美洲、南美洲、大洋洲分别占全球食糖消费的11.71%、10.85%和0.91%。

3. 全球各地人均食糖消费差异较大

全球人均食糖消费量自2009/2010年度的22.42千克增长到2017/2018年度的24.54千克。大洋洲、南美洲和欧洲食糖人均消费量较高，其次是北美洲，亚洲和非洲食糖人均消费量相对较低（表1）。

表1　2017/2018年度各大洲食糖人均消费分布

单位：千克

年度	欧洲	非洲	北美洲	南美洲	亚洲	大洋洲	全球
2017/2018	37.53	18.09	36.79	46.65	19.98	42.98	24.54

（三）全球食糖贸易特征分析

ISO的数据表明，2016/2017年度，全球食糖进口总量为5 890万吨，出口总量5 924.7万吨，均比2001/2002年度增加了1 500万吨左右。

近年来全球食糖贸易形势主要有以下特征：一是出口区域高度集中。2016/2017年度，巴西、泰国、澳大利亚和危地马拉4个国家食糖出口量在全球食糖出口量中的占比分别为47.34%、11.67%、6.75%和3.59%，这4个国家食糖产量与政策影响着全球食糖贸易量以及食糖价格变动。二是进口区域较出口区域分散，2016/2017 年度，中国、印度尼西亚、欧盟、美国、马来西亚、印度、韩国、阿尔及利亚、沙特阿拉伯和日本是前十大食糖进口国（地区），约占全球食糖进口量的 45.34%。三是从净贸易流的角度来看，2016/2017 年度巴西、泰国、澳大利亚、危地马拉和墨西哥是主要的食糖净出口国，而印度尼西亚、中国、美国、孟加拉国、马来西亚、尼日利亚、埃及、阿尔及利亚、韩国和欧盟是主要的净进口国（地区）。

二、中国食糖产业特征分析

（一）中国糖料与食糖生产特征分析

1. 食糖生产进入恢复性增产周期

2016/2017 年度全国共生产食糖 928.82 万吨，较 2015/2016 年度的 870.19 万吨增产 58.63 万吨，增长 6.74%。其中，生产甘蔗糖 824.11 万吨，较上年度的 785.21 万吨增加 38.9 万吨，增幅 4.95%；产甜菜糖 104.71 万吨，较上年度增加 19.73 万吨，增幅 23.22%。

从各主产区分布来看，广西食糖产量 529.5 万吨，云南 187.79 万吨，广东 77.18 万吨，新疆 48.74 万吨，内蒙古 46.33 万吨，分别占全国食糖总产量的 57.01%、20.22%、8.31%、5.25%和 4.99%。从增幅来看，甘蔗产区产量增幅排序依次为广东、海南、广西，甜菜产区产量增幅排序依次为黑龙江、内蒙古、新疆。

2. 食糖生产呈现显著提质增效特征

2016/2017 年度食糖生产表现为 3 个特点：一是糖料种植面积稳中略减，单产、产糖率和产糖量提升。其中，广西产糖率为 12.31%，增加 0.78 个百分点；云南产糖率 12.7%，增加 0.26 个百分点。二是行业盈利状况好转，制糖行业经历了 2012/2013—2014/2015 年度亏损后，2015/2016 年度随着糖价逐渐回升，行业经营状况有所好转，2016/2017 年度行业实现盈利，糖农增收 38 亿元，糖企盈利 32 亿元，产业链主体利益整体回升。三是糖厂节能减排 3 项指标转变较为突出。甘蔗糖生产中百吨甘蔗耗标准煤量由 2012/2013 年度的 5.077 吨下降到 2016/2017 年度 4.708 吨，下降了 7.3%；吨糖耗新鲜水量由 1.536 吨下降为 0.869 吨，下降了 43.4%；吨糖化学需氧量（COD）排放量由 1.104 吨下降为 0.260 吨，下降了 76.4%。

（二）中国食糖消费特征分析

1. 食糖消费呈现“甜度需求回升、中间库存降低、替代增量明显”特征

中国食糖消费总量基本平稳。近几年，中国食糖消费大致在 1 500 万吨上

下。2016/2017 年度食品工业消费约 980 万吨，民用消费大约 510 万吨。消费特征由 2015/2016 年度“甜度需求锐减、中间库存显增、替代显著放缓”转为 2016/2017 年度“甜度需求回升、中间库存降低、替代增量明显”的特点。

2. 食糖人均消费量总体刚性增长

中国人均食糖消费量总体呈现走高态势，由 2001/2002 年度的 7.17 千克增至 2016/2017 年度的 10.85 千克，年均增长率为 2.8%。

3. 累计销糖量和销糖率分别同比增长 7.48%和 0.65 个百分点

2016/2017 年度全国累计销售食糖 870.95 万吨，较上年度的 810.36 万吨增长 7.48%；累计销糖率 93.77%，较上年度增长 0.65 个百分点。其中，销售甘蔗糖 768.58 万吨，同比增长 5.96%，销糖率 93.26%，较上年度增长 0.88 个百分点；销售甜菜糖 102.37 万吨，同比增长 20.46%，销糖率 97.77%，较上年度降低 2.23 个百分点。

（三）中国食糖市场特征分析

1. 食糖市场呈现“产量增、需求稳、进口减、去库存”特征

2016/2017 年度中国食糖产量恢复性增长、消费量基本平稳，当年度产需存在缺口的情况下，中国食糖市场进入去库存阶段。由于中国食糖进口政策的变动，5 月前后中国食糖进口呈现明显的差异化变化，1～5 月同比上涨 31.4%，6～12 月同比下滑。随着进口量减少，2016/2017 年度食糖储备和工业库存合计约为 733 万吨，库存消费比约为 48.9%，属于近几年的库存低位。

2. 食糖价格震荡下行

2017 年国内糖价以震荡下行为主，贸易保障措施下进口糖有所减少，国储糖抛储 101.58 万吨增加食糖供给。2017 年上半年糖价在 6 500～6 900 元/吨运行，下半年以 6 200～6 500 元/吨区间震荡为主。

（四）中国食糖贸易特征分析

1. 食糖进口量为 2010 年以来的最低水平

2017 年中国食糖进口 229.05 万吨，同比下降 25.16%，进口额为 73.44 亿元，同比下降 5.02%。其中，一般贸易 124.47 万吨，来料加工 1.31 万吨，进料加工 15.30 万吨，保税监管场所进出境货物 77.68 万吨，特殊监管区域物流货物 10.28 万吨，其他 0.01 万吨。从 2017 年各月来看，呈现明显的月度差异特征：1～5 月食糖进口量同比上涨，6～12 月同比下降。2017 年中国食糖进口量的总体下降与 4 个因素有关：一是贸易保障措施抑制进口需求，二是国内外价差变动影响进口利润，三是重拳出击打击食糖走私，四是淀粉糖替代，食糖进口需求减少。

2. 进口巴西糖量减少，进口小型食糖生产国糖量增加

2017 年，中国进口糖来源变化显著。第一，巴西仍是第一进口来源国，但进口量大幅减少，从巴西进口食糖量由 2016 年的 198.9 万吨下降到 2017 年的 79.0 万吨，下降 60.1%，进口份额由 65.0%下降为 34.5%。第二，进口古巴、澳大利亚和韩国食糖量相对稳定，进口份额小幅提升。从古巴进口糖量稳定在 40 万吨左右，2017 年从澳大利亚和韩国进口糖量略有下降，但从这 3 国进口食糖份额有小幅提升。第三，从泰国进口糖量 28.9 万吨，较上年上涨 60.6%，主要原因是 2016 年泰国受干旱影响对中国出口有所下滑，2017 年食糖出口有所恢复。第四，2017 年一些小型食糖生产国成为中国食糖进口的新渠道。一些国家是首次或时隔很长时间才向中国出口食糖，主要包括南非、菲律宾、巴基斯坦、尼加拉瓜、越南、萨尔瓦多和哥斯达黎加等发展中国家。其中萨尔瓦多于 2017 年开始向中国出口食糖，占中国总进口量的 4.9%；全年进口菲律宾食糖 9.9 万吨，占总进口量的 4.3%；南非自 2017 年 11 月开始成为中国新的食糖进口渠道，两个月累计向中国出口 6.24 万吨原糖。由此可见，2017 年中国食糖进口渠道增多，这种逐渐多元化的食糖进口分布格局降低了中国食糖进口安全风险。这种进口格局多元化的特征，与中国进口食糖采取贸易保障措施的对象有关。中国贸易保障措施规定了不适用保障措施的条件，对于来自发展中国家（地区）的产品，如其进口份额不超过 3%，且这些国家（地区）进口份额总计不超过 9%，不适用保障措施。而巴西、古巴、泰国、澳大利亚和危地马拉等近 3 年来比较大的中国食糖进口来源国都没有列入“不适用保障措施的发展中国家（地区）名单”。

3. 进口糖结构以原糖为主，白砂糖进口占比有所增加

中国进口食糖结构形成了“以原糖为主、以白砂糖进口为辅”的特征。2017 年，原糖、白砂糖占食糖进口量的比例分别为 80%和 20%，白砂糖占比比上年提升了 6 个百分点。

4. 进口糖企业呈多元化态势，中粮糖业在进口糖企业中位居首位

从进口企业类型来看，2017 年，原糖进口企业以中粮糖业（36.92%）、营口港务集团保税货物储运有限公司（20.42%）、湛江金路糖业（6.19%）、日照凌云海糖业集团有限公司（6.01%）、东莞市东糖集团有限公司（5.36%）、路易达夫（福建）精炼糖有限公司（2.93%）、广西东门南华糖业（2.93%）为主；白砂糖进口以中粮糖业（16.12%）、大连集装箱码头物流有限公司（11.31%）、中商糖业（8.31%）、中国糖业酒类集团公司（5.95%）、天津华铁隆津泰储运有限公司（4.78%）、北京京日东大食品有限公司（3.31%）为主。从进口企业类型来看，形成了国有企业和民营企业多样化的进口企业结构，但国有企业中粮糖业在原糖和白砂糖进口中都居重要地位。

5. 食糖对外依存度下降，有助于糖业安全

随着食糖进口量的下降，中国食糖对外依存度逐渐下降。2017年食糖对外依存度下降为20.01%，是2010年以来的最低水平。食糖对外依存度的下降为国产糖的销售提供了空间，也改变了国内食糖产需格局，使食糖市场的供求关系趋于均衡，有助于国内食糖产业的安全。

（五）中国食糖产业调控政策特征分析

1. 中国对食糖市场实行抛储政策

2016/2017年度，为保障食糖市场供应和价格平稳运行，截至2017年9月27日，2016/2017年度投放市场的国储糖和地方储备糖共计141万吨，对于打击走私糖、缓解本年度供给短缺预期起到了重要作用，也缓解了国储糖面临的食品保质期、资金和库容等方面的压力，实现了储备糖“去库存”的目的。

2. 对配额外食糖进口实施贸易保障措施

为保障国内工业安全、严控进口，2017年5月21日，商务部发布2017年第26号公告，公布对进口食糖保障措施调查的终裁决定，认定在调查期内被调查产品进口数量增加，国内食糖产业受到了严重损害，且进口产品数量增加与严重损害之间存在因果关系。根据商务部建议，国务院关税税则委员会决定自2017年5月22日起对进口食糖产品实施保障措施。保障措施采取对关税配额外进口食糖征收保障措施关税的方式，实施期限为3年且实施期间措施逐步放宽，自2017年5月22日至2018年5月21日税率为45%，2018年5月22日至2019年5月21日税率为40%，2019年5月22日至2020年5月21日税率为35%。对配额外进口食糖实施保障措施关税，对于3年内有序控制配额外进口的进度发挥了重要作用。

三、中国糖料与食糖产业发展的政策建议

一是尽快构建以目标价格为核心的糖料生产扶持政策体系，避免产业链主体脆弱性的扩散和积累。即短期尽快通过转移支付等措施稳定“生产者利益”，稳定糖业基本保障能力；中期试行“目标价格政策”，构建糖业可持续发展的政策基础；长期试行“收入保险”或者“价格保险”，条件成熟时可借助“保险＋期权”或者“保险＋期货”的模式，通过期权保费补贴构筑糖业的风险保障工程。

二是糖料领域和制糖环节协同努力，多元化多途径实现糖料产业提质增效。第一，尽快将现有相对成熟的糖料技术集成示范，在合适区域内大面积复

制，并在适合区域内推广；第二，尝试在农户土地流转或承包环节鼓励长期契约，以减缓短期契约地租对糖料成本上涨的硬约束，同时鼓励糖厂通过自建基地的形式统筹产业链利益；第三，重点支持制糖企业技术改造、产业升级以及“三品战略”实施，各主产糖省（自治区）政府加大相关配套政策和资金支持。

三是抓好甘蔗全程机械化技术以降低生产成本，缓解劳动力不足约束。树立全产业链思维，在具备条件的地块，以制糖企业为施力点，着眼以机械化为核心的整体解决方案，综合施策，统筹解决标准蔗田建设、机具研发、良种良法推广、机械化生产体系构建和储运压榨等各环节的突出问题，支持推动广西500万亩“双高”基地和云南有条件的生产糖料蔗区域实现全程机械化。并因地制宜、分类施策，实行大、中和小型规模甘蔗生产机械化共同发展模式。中国适宜大型收获机的地块约占10%，适宜中型收获机的地块约占30%左右。对于不适宜机械化操作的小型地块，可以采用半机械化工具，降低人工成本。

四是通过严打走私保证贸易保障措施实施效果，同时做好食糖主要出口国对中国食糖贸易保障措施起诉的应对。实行贸易保障措施后，要避免进口糖减少的部分被非正规进口（走私）的替代，进而对国产糖的消费形成“挤出效应”。由于中国配额外进口食糖的贸易保障措施，已经对巴西等食糖主要出口国带来了影响，下一步重点要做好它们起诉的应对工作。

全球乳制品生产、市场、贸易及政策研究

在国内市场信任危机与进口乳制品冲击的双重压力下，中国乳业发展面临着严峻挑战。如何提升乳制品竞争力，坚守住国内市场，促进中国乳业持续健康发展，是目前中国亟待解决的重大问题。为此，有必要准确把握全球乳业生产、市场与贸易的发展动态，明确中国乳业的国际地位及时序变动特征，充分了解全球主要国家乳制品贸易政策，掌握中国乳业的优势和劣势，积极应对全球乳业贸易对中国乳业发展的影响，为中国乳业政策制定与调整提供参考。

一、全球乳制品生产、市场与贸易变动情况

（一）生产及生产国

21 世纪以来，全球奶牛存栏量和牛奶产量逐年稳步上涨，但 2015 年增长速度较 2014 年略缓。2015 年，全球奶牛存栏量达 2.83 亿头，同比增长 1.51%，与 2000 年相比增长了 29.23%，年均增长率为 1.72%；以色列的奶牛单产最高，2016 年达 11 970 千克/头，同比增长 1.68%，与 2011 年相比增长了 2.59%（表 1）；牛奶产量随着奶牛存栏量和单产的增长持续上升，2015 年全球牛奶产量达 674.4 万吨，同比增长 2.82%，与 2000 年相比增长了 36.82%，年均增长率为 2.11%，但由于俄罗斯继续禁止进口乳制品、强势美元以及中国进口需求疲软等原因，2015 年全球牛奶产量的增长率较 2014 年降低了 0.38%，增长步伐放缓（表 2）。

亚洲地区奶牛存栏量和牛奶产量涨势明显，欧洲、美洲及大洋洲涨幅较小或略有下降。2000 年印度、巴西和俄罗斯是全球奶牛存栏量最多的国家，2015 年中国取代俄罗斯成为全球奶牛存栏第三大国，其中中国奶牛存栏量年均增长率达 7.30%，巴西仅为 1.71%（表 1）；2000 年美国、印度和俄罗斯是全球牛奶产量最高的国家，同样，2015 年中国取代俄罗斯成为全球牛奶生产第三大国，其中中国和印度年均增长率为 10.48% 和 5.51%，美国仅为 1.47%，俄罗斯出现小幅下降（−0.30%）。由于 2015 年原料奶价格走软，2015 年平均价格较 2014 年下降了 14.81%，但低价带来的减产被更高的生产效率所抵消，因此 2015 年中国牛奶产量仍出现了小幅上涨，但增长速度在

2012年后明显放缓。

表1 全球主要国家奶牛存栏数变化情况

单位：万头、%

国家	2000年	2005年	2010年	2011年	2012年	2013年	2014年	2015年	年均增长率
俄罗斯	1 310.0	964.7	884.4	894.8	889.5	866.1	851.1	837.9	−2.94
德国	456.4	416.4	418.2	419.0	419.0	426.8	429.6	428.5	−0.42
法国	415.3	395.8	371.2	366.0	364.0	369.4	369.5	365.8	−0.48
乌克兰	519.5	378.1	277.2	266.3	263.2	260.7	246.6	227.2	−5.36
美国	920.6	904.3	911.9	919.4	923.3	922.1	925.7	931.7	0.08
墨西哥	566.1	599.5	648.0	237.4	—	—	635.0	640.0	0.82
巴西	1 788.5	2 082.0	2 299.9	2 351.3	2 373.0	2 306.0	2 306.4	2 306.1	1.71
新西兰	348.5	410.0	440.0	455.0	465.0	478.5	492.5	501.8	2.46
中国	523.8	1 216.1	1 420.1	1 440.2	1 493.9	1 441.0	1 499.1	1 507.2	7.30
印度	3 288.3	3 658.6	4 275.5	4 300.0	4 451.3	4 490.0	4 594.9	4 742.8	2.47

注：墨西哥2012—2013年数据缺失。

数据来源：《中国奶业统计资料2017》《中国奶业统计资料2015》。

表2 全球主要国家牛奶产量变化情况

单位：万吨、%

国家	2000年	2005年	2010年	2011年	2012年	2013年	2014年	2015年	年均增长率
德国	2 833.1	2 845.3	2 963.0	3 033.6	3 050.6	3 132.6	3 239.5	3 268.5	0.96
俄罗斯	3 193.8	3 144.0	3 184.7	3 164.6	3 150.1	3 028.6	3 051.1	3 052.2	−0.30
法国	2 497.5	2 488.5	2 403.2	2 507.0	2 469.8	2 444.1	2 570.8	2 583.1	0.22
英国	1 448.9	1 447.0	1 385.2	1 407.1	1 384.3	1 393.5	1 505.0	1 544.7	0.43
新西兰	1 333.3	1 516.3	1 716.9	1 896.6	2 057.2	2 020.2	2 189.8	2 158.7	3.26
美国	7 600.4	8 025.4	8 747.4	8 897.8	9 096.2	9 127.7	9 346.5	9 463.4	1.47
巴西	2 036.0	2 535.9	3 163.7	3 305.4	3 327.4	3 528.3	3 622.9	3 532.9	3.74
印度	3 296.7	3 975.9	5 490.3	5 738.7	5 980.5	6 125.8	6 642.3	7 365.6	5.51
中国	842.0	2 753.4	3 575.6	3 656.0	3 743.6	3 531.0	3 724.6	3 754.7	10.48
土耳其	873.2	1 002.6	1 241.9	1 380.2	1 597.8	1 665.5	1 699.9	1 693.3	4.51
巴基斯坦	819.2	1 072.6	1 290.6	1 339.3	1 389.7	1 442.1	1 496.5	1 552.9	4.36

数据来源：《中国奶业统计资料》。

（二）消费与供给关系

1. 消费市场

全球主要国家的各类乳制品人均消费量基本持平或略有下降，仅亚洲个别国家出现大幅上涨。2015 年爱尔兰和英国以及澳大利亚和新西兰的人均液态奶消费量最高，均超过 100 千克，但 2000—2015 年，爱尔兰和英国的人均液态奶消费量出现小幅下降，年均增长率分别是－1.07％和－0.77％，澳大利亚和新西兰的人均液态奶消费量小幅上升，年均增长率分别为 0.29％和 0.69％，而中国则由 1.0 千克增至 18.7 千克，年均增长率达 21.56％（表 3）；2015 年法国、德国和挪威的人均奶油消费量最高，均超过 5 千克，但 2000—2015 年，除挪威人均奶油消费量出现小幅上涨外，法国和德国均出现小幅下降（表 4）；2015 年法国、芬兰和德国的人均奶酪消费量最高，均超过 24 千克，同时 2000—2015 年 3 国的人均消费量均呈波动上涨趋势，年均增长率分别为 0.38％、3.34％和 1.00％，韩国的消费量虽较低，但增长速度较快，由 2005 年的 1.4 千克增至 2015 年的 2.6 千克，年均增长率达 6.39％（表 5）。

表 3　2000—2015 年全球主要国家人均液态奶消费量

单位：千克、％

国家	2000 年	2005 年	2010 年	2011 年	2012 年	2013 年	2014 年	2015 年	年均增长率
爱尔兰	144.2	135.3	141.5	142.3	121.2	120.4	120.1	122.7	－1.07
英国	114.8	103.9	108.0	107.4	106.3	105.4	108.4	102.3	－0.77
丹麦	133.1	135.7	91.1	88.4	89.6	88.3	89.3	87.6	－2.75
挪威	123.4	114.8	84.5	81.8	86.6	85.1	83.6	82.4	－2.66
西班牙	123.8	116.9	84.1	84.1	83.2	83.6	79.8	80.5	－2.83
加拿大	95.8	94.7	80.2	80.3	79.5	77.3	76.4	72.8	－1.81
美国	87.6	83.7	80.1	78.2	76.4	73.9	71.6	69.7	－1.51
巴西	74.6	73.2	57.8	58.0	59.0	59.9	61.3	44.7	－3.36
阿根廷	69.8	42.4	40.7	42.7	45.9	44.5	45.7	47.0	－2.60
澳大利亚	102.3	113.3	106.5	108.4	109.8	110.0	110.5	106.9	0.29
新西兰	99.0	90.0	68.7	95.3	95.3	99.9	108.5	109.7	0.69
韩国	—	45.0	33.6	32.6	33.7	33.5	32.5	32.5	－3.20
日本	37.0	36.7	31.8	31.6	31.1	31.1	30.8	30.4	－1.30
中国	1.0	8.8	11.1	12.4	15.9	17.3	17.8	18.7	21.56
南非	30.3	36.8	25.2	30.1	23.9	26.2	27.2	35.9	1.14
埃及	—	—	22.6	23.5	24.5	26.0	19.4	18.5	－3.92

注：韩国的年均增长率为 2005—2015 年，埃及的年均增长率为 2010—2015 年。

数据来源：《中国奶业统计资料 2017》《中国奶业统计资料 2015》。

表 4　2000—2015 年全球主要国家人均奶油消费量

单位：千克、%

国家	2000 年	2005 年	2010 年	2011 年	2012 年	2013 年	2014 年	2015 年	年均增长率
法国	8.3	7.7	7.6	7.6	7.4	7.9	8.3	8.0	−0.25
德国	6.6	6.4	5.7	6.1	6.2	6.2	6.1	6.0	−0.63
挪威	5.1	4.3	2.4	2.5	3.2	2.9	2.9	5.4	0.38
丹麦	1.6	1.6	1.8	1.8	2.5	3.9	4.8	4.9	7.75
英国	3.5	3.6	3.2	3.1	3.4	3.3	2.9	3.2	−0.60
荷兰	3.3	3.3	3.0	3.0	3.0	3.0	3.0	3.0	−0.63
加拿大	2.9	3.3	2.7	2.9	2.9	2.8	2.9	2.8	−0.23
美国	2.1	2.1	2.2	2.5	2.5	2.5	2.5	2.6	1.43
新西兰	6.5	6.3	4.6	4.5	4.7	4.9	4.8	4.9	−1.87
澳大利亚	3.1	3.8	3.9	3.9	3.7	3.7	4.0	3.9	1.54
中国	—	—	0.1	0.1	0.1	0.1	0.1	0.1	0.00
日本	0.7	0.7	0.7	0.6	0.6	0.6	0.6	0.6	−1.02

注：中国 2000 年、2005 年数据缺失，中国的年均增长率为 2010—2015 年。

数据来源：《中国奶业统计资料 2017》《中国奶业统计资料 2015》。

表 5　2000—2015 年全球主要国家人均奶酪消费量

单位：千克、%

国家	2000 年	2005 年	2010 年	2011 年	2012 年	2013 年	2014 年	2015 年	年均增长率
法国	25.3	23.6	26.6	26.2	26.2	25.9	26.7	26.8	0.38
芬兰	16.3	18.7	21.4	18.5	23.7	24.7	25.6	26.7	3.34
德国	21.2	21.5	23.5	24.2	24.3	24.3	24.6	24.6	1.00
瑞士	17.8	22.2	22.0	21.8	21.2	21.3	21.6	21.8	1.36
意大利	22.3	21.9	21.1	22.3	21.4	20.7	20.1	21.5	−0.24
瑞典	17.0	18.2	18.9	19.0	19.7	19.8	20.8	20.7	1.32
挪威	15.1	15.2	17.3	17.4	17.7	18.1	18.9	19.5	1.72
荷兰	14.5	17.1	19.5	18.5	18.6	18.6	20.1	18.2	1.53
美国	14.6	14.5	15.0	15.2	15.3	15.4	15.5	16.0	0.61
加拿大	13.8	12.1	12.6	12.3	12.0	12.2	12.1	12.6	−0.60
阿根廷	11.4	9.5	11.2	11.4	12.2	12.4	12.4	12.9	0.83
日本	1.9	1.9	1.9	2.1	2.2	2.2	2.2	2.2	0.98
韩国	—	1.4	1.8	2.0	2.0	2.1	2.3	2.6	6.39

注：韩国 2000 年数据缺失，韩国的年均增长率为 2005—2015 年。

数据来源：《中国奶业统计资料 2017》《中国奶业统计资料 2015》。

2. 供给情况

各类乳制品的产量也呈持续上涨态势。据 USDA 预测，受进口需求影响，2018 年全球奶酪产量将达 1 963.5 万吨，同比增长 0.61%，黄油产量将达 1 043.5万吨，同比增长 2.37%，脱脂奶粉产量将达 481.0 万吨，同比增长 2.58%，全脂奶粉产量将达 490.5 万吨，同比增长 2.29%。

液态奶主产区转移至亚洲，欧洲、美洲及大洋洲液态奶产量小幅上涨或略有下降。2000 年，美国、巴西是全球液态奶产量最高的国家，2015 年，中国、印度和美国成为全球液态奶主产区，中国和印度的年均增长率分别是 21.60% 和 7.19%，美国下降了 10.18%，年均增长率为－0.71%（表 6）。2000 年，美国、印度和澳大利亚是全球发酵乳产量最高的国家，2015 年，日本、印度和美国成为全球发酵乳主产区，日本的年均增长率达 21.95%，印度和美国分别为 2.99%和 6.49%。

表 6　全球主要国家液态奶产量变化情况

单位：万吨、%

国家	2000 年	2005 年	2010 年	2011 年	2012 年	2013 年	2014 年	2015 年	年均增长率
俄罗斯	418.8	421.8	486.8	486.0	486.0	486.0	531.8	537.8	1.68
乌克兰	86.3	86.4	80.1	85.8	90.9	96.1	111.7	97.0	0.78
美国	2 497.9	2 474.0	2 479.8	2 437.6	2 397.2	2 336.8	2 275.4	2 243.7	－0.71
墨西哥	376.5	431.3	439.3	435.2	384.7	374.7	367.4	365.3	－0.20
加拿大	278.5	277.5	273.7	277.0	277.4	273.0	268.0	260.5	－0.44
巴西	1 269.0	1 340.0	1 127.8	1 131.6	1 171.5	1 200.0	1 238.7	909.3	－2.20
阿根廷	159.8	162.3	179.6	177.7	186.1	184.4	195.6	190.5	1.18
澳大利亚	197.8	212.7	238.5	246.1	251.4	254.0	265.8	257.8	1.78
中国	134.1	1 145.8	1 845.6	2 060.8	2 146.6	2 336.0	2 400.1	2 521.0	21.60
日本	457.1	429.0	385.9	376.3	369.4	361.2	356.0	356.0	－1.65
印度	—	—	826.5	863.2	1 045.2	1 105.6	1 106.9	1 169.8	7.19

注：印度 2000 年、2005 年数据缺失，年均增长率为 2010—2015 年。

数据来源：《中国奶业统计资料 2017》《中国奶业统计资料 2015》。

干乳制品生产主产区基本无变化，但亚洲干乳制品产量增长速度快于其他地区。2000 年，中国、新西兰和巴西是全球全脂和半脱脂奶粉产量最高的国家，2015 年，中国、新西兰和巴西仍是全球全脂和半脱脂奶粉的三大主产区，年均增长率分别是 5.09%、6.77%和 6.04%（表 7）。2000 年，美国、澳大利亚和新西兰是全球脱脂奶粉产量最高的国家，2015 年，印度取代澳大利亚成为三大主产区之一，印度的年均增长率达 9.16%，美国和新西兰仅为 3.03%、

2.62%（表 8）。2000 年，美国、巴西和阿根廷是全球奶酪产量最高的国家，2015 年，美国、巴西和阿根廷仍是全球奶酪生产三大主产区，年均增长率分别为 2.40%、3.55%和 1.23%，亚洲虽不是全球奶酪主产区，但增长速度较快，其中中国 2005—2015 年奶酪产量的年均增长率为 6.44%（表 9）。2000 年，美国、巴基斯坦以及新西兰是全球奶油产量最高的国家，2015 年主产区无变化，但巴基斯坦超越美国成为全球奶油生产第一大国，年均增长率分别为 2.60%、3.81%和 2.85%，同时中国奶油产量基数较小，但年均增长率高达 9.80%（表 10）。2000 年，美国、巴西和俄罗斯是全球炼乳产量最高的国家，2015 年主产区无变化，年均增长率分别是 2.97%、5.27%和 5.26%，同样中国增长速度较快，年均增长率为 4.73%。2000—2015 年，美国一直是全球乳清粉生产第一大国，与 2000 年相比，2015 年产量下降了 19.80%，亚洲的乳清粉产量基本可忽略不计。

表 7　全球主要国家全脂和半脱脂奶粉产量变化情况

单位：万吨、%

国家	2000 年	2005 年	2010 年	2011 年	2012 年	2013 年	2014 年	2015 年	年均增长率
俄罗斯	7.5	8.0	4.7	7.6	6.7	6.5	11.4	9.0	1.22
美国	5.1	1.5	3.2	3.0	2.6	3.3	4.7	4.9	−0.27
墨西哥	11.0	12.4	13.4	12.8	12.4	13.8	13.6	13.8	1.52
巴西	25.6	44.0	50.0	51.5	53.1	54.9	61.2	61.7	6.04
阿根廷	20.2	25.4	20.5	28.0	27.8	28.7	23.2	25.2	1.49
新西兰	51.5	67.5	94.7	114.1	127.3	130.0	145.6	137.5	6.77
澳大利亚	20.5	15.8	15.1	14.0	10.9	12.5	9.5	6.6	−7.28
中国	52.2	91.8	100.0	104.5	109.9	97.0	110.0	110.0	5.09
日本	1.8	1.4	1.3	1.4	1.3	1.1	1.2	1.2	−2.67
印度	—	7.4	9.8	9.9	11.5	11.5	11.1	12.0	4.95

注：印度 2000 年数据缺失，年均增长率为 2005—2015 年。

数据来源：《中国奶业统计资料 2017》《中国奶业统计资料 2015》。

表 8　全球主要国家脱脂奶粉产量变化情况

单位：万吨、%

国家	2000 年	2005 年	2010 年	2011 年	2012 年	2013 年	2014 年	2015 年	年均增长率
俄罗斯	9.1	9.2	6.3	5.5	5.7	5.0	8.4	6.9	−1.83
乌克兰	6.8	11.2	5.3	3.6	4.4	4.5	5.5	5.0	−2.03
美国	66.1	69.8	82.8	88.6	97.8	96.3	103.5	103.4	3.03

（续）

国家	2000 年	2005 年	2010 年	2011 年	2012 年	2013 年	2014 年	2015 年	年均增长率
加拿大	7.5	7.3	7.2	7.6	8.5	7.4	8.1	9.8	1.80
巴西	6.2	11.3	13.0	13.2	14.1	15.1	15.4	15.7	6.39
阿根廷	4.5	1.6	3.4	3.9	3.2	3.4	4.6	4.1	−0.62
新西兰	25.1	25.0	34.4	36.6	40.4	40.9	41.0	37.0	2.62
澳大利亚	26.5	22.8	22.2	23.0	22.4	21.1	24.3	25.6	−0.23
日本	19.4	18.7	15.6	13.7	13.9	13.6	12.0	12.9	−2.68
印度	14.5	25.1	38.0	43.0	45.0	49.0	52.0	54.0	9.16

数据来源：《中国奶业统计资料 2017》《中国奶业统计资料 2015》。

表 9　全球主要国家奶酪产量变化情况

单位：万吨、%

国家	2000 年	2005 年	2010 年	2011 年	2012 年	2013 年	2014 年	2015 年	年均增长率
俄罗斯	22.1	37.1	43.3	42.5	44.6	46.0	49.3	34.6	3.03
乌克兰	6.7	39.1	28.6	25.5	24.4	24.9	20.3	19.2	7.27
新西兰	28.9	28.0	26.8	27.0	32.8	31.1	32.5	34.7	1.23
澳大利亚	37.6	37.3	33.9	34.3	33.9	30.5	34.8	32.5	−0.97
美国	376.4	415.0	473.7	480.6	494.0	505.5	519.4	537.0	2.40
加拿大	29.2	31.0	34.4	33.5	34.1	34.3	36.2	38.4	1.84
巴西	44.5	49.5	64.8	67.9	70.0	72.2	73.6	75.1	3.55
阿根廷	44.3	40.8	50.6	52.1	53.8	56.1	58.3	53.2	1.23
中国	—	1.5	1.7	2.0	3.0	2.2	2.6	2.8	6.44
日本	3.3	3.9	4.6	4.5	4.7	4.9	4.6	4.6	2.24
以色列	9.9	10.6	12.2	12.5	12.8	12.8	13.0	13.6	2.14

注：中国 2000 年数据缺失，年均增长率为 2005—2015 年。

数据来源：《中国奶业统计资料 2017》《中国奶业统计资料 2015》。

表 10　全球主要国家奶油产量变化情况

单位：万吨、%

国家	2000 年	2005 年	2010 年	2011 年	2012 年	2013 年	2014 年	2015 年	年均增长率
俄罗斯	27.0	27.7	20.7	21.7	21.6	22.5	25.1	25.9	−0.28
乌克兰	13.5	12.0	8.0	7.7	8.8	9.4	11.4	10.2	−1.85
美国	57.0	61.1	70.9	82.1	84.4	84.7	84.2	83.8	2.60

（续）

国家	2000年	2005年	2010年	2011年	2012年	2013年	2014年	2015年	年均增长率
加拿大	8.0	8.4	8.0	9.0	9.8	9.3	8.7	8.8	0.64
巴西	7.2	7.7	7.8	7.9	8.1	8.3	8.5	8.7	1.27
阿根廷	4.7	4.0	4.9	5.4	5.3	5.5	5.1	4.5	−0.29
新西兰	37.4	42.4	44.1	47.2	52.7	52.5	57.0	57.0	2.85
澳大利亚	17.6	14.6	12.2	12.0	12.5	12.1	12.3	9.9	−3.76
中国	1.5	3.0	5.0	5.9	5.5	5.4	6.0	6.1	9.80
日本	8.8	8.4	7.4	6.3	6.9	6.8	6.1	6.5	−2.00
巴基斯坦	49.3	58.0	64.9	66.9	66.9	68.6	71.2	86.4	3.81

数据来源：《中国奶业统计资料 2017》《中国奶业统计资料 2015》。

（三）市场价格

1. 原料奶价格

2017 年 1～12 月全球原料奶平均价格较 2016 年同期大幅上升，年末略有回落，总体呈波动下降趋势。2016—2017 年，由于全球范围内的原料奶生产调整，导致原料奶区域性供给紧张，推动了全球原料奶价格的持续上涨。由 2016 年 5 月每 100 千克 22.1 美元大幅上涨至 2017 年 7 月的 38.9 美元，涨幅达 76.02%，其中 2～7 月的同比增长率均大于 50%。之后牛奶产能逐步恢复，原料奶价格出现了下降，2017 年 12 月每 100 千克价格波动降至 31.9 美元，下跌了 17.99%，较 2016 年同期下降了 10.89%（图 1）。

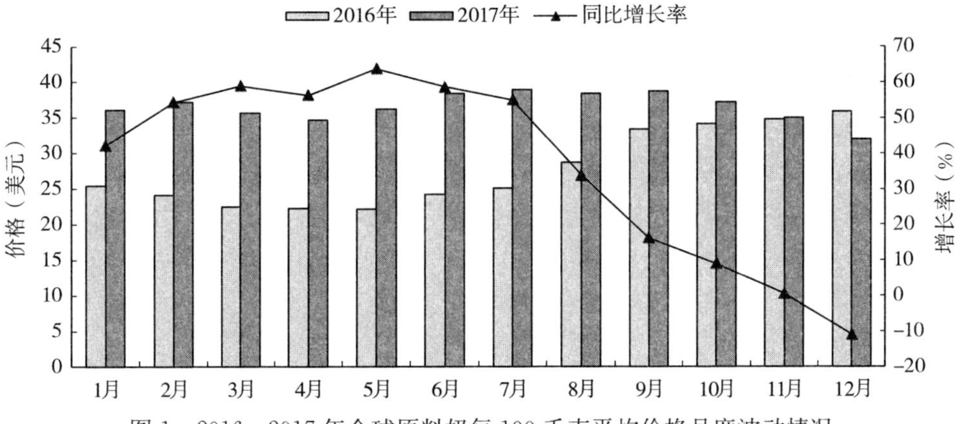

图 1　2016—2017 年全球原料奶每 100 千克平均价格月度波动情况

数据来源：IFCN

全球原料奶价格总体呈波动下降趋势，中国原料奶价格持续走高，其他主要国家的原料奶价格变动趋势基本与全球原料奶均价走势保持一致。全球原料奶价格由 2000 年的 2.80 元/千克波动降至 2016 年的 1.85 元/千克，年均增长率为－5.04%，在 2013 年全球原料奶价格达到顶峰的 2.98 元/千克之后，突降至 2016 年的 1.85 元/千克，降幅达 37.92%，主要原因是新西兰的严重干旱，同时，中国作为全球最大的乳制品进口国之一，进口所引发的竞争压力加快了中国奶业转型升级，在 2014 年获得充足的库存之后大幅缩减了 2015 年的乳制品采购量，导致全球乳制品价格几乎立即开始下滑；除 2008 年外，中国的原料奶价格均高于全球奶价，并呈持续上升态势，2008—2016 年的年均增长率为 4.22%；新西兰、美国、澳大利亚和阿根廷的原料奶价格均呈波动下降态势，2008—2016 年的年均增长率分别为－5.92%、－1.96%、－5.99%和－0.81%（图 2）。

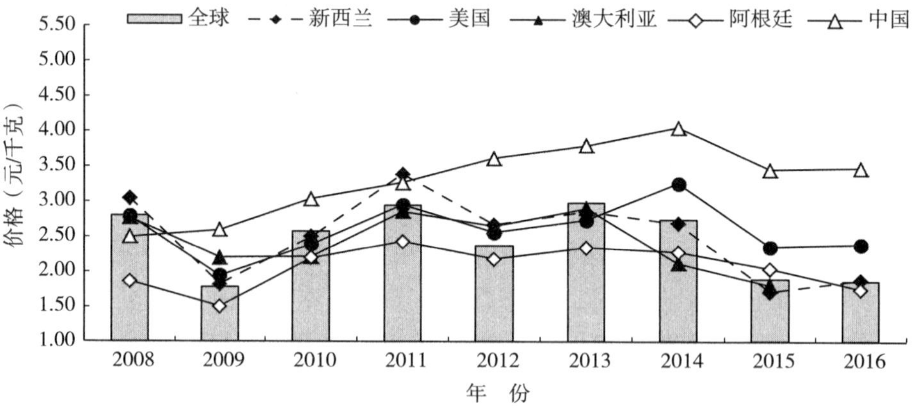

图 2　2008—2016 年全球主要国家原料奶价格变化情况

注：空白处为数据缺失

数据来源：FAO，全球奶价根据 IFCN 数据按照每年汇率折算得出；其中中国 2010 年、2014 年的数据来自《中国奶业统计资料》，2015 年数据来自荷斯坦网站计算所得；2016 年数据来自 2017 年《中国奶业统计资料》

2. 乳制品价格

乳制品价格指数呈倒 U 形走势，总体呈波动下降趋势。2017 年年初，由于欧盟和美国交货量的增加缓解了供应紧张，4 月乳制品价格指数短暂下跌至 183.57 点，之后受到北美洲和欧洲乳脂需求增加、大洋洲和南美洲供应紧张局势以及亚洲强劲的进口需求推动，黄油价格飙升，奶酪和全脂奶粉温和上涨，9 月乳制品价格指数飙升至 224.17 点，涨幅达 22.12%。10 月进口商降低了采购量以观望大洋洲出口供应的发展趋势，降低了采购量，在连续 4 个月下跌后，2018 年 1 月乳制品价格指数跌至 179.83 点，下降了 19.74%，较 2017 年同期下降 13.05 点，降幅为 6.76%。总体上，2017 年 FAO 乳制品价格指数平均为 202.2 点，较 2016 年提高 31.5%（图 3）。

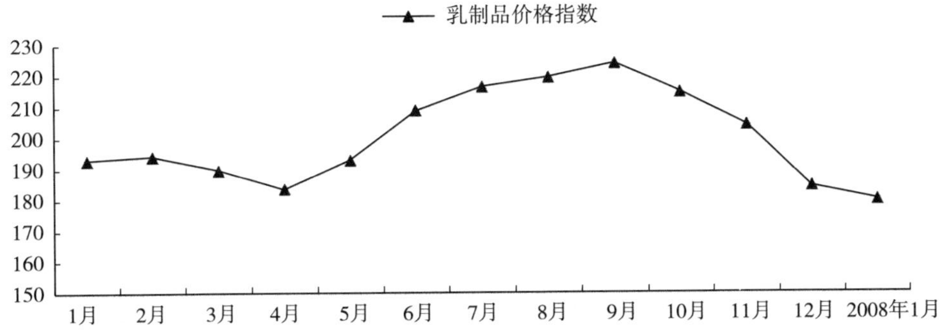

图 3　2017 年和 2018 年 1 月乳制品价格指数月度变化情况

数据来源：FAO 数据库

2017 年以来，恒天然全球乳制品贸易网上拍卖系统（以下简称 GDT）的乳制品整体拍卖价格总体呈波动上涨趋势。2017 年 1 月至 2018 年 2 月，整体 GDT 拍卖价格由 3 405.5 美元/吨上涨至 3 553.0 美元/吨，增长了 4.33%，其中因需求疲软以及欧盟近 37 万吨干预库存处置方式和时间的不确定性，脱脂奶粉 GDT 拍卖价格由 2 636.0 美元/吨波动降至 1 932.0 美元/吨，下跌了 26.71%；由于进口需求下降，尤其是中东地区的消费者购买力相对较低，同时供应保持稳定，全脂奶粉 GDT 拍卖价格由 3 288.5 美元/吨跌至 3 226.0 美元/吨，下降了 1.90%；由于欧洲和北美洲的黄油需求突增，出口量下降，同时大洋洲的产量下降，黄油 GDT 拍卖价格由 4 345.0 美元/吨涨至 5 277.0 美元/吨，增长了 21.45%；由于全球无水奶油市场整体需求旺盛，但供应稀缺，无水奶油 GDT 拍卖价格由 5 440.0 美元/吨涨至 6 581.0 美元/吨，增长了 20.97%；由于出口供应品有限，切达奶酪 GDT 拍卖价格由 3 917.0 美元/吨跌至 3 739.0 美元/吨，下跌了 4.54%。

（四）贸易变化

1. 贸易量

2000—2016 年各类乳制品贸易量总体呈波动增长态势，但从 2014 年开始，除婴幼儿奶粉外其他乳制品贸易量出现大幅下降，出口量降幅大于进口量。据 UN Comtrade 统计，2000—2016 年全球酸奶和鲜奶出口量的年均增长率分别为 3.18% 和 3.37%，进口量的年均增长率分别为 0.52% 和 3.65%，

2014 年开始酸奶进口量和出口量分别下降了 1.38%、10.16%，鲜奶出口量下降了 10.30%，进口量增长了 2.07%；2000—2016 年全球奶粉、炼乳、乳清、奶油和干酪出口量的年均增长率分别为 2.73%、2.03%、2.43%、2.65%和 3.97%，进口量的年均增长率分别为 2.13%、2.83%、4.27%、2.74%和 4.15%，2014 年开始除奶油和干酪出口量上涨外，各类乳制品的进出口量均出现了不同程度的下降；2000—2016 年婴幼儿配方奶粉一直处于稳定上升态势，进口量和出口量的年均增长率分别为 8.35%和 8.88%。

2. 贸易地区

欧洲是液态奶主要的进出口地区。德国、法国、比利时和西班牙是全球酸奶的主要出口地区，出口量均呈上升态势，2016 年 4 国酸奶的出口量占全球酸奶出口总量的 59.8%。英国、意大利、西班牙和荷兰是全球酸奶的主要进口地区，除英国外，其他 3 国进口量均呈增长态势，2016 年 4 国酸奶进口量占全球酸奶进口总量的 37.48%；德国、法国、比利时和捷克是全球鲜奶的主要出口地区，出口量均呈波动上升趋势，2016 年 4 国鲜奶的出口量占全球鲜奶出口总量的 50.15%；德国、意大利、比利时和荷兰是全球鲜奶的主要进口地区，除意大利外，其他 3 国进口量均呈波动上升趋势，2016 年 4 国鲜奶进口量占全球鲜奶进口总量的 55.66%。

全球奶粉的进出口贸易数量和金额波动上升，从 2014 年开始出现大幅下降，贸易价格逐年提高。据 UN Comtrade 统计，2000 年全球奶粉进口贸易量为 310.4 万吨，2016 年则增 435.0 万吨，年均增长率为 2.13%；进口额为 596 250.9 万美元，2016 年增至 1 087 352.4 万美元，年均增长率为 3.83%。奶粉出口贸易与进口贸易波动趋势较为一致。2000 年全球奶粉出口量 359.8 万吨，2016 年增加到 554.0 万吨，年均增长率为 2.73%；出口额从 2000 年的 653 755.0 万美元增加到 2016 年的 1 325 940.1 万美元，年均增长率为 4.52%（图 4）。由此得出，贸易额的年均增长速度略大于贸易量的增长速度，表明全球奶粉的平均贸易价格逐年提高。

欧洲、美洲和大洋洲是全球干乳制品出口主要地区，亚洲是奶粉、炼乳、乳清和婴幼儿配方奶粉的主要进口地区，欧洲是奶油和干酪的主要进口地区。2016 年新西兰、美国、德国和法国的奶粉出口量占全球奶粉出口总量的 57.50%，但由于中东和亚洲市场需求疲软，2016 年除美国外其他 3 国的出口量较 2015 年均出现了小幅下降，中国、阿尔及利亚、墨西哥和印度尼西亚的奶粉进口量占全球奶粉进口总量的 33.48%；2016 年荷兰、德国、比利时及秘鲁的炼乳出口量占全球炼乳出口总量的 53.86%，除德国外其他 3 国出口量均呈波动上涨态势，阿拉伯联合酋长国、阿曼、荷兰及希腊的炼乳进口量占全球

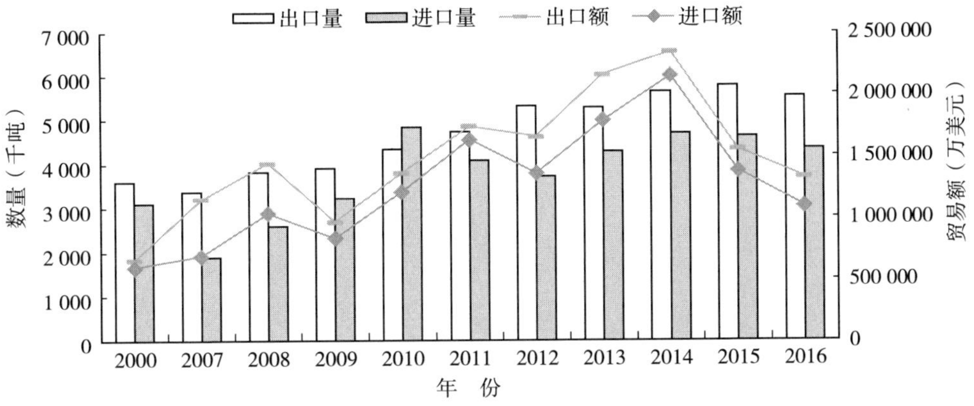

图 4 全球奶粉进出口贸易变化情况

数据来源：UN Comtrade 数据库

炼乳进口总量的 37.68%，除荷兰外其他 3 国进口量均呈波动上涨趋势；2016 年德国、法国、意大利及美国的乳清出口量占全球乳清总出口量的 49.52%，除德国外其他 3 国出口量均呈上升趋势，德国、荷兰、法国及中国的乳清进口量占全球乳清进口总量的 57.64%，除荷兰外其他 3 国进口量均呈波动上涨趋势；2016 年新西兰、荷兰、爱尔兰和比利时的奶油出口量占全球奶油出口总量的 61.43%，法国、德国、比利时和荷兰的奶油进口量占全球奶油进口总量的 36.96%，贸易量均呈上涨趋势；2016 年德国、荷兰、法国和意大利的干酪出口量占全球干酪总出口量的 49.75%，德国、意大利、英国和荷兰的进口量占全球干酪进口总量的 36.71%，贸易量同样呈增长态势；2016 年荷兰、爱尔兰、法国和德国的婴幼儿奶粉出口量占全球婴幼儿奶粉总出口量的 40.64%，中国、马来西亚、英国和德国的进口量占全球婴幼儿奶粉进口总量的 38.67%，贸易量亦呈上涨态势。

二、中国乳制品生产、市场与贸易变动情况

（一）生产概况

中国牛奶产量总体呈上升趋势，奶牛单产稳定上升。2000—2016 年奶牛存栏量由 488.7 万头增至 1 413.0 万头，年均增长率为 6.86%，据 USDA 统计，由于 2016 年奶价较低，中国大约有 50%的奶牛场处于亏损状态，促使许多小农户退出，导致奶牛存栏量降至 1 413.0 万头，同比下降 6.25%；2000—2016 年牛奶产量由 827.4 万吨增至 3 602.0 万吨，年均增长率为 9.63%，同样由于奶牛存栏量的下降，2016 年牛奶产量同比下降 4.07%；奶牛单产由 2 605千克/头增至 6 200 千克/头，年均增长率为 5.57%，由于 2016 年散户大

规模退出，养殖效率大幅上升，较 2015 年上升了 3.33%。

中国奶牛养殖主要集中在西北地区和华北地区，牛奶生产主要集中在华北地区和东北地区。2000—2016 年新疆和内蒙古的奶牛存栏总量由 190.8 万头增至 412 万头，年均增长率为 4.93%，2016 年新疆和内蒙古的奶牛存栏量占中国奶牛存栏总量的 29.16%（表 11）。2000—2016 年内蒙古和黑龙江的牛奶产量由 234.1 万吨增至 1 280.1 万吨，年均增长率为 11.20%，2016 年内蒙古和黑龙江的牛奶产量占中国牛奶总产量的 35.54%，而新疆的牛奶产量仅占中国牛奶总产量的 4.33%。

表 11　中国奶业主产区奶牛存栏量变化情况

单位：万头、%

地区	2000 年	2005 年	2010 年	2011 年	2012 年	2013 年	2014 年	2015 年	2016 年	年均增长率
内蒙古	71.9	268.6	292.5	275.1	263.2	229.3	231.2	237.2	202.0	6.67
河北	61.2	196.6	180.8	188.7	196.3	191.2	198.1	196.3	175.0	6.79
山西	12.7	29.9	28.8	28.0	30.6	32.1	34.7	34.6	35.0	6.54
黑龙江	69.8	110.2	205.4	192.7	202.2	191.7	197.2	193.4	177.0	5.99
山东	21.1	70.4	93.3	125.7	129.8	125.0	139.7	133.4	129.3	12.00
河南	6.7	31.2	98.5	96.1	100.6	100.7	103.2	107.8	101.0	18.48
西藏	—	5.8	36.9	37.1	36.3	37.2	37.2	37.6	39.0	18.92
新疆	118.9	214.9	148.2	150.7	181.5	185.3	203.0	214.0	210.0	3.62
陕西	15.7	46.0	41.3	45.2	46.9	46.5	45.5	43.5	42.9	6.48
宁夏	8.1	22.9	26.9	29.8	32.9	34.1	37.4	35.4	36.5	9.87

注：“—”为数据缺失。

数据来源：《中国奶业统计资料 2017》《中国奶业统计资料 2015》《中国奶业统计资料 2013》。

（二）消费与供给关系

1. 消费市场

从消费需求总量来看，中国乳制品消费总量呈显著上升趋势。2011—2016 年，中国乳制品消费量从 2 480.5 万吨增至 3 204.7 万吨，年均增长率为 5.26%，其中仅 2014 年的乳制品消费量出现了小幅下降，其他年份的环比增长率均在 4%以上（图 5）。

从消费结构来看，一般以液态奶和奶粉为主，黄油和奶酪等干乳制品的消费较少。中国乳制品消费结构不同于西方国家，接近东亚地区的韩国和日本。据中国产业信息网统计数据显示，中国乳制品消费主要有鲜奶、酸奶和奶粉，

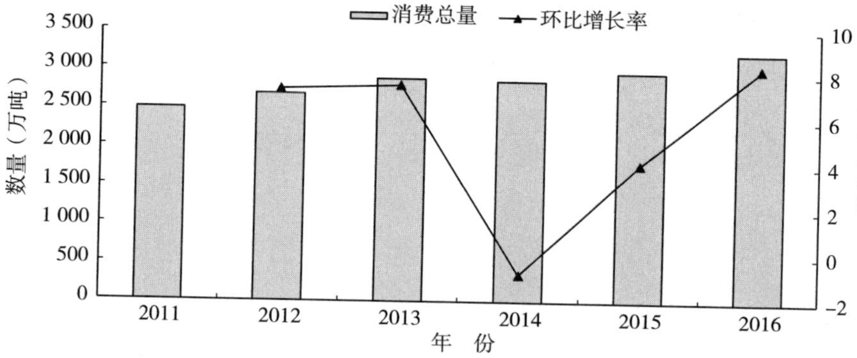

图 5 2011—2016 年中国乳制品消费总量变化情况

数据来源：乳业资讯网

其中鲜奶和酸奶占乳制品消费总量的 65%左右，奶粉占比 30%左右，其余 5%主要是奶油和奶酪等干乳制品的消费。

从人均消费量来看，人均家庭年奶类消费量呈上升态势，但中国乳制品消费量远未达到饱和状态。2013—2015 年，中国居民家庭年人均奶类消费量增加了 0.44 千克，城镇居民年人均奶类消费量持平，农村居民增加了 0.6 千克（表 12）。但中国人均奶类消费量与其他奶类消费大国相比存在巨大差距。据乳业资讯网统计，日本和韩国的人均奶类消费量是中国的 2 倍左右，巴西、南非和墨西哥的人均奶类消费量是中国的 3 倍左右。因此，中国乳制品消费量仍存在巨大的发展空间。

从消费量分布来看，农村与城镇的差距在逐渐缩小。中国长期的城乡“二元结构”状况对城乡居民乳制品消费有着重要的影响，城镇居民乳制品消费明显高于农村居民，一直是中国乳制品消费的主体，2015 年农村居民年人均奶类消费量仅为城镇居民的 36.84%。但随着生活水平的不断提高，2013—2015 年农村居民年人均奶类消费量增长了 10.53%。农村年人均奶类消费量与城镇的差距由 2013 年的 11.4 千克降低到 2015 年的 10.8 千克（表 12）。

表 12 中国居民家庭年人均奶类消费情况

单位：千克

年份	平均	城镇	农村
2013	11.66	17.1	5.7
2014	12.6	18.1	6.4
2015	12.1	17.1	6.3

数据来源：《中国奶业年鉴 2016》。

2. 供给情况

中国乳制品加工以液态奶为主，且比重逐渐上升，乳制品产量呈稳定上升趋势，液态奶涨幅大于干乳制品。2000—2016 年液态奶占乳制品总产量的比重由 61.80%增至 91.44%；乳制品产量由 217.0 万吨猛增至 2 993.3 万吨，年均增长率为 17.82%；液态奶产量由 134.1 万吨增至 2 737.2 万吨，年均增长率为 20.74%；干乳制品产量由 82.9 万吨增至 256.1 万吨，年均增长率为 7.30%。

中国液态奶加工集中在华北地区，干乳制品加工主要集中在东北地区。2000—2016 年内蒙古和河北的液态奶产量由 20.0 万吨增至 675 万吨，年均增长率为 24.60%，2016 年内蒙古和河北的液态奶产量占中国液态奶总产量的 24.66%（表 13）；2000—2016 年黑龙江省干乳制品产量由 18.5 万吨增至 55.8 万吨，年均增长率为 7.15%，2016 年黑龙江省干乳制品产量占中国干乳制品总产量的 21.79%（表 14）。

表 13　中国奶业主产区液态奶产量变化情况

单位：万吨、%

地区	2000 年	2005 年	2010 年	2011 年	2012 年	2013 年	2014 年	2015 年	2016 年	年均增长率
内蒙古	14.2	362.8	308.9	309.7	273.4	273.0	246.5	276.4	313.8	21.37
河北	5.8	167.4	229.4	259.5	239.6	274.4	323.1	335.4	361.2	29.43
黑龙江	0.3	57.9	116.9	103.6	134.1	150.3	141.1	140.7	140.3	46.85
山东	5.6	73.4	220.1	286.4	265.7	231.6	203.0	242.2	243.6	26.56
江苏	9.6	33.6	96.4	94.0	109.2	122.4	128.3	141.3	148.5	18.69
安徽	0.3	3.1	60.4	67.2	71.0	90.0	103.3	88.1	101.2	43.02
河南	3.0	30.9	106.5	157.3	145.4	188.6	220.2	236.3	305.9	33.60
湖北	—	27.8	53.1	49.0	60.4	75.4	86.0	99.6	112.5	—
四川	0.2	9.5	45.9	63.3	66.1	81.9	95.1	95.5	109.7	47.44
陕西	2.1	41.2	112.2	126.9	155.1	161.8	137.3	134.7	120.7	28.78

数据来源：《中国奶业统计资料 2014—2017》。

注："—" 为数据缺失。

表 14　中国奶业主产区干乳制品产量变化情况

单位：万吨、%

地区	2000 年	2005 年	2010 年	2011 年	2012 年	2013 年	2014 年	2015 年	2016 年	年均增长率
天津	0.7	1.2	7.8	1.7	24.2	33.0	45.2	48.5	31.9	27.31
内蒙古	6.7	14.0	36.4	73.5	52.3	28.0	23.4	17.2	22.7	7.97

（续）

地区	2000年	2005年	2010年	2011年	2012年	2013年	2014年	2015年	2016年	年均增长率
河北	10.0	26.1	26.0	9.5	32.9	23.7	5.9	10.6	10.1	0.06
黑龙江	18.5	35.0	67.0	74.7	51.7	63.4	54.3	50.7	55.8	7.15
山东	8.3	10.9	29.6	25.3	55.1	43.2	9.8	8.7	16.3	4.30
江苏	7.5	5.1	3.8	6.2	19.1	19.2	13.6	13.1	11.7	2.85
福建	0.2	1.4	4.5	2.5	5.1	4.6	4.4	6.3	6.7	26.23
广东	1.3	4.5	8.0	8.8	28.8	32.4	17.6	20.7	19.9	18.65
四川	1.9	5.6	12.1	14.7	11.1	13.1	7.6	9.4	13.7	13.23
陕西	4.6	18.5	35.8	33.3	17.0	22.2	24.1	26.9	23.0	10.62

数据来源：《中国奶业统计资料2014—2017》。

（三）市场价格

1. 原料奶价格

从月度数据来看，2017年中国原料奶价格呈U形走势，上半年原料奶价格较2016年同期相比维持较低水平，下半年略有回升。由于传统的生产旺季、消费淡季，根据农业部监测数据显示，2017年上半年中国奶业主产省原料奶收购价由1月的3.54元/千克下降至6月的3.42元/千克，12月回升至3.52元/千克。2017年上半年除4月和5月外，原料奶收购价较2016年同期均有小幅回落，下半年奶价均高于2016年同期，同比增长率除11月外均低于1%（图6）。

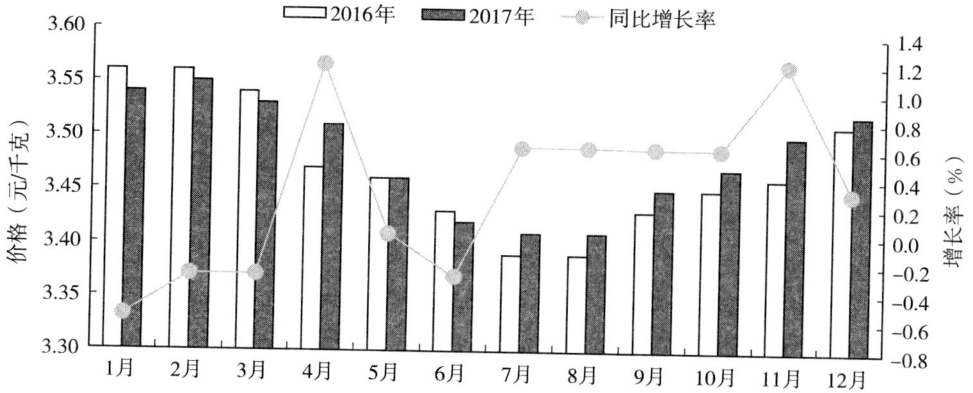

图6　2016—2017年中国奶业主产省份原料奶收购价月度波动情况

数据来源：农产品供需形势分析月报（生鲜农产品）2016年1月至2017年12月

从年度角度看，中国原料奶价格总体呈上涨趋势。2008—2014 年中国原料奶价格从 2.49 元/千克持续上涨至 4.05 元/千克，年均增长率为 8.42%。2014 年，原料奶价格突降至 2015 年的 3.45 元/千克，一方面是由于国内外奶价差异较大，使大量廉价进口大包粉和进口常温奶进入国内，对国内的原料奶形成挤出和替代，导致国内原奶“过剩”；另一方面是由于 2014 年和 2015 年国内乳制品消费增速开始放缓，年人均奶类消费量出现了小幅下降，主要是由于一二线城市乳制品消费接近饱和，而三四线城市的消费习惯还没有养成，导致国内乳制品需求逐渐放缓，而供给持续上升，压低了原料奶价格。2016 年，由于下半年广东省、福建省等地天气湿热导致奶牛非正常死亡，使得原奶减产。此外，2016 年年底国家加强对复原乳使用的管控，降低了廉价进口大包粉对国内原奶市场的积压，提高了原奶需求量，使 2016 年原料奶价格略有回升（图 7）。

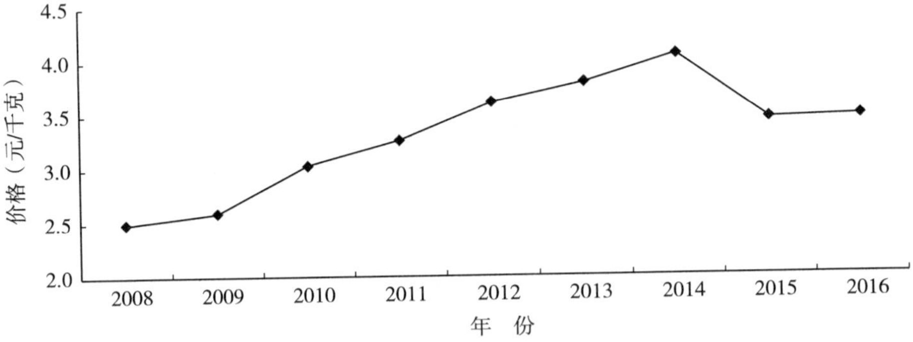

图 7　2008—2016 年中国原料奶价格变化

数据来源：FAO，全球奶价根据 IFCN 数据按照每年汇率折算得出；其中中国 2010 年、2014 年、2016 年的数据来自《中国奶业统计资料》，2015 年数据来自荷斯坦网站计算所得

2. 乳制品价格

（1）进口价格。除婴幼儿配方奶粉和乳清外，其他乳制品进口价格均呈上涨态势。2017 年 1～12 月酸奶进口价格由 1 800.58 美元/吨波动增至 1 961.75 美元/吨，增长了 8.95%；鲜奶进口价格由 1 138.93 美元/吨波动增至 1 457.41美元/吨，增长了 27.96%；大包粉进口价格由 2 710.39 美元/吨波动增至 3 251.81 美元/吨，增长了 19.98%；炼乳进口价格由 1 894.25 美元/吨波动增至 1 948.20 美元/吨，增长了 2.85%；乳清进口价格由 1 260.53 美元/吨降至 1 130.43 美元/吨，降低了 10.32%；奶油进口价格由 4 193.44 美元/吨增至 6 374.90 美元/吨，增长了 52.02%；婴幼儿配方奶粉进口价格由 14 283.95美元/吨降至 12 790.47 美元/吨，降低了 10.46%。

（2）市场价格。

①鲜奶。鲜奶零售价格波动幅度较小，盒装鲜奶零售价格高于袋装鲜奶。2016 年 1 月至 2017 年 12 月，袋装鲜奶零售价略有上涨，由 4.79 元/斤* 增至 4.82 元/斤，价格浮动大小为 0.03 元/斤；盒装鲜奶零售价稍有回落，由 5.75 元/斤降至 5.72 元/斤，价格浮动大小为 0.08 元/斤；鲜奶平均价格持平，价格浮动在 5.25～5.28 元/斤。2016 年 1 月至 2017 年 12 月，盒装鲜奶的平均价格为 5.72 元/斤，袋装鲜奶的平均价格为 4.80 元/斤，盒装鲜奶是袋装鲜奶的 1.19 倍（图 8）。

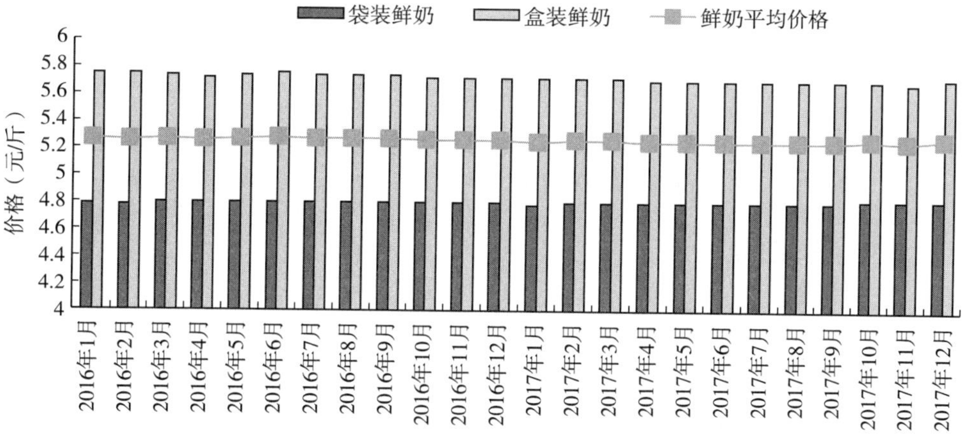

图 8　2016—2017 年中国鲜奶（包装牛奶）零售价格月度波动情况

数据来源：中国奶业贸易月报（2016 年 1 月至 2018 年 1 月）

②幼儿配方奶粉（三段）。三段幼儿配方奶粉零售价均呈上涨态势，进口三段幼儿配方奶粉价格高于国产。2016 年 1 月至 2017 年 12 月，国产三段幼儿配方奶粉价格呈波动上涨态势，2017 年年末略有回落，由 79.21 元/斤增至 83.48 元/斤，增长了 5.39%；进口三段幼儿配方奶粉价格呈抛物线式增长，由 107.8 元/斤增至 112.4 元/斤，增长了 4.27%；三段幼儿配方奶粉平均零售价的发展态势与进口三段幼儿配方奶粉趋同，由 93.53 元/斤增至 97.96 元/斤，增长了 4.74%。2016 年 1 月至 2017 年 12 月，国产三段幼儿配方奶粉的平均价格为 81.40 元/斤，进口三段幼儿配方奶粉的平均价格为 110.04 元/斤，进口是国产的 1.35 倍（图 9）。

* 斤为非法定计量单位，1 斤＝500 克。

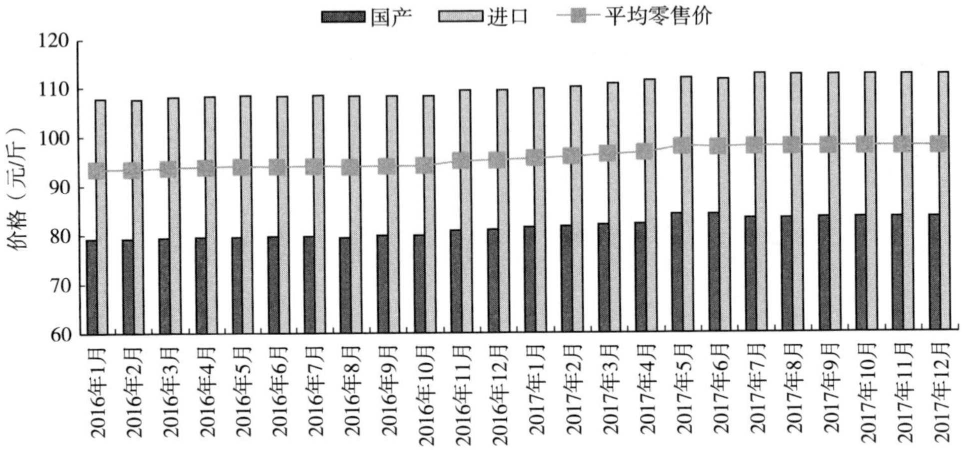

图 9　2016—2017 年中国监测城市三段幼儿配方奶粉零售价月度波动情况

数据来源：农产品供需形势分析月报（生鲜农产品）2016 年 1 月至 2017 年 12 月

（四）贸易变化

1. 贸易量

2000—2016 年中国各类乳制品进口量远高于出口量，同时进口量均呈稳定上升趋势，出口量除酸奶、奶油和婴幼儿配方奶粉呈增长态势外均呈下降趋势。中国乳制品进出口贸易相差悬殊的主要原因是 2008 年“三聚氰胺”事件之后，消费者对国产牛奶安全缺乏信任，导致国内对进口牛奶的需求极速上升，同时近几年电子商务市场蓬勃发展，为消费者购买进口乳制品提供了便利。据 UN Comtrade 统计，2000—2016 年中国酸奶和鲜奶进口量的年均增长率分别为 14.07% 和 26.41%，出口量的年均增长率分别为 10.85% 和 −1.57%，奶粉、炼乳、乳清、奶油和干酪进口量的年均增长率分别为 10.78%、23.93%、9.13%、22.73%和 27.60%，出口量的年均增长率分别为−6.40%、−6.82%、−7.89%、10.19%和−6.76%，婴幼儿配方奶粉进口量和出口量的年均增长率分别为 23.69%和 6.04%。

2. 贸易地区

2016 年中国乳制品主要进口来源地在欧洲、大洋洲和北美洲，主要国家有德国、新西兰、澳大利亚和美国，主要出口目的地在中国香港和其他亚洲地区。2016 年中国从德国和新西兰进口的酸奶数量占进口总量的 72.66%，出口至中国香港的数量占出口总量的 81.48%；中国从新西兰、德国和法国进口的鲜奶数量占进口总量的 72.58%，出口至中国香港的数量占出口总量的 98.75%；中国从新西兰和澳大利亚进口的奶粉数量占进口总量的 87.76%，出口至中国香港和缅甸的数量占出口总量的 77.01%；中国从荷兰和澳大利亚进口的炼乳数量占进口总量的 83.59%，出口至中国香港的数量占出口总量的 80.89%；中国从美国和法国进口的乳清数量占进口总量的 67.86%，出口至日本、朝鲜及中国香港的数量占出口总量的 98.17%；中国从新西兰进口的奶油数量占进口总量的 86.49%，出口至朝鲜、菲律宾、危地马拉以及中国香港的数量占出口总量的 97.55%；中国从新西兰和澳大利亚进口的干酪数量占进口总量的 73.15%，出口至中国香港的数量占出口总量的 93.67%；中国从荷兰和爱尔兰进口的婴幼儿配方奶粉数量占进口总量的 49.57%，出口至中国香港的数量占出口总量的 66.02%。

三、乳制品贸易政策跟踪

（一）全球乳制品贸易政策分析

全球乳制品贸易政策主要集中在出口支持、进口保护和进出口乳制品质量安全管理等 3 个方面。在出口支持方面，欧盟于 2003 年修订农产品出口促销计划，它主要针对干酪和酸乳酪；2009 年重新启动出口补贴政策，补贴出口商因国际市场价和欧盟内部价之间的差额而造成的损失。美国于 2014 年取消了出口增进项目和乳制品出口激励项目，增加了乳制品利润保障项目和乳制品捐赠项目。欧盟和美国作为中国乳制品主要的进口来源地，其出口支持政策提升了其乳制品在国际市场中的价格优势，对中国乳制品企业造成一定的冲击。

在进口保护方面，欧盟征收乳制品进口差价税、实施进口关税配额，美国对乳制品实施进口配额和高进口关税，这抑制了乳制品的进口，有效保证本地区乳制品的竞争力，保护其内部乳制品市场，但中国在原料乳生产与加工成本方面都处于劣势，此项政策加大了中国乳制品出口至欧盟和美国的难度。新西兰和澳大利亚在国际贸易中，强调市场为导向，政府干预较少，主要以自由贸易为主。

在进出口乳制品质量安全管理方面，欧盟于 2011 年实行进出口商品安全电子申报制度，要求进出口贸易商对所有进出欧盟的乳制品均需提前在海关电子安全信息系统进行申报，提供相关商品和信息，帮助海关发现存在安全风险的乳制品。新西兰和澳大利亚均拥有专门负责进口乳制品的质量监管机构以及严格的质量安全法规，规避了部门职责交差、监管效能低下等问题。美国主要通过《联邦进口乳品法》对乳制品进口质量进行严格管控，完备的法律、法规和标准以及联邦政府监管机构之间、州和地方政府之间相互补充、相互依赖和相互协调的合作伙伴关系，为美国乳品质量安全提供了全面、系统和有效的监管机制和监管依据。

（二）中国乳制品贸易政策分析

在乳制品双边自贸协定签订方面，中国于 2008 年 4 月和 2014 年 11 月分别与新西兰和澳大利亚签署了自由贸易协定，推动了双方间的贸易往来与国际合作。《中新自贸协定》于 2008 年 10 月 1 日正式生效，新西兰乳制品出口至中国开始享受降税优惠，液态奶和乳清在 2012 年已降为零关税，黄油和乳酪在 2017 年降为零关税，奶粉于 2019 年起享受零关税优惠；新西兰于 2016 年前全部取消中国乳制品的进口关税。同时，规定新西兰政府给予中国在新西兰的投资者国民待遇和最惠国待遇，以及一定的投资保护措施和投资争端的仲裁解决程序。《中澳自贸协定》于 2015 年 12 月 20 日正式生效，进口乳制品关税分别设置了 5 年、10 年和 12 年的过渡期。在实现完全自由化后，中国进口澳大利亚乳制品的平均报关关税将由 12.3%降为零。其中，婴幼儿配方奶粉现行 15%的关税将在 2020 年降为零。自贸协定推动了双边贸易往来与国际合作，但同时也使得乳制品进口价格下降以及外资的进入，对中国乳业造成冲击。

在进出口乳制品质量安全管理方面，中国对进出口乳制品的监管政策不断完善，并对婴幼儿配方奶粉加强了管控。国家质量监督检验检疫总局于 2009 年 12 月颁布实施了《关于规范进口乳制品卫生证书管理的公告》，要求各输华乳制品国家官方主管部门为输华乳制品出具卫生证书，对无法提供有效官方卫生证书的进口乳制品不再接受报检；2013 年施行《进出口乳品检验检疫监督管理办法》，加强了进出口乳品检验检疫监督管理，并于 2015 年做出调整，一是要求 2015 年 2 月 1 日起报检进口的以巴氏杀菌工艺生产加工的调制乳提交《检疫许可证》，二是要求 2015 年 5 月 1 日起报检非首次进口乳品的进口商或者其代理人提交符合本公告附件规定的检测报告。针对婴幼儿配方奶粉，2017 年 11 月发布了《关于进口婴幼儿配方乳粉产品配方注册执行日期的公告》，明确“以一般贸易方式进口的婴幼儿配方乳粉，其境外生产企业应当依法获得质检总局注册；境外生产企业 2018 年 1 月 1 日（含）后生产的输华婴幼儿配方乳粉应当依法取得食品药品监管总局产品配方注册，并在产品销售包装的标签上注明注册号；境外生产企业 2018 年 1 月 1 日前生产的婴幼儿配方乳粉，可进口并销售至保质期结束。”

全球蔬菜贸易及产业研究

一、全球蔬菜产业贸易、市场及政策变动特点

（一）全球蔬菜贸易特征分析

蔬菜是人们日常生活中的必需品，虽然不同地区消费者在蔬菜消费的品种偏好上存在一定差异，但全球蔬菜贸易十分活跃。UN Comtrade 统计数据显示，2016 年全球蔬菜进口贸易总量约 7 612 万吨，同比下降 0.2%，进口贸易总额约 837 亿美元，同比增长 0.9%；出口贸易总量约 8 163 万吨，同比增长 2.7%，出口贸易总额约 881 亿美元，同比增长 2.6%。

（二）全球蔬菜贸易产品结构分析

从全球蔬菜贸易的产品结构来看，按照蔬菜的形态特征以及加工程度一般可分为鲜冷冻蔬菜、加工保藏蔬菜、干蔬菜和蔬菜种子四大类。其中，从消费总量和进出口贸易总量来看，鲜冷冻蔬菜在全球蔬菜进出口贸易中一直占据着主导地位。2016 年全球鲜冷冻蔬菜出口量约 5 675 万吨，约占全球蔬菜出口总量的 69.5%，同比下降约 0.1 个百分点，出口额约 484 亿美元，约占全球蔬菜出口总额的 55%，同比上升约 1.2 个百分点；2016 年全球加工保藏蔬菜出口量约 2 287 万吨，约占全球蔬菜出口总量的 28%，同比上升约 0.1 个百分点，出口额约 274 亿美元，约占全球蔬菜出口总额的 31.1%，同比上升约 0.1 个

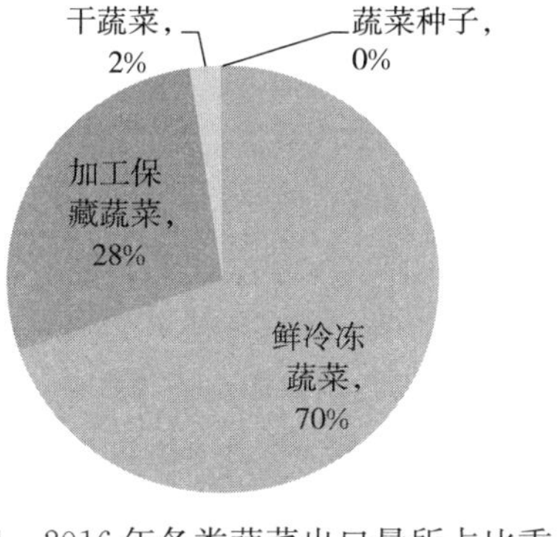

图 1　2016 年各类蔬菜出口量所占比重

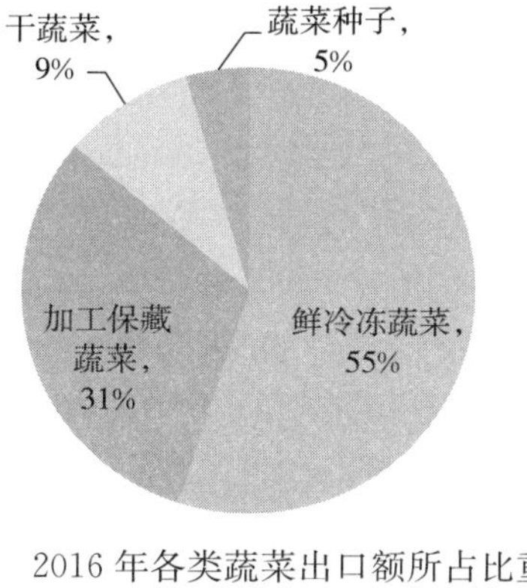

图 2　2016 年各类蔬菜出口额所占比重

数据来源：UN Comtrade

百分点；2016 年全球干蔬菜出口量约 189 万吨，约占全球蔬菜出口总量的 2.3%，同比基本保持不变，出口额约 82 亿美元，约占全球蔬菜出口总额的 9.3%，同比下降约 1.6 个百分点；2016 年全球蔬菜种子出口量约 12 万吨，约占全球蔬菜出口总量的 0.14%，同比基本保持不变，出口额约 40 亿美元，约占全球蔬菜出口总额的 4.5%，同比上升约 0.2 个百分点（图 1，图 2）。

（三）全球蔬菜贸易国别结构分析

从全球蔬菜进出口贸易的国别结构和贸易流向来看，西方发达国家一直是全球蔬菜进出口贸易中的主要进口国，而部分蔬菜生产规模较大的发展中国家和部分园艺产业先进的西方发达国家则是全球蔬菜进出口贸易中的主要出口国。2016 年全球蔬菜出口额排名前十位的国家依次为中国、荷兰、西班牙、美国、墨西哥、比利时、意大利、法国、加拿大、德国。其中，中国和荷兰仍是全球上仅有的两个蔬菜出口额超过 100 亿美元的国家，蔬菜出口金额分别达到 142.4 亿美元和 118.7 亿美元，中国蔬菜出口额全球领先的优势进一步扩大。2016 年全球前十大蔬菜出口国蔬菜出口额同比均呈现出增长的趋势，增幅较大的分别是墨西哥的 13.2%和中国的 12.2%；但在出口数量方面，中国、法国和德国的蔬菜出口量同比分别下降 1.9%、3.7%和 0.6%（表 1）。

表 1　2016 年全球蔬菜出口额排名前十位的国家

国家	出口数量（万吨）	同比（%）	出口金额（亿美元）	同比（%）	占全球出口总额比重（%）
中国	951.1	−1.9	142.4	12.2	16.2
荷兰	1 033.1	3.1	118.7	7.5	13.5
西班牙	738.7	2.4	85.2	7.5	9.7
美国	530.3	5.0	69.9	1.9	7.9
墨西哥	648.4	9.2	69.0	13.2	7.8
比利时	580.7	3.2	48.1	8.0	5.5
意大利	380.9	8.4	42.9	2.9	4.9
法国	385.8	−3.7	35.2	6.0	4.0
加拿大	263.4	6.7	28.2	5.9	3.2
德国	309.5	−0.6	23.1	4.1	2.6
合计	5 821.9	2.8	662.7	7.9	75.3

数据来源：UN Comtrade。

在全球蔬菜进口方面，2016 年全球蔬菜进口额排名前十位的国家依次是美国、德国、英国、法国、日本、加拿大、荷兰、比利时、意大利和西班牙。其中，除英国的蔬菜进口额略有下降外，其他主要蔬菜进口国的蔬菜进口额均呈上升趋势，增幅较大的是比利时和西班牙，蔬菜进口额同比均增长 15.1%；除德国和意大利的蔬菜进口量出现同比小幅下降外，其他主要蔬菜进口国的蔬菜进口量均呈上升趋势，增幅较大的是比利时和美国，蔬菜进口量同比分别增长 14.8%和 9.3%；全球蔬菜进口额排名前十位的国家或地区蔬菜进口总额占全球蔬菜进口总额的比重从 2015 年的约 61.8%上升到 2016 年的约 63.3%（表 2）。

表 2　2016 年全球蔬菜进口额排名前十位的国家

国家	进口数量（万吨）	同比（%）	进口金额（亿美元）	同比（%）	占全球进口总额比重（%）
美国	1 027.7	9.3	140.3	8.4	16.7
德国	623.2	−0.3	83.5	1.5	10.0
英国	494.0	2.2	58.9	−4.2	7.0
法国	461.5	4.3	53.6	5.9	6.4
日本	253.3	1.8	42.4	2.2	5.1
加拿大	274.3	5.2	39.7	2.1	4.7
荷兰	421.2	1.2	38.7	5.2	4.6
比利时	422.3	14.8	27.3	15.1	3.3
意大利	228.7	−0.9	24.1	1.9	2.9
西班牙	212.5	6.9	22.1	15.1	2.6
合计	4 418.8	4.9	441.9	4.5	63.3

数据来源：UN Comtrade。

二、中国蔬菜产业贸易、市场及政策变动特点

（一）中国蔬菜生产情况

2017 年中国蔬菜种植面积和产量与 2016 年相比略有增加。其中，蔬菜种植面积约 2 240 万公顷，比 2016 年扩大约 7 万公顷，同比增长 0.3%；总产量约 8 亿吨，比 2016 年增加 0.02 亿吨，同比增长 0.3%；单产水平 35.7 吨/公顷，与 2016 年基本持平。改革开放以来，中国蔬菜种植面积和产量得到极大提升，经过两轮“菜篮子”工程，中国蔬菜的生产供给能力显著提高。农业统

计数据显示，1978—2017 年中国蔬菜种植面积从 333 万公顷上升到 2 240 万公顷，增长了 5.7 倍；蔬菜总产量从 0.82 亿吨上升到 8 亿吨，增长了 8.8 倍，单产水平从 24.6 吨/公顷上升到 35.7 吨/公顷，增长了 45.1%（表 3）。

表 3　1978—2017 年中国蔬菜种植面积、产量及单产变动情况

年份	种植面积（万公顷）	总产量（亿吨）	单产（吨/公顷）
1978	333	0.82	24.6
1985	475	1.25	26.3
1990	634	1.95	30.8
1995	952	2.57	27.0
2000	1 524	4.24	27.8
2001	1 640	4.83	29.5
2002	1 735	5.29	30.5
2003	1 795	5.40	30.1
2004	1 756	5.51	31.4
2005	1 772	5.65	31.9
2006	1 664	5.40	32.4
2007	1 733	5.65	32.6
2008	1 788	5.92	33.1
2009	1 839	6.18	33.6
2010	1 900	6.51	34.3
2011	1 964	6.79	34.6
2012	2 035	7.09	34.8
2013	2 090	7.35	35.2
2014	2 140	7.60	35.5
2015	2 200	7.85	35.7
2016	2 233	7.98	35.7
2017	2 240	8.00	35.7

数据来源：《中国统计年鉴》《中国农村统计年鉴》，2017 年数据来自农业部估计。

（二）中国蔬菜市场情况分析

1. 中国蔬菜价格变动情况

2017 年中国蔬菜生产价格呈现出明显的下降趋势，当年中国蔬菜生产价格指数为 95.6，同比 2016 年下降 4.4%（图 3）。

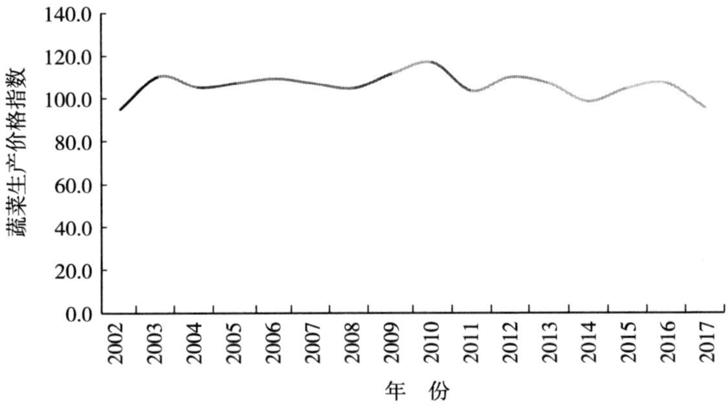

图 3 2002—2017 年中国蔬菜生产价格指数年度变动情况

数据来源：万得数据库（wind. com. cn）

从中国蔬菜批发价格的变动情况来看，商务部统计数据显示，2017 年中国包括大白菜、圆白菜、西红柿、黄瓜、茄子、辣椒、青椒、豆角、油菜、芹菜、生菜、白萝卜、马铃薯、洋葱、大蒜、生姜、冬瓜、苦瓜在内的 18 种蔬菜的平均批发价格为 4.08 元/千克，与 2016 年相比下降 8.95%。从 18 种蔬菜平均批发价格的月度变动情况来看，2017 年仅 1 月、6 月、7 月和 8 月蔬菜平均批发价格高于 2016 年同期，分别上涨 7.2%、1.6%、3.7%和 6.8%，其余月份的蔬菜平均批发价格均低于 2016 年同期，其中 2 月、3 月、4 月、11 月以及 12 月的蔬菜平均批发价格同比降幅均超过 10%，分别下降 16.2%、25.2%、22.0%、15.1%和 15.4%（图 4）。

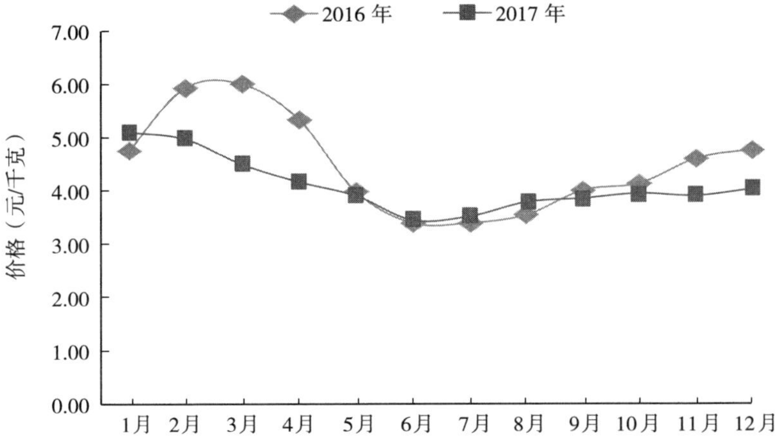

图 4 2017 年中国蔬菜批发价格月度变动情况

数据来源：万得数据库（wind. com. cn）

从中国鲜菜类居民消费价格指数的月度变动情况来看，2017 年 1～12 月中国蔬菜市场价格呈现出典型的先下降、后上升、再下降的走势。国家统计局统计数据显示，2017 年中国鲜菜类居民消费价格指数在 2～5 月出现大幅下降，同比分别下降 26%、27.9%、21.6%和 6.3%，6～8 月鲜菜类居民消费价格指数小幅回升，同比分别增长 5.8%、9.1%和 9.7%，9～10 月鲜菜类居民消费价格指数基本平稳，9 月同比小幅下降 1%，10 月同比小幅增长 0.3%，11～12 月鲜菜类居民消费价格指数出现下降，同比分别下降 9.5%和 8.6%（图 5）。

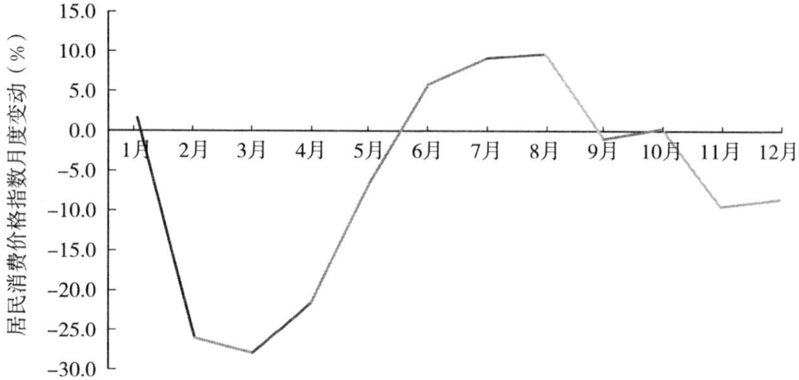

图 5　2017 年中国鲜菜类居民消费价格指数月度变动情况

数据来源：国家统计局网站（stats. gov. cn）

2. 中国蔬菜产业发展趋势分析

相对于其他农作物而言，蔬菜种植的经济效益相对较高，农民具有较高的蔬菜种植热情，蔬菜种植仍然是带动农民增收致富的重要途径之一。数据显示，2001—2016 年中国蔬菜种植的净利润显著高于其他农产品，其中蔬菜种植的年平均净利润达到 1 981.2 元/亩，远高于水稻的 203.5 元/亩、小麦的 61.1 元/亩、玉米的 93.4 元/亩、大豆的 64.8 元/亩、油菜籽的－24.8 元/亩和棉花的 74.7 元/亩。同时，蔬菜作为人们日常生活中的必需品，随着消费者越来越关注蔬菜在平衡膳食结构和健康饮食中的作用，蔬菜的消费需求还将保持继续增长的趋势。因此，可以预计在未来几年内，中国蔬菜生产规模还将保持稳定或略有增长。

虽然蔬菜种植的净利润水平相对较高，但近年来中国蔬菜生产成本也呈现出逐年上升的趋势，特别是人工成本和土地成本的上涨速度很快。数据显示，2002—2016 年中国蔬菜生产总成本从 1 283.8 元/亩上升到 5 084.5 元/亩，增长了 3 倍，其中物质与服务费用从 735 元/亩上升到 1 889 元/亩，增长了 1.6 倍，人工成本从 487.4 元/亩上升到 2 818.9 元/亩，增长了 4.8 倍，土地成本从 61.5 元/亩上升到 376.6 元/亩，增长了 5.1 倍（表 4）。由于蔬菜属于劳动力密集型农产品，预计随着劳动力成本的不断上涨，今后蔬菜生产总成本还将保持一定的上升趋势。

表 4　2002—2016 年中国蔬菜生产成本变动情况

单位：元/亩

年份	物质与服务费用	人工成本	土地成本	总成本
2002	735.0	487.4	61.5	1 283.8
2003	762.7	495.1	53.4	1 311.2
2004	919.9	731.4	111.7	1 763.0
2005	877.4	752.5	114.0	1 743.9
2006	998.7	796.3	179.0	1 973.9
2007	1 076.3	852.7	173.5	2 102.5
2008	1 121.9	902.6	191.6	2 216.1
2009	1 078.3	1 006.8	225.4	2 310.5
2010	1 133.0	1 334.4	231.1	2 698.5
2011	1 231.3	1 497.1	251.1	2 979.5
2012	1 365.5	1 967.2	312.1	3 644.7
2013	1 421.5	2 276.7	352.7	4 050.9
2014	1 403.7	2 385.1	345.2	4 133.9
2015	1 402.6	2 596.7	346.0	4 345.3
2016	1 889.0	2 818.9	376.6	5 084.5

数据来源：《全国农产品成本收益资料汇编》。

随着中国蔬菜生产以华南与西南热区冬春蔬菜、长江流域冬春蔬菜、黄土高原夏秋蔬菜、云贵高原夏秋蔬菜、北部高纬度夏秋蔬菜、黄淮海与环渤海设施蔬菜为代表的六大优势区域逐渐形成，以及发达的公路、铁路网络和农产品运输绿色通道政策，基本形成以“南菜北运”和“西菜东运”为代表的全国蔬菜大生产、大市场、大流通的格局。由于蔬菜属于鲜活易腐农产品，对储存和流通的设施及设备要求较高，为了降低蔬菜在跨区域长途运输过程中的损耗，必须改变传统的相对落后的蔬菜储存及运输方式，建立以冷库、冷藏运输为核心的冷链物流体系。但由于冷链物流建设的投入很大，未来中国蔬菜流通体系建设的重要方向之一就是整合生产经营主体的资源，加大投入力度，建立完善的蔬菜冷链物流体系。

此外，在中国深化推进农业供给侧结构性改革的大背景下，广大消费者对于蔬菜的消费需求也发生了较大的变化。由于长期以来在中国蔬菜生产过程中，通过大量使用农药、化肥提高产量的现象较为普遍，加上中国农产品质量安全监管体系还不够完善，蔬菜食品安全隐患较为严重。随着经济发展和收入水平的提升，消费者对蔬菜食品安全和健康饮食问题越来越关注。消费者一方面对蔬菜品种多样性、新鲜状况、购买便利性、加工或半加工程度的要求日益提高，另一方面，对于有机蔬菜等高端蔬菜产品以及安全可靠且具备质量可追溯功能的蔬菜产品的需求不断增长，预计未来中国蔬菜消费将迎来全方位的需求升级。

（三）中国蔬菜进出口贸易特征分析

1. 中国蔬菜进出口贸易概况

海关统计数据显示，1995—2017 年中国蔬菜进出口贸易总量从 215 万吨上升到1 119.9万吨，增长了 4.2 倍，蔬菜进出口总额从 21.8 亿美元上升到 160.7 亿美元，增长了 6.4 倍。其中，蔬菜出口量从 213.5 万吨上升到 1 095.2万吨，增长了 4.1 倍，蔬菜出口额从 21.6 亿美元上升到 155.2 亿美元，增长了 6.2 倍；蔬菜进口量从 1.9 万吨上升到 24.7 万吨，增长了 12.3 倍，蔬菜进口额从 0.14 亿美元上升到 5.5 亿美元，增长了 38.3 倍；蔬菜进出口贸易顺差从 21.5 亿美元上升到 149.7 亿美元，增长了 6.0 倍（表 5）。

表 5　1995—2017 年中国蔬菜进出口贸易情况

年份	出口数量（万吨）	出口金额（亿美元）	进口数量（万吨）	进口金额（亿美元）
1995	213.5	21.6	1.9	0.14
1996	220.8	20.7	3.4	0.19
1997	220.7	19.5	4.9	0.21
1998	255.3	19.1	6.3	0.27
1999	282.8	19.4	8.0	0.52
2000	320.3	20.8	9.3	0.72
2001	393.6	23.4	9.6	0.80
2002	465.7	26.3	9.1	0.71
2003	552.7	30.7	9.0	0.72
2004	601.9	38.0	10.7	0.92
2005	680.2	44.8	9.8	0.82
2006	732.7	54.3	11.7	0.92
2007	817.6	62.1	9.9	1.08
2008	819.7	64.4	10.4	1.14
2009	803.9	68.8	9.7	1.80
2010	844.6	99.9	15.0	2.80
2011	973.4	117.5	16.7	3.30

（续）

年份	出口数量（万吨）	出口金额（亿美元）	进口数量（万吨）	进口金额（亿美元）
2012	934.9	100.1	22.2	4.20
2013	961.1	115.8	20.8	4.20
2014	976.0	125.0	22.2	5.10
2015	1 018.0	132.7	24.4	5.40
2016	1 009.8	147.2	24.9	5.30
2017	1 095.2	155.2	24.7	5.50

数据来源：海关信息网（www.haiguan.info），《中国农产品贸易发展报告》。

2017 年中国蔬菜出口额继续保持稳定增长的态势，同时，蔬菜进口额小幅增长，蔬菜进出口贸易顺差进一步扩大，在平衡中国农产品贸易逆差方面的贡献越来越明显。2017 年中国农产品贸易逆差达到 503.3 亿美元，同比增长 30.4%，而中国蔬菜贸易顺差高达 149.7 亿美元，同比增长 5.5%，在中国主要出口农产品中排名第一。除蔬菜外，中国水产品出口贸易顺差 98.0 亿美元，同比下降 13.7%，水果出口贸易顺差 8.2 亿美元，同比下降 38.3%（图 6）。

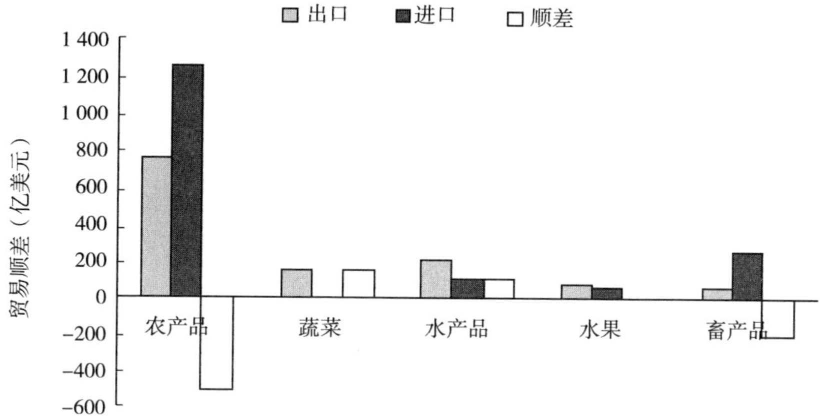

图 6 2017 年中国主要农产品进出口贸易顺差情况

数据来源：海关信息网（www.haiguan.info）

从中国蔬菜出口贸易来看，近 20 多年来除 2008 年受国际金融危机和 2012 年受中国蔬菜出口退税政策调整影响导致中国蔬菜出口略有下降外，中国蔬菜出口贸易基本呈现出较快的增长态势。2017 年中国各种类型的蔬菜出口量共计 1 095.2 万吨，同比增长 8.5%，出口额 155.2 亿美元，同比增长 5.4%（图 7）。

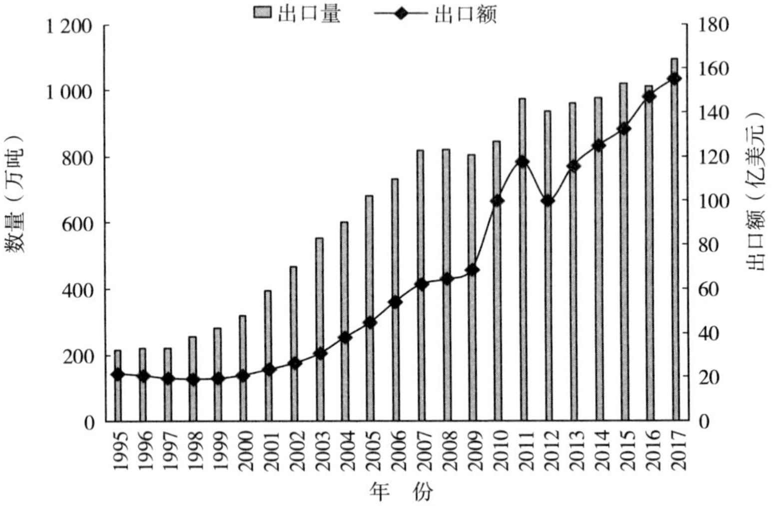

图 7　1995—2017 年中国蔬菜出口量和出口额变动情况

数据来源：海关信息网（www.haiguan.info）

2017 年中国蔬菜出口量和出口额增长的主要原因是干蔬菜出口的大幅增长。2017 年中国蔬菜出口额最大的品种鲜或冷藏的大蒜（海关编码07032010）的出口量同比增长 12.3%，达到 163 万吨，出口额同比大幅下降 17.7%，仅为 20.2 亿美元，比 2016 年减少 4.3 亿美元。2017 年中国大蒜出口额大幅下降的原因是大蒜价格的大幅下降，2017 年 1～5 月中国大蒜平均批发价格延续了 2016 年下半年以来的上涨趋势，同比 2016 年 1～5 月涨幅分别达到 61.4%、38.9%、25.7%、19.7%和 26.9%，而 2017 年 6～12 月受大蒜种植规模、产量扩大以及新蒜上市等因素影响，大蒜平均批发价格大幅下降，同比 2016 年 6～12 月分别下降 18.4%、29.3%、31.2%、36.2%、39.6%、43.9%和 47.0%（图 8）。

在鲜或冷藏的大蒜出口额大幅下降的同时，2017 年以干香菇、干大蒜和干木耳为代表的干蔬菜出口量和出口额同比却呈现大幅增长的态势。其中，干香菇的出口量和出口额同比分别大幅增长 40.4%和 33%，达到 12.8 万吨和 19.9 亿美元，比 2016 年增长 4.9 亿美元，2017 年 6～12 月干香菇出口量同比分别大幅增长 36.7%、56.1%、88%、84.1%、74.1%、103.2%和 49.2%，干香菇出口额同比则分别大幅增长 24.9%、41.4%、81.6%、84%、72.7%、103.3%和 58.8%（表 6）；干大蒜的出口量和出口额同比分别大幅增长 13.9%和 16.3%，达到 21.3 万吨和 9.9 亿美元，比 2016 年增长 1.4 亿美元，2017 年 1～7月干大蒜出口额同比分别大幅增长 222.5%、90.4%、86.2%、

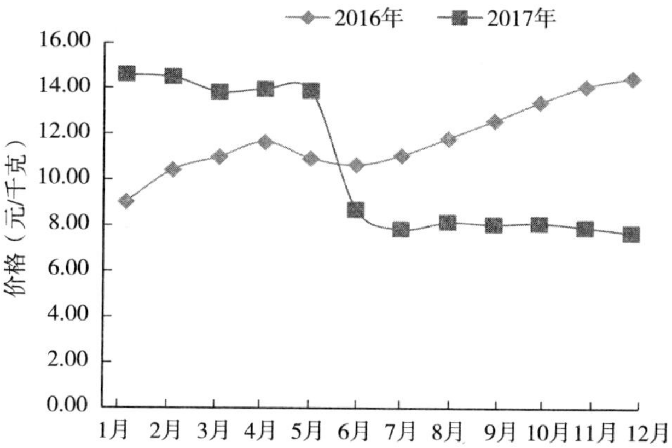

图 8　2016—2017 年中国大蒜批发价格月度变动情况

数据来源：海关信息网（www. haiguan. info）

117.3%、34.6%、108.1%和 43.6%（表 7）；干木耳的出口量和出口额同比分别大幅增长 23%和 18.2%，达到 4.6 万吨和 7.4 亿美元，比 2016 年增长 1.1 亿美元，2017 年 8～12 月干木耳出口额同比分别大幅增长 33.9%、42.5%、52.3%、71.7%和 101.3%（表 8）。

表 6　2017 年 1～12 月中国干香菇月度出口情况

月份	出口数量（万吨）	同比（%）	出口金额（亿美元）	同比（%）
1	0.7	−13.3	1.1	−18.7
2	0.5	3.7	0.7	−8.4
3	1.0	21.1	1.6	9.5
4	1.1	13.4	1.6	3.9
5	1.1	3.9	1.7	−4.7
6	1.2	36.7	1.8	24.9
7	1.2	56.1	1.9	41.4
8	1.3	88.0	1.9	81.6
9	1.3	84.1	2.0	84.0
10	1.0	74.1	1.6	72.7
11	1.3	103.2	2.1	103.3
12	1.1	49.2	1.9	58.8
合计	12.8	40.4	19.9	33.0

数据来源：海关信息网（www. haiguan. info）。

表7　2017年1～12月中国干大蒜月度出口情况

月份	出口数量（万吨）	同比（%）	出口金额（亿美元）	同比（%）
1	2.1	44.3	1.4	222.5
2	1.0	−9.4	0.7	90.4
3	1.4	−4.3	0.9	86.2
4	1.4	23.3	0.9	117.3
5	1.2	−20.8	0.7	34.6
6	1.8	64.4	0.9	108.1
7	2.2	42.6	0.9	43.6
8	1.7	23.3	0.7	−0.9
9	1.9	2.4	0.7	−29.6
10	2.4	36.7	0.9	−14.0
11	2.0	−13.6	0.7	−50.8
12	2.1	5.1	0.7	−43.1
合计	21.3	13.9	9.9	16.3

数据来源：海关信息网（www.haiguan.info）。

表8　2017年1～12月中国干木耳月度出口情况

月份	出口数量（万吨）	同比（%）	出口金额（亿美元）	同比（%）
1	0.3	−25.9	0.4	−30.4
2	0.2	−17.3	0.3	−21.7
3	0.3	−17.3	0.5	−20.1
4	0.3	8.2	0.6	5.1
5	0.4	−1.5	0.6	−4.8
6	0.4	7.9	0.6	3.5
7	0.4	17.1	0.6	11.1
8	0.4	39.7	0.7	33.9
9	0.4	46.7	0.7	42.5
10	0.5	61.4	0.7	52.3
11	0.6	75.9	0.9	71.7
12	0.6	102.9	0.9	101.3
合计	4.6	23.0	7.4	18.2

数据来源：海关信息网（www.haiguan.info）。

从中国蔬菜进口来看，2017 年中国蔬菜进口总量为 24.7 万吨，同比下降 1.1%，进口金额 5.5 亿美元，同比增长 4.3%。蔬菜进口增长的主要原因是蔬菜种子进口额的大幅增长（图 9）。

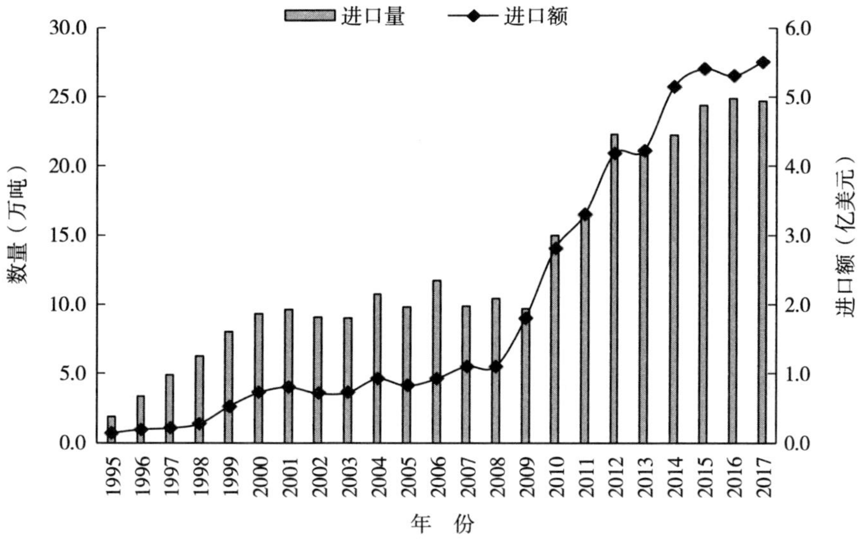

图 9　1995—2017 年中国蔬菜进口量和进口额变动情况

数据来源：海关信息网（www.haiguan.info）

2. 中国蔬菜进出口贸易的产品结构分析

长期以来，中国蔬菜出口以鲜冷冻蔬菜、加工保藏蔬菜和干蔬菜为主，而蔬菜种子出口所占比重相对较低，仅占中国蔬菜及其制品出口总额的 1%左右。2017 年中国鲜冷冻蔬菜出口量达到 718.9 万吨，同比增长 14.3%，约占当年中国蔬菜总出口量的 65.6%，鲜冷冻蔬菜出口额为 63.6 亿美元，同比下降 0.9%，约占当年中国蔬菜出口总额的 41.0%；2017 年中国加工保藏蔬菜出口量达到 315.5 万吨，同比下降 3.4%，约占当年中国蔬菜出口总量的 28.8%，加工保藏蔬菜出口额 45.3 亿美元，同比增长 1.9%，约占当年中国蔬菜出口总额的 29.2%；2017 年中国干蔬菜出口量达到 60.2 万吨，同比增长 13.1%，约占当年中国蔬菜出口总量的 5.5%，干蔬菜出口额为 44.8 亿美元，同比增长 20.4%，约占当年中国蔬菜出口总额的 28.9%；2017 年中国蔬菜种子出口量达到 0.5 万吨，同比下降 47.6%，约占当年中国蔬菜出口总量的 0.1%，蔬菜种子出口额为 1.5 亿美元，同比增长 10.4%，约占当年中国蔬菜出口总额的 1.0%（表 9，图 10，图 11）。

表 9　2017 年中国各类蔬菜出口情况

种　类	出口数量（万吨）	同比（%）	出口金额（亿美元）	同比（%）
鲜冷冻蔬菜	718.9	14.3	63.6	−0.9
加工保藏蔬菜	315.5	−3.4	45.3	1.9
干蔬菜	60.2	13.1	44.8	20.4
蔬菜种子	0.5	−47.6	1.5	10.4
合计	1 095.1	8.5	155.2	5.4

数据来源：海关信息网（www. haiguan. info）。

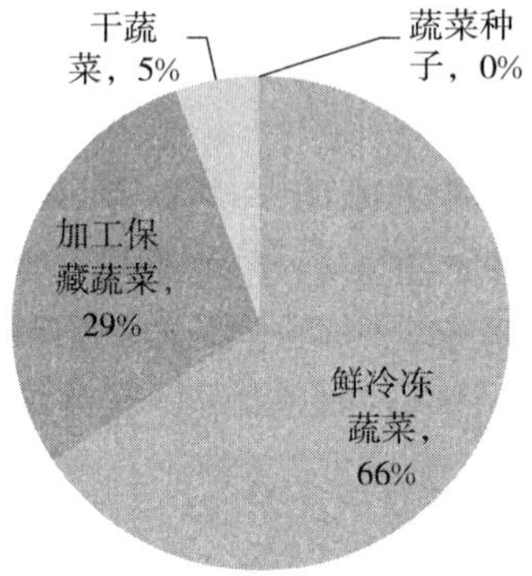

图 10　2017 年各类蔬菜出口量比重

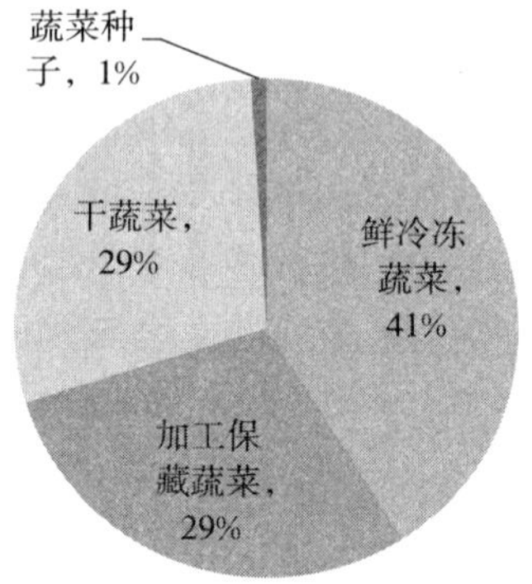

图 11　2017 年各类蔬菜出口额比重

数据来源：海关信息网（www. haiguan. info）

在蔬菜进口方面，中国的蔬菜进口相对较少，主要进口加工保藏蔬菜和蔬菜种子。其中，2017 年中国加工保藏蔬菜进口量达到 17.0 万吨，同比下降 7.4%，约占当年中国蔬菜进口总量的 68.8%，加工保藏蔬菜进口额 2.2 亿美元，同比下降 7.2%，约占当年中国蔬菜进口总额的 39.3%；蔬菜种子进口量约为 1.7 万吨，同比下降 8.6%，约占当年中国蔬菜进口总量的 6.7%，蔬菜种子进口额约为 2.4 亿美元，同比增长 19.9%，约占中国蔬菜进口总额的 43.9%；鲜冷冻蔬菜进口量 4.5 万吨，同比增长 15.2%，约占当年中国蔬菜进口总量的 18.4%，鲜冷冻蔬菜进口额 0.4 亿美元，同比增长 29.9%，约占当年中国蔬菜进口总额的 7.9%；干蔬菜进口量 1.5 万吨，同比增长 75.8%，约占当年中国蔬菜进口总量的 6.0%，干蔬菜进口额 0.5 亿美元，同比下降 17.9%，约占当年中国蔬菜进口总额的 8.9%（表 10，图 12，图 13）。

表 10　2017 年中国各类蔬菜进口情况

种　类	进口数量（万吨）	同比（%）	进口金额（亿美元）	同比（%）
鲜冷冻蔬菜	4.5	15.2	0.4	29.9
加工保藏蔬菜	17	−7.4	2.2	−7.2
干蔬菜	1.5	75.8	0.5	−17.9
蔬菜种子	1.7	−8.6	2.4	19.9
合计	24.7	−1.1	5.5	4.3

数据来源：海关信息网（www.haiguan.info）。

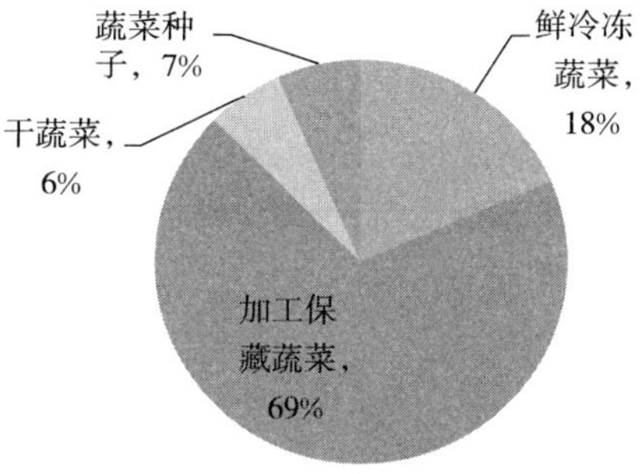

图 12　2017 年各类蔬菜进口量比重

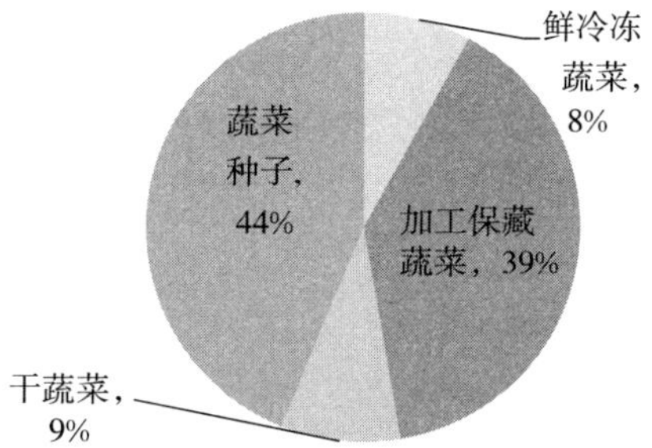

图 13　2017 年各类蔬菜进口额比重

数据来源：海关信息网（www.haiguan.info）

3. 中国蔬菜进出口贸易的区域结构分析

从中国蔬菜出口的区域分布来看，受到蔬菜运输距离和消费习惯的影响，东北亚和东南亚地区一直是中国蔬菜出口的主要市场。东北亚地区的日本、韩国和中国香港是中国重要的蔬菜出口市场。东南亚地区则是近年来中国蔬菜出口增长最快的市场，尤其是越南、马来西亚、印度尼西亚和泰国等国。此外，北美的美国和加拿大，欧盟的荷兰、德国和西班牙，以及俄罗斯等国家也是中国蔬菜出口的重要市场。2017 年中国蔬菜出口金额排名前十位的国家或地区依次是日本（22.1 亿美元）、中国香港（21.5 亿美元）、越南（20.0 亿美元）、韩国（13.4 亿美元）、美国（11.5 亿美元）、马来西亚（8.6 亿美元）、印度尼西亚（6.6 亿美元）、泰国（6.1 亿美元）、俄罗斯（5.7 亿美元）和荷兰（2.5 亿美元）。中国对前十大市场合计出口蔬菜 787.6 万吨，同比增长 13.3%，合计蔬菜出口额达到 118.2 亿美元，同比增长 10.2%，占中国蔬菜总出口额的 76.1%（表 11）。

表 11　2017 年中国蔬菜出口额排名前十位的国家或地区

国家（地区）	出口量（万吨）	同比增长（%）	出口额（亿美元）	同比增长（%）	占出口总额比重（%）
日本	146.7	5.3	22.1	2.0	14.3
中国香港	93.7	3.6	21.5	38.3	13.9
越南	110.3	31.6	20.0	21.3	12.9
韩国	120.5	19.3	13.4	8.7	8.6
美国	48.0	5.7	11.5	7.0	7.4
马来西亚	88.1	14.8	8.6	−2.0	5.6
印度尼西亚	57.1	10.2	6.6	−13.0	4.3
泰国	42.6	13.3	6.1	6.1	3.9
俄罗斯	67.8	23.1	5.7	1.3	3.7
荷兰	12.7	−6.5	2.5	−2.5	1.6
合计	787.6	13.3	118.2	10.2	76.1

数据来源：海关信息网（www.haiguan.info）。

（1）日本市场。2017 年中国对日本出口蔬菜 146.7 万吨，同比增长 5.3%，出口金额 22.1 亿美元，同比增长 2.0%，在中国蔬菜前十大出口市场中排名第一位，主要出口用醋或醋酸以外的其他方法制作或保藏的未冷冻蔬菜、冷冻蔬菜、干蔬菜、鲜或冷藏的葱属蔬菜以及用醋或醋酸以外的其他方法制作或保藏的冷冻蔬菜，出口金额分别达到 5.9 亿美元、4.4 亿美元、2.7 亿美元、2.2 亿美元和 2.0 亿美元。2013—2017 年中国对日本蔬菜出口额依次为 23.5 亿美元、22.9 亿美元、21.7 亿美元、21.7 亿美元和 22.1 亿美元，同比分别增长 1.8%、−2.7%、−4.9%、−0.2%和 2.0%，对日本蔬菜出口额占中国蔬菜出口总额的比重从 2013 年的 20.3%下降到 2017 年的 14.3%。

（2）中国香港市场。2017 年中国对中国香港出口蔬菜 93.7 万吨，同比增长 3.6%，出口额 21.5 亿美元，同比大幅增长 38.3%，超过越南市场成为中国蔬菜前十大出口市场中第二位，主要出口干蔬菜、鲜或冷藏的其他蔬菜、鲜或冷藏的卷心菜甘蓝等芥菜类蔬菜以及用醋或醋酸以外的其他方法制作或保藏的未冷冻蔬菜，出口额分别达到 10.5 亿美元、4.0 亿美元、1.8 亿美元和 1.1 亿美元。2013—2017 年中国对中国香港蔬菜出口额依次为 7.6 亿美元、9.6 亿美元、11.3 亿美元、15.6 亿美元和 21.6 亿美元，同比分别增长 81.1%、26.2%、17.9%、37.8%和 38.3%，对中国香港蔬菜出口额占中国蔬菜出口总额的比重从 2013 年的 6.6%上升到 2017 年的 13.9%。

（3）越南市场。2017 年中国对越南出口蔬菜 110.3 万吨，同比增长

31.6%，出口金额20亿美元，同比增长21.3%，在中国蔬菜前十大出口市场中排名第三位，比2016年下降一位，主要出口干蔬菜、鲜或冷藏洋葱和大蒜等葱属蔬菜、鲜或冷藏的马铃薯以及鲜或冷藏的卷心菜甘蓝等芥菜类蔬菜，出口额分别达到9.7亿美元、5.5亿美元、1.1亿美元和0.9亿美元。2013—2017年中国对越南蔬菜出口额依次为8.8亿美元、13.1亿美元、15.5亿美元、16.5亿美元和20亿美元，同比分别增长99.7%、49.2%、17.8%、6.9%和21.3%，对越南蔬菜出口额占中国蔬菜出口总额的比重从2013年的7.6%上升到2017年的12.9%。

（4）韩国市场。2017年中国对韩国出口蔬菜120.5万吨，同比增长19.3%，出口金额13.4亿美元，同比增长8.7%，在中国蔬菜前十大出口市场中排名第四位，主要出口用醋或醋酸以外的其他方法制作或保藏的未冷冻蔬菜、冷冻蔬菜、干蔬菜以及用醋或醋酸以外的其他方法制作或保藏的蘑菇及块菌等，出口金额分别达到5.0亿美元、2.5亿美元、1.5亿美元和1.3亿美元。2013—2017年中国对韩国蔬菜出口额依次为8.4亿美元、8.8亿美元、10.4亿美元、12.3亿美元和13.4亿美元，同比分别增长4.5%、4.4%、18.6%、18.7%和8.7%，对韩国蔬菜出口额占中国蔬菜出口总额的比重从2013年的7.2%上升到2017年的8.6%。

（5）美国市场。2017年中国对美国出口蔬菜48万吨，同比增长5.7%，出口金额11.5亿美元，同比增长7.0%，在中国蔬菜前十大出口市场中排名第五位，主要出口干蔬菜、用醋或醋酸以外的其他方法制作或保藏的未冷冻蔬菜、冷冻蔬菜以及鲜或冷藏的葱属蔬菜，出口金额分别达到4.6亿美元、1.6亿美元、1.2亿美元和1.2亿美元。2013—2017年中国对美国蔬菜出口额依次为7.6亿美元、8.2亿美元、8.8亿美元、10.7亿美元和11.5亿美元，同比分别增长－2.9%、7.9%、7.5%、21.5%和7.0%，对美国蔬菜出口额占中国蔬菜出口总额的比重从2013年的6.5%上升到2017年的7.4%。

（6）马来西亚市场。2017年中国对马来西亚出口蔬菜88.1万吨，同比增长14.8%，出口金额8.6亿美元，同比下降2.0%，在中国蔬菜前十大出口市场中排名第六位，主要出口鲜或冷藏洋葱和大蒜等葱属蔬菜、干蔬菜以及鲜或冷藏的卷心菜甘蓝等芥菜类蔬菜，出口金额分别达到2.0亿美元、1.9亿美元和1.2亿美元。2013—2017年中国对马来西亚蔬菜出口额依次为7.4亿美元、8.4亿美元、8.7亿美元、8.8亿美元和8.6亿美元，同比分别增长47.9%、13.6%、3.2%、1.4%和－2.0%，对马来西亚蔬菜出口额占中国蔬菜出口总额的比重从2013年的6.4%下降到2017年的5.6%。

（7）印度尼西亚市场。2017年中国对印度尼西亚出口蔬菜57.1万吨，同比增长10.2%，出口金额6.6亿美元，同比下降13.0%，在中国蔬菜前十大出口市场中排名第七位，主要出口鲜或冷藏葱属蔬菜，出口额高达5.8亿美元。2013—2017年中国对马来西亚蔬菜出口额依次为4.2亿美元、4.2亿美元、5.1亿美元、7.6亿美元和6.6亿美元，同比分别增长5.2%、0.5%、20.4%、49.9%和−13.0%，对印度尼西亚蔬菜出口额占中国蔬菜出口总额的比重从2013年的3.6%上升到2017年的4.3%。

（8）泰国市场。2017年中国对泰国出口蔬菜42.6万吨，同比增长13.3%，出口额6.1亿美元，同比增长6.1%，在中国蔬菜前十大出口市场中排名第八位，主要出口干蔬菜、用醋或醋酸以外的其他方法制作或保藏的未冷冻蔬菜、鲜或冷藏的卷心菜甘蓝等芥菜类蔬菜、鲜或冷藏的其他蔬菜以及鲜或冷藏洋葱和大蒜等葱属蔬菜，出口额分别达到2.6亿美元、0.7亿美元、0.5亿美元、0.5亿美元和0.5亿美元。2013—2017年中国对泰国蔬菜出口额依次为6.9亿美元、5.9亿美元、6.5亿美元、5.7亿美元和6.1亿美元，同比分别增长52.8%、−15.1%、11.1%、−11.8%和6.1%，对泰国蔬菜出口额占中国蔬菜出口总额的比重从2013年的5.9%下降到2017年的3.9%。

（9）俄罗斯市场。2017年中国对俄罗斯出口蔬菜67.8万吨，同比增长23.1%，出口额5.7亿美元，同比增长1.3%，在中国蔬菜前十大出口市场中排名第九位，主要出口鲜或冷藏的番茄、鲜或冷藏的葱属蔬菜、鲜或冷藏的其他蔬菜、用醋或醋酸以外的其他方法制作或保藏的番茄以及用醋或醋酸以外的其他方法制作或保藏的蘑菇及块菌，出口额分别达到1.0亿美元、0.9亿美元、0.6亿美元、0.6亿美元和0.5亿美元。2013—2017年中国对俄罗斯蔬菜出口额依次为4.5亿美元、5.8亿美元、5.4亿美元、5.6亿美元和5.7亿美元，同比分别增长10.8%、28.7%、−7.4%、5.82%和1.3%，对俄罗斯蔬菜出口额占中国蔬菜出口总额的比重从2013年的3.9%下降到2017年的3.7%。

（10）荷兰市场。2017年中国对荷兰出口蔬菜12.7万吨，同比下降6.5%，出口金额2.5亿美元，同比下降2.5%，在中国蔬菜前十大出口市场中排名第十位，主要出口生姜、鲜或冷藏的葱属蔬菜、用醋或醋酸以外的其他方法制作或保藏的未冷冻蔬菜以及干蔬菜，出口额分别达到0.5亿美元、0.5亿美元、0.4亿美元和0.4亿美元。2013—2017年中国对荷兰蔬菜出口额从2.1亿美元上升到2.5亿美元，对荷兰蔬菜出口额占中国蔬菜出口总额的比重从1.8%下降到1.6%。

从中国蔬菜出口市场的长期变动趋势来看，中国蔬菜出口逐渐呈现出多元化的市场格局。1995年中国蔬菜出口前十大市场分别是日本、中国香港、美国、德国、新加坡、韩国、荷兰、意大利、马来西亚和加拿大，美欧日等发达国家和地区是中国蔬菜的主要出口市场，前十大市场蔬菜出口额合计为18.6亿美元，占当年中国蔬菜出口总额的比重高达86%；2005年中国蔬菜出口前十大市场分别是日本、美国、韩国、马来西亚、中国香港、俄罗斯、印度尼西亚、德国、意大利和荷兰，仍以发达国家和地区市场为主，前十大市场蔬菜出口额合计上升到33.3亿美元，但占当年中国蔬菜出口总额的比重却下降到74.2%；2017年中国蔬菜出口前十大市场分别是日本、中国香港、越南、韩国、美国、马来西亚、印度尼西亚、泰国、俄罗斯和荷兰，东南亚国家成为中国重要的蔬菜出口市场，前十大市场蔬菜出口额合计上升到118.2亿美元，占当年中国蔬菜出口总额的比重回升到76.1%，如表12所示。

表12　1995年、2005年和2017年中国蔬菜出口排名前十大市场

1995年			2005年			2017年		
出口市场	出口额（亿美元）	占出口总额比重（%）	出口市场	出口额（亿美元）	占出口总额比重（%）	出口市场	出口额（亿美元）	占出口总额比重（%）
日本	9.9	46.0	日本	16.3	36.3	日本	22.1	14.3
中国香港	3.4	15.8	美国	3.4	7.5	中国香港	21.5	13.9
美国	1.2	5.6	韩国	2.9	6.6	越南	20.0	12.9
德国	1.1	4.9	马来西亚	2.4	5.3	韩国	13.4	8.6
新加坡	0.9	4.0	中国香港	1.9	4.2	美国	11.5	7.4
韩国	0.8	3.6	俄罗斯	1.6	3.6	马来西亚	8.6	5.6
荷兰	0.4	1.8	印度尼西亚	1.4	3.2	印度尼西亚	6.6	4.3
意大利	0.4	1.6	德国	1.3	3.0	泰国	6.1	3.9
马来西亚	0.3	1.5	意大利	1.2	2.6	俄罗斯	5.7	3.7
加拿大	0.3	1.3	荷兰	0.9	2.0	荷兰	2.5	1.6
合计	18.6	86.0	合计	33.3	74.2	合计	118.2	76.1

数据来源：海关信息网（www.haiguan.info）、《中国农产品贸易发展报告》。

4. 具体蔬菜产品的进出口贸易情况

在中国蔬菜具体产品的出口方面，2017年中国蔬菜出口的主要品种基本保持稳定。从出口额来看，鲜或冷藏的大蒜（20.2亿美元）、干香菇（19.9亿美元）、干大蒜（9.9亿美元）、干木耳（7.4亿美元）、番茄酱罐头（6.5亿美元）、鲜或冷藏的洋葱（4.9亿美元）、姜（4.3亿美元）、鲜或冷藏的胡萝卜及萝卜（3.6亿美元）、已磨的辣椒（3.4亿美元）和鲜或冷藏的马铃薯（2.8亿美元）是2017年中国蔬菜出口额排名前十位的品种。其中，鲜或冷藏的大蒜一直是中国出口额最高的蔬菜品种，2017年中国鲜或冷藏的大蒜出口量同比增长 12.3%，但由于价格大幅下降，出口额同比大幅减少 17.7%，占中国蔬菜出口总额的比重从 2016 年的 16.7%下降到 2017 年的 13.0%。2017 年中国干香菇、干大蒜和干木耳的出口量和出口额均出现较大幅度增长，其中出口量同比分别增长 40.4%、13.9%、23.0%，分别达到 12.8 万吨、21.3 万吨和 4.6 万吨，出口额同比分别增长 33.0%、16.3%和 18.2%。分别达到 19.9 亿美元、9.9 亿美元和 7.4 亿美元，分别是当年中国第二、第三和第四大出口蔬菜产品，占中国蔬菜出口总额的比重分别从 2016 年的 10.2%、5.8%和 4.3%上升到 2017 年的 12.8%、6.4%和 4.8%。2017 年中国番茄酱罐头的出口量和出口额均出现下降，其中出口量下降 8.1%，达到 84.9 万吨，出口额下降 9.4%，达到 6.5 亿美元，是中国第五大出口蔬菜产品，占中国蔬菜出口总额的比重从 2016 年的 4.9%下降到 2017 年的 4.2%。2017 年中国鲜或冷藏的洋葱出口量同比大幅增长 30.3%，达到 90.4 万吨，出口额同比增长 11.7%，达到 4.9 亿美元，是中国第六大出口蔬菜产品，占中国蔬菜出口总额的比重从 2016 年的 3.0%上升到 2017 年的 3.1%。2017 年中国生姜出口量同比下降 15.5%，达到 45.5 万吨，但由于价格上升，生姜出口额同比增长 16.0%，达到 4.3 亿美元，是中国第七大出口蔬菜产品，占中国蔬菜出口总额的比重从 2016 年的 2.5%上升到 2017 年的 2.8%。2017 年中国鲜或冷藏的胡萝卜及萝卜、已磨的辣椒和鲜或冷藏的马铃薯出口量和出口额均呈现上升走势，其中出口量同比分别增长 1.8%、16.3%和 24.4%，分别达到 71.9 万吨、11.7 万吨和 51.0 万吨，出口额则同比分别增长 3.1%、20.7%和 24.1%，分别达到 3.6 亿美元、3.4 亿美元和 2.8 亿美元，分别是当年中国第八、第九和第十大出口蔬菜产品，占中国蔬菜出口总额的比重分别从 2016 年的 2.4%、1.9%和 1.5%变动为 2017 年的 2.3%、2.2%和 1.8%（表 13）。

表 13　2017 年中国蔬菜出口额排名前十位的蔬菜产品

种　类	出口数量（万吨）	同比增长（%）	出口金额（亿美元）	同比增长（%）	占出口总额比重（%）
鲜或冷藏的大蒜	163.0	12.3	20.2	−17.7	13.0
干香菇	12.8	40.4	19.9	33.0	12.8
干大蒜	21.3	13.9	9.9	16.3	6.4
干木耳	4.6	23.0	7.4	18.2	4.8
番茄酱罐头	84.9	−8.1	6.5	−9.4	4.2
鲜或冷藏的洋葱	90.4	30.3	4.9	11.7	3.1
姜	45.5	−15.5	4.3	16.0	2.8

（续）

种 类	出口数量（万吨）	同比增长（%）	出口金额（亿美元）	同比增长（%）	占出口总额比重（%）
鲜或冷藏的胡萝卜及萝卜	71.9	1.8	3.6	3.1	2.3
已磨的辣椒	11.7	16.3	3.4	20.7	2.2
鲜或冷藏的马铃薯	51.0	24.4	2.8	24.1	1.8

数据来源：海关信息网（www.haiguan.info）。

在中国蔬菜具体产品的进口方面，蔬菜种子和非醋方法制作或保藏的冷冻马铃薯一直是中国主要的进口蔬菜产品。其中，2017年中国蔬菜种子进口量约为1.0万吨，同比下降1.0%，进口额约为2.1亿美元，同比增长15.8%，约占当年中国蔬菜进口总额的37.2%；2017年中国非醋方法制作或保藏的冷冻马铃薯进口量约为12.4万吨，同比下降13.0%，进口额约为1.4亿美元，同比下降13.1%，约占当年中国蔬菜进口总额的26.0%。

三、政策建议

（一）稳定蔬菜种植规模，加快蔬菜产品结构调整

从中国目前蔬菜的整体供求形势来看，中国蔬菜生产供应基本能够满足消费需求。但随着蔬菜消费需求的升级以及农业供给侧结构性改革的深化，中国蔬菜生产应该在坚持市场导向的前提下，遵循“总量控制、优化布局、结构调整”的原则推进蔬菜产业结构调整。在稳定蔬菜种植规模的同时，调整蔬菜产品的区域布局和品种结构，减少低端、过剩蔬菜品种的生产，增加符合市场需求增长趋势以及具有调节蔬菜季节性均衡供应功能的蔬菜产品的生产，实现由数量扩张向质量提高的转变，在满足消费者多样化需求和健康安全需求的同时，稳定蔬菜供应，防止蔬菜价格暴涨暴跌，促进蔬菜产业健康稳定发展。

（二）加快技术研发与推广，切实降低蔬菜生产成本

针对中国蔬菜生产成本逐年上升，特别是人工成本的快速上涨导致中国蔬菜出口竞争力减弱的问题，必须采取有效措施降低蔬菜生产成本。应对劳动力短缺和用工成本快速上涨，一方面要加快蔬菜生产机械化装备和技术的研发与推广，从蔬菜作物的定植、田间管理以及收获环节的机械化入手，开展相关装备和技术研究，加快推进蔬菜生产机械化进程；另一方面，加大力度支持轻简化生产技术的研发和推广，探索专业化服务模式和运行机制，重点推广工厂化育苗以及病虫害绿色防控和水肥一体化等实用技术，发挥新型经营主体和农业

社会化服务组织的作用，增强在育苗、质保、耕作、营销等环节的服务能力，降低蔬菜生产成本，提升中国蔬菜产品的市场竞争力。

（三）完善蔬菜产业信息化体系建设，加强蔬菜供求及价格监测

中国蔬菜出口在一定程度上受到蔬菜价格波动的影响，尤其是大蒜等在中国蔬菜出口中所占比重较大的品种。目前中国对不同品种蔬菜的供给和需求统计还不够完善，对于蔬菜价格波动的监测预警工作还较为欠缺，不仅对蔬菜生产者的生产决策造成一定影响，还使蔬菜出口企业面临一定的市场价格风险。因此，需要加强中国蔬菜产业信息化建设，建立科学的蔬菜产业信息采集、分析、发布和风险监测预警体系。特别是针对那些出口量较大的蔬菜品种，应该由政府组织相关部门系统收集播种面积、产量及气候条件等信息，分析和预测蔬菜供给形势和价格走势，提前进行市场预警，降低出口企业的市场风险。

（四）结合“一带一路”倡议，优化蔬菜出口结构

利用“一带一路”倡议的发展机遇，积极开展中国与“一带一路”沿线国家的蔬菜贸易以及与蔬菜产业发展相关的投资和技术合作，有利于优化中国蔬菜出口结构，促进中国蔬菜出口的持续健康增长。系统收集“一带一路”沿线国家蔬菜产业发展动态以及蔬菜进出口贸易的相关信息，深入分析“一带一路”沿线各国蔬菜供给状况以及蔬菜消费习惯和需求特征，分析和评价中国蔬菜出口到“一带一路”沿线国家可能面对的主要竞争对手及其市场竞争力大小，制定科学规划，重点支持符合当地消费习惯并具有一定市场竞争力的蔬菜品种出口，不断优化中国蔬菜出口的市场结构和产品结构。同时，注意防范各种潜在的市场风险，保护中国蔬菜出口企业的正当权益。

美国蔬菜市场与中美蔬菜贸易研究

一、美国蔬菜产业发展现状

（一）美国蔬菜生产现状

蔬菜是人们日常生活中的必需品，美国农业部将蔬菜划分为新鲜蔬菜、加工蔬菜、马铃薯、干豆、豌豆和小扁豆以及包括红薯和蘑菇在内的其他蔬菜五大类。美国农业部经济研究局统计数据显示，2017 年美国蔬菜总播种面积为7 656千英亩，同比增长 3.9%，其中，播种面积最大的是干豆、豌豆和小扁豆，2017 年的播种面积达到 4 117 千英亩，同比增长 8.5%；其次是新鲜蔬菜，2017 年的播种面积达到 1 390 千英亩，同比下降 0.9%；排在第三位的是马铃薯，2017 年的播种面积达到 1 017 千英亩，同比下降 0.1%；排在第四位的是加工蔬菜，2017 年的播种面积达到 971 千英亩，同比下降 1.4%；排在第五位的是包括红薯和蘑菇在内的其他蔬菜，2017 年的播种面积达到 162 千英亩，同比下降 3.0%（表 1）。

表 1　美国蔬菜播种面积变动情况（2015—2017 年）

单位：千英亩、%

品　种	2015 年	2016 年	2017 年	百分比变化 2016—2017 年
新鲜蔬菜	1 378	1 402	1 390	−0.9
加工蔬菜	1 076	985	971	−1.4
马铃薯	1 054	1 018	1 017	−0.1
干豆、豌豆和小扁豆	3 267	3 796	4 117	8.5
其他	156	167	162	−3.0
总面积	6 931	7 368	7 657	3.9

数据来源：美国农业部经济研究局，2017 年数据为预测值。

从美国蔬菜产量来看，美国农业部经济研究局统计数据显示，2017 年美国蔬菜总产量为 1 268 百万英担，同比下降 0.5%，其中，产量最大的是马铃薯，2017 年的产量达到 431 百万英担，同比下降 2.3%；其次是新鲜蔬菜，

2017 年的产量达到 365 百万英担，同比增长 1.7%；排在第三位的是加工蔬菜，2017 年的产量达到 362 百万英担，同比下降 0.5%；排在第四位的是干豆、豌豆和小扁豆，2017 年的产量达到 68 百万英担，同比下降 1.8%；排在第五位的是包括红薯和蘑菇在内的其他蔬菜，2017 年的产量达到 42 百万英担，同比增长 1.5%（表 2）。

表 2　美国蔬菜产量变动情况（2015—2017 年）

单位：百万英担

品　种	2015 年	2016 年	2017 年	百分比变化 2016—2017 年
新鲜蔬菜	352	359	365	1.7%
加工蔬菜	388	364	362	−0.5%
马铃薯	441	441	431	−2.3%
干豆、豌豆和小扁豆	54	69	68	−1.8%
其他	40	41	42	1.5%
总产量	1 275	1 274	1 268	−0.5%

数据来源：美国农业部经济研究局，2017 年数据为预测值。

从美国蔬菜产值来看，美国农业部经济研究局统计数据显示，2017 年美国蔬菜总产值达到 202.2 亿美元，同比增长 1.9%，其中，产值最大的是新鲜蔬菜，2017 年的产值达到 108 亿美元，同比增长 2.7%；其次是马铃薯，2017 年的产值达到 38.1 亿美元，同比下降 2.8%；排在第三位的是加工蔬菜，2017 年的产值达到 19.7 亿美元，同比下降 1.0%；排在第四位的是包括红薯和蘑菇在内的其他蔬菜，2017 年的产值达到 19.6 亿美元，同比增长 3.2%；排在第五位的是干豆、豌豆和小扁豆，2017 年的产值达到 16.7 亿美元，同比增长 10.3%（表 3）。

表 3　美国蔬菜产值变动情况（2015—2017 年）

单位：百万美元

品　种	2015 年	2016 年	2017 年	百分比变化 2016—2017 年
新鲜蔬菜	11 784	10 517	10 799	2.7%
加工蔬菜	2 234	1 994	1 974	−1.0%
马铃薯	3 863	3 925	3 814	−2.8%
干豆、豌豆和小扁豆	1 195	1 518	1 674	10.3%
其他	1 869	1 897	1 958	3.2%
总产值	20 945	19 851	20 219	1.9%

数据来源：美国农业部经济研究局，2017 年数据为预测值。

美国的蔬菜主要种植地包括佛罗里达州和得克萨斯州等，尤其是佛罗里达州，在秋末和冬季月份是番茄、青椒、青豆、黄瓜等的主要来源。这两个州在冬季月份提供新鲜农产品，在北部气候更加严酷的情况下种植会受到限制。生菜的主要种植地为加利福尼亚州，加利福尼亚州生菜产量占总产量的75%。加工番茄的主要产地为加利福尼亚州，蘑菇的主要种植地为宾夕法尼亚州和加利福尼亚州，其销售量占总销售量的75%。

（二）美国蔬菜进出口贸易分析

美国是世界上最大的蔬菜进口国，同时也是世界主要的蔬菜出口国之一。2016年美国各类蔬菜的进口额和出口额均实现增长，其中，蔬菜进口额达到125.47亿美元，同比增长10.5%，蔬菜出口额达到64.45亿美元，同比增长5.0%。

1. 美国蔬菜进口产品结构

2016年美国鲜冷冻蔬菜进口额达到93.45亿美元，同比增长12%。美国的鲜冷冻蔬菜进口主要来自墨西哥、加拿大和秘鲁，其中美国从墨西哥进口的鲜冷冻蔬菜占美国该类蔬菜总进口额的67.5%，其次是加拿大和秘鲁，分别占到15.8%和5%。美国鲜冷冻蔬菜进口的品种以鲜或冷藏的其他蔬菜（海关编码0709）和鲜或冷藏的番茄（海关编码0702）为主，2016年美国进口上述两类蔬菜的总额达56.55亿美元，而从墨西哥进口这两类蔬菜总额就高达42.2亿美元，占到美国这两类蔬菜总进口额的74.6%。

2016年美国加工保藏类蔬菜进口额达到29.07亿美元，同比增长5.8%。美国加工保藏类蔬菜的进口主要来源于加拿大、墨西哥和西班牙。美国加工保藏类蔬菜的进口以用醋或其他方法制作或保藏的其他未冷冻蔬菜（海关编码2005）和用醋或其他方法制作或保藏的其他冷冻蔬菜（海关编码2004）为主。

干蔬菜进口是美国蔬菜进口中份额最小的类别。2016年美国干蔬菜进口额达到2.94亿美元，同比增长11.8%。美国干蔬菜进口主要来自中国，2016年美国从中国进口的干蔬菜占美国干蔬菜进口总额的63.6%（表4）。

表4 2014—2016年美国各类蔬菜进口额

单位：亿美元

种 类	2014年	2015年	2016年
鲜冷冻蔬菜	80.25	83.43	93.45
加工保藏蔬菜	26.69	27.48	29.07
干蔬菜	2.58	2.63	2.94
合计	109.52	113.53	125.47

数据来源：UN Comtrade。

2. 美国蔬菜进口市场结构

联合国统计署进出口贸易数据库统计数据显示，2000—2016年美国蔬菜进口额从36.43亿美元增加至125.5亿美元，增长了2.4倍。总体来看，美国主要的进口蔬菜来源国变化不大。其中，墨西哥一直是美国最大的蔬菜进口来源国，2000—2016年美国从墨西哥进口的蔬菜金额从17亿美元上升到67.1亿美元，增长了2.9倍，美国从墨西哥进口的蔬菜金额占美国蔬菜进口总额的比重从46.7%上升到53.5%；加拿大是美国第二大蔬菜进口来源国，2000—2016年美国从加拿大进口的蔬菜金额从9.48亿美元上升到24.49亿美元，增长了1.6倍，美国从加拿大进口的蔬菜金额占美国蔬菜进口总额的比重从26%下降到19.5%；秘鲁是美国第三大蔬菜进口来源国，2000—2016年美国从秘鲁进口的蔬菜金额从0.62亿美元上升到6.78亿美元，增长了9.9倍，美国从秘鲁进口的蔬菜金额占美国蔬菜进口总额的比重从1.7%上升到5.4%；中国是美国第四大蔬菜进口来源国，2000—2016年美国从中国进口的蔬菜金额从0.89亿美元上升到6.16亿美元，增长了5.9倍，美国从中国进口的蔬菜金额占美国蔬菜进口总额的比重从2.4%上升到4.9%；西班牙是美国第五大蔬菜进口来源国，2000—2016年美国从西班牙进口的蔬菜金额从2.53亿美元上升到3.94亿美元，增长了55.7%，美国从西班牙进口的蔬菜金额占美国蔬菜进口总额的比重从7.0%下降到3.1%；荷兰是美国第六大蔬菜进口来源国，2000—2016年美国从荷兰进口的蔬菜金额从1.25亿美元上升到2.22亿美元，增长了77.6%，美国从荷兰进口的蔬菜金额占美国蔬菜进口总额的比重从3.4%下降到1.8%；危地马拉是美国第七大蔬菜进口来源国，2000—2016年美国从危地马拉进口的蔬菜金额从0.44亿美元上升到2.16亿美元，增长了3.9倍，美国从危地马拉进口的蔬菜金额占美国蔬菜进口总额的比重从1.2%上升到1.7%；希腊是美国第八大蔬菜进口来源国，2000—2016年美国从希腊进口的蔬菜金额从0.41亿美元上升到1.49亿美元，增长了2.6倍，美国从希腊进口的蔬菜金额占美国蔬菜进口总额的比重从1.1%上升到1.2%；意大利和土耳其分别是美国的第九和第十大蔬菜进口来源国，2016年美国分别从意大利和土耳其进口蔬菜1.09亿美元和0.9亿美元，分别占美国蔬菜进口总额的0.9%和0.7%（表5）。

表5　2000年、2010年和2016年美国蔬菜进口前十大市场

单位：亿美元、%

2000年			2010年			2016年		
国家	进口额	占进口总额比重	国家	进口额	占进口总额比重	国家	进口额	占进口总额比重
墨西哥	17.00	46.7	墨西哥	44.12	49.3	墨西哥	67.09	53.5

（续）

2000年			2010年			2016年		
国家	进口额	占进口总额比重	国家	进口额	占进口总额比重	国家	进口额	占进口总额比重
加拿大	9.48	26.0	加拿大	20.01	22.3	加拿大	24.49	19.5
西班牙	2.53	7.0	秘鲁	5.30	5.9	秘鲁	6.78	5.4
荷兰	1.25	3.4	中国	4.87	5.4	中国	6.16	4.9
中国	0.89	2.4	西班牙	3.36	3.8	西班牙	3.94	3.1
秘鲁	0.62	1.7	危地马拉	1.25	1.4	荷兰	2.22	1.8
危地马拉	0.44	1.2	荷兰	1.14	1.3	危地马拉	2.16	1.7
希腊	0.41	1.1	希腊	1.14	1.3	希腊	1.49	1.2
印度	0.38	1.0	印度	0.90	1.0	意大利	1.09	0.9
以色列	0.34	0.9	土耳其	0.78	0.9	土耳其	0.90	0.7

数据来源：UN Comtrade。

3. 美国蔬菜出口产品结构

2016年美国鲜冷冻蔬菜出口额达到32.39亿美元，同比增长2.5%。美国鲜冷冻蔬菜的主要出口市场是加拿大，约占美国鲜冷冻蔬菜出口总额的77%。美国鲜冷冻蔬菜出口以鲜或冷藏的其他蔬菜（海关编码0709）、鲜或冷藏的卷心菜、菜花、球茎甘蓝、羽毛甘蓝及类似的实用芥菜类蔬菜（海关编码0704）、鲜或冷藏的莴苣或菊苣（海关编码0 705）和鲜或冷藏的番茄（海关编码）为主，约占美国鲜冷冻蔬菜出口额的67.7%。

2016年美国加工保藏类蔬菜出口额达到29.82亿美元，同比增长8.1%。美国加工保藏类蔬菜的主要出口市场是加拿大（26.1%）、日本（12.3%）和墨西哥（9.8%）。美国加工保藏类蔬菜出口以用醋或其他方法制作或保藏的其他未冷冻蔬菜（海关编码2005）和用醋或其他方法制作或保藏的其他冷冻蔬菜（海关编码2004）为主，2016年上述两类蔬菜的出口额占美国加工保藏类蔬菜出口总额的61.1%。

2016年美国干蔬菜出口额达到2.24亿美元，同比增长1.8%。美国干蔬菜的主要出口市场是加拿大和日本。美国干蔬菜出口到加拿大的出口额最近3年基本稳定在0.55亿美元左右（表6）。

表6 2014—2016年美国各类蔬菜出口额

单位：亿美元

种类	2014年	2015年	2016年
鲜冷冻蔬菜	32.32	31.59	32.39

（续）

种类	2014 年	2015 年	2016 年
加工保藏蔬菜	27.63	27.58	29.82
干蔬菜	2.14	2.20	2.24
合计	62.08	61.37	64.45

数据来源：UN Comtrade。

4. 美国蔬菜出口市场结构

联合国统计署进出口贸易数据库统计数据显示，2000—2016 年美国蔬菜出口额从 27.51 亿美元增加至 64.45 亿美元，增长了 1.3 倍。2016 年美国蔬菜出口的前十大市场依次是加拿大、日本、墨西哥、韩国、中国、菲律宾、澳大利亚、中国香港、沙特阿拉伯和意大利。其中，加拿大一直是美国最大的蔬菜出口市场，2000—2016 年美国对加拿大蔬菜出口额从 12.47 亿美元上升到 33.27 亿美元，增长了 1.7 倍，美国对加拿大蔬菜出口金额占美国蔬菜出口总额的比重从 45.3%上升到 51.6%；日本是美国第二大蔬菜出口市场，2000—2016 年美国对日本蔬菜出口额从 5.96 亿美元上升到 6.35 亿美元，增长了 6.5%，美国对日本蔬菜出口金额占美国蔬菜出口总额的比重从 21.7%下降到 9.9%；墨西哥是美国第三大蔬菜出口市场，2000—2016 年美国对墨西哥蔬菜出口额从 1.67 亿美元上升到 4.45 亿美元，增长了 1.7 倍，美国对墨西哥蔬菜出口金额占美国蔬菜出口总额的比重从 6.1%上升到 6.9%；韩国是美国第四大蔬菜出口市场，2000—2016 年美国对韩国出口额从 0.87 亿美元上升到 1.66 亿美元，增长了 90.8%，美国对韩国蔬菜出口金额占美国蔬菜出口总额的比重从 3.2%下降到 2.6%；中国是美国第五大蔬菜出口市场，2000—2016 年美国对中国蔬菜出口额从 0.26 亿美元上升到 1.55 亿美元，增长了 4.9 倍，美国对中国蔬菜出口金额占美国蔬菜出口总额的比重从 0.9%上升到 2.4%；菲律宾是美国第六大蔬菜出口市场，2000—2016 年美国对菲律宾蔬菜出口额从 0.31 亿美元上升到 0.98 亿美元，增长了 2.2 倍，美国对菲律宾蔬菜出口金额占美国蔬菜出口总额的比重从 1.1%上升到 1.5%；澳大利亚是美国第七大蔬菜出口市场，2000—2016 年美国对澳大利亚蔬菜出口额从 0.26 亿美元上升到 0.91 亿美元，增长了 2.5 倍，美国对澳大利亚蔬菜出口金额占美国蔬菜出口总额的比重从 0.9%上升到 1.4%；中国香港是美国第八大蔬菜出口市场，2000—2016 年美国对中国香港蔬菜出口额从 0.66 亿美元上升到 0.75 亿美元，增长了 13.6%，美国对中国香港蔬菜出口金额占美国蔬菜出口总额的比重从 2.4%下降到 1.2%；沙特阿拉伯和意大利分别是美国的第九和第十大蔬菜出口市场，2016 年美国分别对沙特阿拉伯和意大利出口蔬菜 0.7 亿美元和 0.65 亿美元，分别占美国蔬菜出口总额的 1.1%和 1.0%（表 7）。

表 7 2000 年、2010 年和 2016 年美国蔬菜出口前十大市场

单位：亿美元、%

2000 年			2010 年			2016 年		
国家（地区）	出口额	占出口总额比重	国家（地区）	出口额	占出口总额比重	国家（地区）	出口额	占出口总额比重
加拿大	12.47	45.3	加拿大	27.65	56.3	加拿大	33.27	51.6
日本	5.96	21.7	日本	6.34	12.9	日本	6.35	9.9
墨西哥	1.67	6.1	墨西哥	3.65	7.4	墨西哥	4.45	6.9
韩国	0.87	3.2	韩国	0.97	2.0	韩国	1.66	2.6
中国香港	0.66	2.4	中国	0.80	1.6	中国	1.55	2.4
英国	0.51	1.8	中国香港	0.61	1.2	菲律宾	0.98	1.5
菲律宾	0.31	1.1	菲律宾	0.51	1.0	澳大利亚	0.91	1.4
中国	0.26	0.9	英国	0.48	1.0	中国香港	0.75	1.2
澳大利亚	0.26	0.9	澳大利亚	0.40	0.8	沙特阿拉伯	0.70	1.1
新加坡	0.25	0.9	新加坡	0.40	0.8	意大利	0.65	1.0

数据来源：UN Comtrade。

二、美国蔬菜产业内贸易分析

从美国蔬菜进出口贸易的市场结构和产品结构来看，加拿大和墨西哥是美国蔬菜进出口贸易的主要伙伴国，美国蔬菜的进出口种类也集中在鲜冷冻蔬菜和加工保藏蔬菜，呈现出较为明显的产业内贸易特征。

（一）产业内贸易的概念及相关理论

产业内贸易（intra－industry trade）指具有相似的要素投入与消费替代性的同种或同类产品，通过在不同的国家或者地区之间的外部或者内部市场进行双向流动，即一个国家或地区在出口产品 A 的同时又在进口产品 A，既有输出，又有输入。

产业内贸易理论是传统的国际贸易理论之一，主要是针对国家与国家之间或地区之间同一产业之间的贸易，其基础是不完全竞争和产品差异，即同一种产业内部的差异产品交换和中间产品交换。产业内贸易理论认为开展产业内贸易的产业需要具备两个条件，一是生产投入要素相近，二是产品在用途上可以相互替代。按照产品的差异性可以分为同质产品的产业内贸易和异质产品的产业内贸易。

（二）研究方法与数据说明

1. 产业内贸易水平的衡量指数，*G*-*L* 指数

$$GL_i = 1 - \frac{|X_i - M_i|}{(X_i + M_i)}$$

其中 X_i 代表一国某一商品某一年的总的出口量，M_i 则代表该国对应商品这一年的总进口量。就本文的数据而言，我们对 HS2007 编码下选择的 21 种蔬菜产品及其加工制成品分别进行计算，按照年份、分不同商品类别得出了表示产业内贸易程度的 *G*-*L* 指数。

G-*L* 指数的取值范围是 0 到 1，国内外学者一般认为，当 *G*-*L* 指数为 0 时，说明该类产品完全是产业间贸易，相应的，如果 *G*-*L* 指数为 1，则说明该类产品完全是产业内贸易。当 *G*-*L* 指数大于 0.5 时，可认为该项商品以产业内贸易为主，反之则以产业间贸易为主。整体产业内贸易指数（*GLIU*）和加权整体产业内贸易指数（*GLIW*）可测度产业内贸易整体水平，公式为：

$$GLIU = \frac{1}{n}\sum_{i=1}^{n} GLi$$

$$GLIW = \sum_{i=1}^{n} \frac{X_i + M_i}{X + M}$$

2. 边际产业内贸易指数

$$BI_i = 1 - \frac{|\Delta X_i - \Delta M_i|}{|\Delta X_i| + |\Delta M_i|}$$

BI 指数用来动态分析某一类商品的产业内贸易。类似于产业内贸易指数，ΔX_i 表示的是在一个特定时期内商品 i 的出口量的变化量，ΔM_i 则表示在同一时期内商品 i 进口量的变化量。其取值也是 0 到 1 之间，当 BI_i 越接近 0，说明该项商品贸易量的变化更多是由产业间贸易引起的，反之越接近 1，说明该项商品贸易量的变化更多是由产业内贸易引起的。

3. AE 法

产业内贸易从专业化方向来看，分为水平和垂直两种，前者是指同一产品组中特征、品牌等存在差异的产品之间的贸易；后者是指同一产品组中质量存在差异的产品之间的贸易，以及生产流程中不同生产阶段在各个国家之间进行分配。AE 法是建立在 *G*-*L* 指数基础上的，是对称的，所以它不需要使用分界率，其结果产生一个具有对称限制的指数，缩放相等的上下界，从本国或外国的角度，该方法能够区分产业内贸易中的差异化产品。

它的主要优点在于，产生了一个具有对称性的指数，并得出上下界，因此，能够从本国和外国两个角度上区分出产业内贸易中产品质量的高低。*PQV* 大于 1.15 属于高质量垂直型产业内贸易，*PQV* 小于 0.85 属于低质量垂

直型产业内贸易，PQV 在 0.85 和 1.15 之间属于水平型产业内贸易。

$$PQV = 1 + \frac{UV^X - UV^M}{UV^X + UV^M}$$

4. 数据说明

本研究根据联合国进出口贸易数据库（UN Comtrade database）统计，选取了从 2000—2016 年蔬菜进出口贸易数据进行分析。

（三）美国蔬菜产业内贸易实证分析

1. 产业内贸易静态分析

2000—2016 年，有 10 类编码蔬菜的 $G-L$ 指数的平均值超过了 0.5，其中 HS0701、HS0712 和 HS2004 的 $G-L$ 指数平均值分别达到了 0.934、0.942 和 0.907，几乎接近 1，表明其产业内贸易水平很高。其余 7 种产业内贸易水平较高的蔬菜各自的 $G-L$ 指数均在大多数年份超过了 0.5，但是从表 8 可以看出，HS200950 类、HS0703 类和 HS2005 类 $G-L$ 指数出现明显下降，产业内贸易水平下降。而 HS0705 类和 HS0711 类蔬菜的 $G-L$ 值却处于增长的趋势，到 2016 年，这两类蔬菜的 $G-L$ 值已经达到 0.6 以上，产业内贸易水平逐年上升。值得注意的是，表中有 3 种编码下的商品产业内贸易指数很低。HS0707 和 HS2003 每一年的 $G-L$ 指数都较低，平均值分别为 0.195 和 0.051，即这两类蔬菜更多以产业间贸易为主（表 8）。

表 8　2000—2016 年美国蔬菜产业内贸易水平 $G-L$ 指数

HS 编码	2000 年	2003 年	2005 年	2008 年	2010 年	2013 年	2016 年	平均值
0701	0.958	0.943	0.963	0.929	0.943	0.831	0.969	0.934
0702	0.405	0.294	0.335	0.363	0.331	0.283	0.259	0.324
0703	0.789	0.763	0.633	0.681	0.787	0.660	0.537	0.693
0704	0.425	0.511	0.640	0.652	0.728	0.786	0.907	0.664
0705	0.282	0.282	0.311	0.403	0.489	0.578	0.737	0.440
0706	0.673	0.601	0.648	0.608	0.700	0.853	0.985	0.724
0707	0.212	0.178	0.177	0.244	0.248	0.160	0.143	0.195
0708	0.884	0.690	0.693	0.826	0.729	0.762	0.762	0.764
0709	0.539	0.492	0.483	0.508	0.487	0.470	0.417	0.485
0710	0.632	0.457	0.396	0.381	0.393	0.395	0.417	0.439
0711	0.388	0.504	0.430	0.746	0.338	0.745	0.680	0.547
0712	0.915	0.947	0.969	0.998	0.974	0.925	0.864	0.942
2001	0.266	0.160	0.187	0.212	0.312	0.543	0.485	0.309

（续）

HS编码	2000年	2003年	2005年	2008年	2010年	2013年	2016年	平均值
2002	0.289	0.284	0.313	0.148	0.187	0.123	0.207	0.222
2003	0.021	0.058	0.057	0.038	0.051	0.075	0.058	0.051
2004	0.969	0.857	0.928	0.960	0.907	0.864	0.866	0.907
2005	0.991	0.745	0.663	0.631	0.591	0.645	0.599	0.695
200950	0.989	0.790	0.918	0.980	0.165	0.061	0.291	0.599
210320	0.463	0.554	0.644	0.634	0.517	0.346	0.187	0.478

数据来源：UN Comtrade。

总体而言，美国蔬菜贸易中产业内贸易的种类和水平还是比较高的。比较明显的趋势是，HS0701、HS0712 和 HS2004 3 种编码下商品的 $G-L$ 指数从 2000—2016 年波动很小且数值很高，说明其产业内贸易水平很高且始终保持稳定；HS0707 和 HS2003 编码下的商品 $G-L$ 指数也从 2000—2016 年始终保持稳定，但不同的是，这两种是明显的产业间贸易，其产业内贸易指数平均值低于 0.2。

HS0701 是新鲜或冷藏的马铃薯；HS0712 是指干蔬菜，整个、切块、切片、破碎或制成粉状，但未经进一步加工；HS2004 表示除税目 HS2006 的产品以外的其他冷冻蔬菜，具体的加工储藏方法是用醋或醋酸以外的其他方法。美国的蔬菜贸易中这 3 种编码下的蔬菜及相关制成品进口量与出口量都很大。HS0707 表示鲜或冷藏的黄瓜及小黄瓜；HS2003 指用醋或醋酸以外的其他方法制作或保藏的蘑菇及块菌。这 3 种编码的蔬菜都主要通过进口，产业内贸易极少。

2. 产业内贸易动态分析

从美国蔬菜贸易的 BI 指数来看，每一个 HS 编码下的商品从 2000—2015 年 16 年间的边际产业内贸易指数 BI 均有为 0 的年份，其中 HS0702、HS0707、HS0710、HS0904、HS2003 及 HS200950 等 6 种编码下的商品 BI 指数小于 0.5 的年份占比超过 80%，说明这几种编码下的商品进出口贸易的变化量主要以产业间贸易为主，产业内贸易只是偶有发生。

在 HS0701、HS0712 和 HS2004 这 3 种编码下，除去 BI 值为 0 的年份计算其平均值，均超过了 0.6，表明其商品进出口贸易的变化量主要由产业内贸易引起，与 $G-L$ 指数得出的其属于较高水平的产业内贸易的结果相吻合，也是对 $G-L$ 指数的补充。通过观察对比，表 9 中显示的 BI 指数大于 0.5 的商品编码及年份相对较少，说明在美国蔬菜进出口贸易中，主要由产业内贸易带来贸易量增量的种类较少（表 9）。

表 9　2000—2016 年美国蔬菜边际产业内贸易 *BI* 指数

HS 编码	2000 年	2003 年	2005 年	2008 年	2010 年	2013 年	2016 年
0701	0.000	0.563	0.643	0.761	0.000	0.712	0.594
0702	0.000	0.170	0.192	0.182	0.243	0.440	0.098
0703	0.000	0.643	0.569	0.042	0.935	0.515	0.500
0704	0.266	0.469	0.981	0.735	0.964	0.930	0.620
0705	0.002	0.000	0.379	0.968	0.712	0.772	0.000
0706	0.000	0.254	0.336	0.000	0.091	0.825	0.000
0707	0.194	0.076	0.000	0.061	0.442	0.048	0.052
0708	0.000	0.245	0.485	0.970	0.000	0.569	0.000
0709	0.873	0.536	0.684	0.806	0.377	0.361	0.210
0710	0.033	0.000	0.143	0.449	0.485	0.608	0.986
0711	0.000	0.758	0.000	0.000	0.000	0.952	0.000
0712	0.844	0.629	0.000	0.000	0.000	0.613	0.183
0904	0.000	0.374	0.000	0.096	0.080	0.161	0.057
2001	0.000	0.000	0.276	0.029	0.708	0.000	0.000
2002	0.061	0.000	0.948	0.000	0.867	0.029	0.055
2003	0.000	0.136	0.000	0.083	0.000	0.000	0.843
2004	0.487	0.000	0.000	0.563	0.000	0.809	0.915
2005	0.636	0.000	0.000	0.710	0.000	0.000	0.000
200950	0.704	0.144	0.182	0.000	0.000	0.000	0.095
210320	0.000	0.316	0.496	0.000	0.375	0.000	0.000
120991	0.253	0.402	0.547	0.000	0.969	0.000	0.000

数据来源：UN Comtrade。

3. 产业内贸易结构分析

根据 *PQV* 指数的产业内贸易结构细分标准，2000—2016 年 *PQV* 平均值大于 1.15 的有 HS0704、HS0706、HS0712，即这 3 种是属高水平垂直型的产业内贸易，但是其对应的 *PQV* 值也并不高，说明这 3 类蔬菜垂直型贸易也并不明显。小于 0.85 的只有 HS0703 属于低水平产业内贸易，剩余 15 类蔬菜均为 0.85～1.15，属于水平型产业内贸易。所以美国蔬菜贸易总体为水平型产业内贸易（表 10）。

表 10　2000—2015 年美国蔬菜产业内贸易结构 *PQV* 指数

HS 编码	2000 年	2003 年	2005 年	2008 年	2010 年	2013 年	2015 年	平均值
0701	1.101	1.132	1.141	1.046	1.091	1.069	1.029	1.087
0702	0.941	0.945	1.008	0.886	1.152	1.089	1.128	1.021
0703	0.612	0.769	0.677	0.948	0.904	0.816	0.807	0.790
0704	1.187	1.151	1.139	1.137	1.131	1.178	1.165	1.155
0705	0.768	0.975	1.028	0.849	1.162	1.125	1.129	1.005
0706	1.157	1.198	1.247	1.303	1.436	1.319	1.340	1.286
0707	1.048	0.955	0.927	1.069	1.295	1.119	1.175	1.084
0708	0.886	1.028	0.881	0.918	1.147	1.323	1.104	1.041
0709	0.858	0.857	0.916	0.733	1.036	1.049	1.066	0.931
0710	1.030	1.033	1.012	0.921	1.025	0.965	0.985	0.996
0711	1.307	1.198	1.252	1.158	0.99	1.074	1.004	1.140
0712	0.962	1.163	1.128	1.539	1.177	1.097	1.110	1.168
2001	1.046	0.964	0.98	0.838	0.935	0.872	0.893	0.933
2002	1.034	0.958	0.869	0.978	0.899	0.836	0.765	0.906
2003	1.015	1.147	1.157	1.192	1.173	0.921	0.967	1.082
2004	1.017	1.068	1.059	1.01	1.039	1.057	1.074	1.046
2005	0.953	0.916	0.878	0.874	0.837	0.915	0.895	0.895
200950	0.949	0.991	0.979	1.063	1.427	0.963	0.864	1.034
210320	1.127	1.08	1.027	1.039	0.951	0.829	0.808	0.980

数据来源：UN Comtrade。

通过上述美国蔬菜产业内贸易的实证分析，可以发现美国蔬菜产业内贸易规模较大，部分商品的贸易竞争力强势。从美国蔬菜产业内贸易结构来看，除部分属高质量垂直型产业内贸易结构外，其余大多是水平型的产业内贸易，而且高质量的垂直型产业内贸易种类也在逐年增加，说明其产业内贸易结构布局合理。

（四）美国蔬菜产业内贸易原因分析

一般来讲，大卫·李嘉图提出的比较优势理论和赫克歇尔、俄林提出的要素禀赋理论可以解释产业间贸易现象，但是产业内贸易却包含了大量的要素密集度相似的同类产品的双向流动，这种贸易现象很难用李嘉图和赫克歇尔—俄林的理论加以解释。因此，学术界将产业内贸易产生的原因大多归纳为产品差异和规模经济。

1. 产品差异

产品差异导致的产业内贸易可以分为同质产品的产业内贸易和异质产品的产业内贸易。美国与加拿大之间围绕蔬菜产品的产业内贸易大多属于同质产品的产业内贸易，两国的各类蔬菜均存在相互进口和出口的现象。究其原因是美国和加拿大的经济发展水平较为接近，两国消费者在蔬菜产品的消费上具有相似特征，推动了两国之间蔬菜产业内贸易的发展。而美国和墨西哥之间围绕蔬菜产品的产业内贸易大多属于异质产品的产业内贸易，主要表现为美国更多从墨西哥进口鲜冷冻蔬菜，而更多对墨西哥出口加工保藏蔬菜。究其原因是美国和墨西哥的经济发展水平存在较大差距，两国消费者在蔬菜产品的消费上也不太一样，美国更倾向于从墨西哥进口新鲜蔬菜作为原料，进行加工后再出口到墨西哥。

2. 规模经济

大规模的生产可以充分利用自然资源、交通运输及通信设施等的良好环境，提高土地、设备的利用率和劳动生产率，从而达到降低成本的目的。美国大力发展无土栽培技术，科研方面培育具有优良性状的蔬菜种子，将蔬菜的产量及品质都提高了，其在国际市场上的竞争力远超他国。同时，在北美自由贸易区的优惠政策条件下，美国蔬菜出口到加拿大和墨西哥能够有效扩大蔬菜产业规模，降低生产成本。

3. 需求偏好相似

需求偏好相似理论从需求的角度分析国际贸易的原因，并认为两个国家或地区的消费者消费偏好相似程度越高，产生的产业内贸易的可能性越大，种类也就越丰富。对美国的蔬菜进出口贸易而言，其主要的出口国和进口国是加拿大和墨西哥，它们的共同特点是临近美国市场，消费习惯、消费水平和消费结构相似，所以需求偏好也相似（或重叠），更容易发生产业内贸易。

三、中美蔬菜贸易分析

（一）中国对美国蔬菜出口

2017 年中国对美国出口蔬菜 48 万吨，同比增长 5.7%，出口金额 11.5 亿美元，同比增长 7.0%，仅次于日本、中国香港、越南和韩国，是中国蔬菜出口的第五大出口市场。近年来，中国对美国蔬菜出口呈现出逐年增长的态势，2014—2017 年中国对美国蔬菜出口额依次为 8.2 亿美元、8.8 亿美元、10.7 亿美元和 11.5 亿美元，同比分别增长 7.9%、7.5%、21.5%和 7.0%，对美国蔬菜出口额占中国蔬菜出口总额的比重从 2014 年的 6.6%上升到 2017 年的 7.4%（表 11）。

表 11　2017 年中国蔬菜出口额排名前十位的国家或地区

国家（地区）	出口量（万吨）	同比增长（%）	出口额（亿美元）	同比增长（%）	占出口总额比重（%）
日本	146.7	5.3	22.1	2.0	14.3
中国香港	93.7	3.6	21.5	38.3	13.9
越南	110.3	31.6	20.0	21.3	12.9
韩国	120.5	19.3	13.4	8.7	8.6
美国	48.0	5.7	11.5	7.0	7.4
马来西亚	88.1	14.8	8.6	−2.0	5.6
印度尼西亚	57.1	10.2	6.6	−13.0	4.3
泰国	42.6	13.3	6.1	6.1	3.9
俄罗斯	67.8	23.1	5.7	1.3	3.7
荷兰	12.7	−6.5	2.5	−2.5	1.6
合计	787.6	13.3	118.2	10.2	76.1

数据来源：海关信息网（www.haiguan.info）。

从 2017 年中国对美国蔬菜出口的具体品种来看，干蔬菜、用醋或醋酸以外的其他方法制作或保藏的其他未冷冻蔬菜、冷冻蔬菜、鲜或冷藏的葱属蔬菜、生姜、用醋或醋酸以外的其他方法制作或保藏的其他冷冻蔬菜、已磨的辣椒、蔬菜种子、鲜或冷藏的其他蔬菜以及用醋或醋酸保藏的蔬菜是中国对美国出口排名前十位的蔬菜品种。其中，干蔬菜出口 8.6 万吨，同比增长 15.2%，出口额 4.6 亿美元，同比增长 17.9%，占中国对美国蔬菜出口总额的 40.1%；用醋或醋酸以外的其他方法制作或保藏的其他未冷冻蔬菜出口 6.3 万吨，同比增长 8.1%，出口额 1.6 亿美元，同比增长 15.1%，占中国对美国蔬菜出口总额的 13.6%；冷冻蔬菜出口 12.1 万吨，同比增长 16.9%，出口额 1.2 亿美元，同比增长 14.8%，占中国对美国蔬菜出口总额的 10.6%；鲜或冷藏的葱属蔬菜出口 5.2 万吨，同比下降 11.5%，出口额 1.2 亿美元，同比下降 21.9%，占中国对美国蔬菜出口总额的 10.4%；生姜出口 5.6 万吨，同比增长 3.4%，出口额 0.6 亿美元，同比增长 45.2%，占中国对美国蔬菜出口总额的 4.8%；用醋或醋酸以外的其他方法制作或保藏的其他冷冻蔬菜出口 2.0 万吨，同比增长 2.5%，出口额 0.4 亿美元，同比下降 24.8%，占中国对美国蔬菜出口总额的 3.7%；已磨的辣椒出口 0.1 万吨，同比增长 6.6%，出口额 0.4 亿美元，同比增长 7.6%，占中国对美国蔬菜出口总额的 3.4%；蔬菜种子出口 0.01 万吨，同比下降

31%，出口额0.4亿美元，同比增长8.7%，占中国对美国蔬菜出口总额的3.2%；鲜或冷藏的其他蔬菜出口0.1万吨，同比增长5%，出口额0.2亿美元，同比下降5.7%，占中国对美国蔬菜出口总额的2.1%；用醋或醋酸保藏的蔬菜出口0.7万吨，同比下降14.6%，出口额0.1亿美元，同比下降17.5%，占中国对美国蔬菜出口总额的0.8%（表12）。

表12 2017年中国蔬菜对美国出口额排名前十位品种

种类（HS编码）	出口数量（万吨）	同比增长（%）	出口金额（亿美元）	同比增长（%）	占出口总额比重（%）
干蔬菜（0712）	8.6	15.2	4.6	17.9	40.1
用醋或醋酸以外的其他方法制作或保藏的其他未冷冻蔬菜（2005）	6.3	8.1	1.6	15.1	13.6
冷冻蔬菜（0710）	12.1	16.9	1.2	14.8	10.6
鲜或冷藏的葱属蔬菜（0703）	5.2	−11.5	1.2	−21.9	10.4
生姜（091011）	5.6	3.4	0.6	45.2	4.8
用醋或醋酸以外的其他方法制作或保藏的其他冷冻蔬菜（2004）	2.0	2.5	0.4	−24.8	3.7
已磨的辣椒（090422）	0.1	6.6	0.4	7.6	3.4
蔬菜种子（120991）	0.01	−31	0.4	8.7	3.2
鲜或冷藏的其他蔬菜（0709）	0.1	5.0	0.2	−5.7	2.1
用醋或醋酸保藏的蔬菜（2001）	0.7	−14.6	0.1	−17.5	0.8

数据来源：海关信息网（www.haiguan.info）。

（二）中国从美国进口蔬菜

相对于蔬菜出口而言，中国从美国进口蔬菜相对较少。2017年中国合计从美国进口蔬菜10.4万吨，同比下降15.3%，进口额1.6亿美元，同比下降7%。从进口的具体品种来看，用醋或醋酸以外的其他方法制作或保藏的其他冷冻蔬菜、冷冻蔬菜和蔬菜种子是中国从美国进口排名前3位的蔬菜品种。其中，用醋或醋酸以外的其他方法制作或保藏的其他冷冻蔬菜进口7.6万吨，同比下降23.2%，进口额0.97亿美元，同比下降20.3%，占中国从美国蔬菜进口总额的59.6%；冷冻蔬菜进口1.4万吨，同比增长8.2%，进口额0.19亿美元，同比增长11%，占中国从美国蔬菜进口总额的11.5%；蔬菜种子进口0.03万吨，同比下降27.3%，进口额0.16亿美元，同比增长17.6%，占中国从美国蔬菜进口总额的9.5%。

四、结论及政策建议

（一）主要结论

美国是世界上最大的蔬菜进口市场，也是重要的蔬菜出口国。美国蔬菜进出口贸易主要在同属北美自由贸易区的美国、加拿大和墨西哥之间进行，并呈现出较为明显的产业内贸易特征。美国与加拿大之间围绕蔬菜产品的产业内贸易大多属于同质产品的产业内贸易，两国的各类蔬菜均存在相互进口和出口的现象。美国和墨西哥之间围绕蔬菜产品的产业内贸易大多属于异质产品的产业内贸易，主要表现为美国更多从墨西哥进口鲜冷冻蔬菜，而更多对墨西哥出口加工保藏蔬菜。美国蔬菜进出口贸易表现出的产业内贸易特征有利于美国蔬菜产业发挥规模经济，满足不同国家消费者对蔬菜消费的相似需求。中国与美国之间的蔬菜贸易以中国对美国出口为主，美国是中国第五大出口市场，但由于美国与同处于北美自由贸易区的墨西哥和加拿大深入开展蔬菜产业内贸易，且中国与美国距离较远，中国对美国主要出口干蔬菜和加工保藏蔬菜，以及大蒜、生姜等少量有特色的鲜冷冻蔬菜。与此同时，中国从美国主要进口以非醋方法制作或保藏的冷冻马铃薯为代表的加工保藏蔬菜、冷冻蔬菜和蔬菜种子，这种蔬菜贸易格局是市场需求、市场竞争以及分工的结果。

（二）政策建议

美国是中国蔬菜出口的重要市场之一，中国扩大对美国的蔬菜出口必须充分考虑美国蔬菜进出口的产业内贸易特征，可以从以下 3 个方面采取有效措施：

1. 发挥比较优势，扩大干蔬菜出口

干蔬菜出口是中国对美国蔬菜出口中所占比重最大的品种。由于中国在干蔬菜产业发展上占有明显的比较优势，且干蔬菜出口受运输距离和运输成本的影响较小，干蔬菜出口未来仍将是中国对美国蔬菜出口的主要品种。扩大中国干蔬菜对美国出口，要继续发挥中国干蔬菜在成本价格、品种质量等方面的比较优势，将比较优势转化为市场竞争优势，不断提高中国蔬菜产品的出口竞争力，进一步扩大中国干蔬菜出口的市场份额。

2. 积极参与市场竞争，扩大加工保藏蔬菜出口

除干蔬菜以外，以用醋或醋酸以外的其他方法制作或保藏的其他未冷冻蔬菜和冷冻蔬菜以及用醋或醋酸保藏的蔬菜为代表的加工保藏蔬菜也是中国对美国蔬菜出口的主要品种。中国对美国加工保藏蔬菜出口主要面临来自加拿大、墨西哥和西班牙等国的竞争。由于加工保藏蔬菜受运输距离和运输成本等影响相对较小，扩大中国对美国加工保藏蔬菜出口，重点应该从美国市场对加工保

藏蔬菜的需求特征出发，开发符合美国消费者消费习惯的加工保藏蔬菜产品，积极参与国际市场竞争，增强中国加工保藏蔬菜的出口竞争力。

3. 以特色蔬菜品种为突破口，扩大鲜冷冻蔬菜出口

中国与美国之间距离遥远，使中国对美国鲜冷冻蔬菜出口处于不利地位。中国对美国鲜冷冻蔬菜出口主要面临来自墨西哥、加拿大和秘鲁等国的竞争。由于这些国家与美国之间距离相对较短，在鲜菜出口上占有一定优势。但中国在大蒜、生姜等特色蔬菜品种的生产和出口上具有一定的比较优势，因此，扩大中国对美国鲜冷冻蔬菜出口，重点应该从大蒜、生姜等特色蔬菜品种以及冷冻蔬菜入手，减少运输距离以及保鲜条件等不利因素的影响，大力发展特色蔬菜和冷冻蔬菜对美国的出口。

国内外肉类市场贸易研究

一、世界肉类产业发展现状

2017年世界肉类产量稳步增长，达到3.3亿吨，比上年增长0.9%，增长主要来自发展中国家，它们是肉类消费的主要增长点。全球肉类贸易量为3 271.4万吨，同比增长2.5%。

（一）世界肉类生产情况

据FAO数据，2017年世界肉类产量达到3.3亿吨，比上年增长0.9%，其中猪肉产量1.19亿吨，比上年增长0.8%；牛肉产量0.71亿吨，比上年增长1.6%；羊肉产量0.15亿吨，比上年增长0.7%；禽肉产量为1.21亿吨，比上年增长1.1%。

1. 猪肉

2017年世界猪肉生产继续增加，总产量达到1.19亿吨，同比增长0.8%。中国猪肉产量占世界总产量的46%，2017年中国猪肉产量为5 340万吨，同比增长0.8%。欧盟猪肉产量基本稳定，达2 332.8万吨，同比下降0.3%。美国猪肉产量略有增加，达1 184.4万吨，同比增长4.6%。巴西猪肉产量达到381.5万吨的历史新高，同比增长3.1%，原因在于巴西出口市场恢复。俄罗斯猪肉产量增至355.6万吨，同比增长4.5%。加拿大猪肉产量增长2.8%，达218.4万吨。目前，世界猪肉产量由高速增长进入平稳增长阶段，生产主要集中在亚洲、欧洲和美洲，其中亚洲猪肉产量增速最快。欧美发达国家已经实现了生猪产业化、现代化和规模化，实现了种养结合、订单化生产、专业化生产，其产业链纵向和横向高度整合，带动养殖区域化和专业化分工。中国、美国、德国、西班牙、巴西和越南是世界猪肉生产大国。在猪肉生产上，生产技术与机械化生产是美国、德国、西班牙等发达国家主要的生产优势。因此，这些国家的产量水平较高。中国的猪肉产量稳居世界第一，经历了3次较大的价格波动后，生产模式由资本推动进入产业推动，大型的屠宰加工企业、饲料企业进入养殖行业开始全产业链整合，而专业的养殖企业加大了产业布局力度，规模化、专业化和组织化水平在2015年以后快速提升。中国生产技术水平和集约化生产显著改善，尽管总体水平与发达国家相比仍有差距，但是主要的制约因素已经从生产技术转变为饲料刚性成本。此外，世界猪肉的主要生产国还有俄罗斯、法国、加拿大、波兰、菲律宾和丹麦，但这 6 个国家的产量相对较小。

2. 牛肉

2017 年世界牛肉产量小幅增加，达到 7 076.3 万吨，同比增长 1.6%。世界最大的牛肉生产国——美国的牛肉产量增长，增至 1 208.6 万吨，同比增长 5.1%。巴西、阿根廷牛肉产量增加，分别达 950 万吨和 276 万吨，同比分别增长 2.3%和 4.2%，巴西牛肉价格在全球贸易中很具有竞争优势。欧盟牛肉生产效率稳步提高，产量增长 1.2%，达 779.6 万吨。中国牛肉产量略有减少，达 711.6 万吨，同比增长 1.4%。印度活牛数量继续激增，产量增加至 264.7 万吨，同比增长 0.2%，但与其他国家相比，印度牛的胴体重仍然较低。澳大利亚牛肉产量明显下降，至 205 万吨，同比下降 3.2%。从生产布局来看，美洲是最大的牛肉生产地区，占全球总产出的 44.9%。亚洲是世界牛肉第二大产区，是牛肉增长最快的地区，从 1980 年占全球产出的 10%增长到目前的 26%。欧洲生产居第三位，占世界产量的 14.9%。从牛肉主产国来看，美国牛肉产量稳居世界第一位，其次是巴西、中国、阿根廷、澳大利亚和印度。巴西和中国牛肉产量呈稳步增长态势；阿根廷、澳大利亚、印度产量比较平稳，各年增幅基本相同。

3. 羊肉

世界羊肉产量持续小幅增长，达 1 484 万吨，比上年增长 0.7%，产量增长乏力主要是由于各主产国都进入了畜群重建阶段。2017 年澳大利亚羊肉产量为 64.6 万吨，同比下降 1.4%。新西兰羊肉产量也有所减少，为 47.8 万吨，同比下降 2.0%。中国、欧盟、俄罗斯羊肉产量基本稳定，分别为 441.3 万吨、93 万吨和 22.5 万吨，同比分别增长 0.9%、1.8%和 0.4%。羊肉在世界肉类产量中所占的比重并不大，但在人们日常生活中的地位却非常重要。而且，养羊业已成为一些国家国民经济能够可持续发展的支柱产业，对社会和经济发展起着积极的作用。近年来世界羊肉产量增长乏力，主要是由于部分主产国进入了畜群重建阶段。

4. 禽肉

由于生产成本上升，世界禽肉产量小幅增长，达到 1.21 亿吨，同比增长 1.1%。产量增加主要来自巴西、美国、印度、泰国和欧盟。俄罗斯由于国内需求稳定、生产利润下降以及禽流感限制了出口，产量维持稳定。中国禽肉生产受祖代种鸡引种量下降和 H7N9 疫情影响，产量下降。因动物蛋白需求旺盛，尤其在巴西和印度等国，持续促进全球家禽生产。巴西禽肉产量增至

1 376.5万吨，同比增长 4.1%，需求增加、饲料供应充足支撑禽肉生产增长。中国禽肉产量为 1 548.3 万吨，同比下降 10.1%。美国作为全球最大的禽肉生产国，禽肉产量达到 2 200.1 万吨，同比增长 2.2%。欧盟禽肉产量达到 1 475.3万吨，同比增长 2.0%，因消费者选择禽肉替代红肉，除法国之外的主要欧盟国家禽肉生产都呈增长态势。世界禽肉生产主要集中在美洲和亚洲，分别占世界总产量的 42.0%和 35.5%，其次是欧洲、非洲和大洋洲，分别占 16.7%、4.6%和 1.2%。禽肉三大主产地是美国、中国和巴西，分别占世界总产量的 18.5%、17.4%和 11.9%。其次分别是欧盟、印度、俄罗斯、墨西哥、阿根廷、土耳其、泰国等。世界鸡肉生产分布较为广泛，主要在美洲和亚洲；鸭肉和鹅肉生产主要集中在亚洲的中国，产量占比分别达到 69.2%和 92.5%。火鸡肉生产主要在美洲和欧洲，特别是美国、意大利、法国、德国和巴西。

（二）世界肉类消费情况

近年来，发展中国家肉类消费明显上升，其中以亚洲国家和地区变化最为显著。随着收入增加和城市化进程加快，一些以传统谷物为主要食品消费的国家和地区，逐渐向以富含蛋白质的动物性食品消费方向转变。特别是中国，伴随着近 20 年来经济的迅速发展，居民收入水平提高带动了肉类产品消费量的增长。同时肉食消费结构发生转变，由传统的红肉消费逐渐向更加健康营养的白肉消费转变。猪肉和牛肉一直是传统消费量最多的肉食品，但近年来随着人们对健康的关注，消费观念逐渐转变，禽肉消费的增长速度明显快于猪肉和牛肉的增长速度。

据 FAO 预测，2017 年世界肉类消费量达到 3.29 亿吨，比上年增长 1.6%，其中猪肉 1.19 亿吨，比上年增长 1.9%；牛肉 0.7 亿吨，比上年增长 4.3%；羊肉 0.15 亿吨，比上年增长 2.1%；禽肉 1.2 亿吨，比上年增长 3.7%。世界肉类消费的基本格局是猪肉、禽肉和牛羊肉，其中猪肉仍然是世界消费最多的肉类产品。2017 年世界人均肉类消费量为 43.6 千克，比 2016 年下降 0.5%（表 1）。

分品种来看，2017 年猪肉消费需求增速放缓，人均猪肉消费进入稳定阶段。在世界肉类生产和消费领域中，猪肉占据着重要地位，其消费量占世界肉类总消费量的份额维持在 36%。欧洲、北美洲和大洋洲的猪肉人均消费量较高。其中，北美洲发达国家猪肉人均消费量相对较为稳定，欧洲发达国家和大洋洲小幅度上涨，南美洲以及亚洲国家由于基数较小，其猪肉人均消费量均呈增长态势。世界猪肉人均消费量最高的 10 个国家中除中国外，其他都是发达国家，相对于发展中国家，发达国家的猪肉人均消费量在世界猪肉产品消费中占据主导地位。近年来，随着国内经济的发展和人民生活水平的提高，发展中国家猪肉人均消费量逐年增加，而近年来发达国家则变化不大，这主要是由于其猪肉人均消费量已达到饱和水平。2017 年禽肉消费增加主要来自南美洲、大洋洲和非洲，亚洲国家因为禽流感疫情，消费略有减少。其中鸡肉消费增加主要来自美国、欧盟、巴西、印度、墨西哥、阿根廷、南非、马来西亚、俄罗斯等国家和地区，消费量同比增幅最大的是印度，同比增长 4.8%；中国的鸡肉消费量下滑，同比减少 6.3%，阿根廷的鸡肉消费水平保持稳定。牛肉作为畜牧业的重要的畜产品，随着全球经济发展和人民生活水平的提高，近年来牛肉供给逐年增加，需求也随着人口和收入增长呈上升趋势，牛肉产业发展速度加快。2017 年，羊肉消费量在肉类总消费中的比重较低，占 4.5%，消费量总体呈增加态势，但增速放缓。

表 1　世界肉类供求平衡

项　目	2015 年	2016 年	2017 年
产量（百万吨）	**320.5**	**327.1**	**330.4**
牛肉	67.6	69.7	70.8
禽肉	116.9	119.2	120.5
猪肉	116.1	117.8	118.7
羊肉	14.4	14.7	14.8
贸易量（百万吨）	**29.8**	**31.2**	**32.7**
牛肉	9.2	9.7	10.2
禽肉	12.2	12.7	13.1
猪肉	7.2	8.3	8.2
羊肉	1.0	0.9	1.0
消费量（百万吨）	**318.8**	**324.3**	**329.4**
牛肉	67.2	67.5	70.4
禽肉	114.8	115.6	119.9
猪肉	117.2	116.4	118.6
羊肉	14.0	14.5	14.8
人均食用消费量（千克/年）			
世界	43.5	43.8	43.6
贸易量占产量（%）	9.3	9.7	9.9

资料来源：FAO。

（三）世界肉类贸易情况

近年来世界肉类贸易量一路攀升，2015 年世界肉类贸易量为 2 978.7 万吨，2016 年贸易量明显增加，达到 3 118.7 万吨，2017 年贸易量再增长为 3 271.4万吨，比上年增长 2.5%。不同品种的肉类贸易量之间存在显著差异，牛肉、羊肉和禽肉贸易量均增加，猪肉贸易量略有下降。

1. 猪肉

2017 年世界猪肉贸易量略有下降。进口方面，世界猪肉进口量为 819 万吨，同比下降 1.0%，主要猪肉净进口国为中国、意大利、日本、波兰、韩国等国家。中国猪肉进口明显增加，达到 211.5 万吨，同比增长 12.3%，进口猪肉的价格优势是猪肉进口增加的主要原因，虽然进口增加，但进口猪肉占国内猪肉消费总量的比例不足 2%。日本成为全球猪肉进口大国，进口量 148.1 万吨，同比增长 3.0%。俄罗斯猪肉进口大幅增加，达 31 万吨。出口方面，世界猪肉出口量为 820.4 万吨，同比下降 1.2%。欧盟猪肉出口略有下降，出口量为 310 万吨，同比下降 0.2%。美国猪肉出口略有增加，为 248 万吨，同比增长 8.4%，美国猪肉在几个市场面对来自欧盟和巴西猪肉的激烈竞争。加拿大猪肉出口略有增加，出口量为 131 万吨，同比增长 3.6%。欧洲、美洲是世界猪肉产品出口贸易集中地区，猪肉产品贸易量占世界猪肉产品贸易总量的 95%以上。其中，在世界猪肉产品贸易中占据绝对主导地位的是北美洲，2017 年其猪肉产品出口量占世界总出口的 45%。欧洲是世界猪肉产品的第二大主要出口区域，2017 年出口的猪肉产品占世界猪肉产品出口总量的 36%。南美洲是世界猪肉产品的第三大出口区域，其猪肉产品出口量占世界猪肉产品出口总量的比重为 12.5%。世界猪肉贸易洲际间流动主要是从欧洲与美洲流向亚洲，趋势较为明显。

2. 牛肉

2017 年世界牛肉贸易明显增加。进口方面，世界牛肉进口量为 980.8 万吨，同比增长 4.7%。中国国内供应偏紧，牛肉进口持续增长，达到 157.5 万吨，同比增长 12.2%。美国牛肉进口量为 108 万吨，同比减少 11.3%。俄罗斯牛肉进口减少，进口量为 42 万吨，同比减少 1.6%。日本牛肉进口增加，为 74.5 万吨，同比增长 5.5%；韩国牛肉进口增加，达 46.5 万吨，同比增长 3.1%。出口方面，世界牛肉出口量为 1 018.5 万吨，同比增长 5.2%。巴西牛肉出口增加至 163 万吨，同比增长 0.8%，由于出栏肉牛增加，牛肉供应充足，且价格稳定，巴西牛肉竞争力提高。凭借丰富的供应和价格优势，印度牛肉出口量为 161 万吨，同比下降 1.7%。澳大利亚和新西兰的牛肉出口都有所减少，分别达到 128.6 万吨和 50.7 万吨，同比分别下降 4.3%和 5.2%。美国牛肉出口略有增加，为127.8万吨，同比增长6.5%。世界牛肉贸易增幅明显，从贸易格局来看，当前牛肉出口前几名国家为澳大利亚、印度、巴西、美国等；主要进口国有美国、日本、中国和俄罗斯等。进口牛肉格局基本没有变化，美国一直处于领先地位，占全球进口总量的14.4%。亚洲牛肉进口需求旺盛，特别是中国，已经成为主要牛肉进口市场。牛肉产品贸易包括冷鲜、冻牛肉，加工牛肉和牛杂碎。不同牛肉产品的贸易量不同，其主要贸易国家和地区也不同，有必要对不同产品分别进行分析。世界牛肉产品的进出口规模从高到低的种类依次为冷鲜、冻牛肉、牛杂碎和加工牛肉。

3. 羊肉

2017年世界羊肉出口增加，出口量为98.1万吨，同比增长2.0%。澳大利亚和新西兰是世界最主要的羊肉出口国，羊肉出口量占世界羊肉出口总量的86%，2017年出口量分别为41.6万吨和36.3万吨，同比分别下降0.5%和1.9%。澳大利亚和新西兰的供求趋紧使得印度、巴基斯坦等国的羊肉出口增加。进口方面，羊肉进口仍主要集中在中国、欧盟和美国，2017年进口量分别为24.5万吨、15.5万吨和10.6万吨，同比分别持平、下降3.7%和增长1.9%。亚洲是羊肉的主要进口地区，占世界羊肉进口量的50%；大洋洲是羊肉主要出口地区，占世界羊肉出口量的70%。

4. 禽肉

2017年世界禽肉出口增加，出口量为1 309.8万吨，同比增长3.1%。巴西、美国、欧盟、泰国是主要出口国家（地区）。巴西受益于国际需求增长以及未受禽流感疫情影响，出口增长3%，达到450万吨；美国由于国内产量增加，因流感疫情封关逐步解除，出口增长3%，达到380万吨；欧盟受限于成员国内部需求增长以及禽流感疫情对国内生产带来的影响，出口仅增长1%；泰国对日本、欧盟等国家和地区高端熟制产品的出口增长6%，首次超过100万吨。进口方面，2017年禽肉进口量为1 251.7万吨，同比增长1.6%，进口仍主要集中在中国、日本、沙特阿拉伯、墨西哥等国。2017年，越南、墨西哥、智利、阿联酋、伊拉克、韩国、新加坡等国家因国内需求旺盛，进口增加；俄罗斯因国内生产可以实现自给以及特殊的国家禁运令，进口减少。

（四）世界肉类市场变化

2017年世界肉类价格明显回升，FAO肉类价格指数平均为170点，比2016年156点的价格水平上涨了9.0%，比2015年168点的价格水平上涨了1.2%，其中牛肉、猪肉、羊肉和禽肉价格均呈上涨态势，牛肉、猪肉、羊肉和禽肉价格指数分别为204、135、194、169，同比分别上涨6.8%、9.8%、26.0%、8.3%。

1. 猪肉

2017 年世界猪肉价格明显回升，美国、巴西、德国猪肉出口平均价格分别为 2 527 美元/吨、2 490 美元/吨和 1 868 美元/吨，比上年分别上涨 4.3%、16.2%和 11.1%（图 1）。欧洲和北美洲猪肉产量的增加、亚洲地区收入的提高带动猪肉贸易从欧洲与美洲流向亚洲，中国猪肉进口量的变化影响了全球猪肉市场价格，而国际肉类价格经过一轮上涨后处于下跌周期。调控措施的日趋完备稳定了猪肉市场，建立了涉及价格体系、生产补贴和服务性补贴的生猪保险和生猪期货等保障体系，充分利用国内、国际两个市场来稳定猪肉供给、调控国内生猪和猪肉价格。

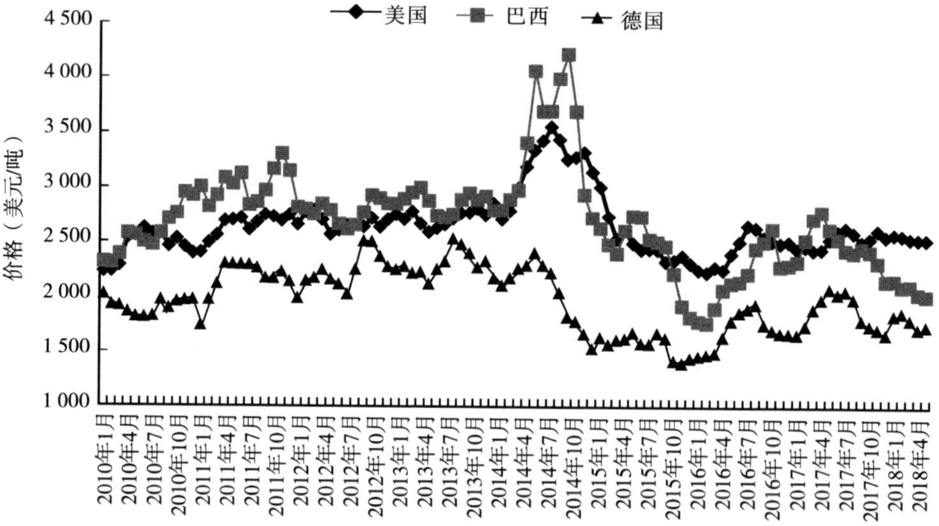

图 1　世界猪肉价格变化

资料来源：FAO

2. 牛肉

2017 年世界牛肉价格明显回升。澳大利亚、美国、巴西牛肉出口平均价格分别为每吨 4 377 美元、5 869 美元和 4 043 美元，同比分别上涨 7.9%、5.7%和 5.4%（图 2）。国际牛肉价格受到美国市场影响严重，美国是全球最大的牛肉进口国和第二大出口国。20 世纪 90 年代，世界牛肉市场价格受到巨大的下行压力。北美洲的牛周期对牛肉价格影响很大。与此同时，第二大进口市场日本的经济停滞不前，消费者偏好转向低价进口牛肉，日本进口价格下降，牛肉价格下行压力加大。进入 21 世纪后，国际牛肉价格逐渐上涨。2015 年至 2016 年 8 月牛肉价格回落，2016 年后半年至 2017 年逐步回升。

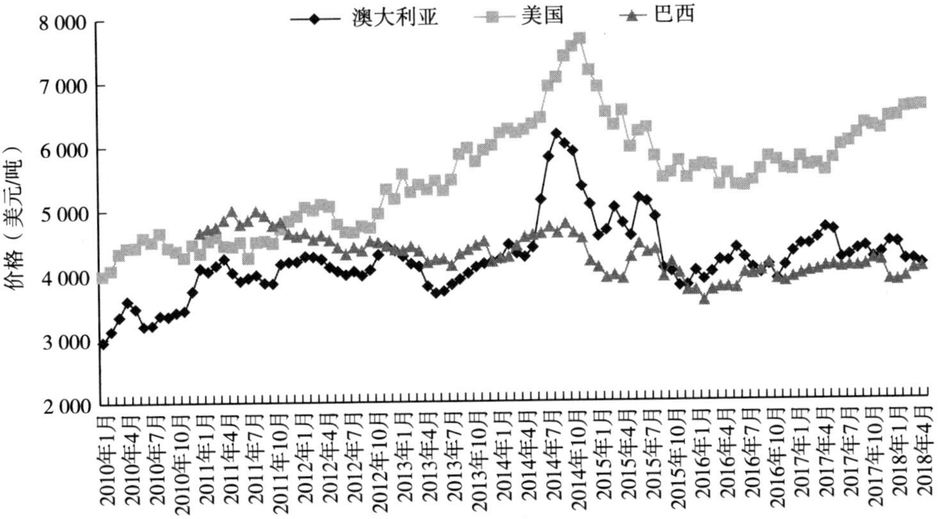

图 2　世界牛肉价格变化

资料来源：FAO

3. 羊肉

2017 年世界羊肉价格有所回升。新西兰羊肉出口价格平均为 4 486 美元/吨，比上年上涨 26.9%（图 3）。近年来，世界羊肉价格波动较大，2010 年羊肉价格指数为 158，2011 年开始一路上涨，涨至 232，之后又波动下滑，到 2013 年降至 178，2014 年恢复至 202，2016 年再跌至 154，2017 年涨至 194。

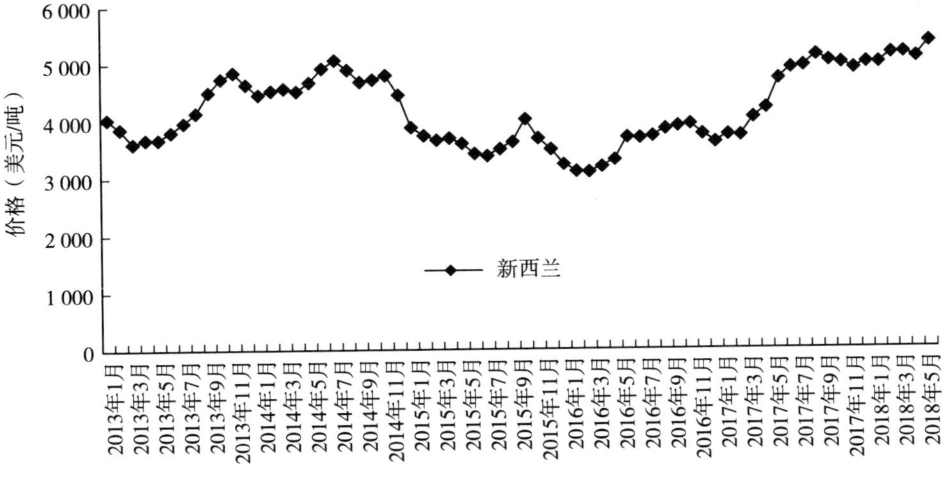

图 3　世界羊肉价格变化

资料来源：FAO

4. 禽肉

2017 年世界禽肉价格有所回升，美国和巴西禽肉平均出口价格分别为 997 美元/吨和 1 653 美元/吨，比上年分别上涨 9.1%和 7.9%（图 4）。世界禽肉价格走势与世界经济形势以及饲料原料的价格走势保持着密切的相关性。根据 FAO 的禽肉价格指数，自 2004 年以来，世界禽肉价格总体呈上涨态势。其中，2011—2014 年，禽肉价格达到高峰，价格指数在 200 以上，其间的高位主要受饲料成本抬升的支撑。2015—2016 年，国际粮价下跌，禽肉价格随之出现明显下滑，2017 年上半年开始呈现回暖迹象，但涨幅不大。从美国和巴西等重点国家的禽肉价格来看，美国和巴西的变化趋势基本一致，但美国的鸡肉价格相对较低，而且波动比较平缓，巴西价格波动相对剧烈。巴西作为新兴发展中国家，除了国内饲料原料价格的波动引起禽肉价格变动外，国际经济环境的变化也是引起其价格变动的重要因素。特别是巴西经济发展不稳定，国内经济影响了国内的消费需求，汇率波动又很大程度上影响了国际出口价格，进而传导至国内。总的来说，美国和巴西的鸡肉价格目前均处于 2015—2016 年的低迷后回暖阶段，其中巴西价格上涨略微明显。

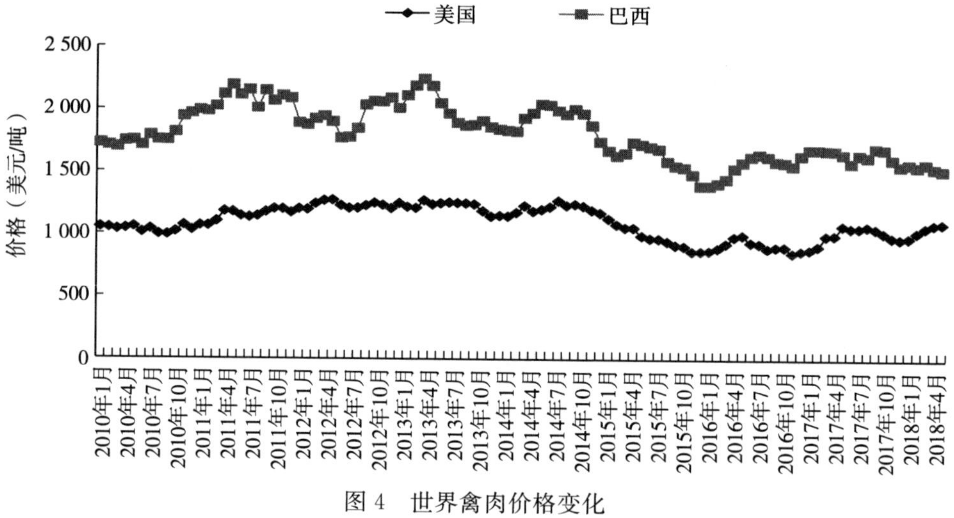

图 4　世界禽肉价格变化

资料来源：FAO

二、中国肉类产业发展现状

2017 年中国猪牛羊禽肉总产量达到 8 431 万吨，同比增长 0.8%，其中猪肉仍然是中国肉类结构中最重要的品种，2017 年猪肉产量达到 5 340 万吨，同比增长 0.8%，生猪存栏 43 325 万头，同比下降 0.4%，生猪出栏 68 861 万头，同比增长 0.5%。2017 年中国牛肉产量达到 726 万吨，同比增长 1.3%，羊肉产量 468 万吨，同比增长 1.8%，禽肉产量 1 897 万吨，同比增长 0.5%。其中，受消费需求和价格上涨拉动，牛肉和羊肉产量保持相对较高增速，猪肉和禽肉产量温和增长。环保和食品安全意识、收入水平的提高、生活方式的转变、家庭成员年龄结构的变化，使得消费偏好，特别是在城市地区，持续发生着改变，影响了肉类生产和消费结构的变化。在行情相对乐观影响下，生猪产能处于恢复期，玉米主产区和适养区新增产能弥补了受环保禁养拆迁影响的缩减量，猪肉产量小幅增长，猪肉和生猪价格稳中有跌。H7N9 流感病毒影响活禽销售渠道和居民消费信心，上半年鸡肉价格持续下跌，市场行情低迷倒逼产业调减产能，禽肉产量增速放缓，下半年价格回升，全年鸡肉价格小幅下跌。在一系列畜牧政策的扶持和消费拉动下，牛羊肉生产保持良好势头，牛羊肉产量再创新高，牛羊肉价格稳中有涨。

（一）猪肉

1. 生猪产业发展特点

生猪产量增加。2016 年生猪养殖良好收益带动养殖户和企业加大投资、积极补栏，在环保拆迁压力下，扩增产能和养殖水平的提高弥补了禁、限养区产能的下降。据国家统计局数据，2017 年，生猪出栏 6.89 亿头，与上年相比增长 0.5%；猪肉产量 5 340 万吨，与上年相比增长 0.8%。2017 年年末生猪存栏 4.33 亿头，与上年相比减少 0.4%。2017 年一季度生猪供需偏紧，从二季度开始猪肉供给明显增加，一季度同比略增 0.1%，二季度、三季度和四季度同比分别增长 0.8%、0.7%和 0.9%。

（1）猪肉价格波动下滑。2017 年猪肉价格基本呈现出“上半年小幅下跌、下半年反弹回升”的走势，均价较上年小幅下跌。据农业部监测，2017 年猪肉集贸市场平均价格为 25.72 元/千克，与上年相比下跌 12.3%。受春节消费旺季影响，2017 年 1 月猪肉价格处于年度高点，为 28.95 元/千克。受产能恢复影响，2 月开始持续下滑，7 月跌至 24.00 元/千克，8 月开始，消费季节性回升带动猪肉价格连续回升，9 月达 24.92 元/千克。国庆后消费季节性下滑，猪肉价格小幅下跌，年末回升，12 月为 25.11 元/千克。活猪 2017 年均价较上年下跌 17.4%。2017 年生猪集贸市场平均价格为 15.36 元/千克。其中，养殖户对上半年生猪价格预期较高，出栏集中，生猪价格由 1 月的 18.22 元/千克持续下跌至 6 月的 13.78 元/千克，随后连续 6 个月总体处于涨势，尤其是四季度，供需基本平衡，12 月为 15.07 元/千克。仔猪价格二季度开始持续下滑。2017 年一季度全国仔猪价格由 1 月的 41.01 元/千克涨至 3 月的 43.64 元/千克，4 月开始持续回落，12 月为 30.50 元/千克。

（2）猪肉进口高位下滑。2017年，国内猪肉价格小幅下跌，主要猪肉出口国猪肉价格回升及美元汇率提高，缩小了国内外猪肉产品价差，中国规模以上定点屠宰企业白条肉出厂价格与欧盟猪肉批发价格的价差为8.31元/千克，与上年相比缩小38.7%。国内供给增加、国内外价差缩小降低了中国猪肉进口需求，2017年生猪产品进口量为249.96万吨，与上年相比减少19.7%，其中，猪肉进口量121.68万吨，与上年相比减少24.9%。总体来看，2017年中国猪肉进口量从二季度开始呈现同比明显下降的特点。受国内猪肉产量恢复影响，2017年中国猪肉出口小幅增加，出口生猪产品33.06万吨，与上年相比增长5.3%，其中，出口猪肉5.13万吨，与上年相比增长5.7%，活猪出口12.26万吨，同比增长2.2%，猪肉及活猪出口折合猪肉出口累计17.39万吨，同比增长3.2%。

（3）养殖效益较好。养殖成本下降，尽管猪价下跌，但生猪养殖盈利处于较好水平。2017年，生猪价格小幅下滑，玉米等饲料原料价格的下跌降低了生产成本，全年猪粮比价8.05∶1，与上年相比下降1.14个点，自繁自养养殖户出栏1头115千克的肥猪全年盈利水平在300元左右。从月度变化看，生猪价格和玉米价格均下跌，生猪价格降幅明显，猪粮比价由1月的9.59∶1降至7月的7.20∶1。下半年玉米价格较上半年有所回升，8月开始猪价回升带动猪粮比价回升，9～11月猪价相对较稳定，猪粮比价变动不大，在（7.45∶1）～（7.50∶1）浮动，年末猪价明显回升带动猪粮比价上涨至7.73∶1。就不同养殖模式来说，自繁自养养殖户由于仔猪成本优势，全年均能保持盈利；外购仔猪养殖户由于年初仔猪价格处于高位，生产成本较高，二季度猪价下跌导致亏损，但全年综合来看，一头115千克的肥猪依然能够保持100～200元纯收益。

2. 生猪产业主要问题

目前养殖技术、疫病防控、饲料成本和生态环境保护等方面的变化均会影响中国猪肉的供需、市场价格和贸易等。

（1）疫病将增加猪肉产量和猪价波动。猪肉产量和猪肉价格深受疫病影响，2008年、2011年猪价大幅上涨，其中一个主要因素是猪价低迷导致养殖户疏于管理，生猪疫情暴发，能繁母猪和仔猪死亡率高，2006年夏、秋季首次暴发的变种高致病性猪蓝耳病，南方的养猪场尤其是散养猪场生猪大量死亡；2010年全国范围内持续发生猪高热病、口蹄疫等疫病，致使2011年下半年猪价持续上涨，直至2011年9月猪价创下新高，猪高热病、蓝耳病、猪流感等疫情暴发速度快，影响范围大，对生猪产业造成的损失重大，也导致猪肉价格大起大落。随着养猪业逐步由传统的分散养殖向规模化养殖发展，生猪的饲养规模和饲养密度不断增大，商品猪和仔猪跨区域销售造成国内猪群流动性增大，疫病将会影响未来猪肉产量的平稳增长。

（2）未来猪肉价格与国际市场关联度提高。未来中国猪肉进口量保持高位，国内外猪肉价格联动性将提高。今后国内外猪肉价差仍将保持相当长一段时间，即便在猪肉供应充足的情况下，猪肉进口量仍有可能稳中有增，在猪肉进口量保持高位的情况下，中国猪肉价格势必会影响国际市场价格，国际市场猪肉价格上涨又会推动国内猪价上涨，导致猪肉价格飙升，因此中国的猪肉需求只能依赖国内生产来满足，猪肉进口仅作为市场调节。未来猪肉进口量必须根据本国猪肉产能适度调控，否则在中国生猪产业国际竞争力还不强的情况下，大量进口猪肉会导致国内猪价大幅波动。

（3）生态环境限制了生猪规模化进程和猪肉产量增长。近年来，中国政府已经开始重视农业污染问题，河南、山东等省份人多地少，同时也是畜牧业大省，是养殖密度最大的区域，巨大的存养量给社会环境造成严重影响，地下水质、空气和生活环境受到污染，未来国家会继续加大对畜牧业污染的整治力度，在一定程度上缓解了环境压力，但对养殖规模的发展造成了限制，如何在提高生猪规模化的同时不破坏生态环境将是未来养猪业面临的难题。

（4）环保税的实施影响产业结构和发展速度。《中华人民共和国环境保护税》于 2018 年 1 月 1 日起实施。没有生产经营行为的或者按要求排污且符合环保标准、符合畜禽养殖污染防治要求的，不征收环保税。畜禽养殖场征收环保税仅对存栏规模大于 500 头猪的畜禽养殖场征收。养猪场存栏 500 头及以上的养猪场主要排放的污染物是水污染物和固体污染物。此外，环保税法出台前，规模养殖企业排放污染废弃物除了要达标排放外，也是需要缴纳一定排污费的。环保税的征收一定程度上将会提高规模化养殖的成本，自繁自养企业产能扩张速度将受到影响，公司+农户的养殖模式发展将会更快。据估算，环保税的实施将会提高生猪成本 0.9 元/千克左右。产能扩张速度放缓，将会有利于市场消化增加产能，有利于猪价的平稳。供给充裕的前提下，也会导致部分养殖户亏损，进一步拉长了产能恢复时间，延长了价格周期。

（二）牛羊肉

1. 牛羊肉产业发展特点

（1）牛羊肉产量增速放缓。2017 年，国家继续推进畜牧业供给侧结构性改革，推进实施《全国草食畜牧业发展规划（2016—2020 年）》坚持稳生猪、促牛羊的发展目标，科学指导草牧业加快发展。在一系列畜牧政策的扶持和拉动下，牛羊肉生产保持良好发展势头，牛羊肉产量再创新高。全年牛肉产量 726 万吨，较上年增长 1.3%，羊肉产量 468 万吨，较上年增长 1.8%。牛羊肉产量占肉类总产量的比重继续上升。2017 年牛羊肉总产量达到 1 194 万吨，占肉类总产量的比重达到14.2%，已经连续5年上升，达到近10年来的最高。由于前几年活牛、活羊价格下跌，部分养殖场和养殖户压缩产能，2017年牛羊肉产能处于恢复期，产量增速较上年有所放缓。

（2）牛肉价格稳中略涨，羊肉价格下半年反弹。牛肉价格稳中略涨，2017年全国牛肉集市均价每千克62.75元，与上年相比上涨0.1%。从全年走势看，牛肉价格依然保持了季节性波动的特点，从春节时的高价开始回落，到7月达到年内最低谷，之后开始回升，12月达到年内价格最高峰，每千克64.18元，牛肉的价格走势基本与市场需求相吻合，牛肉消费淡旺季的界限逐渐模糊。羊肉价格下半年反弹，2017年全国羊肉集市均价每千克55.92元，与上年每千克55.93元的水平基本持平，但仍低于2013—2016年平均每千克61.12元的水平。从全年走势看，羊肉价格也呈现出先跌后涨态势，但由于市场需求旺盛与供给阶段性偏紧叠加，导致2017年下半年以来羊肉价格出现了持续较快上涨。12月羊肉价格达到全年最高，也是近两年最高水平，为每千克59.96元，较上年同期高8.6%。

（3）牛羊肉进口增加。牛肉进口继续增加，受国内需求持续增长和国内外价格倒挂的影响，2017年牛肉进口连续6年增加，全年进口量达到69.5万吨，较上年增长19.9%，涨幅仍然较大。从进口来源看，由于价格优势，南美洲仍然是中国最主要的牛肉进口来源地，来自巴西、乌拉圭、阿根廷的牛肉进口量占中国牛肉进口总量69.0%。其中，巴西是第一进口来源国，进口量占进口总量的28.4%，乌拉圭进口增长较快，进口量接近巴西进口量，进口占比达到28.2%。澳大利亚是第三大进口来源国，进口占比16.7%。2017年6月开始，中国正式恢复进口美国牛肉，但全年进口量不大，仅进口2 204.79吨。从出口来看，牛肉出口继续下降，全年仅出口921.87吨，较上年下降77.8%，中国香港和朝鲜是主要的出口目的地，出口量分别占出口总量的65.3%、22.8%。羊肉进口明显回升，受需求增长和国内供给阶段性偏紧的影响，2017年羊肉进口增长明显，全年进口量达到24.90万吨，较上年增长13.1%。从进口来源看，新西兰和澳大利亚仍然是主要的羊肉进口来源国，分别占羊肉进口总量的57.1%、41.1%，其余进口来自乌拉圭和智利，但进口量较少，仅占进口总量的1.9%。从出口来看，羊肉出口有所增加，全年出口总量5 158.37吨，较上年增长27.1%。中国香港仍是最主要的出口目的地，占出口总量的87.6%。朝鲜和中国澳门是第二、第三大出口目的地，但出口量较小。中国对中东国家的羊肉出口明显下降。

2. 肉牛肉羊产业主要问题

（1）极端天气和疫病对肉牛、肉羊产生显著影响。近年来，全球气候变化加剧，暴雨、暴雪、干旱等极端天气频发，对牛羊养殖产生较大影响。在气候变化背景下，极端天气导致草地退化、饲料作物生产能力下降，进而对牛羊的养殖规模和产品质量等造成严重影响，同时也增加了饲草料和畜产品集散运输的成本和难度，加剧牛羊肉产品的价格波动。从养殖环境来看，如果区域气温升高，但降水较少，则草原可能出现退化和承载力下降。从动物养殖来看，不同品种的动物都有其最适宜的生长温度，在这种温度条件下，动物生长最快，饲料利用率最高，育肥效果好，饲养成本最低，但气候变化可能破坏其适宜生长的环境，从而导致疫病高发或养殖成本增加。

（2）环境保护压力不断加大。随着中国经济进入高质量发展阶段，过去以资源换产量的发展模式难以为继，提高资源利用效率，促进种养结合、生态循环，成为未来畜牧业发展的重要方向。近年来，国家不断加大资源环境保护力度，环保政策密集出台，划定禁养区，转变草原畜牧业发展方式，推行禁牧休牧和草畜平衡制度，养殖业环保压力持续加大，一些设施条件简陋、标准化生产水平低的养殖场面临关闭风险。2018 年，中国开征环保税以取代过去的排污收费制度，对畜牧养殖也将产生一定影响。未来中国将继续推进环保督查，加大对畜禽污染的治理，不断优化牛羊养殖的区域布局，提倡种养平衡模式，不在环境敏感区发展规模化养殖场，推广清洁养殖模式，加强粪污无害化处理，推动牛羊产业转型升级和可持续发展。

（3）贸易环境变化影响产业发展。近年来，世界牛羊肉产量不断增加，产出水平不断提高，贸易量稳步增长。一方面，随着国内消费需求增长和国内外价格倒挂，牛肉进口增长势头明显，进口来源不断丰富，2017 年开始中国恢复进口美国牛肉，并且取消了对意大利牛肉的长期进口禁令。进口渠道的多元化，可能对当前的贸易结构产生影响。另一方面，随着全球经济逐渐复苏，全球贸易也正走出低谷，世界牛羊肉贸易也将进一步增加。但也要看到，贸易保护主义仍然存在，一些国家提高贸易壁垒、修改贸易政策等手段加大了国际贸易的不确定性。

（三）禽肉

1. 禽肉产业发展特点

（1）产量稳中略增。2017 年年初受前期产能扩张的影响，禽肉产量稳步增加，但由于 H7N9 流感影响，活禽销售受到限制，倒逼产业调减产能，产量增速放缓。据国家统计局数据，2017 年，中国禽肉产量 1 897 万吨，与上年相比增长 0.5%，禽肉在肉类生产中的占比为 22.5%。禽肉生产形势具体表现为：白羽肉鸡祖代种鸡引种量继续下降，存栏量维持较低水平，在产父母代种鸡存栏量自第四季度起下降，但商品代肉鸡供应依然充足。黄羽肉鸡产业受上半年行情低迷导致亏损严重的影响，主动调减产能，据估计，父母代种鸡存栏量下降 10%～15%。在外部冲击和市场机制的作用下，产业产能动态调整，禽肉产量总体保持稳中有增态势。

（2）价格低位运行。2017 年，受市场供给充足、消费不旺以及饲料价格偏弱影响，禽肉价格低位运行。全年火鸡和白条鸡集市均价分别为 17.34 元/千克和 17.93 元/千克，与上年相比分别下跌 7.8%和 6.0%。年内价格波动幅度较大，呈前低后高走势。1～6 月价格持续下跌，7 月企稳回升后连涨 6 个月。从周价看，下跌 21 周（占四成时间），上涨 31 周。下半年价格恢复上涨的主要原因是产业主动调减产能、环保限产以及季节性因素。截至年末，月度均价已上涨至 19.00 元/千克左右，略高于上年同期水平。

（3）贸易顺差扩大。2017 年，禽肉贸易顺差扩大，达到 6.21 亿美元，比上年增加 2.15 倍。禽肉产品进口量 45.21 万吨，与上年相比减少 23.8%；进口额 10.50 亿美元，与上年相比减少 20.1%。出口量 50.78 万吨，与上年相比增长 10.9%；出口额 16.73 亿美元，与上年相比增长 10.6%。禽肉进口主要是冰鲜、冷冻禽肉及杂碎，85%的进口来自巴西，其次是阿根廷和智利。出口产品中，加工禽肉和冰鲜、冷冻禽肉及杂碎各占半壁江山。加工禽肉主要销售至日本、中国香港、荷兰、韩国、英国、德国、比利时和爱尔兰；冰鲜、冷冻禽肉及杂碎主要销售至中国香港和中国澳门、伊拉克、巴林、塔吉克斯坦、蒙古国、阿富汗、马来西亚和格鲁吉亚，对上述 9 个国家（地区）的出口量占总出口量的 97.7%。

（4）养殖效益收窄。尽管 2017 年饲料价格维持低位，但市场行情低迷，肉禽养殖效益受到挤压，全年每只鸡平均利润 1～2 元，较上年明显收缩，跌幅 20%以上。白羽肉鸡产业上半年受强制换羽带来的新增产能逐步释放完毕，以及环保政策的实施，部分散户退出和小规模养殖企业停产或关闭，毛鸡棚前收购价节节走高，最高价一度超过 8.0 元/千克，养殖利润不断扩大。黄羽肉鸡产业在上半年价格大幅下跌的影响下，亏损严重，随着下半年市场回暖，养殖逐步走向盈利，第四季度每只鸡盈利高达 10 元左右。

2. 禽肉产业主要问题

（1）家禽疫病对市场带来冲击。家禽生产中，一直面临着各种疾病的困扰，特别是禽流感。近年来，新出现的 H7N9 流感对肉禽生产、市场和贸易带来较大影响。国家已经加大疫苗研发投入，并积极推动全面开展家禽 H7N9 流感免疫。由于禽流感病毒具有高度变异性，有效防控禽流感疫情依然面临巨大挑战。纵观全球，突发性疫病对家禽市场带来的冲击很难预测。

（2）环保转型影响产业规模。近年来，国家颁布一系列新法律法规，如

《环境保护税法实施条例》（国务院令第 693 号，2017 年）、《中华人民共和国环境保护税法》（主席令第 61 号，2016 年）、《土壤污染防治行动计划》（国发 31 号，2016 年）、《水污染防治行动计划》（国发 17 号，2015 年）等，对禽肉生产带来一定影响。随着环保政策的实施，全国将持续推进畜禽养殖废弃物的资源化利用，部分地区划定禁养和限养区，畜禽生产受到一定制约，养殖规模或呈缩减态势。同时乡村振兴战略为发展特色、绿色、生态养殖指明了方向，产业环保转型将导致成本上升，但有利于全产业链一条龙企业的发展，大型企业产能扩张主要有赖于市场潜力的深度挖掘。肉禽产业的环保转型在提升养殖技术、抗风险能力和产业发展质量的同时，对产业的增长速度会有一定影响。

（3）家禽产业发展仍存在很大风险。一是饲料价格和运输成本上升，工资和企业排污处理费用提高，增加了养殖成本，加大了养殖风险，打击了养殖积极性；二是规模化、工厂化家禽养殖过程忽视了对家禽场粪便、污水、病死禽等的无害化处理，造成了环境污染和生态环境恶化；三是禽肉加工滞后，缺乏产品加工龙头企业，产品附加值低，保鲜期、货架期短，加工方式、技术工艺设备落后；四是由于禽肉产品药残超标和质量不合格，致使中国家禽产业在国际贸易中的声誉和地位受损，禽肉出口受阻。

中国水果产业监测研究

一、中国水果生产、消费、贸易及价格情况

（一）中国主要水果生产概况

1. 苹果

2016/2017 年度，中国苹果产量明显上升，占世界总产量的比重增加，中国仍是世界第一苹果生产大国。2012—2017 年，中国苹果的产量连年上升，2012—2015 年占世界产量的总比重基本稳定在 53%左右，从 2016 年开始，占比明显增加。2016/2017 年度，中国苹果产量在世界产量的占比从 2015/2016 年度的 55.36%上升至 55.73%，产量也从上一年度的 4 260 万吨增加到 4 350 万吨，同比增长 2.11%（图 1）。

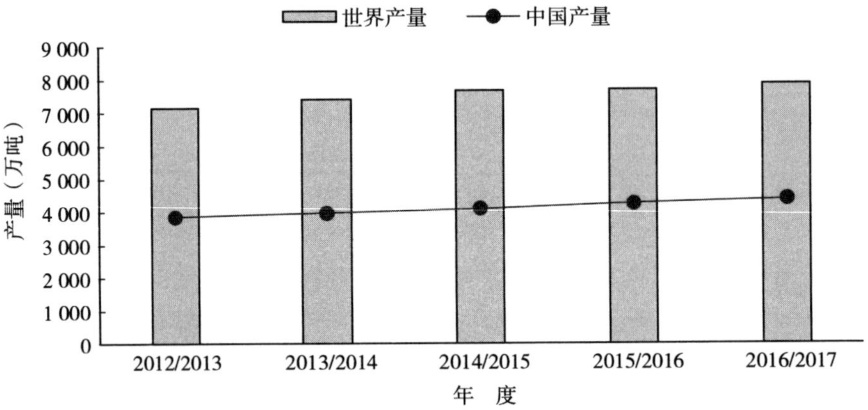

图 1　2012/2013—2016/2017 年度世界和中国苹果生产情况

数据来源：美国农业部网站

2. 梨

根据美国农业部的最新预测数据，2016/2017 年度中国梨产量与上一年度保持一致，达 1 870 万吨，占世界梨总产量的 75.13%，世界生产第一大国地位不可动摇（图 2）。

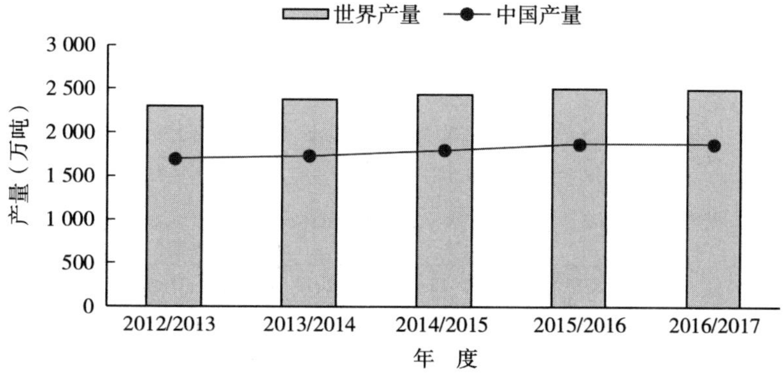

图 2 2012/2013—2016/2017 年度世界和中国梨生产情况

数据来源：美国农业部网站

3. 柑橘

中国柑橘产量常年波动，2014/2015 年度柑橘产量降至 660 万吨，同比降低 13.16%。2015/2016 年度经历了小幅上涨，2016/2017 年度中国柑橘产量再次上涨至 700 万吨，同比增长 1.45%，达到 3 年来最高（图 3）。

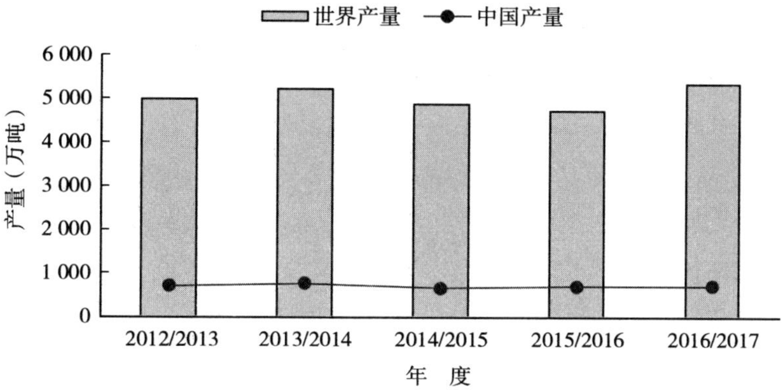

图 3 2012/2013—2016/2017 年度世界和中国柑橘生产情况

数据来源：美国农业部网站

4. 葡萄

2012/2013 年度以来，中国葡萄产量以每年 10%左右的速度增长，2016/2017 年度增长率有所放缓，达到 8%。同时，中国葡萄占世界总产量的比重也在不断增加，从 2015/2016 年度的 47.30% 增长到了 2016/2017 年度的 47.92%（图 4）。

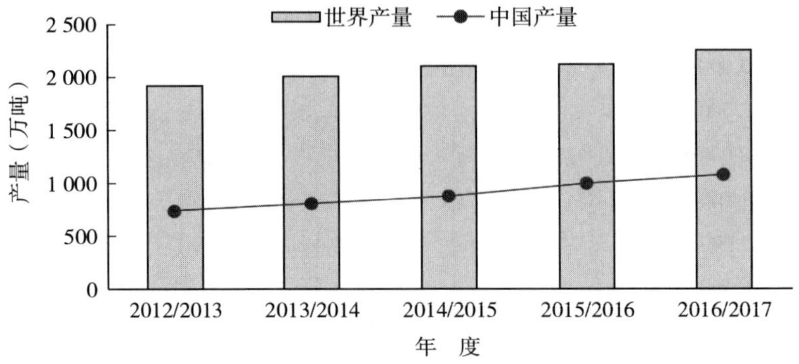

图 4　2012/2013—2016/2017 年度世界和中国葡萄生产情况

数据来源：美国农业部网站

（二）中国主要水果消费变化

1. 苹果

2012 年以来，中国苹果的鲜食消费量不断增长，但增长势头却在放缓，从 2012/2013 年度开始，增长幅度分别为 5.45%、8.05%、6.07% 以及 1.31%，到 2016/2017 年度，中国苹果鲜食量仅增长了 1.77%。相较于中国苹果鲜食消费量的稳定上升，苹果加工消费量却处在波动中，2016/2017 年度，中国苹果加工消费量从 2015/2016 年度的 400 万吨增加到了 2016/2017 年度的 440 万吨，增幅为 10%。从苹果消费总量来看，2016/2017 年度苹果消费量的增速略有放缓，从之前平均每年的 3.4%减少到了 2.56%（图 5）。

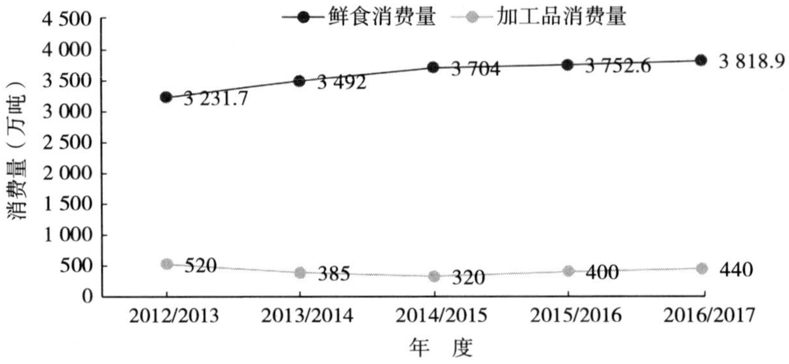

图 5　2012/2013—2016/2017 年度中国苹果消费情况

数据来源：美国农业部网站

2. 梨

中国对梨的消费仍以鲜食为主，鲜食消费量占比基本保持在 90%左右。

2016/2017 年度，中国梨的鲜食消费量和加工消费量分别为 1 647.8 万吨和 172 万吨。

根据美国农业部最新预测，往年中国梨的鲜食消费量一直保持着上升趋势，而 2017 年中国梨鲜食消费量小幅减少，为 1 647.8 万吨，同比下降 0.78%。加工消费量有所增加，增幅为 1.18%。可以看出，往年梨鲜食消费量的增速要明显快于加工消费量的增速，而 2016/2017 年度中国梨鲜食消费量较上一年度减少。从总量来看，往年梨果的消费总量一直保持约 3%的增速，而 2016/2017 年度梨果的消费总量较往年有小幅下降（图 6）。

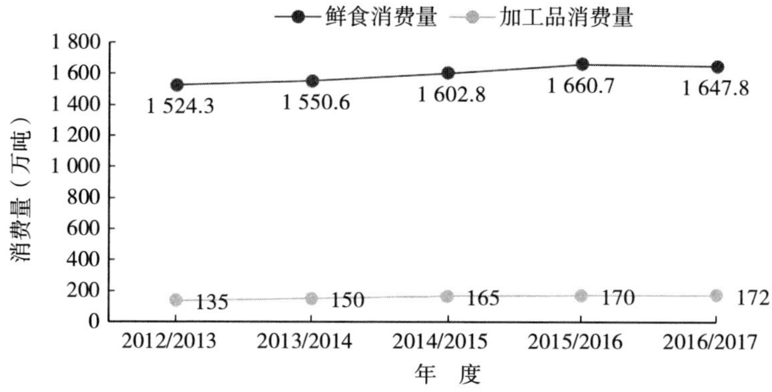

图 6 2012/2013—2016/2017 年度中国梨消费情况

数据来源：美国农业部网站

3. 柑橘

自 2012/2013 年度以来，中国柑橘的鲜食消费量一直处在波动中。2016/2017 年度中国柑橘的鲜食消费量为 671.7 万吨，同比增长 4.20%。中国柑橘的加工消费量这几年呈下降趋势，2016/2017 年度，加工消费量下降到了 58 万吨，较上一年度下降了 3.33%。从总量来看，柑橘的消费量也一直处于波动中，2016/2017 年度，中国柑橘消费了 729.7 万吨，较上一年度增长 3.56%（图 7）。

4. 葡萄

中国一直是世界上最大的葡萄鲜食消费国，每年葡萄的鲜食量呈现稳步上升的态势。

自 2012/2013 年度以来，中国葡萄鲜食消费量呈现快速增长的态势，但增速有所放缓，2013/2014 年度，中国葡萄鲜食消费量较上一年度增长了 10.44%，而 2016/2017 年度，中国葡萄鲜食消费的增长率为 7.56%，从 2015/2016 年度的1 002.2万吨增长到 1 078 万吨（图 8）。

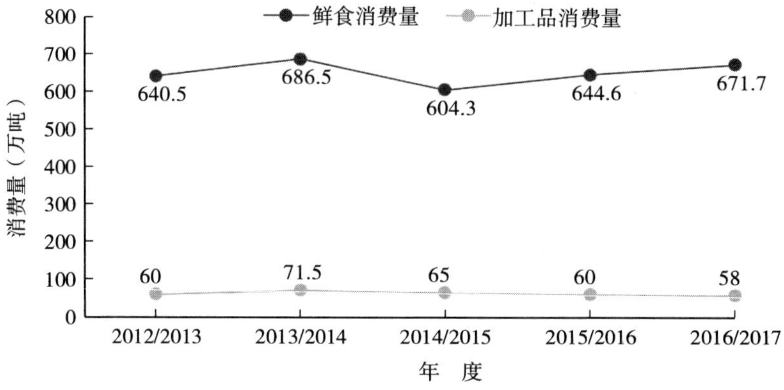

图 7　2012/2013—2016/2017 年度中国柑橘消费情况

数据来源：美国农业部网站

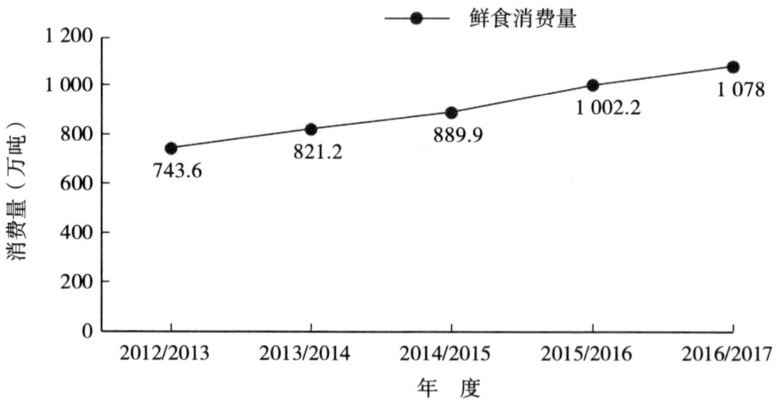

图 8　2012/2013—2016/2017 年度中国葡萄消费情况

数据来源：美国农业部网站

（三）中国主要水果贸易动态

1. 苹果

在贸易量方面，从 2012/2013 年度开始，中国苹果出口量持续减少，并在 2014/2015 年度达到了最低点，而从 2015/2016 年度开始，苹果出口恢复增长，并在 2016/2017 年度增长到 138.1 万吨，同比增幅达 19.13%。而在进口量上，中国苹果的进口量都在 10 万吨以下，没有明显的波动，2016/2017 年度进口量小幅回落（图 9）。

在贸易价格方面，进出口价格相差较大，苹果的进口价格较出口价格要高 0.5～0.7 美元/千克，平均价格相差 0.58 美元/千克。从出口价格看，苹果的出口价格从 2015 年开始一直呈下跌趋势，已经从 2015 年的 1.24 美元/千克下跌到 2017 年的 1.05 美元/千克（图 10）。

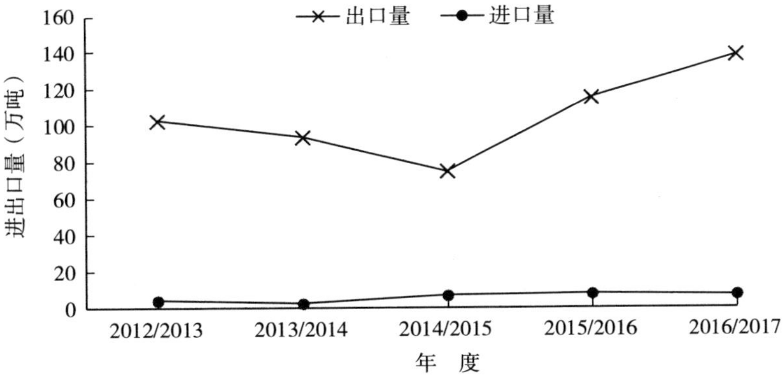

图 9 2012/2013—2016/2017 年度中国苹果贸易量情况

数据来源：美国农业部网站

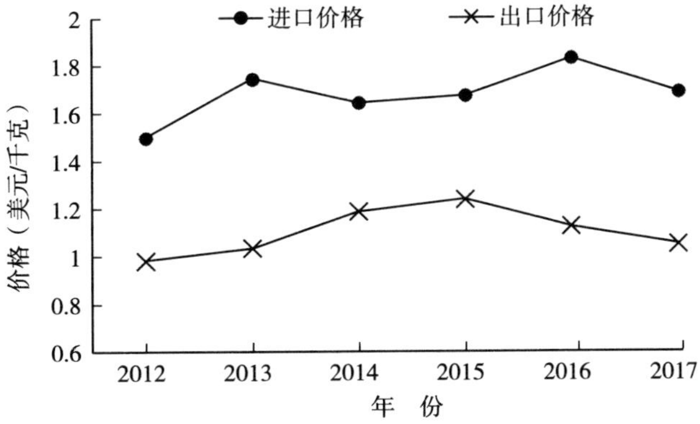

图 10 2012—2017 年中国苹果贸易价格情况

数据来源：美国农业部网站

2. 梨

在贸易量方面，从 2013 年开始，中国梨出口量持续增长。2016/2017 年度中国梨出口量增长到 50.9 万吨，同比增长 26.9%。进口方面，中国梨的进口量都在 1 万吨以下，数额很小且保持稳定（图 11）。

在贸易价格方面，2014 年中国的梨进出口价差额明显缩小，但随后又开始拉大，进出口平均价格差额为 0.59 美元/千克。中国梨的进口价格在经历了波动后，在 2014 年开始上升，2017 年有小幅回落，基本稳定在 1.6 美元/千克。中国梨的出口价格在经历了 2012—2014 年的持续上升后开始下跌，从 2015 年的 1.19 美元/千克下跌到了 2017 年的 1.02 美元/千克（图 12）。

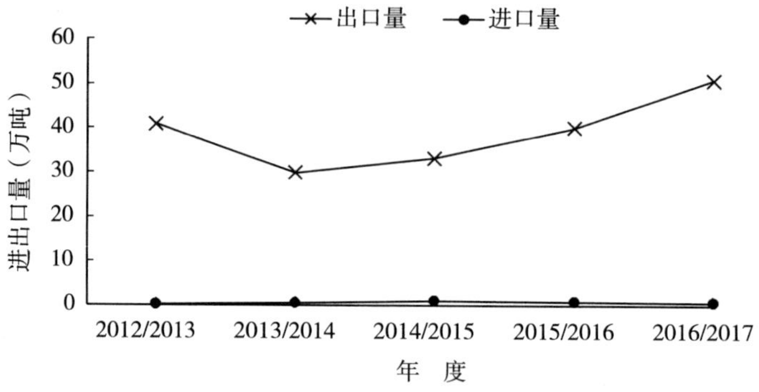

图 11 2012—2017 年中国梨贸易量情况

数据来源：美国农业部网站

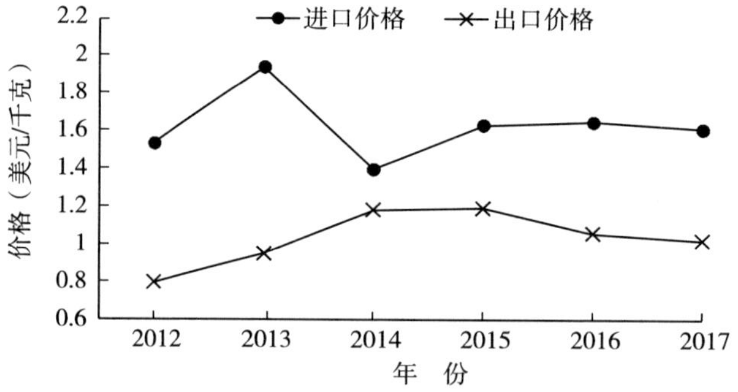

图 12 2012—2017 年中国梨贸易价格情况

数据来源：美国农业部网站

3. 柑橘

在贸易量方面，中国柑橘的出口量在 2013/2014 年度以及 2015/2016 年度有小幅增长，在波动中减少，出口量基本保持在 10 万吨以下。从进口量来看，中国柑橘的进口量连年增长，涨幅较大。2016/2017 年度，中国柑橘的进口量达到了 35.7 万吨（图 13）。

在贸易价格方面，中国柑橘的进出口价格差距一直在缩小，柑橘的进口价格从 2011/2012 年度的 1.29 美元/千克增长到 2014/2015 年度的 1.70 美元/千克，又下跌到 2015/2016 年度 1.56 美元/千克，而出口价格从 2011/2012 年度的 0.81 美元/千克上涨到了 2015/2016 年度的 1.47 美元/千克，进出口价差仅为 0.9 美元/千克（图 14）。

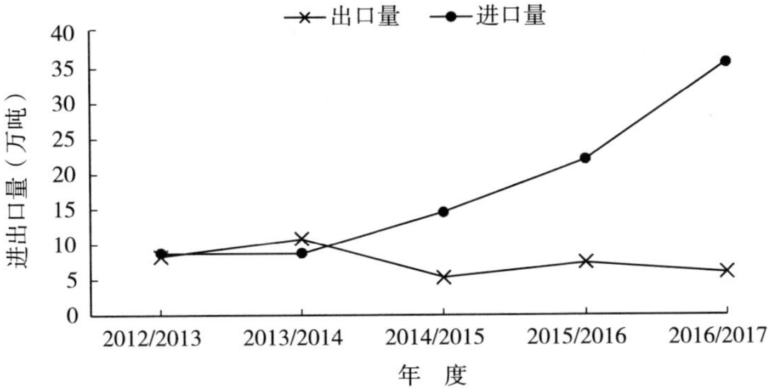

图 13 2012/2013—2016/2017 年度中国柑橘贸易量情况

数据来源：美国农业部网站

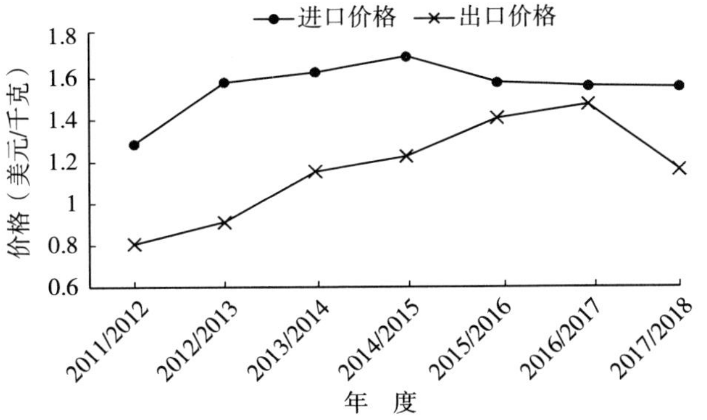

图 14 2011/2012—2017/2018 年度中国柑橘贸易价格情况

数据来源：美国农业部网站

4. 葡萄

在贸易量方面，中国葡萄的出口量从 2013/2014 年度开始增长，在 2015/2016 年度经历了一次猛增，增幅达 78.74%。2016/2017 年度，中国葡萄出口量增速放缓，出口量达到 25.7 万吨，同比增长 13.2%。自 2014 年起，中国葡萄的进口量也在增长。2016/2017 年度，中国葡萄的进口量达到 23.7 万吨，基本与出口量持平（图 15）。

在贸易价格方面，中国葡萄的进出口价格从 2013/2014 年度开始下跌，2016/2017 年度，葡萄的进口价格为 2.48 美元/千克，与上一年价格基本持平。中国葡萄的出口价格在 2014/2015 年度大幅增加，达到 3.67 美元/千克，随后开始下跌。2016/2017 年度，中国葡萄的出口价格为 2.47 美元/千克，与进口价格相似。从平均价格来看，中国葡萄的进口价格为 2.66 美元/千克，出口价格为 2.73 美元/千克（图 16）。

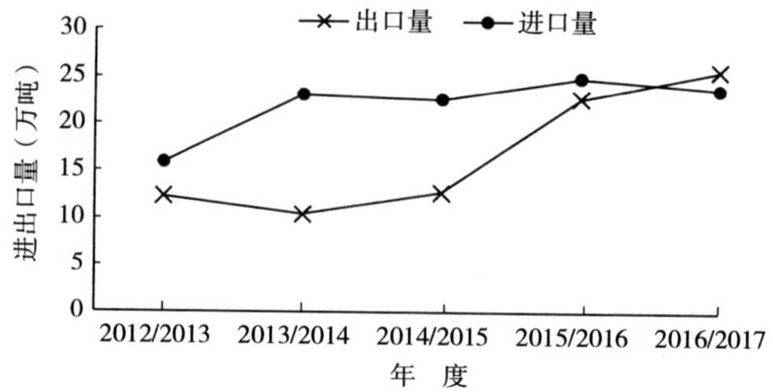

图 15 2012/2013—2016/2017 年度中国葡萄贸易量情况

数据来源：美国农业部网站

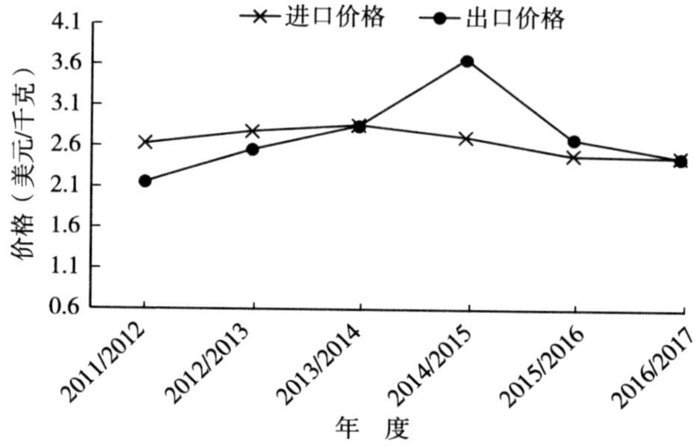

图 16 2012—2017 年中国葡萄贸易价格情况

数据来源：美国农业部网站

二、2017 年中国水果贸易变化及特点

（一）2017 年中国水果贸易总体变化

中国 2017 年水果进口总量为 476.68 万吨，同比增长 14.07%。出口总量为 520.11 万吨，同比增长 1.51%，中国水果贸易表现为贸易顺差，顺差额达 8.18 亿美元（表 1）。

表 1 2017 年中国水果进出口整体情况

进出口	贸易量（万吨）	较同期变化（%）	贸易额（万美元）	较同期变化（%）
进口	476.68	14.07	625 737.45	7.64
出口	520.11	1.51	707 563.60	−0.89

数据来源：Info Beacon 数据库。

中国水果进口贸易量最大的国家为越南，进口额最大的国家为泰国；从越南、菲律宾以及泰国进口量占总进口量的比重达 57.78%；泰国保持着绝对优势，中国对其的进口额达到了 12.37 亿美元，与此同时，中国对东南亚市场的进口量大幅增长，其中对菲律宾的进口量较同期增长 23.66%，对泰国进口量较同期增长 12.26%，对越南进口量较同期增长 6.6%。值得注意的是，中国对南非和澳大利亚的进口量分别较同期增长 42.27%和 51.40%，对埃及的进口额同比增长 210.30%，南非、澳大利亚和埃及成为中国 2017 年水果进口市场的新兴力量（表 2）。

表 2　2017 年中国水果进口市场结构变化情况

市　场	进口量（万吨）	较同期变化（%）	比重（%）	进口额（万美元）	较同期变化（%）
越南	117.72	6.60	24.80	69 239.44	10.72
菲律宾	89.52	23.66	18.86	56 928.49	8.04
泰国	67.02	12.26	14.12	123 708.97	4.77
智利	26.85	−14.21	5.66	103 454.93	−15.02
印度尼西亚	26.55	31.39	5.59	10 948.17	46.80
美国	21.66	16.84	4.56	54 540.57	20.28
南非	20.02	42.27	4.22	24 575.75	40.43
厄瓜多尔	16.82	−4.07	3.54	10 100.71	−20.96
澳大利亚	12.54	51.40	2.64	28 352.85	44.36
埃及	10.69	192.77	2.25	8 612.30	210.30

数据来源：Info Beacon 数据库。

美国、越南、俄罗斯和泰国仍然是中国水果出口量最大的 4 个国家，中国和东南亚国家的水果贸易往来非常密切。从同期变化看，中国对马来西亚、泰国、菲律宾和俄罗斯等国家的出口量都有所减少，其中中国对马来西亚的出口量较同期下降 32.65%，出口额减少 37.85%。对泰国的出口量较同期减少了 17.96%，出口额减少 15.54%。中国对印度尼西亚的出口量较同期增长了 55.61%，出口额增长 53.63%（表 3）。

表 3　2017 年中国水果出口市场结构变化情况

市　场	出口量（万吨）	较同期变化（%）	比重（%）	出口额（万美元）	较同期变化（%）
美国	66.46	2.87	12.78	76 814.61	−2.35
越南	59.13	4.10	11.37	106 533.40	20.16

（续）

市　场	出口量（万吨）	较同期变化（%）	比重（%）	出口额（万美元）	较同期变化（%）
俄罗斯	46.10	−2.23	8.86	49 267.05	−3.33
泰国	45.56	−17.96	8.76	86 484.06	−15.54
印度尼西亚	34.10	55.61	6.56	40 359.97	53.63
日本	27.38	−1.88	5.26	54 192.50	3.37
中国香港	21.13	−5.81	4.06	38 601.55	−22.42
菲律宾	20.23	−4.34	3.89	29 338.87	−1.60
孟加拉国	19.14	−6.32	3.68	13 910.11	−9.38
马来西亚	17.02	−32.65	3.27	28 326.19	−37.85

数据来源：Info Beacon 数据库。

（二）2017 年中国水果贸易情况

1. 水果进出口产品结构变化情况

2017 年中国各类水果的进口经历了明显的增长，其中水果汁的进口增长最为显著。中国鲜冷冻水果和水果罐头的出口小幅下滑，水果汁的出口有所上升。

截至 2017 年 12 月，中国水果进出口仍以鲜冷冻水果为主，进口额占到了总额的 86.63%，出口额占到了总额的 66.36%。中国鲜冷冻水果的进口量为 429.53 万吨，较同期增长 12.03%，贸易额较同期增长 5.14%。出口量为 348.81 万吨，有较小幅度的减少。中国鲜冷冻水果整体上仍是贸易逆差，逆差额达 7.25 亿美元。水果罐头进口量较同期增长了 14.92%，出口量下降了 5.10%，水果罐头的进出口额差距较大，出口额约是进口额的 13 倍。2017 年中国水果汁进口量较同期增长 27.66%，出口量较同期增长了 26.4%，中国水果汁贸易有所增加（表 4）。

表 4　2017 年中国水果进出口产品结构变化情况

产　品	进出口	贸易量（万吨）	较同期变化（%）	贸易额（万美元）	较同期变化（%）
鲜冷冻水果	进口	429.53	12.03	542 084.90	5.14
	出口	348.81	−1.02	469 544.50	−2.84
水果罐头	进口	3.20	14.92	4 380.89	12.31
	出口	53.17	−5.10	57 845.04	−4.42

（续）

产　品	进出口	贸易量（万吨）	较同期变化（%）	贸易额（万美元）	较同期变化（%）
水果汁	进口	15.61	27.66	30 492.72	28.90
	出口	72.60	26.40	74 540.54	14.93
其他加工水果	进口	26.32	—	48 740.73	—
	出口	45.55	—	105 633.55	—

数据来源：Info Beacon 数据库。

2. 鲜冷冻水果进出口市场结构变化情况

中国鲜冷冻水果的主要进口国基本和中国水果主要进口国相一致。中国对东南亚国家鲜冷冻水果进口较上年增加，这也反映在了中国对东南亚水果进口的变化上。中国对越南、菲律宾、印度尼西亚、南非、澳大利亚、埃及鲜冷冻水果进口有不同程度的增加，其中对埃及进口增加最多，较同期增长192.09%。中国鲜冷冻水果进口量基本保持不变（表5）。

表 5　2017 年中国鲜冷冻水果进口市场结构变化情况

市　场	进口量（万吨）	较同期变化（%）	比重（%）	进口额（万美元）	较同期变化（%）
越南	115.93	5.68	26.99	65 589.60	7.92
菲律宾	86.22	23.74	20.07	52 116.15	7.18
泰国	59.34	7.87	13.82	110 801.10	1.38
智利	26.12	−14.81	6.08	101 681.40	−15.42
印度尼西亚	24.98	30.52	5.82	8 393.98	46.58
南非	18.69	47.47	4.35	22 683.44	45.29
厄瓜多尔	16.68	−4.21	3.88	9 960.78	−21.23
美国	15.60	5.83	3.63	39 689.78	18.55
澳大利亚	12.27	50.47	2.86	27 635.57	44.13
埃及	10.64	192.09	2.48	8 552.17	208.82

数据来源：Info Beacon 数据库。

从鲜冷冻水果出口的市场结构来看，越南是中国鲜冷冻水果出口最多的国家，美国作为中国出口水果量最多的国家，对中国鲜冷冻水果的进口量很小，并不在前十大出口市场之列，同时，中国的第五大水果出口市场日本也并不是中国鲜冷冻水果的主要出口市场。中国对其他国家和地区出口量的变化基本与中国水果出口整体状况一致，中国水果进出口的变化主要还是反映在鲜冷冻水果上（表6）。

表 6　2017 年中国鲜冷冻水果出口市场结构变化情况

市　场	出口量（万吨）	较同期变化（%）	比重（%）	出口额（万美元）	较同期变化（%）
越南	58.58	4.15	16.79	104 397.70	19.68
泰国	41.23	−17.64	11.82	77 932.11	−16.32
俄罗斯	35.44	−5.54	10.16	37 456.98	−4.87
印度尼西亚	33.15	57.41	9.51	38 830.79	54.86
中国香港	19.54	−6.61	5.60	33 791.58	−25.66
孟加拉国	19.08	−6.56	5.47	13 808.85	−9.85
菲律宾	18.97	−6.06	5.44	24 392.99	−7.33
哈萨克斯坦	16.14	37.18	4.63	20 300.06	54.18
马来西亚	14.14	−35.49	4.05	21 618.58	−43.84
印度	13.86	−19.33	3.97	13 489.85	−20.60

数据来源：Info Beacon 数据库。

3. 水果汁进出口市场结构变化情况

中国水果汁进口量为 15.61 万吨，较同期增长 27.66%。中国水果汁的主要进口市场为巴西和塞浦路斯以及以色列，各进口市场之间进口量相差较小。从进口额来看，排名前五位的市场分别是巴西、以色列、美国、越南以及西班牙（表 7）。

表 7　2017 年中国水果汁进口市场结构变化情况

市　场	进口量（万吨）	较同期变化（%）	比重（%）	进口额（万美元）	较同期变化（%）
巴西	3.44	−2.97	22.05	7 943.30	13.67
塞浦路斯	2.12	48.07	13.56	1 219.54	52.52
以色列	2.05	44.57	13.14	4 193.20	60.81
越南	1.10	195.84	7.03	1 496.42	211.56
西班牙	0.84	16.56	5.40	1 470.49	43.14
泰国	0.84	32.17	5.40	1 227.72	38.21
印度尼西亚	0.68	38.61	4.32	1 190.60	36.05
中国台湾地区	0.51	57.46	3.24	1 104.09	94.15
美国	0.37	4.07	2.36	1 836.73	−8.03
马来西亚	0.35	189.46	2.23	559.50	161.99

数据来源：Info Beacon 数据库。

中国水果汁总出口量为72.60万吨，最大的出口国为美国，出口量为32.24万吨，占中国水果汁出口市场的44.41%。美国为中国水果最大的出口国，总出口量为66.64万吨，其中水果汁的出口量占到了48.38%。俄罗斯、日本和南非也是中国水果汁的主要出口国，其中中国对日本水果汁的出口有所下滑，较同期减少了1.28%。中国2017年水果汁出口量较同期增长了26.40%，主要得益于对美国、俄罗斯、南非出口量的增加。同时，2017年中国对乌克兰的水果汁出口量大幅增加，出口量达1万吨，同比增长4 005.80%（表8）。

表8 2017年中国水果汁出口市场结构变化情况

市 场	出口量（万吨）	较同期变化（%）	所占比重（%）	出口额（万美元）	较同期变化（%）
美国	32.24	14.74	44.41	32 215.25	4.07
俄罗斯	6.53	20.72	9.00	6 111.10	10.71
日本	5.34	−1.28	7.35	5 877.97	−6.17
南非	4.37	13.51	6.02	4 314.22	6.07
加拿大	3.65	46.76	5.03	3 504.32	34.50
德国	3.12	182.21	4.30	3 101.83	170.83
澳大利亚	2.72	−1.99	3.75	2 802.65	−10.94
荷兰	2.43	242.51	3.35	2 595.68	140.99
土耳其	2.11	184.83	2.90	2 185.34	183.43
乌克兰	1.00	4 005.80	1.37	989.20	3 378.41

数据来源：Info Beacon 数据库。

4. 水果罐头进出口市场结构变化情况

中国水果罐头的进口量仅为3.20万吨，较同期增长了14.92%。中国进口水果罐头最多的国家为南非，其进口量较同期减少了4.06%（表9）。

表9 2017年中国水果罐头进口市场结构变化情况

市 场	进口量（万吨）	较同期变化（%）	所占比重（%）	进口额（万美元）	较同期变化（%）
南非	1.24	−4.06	38.88	1 763.37	−0.58
菲律宾	0.71	24.17	22.07	895.65	28.93
泰国	0.66	49.98	20.59	785.42	38.60
印度尼西亚	0.34	79.62	10.47	360.70	84.61
韩国	0.19	−11.34	5.86	462.34	−14.42

（续）

市　场	进口量（万吨）	较同期变化（%）	所占比重（%）	进口额（万美元）	较同期变化（%）
越南	0.01	58.44	0.33	17.15	53.67
孟加拉国	0.01	−45.55	0.29	10.07	−60.69
希腊	0.01	23.59	0.29	10.98	22.54
西班牙	0.01	−73.15	0.20	10.86	−70.45
美国	0.00	31.39	0.13	6.07	−20.86

数据来源：Info Beacon 数据库。

中国水果罐头最大出口国为美国，出口量为 24.57 万吨，占到了总量的 46.22%。日本、德国、加拿大和泰国也是中国水果罐头出口的主要国家。2017 年，中国对美国、加拿大、泰国等国的水果罐头出口量都有所下滑，其中美国同期减少了 8.84%，加拿大同期减少了 4.30%，泰国同期减少了 37.20%。2017 年，中国水果罐头总出口量为 53.17 万吨，较同期减少了 5.10%（表 10）。

表 10　2017 年中国水果罐头出口市场结构变化情况

市　场	出口量（万吨）	较同期变化（%）	所占比重（%）	出口额（万美元）	较同期变化（%）
美国	24.57	−8.84	46.22	26 775.59	−7.21
日本	9.72	2.70	18.29	11 518.16	2.53
德国	2.46	18.55	4.63	3 195.16	23.77
加拿大	2.46	−4.30	4.63	2 436.48	−4.78
泰国	1.73	−37.20	3.25	1 596.26	−40.58
伊朗	1.31	9.86	2.47	1 224.63	1.16
印度尼西亚	1.15	−20.82	2.16	1 316.60	−14.54
荷兰	0.99	16.68	1.85	892.02	8.47
英国	0.76	−13.92	1.44	818.46	−22.12
韩国	0.61	−29.05	1.15	654.98	−27.95

数据来源：Info Beacon 数据库。

5. 其他加工水果进出口市场结构变化情况

2017 年中国其他加工水果进口量为 26.32 万吨。中国其他加工水果进口量前 5 个国家为泰国、美国、巴西、菲律宾和乌兹别克斯坦。进口额最大的前

5 个国家分别为美国、泰国、菲律宾、巴西以及越南（表 11）。中国其他加工水果出口总量为 45.55 万吨，与上年同期相差不大。出口量最大的市场为日本，出口量为 10.60 万吨，所占比重达 23.26%。美国、韩国、俄罗斯紧随其后（表 12）。

表 11　2017 年中国其他加工水果进口市场结构变化情况

市　场	进口量（万吨）	所占比重%	进口额（万美元）
泰国	6.17	23.46	10 894.70
美国	5.69	21.61	13 007.99
巴西	2.89	10.98	2 617.44
菲律宾	2.39	9.06	3 606.11
乌兹别克斯坦	2.14	8.11	1 639.75
印度	1.22	4.64	1 392.02
哥斯达黎加	0.86	3.28	817.82
越南	0.68	2.57	2 136.28
智利	0.59	2.23	1 444.36
印度尼西亚	0.56	2.13	1 002.88

数据来源：Info Beacon 数据库。

表 12　2017 年中国其他加工水果出口市场结构变化情况

市　场	出口量（万吨）	所占比重（%）	出口额（万美元）
日本	10.60	23.26	32 897.84
美国	6.97	15.30	13 709.71
韩国	3.36	7.38	4 370.32
俄罗斯	2.81	6.16	4 474.36
泰国	2.09	4.58	6 204.84
德国	2.06	4.52	4 403.52
马来西亚	1.54	3.37	5 117.34
加拿大	1.27	2.80	2 025.74
中国香港	1.21	2.66	4 081.84
英国	1.00	2.20	2 149.54

数据来源：Info Beacon 数据库。

综上可以发现，中国水果的前十大出口市场中，美国、日本主要水果进口产品为加工水果产品，而其他国家和地区主要进口鲜冷冻水果。

（三）主要水果贸易特点

1. 苹果贸易特点：进出口与上年基本持平

2007—2017 年中国鲜苹果进口波动较大。2007—2011 年，中国鲜苹果进口量持续上升，前 3 年加速增长，在 2010 年增长放缓。从 2012 年开始，中国鲜苹果进口量开始下降，从 2011 年的 7.71 万吨一直下降到了 2014 年的 2.81 万吨，随后在 2015 年大幅增长，以 211.07%的幅度增加到了 8.76 万吨。2016 年，中国鲜苹果进口量为 6.71 万吨，相较上一年减少了 23.36%。2017 年，中国鲜苹果进口量为 6.88 万吨，较上一年稍有回升（表 13）。

表 13　2007—2017 年中国鲜苹果进出口量变化情况

年份	进口量（万吨）	较上年比重变化（%）	出口量（万吨）	较上年比重变化（%）
2007	3.64	17.12	101.98	26.81
2008	4.24	16.48	115.33	13.09
2009	5.41	27.64	117.18	1.60
2010	6.69	23.60	112.30	−4.17
2011	7.71	15.26	103.46	−7.86
2012	6.15	−20.21	97.59	−5.68
2013	3.86	−37.17	99.47	1.93
2014	2.81	−27.16	86.50	−13.03
2015	8.76	211.07	83.34	−3.66
2016	6.71	−23.36	132.20	58.64
2017	6.88	2.59	133.46	0.95

数据来源：Info Beacon 数据库。

中国鲜苹果的出口量在 2007—2009 年呈上涨趋势，自 2010 年开始波动下降，一直到 2015 年，中国鲜苹果的出口量下降到了 83.34 万吨。2016 年，中国鲜苹果的出口量增加至 132.2 万吨，增幅达 58.64%，这可能和中国苹果产量的大幅增加以及其他主要生产国产量的减少有关。2017 年，鲜苹果出口量小幅上升，达到 133.46 万吨，基本与上一年持平。

从进出口额来看，中国苹果以贸易顺差为主，2014 年中国贸易顺差额达到了 9.81 亿美元，随着 2014 年进口量的大幅增长，贸易顺差额再次缩小。2017 年贸易顺差较上一年有所扩大。值得注意的是，虽然中国出口量经历了一段下降期，但中国的出口额并没有明显的下降期（图 17）。

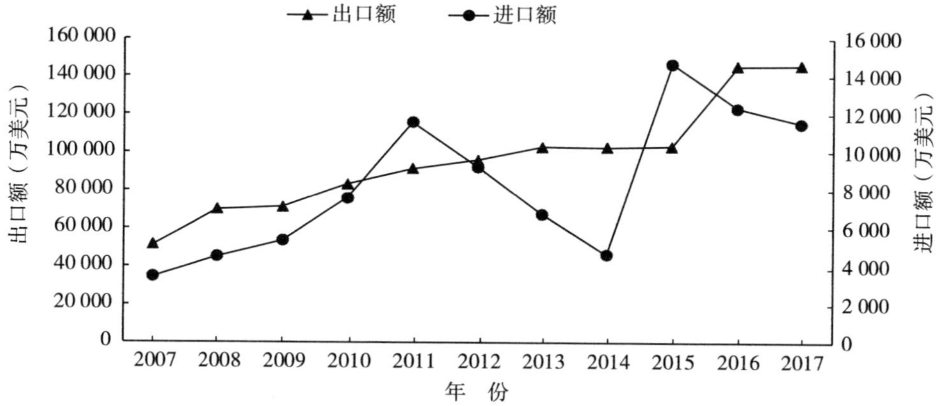

图 17　2007—2017 年中国鲜苹果进出口额变化情况

数据来源：Info Beacon 数据库

中国鲜苹果出口的前五大国家为孟加拉国、菲律宾、印度、泰国、印度尼西亚。孟加拉国一直是中国鲜苹果的第一大出口国，中国对孟加拉国的鲜苹果出口量为 16.69 万吨，苹果是中国对孟加拉国的重要出口产品。2017 年中国苹果对主要出口国家的出口量都有所减少，其中对印度的出口量较同期减少了 10.73%，对泰国出口量较同期减少了 17.55%，但对印度尼西亚、朝鲜、哈萨克斯坦等国的出口量都有增加，也使得中国 2017 年苹果出口量与上一年基本持平（表 14）。

表 14　2017 年中国鲜苹果出口市场结构变化情况

市　场	出口量（万吨）	较同期变化（%）	所占比重（%）	出口额（万美元）	较同期变化（%）
孟加拉国	16.69	−8.02	12.50	10 941.66	−12.67
菲律宾	13.15	−1.55	9.86	15 252.60	−4.48
印度	13.13	−10.73	9.83	12 751.63	−14.47
泰国	11.72	−17.55	8.78	15 784.02	−19.94
印度尼西亚	11.71	30.30	8.78	13 429.39	30.12
越南	10.57	−3.96	7.92	17 454.76	24.65
俄罗斯	10.27	−10.40	7.69	10 360.48	−8.94
朝鲜	8.40	61.41	6.29	4 312.90	−19.46
哈萨克斯坦	7.43	60.81	5.57	9 216.44	78.02
缅甸	7.13	−17.30	5.34	9 463.64	1.76

数据来源：Info Beacon 数据库。

2. 鲜梨贸易特点：进口小幅减少，出口增长

鲜梨的进口量从 2010 年开始一直都呈增长趋势，2017 年鲜梨的进口量为 0.76 万吨，较上一年有轻微下降，打破了 2010 年以来的上升趋势。2017 年中国鲜梨的出口量为 51.92 万吨，继续了上一年的增长趋势，主要得益于产量大幅增加。中国鲜梨的出口量一直以来都远大于进口量。从进出口额上来看，中国鲜梨的出口额有缓慢上升的趋势，而进口额的上升趋势则更快，但进口总额很小（表 15，图 18）。

表 15 2010—2017 年中国鲜梨进出口量整体变化情况

年份	进口量（万吨）	较上年比重变化（%）	出口量（万吨）	较上年比重变化（%）
2010	0.00	—	43.78	—
2011	0.05	—	40.28	−8.00
2012	0.25	370.70	40.95	1.67
2013	0.31	25.94	38.14	−6.90
2014	0.74	136.36	29.73	−22.04
2015	0.79	7.47	37.44	25.52
2016	0.82	3.70	45.24	21.26
2017	0.76	−7.89	51.92	14.76

数据来源：Info Beacon 数据库。

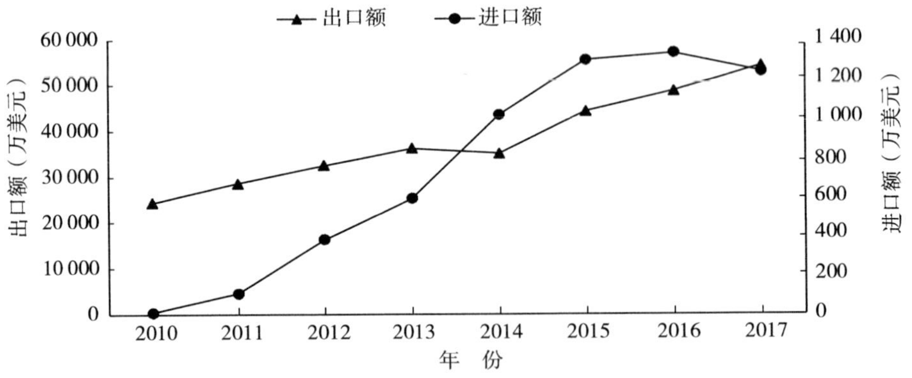

图 18 2010—2017 年中国鲜梨进出口额变化情况

数据来源：Info Beacon 数据库

中国鲜梨出口市场上，印度尼西亚、越南、泰国是中国的前三大出口市场，总出口量所占比重达到了 54.58%。与上一年相比，中国对主要鲜梨出口市场的出口量较上一年大部分是增长的，其中对印度尼西亚的出口量大幅上升，较同期增长了91%，对中国香港、俄罗斯、缅甸的出口量也较上一年增长超过10%（表16）。

表16 2017年中国鲜梨出口市场结构变化情况

市 场	出口量（万吨）	较同期变化（%）	所占比重（%）	出口额（万美元）	较同期变化（%）
印度尼西亚	16.22	91.00	31.25	12 246.93	91.07
越南	7.54	5.94	14.52	10 374.92	23.76
泰国	4.58	−5.33	8.81	6 142.42	−1.21
中国香港	4.16	15.86	8.01	5 992.76	−2.94
俄罗斯	4.10	12.01	7.90	3 552.67	15.36
马来西亚	3.71	−10.82	7.14	4 067.81	−15.29
菲律宾	1.86	−5.56	3.57	1 874.55	−0.51
缅甸	1.18	24.15	2.27	1 643.33	46.78
美国	1.16	−9.41	2.23	1 611.51	−12.52
加拿大	1.09	−3.36	2.11	1 272.13	−10.31

数据来源：Info Beacon数据库。

3. 柑橘类贸易特点：进口增加，出口减少

2007—2017年，中国柑橘进口量逐步增长，出口量超过进口量。2017年，中国柑橘进口量为46.68万吨，较同期增长57.88%，出口量为77.52万吨，较同期减少17.03%。2007—2017年，中国柑橘类出口量基本保持波动状态，出口量最大的一年出现在2012年，出口量达到了108.22万吨（表17）。

表17 2010—2017年中国柑橘类进出口量整体变化情况

年份	进口量（万吨）	较上年比重变化（%）	出口量（万吨）	较上年比重变化（%）
2010	10.53	—	93.31	—
2011	13.17	25.14	90.16	−3.38
2012	12.62	−4.24	108.22	20.04
2013	12.87	2.01	104.14	−3.77
2014	16.18	25.75	97.99	−5.91
2015	21.49	32.79	92.05	−6.06
2016	29.56	37.58	93.43	1.50
2017	46.68	57.88	77.52	−17.03

数据来源：Info Beacon数据库。

柑橘的出口额基本上呈连续上升趋势，在 2015 年达到了 9.81 亿美元。2017 年，中国柑橘类出口额遭遇大幅下滑，贸易额下降到 10.72 亿美元。而中国柑橘的进口额从 2012 年开始就呈现出较快增长，在 2017 年达到了 5.52 亿美元，贸易顺差在不断缩小。

越南是中国柑橘出口量最大的国家，与上一年出口量基本持平，但中国对俄罗斯、泰国、马来西亚、菲律宾、中国香港以及缅甸的出口量都有所减少，其中对泰国和马来西亚柑橘类出口量的减少尤为显著，分别较同期减少了 41.31%和 57.12%（表 18）。

表 18　2017 年中国柑橘类出口市场结构变化情况

市　场	出口量（万吨）	较同期变化（%）	所占比重（%）	出口额（万美元）	较同期变化（%）
越南	16.47	−0.31	21.25	27 430.60	39.41
俄罗斯	13.00	−15.45	16.77	13 009.35	−19.86
泰国	8.12	−41.31	10.47	16 271.66	−44.52
荷兰	7.47	12.35	9.63	7 143.43	12.99
马来西亚	4.70	−57.12	6.06	7 812.21	−59.91
哈萨克斯坦	4.43	9.29	5.72	5 027.98	23.01
菲律宾	3.38	−27.63	4.36	5 596.94	−30.19
中国香港	3.16	−20.71	4.07	6 469.53	−23.97
缅甸	2.92	−7.09	3.77	3 319.95	4.89
印度尼西亚	2.23	15.98	2.87	4 275.37	21.44

数据来源：Info Beacon 数据库。

4. 鲜食葡萄贸易特点：出口继续增长，贸易顺差变大

从 2008 年开始，中国鲜食葡萄进口量连续增长，2017 年鲜食葡萄的进口量为 23.39 万吨，同比减少了 7.32%。中国鲜食葡萄的出口量在波动中上升。2015 年，中国鲜食葡萄出口量达到了 21.02 万吨，较上年增长了 66.99%，涨幅惊人。2016 年，中国鲜葡萄出口量继续增加，达到了 25.45 万吨。2017 年，中国鲜食葡萄延续了前两年的出口势头，达到了 28.04 万吨，同比增长 10.19%（表 19）。

从进出口额看，2015 年以前中国鲜食葡萄长期存在贸易逆差，2015 年出口额首次反超进口额，形成贸易顺差（图 19），中国鲜食葡萄正式进入贸易顺差的时代。

表 19 2007—2017 年中国鲜食葡萄进出口量变化情况

年份	进口量（万吨）	较上年比重变化（%）	出口量（万吨）	较上年比重变化（%）
2007	4.28	−7.05	5.58	62.68
2008	5.16	20.66	6.33	13.47
2009	8.98	73.92	10.01	58.14
2010	8.17	−8.94	8.94	−10.74
2011	12.29	50.36	10.65	19.16
2012	14.61	18.83	12.17	14.26
2013	18.52	26.82	10.52	−13.57
2014	21.10	13.92	12.59	19.73
2015	21.59	2.31	21.02	66.99
2016	25.24	16.90	25.45	21.03
2017	23.39	−7.32	28.04	10.19

数据来源：Info Beacon 数据库。

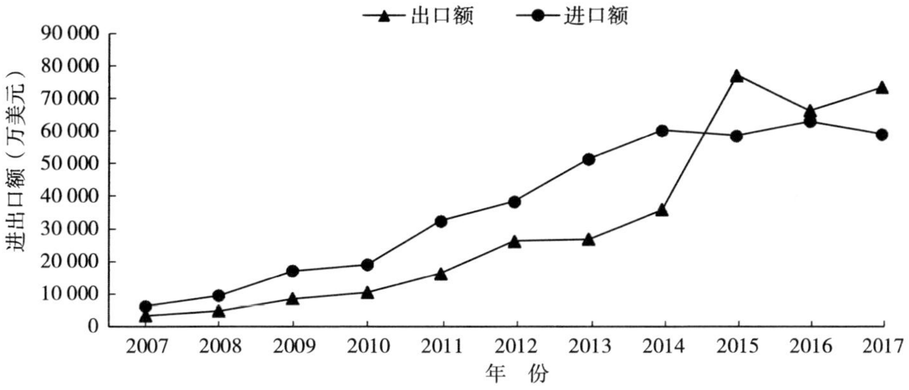

图 19 2007—2017 年中国鲜食葡萄进出口额变化情况

数据来源：Info Beacon 数据库

2017 年，智利作为中国最大的鲜食葡萄进口国，进口量达 9.77 万吨，较同期减少了 18.17%。作为中国第二大鲜食葡萄进口国，秘鲁的进口量同比减少了 14.69%。此外，对澳大利亚和南非的鲜食葡萄进口量锐增，分别较同期增长了 23.39%和 59.58%。对美国的进口有所下降（表 20）。

中国鲜食葡萄出口的前五大国家和地区为泰国、越南、印度尼西亚、中国香港以及马来西亚。中国鲜食葡萄出口主要国家和地区的出口量大部分较同期有所增长，这也体现在中国鲜葡萄出口量的大幅增长上。其中，中国对越南和印度尼西亚鲜食葡萄的出口量增长显著，较同期分别增长了 43.79%和 80.68%。中国对香港地区和马来西亚的出口量较同期有所减少，分别减少了 58.53%和 24.79%（表 21）。

表 20　2017 年中国鲜食葡萄进口市场结构变化情况

市　场	进口量（万吨）	较同期变化（%）	所占比重（%）	进口额（万美元）	较同期变化（%）
智利	9.77	−18.17	41.75	22 163.54	−21.51
秘鲁	5.58	−14.69	23.84	13 471.30	−15.22
澳大利亚	4.27	23.39	18.27	13 044.47	28.05
南非	1.79	59.58	7.65	4 513.65	58.30
美国	1.68	−16.55	7.19	5 189.50	−4.46
印度	0.29	85.04	1.25	666.19	85.58
埃及	0.01	—	0.03	10.20	—

数据来源：Info Beacon 数据库。

表 21　2017 年中国鲜食葡萄出口市场结构变化情况

市　场	出口量（万吨）	较同期变化（%）	所占比重（%）	出口额（万美元）	较同期变化（%）
泰国	11.99	0.68	42.74	31 643.48	12.03
越南	7.79	43.79	27.80	20 620.15	30.76
印度尼西亚	2.83	80.68	10.10	8 544.39	82.24
中国香港	1.10	−58.53	3.92	2 968.53	−64.87
马来西亚	1.05	−24.79	3.75	3 152.73	−34.31
俄罗斯	0.93	26.60	3.30	1 640.76	40.43
缅甸	0.79	73.46	2.83	1 886.02	97.13
孟加拉国	0.49	39.72	1.76	1 034.68	26.81
菲律宾	0.33	680.67	1.17	1 025.42	719.01
哈萨克斯坦	0.30	−28.50	1.07	342.42	−23.10

数据来源：Info Beacon 数据库。

5. 苹果汁贸易特点：进出口量增长

中国苹果汁进口量一直很小，出口量则较大。从 2007 年开始，中国苹果汁出口量呈波动下降趋势，从 2007 年的 103.1 万吨下降到了 2015 的 47.50 万吨。2016 年，中国苹果汁出口量有所回升，达到了 50.74 万吨，较同期增长了6.83%。2017年，中国苹果汁出口量达到了65.55万吨，涨幅达到了29.20%，延续了上一年的增长趋势。对应中国苹果汁出口量的增长，中国苹果汁的出口额也呈相同的趋势。2009—2012年，中国苹果汁出口额有回暖的趋势，随后持续下滑，从2016年开始有所回升。出口量实际上是下滑的，从2013年开始，中国苹果汁的出口额开始下滑（表22，图20）。

表22 2010—2017年中国苹果汁进出口量整体变化情况

年份	进口量（万吨）	较上年比重变化（%）	出口量（万吨）	较上年比重变化（%）
2010	0.05	—	78.84	—
2011	0.08	76.47	61.29	−22.26
2012	0.10	26.30	59.16	−3.47
2013	0.18	71.72	60.15	1.67
2014	0.28	56.15	45.86	−23.76
2015	0.48	71.99	47.50	3.57
2016	0.56	17.39	50.74	6.83
2017	0.77	37.73	65.55	29.20

数据来源：Info Beacon数据库。

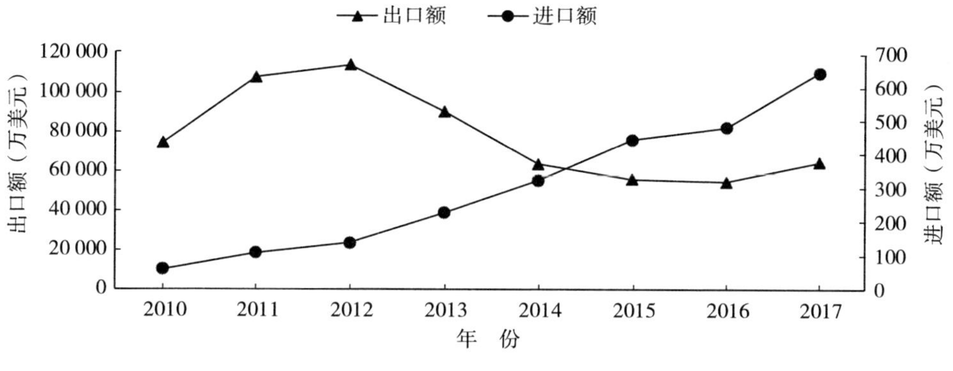

图20 2010—2017年中国其他苹果汁进出口额变化情况
数据来源：Info Beacon数据库

从出口市场的结构来看，中国苹果汁出口的最大市场是美国，2017年出口量为30.03万吨，达到了苹果汁总出口量的45.81%。2017年，中国苹果汁出口形势良好，前十大出口国中，中国对美国的出口量较同期上涨了16.95%，对俄罗斯的出口量较同期上涨了11.68%，对南非的出口量较同期上涨了13.76%，对加拿大的出口量较同期上涨了46.94%，对德国的出口量较同期上涨了 273.35%，对澳大利亚、荷兰、土耳其和乌克兰的出口量也均有上涨。中国对日本苹果汁出口量有所下滑，下降了 4.91%（表 23）。

表 23　2017 年中国其他苹果汁出口市场结构变化情况

市　场	出口量（万吨）	较同期变化（%）	所占比重（%）	出口额（万美元）	较同期变化（%）
美国	30.03	16.95	45.81	29 374.24	6.12
俄罗斯	5.66	11.68	8.64	5 273.76	2.52
日本	4.68	−4.91	7.14	5 052.85	−10.76
南非	4.32	13.76	6.59	4 249.74	6.26
加拿大	3.57	46.94	5.44	3 424.81	34.44
德国	2.67	273.35	4.07	2 661.83	278.27
澳大利亚	2.43	2.21	3.71	2 372.46	−7.82
荷兰	2.26	583.00	3.44	2 244.58	548.36
土耳其	1.65	220.03	2.52	1 663.65	224.06
乌克兰	1.00	4 016.91	1.52	989.00	3 496.36

数据来源：Info Beacon 数据库。

三、2017 年中国水果产业发展现状

（一）苹果产业

2017 年中国苹果产量明显上升，鲜食消费量出现小幅增长，价格持续低迷，出口量保持增长态势，进口量有所回落，但基本保持平稳。

2012—2017 年，中国苹果的产量连年上升。2017 年，中国苹果产量由 2016 年的 4 300 万吨增加至 4 350 万吨。世界产量自 2012 年开始也呈连年增长趋势，2016/2017 年度，世界产量增加了 182.2 万吨，同比增长 2.37%，可以发现中国苹果产量的增速略小于世界苹果产量的增速。在居民苹果消费方面，2012 年以来，中国苹果的鲜食消费量不断增长，但增长势头却在放缓，2012/2013—2015/2016 年度增长幅度分别为 5.45%、8.05%、6.07%以及 1.31%，而到 2016/2017 年度，中国苹果鲜食量仅增长了 1.77%。在市场价格方面，2017 年前两季度，苹果价格稍有回暖，而后又陷入低迷。在苹果贸易方面，出口恢复增长，并在 2017 年增长到了 138.1 万吨，增幅达 19.13%。而在进口量上，中国苹果的进口量都在 10 万吨以下，2017 年进口量小幅回落。

（二）柑橘产业

2016/2017 年，中国柑橘产量较往年有所增长；鲜食消费较上一年度有所

增加，加工消费量较上一年度有轻微下降，鲜食消费量占总消费量的比重基本保持不变；上半年，蜜橘价格呈现上升趋势，随后又开始下跌。进口量继续大幅增长，出口量在波动中减少，进出口价格差距不断缩小。

中国柑橘产量常年波动，2014/2015 年度柑橘产量降至 660 万吨，同比降低 13.16%。2015/2016 年度经历了小幅上涨，2016/2017 年度中国柑橘产量再次上涨至 700 万吨，同比增长 1.45%，达到 3 年来新高。在消费方面，自 2012 年以来，中国柑橘的鲜食消费量一直处在波动中。2017 年中国柑橘的鲜食消费量为 671.7 万吨，同比增长 4.20%。中国柑橘的加工消费量这几年呈下降趋势。在市场价格方面，蜜橘价格波动幅度不大，价格变化有一定规律，在 8 月之前波动上升，在 8 月之后价格下滑，12 月达到价格最低点。在柑橘贸易方面，中国柑橘的出口在波动中减少，出口量基本保持在 10 万吨以下。进口量连年增长，涨幅较大。且中国柑橘的进出口价格差距一直在缩小。

（三）梨产业

2017 年，中国梨产量与上年保持一致；中国对梨的消费仍以鲜食为主，鲜食消费量的占比基本保持在 90%左右。梨的价格回升后下降；梨出口量保持增长态势，进口量基本保持平稳，进出口价格差距拉大。

2016/2017 年度中国梨产量与上一年度保持一致，达 1 870 万吨，占世界梨总产量的 75.13%。在消费方面，2017 年中国梨鲜食消费量有小幅减少，为 1 647.8 万吨，同比减少 0.78%。加工消费量有所增加，增幅为 1.18%。在市场价格方面，2016 年，梨的价格持续下跌，一直下降到 2017 年 3 月的 3.17 元/千克，而在 2017 年 6 月，梨的价格有所回升，达到了 4 元/千克，而在第四季度，梨的价格又再次回落，跌至 2.93 元/千克。在梨贸易方面，2016/2017 年度中国梨出口量基本维持上一年的增长趋势，从 40.1 万吨增长到 50.9 万吨，同比增长 26.9%。而在进口量上，中国梨的进口量都在 1 万吨以下，数额很小且保持稳定。

（四）葡萄产业

2017 年，中国葡萄继续保持增长势头，葡萄鲜食消费量有所增长，葡萄价格呈周期性波动；葡萄出口量大幅增长，其中出口量的增幅大于进口量，进出口量差距缩小，进出口价格也开始趋同。

中国作为葡萄生产的第一大国，2012 年以来，中国葡萄产量以每年 10%左右的速度增长，2016/2017 年度增长率有所放缓，但仍达到 8%。在消费方面，2017 年，中国葡萄鲜食消费的增长率为 7.56%，从 2015/2016 年度的 1 002.2万吨增长到 1 078 万吨。在市场价格方面，2017 年上半年，葡萄价格继续保持上涨态势，从第三季度开始价格下跌，第四季度价格有所回升。可以发现每年葡萄的高价基本集中在 3～6 月。在葡萄贸易方面，2017 年，中国葡萄出口量增速放缓，出口量达到 25.7 万吨，同比增长 13.2%。中国葡萄的进口量达到 23.7 万吨，基本与出口量持平。

四、政策建议

从中国水果产业发展现状以及出口潜力的分析结果来看，中国水果产业发展、出口增长主要受限于价格的迅速攀升。从国际贸易价格来看，中国鲜梨、柑橘的出口价格已经达到世界最高水平，价格优势基本丧失。价格的上涨与中国生产成本的上升密切关联，因此如何降低生产成本、解决价格上升带来的负面影响成为现阶段的重要任务。据此，本研究提出如下三条政策建议：

（一）调整种植方式，提高机械对劳动替代

面对中国迅速上涨的劳动力工资水平，果农应通过机械对劳动力的合理替代来降低成本。一方面，果农应当有序地对老果园进行更新改造，以适应新的生产需要；同时加强新的高效率的种植方式的推广，推行高密度种植方式，以促进机械化生产对人工劳动力的替代，节约生产成本。另一方面，政府还可通过增加科技投入以开发适应市场需求的新品种，提高栽培技术、灌溉技术、病虫害防治等，以进一步节约生产成本，提高国际竞争力。

（二）分等分级、打造品牌，实现优质优价

在中国水果出口价格上升的趋势难以遏制的背景下，中国水果出口应通过品质改善、品牌打造来促进出口潜力增长。通过生产过程的标准化、收获过程中的分等分级以及储藏标准化来实现优质水果的分等分级，针对不同的市场需求销售不同等级的水果。但由于农产品市场存在信息不对称，因此，政府和企业也应积极宣传品牌、建立标准、推广技术、统一包装、加强监管，进一步推进中国水果走上标准化、品牌化的道路。

（三）加快技术改造，主动调节市场结构和优化产品结构

企业和产品的关系是最紧密的，产品是否能够顺利出口与企业是否能够提高技术息息相关。中国出口到欧盟的农产品主要集中在欧盟的几个国家，如德国，多年来位居首位，一旦这些主要国家实施苛刻的技术性贸易壁垒，而中国不能及时做出应对，那么将会损失惨重，因此中国必须积极推进市场结构的调整，从集中化市场向多元化市场转变；此外，从中国输欧的主要农产品分析得知中国输欧的产品趋于单一，近几年来都是重复的几样农产品，中国企业应该主动积极地推进其他产品出口至欧盟的进程，这就要求企业要在产品的质量上把好关，特别要关注农药残留量的控制。

转基因农产品生产贸易及政策研究

全球转基因作物研究及产业化发展势头甚猛，产品研发更新换代速度加快，种植国家和种植面积不断增加，覆盖领域不断拓展。转基因作物研究经历了“技术成熟期”“产业发展期”后，现已进入“战略机遇期”。转基因商业化推广以来，转基因作物产业化对世界粮食安全、可持续发展和气候变化做出了重要贡献。

一、世界转基因作物情况

（一）生产种植情况

1. 主要转基因国家种植面积

1996 年，世界上首次开始大规模商业化进行转基因作物种植，在过去的 20 多年里，转基因作物种植面积飞速增长，从 1996 年的 170 万公顷迅速上升到 2016 年的 1.85 亿公顷，增长了接近 110 倍，约占全球耕种面积的 12%。除 2015 年因农产品低价导致种植面积小幅减少以外，其他年份种植面积一直呈直线增长，2016 年全球农产品价格上涨，使得转基因作物种植面积重新达到峰值。2016 年，全球有 26 个转基因作物种植国家，其中 19 个为发展中国家，7 个为发达国家。拥有耕地资源优势的美国、加拿大、巴西、阿根廷等美洲国家及印度的民众对转基因作物的接受程度较高，转基因作物产业发展较快，这 5 个国家转基因作物种植面积合计为 1.68 亿公顷，占全球转基因作物总面积的 91%（表 1）。

美国仍是全球转基因作物种植面积最大的国家，始终领跑全球转基因作物产业，种植面积超过 7 000 万公顷，占全球种植面积的 40%，大豆、玉米等主要作物的转基因品种平均采用率约为 90%。美国转基因产品的产业化政策环境宽松，如转基因产品审批程序简化、监管以不破坏市场公平竞争原则为标准、信息公开透明和公众充分参与等，公众可参与法律的制定、参加专家特定专题讨论会、公众讨论会等，这些政策措施的实施对建立实现转基因作物产业化的良好社会环境具有重要作用。巴西连续 5 年成为转基因作物第二大种植国，种植面积 4 000 多万公顷，转基因大豆品种大大节约了农药投入和免耕操作而广受农民欢迎，因此种植规模较大。阿根廷继续成为全球转基因作物第三大种植国，2016 年阿根廷转基因作物种植面积 2 380 万公顷，比 2015 年减少 67 万公顷，这主要是因为大豆种植面积的减少，还有部分原因是全球棉花价格低导致转基因棉种植面积减少。加拿大转基因作物种植面积为 1 100 万公顷左右，种植的四大转基因作物为油菜（753 万公顷）、大豆（208 万公顷）、玉米（149 万公顷）和甜菜（8 000 公顷），并且首次种植了低木质素苜蓿（809 公顷）。加拿大油菜委员会通过增产技术积极推进到 2025 年生产 2 600 万吨油菜的战略计划，大豆种植面积的增加是由于其可赢利和高价格，对于玉米来说，因为较低的汽油价格，汽油和乙醇消费的增加刺激了玉米的种植。印度种植的主要转基因作物是棉花，受全球棉花价格下降的影响，2016 年印度转基因作物种植面积比 2015 年减少了 6.9%。

表 1　转基因作物种植面积

单位：百万公顷

国家	2016 年	2015 年	2004 年	主要转基因作物
美国	72.9	70.9	57.7	大豆、玉米、棉花、油菜、南瓜、木瓜、苜蓿
巴西	49.1	44.2	15.0	大豆、玉米、棉花
阿根廷	23.8	24.5	19.1	大豆、棉花
加拿大	11.6	11.0	7.0	油菜、玉米、大豆
印度	10.8	11.6	6.2	棉花
巴拉圭	3.6	3.6	2.6	棉花、番茄、白杨、矮牵牛、木瓜、甜椒
巴基斯坦	2.9	2.9	0	大豆
中国	2.8	3.7	3.8	大豆、玉米、棉花
南非	2.7	2.3	1.8	大豆、玉米
乌拉圭	1.3	1.4	0.5	玉米
玻利维亚	1.2	1.1	0	棉花
澳大利亚	0.9	0.7	0.1	玉米
菲律宾	0.8	0.7	0.3	大豆、棉花
缅甸	0.3	0.3	0	棉花、康乃馨
西班牙	0.1	0.1	0.1	大豆、玉米、棉花、油菜、南瓜、木瓜、苜蓿
苏丹	0.1	0.1	0	大豆、玉米、棉花
墨西哥	0.1	0.1	0.1	大豆、棉花
哥伦比亚	0.1	0.1	<0.05	油菜、玉米、大豆
共计	185.1	179.7	114.3	

数据来源：国际农业生物技术应用服务组织（ISAAA）发布的历年《全球转基因作物商业化发展态势》。

全球五大转基因作物种植国家中，美国、阿根廷、巴西和加拿大属于美洲国家，这些国家在以前曾是欧洲的殖民地，历史较短，大多数人口来自世界各地，源于许多不同的文化、种族和宗教，经过长时期的共存结合，对于转基因作物与食品更为宽容，农民普遍容易接受转基因技术，所以其转基因作物种植面积较大。印度作为世界第五大转基因种植国家，是因为印度人口众多，对作物的需求持续增加，必须提高其农业生产率，以便供养迅速增加的人口，转基因作物也有助于减少贫困和饥饿。此外，转基因棉花回报率较高，生产成本较低，因此印度农民扩大了转基因棉花的种植规模。但是印度与美国、加拿大等国家相比，人口较多，耕地面积较少，没有成片集中的土地，农业科学技术薄弱，所以转基因作物种植面积较美国与加拿大等国少。

2. 主要转基因农产品种植面积

全球种植的转基因农作物有玉米、大豆、棉花、油菜、苜蓿、木瓜、南瓜、马铃薯、杨树、茄子。2016 年，大豆、玉米、棉花和油菜这 4 种主要转基因作物种植面积超过全部转基因作物种植面积的 90%，其中大豆的种植面积最大，约占转基因作物 50%的市场份额，为 9 140 万公顷。由于牲畜饲料、粮食加工和生物燃料需求活跃，美国转基因玉米种植面积一直在增加（表 2）。

表 2 2008—2016 年全球主要转基因作物种植面积

单位：万公顷

作物	2008 年	2009 年	2010 年	2011 年	2012 年	2013 年	2014 年	2015 年	2016 年
大豆	6 580	6 920	7 330	7 540	8 174	*	9 050	9 270	9 140
玉米	3 730	4 170	4 680	5 100	5 450	*	5 430	5 215	6 060
棉花	1 550	1 610	2 100	2 470	2 384	2 510	2 534	2 407	2 230
油菜	590	640	700	820	852	1 010	905	929	860

数据来源：国际农业生物技术应用服务组织（ISAAA）发布的历年《全球转基因作物商业化发展态势》。

注：* 表示数据缺失。

（二）经济效益

1. 市场价值

根据英国咨询公司 Cropnosis 的估计，2016 年全球转基因作物市场价值为 158 亿美元，比 2015 年的 153 亿美元增长了 3%。自 1996 年，世界上首次开始大规模商业化种植转基因作物以来，转基因作物已大大增加了全球玉米、棉花、油菜和大豆的产量（表 3）。

据英国独立调查咨询机构 PG Economics 的科学家 Brookes G 和 Barfoot P 发布的《全球转基因作物社会经济环境效益》报告，转基因抗虫玉米占到新增玉米产量的 95.3%，转基因抗虫棉花已经占到新增棉花的 99.3%。种植转基因抗虫玉米和棉花的国家产量都有所增长，相比使用杀虫剂和种子处理等传统方法，种植转基因作物，可以节约成本、减少杀虫剂使用和增加环境经济效益。自 1996 年到 2014 年这 19 年间，玉米增产了 11.7%，棉花增产了 17%。

转基因耐除草剂技术为种植者提供了更具成本效益和更简易的杂草治理方式。在一些国家，改进后的杂草治理方式提高了产量，但主要增产渠道是通过优化免耕生产系统来缩短生产周期，使南美洲的许多农民能够在同一生长季节播种小麦作物后立即种植大豆作物。1996—2014 年，除了传统大豆生产外，转基因大豆使阿根廷和巴拉圭的大豆产量增加了 1.357 亿吨，占转基因耐除草剂大豆新增产量的 85.7%。转基因抗虫大豆也使全球大豆产量进一步增加了 256 万吨。

表 3　转基因积极的产量影响带来的作物增产

单位：百万吨

作物种类	1996—2014 年增产	2014 年增产
大豆	158.4	20.25
玉米	321.8	50.10
棉花	24.7	2.90
油菜	9.2	1.17

数据来源：GM crops：global socio - economic and environmental impacts 1996—2014。

2. 农场收入变化

由于同时提高了生产力和生产效率，转基因技术对农场收入产生了显著的积极影响（表 4）。2014 年，转基因作物直接带来的全球农场收益为 177 亿美元，这意味着大豆、玉米、油菜和棉花这 4 种主要作物的全球产值增长了 7.2%。

2014 年玉米行业农场收入大规模提高主要得益于产量增长。2014 年，转基因抗虫玉米创造了 53 亿美元的收入，这相当于 2014 年该转基因作物产值增长了 6.1%。自 1996 年以来，转基因抗虫技术累计使全球种植转基因抗虫玉米种植户收入增加了 414 亿美元。由于产量的提高和成本的降低，转基因抗虫棉花行业收益也出现了大幅增长，2014 年种植转基因抗虫棉花的国家农场收入增长了 39.4 亿美元，自 1996 年以来，该行业已获得 448 亿美元的收益。2014 年的收入增益相当于这些国家棉花作物产值增长了 12.5%。在转基因大豆和油菜行业，农场收入也显著增加。大豆的转基因耐除草剂技术在2014年使农场收入提高了52亿美元，1996—2014年累计达到466亿美元。南美洲在种植综合性状大豆的第二年，也获得了8.5亿美元的农场收入，2013—2014年两年间，实现了近12亿美元的农场收入。1996—2014年油菜行业已经创造了48.6亿美元收入。

表4　1996—2014年转基因作物带来的全球农场收益

单位：百万美元、%

作物种类	农场收益增长	1996—2014年农场收益增长	农场收益占转基因采用国作物总产值比率	农场收益占全球作物总产值比率
转基因耐除草剂大豆	5 221.4	46 643.4	4.6	4.2
转基因耐除草剂和抗虫大豆	853.5	1 174.7	0.75	0.69
转基因耐除草剂玉米	1 600.1	9 050.4	1.8	1.0
转基因耐除草剂棉花	146.5	1 654.2	0.5	0.3
转基因耐除草剂油菜	607.1	4 860.0	6.6	1.8
转基因抗虫玉米	5 296.0	41 407.3	6.1	3.2
转基因抗虫棉花	3 940.8	44 834.3	12.5	8.9
其他	79.7	652.4	不适用	不适用
合计	17 745.1	150 276.7	7.3	7.2

数据来源：GM crops：global socio-economic and environmental impacts 1996—2014。

阿根廷、巴西的转基因耐除草剂大豆、印度的转基因抗虫棉花以及美国的一系列转基因品种带来了重要的农场收益。世界五大转基因种植国家的农场收益水平正在不断增长（表5）。

表5　1996—2014年主要国家转基因作物农场收益

单位：百万美元

国家	转基因耐除草剂大豆	转基因耐除草剂玉米	转基因耐除草剂棉花	转基因耐除草剂油菜	转基因抗虫玉米	转基因抗虫棉花	转基因耐除草剂、抗虫大豆	合计
美国	21 400.3	6 106.1	1 074.1	311.4	32 198.3	4 750.2	不适用	65 840.4
阿根廷	16 435.6	1 243.0	145.0	不适用	678.3	803.0	33.5	19 338.4
巴西	6 317.2	1 368.3	133.3	不适用	4 787.1	72.3	1 100.0	13 778.2
加拿大	613.3	137.4	不适用	4 492.8	1 229.5	不适用	不适用	6 473.0
印度	不适用	不适用	不适用	不适用	不适用	18 268.4	不适用	18 268.4

数据来源：GM crops：global socio-economic and environmental impacts 1996—2014。

3. 农药使用量变化

转基因作物降低生产成本主要包括减少农药用量，转基因技术的应用促使杀虫剂和除草剂使用量显著减少（表 6）。自 1996 年以来，转基因作物使得农药使用量减少了 5.81 亿千克活性成分，减幅为 8.2%。转基因抗虫棉花促使转基因作物的活性成分使用总量减少了约 2.49 亿千克活性成分，减幅达 43%，这意味着转基因抗虫棉花使杀虫剂使用减少了 27.9%。同样，转基因抗虫技术在玉米上的使用也使得杀虫剂使用量减少约 7 910 万千克活性成分，带来了相应的经济环境效益。1996—2014 年，除草剂使用量的减少所带来的总体环境负面影响显著减少，减幅达 12.6%，其中转基因玉米作物的除草剂使用量减少约 2.13 亿千克，减少了 8.4%。在大豆行业，由于转为使用更环保的除草剂，除草剂的使用增加了 550 万千克活性成分。在油菜行业，农民减少除草剂使用 2 180 万千克活性成分，减幅为 17.2%。

表 6　1996—2014 年全球转基因作物除草剂和杀虫剂使用变化

作物种类	活性成分使用量变化（百万千克）	转基因作物的活性成分使用变化（%）	2014 年转基因性状作物的种植面积（百万公顷）
转基因耐除草剂大豆	5.5	0.2	81.80
转基因耐除草剂及抗虫大豆	−1.5	−0.9	9.50
转基因耐除草剂玉米	−213.7	−8.4	46.20
转基因耐除草剂油菜	−21.8	−17.2	8.90
转基因耐除草剂棉花	−23.1	−7.3	4.60
转基因抗虫玉米	−79.1	−51.6	48.30
转基因抗虫棉花	−249.1	−27.9	23.40
转基因耐除草剂甜菜	2.0	32.5	0.47
合计	−581.4	−8.2	223.17

数据来源：GM crops：global socio - economic and environmental impacts 1996—2014。

二、中国转基因作物情况

（一）中国的转基因政策分析

近年来，农业主管部门积极拓展科普宣传渠道和途径，进一步加大舆论引导力度。转基因重大专项专门设立“转基因生物技术发展的科普宣传、技术培训与风险交流平台系统”重大课题，鼓励支持专家积极参与转基因科普宣传，用科学的道理、权威的观点，使普通网民和公众认识转基因技术的本质，明白转基因技术的优点，了解转基因产业的发展趋势。中国近年来转基因主要政策见表7。总体来看，中国在转基因方面的政策可大致划分为4个阶段：

第一阶段是20世纪80年代至20世纪末。这一阶段，中国逐步引进和尝试转基因技术，并实现了局部自主创新。自1983年世界上第一例转基因作物在美国诞生后，许多科研机构和生物技术公司开始投入大量的资源研究和开发转基因食品。当时，转基因技术在中国被视为新技术革命的一部分，其发展并不为社会公众所了解，学术界内外并没有对其安全性提出过多质疑。在此背景下，中国农作物方面的转基因研究开始提速，一系列研究项目先后被列入“863”计划，中国开始追踪世界转基因科技前沿，开展克隆基因、植物转化和初期的产业化尝试工作。

1992年，中国棉花主产区发生了棉铃虫特大爆发事件，并导致了“棉荒”的出现，棉花大量减产，同时农药的过量使用也造成了环境污染，棉铃虫的防治工作一时成为棉花产业的棘手问题。在这样紧急的形势下，转基因技术作为世界先进科技被认为是解决棉铃虫问题最有希望的办法。国家顺应产业的重大需求迅速立项，1995年转基因抗虫棉项目被列为“863”重大关键技术项目，并在1997年获商业化许可，1998年正式获国家发明专利授权。由于转基因技术刚刚诞生不久，安全性未知，中国陆续制定了一些法律法规对转基因技术的使用进行了规范和约束。1993年，原国家科学技术委员会出台了《基因工程安全管理办法》，对基因工程的实验室安全操作和风险管理提出了具体的规范和制度；1996年，农业部出台了《农业生物基因工程安全管理实施办法》，成为中国第一个转基因安全管理条例，对农业转基因生物安全实施实质性的管理，以规范农业基因生物的研究，确保生态环境安全和人类健康；1999年，原国家药品监督管理局也颁布了《新生物制品审批办法》，进一步严格了生物制品的审批标准。

第二阶段是2000—2008年。这一阶段，中国转基因政策放缓，但转基因研究从局部自主创新迈入全面自主创新阶段。随着转基因技术的效益愈发明显，欧美地区一些环保组织的反对浪潮逐渐高涨，并逐渐蔓延到全球。转基因开始走向大众视野，转基因的风险性也开始引发公众广泛的担忧和讨论。为保障食品安全、维持社会稳定，国家出台了一系列法律法规加强对农业转基因生物的管理。2000年，第九届全国人大常委会第十六次会议通过了《种子法》，针对转基因种子做出了具体规定；2001年，国务院制定了《农业转基因生物安全管理条例》，将中国关于转基因生物安全的相关法规提升到了法律的层面，成为转基因立法领域的重要里程碑；2002年，农业部出台了《农业转基因生物安全评价管理办法》《农业转基因生物进口安全管理办法》和《农业转基因生物标识管理办法》，标志着中国开始对农业转基因生物的研究、试验、生产、加工、经营和进出口活动实施全面管理。同年，卫生部也颁布了《转基因食品管理办法》，对转基因食物的安全性和营养价值做出了具体规定；第九届全国人民代表大会常务委员会第三十一次会议修订了《农业法》，阐述了关于转基因农产品在研发、生产和加工方面的规定，以确保转基因农产品的安全性。2004 年，国家质量监督检验检疫总局出台了《进出境转基因产品检验检疫管理办法》，对转基因产品的进出境和过境检验检疫做出了规定。2006 年，第十届全国人民代表大会常务委员会颁布了《农产品质量安全法》，规定了转基因农产品的标识制度及标识方法。

这一时期，国家在转基因领域的政策虽然明显放缓，但对转基因研究的支持并没有停止，“加快研究、推进应用、规范管理、科学发展”的转基因作物发展方针逐渐明确。2006 年中国政府通过了《国家中长期科学和技术发展规划纲要（2006—2020 年）》，将转基因生物品种培育科技确定为未来 15 年力争取得突破的 16 个重大科技专项之一。2008 年，“转基因生物品种培育科技重大专项”作为国家中长期重大科技项目之一正式启动，计划共投入 200 多亿元人民币，以转基因生物新品种培育为目标，获得一批具有重要应用价值和自主知识产权的基因，培育一批重大转基因生物新品种，提高农业转基因生物研究和产业化整体水平，为中国农业可持续发展提供强有力的科技支撑。

第三阶段是 2009—2012 年，由于国内舆情复杂，中国这一阶段的转基因政策趋向于保守。2009 年，中国批准了 3 个自主研发的转基因作物的安全生产证书，包括转基因抗虫水稻“华恢 1 号”“Bt 汕优 63”和转植酸酶基因玉米 BVLA430101。然而，这 3 个证书的发放立即引发了社会对转基因安全性的激烈争论和声势浩大的反对浪潮，一些研究转基因、支持转基因作物产业化的科学家被称作“转基因推手”“美国转基因间谍”等，在此情况下，国家的转基因政策管理趋紧，上述转基因作物的品种审定、生产经营许可等没有继续向前推进，而采用了预警式的转基因生物安全管理模式。

第四阶段是 2013 年至今，国家在转基因方面的战略更加明晰。由于中国近年来没有及时跟进转基因大豆技术提高种植经济效益，导致大豆的种植面积萎缩，供需矛盾尖锐。目前中国大豆严重依赖进口，进口量从 1996 年的 111 万吨持续增加到 2012 年的 5 868 万吨，2012 年中国大豆自给率已低于 20%。在这样严峻的形势下，中国转基因作物的种植面积不仅没有突破，而且由于科普工作不到位，关于转基因的谣言诽谤甚嚣尘上。2013 年习近平总书记在中央农村工作会议上提出了“确保安全、自主创新、大胆研究、慎重推广”的 16 字方针，进一步明确了中国转基因的发展战略。2015 年抗虫水稻华恢 1 号、抗虫水稻“Bt 汕优 63”、转植酸酶基因玉米 BVLA 430101 的安全证书续期成功。2016 年 5 月，农业部审查批准了《农业转基因生物安全管理通用要求实验室》等 10 项标准，以保证对转基因从实验室、温室到田间试验等全过程的严密监控措施，防止未经过安全评价的转基因作物扩散到自然环境和食物链。同年 8 月印发的《“十三五”国家科技创新规划》明确了将加快实施包括转基因在内的国家重大科技专项，核心关键技术要在“十三五”期间持续攻克，抢占未来竞争制高点的目标。此次规划还面向 2030 年部署启动了新的重大科技项目，实施种业自主创新重大工程，重点突破杂种优势利用、分子设计育种等现代种业关键技术，为国家粮食安全战略提供支撑。2015 年，中央 1 号文件第七次明确提及转基因，在“强化农业科技创新驱动作用”中提到要“加强农业转基因生物技术研究、安全管理、科学普及”，其中加强转基因科学普及首次写入。在国家的支持下，转基因研究取得了显著成效。中国的基因克隆技术已达到世界先进水平，专利总数仅次于美国，位居世界第二位，并构建了完善的转基因生物及产品安全评价和监测检测技术体系。

表 7　中国近年来转基因主要政策一览

年份	部门/会议	政　　策	主要内容及意义
1993	国家科学技术委员会	《基因工程安全管理办法》	对基因工程的实验室安全操作和风险管理提出了具体规范和制度
1996	农业部	《农业生物基因工程安全管理实施办法》	对农业转基因生物安全实施实质性管理
1999	国家药品监督管理局	《新生物制品审批办法》	严格审批标准和流程
2000	第九届全国人大常委会第十六次会议	《种子法》	针对转基因植物种子作出具体规定
2001	国务院	《农业转基因生物安全管理条例》	转基因立法领域的重要里程碑，将中国关于转基因生物安全的相关法规提升到了法律的层面
2002	农业部	《农业转基因生物安全评价管理办法》 《农业转基因生物进口安全管理办法》 《农业转基因生物标识管理办法》	标志着中国开始对农业转基因生物的研究、试验、生产、加工、经营和进出口活动的全面管理
	卫生部	《转基因食品管理办法》	对转基因食物的安全性及营养价值作出具体规定
	第九届全国人大常委会第三十一次会议	修订《农业法》	阐述了关于转基因农产品在研发、生产和加工方面的规定

（续）

年份	部门/会议	政　　策	主要内容及意义
2004	国家质量监督检验检疫总局	《进出境转基因产品检验检疫管理办法》	对转基因产品的进出境和过境检验检疫做出了规定
2006	卫生部	《新资源食品管理办法》	将转基因食品划分到新资源食品中
	第十届全国人大常委会	《农产品质量安全法》	规定了转基因农产品的标识制度及标识方法
	农业部	《农业转基因生物加工审批办法》	加强农业转基因生物加工审批
	国务院	《国家中长期科学和技术发展规划纲要（2006—2020 年）》	将转基因生物品种培育科技确定为未来 15 年力争取得突破的 16 个重大科技专项之一
2008	国务院	正式启动"转基因生物品种培育科技重大专项"	以转基因生物新品种培育为目标，为中国农业可持续发展提供科技支撑
2013	中央农村工作会议	提出"确保安全、自主创新、大胆研究、慎重推广"的转基因发展 16 字方针	进一步明确了中国转基因的发展战略
2016	农业部	《农业转基因生物安全管理通用要求实验室》等 10 项标准	防止未经过安全评价的转基因作物扩散到自然环境和食物链
	国务院	《"十三五"国家科技创新规划》	加快实施包括转基因在内的国家重大科技专项，核心关键技术要在"十三五"期间持续攻克，抢占未来竞争制高点

（二）政策逻辑

1. 中国在全球转基因技术要占有应有地位

创新是推动国家和民族发展的重要力量。时至今日，转基因技术已经不仅仅涉足食物之争，它还会影响到一个国家的科技实力和经济地位。中国只有在全球转基因技术中占有领先地位，才能在科技和经济领域提升国际竞争力。一方面，转基因技术会影响中国科技实力。转基因技术是当今世界最前沿的生物技术，哪个国家掌握了这项技术，未来就能在生存竞争中占据有利地位。就目前来看，国内对于转基因技术和转基因产品还存在广泛的争议，国内关于转基因政策也一向相对保守，如果我们因为转基因技术存在争议而因噎废食、裹足不前，很有可能错失农业技术进步尤其是转基因技术发展的历史机遇。自转基因技术问世以来，中国在很短的时间内就研发出了转基因棉花、转基因水稻等转基因作物，可以说，中国在转基因技术领域具有相对较好的技术优势；中国生物物种资源丰富，种类多、数量大、分布广，是世界上生物物种资源最丰富的国家之一，可以说，中国的基因资源极为丰富，具有先天性的优势；另外，中国正处于和平时期，经济水平一再迈上新台阶，能够为转基因技术的发展提供安定有序的社会环境和稳定有力的物质支持。因此，为了避免在转基因技术领域落后于美国等发达国家，中国应当及时抓住这一难得的历史发展机遇，加快转基因生物技术的研发与应用，抢占科技制高点，增强中国在转基因领域的技术竞争力。

另一方面，转基因技术还会影响到中国经济地位。近年来，由于中国自产的农产品已经不能满足国内需求，中国对进口农产品的依赖逐渐增强。而转基因作物由于运用了现代生物技术，具有产量高、成本低、便于种植和管理的特点，能够有效地解决中国农产品的供需矛盾。然而，中国目前批准种植的转基因农作物仅有棉花和番木瓜，大部分农产品等尚未获得商业化大规模种植的资格。随着对农产品进口依赖程度加重，若不及时转变对转基因作物加大利用的态度，未来一旦面临粮食危机，不仅农产品市场会受到严重冲击，中国经济也要承受很大压力。而如果中国加快在转基因技术领域研究与应用的步伐，不仅可以解决本国农产品的供需矛盾，还可以将技术优势转化为市场优势，从农产品进口国变成出口国，扭转国际市场上的竞争格局，夺回自主定价权，提升中国经济地位和国际地位。

2. 日益增长的需求离不开转基因技术

人口刚性增长是未来农产品需求持续增长的主要推动力。中国作为世界上最大的发展中国家，满足人们日益增长的需求离不开转基因技术的支持。从需求规模来看，中国农产品的供求缺口呈不断扩大的趋势。以大豆为例，1996年前中国大豆能完全自给。后来由于大豆产量一直徘徊不前，而国内对食用大豆油和饲用豆粕的需求连年增加，导致国产大豆远远满足不了国内的生产和生活需求，从1996年开始，中国从大豆出口国成为大豆净进口国。相比之下，世界大豆产量却出现了快速增长，世界排名前三的转基因作物种植国美国、巴西、阿根廷成为中国进口大豆的主要来源国。就目前形势来看，大豆需求规模仍在继续增长，而中国在短时间内难以实现耕地面积的大幅度增加，并且化肥投入也接近极限，资源禀赋约束将会使满足国内需求变得越来越吃力。在这种情况下，依靠转基因技术就成为提高单产的关键。以大豆为例，国内普通品种的大豆亩产约250斤，转基因大豆亩产超过500斤，如果种植转基因大豆，至少在一定程度上能够满足国内需求，减轻进口依赖。

从需求种类来看，近年来随着人们物质生活水平的提高，农产品需求的多样化趋势越来越明显。人们对食物的要求已经不仅仅是“果腹”即可，除了对营养价值要求更高之外，对食物外观、口感和科技含量也抱有更高期待。相对于一般生物技术来讲，转基因技术最大的优势便是能够将不同物种的优良特性聚合到一起，使人们可以依照当前的喜好和需求去“改造”或“创造”新型农产品。从这个角度来讲，目前只有转基因技术能够顺应农产品需求多样化的趋势，最大限度地满足人们需求，减轻国内供给压力。

3. 在确保安全的基础上慎重推广

一项新技术是造福人类还是殃及众生不在于技术本身，而取决于人们如何掌握和运用这项技术。转基因技术引领着现代农业科技的发展方向，世界各国围绕这项技术展开了激烈的角逐。在严酷的竞争环境下，中国政府仍然保持着清醒和理智，在保证技术推进的同时，采取了相对美国、日本、欧盟等更为积极审慎的态度。中国针对转基因技术的使用建立严格的法规制度，全方位确保安全。首先，中国颁布了一系列与转基因作物和产品相关的法律，从法律层面强调了对转基因技术安全使用的重视，例如《农业转基因生物安全管理条例》《种子法》《农业法》《食品安全法》等，为中国转基因产品安全的监管和保障提供了法律上的宏观依据；其次，对研究试验、品种审定、生产加工到市场流通等环节建立了一套高效、完备、严格、具体的审批制度和标准，如《基因工程安全管理办法》《农业转基因生物加工审批办法》等，确保任一环节都在可控范围之内进行，将风险降到最低；再者，中国还针对进出口转基因产品的检验检疫出台了《进出境转基因产品检验检疫管理办法》，确保转基因农产品进出口的安全性。

中国在转基因作物推广方面极为慎重，不同于以经济利益为导向的美国，中国在转基因技术方面的一切推进以基因工程专家的研究分析为基础。在转基因作物生产和上市之前，中国采用更谨慎的预防原则而非“实质等同原则”，严格按照既定标准进行各项毒理学、过敏性和免疫学试验。任何一种作物要想进行大规模的商业化种植并在市场上销售，必须要获得商业化许可证书，包括品种审定证书、种子生产许可证和经营许可证等。而对转基因作物而言，在获得商业化许可证书之前，还必须先获得安全证书。转基因作物安全证书的发放是国家农业转基因生物委员会经过多年的安全评价，包括严格的实验研究、中间试验、环境释放、生产性试验和申请生产应用安全证书等多个环节而做出的最终决定。任何没有获得安全证书的转基因作物，其种子和产品均不允许在市场上销售，否则就是非法种植、非法销售。中国通过各种渠道向公众普及和宣传转基因的有关知识，采用世界上最严格的强制标识制度，帮助消费者分辨转基因产品，尊重消费者的知情权和选择权。

三、未来转基因作物发展主要挑战与对策

（一）主要挑战

1. 消费者对转基因产品的接受程度

在转基因产品为人类带来福祉的同时，关于其安全与否的争论也愈演愈烈。支持者和反对者都试图用各种事实和数据证明自己的观点。随着英国“Pusztai 大鼠事件”、美国“斑蝶事件”、加拿大“超级杂草事件”、墨西哥“玉米事件”以及中国的“Bt 棉事件”和“雀巢咖啡事件”等一系列事件的证实与证伪，消费者对转基因食品是否安全，是否有价值产生了重重疑虑，甚至对国家的转基因食品管理水平产生了质疑。而消费者作为市场主体和核心，其消费行为是转基因产业化，乃至宏观经济运行的根本推动力。消费者对转基因食品的认知、接受程度，尤其是购买意愿无疑会影响转基因动植物产业化的方向和进程。

2. 转基因育种自主创新企业培育

转基因育种关系到转基因的中下游产业，十分重要。但由于产业化政策不够明朗已成为当前影响转基因育种创新的主要瓶颈，中国转基因育种的发展已处在十字路口。一是中国转基因植酸酶玉米和抗虫水稻获得安全证书已多年，至今却迟迟未获品种审定而无法走向推广应用；二是中国进口转抗除草剂基因大豆、转抗虫基因玉米数量近年快速增长，转基因食品已走进千家万户，但对国内自主开发的同类产品却因担心引起“安全”争议而不敢推进；三是转基因重大专项已获得一批具有产业化前景的重要成果，却得不到全力支持而无法加快开发。

3. 转基因动植物安全性评价

虽然中国在转基因动植物研发及其安全性评价监管方面取得了显著进展，但目前的安全性评价制度仍存在一些不足：一是中国目前颁发了许多项转基因安全生物技术标准，每种标准在检测方法与精确度上都存有较大差异，转基因食品检测体系中尚没有统一的检测标准；二是英、法、德、日等国采用国际检测标准已达到 80%以上，而中国颁布的转基因食品检测标准与国际接轨度不强，国际标准只有 40%；三是全球商业化的作物有 16 类 73 个转基因抗性品系，但目前中国所公布的检测标准没有囊括，检测标准严重滞后于转基因生物培育工作的进度。

4. 转基因产业化政策

中国转基因产业化政策形成的过程是一个不同利益诉求纠缠与厘清、冲突

与平衡的过程，涉及科技、政治、经济以及社会问题等多方面因素。一是一些国家把生物安全问题作为设置贸易壁垒、保护自己经济利益的主要手段之一，而当前中国转基因产业化政策趋于严谨和保守，转基因产业化的步伐发展缓慢；二是转基因产业化政策尚未成熟，尚未能够缩小中国与西方国家在转基因农业技术整体水平上的差距，在保护生态环境和加强食品安全方面仍存在不足。因此，中国的转基因产业化政策如何上升到国家利益、粮食及经济安全的战略高度已成为亟待解决的问题之一。

（二）主要对策

1. 加强安全管理是产业健康发展的保障

就现有科学水平，尚无法完全精准预测基因进入新的遗传背景所产生的全部效应，对转基因产业进行安全管理成为国际上的共识。国际转基因产业发展的成功经验表明，风险管理、风险评价、风险交流应三位一体，其中风险管理属于政府行政部门的管理体系，即制定相关政策与法规；风险评价属于科学技术体系，即提供技术支撑与安全数据；风险交流属于社会体系，即广泛交换相关各方面的意见与建议，为积极有序地发展转基因产业创造良好的社会环境。

2. 确保有足够投入支撑转基因生物安全研究

国际上转基因产品的研发以大型种业公司为主体，并且遵循“谁研发谁负责”的原则，无论是政府监管需求，还是市场需要，均要求种业公司投入大量的资金进行生物安全研究，支撑转基因植物品种的产业化发展。随着基因工程及分子辅助育种技术的日趋完善，国际种业公司转基因产品研发的经费分配比例产生变化，即转基因植物新种质创制与生物安全研究的经费比例从过去的大约 7∶3，变成如今的 5∶5，并且预计未来的比例还将进一步扩大。

3. 建立有效的知识产权激励机制

现阶段，中国转基因技术与生物研发尚以国家科研院所及高校为主，保障转基因生物技术研发人员创造性劳动的价值实现。而面对国家科研院所及高校的职称、绩效评价体系重视理论研究，轻视知识产权利用的现状，只有做出相应变革，给予从事科技成果产业化转化的科技人员和申请知识产权的研究人员更多的优惠，才能保障转基因育种技术发展的驱动力。同时，应引导和鼓励有基础的民族种业机构和企业充分利用与依靠转基因生物技术知识产权制度，本着“利益互惠与协同创新”的原则，共享国家科研院所及高校的基础性研究成果，将专利权、植物新品种权与企业品牌组合，商业秘密与专利权组合，商标权与专利权组合，促进中国转基因生物技术研发水平的提升和转基因生物育种产业的发展。

国别篇

2018

美国农产品市场、贸易与政策研究

2017年，美国农业生产和贸易持续稳定发展，但由于世界范围内农产品贸易政策和农业支持政策的变化，美国农业生产和贸易也出现了一些需要注意的变化。本文通过跟踪美国农业生产、贸易及农业政策基本情况，特别是其农产品的生产状况、需求状况、发展趋势及相关政策，全面监测分析美国农产品市场、贸易形势及农业政策变化，为中国农业的生产、贸易及政策制定提供相关政策建议。

一、美国农业生产和贸易情况

（一）美国主要农产品生产变动特征分析

根据美国农业部发布的2016 Farm Production Expenditures报告[①]，2016年美国的农业生产支出达到了3 468亿美元，比2015年的3 628亿美元下降了4.4%。从结构上看，占比最大的4项开支分别是饲料（16%）、农场服务（12%）、牲畜和家禽（11.5%）以及农业劳动力（9.8%），4项开支占到了美国农业生产总开支的49.3%。从平均水平上看，2016年美国平均每个农场的开支为16.9万美元，相比2015年的17.6万美元，下降了4.1%。每个美国农场平均每年在饲料上花费2.7万美元，在农场服务上花费2.0万美元，在牲畜和家禽上花费1.9万美元，在劳动力上花费1.7万美元。从过去10年的成本趋势来看，除了2009年和2010年之外，无论是农业生产总支出，还是平均每个农场的开支，都保持了持续增长的势头。

种植业总体保持一定的上升势头，主要粮食作物和经济作物产量增加，水果生产有一定幅度提高。

从主要的粮食作物来看，2017/2018年度，美国粮食作物除玉米外，总体上呈现出产量和消费量双下降趋势，但是进口量略有增加、出口量减少（表1）。从近5年情况来看，玉米单产和产量都有所提高，2016/2017年度出

---

① 2017年8月3日发布：http：//usda.mannlib.cornell.edu/MannUsda/viewDocumentInfo.do?documentID=1 066。

口、进口都出现增长，这可能是生物质能源政策调整所致；大米产量也没有保持前几年持续增长的势头，略有下降，消费量和出口量都略有下降，但是进口量略有增长；小麦单产和总产量较上一年都有下降，消费量也减少，进口量略有提升，出口量略有缩减。但是，如果与 2006/2007 农业生产年度相比，玉米生产面积增长很快，且产量大幅提高；大米和小麦虽然生产面积变化不大，但是产量显著提高，说明新技术的应用使得单产得到较大提升。

表 1　近年美国谷物供求状况

	项　目	单位	2006/2007 年度	2010/2011 年度	2014/2015 年度	2015/2016 年度	2016/2017 年度	2017/2018 年度
玉米	面积	1 000 公顷	28 586	32 960	33 628	32 644		
	年初库存	1 000 吨	49 968	43 380	31 388	43 977	44 123	
	产量	1 000 吨	267 503	315 618	365 965	346 815	384 775	
	进口	1 000 吨	304	703	635	762	1 448	
	总供给	1 000 吨	317 775	359 701	397 988	391 554	430 346	
	出口	1 000 吨	53 987	46 508	44 452	45 722	58 241	
	国内消费	1 000 吨	230 674	284 549	302 528	301 131	313 853	
	年末库存	1 000 吨	33 114	28 644	51 008	44 701	58 252	
	单产	吨/公顷	9.36	9.58	10.88	10.62		
大米	面积	1 000 公顷	1 142	1 463	1 178	1 040	1 275	997
	年初库存	1 000 吨	1 370	1 184	1 025	1 552	2 091	2 072
	产量	1 000 吨	6 267	7 593	7 069	6 057	10 087	8 020
	进口	1 000 吨	653	582	667	810	1 055.83	1 120.50
	总供给	1 000 吨	8 290	9 359	8 761	8 419	13 233	11 213
	出口	1 000 吨	2 923	3 516	3 262	3 112	5 249	4 500
	国内消费	1 000 吨	4 101	4 329	4 191	4 043	11 161	9 900
	年末库存	1 000 吨	1 266	1 514	1 308	1 264	2 072	1 313
	单产	吨/公顷	7.73	7.54	8.51	8.32	8.11	8.41
小麦	面积	1 000 公顷	18 939	18 973	18 770	19 058	17 745	15 210
	年初库存	1 000 吨	15 545	26 552	16 045	20 501	25 667	31 060
	产量	1 000 吨	49 217	58 868	55 129	55 840	60 740	45 793
	进口	1 000 吨	3 317	2 638	4 627	3 402	3 108	4 078
	总供给	1 000 吨	68 079	88 058	75 801	79 743	89 515	80 931
	出口	1 000 吨	24 725	35 147	25 174	21 772	27 759	23 941
	国内消费	1 000 吨	30 940	29 424	33 094	33 177	30 695	28 834
	年末库存	1 000 吨	12 414	23 487	17 533	24 794	31 060	28 155
	单产	吨/公顷	2.60	3.10	2.94	2.93	3.42	3.01

数据来源：美国农业部。

2016/2017 年度，美国的主要油料生产保持稳定。大豆的产量和出口量增长，但进口量有所下降，期末库存量有所减少。花生和棉花籽产量都很少，生产和消费、贸易波动幅度也不大。棉花籽生产有所回升，花生产量有所下降（表 2）。

表 2　近年美国油料供求状况

	项　目	单位	2006/2007 年度	2010/2011 年度	2014/2015 年度	2015/2016 年度	2016/2017 年度
棉花籽	面积	1 000 公顷	5 152	4 330	3 999	3 298	3 848
	年初库存	1 000 吨	546	310	385	397	355
	产量	1 000 吨	6 666	5 530	4 911	3 862	4 780
	进口	1 000 吨	0	0	90	0	46
	总供给	1 000 吨	7 212	5 840	5 386	4 259	5 272
	出口	1 000 吨	559	249	263	204	309
	年末库存	1 000 吨	444	560	424	355	362
花生	面积	1 000 公顷	490	508	529	637	621
	年初库存	1 000 吨	983	829	843	953	812
	产量	1 000 吨	1 571	1 886	2 288	2 800	2 532
	进口	1 000 吨	28	29	29	39	73
	总供给	1 000 吨	2 582	2 744	3 160	3 792	3 418
	出口	1 000 吨	274	275	454	506	602
	年末库存	1 000 吨	690	688	858	1 302	
大豆	面积	1 000 公顷	30 190	31 003	33 752	33 358	33 466
	年初库存	1 000 吨	12 229	4 106	2 503	5 210	5 331
	产量	1 000 吨	87 001	90 663	107 727	108 354	116 424
	进口	1 000 吨	246	393	408	816	603
	总供给	1 000 吨	99 476	95 162	110 638	114 380	122 358
	出口	1 000 吨	30 386	40 959	46 811	46 675	58 906
	年末库存	1 000 吨	15 617	5 852	12 253	12 646	8 184

数据来源：美国农业部。

2016/2017 年度美国棉花产量较 2015/2016 年度有所回升，甚至高于 2014/2015 年度，国内消费略有下降，出口显著增加，进口急剧下降（表 3）。

表 3　近年美国棉花供求状况

项　目	单位	2006/2007 年度	2010/2011 年度	2014/2015 年度	2015/2016 年度	2016/2017 年度
面积	1 000 公顷	5 152	4 330	3 999	3 298	4 076
年初库存	1 000 吨	1 321	642	512	795	827

（续）

项　目	单位	2006/2007年度	2010/2011年度	2014/2015年度	2015/2016年度	2016/2017年度
产量	1 000 吨	4 700	3 941	3 553	2 806	3 738
进口	1 000 吨	4.14	1.96	2.61	7.18	1.52
总供给	1 000 吨	6 026	4 585	4 067	3 608	4 567
出口	1 000 吨	2 821	3 130	2 449	1 993	3 248
国内消费	1 000 吨	1 074	849	778	751	708
年末库存	1 000 吨	2 064	566	795	827	599
单产	吨/公顷	0.91	0.91	0.94	0.86	0.97

数据来源：美国农业部。

在水果生产方面，2016 年美国水果生产有增有减，总体保持良好增长。部分水果数据尚没有公布，但是鲜葡萄、梨的产量呈现下降趋势，梨和鲜柑橘出口呈现下降趋势。

美国畜牧业产量相对稳定，不同产品互有增减。牛的产量略有缩减，国内消费量也同时呈现下降趋势。猪的产量和国内消费量都有所提高，同时贸易量却明显减少，进口明显缩减（表 4）。

表 4　近年美国牲畜供求状况

	项　目	单位	2005 年	2010 年	2014 年	2015 年	2016 年	2017 年
牛	年初库存	1 000 头	95 018	94 081	87 730	87 750		
	产量	1 000 头	37 106	35 730	33 600	33 400		
	进口	1 000 头	1 816	2 284	2 358	1 984	1 708	1 806
	总供给	1 000 头	133 940	132 095	123 530	123 375		
	出口	1 000 头	22	91	108	73	69	193
	国内消费	1 000 头	96 342	92 887	87 750	87 900		
猪	年初库存	1 000 头	60 982	64 887	64 775	65 400		
	产量	1 000 头	103 975	113 128	112 426	117 645		
	进口	1 000 头	8 191	5 749	4 947	5 740	5 656	5 600
	总供给	1 000 头	173 148	183 764	182 053	187 845		
	出口	1 000 头	154	15	19	40	48	59
	国内消费	1 000 头	61 463	64 725	65 400	67 850		

数据来源：美国农业部。

禽类方面，以火鸡为例，2017 年美国的产量总体保持稳定，出口略有增长，进口有所下降（表 5）。

表 5　近年美国禽类（火鸡）供求状况

项　目	单位	2005 年	2010 年	2014 年	2015 年	2016 年	2017 年
年初库存	1 000 吨	131	119	108	88	91	126
产量	1 000 吨	2 464	2 527	2 600	2 552	2 713	2 713
进口	1 000 吨	4	11	13	20	22	11
总供给	1 000 吨	2 599	2 657	2 721	2 660	2 827	2 850
出口	1 000 吨	258	264	366	2 399	2 582	2 817
国内消费	1 000 吨	2 247	2 306	2 253	2 329	2 442	2 428
总使用	1 000 吨	2 505	2 570	2 619	2 329	2 442	2 428
年末存量	1 000 吨	94	87	102	91	126	140

数据来源：美国农业部。

2016 年，美国的乳制品产量和出口量保持增长。液态奶产量和消费量持续增加。脱脂奶近年消费减少、产量也少量减少，多余产量基本用于出口（表 6）。

表 6　近年美国乳制品供求状况

	项　目	单位	2005 年	2010 年	2011 年	2012 年	2013 年	2014 年	2015 年	2016 年
液态奶	产量	1 000 吨	80 255	87 474	88 978	90 962	91 271	93 375	94 710	96 361
	总供给	1 000 吨	80 255	87 474	88 978	90 962	91 271	93 375	94 710	105 146
	国内消费	1 000 吨	80 255	87 474	88 978	90 962	91 271	93 375	94 710	94 740
脱脂奶	年初库存	1 000 吨	231	60	66	75	83	60	108	93
	产量	1 000 吨	695	824	882	973	956	1 006	1 060	1 049
	进口	1 000 吨	5	0	0	2	1	1	1	1
	总供给	1 000 吨	931	884	948	1 050	1 040	1 067	1 169	1 142
	出口	1 000 吨	277	384	435	445	555	577	586	593
	国内消费	1 000 吨	601	434	438	522	425	410	490	439
	总用量	1 000 吨	878	818	873	967	980	987	1 076	1 040

数据来源：美国农业部。

（二）美国主要农产品价格变动特征分析

从价格变化来看，根据美国农业部国家农业统计局的数据，2014 年，美国农产品价格保持了自经济危机以后持续的增长势头。这主要源于农业生产资料价格的增长。统计数据表明，自 2005 年以来，农民支付生产所需的各种支出价格综合指数都有了显著增长，这意味着，农民需要支付更多的资金来购买生产所需种子、农药和化肥等农业生产资料和服务。因此，为保证农民收入，农产品销售价格也有了相应提高，表现为农民接受价格综合指数的提高。需要说明的是，农民接受价格比食品销售价格指数（PPI）稍高，这可能是由于美国农业法案条款给予农民的价格补贴有关。但是，这一持续势头在 2015 年有了逆转。最新美国农业部国家农业统计局数据显示，美国 2015 年 11 月的农民支付价格指数已经由前一年 11 月的 112 降为 106，而农民接受价格指数则由前一年 11 月的 102 降为 92（皆以 2011 年为基期 100）（图 1）。

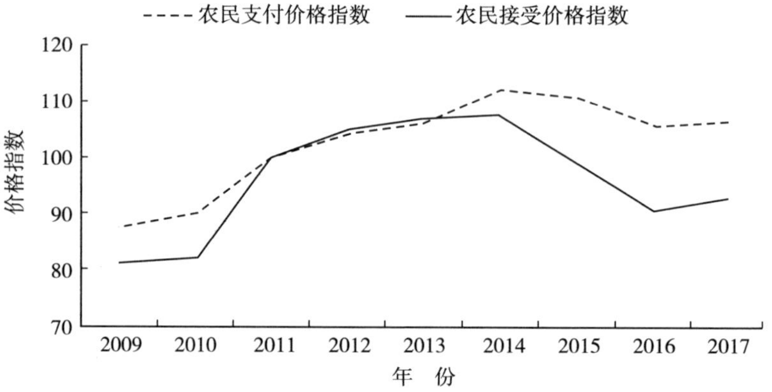

图 1 近年来美国农产品价格整体价格变化

数据来源：美国农业部国家农业统计局（USDA，National Agricultural Statistics Service），2011 年价格指数＝100

2017/2018 年度美国玉米价格看跌，玉米价格预期为 3.25～3.55 美元/蒲式耳，而 2016/2017 年度价格为 3.36 美元/蒲式耳。2018/2019 年度有回升的迹象，预期上升到每蒲式耳 3.3～4.30 美元。小麦可能无法进一步上涨。2018/2019 年度美国小麦平均价格为每蒲式耳 4.5～5.5 美元。美国小麦价格预计将面临由于玉米增收引起的疲软。水稻价格继续低位徘徊。2017/2018 年度长粒米季节平均农场价格预计为 11.4～12 美元/英担（100 磅）。中短粒大米农场价格预计为 14.6～15.4 美元/英担。所有大米平均农场价格预计为每英担 12.1～12.9 美元。大豆由于供需缺口可能出现大幅上涨势头。由于 2017/2018 年度供给和需求之间的差距较大，大豆价格已呈现上涨趋势。美国农业部上调其预测价格为 9.0～9.6 美元/蒲式耳。美国农业部也预测 2017/2018 年度平均豆粕价格为每短吨 325～355 美元。相比之下，豆油价格继续在下降的轨迹中。受充足的植物油和全球性的新油籽产量影响，豆油价格下降的压力仍然较大。预计 2017/2018 年度平均价格为每磅 30～33 美分（2016/2017 年度平均为每磅 32.48 美分）。畜产品则出现不同情况。其中，2017 年肉牛的价格为 146 美元/英担，生猪价格为 53.1 美元/英担，肉鸡价格为 61.15 美元/英担，全奶价格预计为 17.69 美元/英担。棉花生产价格会有所回落。在 2017/2018 年度，棉花的库存—使用量比预计为 34.2%，比 2016/2017 年度高 19 个百分点。基于目前的供需预估，2017/2018 年度陆地棉平均农场价格预计将介于每磅 62～68 美分。

（三）美国向中国出口农产品贸易变化情况

近 20 多年来，美国农产品进出口贸易规模不断扩大，根据财政年度计算，贸易总额由 1991 年的 620 亿美元增加到 2013 年的 2 590 亿美元（图 2）。

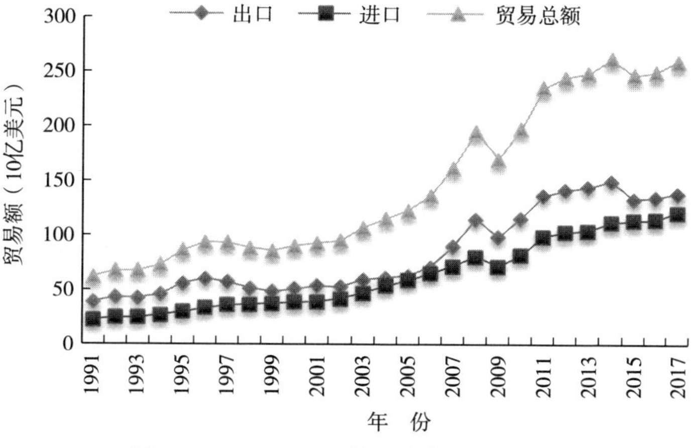

图 2 1991—2017 年美国农产品贸易变化

数据来源：美国农业部

可以看出，1991—2008 年美国的贸易总额在不断增加，2009 年贸易总额有所下降，由 2008 年的 1 942.3 亿美元降低到 1 697 亿美元，这主要是由于出口额由 2008 年的 1 149.1 亿美元下降到 2009 年的 963.1 亿美元，但之后仍呈现出不断上涨的趋势，直到 2015 年再次出现少量下降，总贸易额由 2014 年的 2 620 亿美元下降到 2 470 亿美元，主要也是由出口下降所致。而进口额一直平稳增长，并且美国在 1991—2017 年一直处于贸易顺差的状态。

根据从美国农业部数据，图 3 给出了美国和中国的农产品贸易情况。可以看出，从 2012 年以来，美国对中国的农产品出口持续下降，由 2012 年的 259 亿美元下降到 2017 年的 196 亿美元。进口方面一直比较平稳，美国从中国进口农产品由 2012 年的 45.4 亿美元下降到 2017 年的 45.0 亿美元，几乎保持不变。从净出口额上看，美国的农产品长期对中国保持顺差，2012 年的顺差值为 213 亿美元，总体保持下降趋势，到 2017 年达到近年来最低值，151 亿美元，2016 年由于美国农产品出口的扩张，顺差略有增加，但也基本维持在 170 亿美元的水平。

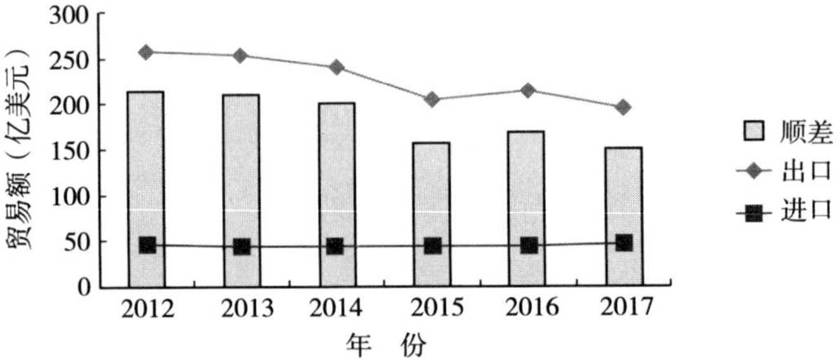

图 3 美国与中国的农产品贸易

数据来源：USDA

2017 年美国向中国出口农产品达到 196 亿美元，与 2016 年相比减少了约 8%，与 2012 年相比，6 年间下降了 24%。

从贸易额上看，2017 年美国向中国出口额最大的 5 种农产品为大豆、林木、其他作物、鱼产品和加工食品，其中出口份额最大的大豆占到了美国出口农产品的 51%，达到 124 亿美元。此外，棉花的出口额也比较大，占到了 2017 年美国向中国出口农产品的 4%（图 4）。

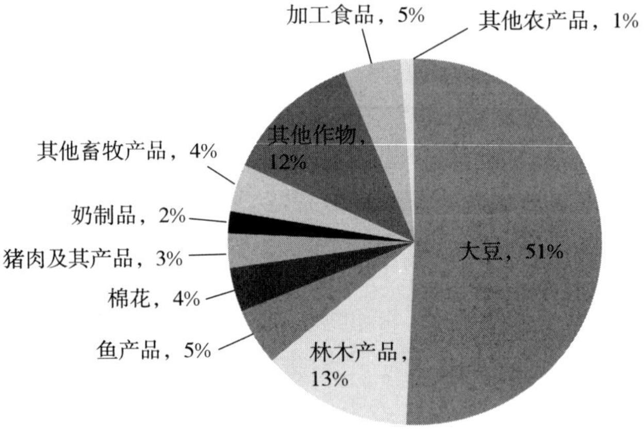

图 4 2017 年美国向中国出口农产品结构

数据来源：USDA

美国向中国出口的农产品主要是大豆、其他作物和林木产品。从近 5 年的出口变动上看（图 5），大豆的出口总体呈现下降趋势，从 2013 年的 133 亿美

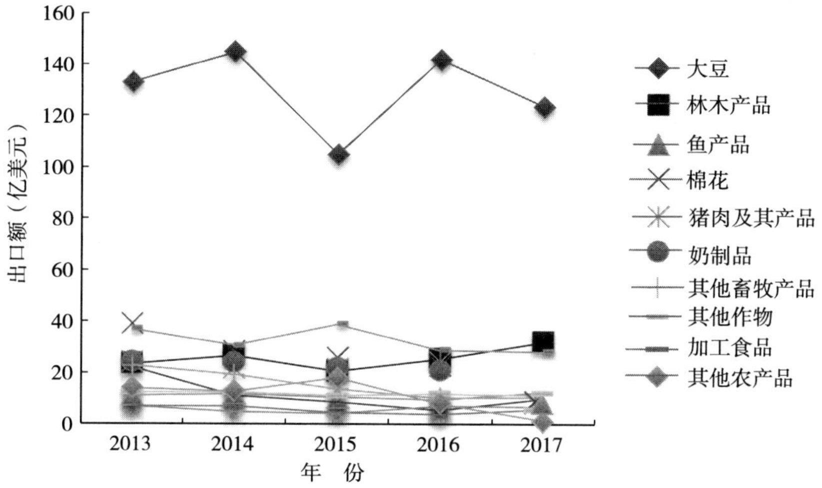

图 5　2013—2017 美国向中国出口的主要农产品
数据来源：USDA，由作者整理计算得到

元下降至 2017 年的 124 亿美元，但在 2014 年和 2016 年都出现了上升。2017 年中国进口大豆总量为 9 554 万吨，而其中从美国进口的大豆为 3 285 万吨，占中国大豆进口量的 34.4%。美国方面，2017 年美国出口至中国的大豆达到美国总大豆出口的 57.5%，可见大豆在中美农产品贸易中占有较大的比重。

此外，加工食品、棉花、其他畜牧产品、猪肉及其制品、奶制品和鱼产品也是美国向中国出口的主要农产品。从近 5 年的发展趋势看，加工食品的出口量逐年下降，由 2013 年的 12.3 亿美元下降至 2017 年的 11 亿美元；美国向中国出口的棉花在 5 年之间由 22 亿美元下降至 10 亿美元；其他畜产品由 22.6 亿美元下降至 10.5 亿美元；值得关注的是美国向中国的小麦和玉米出口，分别由 2013 年的 13.2 亿美元和 12.6 亿美元分别下降至 3.5 亿美元和 1.5 亿美元，下降幅度很大。这意味着美国向中国出口的农产品中，粮食的贸易额正在快速下降。

（四）中国与美国农产品贸易摩擦与合作

2016/2017 年度，中美农产品贸易出现的一个新情况就是中国对美国转基因玉米的禁令，影响到中国与美国的农产品贸易关系。未来何时取消这一禁令无法判断，但是需要指出的是，由于禁令的实施导致美国玉米无法进港，使得美国玉米价格下跌的同时，国内畜牧业也面临着成本上涨的问题。

当前，最受关注的问题是中美贸易摩擦问题。当然，该摩擦并不仅限于农产品贸易。然而，如果特朗普政府持续对中国对美贸易逆差进行指责，并意图通过加征关税的方式解决，那么，中国将采取对美农产品加征关税的反制措施。

二、美国农业政策变化及应对研究

由于农产品对外贸易已经成为美国农业收入的重要来源，美国的政策制定者们不断关注其主要出口国农业支持政策和农产品贸易政策。特别是对中国，美国利用世界贸易组织争端解决机制，对中国农业支持政策提出了一些质疑。

2017 年，美国农业政策出现较为明显的变化，主要是对内加强对农业生产的支持和农业环境的保护，对外加强推动农产品出口。

（一）美国在 WTO 对中国的诉讼

中国是美国农产品出口的重要目的国，倍受美国重视。2016 年，美国向 WTO 提出诉讼，称中国小麦、籼稻、粳稻、玉米和其他农作物生产者的农业补贴超过加入 WTO 时所做承诺。2017 年，该指控继续发酵。为避免激化矛盾从而影响中国农产品的生产和贸易，政府有必要向 WTO 正面回应中国国内农业补贴的合理性，同时采取适当的应对手段规避未来可能会面临的更多反补贴案件。为此，建议中国政府采取以下应对措施：

1. 及时公布特定产品补贴数据，充分利用非特定产品支持空间

从《中国贸易政策审议报告》公布的数据来看，中国目前的农业补贴总量并未违背加入 WTO 时所做“微量允许”的承诺，不过美国对中国农业支持的起诉也是有理可循，其列举的部分中国官方法律文书确实属于不可免除减让承诺的“黄箱”政策，例如，针对小麦和稻谷的最低收购价格是明显会扭曲生产和贸易的价格补贴措施，毋庸置疑属于 WTO《农业协定》分类下的“黄箱”政策范畴。对于这些措施，中国官方应及时回应各项补贴的具体金额以确认是否超额补贴，而对于非特定农产品的“黄箱”政策，还有较大的支持空间，应善于利用，争取将目前针对特定产品的补贴转为非特定，充分利用补贴空间。

2. 细化补贴措施，明确“黄箱”“绿箱”范畴

当前“黄箱”已面临微量允许上限的约束，应当细化各项补贴措施，明确其是否完全属于“黄箱”，对于存在争议的能否根据国情而免除削减归入“绿箱”；确定属于“黄箱”的措施应及时公布相关数据以避免他国的质疑与误解。

3. 集中决策制定部门，统一摩擦应对机制

中央农业决策的制定目前来看是比较分散的，例如《关于提高 2014 年小麦最低收购价格的通知》的出台涉及了国家发展和改革委员会、财政部、农业部、国家粮食局、中国农业发展银行等 5 家机构。政策的探讨与出台集中于固定部门不仅可以提高效率还能减少分歧，同时也可增强决策的科学性和合理性。另外，政府应组建解决贸易摩擦问题的专门机构，尽快熟悉国际法规和

WTO下与中国相关的法律框架，善于利用模糊条款，有效规避贸易摩擦，加强外交主动权。

4. 制定长期目标，规避生产扭曲嫌疑

目前中国农业补贴政策多为短期目标，针对农业生产提供支持政策的相关文件出台较频繁，且往往牵涉到较大数额的资金和资源的配置，缺乏长期稳定的政策，这样会导致补贴未能形成有效预期。在这样的情况下，临时性的补贴很容易促使农民行为短期化，扭曲生产。相反，长周期则可从一定程度上解决这种影响农民生产行为的政策问题，促进农民从长期角度考虑生产决策，有利于将“黄箱”支持转化为“绿箱”措施。

5. 探索新型“免于减让”政策，推动农业支持体系改革

现行价格支持政策越来越接近“微量允许”水平的上限，完善现有的最低收购价格政策，减免临时收储措施，明确界定“扭曲生产和贸易”的含义，以探索实施新型“免除削减承诺”的补贴政策已成为当务之急，例如：粮食目标价格保险或收入保险补贴等措施，既与粮食生产挂钩、又不受WTO国内支持规则的约束。而政府对该保险的补贴不受WTO规则约束的原因是粮食目标价格保险是用保险市场和保险制度来解决问题，可以实现粮食供给中价补分离的政策目标。根据乌拉圭回合农业协定附件2中所提，这种国内支持政策，对贸易扭曲和产品生产没有影响，或影响甚微，可以免于削减，推动中国粮食支持政策体系的全面转型升级，破除“黄箱”政策“微量允许”的约束，提高农民收入和种粮积极性。

6. 利用“蓝箱”支持措施，减少“黄箱”补贴

中国政府可以借鉴欧盟、日本、美国等曾使用过的“蓝箱”政策，在采取退耕还林保护农业生态环境的同时，充分利用“蓝箱”政策的规定对农民进行免于削减承诺的补贴，在为农民增加收入的同时，减少过度“黄箱”补贴的矛盾。如美国在1996年前为了控制供给提出了“耕地面积减少计划”，为鼓励农民积极参与，对谷物采用了“蓝箱”补贴措施，补贴数额按照事先确定的目标价格和世界市场价格之间的差值计算，即当世界市场价格低于目标价格时，就补偿农民的损失。

（二）关于中美农产品贸易的几点看法

总的看法是，中国对美国出口到中国农产品加征关税，美国各方的反应，总体上以加强与中国谈判为主，尽管包括总统特朗普在内的美国政府人员认为，可以通过对受损农户进行资金补偿的方式予以应对，以抵御来自中国的加税压力，也主要是为了在未来谈判中增加美国的谈判筹码。而且，即便是能够补偿，其补偿资金的来源也基本维持在美国农业法案的框架下，补偿总额受限，全部农产品价格相关的补偿总额仅有 70 亿美元左右，最终补偿效果也难以达到预期。

（1）从宏观角度来看，美国贸易政策制定者并不认为中国对美国农产品加征关税影响严重。美国商务部长威尔伯·罗斯在 2018 年 3 月 13 日接受美国之音特约记者格莱塔·范·萨斯特伦采访时，就记者提出的问题："美国别的一些公司或组织、产业和部门提出了抱怨。例如，美国生产大豆的人不喜欢征收关税的想法，因为中国购买 60%的大豆，而他们担心中国不再买大豆了。"罗斯回答道："是的。可是首先，大豆是中国饮食结构的关键组成部分，是中国人饮食结构中非常重要的蛋白质来源。我们是世界大豆市场的一个重大因素，我不是很确定中国能否找到替代来源，取代我们的大豆。不过，就算他们真这么做了，日本和其他市场如今也在消费这些大豆。所以，中国要找到其他大豆生产方，必须要付高价，他们只能这么做，才能让巴西、阿根廷这样的国家，从传统客户转移走，改为替中国生产大豆。他们必须付高价，这就会让中国增加成本，而这又为我们的大豆生产商打开市场。所以，临时的干扰可能会有，但在我看来，最终不会有巨大的净损失，这是因为，货物转向中国后会出现我们可以填补的真空。"

另外，在 2018 年 4 月 4 日华盛顿邮报的一份报道中提到，罗斯对 CNBC 说：所有贸易战最终都将以谈判形式结束，不要惊讶，此次争端也肯定会以某种形式的谈判得到最终结果，可能是 5 月，也可能是其他时间，仅仅是个时间问题而已。

美国农业部部长帕杜 2018 年 4 月 4 日接受采访时提到，美国农民都是"爱国者"，已经准备好应对可能出现的问题，而且，特朗普政府将采取一些对农民的补偿措施，但是暂不会公示具体细节。不过，帕杜还是希望能够通过谈判解决问题。4 月 13 日，帕杜同样提到可能使用政府资助补偿农民，但是这一决定需要国会通过，而提交国会的预算中实际上大幅削减了补贴金额。

现在来看，美国市场对中国大豆反制措施反应较大，大豆价格已经下跌超过 5%。美国农民及其相关议员也反对特朗普使用关税政策施压中国的做法，马克斯·鲍克斯（Max Baucus）认为中国对大豆等农产品加征关税将损害大豆生产者、加工者、卡车司机和铁路工人以及其他靠农业为生的人。

考虑到罗斯就任美国商务部部长前的企业家背景，帕杜此前作为南方州佐治亚州州长的背景，以及其各自在中美贸易争端中的作用，其观点可以作为未来中美农产品贸易走势的重要参考。罗斯认为不需要惧怕中国对大豆增加进口关税，从中国方面来看，因为中国饮食结构需要大豆，这样做的结果将增加中国的成本，从美国方面来看，基于全球供求平衡角度考虑，美国大豆仍旧有出口市场。同样，帕杜也是不担心中国加征农产品关税的问题，且在积极考虑补偿农民，不过对于补偿所使用的资金，帕杜并没有给出具体的来源。但是，相反的力量也在努力推动政策变化，以期解决中国对美国农产品加征关税的问题。

(2) 2014 年农业法案框架下的补贴对大豆生产者有补偿机制，这可能是美国政府应对的主要方法，但是 2018 年可能要通过新的农业法案，需要国会通过，新法案支出将强化对农业生产者的保护。

由于 2014 年美国农业法案设立了价格损失保障（Price Loss Coverage，简称 PLC）和农业风险保障（Agriculture Risk Coverage，简称 ARC）条款，生产者可以在二者之间做出选择，具体条款见美国农业法案。在指定较低的参考价格后，未来美国农民将可能更多选择 PLC，如玉米预计 2019 年将有 82.1%使用 PLC。若市场价格低于指定价格，则启动法案对农户给予资金补贴。现阶段，该法案预计对除大豆外的大宗作物都将予以给付，大豆 71.4%使用的是 ARC，如果大豆价格下跌到指定价格以下，也将得到补贴。而且，即便是 ARC 也将保证大豆种植户收入达到该县平均收入水平。现在，美国国会已经做出 2018 年美国农业法案预算，预计未来 10 年每年支出 867.2 亿美元，其中约 823 亿美元用于农业生产、环境保护和农业保险，再细分到农业法案支出，每年仅剩下 60 亿美元左右。

(3) 特殊贸易保护机制——贸易调整援助（Trade Adjustment Assistance，TAA）或商品信贷公司（CCC），这个可能需要国会通过。

TAA 并不是针对农业实行的保护机制，是应对贸易自由化带来的产业损害或结构调整。美国的工人和企业 TAA 项目，旨在实现对进口竞争的积极调整。但是一旦农业领域受到贸易政策的影响，也可以得到相关资助。尽管贸易调整援助的合法性迄今为止还没有受到 WTO 成员的起诉，但是已经有国家，如阿根廷提出美国应当对其予以解释。另外，该措施一直被应用于进口救济，即当进口冲击国内产业时使用；是否可以用于中国加征农产品关税对美国出口品生产者产生的影响，还值得怀疑。就总额来说，其中关于对农民补偿的部分大约于 2002 年设立，仅为 9 000 万美元，后来增加到 1 亿美元，在美国进口农产品导致本国农产品价格下降时，予以补贴。

商品信贷公司则主要是在大萧条（1933）时期用于解决美国农产品过剩问题的，迄今为止还没有用于应对出口受阻的先例，要国会通过，同样需要解决一系列的问题。

（三）关税报复后，美国农业对应措施

在中美贸易摩擦升级之际，美国农业部门为应对中国关税报复措施，正在酝酿相应的国内措施。据报道，可能采取的措施包括国内紧急援助，补贴农民

损失，提高谈判杠杆等。农业补贴主要来自联邦政府财政，本文从美国农业预算的角度分析美国应对措施的规模和力度。

美国农业调整法（修改后）第 32 款（1935 年 8 月 24 日 P. L. 74－320，修正案；7U. S. C. 612c）含有“永久性”拨款内容，该款规定将美国历年关税收入的 30%通过购买美国剩余农产品和其他活动支持美国农业。

近几个财政年度，该计划拨款规模可达到 100 亿美元（2015 财年为 97 亿美元），但拨款主要使用于美国农业部（USDA）的儿童营养账户（约 84 亿美元，占联邦儿童营养计划的 40%）和商务部的渔业活动（约 1.44 亿美元）。对于未承付和未转移剩余资金的使用，通过 AMS（农业市场服务局），美国农业部部长拥有广泛的自由裁量权。

第 32 款规定的资金用途：①鼓励通过生产者支付或其他方式出口农产品；②鼓励国内农产品消费，从正常渠道转移盈余或增加低收入群体的使用；③重建农民购买力。近年，美国农业部主要追求第二和第三目标。

2015 财年，除去儿童营养计划和商务部渔业补贴之后的 12.16 亿美元，经过财政调整后为 10.52 亿美元。其中，4.6 亿美元被指定用于计划的 AMS 商品采购，以满足国家学校午餐法规定的商品援助。另外还有 3.06 亿美元用于整个财年盈余商品的“应急清除”（主要是水果、蔬菜和肉制品等）。受灾救济食品计划 400 万美元，行政性基金 5 400 万美元。具有高度裁量权的非强制性基金只有 2.23 亿美元。

大豆目前已是美国第一大种植农产品，产量达到 1.2 亿吨，市场销售额达 400 亿美元。显然农业部部长可裁量使用资金只是杯水车薪。

因此，在现有财政预算约束下，美国农业部部长可使用的资金非常有限，难以应对大豆价格下降（如下降 10%的局面）；如要扩大补贴规模，美国农业部部长必须获得新的国会授权。

由此可见，美国在应对中国反制措施时，国内回旋的余地不大，中国在这一点上具有一定的主动权。建议多多考查美国农业法案和美国国内相关农业利益集团在新立法讨论中的观点，将极大地帮助中国解决美国农产品大量进口的问题。

美国农业保险政策动态研究

一、问题的提出

美国是世界上最早实施农业保险的国家之一，1938 年经《农业调整法案》授权并正式开始实施联邦农作物保险政策，目前已经历了 77 年的发展历程，形成了较为完善的农业保险制度，成为世界农业保险的重要典型。2014 年美国最新的《食物、农场及就业法案》中，农业保险的地位和作用得到进一步强化，取消了农业直接补贴，扩大了农作物保险的补贴额度和覆盖范围，新增了补充保险方案（SCO）和堆叠收入保护计划（STAX）。新法案意味着农业保险将成为未来一个时期美国农业支持保护政策框架完善的重要导向，美国的农业发展由直接补贴时代向农民根据自身需求和风险承受能力购买不同农业保险的时代转变，值得关注。

美国的农业保险体系完整，为世界各国提供了很好的经验借鉴，其农业保险制度的发展也受到了学术界的广泛关注。目前对美国农业保险的研究主要集中在以下 4 个方面：一是对美国农业保险发展状况的描述，包括发展历程、运作模式和保险险种等；二是美国农业保险对农业经济的影响研究，吴雪萍和梁芷铭的分析显示美国在农业保险方面的积极政策和完善的农业灾害保障制度确保了农业生产的可持续发展，维持了农业经济的稳定；三是美国农业保险与其他政策的关系研究。主要涉及农业保险与价格支持、直接支付和灾害救助等项目的关系；四是中美农业保险政策的比较分析和启示，主要从农业保险的产业基础和农业经营主体、管理体制和实施机制、政府支持方式和手段、险种开发和风险保障水平等方面进行比较研究，并提出完善中国农业保险制度的政策建议。

中国自 2007 年开始实施中央财政农业保险保费补贴政策以来，农业保险取得了积极进展，已成为全球仅次于美国的第二大农业保险市场，但在探索发展进程中也面临一些问题。中国的农业保险政策正由初步建立向健全完善阶段发展，研究美国农业保险政策的演进和最新动向，借鉴其长期实践积累的农业保险制度建设与产品开发方面的经验，对推动健全中国的农业保险政策具有重要意义。

棉花是重要的民生和军事战略物资，是 WTO 多哈回合关注的焦点问题之一。美国是世界上最大的棉花生产国和贸易国，其棉花政策支持体系的调整对全球棉花市场及产业发展具有重要影响。考虑到国内财政预算的约束和美国与巴西棉花补贴争端，2014 年农业法案中美国对棉花支持保护政策做出重大调整，取消了直接补贴、反周期支付和 ACRE，棉花不再列入商品计划目录，政策支持转向美国农业风险管理局实施的损失保障保险项目，即 STAX，棉花补贴由与当期生产高度相关的传统农业补贴转向更为隐蔽的农业保险，其政策影响需要进行深入的跟踪研究。

中国自 2007 年开始实施中央财政农业保险保费政策补贴以来，农业保险取得了积极进展，已成为全球仅次于美国的第二大农业保险市场。2016 年中央 1 号文件明确提出要把农业保险作为支持农业的重要手段，探索开展重要农产品目标价格保险和收入保险试点。中国是世界棉花生产、消费和进口大国，2014 年启动的棉花目标价格补贴试点取得积极成效，棉花价格的市场化形成机制基本形成，提高了参与者市场意识，提升了产业活力，但存在的问题也随着市场的变化而显现，财政支出负担重、WTO 黄箱约束等一系列限制亟待破解。美国的农业保险体系完整，能够为世界各国提供很好的经验借鉴，基于此，本研究跟踪分析美国农业保险和棉花保险政策的实行情况和最新进展，借鉴其长期实践积累的农业保险制度建设与产品开发方面的经验，为中国棉花支持政策的改革和完善提供决策参考。

二、美国农业保险实施新进展

1. 美国农业保险的实施机制

美国的农业保险管理体制和实施机制也经历了重大调整过程，经过 70 多年的探索后才最终形成了现行架构（图 1）。一是联邦农作物保险管理机构。美国农业部风险管理局（RMA）和联邦农作物保险公司（FCIC）两块牌子、一套人马，目前员工为 450 人，总部设在华盛顿，还有 10 个分支机构分布在全国各地。RMA 负责制定农业保险政策、提供农业再保险、对经营农业保险的私营保险公司进行补偿以及开发新的农业保险品种等，过去联邦农作物保险公司曾直接经营农业保险，但目前已经不再承担原保险业务。二是直接经营农作物保险的商业保险公司。目前全国有 20 家经风险管理局批准的商业保险公司承担农业保险业务，共有 1.25 万保险代理人和约 5 000 理赔人员提供相关服务，保险公司承担了农业保险的销售、理赔全程服务，并负责质量管理、承担风险和向风险管理局提供相关数据和统计资料等。三是为农户提供相关服务的组织。一类是代表农民利益的合作组织，诸如美国农场局联合会等（AFBF），主要作用是反映农户的利益和诉求，通过影响立法机构、社会舆论等途径争取包括农业保险在内的有利于农场利益的政策措施；另一类是包括政府支持下的公共农业推广服务系统和各种营利性或非营利农业服务组织，主要是提供专业化的服务，帮助农场选择适当的作物保险品种。

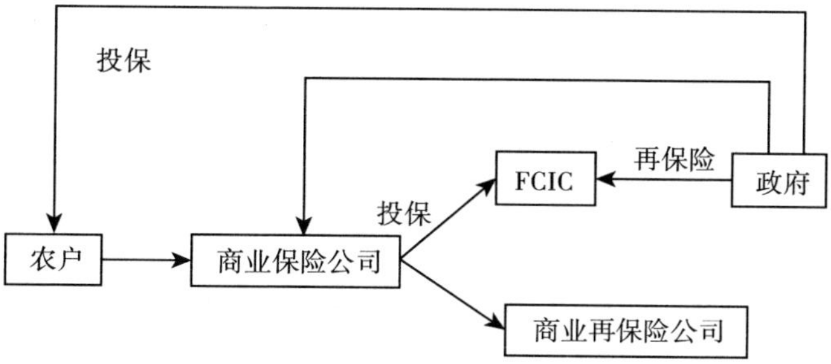

图 1　美国农业保险的实施机制

2. 保险基本情况

《1994 年作物保险改革法》中，保费补贴显著增加，并规定只有参保才可获得政府的其他支持，联邦农作物保险的参保率骤增，从 1994 年的不到 1 亿英亩增至 1995 年的 2.2 亿英亩，增长一倍以上。1996 年《联邦农业提高与改革法案》取消了强制参保规定，部分参保面积被灾害援助计划代替，1996—1998 年参保面积下降 4 000 万英亩，此后参保面积开始回升。《2000 年农业风险保障法》实施后，1998—1999 年实施的临时保费优惠规定写入法律，保费优惠 25%（集中在高保障水平保单），促使作物保险参保率进一步提升，特别是高保障水平的保单。到 2002 年，总参保面积达到 2.15 亿英亩，其中 85%由附加保障保险构成，即完全免费的巨灾保障保险其覆盖面积所占比重不足15%。2000 年以来，引入了新的保费费率和附加费用补贴标准，保险险种和覆盖的品种范围日益增多，联邦农作物保险不断发展。2017 年总参保面积达 3.12 亿英亩，附加保障保险覆盖 3.0 亿英亩（图 2），占总覆盖面积的 96.4%。

美国农业保险覆盖率较高，因此政府不需要提供额外的灾害援助。2017 年联邦作物保险总保额为 1 061 亿美元，保费为 100.7 亿美元，保险赔付额为 63.6 亿美元。由于 2017 年气候条件较好，保险赔付率为 0.52（表 1，图 3）。

保险赔付率衡量农业保险总体的运行情况，由保险赔付额除以总保费得到。1998—2017 年，美国农业保险承保保额增长了 2.1 倍，保险平均赔付率 0.83。即长期来看，美国保费能够覆盖保险赔付，农业保险总体运行良好，财政风险较低。

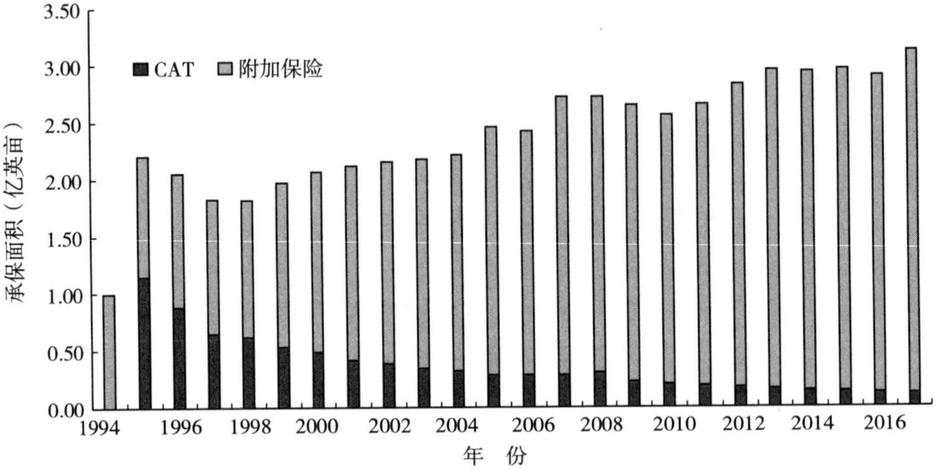

图 2 美国农业保险的承保面积（1994—2017 年）

表 1 美国农业保险运行状况

单位：亿美元、%

年份	保单保费	保额	总保费	赔付额	赔付率
2011	11.5	1 142	119.7	74.6	0.91
2012	11.7	1 172	111.2	69.8	1.57
2013	12.2	1 238	118.1	73.0	1.02
2014	12.1	1 099	100.7	62.2	0.91
2015	12.0	1 025	97.7	60.9	0.65
2016	11.6	1 006	93.3	58.7	0.42
2017	11.3	1 061	100.7	63.6	0.52

数据来源：美国农业部。

2017 年美国农作物保险覆盖 3.12 亿英亩，保费规模全球第一，多数作物的主产区均已覆盖，农作物保险覆盖产品超过 150 种，可选险种 470 多个。4 种主要作物（玉米、棉花、大豆和小麦），其覆盖面积占总覆盖面积的 75%左右，重点农作物参保比例约 90%。按保额规模，2017 年美国玉米保险保额为 394.3 亿美元，占比 37.2%，为美国第一大保险作物，大豆为第二大保险作物，保额为 284 亿美元，占比 26.8%。近年来，玉米、大豆和小麦一直是美国保险保额占比最大的作物，占全部保险保额的 70%以上（表 2）。

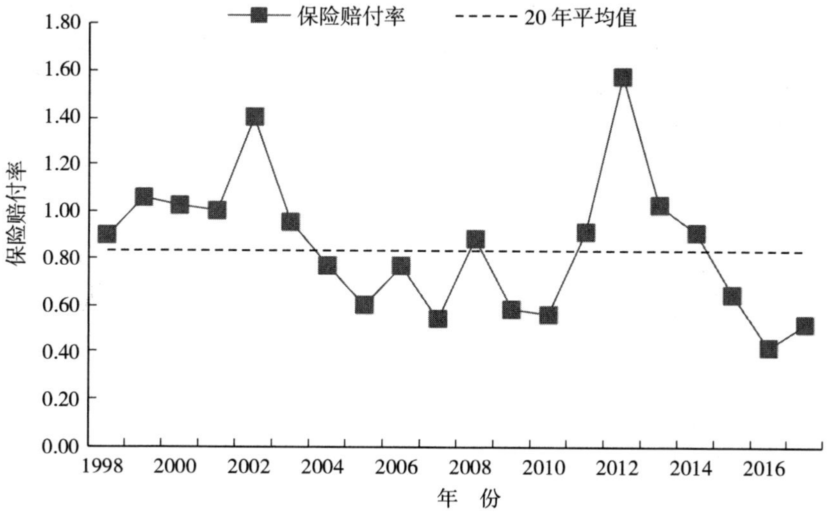

图 3 美国农业保险赔付率（1998—2017 年）

表 2 2017 年美国主要保险作物

单位：亿美元、%

作物	保额	比例
玉米	394.31	37.2
大豆	284.09	26.8
小麦	58.90	5.6
棉花	49.52	4.7
全农场收益保险	28.62	2.7
巴旦木	25.77	2.4
牧草饲料	17.44	1.6
葡萄	15.08	1.4
苹果	12.81	1.2
稻谷	12.61	1.2
其他作物	161.84	15.3

3. 保险类型

美国农业保险保单通常是基于产量或收入为标的，对于以产量为基础的保单，如果生产者的产量低于其正常年份产量（历史平均产量），该生产者将获得赔付。以收入为基础的保单的形成晚于以产量为基础的保单，20 世纪 90 年代中期开始推广，旨在保障生产者因产量和价格双重风险引发的收入损失。2017 年美国共销售政策性保险单 218.3 万张，以产量为基础的保单占 29%，以收入为基础的保单占 71%；按保费收入计算，2014 年保费收入的 81%来自以收入为基础的保单（图 4）。

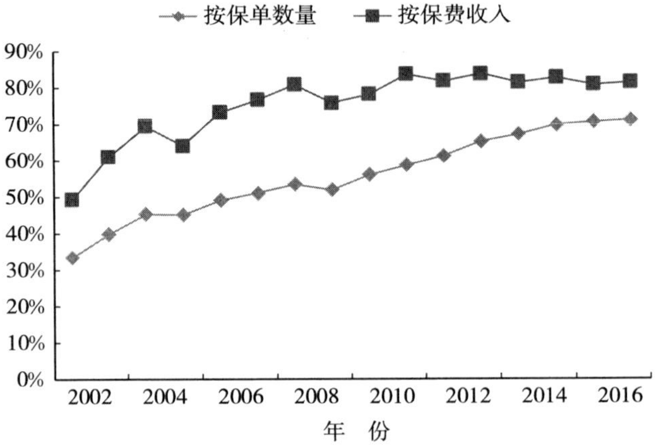

图 4 收入性保险所占份额

（1）产量型保险。农民在购买农作物保险时，首先需要确认两个数据，一是基于生产者实际历史产量形成其正常产量，二是预期的市场价格，然后生产者选择保障正常产量的一定比例或作物损失超过其选择的损失阈值时保障价格的一定比例。为了决定产量保障水平，USDA 要求生产者提供过去 4～10 年的实际年度产量，并将一段时期内生产者实际产量的简单平均作为其实际历史产量（APH）。如果生产者没有足够的产量记录，将会被分配一个过渡产量，该产量为所在县该作物的平均产量。

（2）收入型保险。收入型保险产品通过期货市场的价格发现功能与农业保险政策相结合，把价格变化对收入造成的不确定性纳入了风险责任之中，以收入低于一定水平作为农业保险赔付的条件，这是在原有以产量为基础的保险品种上发展起来的新品种，最早出现在 1997 年的试点方案中，由于风险保障的覆盖范围更加广泛，以收入为基础的保险产品受到了农场主的普遍认可，到 2003 年，以收入为基础的保单覆盖面积超过产量型保险保单的覆盖面积，收入保险将价格保障融入传统产量保险中，形成一种目标收入保障。在收入保险计划中，参保农民基于作物市场价格和历史产量形成目标收入水平。如果农民的实际收入低于目标收入水平（不管是基于特定作物还是整个农场而言），不管是因为低产量还是低价格引发，农民将获得赔付。

专栏1 联邦农作物保险类别

按照保障水平的不同，保险产品可分巨灾保险和附加保险两种。

1. 巨灾保障

最基本的保单叫巨灾保险（CAT），其保费完全由联邦政府承担。农民仅需缴纳管理费（按照2008年法案，每个县每种作物巨灾保险的管理费为300美元，之前为100美元，困难农民可申请免交）。投保巨灾保险，农民获得的保障是正常产量的50%和预测价格的55%（所谓50/55），不是所有保险产品都含有巨灾保障水平选项。

2. 扩大保障

（1）以产量为基础的保险。

实际历史产量和产量保障（APH&YP）：保障因自然原因造成的产量损失，如干旱、洪涝、冰雹、风、霜、昆虫和疾病。农民可选择的保障产量水平在55%～85%，价格保障水平在55%～100%（对于APH，使用RMA决定的价格；对于YP，使用期货市场价格）。若收获季实际产量低于保障产量，农民获得的赔付等于保障产量与实际产量之差，再乘以保障价格。

区域风险计划（GRP）：以一个县的平均产量为基础。对于被保险的农作物来说，该县的产量由农业部农业统计服务局（NASS）提供，当该产量降到投保人所选择的触发水平以下时，保险人就要赔偿，而且不论投保的单个农场主的实际产量是多少，保障水平最高可达县平均水平的90%（70%～90%）。GRP减少了文字工作量，简化程序；赔偿额不受被保险人产量增减而变化；只承保玉米、小麦、大麦、大豆、燕麦、高粱、棉花、花生等作物。该保险产品适合个体农场产量变化与区域农场产量变化一致的农户。

特定保额计划（Dollar Plan）：保障由于灾害致使产量下降造成的经济损失。保障对象主要包括樱桃、草莓、辣椒、柑橘和苗圃作物。保险金额取决于特定地区的种植成本。当年度的农产品价值小于保险金额时，便触发赔偿。最大保障金额是由精算文件规定，被保险人可以选择保障水平，从巨灾水平（CAT）到扩大保障水平。

指数保险产品：美国推行的指数保险产品主要有降雨量指数保险产品和植被指数保险产品两类。选择的指数可以用于估计产量。牧草、牧场和饲料试点计划（The Pasture，Rangeland，and Forage）以及养蜂业试点计划即为此种类型。

（2）以收入为基础的保险。

收入保障保险（RP）及其附加（RP－HPE）：保障投保人因自然灾害而导致的产量损失和因收获价格偏离保障价格而产生的收入损失。投保人选择其保障的历史平均产量百分比，可从50％到75％，一些地区可达85％；保障价格是预期价格或者收获价格的100％，由期货市场决定。保险金额由预期价格和收获价格两者中较大的决定（即保险金额等于保障的产量水平乘以预期价格和收获价格两者中较大的）。如果投保人的收获产量乘以收获价格所得的收入小于保险金额，那么由保险人补偿其差额。

收入保障保险附加又称排除收获价格的收入保险（RP－HPE），它的作用原理与收入保障保险是一样的，差别在于该收入保险的保险价格由预期价格唯一确定。也即是说，即使收获价格高于预期价格，保险金额也不会增加。

实际历史收入（ARH）与APH计划有很多相似之处，与APH的主要区别是保障收入。与其他收入保险一样，都保障因产量、质量、价格或综合因素导致的收入损失。

团体风险收入保障保险（GRIP）：当该县的平均收入低于农户所选择的保障收入时，赔付触发。

农场总收入保险（AGR&AGR－Lite）：保障整个农场的收入，包括一部分牲畜收入。该保险运用报税单附表F上的信息与当年期望农场收入来计算保险保障收入。

养殖业保单：应对价格或净利润下降。覆盖品种包括猪、牛（分肉牛、奶牛和育肥母牛）、羊和牛奶。

资料来源：RMA。

4. 保费情况

美国农民支付的保费随着保障水平的提高而上升，政府对于附加保险的保费补贴率在38％～80％（表3），随着保障水平的上升，补贴率在下降，但总保费补贴随着保单价格增加而提高。

保费补贴率与参保主体相关，美国农业保险的保险单位分为三个层次，第一个层次是基本单位（Basic Units）和选择性单位（Option Units），其中基本单位指农场主在某县范围内的自有土地或以现金地租承租的土地，或农场主在某县范围内以同一比例的收成分成地租所租种的土地，选择单位是把基本单位中的土地依所在的某县不同市镇地区划分成更小的单位，对于选择性单位，需要独立提供实际历史产量记录，以基本单位或选择性单位进行投保的保单，保费补贴率在 38%～67%。第二个层次是企业单位（Enterprise Units）。企业单位是农场主把在某县具有经济利益的某种作物合并成一个保险单位向保险公司投保，而不论种植该作物的土地是自己拥有的还是租来的，也不论是现金地租还是收成分成地租。由于企业单位的被保险农作物的地理位置更分散，风险相对较低，企业单位的最高补贴率可达 80%。第三个层次是全农场单位（Whole Farm Units）。目前只有收入保障保险（包括 RP 和 RP - HPE）可供全农场单位供投保人选择。如种植玉米和大豆的农场主可以把玉米和大豆合并成一个全农场单位投保，保费补贴率在 56%～80%。

表 3　美国农作物保险保费补贴比重

单产保障水平	CAT	50%	55%	60%	65%	70%	75%	80%	85%
基本单位和选择性单位保费补贴（%）	100	67	64	64	59	59	55	48	38
企业单位保费补贴（%）		80	80	80	80	80	77	68	53
全农场单位保费补贴（%）					80	80	80	71	56

数据来源：RMA。

美国政府对农业保险的扶持涵盖多重环节，除了对农民参加农业保险实行保费补贴外，还包括保险公司的经营管理费用补贴、农业再保险支持和税收减免等。2000 年以来，政府在农业保险方面的支出不断增加，2000—2006 财年，政府支出在 21 亿～36 亿美元波动，由于 2009 财年农产品价格大幅上升，带动保费上涨，政府的保费补贴和基于保费一定比例的经营管理费补贴都相应增加，政府支出达到 73 亿美元，伴随农产品价格的下降，2010 财年政府支出降至 37 亿美元，2012 年政府支出高达 141 亿美元。政府成本的最大组成部分为保费补贴，2017 财年为 64 亿美元（表 4）。

表 4　美国农业保险的政府支出

单位：百万美元

财政年度	保费补贴	运行费用	政府直接支出
2000	1 353	626	2 175
2001	1 707	730	3 162
2002	1 513	771	3 466
2003	1 874	892	3 588
2004	2 387	1 043	3 125

（续）

财政年度	保费补贴	运行费用	政府直接支出
2005	2 070	922	2 699
2006	2 517	1 086	3 571
2007	3 544	1 464	3 941
2008	5 301	2 153	5 737
2009	5 198	1 733	7 271
2010	4 680	1 514	3 671
2011	7 376	1 527	11 295
2012	7 149	1 552	14 071
2013	7 279	1 499	5 951
2014	6 224	1 540	7 695
2015	6 102	1 434	5 887
2016	5 871	1 447	4 512
2017	6 360	1 483	5 594

数据来源：RMA。

5. 保费责任分布

2001—2016 年，美国的农业保险责任主要是干旱，占全部保险责任的一半左右，洪涝灾害占比为 29%，雹灾和价格风险占比均为 8%，冻害占比为 6%，病虫害占比为 1%（图 5）。2001 年以来，美国一共发生过两次比较大的旱灾。2016 年，美国农业的保险责任主要是洪涝和暴雨灾害，占全部保险责任的 46%，干旱为触发保险的第二大灾害，占比 23%，价格风险在全部保险责任的占比较低，为 3%。

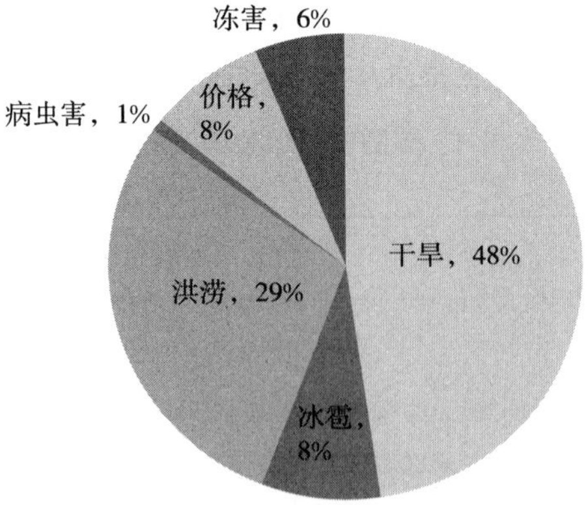

图 5　美国农业主要保险责任分布（2001—2016 年）

6. 保险保障范围

美国农场主购买农业保险的保障水平不断提高。2000 年以前，美国农户购买的农业保险保障范围主要集中在 60%～65%。为了给美国的农业生产者提供更加有力的安全网，使生产者的生产与收入得到保护，提高联邦作物保险计划的效率与完整性，2000 年 6 月 20 日美国国会颁布了《2000 年农业风险保障法》，进一步提高了对农作物保险保费补贴的比例，如选择 75%产量保障水平的保单，保费补贴由 1994 年的 23.5%提高到 55%。受保费补贴提高、农业风险增强、农业生产投入提高等多重因素影响，2000 年以后美国农户购买的农业保险保障范围逐渐提高，主要集中在 70%～75%，占全部保险保单的一半左右，购买 80%以上保障水平保险的农户也在逐年提高，总体来看，美国农业保险 70%以上保障水平的保险购买率接近 80%（表 5，表 6）。

表 5　美国农业保险保费补贴率

单位：%

产量保障水平	《1980 年农作物保险法案》	《1994 年农作物保险法案》	《2000 年农业风险保障法》
55/100	30.0	46.1	64
65/100	30.0	46.7	59
75/100	16.9	23.5	55
85/100	—	13.0	38

表 6　美国农业保险保障范围

单位：%

保险保障范围	1990 年	2000 年	2011 年	2015 年	2016 年	2017 年
CAT	—	24	7	4	4	4
50%～55%	6	5	7	5	5	7
60%～65%	68	42	20	13	12	17
70%～75%	26	25	49	47	48	48
80%以上	0	4	18	31	31	24

7. 美国农业保险与其他政策的关系

美国农业保险与其他农业支持政策之间既相互替代又互为补充，旨在保障农业稳定发展，帮助农民抵御自然和市场双重风险。

农业保险与价格支持、直接支付等农业支持政策之间存在一定的交叉和替代。一方面，通过增加农业保险的支付，美国 20 世纪 90 年代以来的农业自然灾害救济项目大幅减少，强化对农业保险的政策支持也与减少直接补贴项目有一定关系。另一方面，农业保险与其他农产品支持计划部分交叉，其支付与农业保险并不冲突，存在过度支付问题。农业保险与其他政府支持计划之间的交叉因产品而不同，对于小麦、玉米和大豆等大宗作物，生产者可获得多个计划的支持，包括直接支付和反周期支付、平均作物收入选择计划（ACRE）以及营销贷款援助（与价格相关），除直接支付外，其他各项均有降低风险的作用，并增加参保农民的收入。与其他全国性农业支持计划相比，作物保险能够通过管理价格和收入风险为农民提供更精确的利益保障。对于其他农业支持计划（直接支付/反周期支付和营销援助贷款），支付与作物保险赔付无关，但在某些情况下相同市场因素同样能触发赔付，农民因此获得双重保障，产生过度支付。

未纳入商品计划的产品，农业保险是唯一的风险管理工具。对于无法获得联邦农产品计划支持的农产品而言，作物保险是其主要的风险管理工具，特别是针对产量损失。作物保险和其他政府支持计划还与灾害援助计划联系在一起。补充灾害援助计划（SURE）将购买农业保险作为其资格条件。

对于农业保险未覆盖的产品，政府提供非保险作物灾害援助（NAP）为农民提供巨灾保障，一旦由于自然灾害原因导致农作物损失超过 50%或者播种面积减少超过 35%，参加该项目的农场主将获得灾害补偿。为获得 NAP 的保障，生产者必须在申请截止日前递交申请。不同作物的日期不同，通常在最后播种期前的 30 天。像巨灾保障保险一样，NAP 的参与者需要支付管理费（目前为 250 美元/作物）。

三、美国棉花保险政策动态跟踪

1. 美国棉花产业发展情况

（1）美国是世界上第三大棉花生产国和第一大棉花出口国。美国棉花生产规模仅次于印度和中国。1982 年以前，美国的棉花产量一直居于世界首位，此后中国和印度棉花产业快速发展，美国退居世界第三大棉花生产国。2000—2017 年，美国棉花年均产量为 384 万吨，占世界产量的 15.8%。美国是世界第一大棉花出口国，棉花消费市场主要在海外，70%以上的棉花用于出口，出口规模占世界同期出口量的 1/3 左右。因此，从产量和贸易量来看，美国棉花在全球棉花产业中占有重要地位（表 7，表 8）。

表 7　世界主要棉花生产国产量

单位：万吨

国别	2013 年	2014 年	2015 年	2016 年	2017 年
印度	675	642	564	588	621
中国	713	653	479	495	599

（续）

国别	2013 年	2014 年	2015 年	2016 年	2017 年
美国	281	355	281	374	456
巴西	173	156	129	153	189
巴基斯坦	207	231	152	168	179
土耳其	50	70	58	70	87
澳大利亚	89	50	62	88	105
其他	433	439	370	387	431
合计	2 621	2 596	2 094	2 322	2 666

数据来源：美国农业部。

表 8 美国棉花生产和贸易状况

年份	收获面积（万公顷）	产量（万吨）	进口量（万吨）	出口量（万吨）	出口量占产量比重（%）
2002	502.50	374.68	1.46	259.09	69.15
2003	485.80	397.46	0.98	299.55	75.37
2004	528.40	506.23	0.63	314.31	62.09
2005	558.60	520.14	0.61	384.78	73.98
2006	515.20	470.02	0.41	282.15	60.03
2007	424.50	418.18	0.26	296.85	70.98
2008	306.30	279.23	0.00	288.72	103.40
2009	304.90	265.25	0.00	262.07	98.80
2010	433.00	394.12	0.20	313.00	79.42
2011	382.90	339.06	0.41	255.04	75.22
2012	377.20	376.97	0.22	283.61	75.23
2013	305.30	281.06	0.28	229.26	81.57
2014	378.30	355.30	0.26	244.85	68.91
2015	326.80	280.60	0.72	199.28	71.02
2016	384.80	373.83	0.15	324.78	86.88
2017	449.20	455.54	0.11	337.47	74.08

数据来源：美国农业部。

（2）美国棉花种植一半以上集中在得克萨斯州。美国棉花生产 90%集中在棉花带，分四大棉区共 17 个州，棉花带位于北纬 35°以南，从太平洋沿岸的弗吉尼亚州到大西洋沿岸的加利福尼亚州，分为东南部棉区、中南部棉区、西南部棉区和西部棉区。其中东南部棉区包括亚拉巴马州（AL）、佛罗里达州（FL）、佐治亚州（GA）、北卡罗来纳州（NC）、南卡罗来纳州（SC）和弗吉尼亚州（VA）共 6 个州组成；中南部棉区包括阿肯色州（AR）、路易斯安那州（LA）、密西西比州（MA）、田纳西州（TN）和密苏里州（MO），该地区地处密西西比河沿岸，土地肥沃、降雨充足，因而这一地区的棉花生产属于依赖自然降雨型；西南部棉区包括堪萨斯州（KS）、俄克拉荷马州（OK）和得克萨斯州（TX），属于一般水浇地与旱地的混合型生产区；西部棉区包括亚利桑那州（AZ）、加利福尼亚州（CA）和新墨西哥州（NM），属于灌溉型棉区。除了西南部地区的得克萨斯州（2～4 月）以外，所有棉区每年播种期均为 4～6 月，收获期则为 9～11 月。近年来，棉田土壤退化严重，老棉区收缩西移，绝大部分集中在得克萨斯州和佐治亚州，其中得克萨斯州所占棉田面积最大，2016 年棉花种植面积为 567 万公顷，占全美棉田种植面积的 56.3%，佐治亚州棉花种植面积为 118 万公顷，占全美棉田种植面积的 11.7%。

（3）美国政府给予棉农高额财政补贴。美国棉花单位面积的生产成本较为稳定，2014 年以来，由于化肥、农药和种子等生产资料成本的下降，棉花生产成本呈现下降态势。考虑全部生产成本，美国棉花的净收益基本为负（2010 年棉花市场价格较高，棉花产值较高，收益为正），2017 年成本利润率为 −12.3%（表 9）。自 2002 年农业法案实施以来，美国政府为其棉花产业提供高额财政补贴，棉花种植面积稳定在较高水平，棉农收入的主要来源是政府补贴。2014 年农业法案实施以来，美国棉花的种植面积相对保持稳定，产量与面积的波动趋势一致，2017 年美国棉花种植面积为 449.2 万公顷，产量为 455.5 万吨。

表 9　美国棉花每公顷生产成本与收益

单位：美元、%

年份	2010 年	2011 年	2012 年	2013 年	2014 年	2015 年	2016 年	2017 年
产值合计	1 830.6	1 453.0	1 516.8	1 525.7	1 397.4	1 380.5	1 620.2	1 576.1
总成本	1 805.6	1 845.4	1 991.4	1 986.3	2 060.0	2 028.4	1 786.5	1 796.4
净利润	25.0	−392.4	−474.6	−460.6	−662.6	−648.0	−166.3	−220.3
成本利润率	1.4	−21.3	−23.8	−23.2	−32.2	−31.9	−9.3	−12.3

数据来源：美国农业部。

棉花是美国黄箱支持政策中重点支持的农产品之一，根据美国向 WTO 的最新通报，1995—2015 年，美国对棉花的支持力度大于微量允许水平的次数超过17次，其中2005—2015年超过9次。2014年美国实行棉花支持政策改革，虽然取消了直接支付、反周期支付等计划，但对棉花的支持和保护水平并没有削弱，只是支持保护的形式更加隐蔽，从黄箱支持水平来看，2014年和2015年，美国棉花的特定产品黄箱支持水平分别为9.6亿美元和8.5亿美元，为近年来的最高水平，且均超过了棉花的微量允许水平（表10）。

表10　美国棉花黄箱支持水平

单位：亿美元

项　目	2008年	2009年	2010年	2011年	2012年	2013年	2014年	2015年
黄箱约束水平	191.0	191.0	191.0	191.0	191.0	191.0	191.0	191.0
通报的黄箱水平	62.5	42.7	41.2	46.5	68.6	68.9	38.1	38.5
非特定产品黄箱	92.6	60.7	53.9	92.3	3.1	2.7	55.3	81.8
特定产品黄箱	63.7	54.5	44.0	51.4	118.3	134.0	80.6	90.1
棉花特定产品黄箱	11.3	1.5	0.8	0.8	6.4	5.7	9.6	8.5
棉花微量允许水平	2.0	2.2	4.2	4.2	3.9	3.1	3.1	2.5

数据来源：WTO，由作者整理。

2. 美国2014年农业法案对棉花的支持政策

棉花是WTO多哈回合关注的焦点问题之一，考虑到美国国内财政预算的约束和美巴棉花补贴争端，2014年农业法案中美国对棉花支持保护政策做出重大调整，取消了直接补贴、反周期支付和ACRE，并新增堆叠收入保护计划（Stacked Income Protection Plan，简称STAX），用于扩大农业保险的覆盖范围。根据2014年农业法案，适用于棉花的专用条款、对棉花和其他作物通用的条款主要包括三项。

（1）堆叠收入保护计划（STAX）。现行棉花项目由2014年2月7日签署的《2014农业法案》所授权，由于棉花未被列入商品项目，也不适用于ARC和PLC，政策支持转向美国农业风险管理局实施的损失保障保险项目，即STAX。STAX专门针对陆地棉制定，是可以与传统农业保险项目共同实施的农业保障项目。

新农业法案继续提供对植棉农户的一般保险险种，并提供保费补贴，棉农可以选择在现有农业保险计划的基础上购买STAX，也可以直接单独购买STAX。按照2014年农业法案的规定，美国棉农在2014年不再享受直接支付、反周期支付等补贴，也不能获得STAX补贴（该补贴于2015年生效）。针对棉花补贴过渡期存在的补贴问题，美国2014年农业法案制定了棉花过渡辅助计划（CTAP）。那些在2013年拥有棉花基础面积的生产者，只要获得农业部的批准，均可以获得一笔过渡辅助补贴。棉农获准参加STAX计划后，将不再享受棉花过渡辅助计划的直接补贴。

美国 2014 年农业法案新增堆叠收入保护计划（STAX），用于取代原有的棉花直接支付、反周期支付等价格相关的支持政策，保费补贴率为 80%。具体计算方法如图 6 所示。

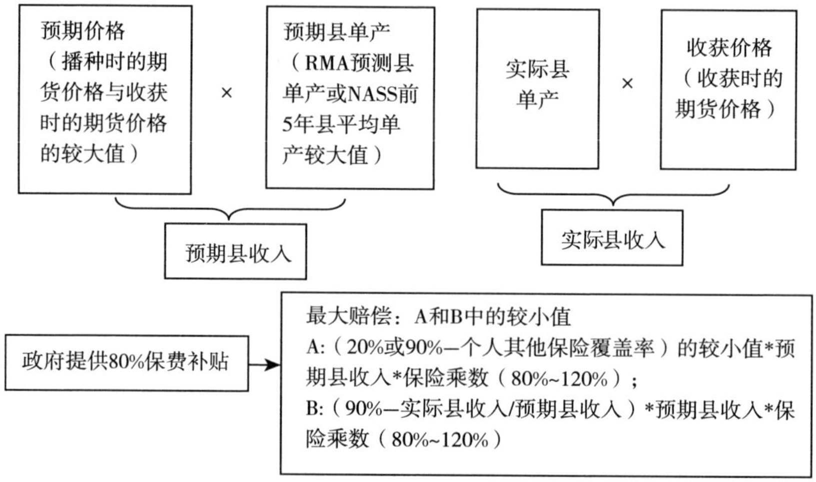

图 6　STAX 的操作方法

新增堆叠收入保护计划（STAX）20%或 90%减去个人其他保险覆盖率中的较小值，即如果农户同时购买普通保险和 STAX，普通保险的覆盖率是 80%，则 STAX 可保险（90－80）%的部分，如果普通保险的覆盖率是 60%，则 STAX 仅可保险最高 20%的部分，如图 7 所示。

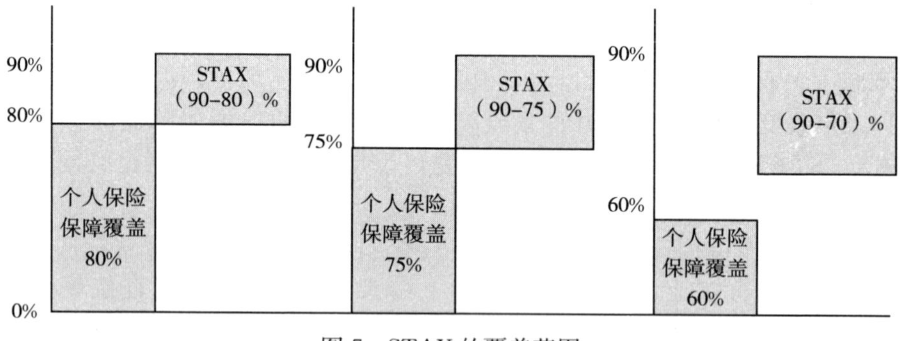

图 7　STAX 的覆盖范围

（2）对棉花和其他作物通用的政策。陆地棉生产者有权接受营销援助贷款，2014 年农业法案基本延续了 2008 年法案中的棉花营销贷款政策，只是对贷款率进行了微调，营销贷款率由过去两年的世界平均棉花价格决定，并根据美国棉花品质和产地调整（AWP）不断调整，在 0.45～0.52 美元/磅之间，继续发挥最低支持价格的作用。参与该计划的棉农的全部棉花都能享受该贷款，贷款期为 9 个月（自贷款形成的首个完整月份开始算起）。该项贷款是无追索权的，商品信贷公司（CCC）罚没作为抵押物的棉花则是对其全部赔付，而不管当时棉花的市场价值是多少。如果 CCC 确认陆地棉 AWP 低于该贷款额度，则棉农可按 AWP 偿还贷款，从而获得了等价于贷款额度与 AWP 之差的市场补贴。放弃 CCC 补贴的授信棉农，其全部棉花都会得到贷款差额补贴，该补贴额度等于 AWP 与市场援助贷款额度之间的差价。营销援助贷款、贷款差额补贴、ARC 和 PLC 等计划的综合收益限额为每人 12.5 万美元。

（3）Step 3 竞争力项目。Step 3 竞争力项目（3-step competitiveness program）由《2002 农业法案》制定，旨在保持美国棉花价格竞争力。Step 1（最近一次使用是在 1992 年 4 月）中强制性的 AWP 调整规则被修改为所有市场贷款通用的、较灵活的规则。适用于 Step 1 调整的规则包括减少罚没、降低政府库存累加、确保美棉在国内外市场上市、保障新旧交替的过渡期间棉花报价不扰乱市场。根据《2005 赤字削减行动法案》Step 2 决定于 2006 年 8 月 1 日撤销。WTO 规定 Step 2 是禁止性的出口补贴和国内工厂使用补贴。Step 3 是一项进口配额补贴，当美国远东价格连续 4 周超过指定区域棉花价格时提供额外的进口额度（相当于由美国国内纺织厂最近 3 个月数据确定的 1 周用量，大约是 14.8 万吨）。进口商在 90 天内采购并在之后 90 天内完成进口。

3. 美国棉花保险政策的执行情况

从棉花保险的类型来看，美国棉农主要购买收益保险和单产保险，特别是收益保险（RP）的购买率更高。根据 RMA 统计的保单数量，2015 年棉花保险保单 94 755 份，其中 STAX 保单 11 987 份，占保单数量的 12.7%，RP 保单 58 529 份，占保单总量的 61.8%，2016 年棉花保险保单 93 756 份，其中 STAX 保单 12 154 份，占保单数量的 13.0%，RP 保单 58 513 份，占保单总量的 62.4%，2017 年棉花保险保单 93 939 份，其中 STAX 保单 12 106 份，占保单数量的 12.9%，RP 保单 59 984 份，占保单总量的 63.9%（表 11）。

从各类棉花保险涉及的种植面积来看，2015 年购买 STAX 的面积为 1.9 万英亩，2016 年购买 STAX 的面积为 1.6 万英亩（表 12）。从棉花获得的农业保险保费补贴来看，2015 年美国支付棉花农业保险保费补贴共计 4.6 亿美元，其中 STAX 支付 7 674 万美元，2016 年支付棉花农业保险保费补贴共计 4.57 亿美元，其中 STAX 支付 7 406 万美元，2017 年支付棉花农业保险保费补贴共计 6.54 亿美元，其中 STAX 支付 1.05 亿美元（表 13）。

表 11　美国棉花保险销售数量

单位：份

保险项目	名　称	2014 年	2015 年	2016 年	2017 年
RP	收益保险（Revenue Protection）	57 612	58 529	58 513	59 984
SCO	补充保障选择计划（Supplemental Coverage Option）	—	120	126	86
STAX	堆叠收入保护计划（Stacked Income Protection）	—	11 987	12 154	12 106
YP	产量保险（Yield Protection）	26 815	24 119	22 963	21 763
总计		84 427	94 755	93 756	93 939

数据来源：RMA。

表 12　美国棉花保险面积

单位：万英亩

保险类型	英文名称	2014 年	2015 年	2016 年	2017 年
RP	Revenue Protection	835.9	706.2	764.4	954.8
STAX	Stacked Income Protection	0.0	1.9	1.6	2.6
YP	Yield Protection	201.5	151.2	179.8	216.1
总计		1 037.4	859.3	945.8	1 173.4

表 13　美国棉花保险保费补贴

单位：万美元

保险类型	英文名称	2014 年	2015 年	2016 年	2017 年
RP	Revenue Protection	42 455	35 368	35 151	50 449
SCO	Supplemental Coverage Option	0	23	23	17
STAX	Stacked Income Protection	0	7 674	7 406	10 544
YP	Yield Protection	4 890	3 004	3 138	4 376
总计		47 344	46 069	45 718	65 386

RP 和 YP 通常有比 SCO 和 STAX 更高的免赔额，能够保障深层次的损失风险，RP 和 YP 能够与 SCO 和 STAX 共同购买，联邦政府提供保费补贴。

四、中国棉花保险政策实践

1. 中国棉花保险发展及创新性实践

中国农业保险主要是以政府为主导的政策性农业保险，2004 年黑龙江、吉林、上海、新疆、内蒙古、湖南、安徽、四川、浙江 9 个省、自治区、直辖市首次试点农业保险。2007 年，中央财政拿出 10 亿元对吉林、内蒙古、新疆、江苏、四川、湖南 6 个省份进行政策性农业保险保费补贴试点，补贴对象有玉米、水稻、大豆、棉花、小麦 5 种农作物及能繁母猪。

现行棉花保险为政策性物化成本保险，参照棉花生长期内所发生的直接物化成本（包括种子成本、化肥成本、农药成本、灌溉成本等）确定保险金额。虽然近几年来棉花保险保额不断提高，但棉花种植实际成本除物化成本外还包括人工成本和土地成本。以新疆为例，2016 年全国农产品成本收益资料汇编数据显示，2015 年新疆棉花每亩总成本 2 140.09 元，其中物质与服务费用为 887.26 元、人工成本为 892.68 元、土地成本为 360.15 元。新疆现行棉花成本保险保额为 1 000 元左右，仅可覆盖棉花总成本的 46.72%。现行以物化成本确定保额的成本保险与棉花种植成本间存在结构性矛盾。此外，现行棉花成本保险责任仅覆盖暴雨、洪水等自然风险，各地依自然条件不同有所差异，难以满足农户管理市场风险的需求。

棉花是高商品率的农产品，近年来，市场价格频繁波动，对棉花生产及棉农增收产生了重大影响。鉴于现行棉花成本保险保障水平低、保险产品单一等问题，多地展开了不同形式的棉花保险产品创新试点。

（1）商业性保险。2015 年 6 月，中国人民财产保险股份有限公司山东省分公司寿光支公司在双王城卧铺村进行商业性棉花保险试点，保额 450 元/亩，保费 18 元/亩。寿光市棉花政策性保险保额 450 元/亩，保费 18 元/亩，中央、省级财政补贴 50%，潍坊市级财政补贴 10%，寿光市财政补贴 20%，农户自交 20%。商业性棉花保险为棉农在政策性棉花保险的基础上进一步加大了保障水平和保险责任，解决了部分种棉大户的保险需求。

（2）保险＋期货。2016 年 10 月 20 日，中华联合财产保险股份有限公司湖南分公司与永安期货股份有限公司全资子公司浙江永安资本管理有限公司签订湖南棉花“保险＋期货”创新试点合作协议。农户或合作社向保险公司购买棉花价格保险，当市场价格下跌时，保险公司向农户赔偿差额部分，确保其获得保底收益。同时，保险公司向期货公司购买场外看跌期权，而期货公司则在郑州商品交易所进行套期保值。“保险＋期货”模式将种植户遭受的价格下跌风险转移到资本市场，实现了风险对冲。这不仅为种植户提供了避险工具，还有助于稳定棉花的生产经营。

2016 年 11 月 2 日，新疆首个“保险＋期货”创新试点签约仪式在新疆喀什地区莎车县举行，中国人保财险与南华期货股份有限公司全资子公司浙江南华资本管理有限公司签订棉花“保险＋期货”创新试点合作协议。11 月 3 日，南疆产棉大县巴楚县 9 户棉农也签订了“保险＋期货”试点保险合同。

（3）收入保险。棉花收入保险在 2016 年 8 月由中华财险石河子分公司在新疆生产建设兵团进行试点，为 100 亩以上的棉花提供收入保障；在约定时期内，由于产量或价格变化造成保险棉花实际收入低于约定收入时，保险公司进行赔偿。试点预期产量为前 3 年平均产量，预期价格参考棉花种植成本、棉花预期收益及棉花播种期约定棉花期货合约价格，由投保人与被保险人协商确定。保险金额为 2 100 元/亩，费率 10%。由于试点初行，保费由团场全额支付，无财政补贴，因此费率有意设低。

（4）价格保险。棉花价格保险在 2016 年 8 月由中华财险石河子分公司在新疆生产建设兵团进行试点，为 100 亩以上的棉花提供价格保障；在棉花收获期间，棉花实际价格低于目标价格时，保险公司进行赔偿。试点目标价格参考棉花种植成本、棉花预期收益以及棉花播种期约定棉花期货合约盘面价格，由投保人与被保险人协商确定。约定每亩产量参照近 5 年历史平均产量确定。试点保险期间为 2016 年 9 月 22 日至 2016 年 12 月 31 日，约定亩产皮棉为 1 401 千克，目标价格为 15 000 元/吨，保险金额为 2 100 元/亩，费率 8%。

（5）温度指数保险。棉花温度指数保险由中华财险有限公司针对新疆开发，保险标的为整地块连片种植、可清晰确定地块界限、符合当地普遍采用的技术管理要求、种植地区具备完善的气象站点分布及良好的气象数据基础、生长和管理正常的棉花。在保险期间内，因低温灾害、高温灾害造成的棉花产量损失，保险人按保险合同约定进行赔偿。温度指数保险保额为 600 元/亩，保费 30 元/亩。

2. 中美棉花保险产品比较研究及对中国的政策启示

保险责任、保障水平、保费补贴和保险单元是种植业保险产品开发过程中需要重点关注的 4 个方面。而数据是测算保险费率的基础，因此，主要从数据基础、保险责任、保障水平、保费补贴和保险单元 5 个方面对中美棉花保险进行比较分析。

（1）数据基础方面。在生产数据方面，美国关于农场主及县域的历史生产数据较为详尽，同时美国的期货市场比较发达，有丰富的价格数据。美国农业部是农业统计工作的权威部门，美国农业部下设风险管理局和联邦农作物保险公司。1996 年，美国农业风险管理局成立，建立了较为详尽的农作物风险数据库，目前，风险管理局已在全国设立了10多个分支机构，为实施农业保险提供了丰富的数据资源。农业部下属国家农业统计服务中心（NASS）是重要的农业原始数据采集部门，主要负责收集、总结、分析和发布农产品生产及市场销售的基础数据，其所发布的投保作物的县域产量是区域作物保险的重要数据来源。此外，美国国内税务局（IRS）的生产者历年的税收申报表以及农场年度报告是确定农场保险保障收入的基础。可见，无论是单个农场层面还是区域层面、单作物保险或农场整体保险，美国完善的农业统计体系为其多样化的作物保险产品提供了强大的数据支持。

中国对于农业生产数据虽有统计，但统计部门较多，各部门统计数据略有差异，同时中国缺乏精细化数据的采集与发布，在研究过程中，县级单产数据及价格数据难以获取，更不用说更加细化的乡、村、农户层次的数据。由于数据的缺失，中国农业保险费率的厘定主要是基于省级农作物损失的历史经验数据来测算，数据问题成为精确测算不同地区费率的主要制约因素。

（2）保险责任方面。目前美国主要经营的棉花保险产品包括产量保险和收入保险。产量保险主要承保保险期间，由于不利的天气因素、火灾、虫害、病害等造成保险棉花实际产量低于约定产量时，视为保险事故发生，由保险公司按照保险合同的约定负责赔偿，侧重于对产量损失风险的保障；收入保险保障由于产量损失、价格损失或二者组合造成的实际收入低于约定收入的情况，同时覆盖自然风险和市场风险；棉花生产者可以在产量保险和收入保险中进行选择，同时棉花生产者还可以选择补充保险和累积收入保险，为棉花提供多方位的风险保障。此外，棉花生产者不仅可以选择承保农场的风险，也可以选择县域保险。中国棉花保险仅保障自然风险，保证农户再生产过程的进行，无法满足棉农分散市场风险的需求。

（3）保障水平方面。美国作物保险产品丰富，不同保险产品保障水平有所差异。美国棉花产量保险、收入保险的保障水平为核准产量/收入的50%～85%，不同保障水平所对应的费率有所不同，农户可以自行选择。巨灾风险保障（CAT）的保障水平固定，为核准产量的50%，预测价格的55%。而堆叠收入保险（STAX），生产者可选择的预期区域收入的比例从75%到90%，低于该保障程度时将获得赔付；同时，农户可以选择不同的防护系数，从80%到120%。补充保障选择计划（SCO）保障预期区域收入/产量的86%。中国种植业保险遵循“低保障、广覆盖”原则，现行保险为物化成本保险，以作物生产的直接物化成本来确定保险保额，与美国相比，既不属于产量保险也不属于收入保险，保险产品比较单一，保障水平缺乏弹性，无法满足不同农户多层次的风险保障需求。

（4）保费补贴方面。美国对基本的巨灾保险保费实行政府全额补贴。联邦政府对堆叠收入保险提供 80%的保费补贴，对补充保障选择计划提供 65%的保费补贴。对于常见的作物保险实施差异化的保费补贴政策，补贴力度取决于生产者所选择的保障水平和投保的保险单元。生产者选择的保险保障水平不同，补贴力度不同；主要表现为保障水平越低，保费补贴力度越大。该政策考虑到了生产者的收入异质性，较为富有的生产者更倾向于购买高保障水平的保险产品，基于其收入水平较高，国家可以提供较少补贴，而将财政更多的补贴给贫困生产者，提高财政资金的利用效率。

五、政策建议

美国棉花保险政策经历了从单一风险保障到多重风险保障的过程，保险责任也从产量损失过渡到收入保障。美国 2014 年农业法案对棉花安全网进行调整优化，虽然取消了直接支付、反周期支付等计划，对棉花的支持和保护水平并没有削弱，只是支持保护的形式更加隐蔽，更多地运用农业保险工具来保障棉农利益。美国棉花保险政策主要表现出以下特点：一是棉花支持政策不断向农业保险倾斜，且以收入保险为主；二是差异化的农业保险补贴政策，补贴比例与保障水平、保险单元相匹配；三是多样化的农业保险品种，适用于不同地区不同作物。虽然，近几年中国农业保险产品创新步伐不断加快，但新型农业保险产品尚处于试点阶段，广泛实行的政策性农业保险发展仍然比较落后。应充分借鉴美国棉花保险方面的经验，不断健全完善中国棉花保险制度。中国自 2007 年开始实施中央财政农业保险保费补贴政策以来，农业保险取得了积极进展，目前中国农业保险政策正由初步建立向健全完善阶段发展，在充分认识中美发展阶段、国情农情区别的基础上，应充分借鉴其几十年实践积累的农业保险制度建设与产品开发方面的经验，推动健全中国的政策性农业保险制度。

1. 明确农业保险政策地位和功能

农业保险特别是政策性农业保险，是一种发展农业的政策工具，美国的农业保险是由政府监管下私人保险公司经营的，政府对农业保险的政策支持依然涵盖了保费补贴、经营管理费用补贴、税收优惠等多个方面。中国的农业保险也是政策性农业保险，基本借鉴了美国的发展经验，但在实际中存在政府和市场的边界不清晰、财政补贴结构不合理等问题，美国法律对政府和市场的关系界定得非常清晰，政府只做决策，出规则、出钱和进行监管，不参与经营的任何活动，更不会分配市场资源。中国政府不仅要供给制度，制定政策，出钱，监管，还要帮忙宣传、组织农户投保，协助展业、定损、理赔等，甚至与中介联手亲自分配农村保险市场资源。中国目前对农业保险的支持政策主要是保费补贴，目前的补贴比例为75％～80％，但是中央补贴“力度”和“范围”需要进一步拓展，基层政府及相关部门是中国农业保险服务的重要提供主体，不仅要承担部分农业保险保费资金投入，而且还直接参与到提供农业保险服务的具体过程，负担较重，为鼓励基层政府特别是粮食主产区基层政府提供农业保险服务，中央财政应支持加强基层农业保险服务体系建设，对基层政府参与提供农业保险相关服务给予利益补偿，调动基层政府参与提供农业保险相关服务的积极性。建议由中央政府全额承担农业保险保费补贴投入，不应再由主产区地方政府承担保费补贴责任。

2. 充分认识中国与美国农业经营主体差异

美国农业资源丰裕，单个农场的经营规模非常大。美国拥有耕地24.4亿亩，按照目前220万个农场计算，每个农场平均经营耕地面积为1 108亩，中国目前有耕地18.25亿亩，农户数量超过2.66亿户，户均经营耕地面积不到7亩，仅约相当于美国的1/160。经营规模超小导致保险公司向农户直接提供保险服务的交易成本高。美国农业保险从保险产品销售到勘察理赔全过程均由保险公司在商业可持续的前提下自行完成，而中国经营农业的保险公司难以承担如此高的交易成本，建议完善中国农业保险的机制架构，健全政府支持下的基层农业保险服务体系。

3. 设计多层次保险产品满足不同主体需求

美国提供了一个极富弹性的农业保险政策框架，基础保障部分是巨灾保险，在巨灾保险之外则设计了各种风险保障水平的产品供农场自行选择。中国农业保险实行“低保障、广覆盖”的原则，农业保险所提供的风险保障水平甚至低于直接物化成本，随着各类新型农业经营主体的发育，无法提供适应多层次农户需求的保险产品供选择。建议借鉴美国建立多层次农业保险产品的做法，在国家给予适当支持和实现商业可持续原则的前提下，按照经营主体组织属性设计能够满足更高需求，提供更多风险保证水平档次的保险产品供各类不同的经营主体自由选择。

中国—东盟自贸区升级版对中国农业影响研究

东盟是亚太地区成立最早、发展最完善的地区性经济组织。2000 年以来，东盟经济发展较快，成为亚洲乃至全球具有一定影响力的区域性组织。由于历史、地理位置的缘故，东盟与中国之间存在着特殊的政治、经济关系，特别是中国—东盟自由贸易区的正式建立，促使中国与东盟双边经贸关系进一步加强，因此，分析东盟的农业生产贸易，对东盟与中国之间的农产品贸易发展进行跟踪研究，有利于及时掌握东盟经济发展、政策演变的趋势，探明中国与东盟之间农业贸易存在的问题，从而巩固和加强中国、东盟农业双边经贸合作，最终实现中国与东盟之间互利共赢及保障中国的粮食安全。

一、东盟农业产业发展与贸易情况

（一）东盟农业发展总体特征

1. 东盟农业在世界上占有重要地位

东盟是以农业生产为主的区域组织，尽管其土地总面积仅占全球的 2.98%，但其农业生产在全球农业生产中占有重要地位。

东盟农业增加值总体呈增长趋势，增长速度较快。2000—2015 年，东盟农业生产增加值从 2000 年的 700.51 亿美元增长到 2015 年的 2 651.75 亿美元，年均增长 9.28%；同期，中国农业增加值增长率为 12.17%。

东盟农业增加值占世界的比重从 2000 年的 6.31%增长到 2011 年的 9.39%后，2011—2014 年，该比重呈逐年下降趋势，但下降幅度较小，2015 年与 2012 年相比，下降 0.77 个百分点。同期，中国的农业增加值占世界农业增加值的比重最高，2015 年高达 32.53%，远高于东盟；印度农业增加值占世界农业增加值的比重也高于东盟，2015 年为 10.51%（图 1）；其余主要农业生产国，例如美国、巴西、加拿大和澳大利亚，2015 年农业增加值占世界农业增加值的比重分别为 5.64%、2.55%、0.84%和 0.91%，均低于东盟。

2. 东盟各成员国农业发展态势良好

总体来看，东盟经济发展水平差异较大，农业在经济发展中的地位也有所

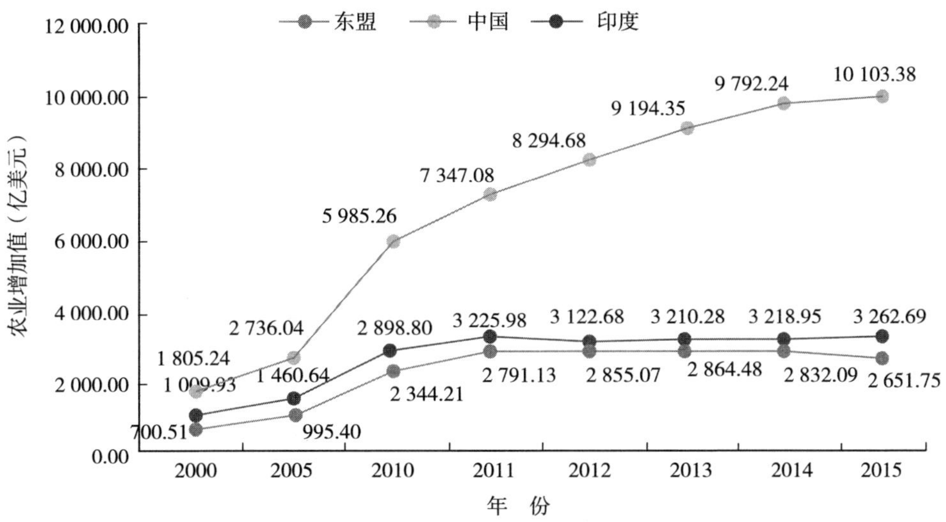

图 1　2000—2015 年东盟、中国和印度农业增加值变化情况

注：中国统计数据不包括中国香港、澳门和台湾地区

资料来源：联合国统计数据库，http：//unstats. un. org

不同。其中柬埔寨、老挝、缅甸和越南是以农业为主要部门的国家，2015 年农业增加值占 GDP 的比重分别为 26.58%、22.39%、26.75%和 16.99%，印度尼西亚、马来西亚、菲律宾和泰国等中等收入国家，农业增加值占 GDP 的比重相对较低，2015 年分别为 13.52%、8.45%、10.27%和 9.14%（图 2）；新加坡和文莱这两个高收入国家，农业在国民经济中的比重很低，基本上可以忽略不计。同时，柬埔寨、老挝、缅甸和越南 4 国的农业经济发展速度较快，2000—2015 年农业增加值年均增长率分别为 9.00%、9.71%、9.72%和 10.20%；同期，印度尼西亚、马来西亚、菲律宾和泰国等中等收入国家的农业增加值年均增长率分别为 10.59%、7.68%、6.72%和 8.42%；而文莱和新加坡等发达国家的农业发展速度相对缓慢，同期的年均增长率分别为 5.77%和 1.07%。

东盟农业生产以热带农作物为主，水稻、木薯、棕榈油以及热带水果的生产在世界占有较高比重。2016 年东盟的水稻产量为 20 561.42 万吨，占世界水稻产量的 27.75%；东盟是世界上棕榈油和椰子最主要的生产区域，2014 年，棕榈油产量占世界同类产品产量的比重达 88.9%，2016 年椰子占世界同类产品产量比重达 59.22%；东盟也是木薯和香蕉的重要产地，2016 年其产量占世界同类产品产量的比重分别为 28.73%和 15.10%（表 1）。

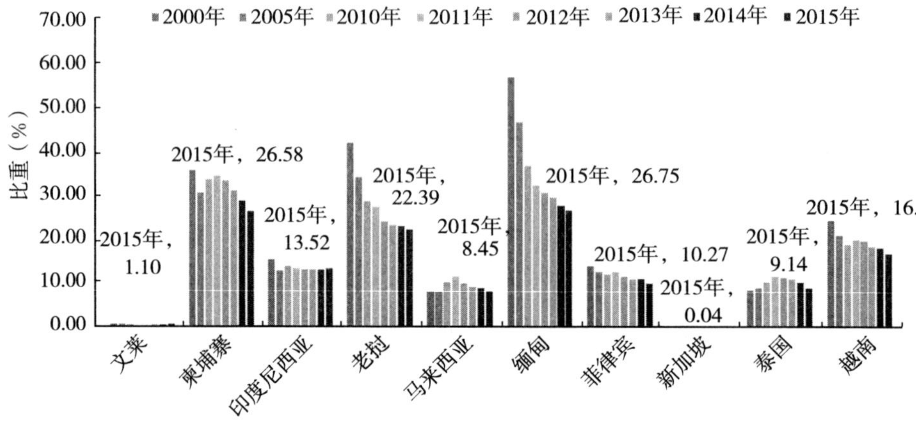

图 2　2000—2015 年东盟各成员国农业增加值占 GDP 比重的变化情况

资料来源：根据联合国统计数据库（http：//unstats. un. org）相关数据计算得出

表 1　2000—2016 年东盟主要农产品产量变化情况

单位：万吨、%

年份	水稻		棕榈油		椰子		木薯		香蕉	
	产量	占全球产量的比重	产量	占全球产量的比重	产量	占全球产量的比重	产量	占全球产量的比重	产量	占全球产量的比重
2000	15 235.3	25.4	1 847.6	83.1	3 193.3	62.4	3 932.3	22.3	1 255.5	19.0
2005	17 343.0	27.3	2 766.8	85.7	3 706.3	64.5	4 552.2	22.1	1 517.1	18.9
2010	20 301.8	28.9	4 033.1	88.1	3 701.5	61.4	6 201.6	25.5	1 859.4	17.3
2011	20 400.0	28.3	4 374.5	88.5	3 605.0	61.5	6 760.7	26.5	1 933.3	18.2
2012	21 042.4	28.7	4 667.9	87.7	3 876.2	62.5	7 531.8	29.2	1 962.2	18.6
2013	21 238.9	28.6	4 822.0	88.6	3 718.5	59.9	7 604.5	29.1	1 870.1	16.9
2014	20 908.3	28.2	5 094.6	88.9	3 654.8	59.9	7 698.4	28.1	1 677.9	15.1
2015	20 783.2	28.1	—	—	3 477.8	58.7	7 996.3	28.9	1 955.6	17.0
2016	20 561.4	27.8	—	—	3 494.9	59.2	7 960.3	28.7	1 710.1	15.1

资料来源：FAOSTAT。

（二）东盟农产品贸易地区结构特征

1. 东盟农产品贸易发展迅速

东盟具备得天独厚的资源禀赋，其以国际市场为导向，适时调整农业结构和产品结构，积极参与国际分工和市场竞争，农产品贸易发展迅猛。2000—2016 年，东盟农产品贸易总额从 444.09 亿美元增长到 2 543.10 亿美元，年均增长 11.52%，其中，出口额从 251.22 亿美元增长到 1 505.40 亿美元，年均增长 11.84%；进口额从 192.86 亿美元增长到 1 037.70 亿美元，年均增长 11.09%。从 2000 年到 2014 年，东盟的农产品贸易总额始终保持顺差状态，且顺差呈增长态势，从 58.36 亿美元增长到 614.41 亿美元，年均增长 18.31%。但 2015—2016 年顺差有所萎缩，年均下降 12.75 个百分点。这说明，东盟农产品的国际竞争力整体上较强，但近些年呈现缓慢下降的趋势。

2. 东盟农产品贸易在全球占有较为重要的地位

2000—2016 年，东盟农产品出口额占世界农产品出口总额的比重呈上升态势（图 3），从 6.11%增长到 9.47%，增长了 3.36 个百分点。其中，东盟农产品贸易额所占比重于 2011 年超越美国，成为全球最主要的农产品出口区域；但随后该比重有所下降，并于 2016 年下降到 9.47%，比美国农产品贸易所占比重低 0.68 个百分点。

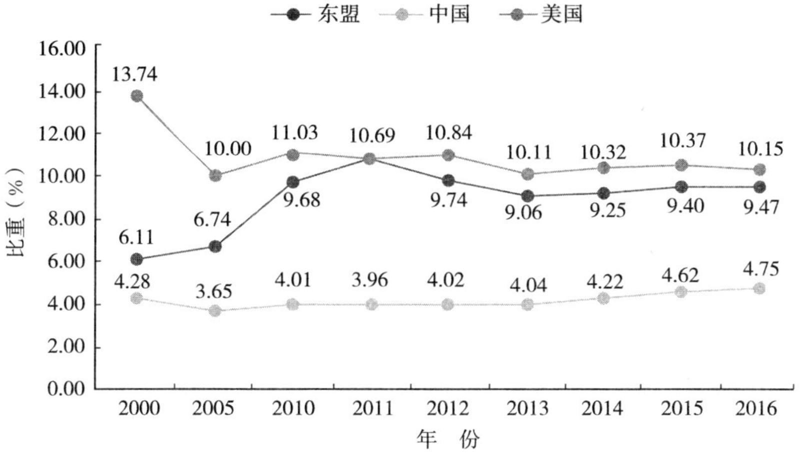

图 3　2000—2016 年中国、美国、东盟农产品出口额占全球的比重

资料来源：根据联合国统计数据库（http://unstats.un.org）相关数据计算得出

东盟农产品进口额占世界农产品进口总额的比重相对较低，2016 年所占比重为 6.48%（图 4），低于中国、美国农产品进口额占世界农产品进口额的比重。

3. 东盟农产品贸易存在内部地区不平衡

从东盟各成员国的农产品出口情况看，2016 年，印度尼西亚是东盟农产品出口额最大的国家，出口额为 391.52 亿美元；其次是泰国、马来西亚和越南，农产品出口额分别为 369.06 亿美元、255.44 亿美元和 260.36 亿美元；其余东盟国家的农产品出口额相对较低。泰国、印度尼西亚和马来西亚是东盟最主要的农产品进口国，2016 年农产品进口额分别为 211.06 亿美元、199.53 亿美元和 175.24 亿美元；其次为越南和新加坡，农产品进口额分别为 163.64

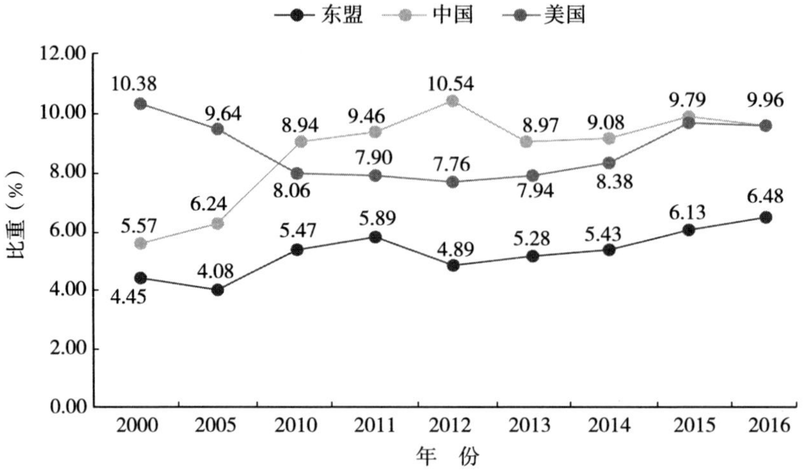

图 4　2000—2016 年中国、美国、东盟农产品进口额占全球的比重

资料来源：根据联合国统计数据库（http：//unstats. un. org）相关数据计算得出

亿美元和 132.12 亿美元。因此，印度尼西亚、马来西亚、泰国和越南不仅是东盟主要的农产品出口国，而且是主要的农产品进口国家。

4. 东盟国家农产品贸易额明显增长

印度尼西亚作为东盟最大的农产品出口国和第二大进口国，2016 年其农产品出口较 2015 年有所下降，出口额下降了 1.58%，进口额较 2015 年有所增长，增长了 8.68%。2016 年泰国、越南、菲律宾、缅甸、老挝和柬埔寨的农产品进出口额同样比 2015 年有所增长，其中泰国的出口额和进口额分别增长 1.21%和 2.73%；越南的出口额和进口额增长速度较快，分别增长 6.57%和 9.67%；菲律宾的出口额和进口额分别增长 1.71%和 22.06%；缅甸的出口额和进口额增长速度较快，分别增长 16.52%和 57.46%；老挝的出口额和进口额分别增长 59.64%和 8.76%；柬埔寨的出口额和进口额分别增长 59.64%和 8.76%。总体来说，大部分东盟国家农产品的进口额和出口额较上一年都有较为明显的增长。

（三）东盟农产品贸易产品结构特征

1. 东盟的稻谷与大米的全球贸易地位进一步提升

东盟是全球重要的水稻生产区域，其水稻产量超过全球水稻产量的 1/4。是全球最大的稻谷与大米出口地区①。2016 年东盟稻谷贸易规模有所缩小，表现在稻谷与大米进出口贸易总量和贸易总额均下降，其中出口下降幅度较大。

① 稻谷与大米 UN Comtrade HS 编码为 100 610、100 620、100 630、100 640。

但是从在全球的贸易地位来看，2016 年东盟稻谷出口量和出口额占全球的比重增长较快，分别从 2015 年的 38.11%和 34.18%上涨到 58.30%和 49.40%。与出口相比，东盟稻谷进口量和进口额占全球的比重低，2016 年的进口量和进口金额占比分别为 16.83%和 14.95%，较 2015 年也有较大幅度的上涨（图 5）。

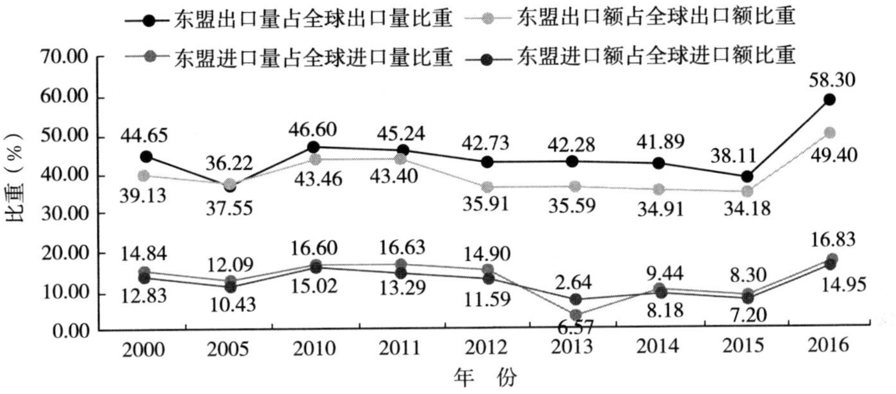

图 5　2000—2016 年东盟稻谷与大米进出口占全球比重的变化情况

资料来源：UN Comtrade

泰国、越南和柬埔寨是东盟主要的稻谷和大米出口国，其中泰国和越南稻谷和大米出口量占东盟稻谷和大米出口总量的 95%以上，柬埔寨稻谷和大米出口量相对较小，但增长速度快。

菲律宾、马来西亚、印度尼西亚和新加坡是东盟主要的稻谷与大米进口国，此 4 国进口稻谷与大米额占东盟总进口额的 91.08%。其中印度尼西亚的进口比重有所上升，相反，菲律宾、马来西亚和新加坡的进口比重在下降。

2. 东盟是全球重要的热带经济作物出口地区

东盟不仅是世界上最主要的棕榈油生产地区，同时还是椰子、木薯、香蕉等热带经济作物的主产区和出口区。

（1）东盟是全球最大的棕榈油出口地区，2016 年东盟棕榈油贸易规模进一步扩大。东盟棕榈油贸易总额从 37.87 亿美元增长到 247.16 亿美元，年均增长率为 12.44%，其中进口额、出口额、贸易顺差年均增长率分别为 11.32%、12.50%和 12.56%。2016 年东盟棕榈油贸易总量比 2015 年下降 13.57%，同期东盟棕榈油贸易总额也有所下降，同比下降 3.15%，出口额下降幅度为 5.86%，进口额增长了 145.19%（图 6）。2012—2016 年，东盟棕榈油出口额占全球的比重从 87.50%增长到 92.76%，增长 5.26 个百分点。

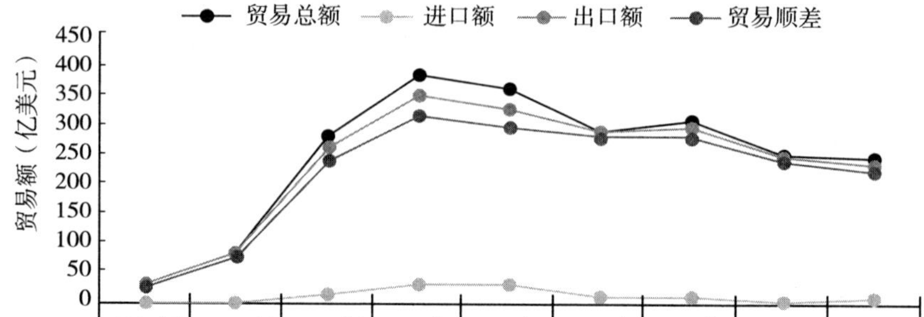

	2000年	2005年	2010年	2011年	2012年	2013年	2014年	2015年	2016年
贸易总额	37.86	86.52	283.85	389.02	368.02	292.83	313.61	255.20	247.16
进口额	2.02	4.45	21.64	35.19	32.56	16.80	15.11	4.57	11.21
出口额	35.85	82.07	262.21	353.83	335.46	287.72	298.50	250.63	235.95
贸易顺差	33.83	77.62	240.58	318.64	302.90	282.61	283.38	246.06	224.74

图 6　2000—2016 年东盟棕榈油贸易额变化情况

资料来源：UN Comtrade

从 2016 年贸易数据来看，印度尼西亚和马来西亚是东盟最主要的棕榈油出口国，2016 年印度尼西亚棕榈油出口量占东盟的比重达到 61.91%。同期马来西亚的棕榈油出口量占东盟的比重为 37.58%。从贸易条件来看，印度尼西亚棕榈油出口具备价格竞争优势，但马来西亚棕榈油产业内贸易现象较为明显，且其棕榈油出口价格高于进口价格，有利于其棕榈油产业的发展。

（2）东盟是全球椰子贸易规模最大的区域。东盟集中了全球约 60%的椰子产量，椰子生产规模位居全球第一。印度尼西亚和菲律宾是东盟最大的两个椰子生产国，其椰子收获面积和产量占东盟的比重均在 90%以上。

从贸易方面来看，东盟同样是全球椰子贸易规模最大的区域。2016 年东盟椰子出口量、出口额占全球的比重分别为 82.11%和 91.37%。2016 年东盟椰子出口量达 33.84 万吨，出口额达 1.49 亿美元（图 7）。

印度尼西亚、马来西亚、泰国和越南是东盟主要的椰子出口国。其中，印度尼西亚是东盟最大的椰子出口国，2016 年其椰子出口量占东盟椰子出口总量的 37.50%，马来西亚椰子出口量从 2012 年开始呈现波动上涨的趋势，2012—2016 年年平均增长 7.99%，但其椰子出口量占东盟的比重则有下降的趋势，2016 年马来西亚椰子出口量仅占东盟总出口量的 18.66%。2016 年越南和泰国椰子出口量和出口额上涨较快，越南和泰国椰子出口量分别从 2015 年的 3.32 万吨和 4.49 万吨上升到 2016 年的 6.08 万吨和 7.91 万吨，分别上涨了 83.13%和 76.17%。

同时在东盟主要椰子贸易国中，马来西亚和泰国存在较为明显的椰子产业内贸易现象。2016 年，马来西亚和泰国的椰子进口量与出口量之比分别为 2.07∶1 和 2.17∶1。

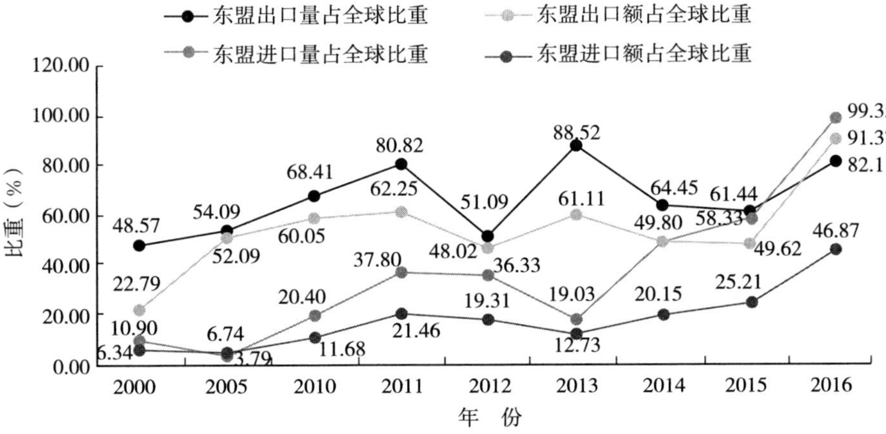

图 7　2000—2016 年东盟椰子进出口占全球椰子进出口比重的变化情况

注：缺老挝的相关数据

（3）东盟是仅次于非洲的全球第二大木薯生产区域。泰国和印度尼西亚是东盟最大的两个木薯生产国，也是全球（尼日利亚、刚果、巴西位居前三）前五大木薯生产国。

从贸易来看，东盟是全球最主要的木薯出口地区。近年来，其木薯贸易规模占全球的 95%以上①。东盟木薯贸易总额从 2000 年的 2.28 亿美元增长到 2016 年的 20.07 亿美元，年均增长率为 14.54%，总体上表现为贸易顺差的局面。2016 年东盟木薯贸易顺差高达 9.06 亿美元。

泰国和越南也是东盟最主要的木薯出口国，其中泰国出口规模位居第一，其次是越南、柬埔寨。2016 年，泰国木薯出口额达 11.09 亿美元，占东盟木薯出口总额的 76.12%，越南木薯出口额为 2.56 亿美元，占比 17.59%，柬埔寨为 0.21 亿美元，占比仅 1.46%。3 国中泰国和越南出口额较上年均有所下降。

泰国和越南均存在一定程度的木薯产业内贸易。其中，2016 年泰国木薯进口量为 253.71 万吨，出口量为 641.8 万吨，尽管其进、出口量的差距较大，但随着进口量的迅速增加，其木薯产业内贸易现象值得关注。

（4）东盟是全球香蕉重要产地，其香蕉收获面积占全球的 13%以上，产量占全球的 15%以上。印度尼西亚、菲律宾和越南是香蕉主要生产国。其国际市场占有率总体呈增长趋势。

① 木薯 UN Comtrade HS 编码为 071410，东盟国家中缺乏老挝数据。

2000—2016 年东盟香蕉贸易规模不断扩大，贸易额从 2000 年的 3.18 亿美元增长到 2016 年的 9.93 亿美元，年均增长率为 7.37%，其中出口额年均增长率为 7.30%。2000—2016 年，东盟香蕉贸易规模占全球的比重趋于上升，其中 2016 年东盟香蕉出口量和出口额占全球的比重分别达到 11.56% 和 10.86%，进口量和进口额占全球的比重也上涨较快，2016 年分别达到 0.53% 和 0.39%（图 8）。菲律宾是东盟最主要的香蕉出口国，2016 年其香蕉出口额达 6.19 亿美元，占东盟地区香蕉总出口额的 65.65%；东盟香蕉进口规模较小，新加坡和泰国是东盟最主要的香蕉进口国，两国香蕉进口总量、进口总额均占东盟的 90%以上。

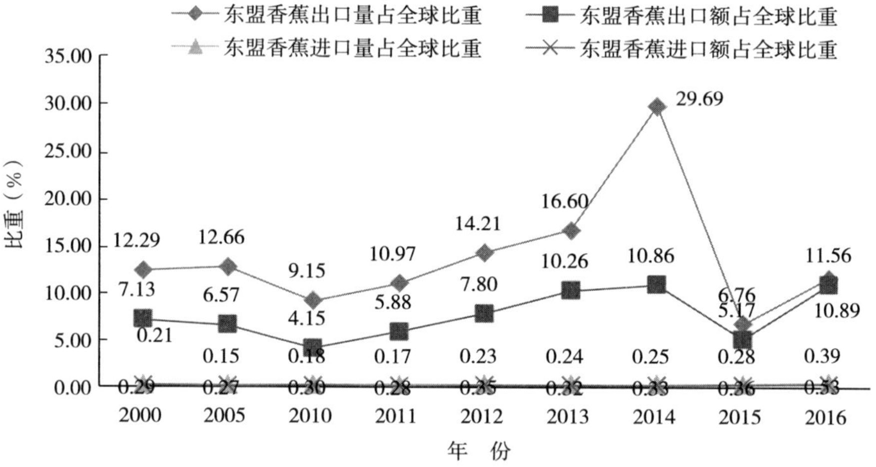

图 8　2000—2016 年东盟香蕉进出口占全球香蕉进出口比重的变化情况

资料来源：UN Comtrade

3. 东盟对玉米进口需求迅速扩大

东盟玉米生产规模较小，生产效率相对较低，其玉米收获面积和产量占全球的比重均较低，其中玉米收获面积约占 5%，产量约占 3%。与美国和中国这两个全球玉米主产国相比，东盟玉米生产规模、生产效率均存在一定差距。

从贸易方面来看，东盟玉米贸易在世界玉米贸易中所占的份额较低，整体呈贸易逆差的状态。2016 年东盟玉米出口量、出口额占全球的比重总体不到 2%，分别为 0.91%和 1.87%；泰国为东盟主要的玉米出口国，2016 年泰国玉米出口量占东盟的 49.11%，出口额占东盟的 39.44%。但东盟玉米进口规模在全球的地位自 2013 年以来明显提升，2016 年东盟玉米进口量、进口额占全球的比重分别提升至 12.28%和 11.66%。玉米进口量从 2012 年的 672.99 万吨增长到 2015 年的 1 511.76 万吨，年均增长率达 30.97%；同期，玉米进口额从20.73亿美元增长到33.37亿美元，年均增长率为17.20%。但2016年东盟玉米进口量和进口额都有所下降，同比分别下降6.57%和14.46%。越南、马来西亚和印度尼西亚为玉米的主要进口国。2016年越南进口玉米达16.72亿美元，占东盟玉米进口总额的58.26%，马来西亚进口7.11亿美元，占比24.78%，印度尼西亚进口2.31亿美元，占比8.05%。

二、2017年中国与东盟农产品贸易分析

（一）中国与东盟农产品贸易总体特征分析

1. 中国与东盟农产品贸易保持良好发展势头

中国—东盟自贸区早期收获计划自2004年正式实施以来，中国与东盟的农产品贸易保持良好的发展势头。2004—2017年，双边进出口额均表现为逐年增长的态势。2017年1～11月，中国向东盟出口农产品141.50亿美元，同比增长2.9%，占中国农产品出口总额的22.84%；同期，中国从东盟进口农产品146.58亿美元，同比增长15.9%，进口额占中国农产品进口总额的12.82%（表2）。

表2 2004—2017年中国与东盟农产品贸易发展情况

单位：亿美元

年份	出口	进口	总额
2004	21.18	37.15	58.34
2005	24.22	36.82	61.04
2006	30.54	49.53	80.07
2007	39.33	70.84	110.17
2008	45.71	90.90	136.61
2009	53.44	85.74	139.18
2010	74.58	107.08	181.66
2011	98.63	145.95	244.58
2012	101.00	161.40	262.40
2013	118.87	148.40	267.27
2014	135.39	160.33	295.72
2015	147.54	158.07	305.61
2016	153.78	145.00	298.78
2017（1～11月）	141.50	146.58	288.08

资料来源：中国商务部《中国农产品进出口月度统计报告》，2004—2016年；2017年1～11月数据来源于2017年11月《中国农产品进出口月度统计报告》。

2. 东盟在中国农产品进出口贸易中的地位进一步提升

东盟是中国最大的农产品出口贸易伙伴。东盟对中国农产品进口需求的迅速增长，使东盟成为中国最大的农产品出口贸易伙伴。

2016 年，东盟连续第三年成为中国最大的农产品出口贸易伙伴，且出口额持续增长，达到了 153.78 亿美元，比 2015 年的 147.54 亿美元增长了 4.23%。而中国向日本出口农产品金额从 2013 年的 112.35 亿美元下降到 2016 年的 100.39 亿美元，3 年间下降了 10.65%。2014 年开始，东盟超过日本成为中国农产品出口的第一大贸易伙伴地区（表 3）。2017 年 1～11 月，中国向东盟出口农产品总额比向日本出口高 53.39 亿美元。随着中国—东盟自贸区农产品互补优势持续发挥，以及中国“海上丝绸之路”与中国—东盟自贸区升级版的有效规划，中国向东盟出口农产品的规模将持续扩大，这将促使东盟是中国第一大农产品贸易出口伙伴的形势在短期内不可逆。这意味着，东盟对中国农产品进口和消费的稳定性，将直接影响着中国农产品出口的平稳发展。

表 3　2010—2017 年中国农产品出口额前五位的国家和地区

单位：亿美元

排名	2010 年（1～12 月）		2012 年（1～12 月）		2015 年（1～12 月）		2016 年（1～12 月）		2017 年（1～12 月）	
	国家和地区	金额	国家和地区	金额	国家和地区	金额	国家和地区	金额	国家和地区	金额
1	日本	91.48	日本	119.77	**东盟**	**147.54**	**东盟**	**153.78**	**东盟**	**141.5**
2	**东盟**	**74.58**	**东盟**	**101**	日本	101.98	日本	100.39	日本	92.99
3	欧盟	68.57	欧盟	75.48	中国香港	88.46	中国香港	99.15	中国香港	88.66
4	美国	57.81	美国	71.76	欧盟	81.46	欧盟	81.81	欧盟	77.98
5	中国香港	42.76	中国香港	64.24	美国	73.5	美国	73.61	美国	68.56

资料来源：中国商务部《中国农产品进出口月度统计报告》，2004—2016 年；2017 年 1～11 月数据来源于 2017 年 11 月《中国农产品进出口月度统计报告》。

东盟是中国重要的农产品进口贸易伙伴。2010 年中国—东盟自由贸易区正式建立以来，中国从东盟进口农产品的规模总体呈扩大趋势。2010—2016 年，中国从东盟进口农产品的金额从 2010 年的 107.08 亿美元逐年增长到 2016 年的 145.00 亿美元，年均增长率为 5.18%，2016 年，受中国整体农产品进口额下降的影响，中国从东盟进口农产品的金额同比下降 8.27%，高于从美国（下降 3.29%）和巴西（下降 4.04%）进口农产品的下降比重。2017 年 1～11 月，中国从东盟进口农产品的金额同比上涨 15.9%，其占中国农产品进口总额的比重高达 12.82%。泰国、印度尼西亚、越南和马来西亚是中国在东盟市场的主要农产品进口国，中国从这 4 个国家进口的农产品金额占中国从东盟进口农产品总额的约 90%。

3. 中国与东盟的农产品贸易逆差局势趋于改善

2004 年中国与东盟部分农产品启动“零关税”后，中国与东盟农产品贸易规模迅速扩大，从贸易差额来看，直到 2012 年中国与东盟的农产品贸易逆差额逐步扩大。随着中国与东盟农产品双边贸易环境的改善，中国向东盟出口农产品金额迅速增长，2013 年中国对东盟的农产品贸易逆差下降到 29.53 亿美元。2015 年，中国对东盟农产品贸易逆差持续下降到 10.53 亿美元，同比下降 57.78%。2016 年，中国与东盟农产品贸易首次出现了贸易顺差，顺差额为 8.78 亿美元。2017 年 1～11 月，中国向东盟出口农产品金额同比大幅增长 2.90%，进口农产品金额同比上涨 15.9%，贸易逆差为 5.08 亿美元（表 4）。

表 4　2004—2017 年中国与东盟农产品贸易发展情况

单位：亿美元

年份	中国向东盟出口额	中国从东盟进口额	贸易总额	贸易逆差
2004	21.18	37.15	58.34	15.97
2005	24.22	36.82	61.04	12.59
2006	30.54	49.53	80.07	18.99
2007	39.33	70.84	110.17	31.51
2008	45.71	90.90	136.61	45.19
2009	53.44	85.74	139.18	32.30
2010	74.58	107.08	181.66	32.50
2011	98.63	145.95	244.58	47.32
2012	101.00	161.40	262.40	60.40
2013	118.87	148.40	267.27	29.53
2014	135.39	160.33	295.72	24.94
2015	147.54	158.07	305.61	10.53
2016	153.78	145	298.78	−8.78
2017 年 1～11 月	141.5	146.58	288.08	5.08

资料来源：中国商务部《中国农产品进出口月度统计报告》，2010--2016 年。

中国对东盟农产品贸易逆差主要来自印度尼西亚和泰国两国。2017 年 1～11 月，中国对印度尼西亚的贸易逆差为 20.46 亿美元，对泰国的贸易逆差为 14.00 亿美元。贸易顺差国主要为菲律宾和越南，2017 年 1～11 月，中国对菲律宾和越南农产品贸易顺差分别为 11.35 亿美元和 11.38 亿美元（表 5）。

表 5　2010—2017 年中国对东盟各国农产品贸易差额变化情况

单位：万美元

国家	2010 年	2014 年	2015 年	2016 年	2017 年 1～11 月
印度尼西亚	−113 177.5	−193 426.0	−221 722.5	−75 069.5	−204 601.4
泰国	−124 873.0	−216 468.0	−119 167.3	14 139.0	−140 030.6
老挝	−1 528.3	−5 637.5	−7 656.9	−21 796.6	−6 032.9
柬埔寨	1 780.3	−1 332.8	−6 103.2	−10 471.7	−8 525.8
文莱	1 004.2	1 176.0	1 125.0	132 186.7	1 140.6
马来西亚	−175 359.5	−56 338.9	13 097.8	47 790.8	6 730.8
缅甸	−15 701.8	23 768.4	15 412.4	21 071.5	28 362.8
新加坡	4 540.7	54 577.7	50 842.1	−12 165.0	44 896.0
越南	61 212.8	73 864.6	71 304.1	−9 274.2	113 793.2
菲律宾	37 062.7	70 448.4	97 584.8	1 328.5	113 502.8

资料来源：根据相关数据计算得出，相关数据来源于中国商务部《中国农产品进出口月度统计报告》，2010—2016 年；“—”表示数据缺乏；2017 年 1～11 月数据来源于 2017 年 11 月《中国农产品进出口月度统计报告》。

4. 双边农产品贸易结构变化不大

从农产品贸易的产品结构看，中国主要从东盟进口棕榈油、木薯、粮食作物以及热带水果；主要向东盟出口水产品、水果和蔬菜（表 6）。

表 6　2010—2016 年中国向东盟出口主要农产品总额的变化情况

单位：亿美元、%

年份	水产品		蔬菜		水果	
	金额	较上一年变化	金额	较上一年变化	金额	较上一年变化
2010	6.81	40.99	22.79	90.39	11.96	16.68
2011	11.29	65.79	28.79	26.33	15.15	26.67
2012	12.77	13.11	17.88	−37.90	19.14	26.34
2013	15.51	21.46	26.00	45.41	21.56	12.64
2014	20.83	34.30	29.41	13.12	22.15	2.74
2015	21.48	3.13	34.20	16.30	30.22	36.45
2016	21.75	1.26	37.48	9.59	29.63	−1.95

资料来源：UN Comtrade。

(二) 中国从东盟进口主要农产品贸易变化情况

1. 中国自东盟进口棕榈油呈总体下降趋势

中国进口的棕榈油绝大部分来自东盟，进口量、进口额均占中国棕榈油总进口量和总进口额的99.99%，相比之下，中国从非洲和欧洲进口的棕榈油少之又少。2010—2016年，中国从东盟进口的棕榈油总体保持在400万～500万吨，随着棕榈油进口价格的下降，2013年至2016年，中国从东盟进口的棕榈油总额总体呈下降趋势。2016年，中国从东盟进口棕榈油同比下降26.86%，进口额较进口量下降的幅度更大，同比下降了27.39%（表7）。

表7　2010—2016年中国从东盟进口棕榈油变化情况

年份	进口量（万吨）	占中国进口棕榈油总量的比重（%）	进口额（亿美元）	占中国进口棕榈油总额的比重（%）
2010	431.44	99.99	35.86	99.99
2011	469.12	99.79	53.66	99.98
2012	523.04	99.99	54.39	99.99
2013	487.39	99.99	40.62	99.99
2014	396.95	99.99	32.94	99.99
2015	430.88	99.99	27.64	99.99
2016	315.15	99.99	20.07	99.99

资料来源：中国商务部《中国农产品进出口月度统计报告》，2010—2016年。

中国自东盟进口的棕榈油基本来自东盟两大棕榈油出口国——马来西亚和印度尼西亚，中国从马来西亚进口的棕榈油总体呈下降趋势，从印度尼西亚进口的棕榈油呈增长态势。2010—2016年，中国自马来西亚进口棕榈油的进口额占自东盟进口棕榈油总额的比重由61.77%下降到39.86%，同期自印度尼西亚进口棕榈油的比重则由38.15%上升到60.14%。

2. 东盟是中国最重要的粮食进口来源地

2010年以来，中国从东盟进口稻谷大米的量值占中国大米进口总量值的比重虽然有所下降，但该比重仍高达80%以上，且中国从东盟进口大米的量值呈逐年增长的态势。

2010—2017年，中国从东盟进口稻谷与大米的规模逐年扩大，进口数量从2010年的36.44万吨增长到2017年的371.53万吨，年均增长率为39.33%，进口额年均增长率为33.35%；2017年中国从东盟进口稻谷与大米的数量同比上涨31.56个百分点，进口额同比增长30.13%（表8）。

表 8　2010—2017 年中国从东盟进口稻谷与大米变化情况

年份	进口量（万吨）	占中国进口稻谷与大米总量的比重（%）	进口额（亿美元）	占中国进口稻谷与大米总额的比重（%）
2010	36.44	99.53	2.31	91.37
2011	56.82	98.24	3.82	98.71
2012	175.24	74.75	8.48	75.38
2013	182.66	81.39	8.78	83.46
2014	214.75	84.00	10.68	86.88
2015	290.32	86.66	13.04	88.65
2016	282.40	79.91	13.31	83.93
2017	371.53	99.11	17.32	97.26

资料来源：中国海关信息网，http：//www.haiguan.info。

泰国和越南是中国在东盟的两大稻谷与大米进口来源国，越南是目前中国最大的稻谷与大米进口来源国，中国从越南进口稻谷与大米的数量波动较大，但随着越南稻谷与大米出口价格的总体下降，中国从越南进口稻谷与大米的金额呈逐年上升的态势。2017 年中国自越南进口稻谷与大米 226.46 万吨，金额达 10.22 亿美元。2017 年中国从泰国进口稻谷与大米的数量为 111.7 万吨，比 2016 年增长了 20.31%，同样出口额上涨了 17.97 个百分点。

3. 东盟是中国主要木薯进口来源地

中国进口的木薯绝大部分来自东盟，占中国木薯进口总量的 99.9%以上。2012 年至 2016 年，中国从东盟进口的木薯量值逐年扩大，其中木薯进口量从 2011 年的 502.58 万吨增长到 2016 年的 770.34 万吨，年均增长 8.92%，进口额则在 2016 年达 13.95 亿美元。2017 年，中国从东盟进口的木薯量值有所上涨，其中木薯进口量同比上涨 3.53%；进口额同比上涨 2.15 个百分点（表 9）。泰国是中国第一大木薯进口来源国，其次是越南。2017 年中国自泰国进口木薯金额达到 11.70 亿美元，占中国木薯进口额的 82.11%，自越南进口木薯 2.48 亿美元，占中国木薯进口总额的 17.39%。

表 9　2010—2017 年中国从东盟进口木薯变化情况

年份	进口量（万吨）	占中国进口木薯总量的比重（%）	进口额（亿美元）	占中国进口木薯总额的比重（%）
2010	576.27	100.00	12.05	100.00
2011	502.58	99.99	13.88	99.99

（续）

年份	进口量（万吨）	占中国进口木薯总量的比重（%）	进口额（亿美元）	占中国进口木薯总额的比重（%）
2012	713.73	99.99	17.84	99.99
2013	738.78	99.99	18.28	99.99
2014	865.05	99.99	21.11	99.99
2015	937.21	99.95	21.19	99.93
2016	770.34	99.99	13.95	99.99
2017	797.53	99.99	14.25	99.99

资料来源：中国海关信息网，http：//www.haiguan.info。

4. 东盟是中国热带水果重要进口来源地

东盟是中国重要的香蕉、榴莲、火龙果、山竹等热带水果的贸易伙伴，占中国进口热带水果的80%以上，部分产品进口几乎全部来自东盟地区，对东盟依赖度高（表10）。

表10　2010—2017年中国从东盟进口热带水果变化情况

单位：万吨

产品	指标	2010年	2013年	2014年	2015年	2016年	2017年	2017年同比增长
香蕉	进口量（万吨）	65.63	48.33	88.23	78.8	71.32	87.07	22.08%
	占比（%）	98.66	93.88	78.27	73.38	80.39	93.10	
榴莲	进口量（万吨）	17.22	32.2	31.55	29.88	29.23	22.42	−23.30%
	占比（%）	100	100	100	100	100	100	
火龙果	进口量（万吨）	21.84	53.85	60.36	81.33	52.7	88.88	68.65%
	占比（%）	99.99	99.99	99.99	99.99	99.99	90.85	
山竹	进口量（万吨）	9.09	11.29	8.28	10.45	6.62		
	占比（%）	100	100	100	100	100		

资料来源：中国海关信息网，http：//www.haiguan.info。

2010年至2013年，中国从东盟进口的香蕉数量和金额占中国香蕉进口总量和总额的90%以上，2014年开始该比重有所下降。2015年、2016年，中国从东盟进口的香蕉数量连续两年下降，2017年，中国从东盟进口的香蕉数量和金额又有所回升，其中进口量同比上涨22.08个百分点，进口额同比上升4.36个百分点。菲律宾和缅甸是中国从东盟进口香蕉的主要国家，也是中国在国际市场的第一大香蕉进口来源国。2017年中国从菲律宾进口香蕉数量有所回升，同比上涨 18.97 个百分点，但进口额仍然在下降，同比下降 2.61 个百分点。2017 年中国从缅甸进口香蕉的规模快速上涨，进口量同比上涨 30.31%，进口额同比上涨 91.92 个百分点。

泰国是中国在全球市场最大的榴莲供应国。2010—2013 年，中国从泰国进口榴莲的规模逐年扩大，但 2014 年开始，进口量逐年下降。2016 年，中国从泰国进口榴莲数量下降幅度为 2.18%，但受泰国榴莲出口价格上涨的影响，进口额大幅增长 22.01%。2017 年中国从泰国进口榴莲较 2016 年有所下降，其中进口量同比下降 23.30 个百分点，进口额同比下降 20.35 个百分点。2010 年以来，中国从泰国进口榴莲的平均价格不断上涨，2017 年上涨至每吨 2 462.09 美元，同比增长 3.81%。

中国进口的火龙果基本来源于越南，只有极少量来自于中国台湾地区以及东盟其他成员国，2015 年中国从中国台湾地区进口火龙果 185.56 吨，从泰国进口 21.65 吨，从马来西亚进口 15 千克；2016 年，从中国台湾地区进口的火龙果数量进一步下降到 115.78 吨①。2016 年，虽然中国从越南进口火龙果的规模大幅下降至 52.33 万吨，但仍占中国进口火龙果总量的 99%。2017 年中国从越南进口火龙果的规模有所回升，进口量同比上涨 69.85%，进口额同比上升 53.28%。

东盟是中国在国际市场上唯一的山竹贸易伙伴，中国进口的山竹全部来自东盟②。与其他东盟优势水果相比，中国从东盟进口的山竹规模较小，2010 年至 2016 年，7 年的山竹进口均值不到 10 万吨。2015 年，中国从东盟进口山竹的总量为 10.45 万吨，比 2014 年增长 26.21%；从东盟进口山竹的总额为 2.38 亿美元，比 2014 年增长 50.63%；但 2016 年，中国从东盟进口山竹的数量和金额大幅下降，其中进口量减少 3.83 万吨，同比下降 36.65%。泰国和印度尼西亚是中国主要的山竹进口来源国。

（三）中国向东盟出口主要农产品贸易变化情况

中国出口至东盟的农产品以蔬菜和水果为主，其中蔬菜主要是大蒜、干香菇，水果主要是鲜苹果、柑橘和鲜梨。

1. 中国向东盟出口蔬菜变化情况

蔬菜是中国向东盟出口农产品中的重要大类，主要以出口大蒜、干香菇、马铃薯为主。中国出口至东盟的大蒜数量约占中国大蒜出口总量的一半③，主

---

① 火龙果在中国海关的六位编码为 081090（鲜火龙果）。

② 山竹在中国海关的八位 HS 编码为 08045030（鲜或干的山竹果）。

③ 大蒜在中国海关的四位 HS 编码为 0703（鲜或冷藏洋葱、青葱、大蒜、韭葱及其他葱属蔬菜）。

要去向国以印度尼西亚、越南和马来西亚为主。2017 年中国出口至东盟的大蒜数量有所下降，其中出口量同比下降 14.69%，出口额同比下降 22.01%（表 11）。

表 11　中国向东盟出口蔬菜的变化情况

蔬菜	项目	2010 年	2013 年	2014 年	2015 年	2016 年	2017 年	2017 年同比增长
大蒜	出口额（亿美元）	10.36	6.73	7.24	8.36	15.31	11.94	−22.01%
	占比（%）	44.68	48.17	49.15	44.92	48.48	58.79	
干香菇	出口额（亿美元）	3.62	7.95	7.02	7.85	6.97		
	占比（%）	52.30	65.59	59.20	56.68	46.47		
马铃薯	出口额（亿美元）	0.81	0.93	1.38	1.35	1.34	1.63	21.64%
	占比（%）	77.53	72.66	50.73	59.17	59.15	64.49	

资料来源：中国海关信息网，http：//www.haiguan.info。

干香菇是中国向东盟出口的重要蔬菜品种之一①。2010—2016 年，中国出口至东盟的干香菇数额总体呈增长趋势，其中 2010—2015 年中国出口至东盟的干香菇数额占中国干香菇出口总数额的一半以上。2016 年，中国出口至东盟的干香菇数额有所下降，出口量、出口额分别同比下降 4.17%和 11.21%，出口数量和金额占中国干香菇出口总量和总额的比重均下降到 50%以下。越南是中国干香菇出口东盟的第一大去向国，其次是泰国和马来西亚。

东盟是中国马铃薯最主要的出口地区，中国出口至东盟的马铃薯数额约占中国马铃薯出口总数额的 60%。2010—2017 年，中国出口至东盟的马铃薯数量波动较大，其中 2013 年出口量比 2012 年下降 17.04%后，2014 年比 2013 年又大幅增长 14.38%。2016 年、2017 年连续两年，中国出口至东盟的马铃薯数量增加。2017 年中国出口至东盟的马铃薯同比增长 21.84%，出口额同比增加 21.64 个百分点。马来西亚和越南是中国在东盟市场的两大马铃薯出口去向国，两国进口中国马铃薯的规模占东盟进口中国马铃薯规模的 90%以上。

2. 中国向东盟出口水果贸易变化情况

中国向东盟出口的水果以鲜苹果、柑橘和鲜梨为主。东盟是中国苹果出口

① 干香菇在中国海关的八位 HS 编码为 07123910（干香菇）。

的主要市场，2010 年以来中国向东盟出口鲜苹果的比重占中国鲜苹果出口总比重的 40%以上①。2010 年至 2015 年，中国向东盟出口鲜苹果的数量虽呈下降趋势，但随着中国鲜苹果出口价格的上涨，中国向东盟出口鲜苹果的金额呈增长趋势。2017 年，中国向东盟出口鲜苹果的金额较 2016 年有所上涨，出口金额同比上涨 5.43 个百分点，出口数量有所下降，同比下降 0.32 个百分点（表 12）。印度尼西亚、泰国和越南仍是中国鲜苹果出口东盟的主要去向国。

表 12　2010—2017 年中国向东盟出口水果变化情况

水果	项目	2010 年	2013 年	2014 年	2015 年	2016 年	2017 年	2017 年同比增长
鲜苹果	出口额（亿美元）	3.79	4.88	5.47	5.68	7.36	7.76	5.43%
	占比（%）	45.62	47.38	54.72	55.12	50.69	59.99	
柑橘	出口额（亿美元）	4.06	7.88	8	8.38	8.5	6.59	−22.47%
	占比（%）	65.96	68.17	68.32	66.63	65.21	80.57	
鲜梨	出口额（亿美元）	1.61	2.6	2.19	2.78	3.02	3.76	24.50%
	占比（%）	66.29	71.82	62.37	62.77	62.08	76.78	

资料来源：中国海关信息网，http：//www.haiguan.info。

东盟是中国柑橘出口的最主要地区，近年来，随着中国柑橘出口价格的上涨，中国向东盟出口柑橘的数量虽在减少，但占中国柑橘出口的比重却在不断上涨②。中国出口东盟的柑橘数量从 2013 年开始呈下降趋势，但 2010—2017 年，中国向东盟出口柑橘的金额逐年增长，年均增长率为 7.16%。越南、印度尼西亚和马来西亚是中国柑橘出口东盟市场的主要去向国。

东盟是中国鲜梨的第一大出口市场，中国向东盟出口鲜梨的数额占中国鲜梨出口总数额的 60%以上③。2010—2014 年，中国出口东盟的鲜梨数量呈下降趋势，但 2015 年、2016 年和 2017 年三年，又出现恢复性增长。出口量从 2014 年的 18.53 万吨增长到 2017 年的 36.12 万吨，增长幅度为 94.93%，这也带动了鲜梨出口金额的大幅增长，2017 年较 2016 年，中国向东盟出口鲜梨金额增长了 24.5%。印度尼西亚是中国向东盟出口鲜梨数量最大的国家，其

① 苹果在中国海关的六位 HS 编码为 080810（鲜苹果）。

② 柑橘在中国海关的四位 HS 编码为 0805（鲜或干的柑橘属水果）。

③ 鲜梨在中国海关的六位 HS 编码为 080830（鲜梨）。

次是越南。

三、中国与东盟农产品贸易展望

1. 刺激双方农产品有效需求为双边农产品贸易规模扩大的关键

目前，中国与东盟双边农产品互补优势正在充分发挥，中国的蔬菜产品以及苹果、梨、柑橘等温带水果产品对东盟出口保持较强的竞争优势，但 2010 年以来，随着中国农产品国内生产价格的大幅提高，中国农产品出口价格也明显上涨，中国出口东盟的主要农产品价格呈现明显的上涨态势。2017 年，东盟从中国进口的主要农产品金额虽在增长，但进口量则呈现出下降趋势。因此，价格的上涨将限制中国农产品在东盟市场比较优势的发挥。此外，2017 年，中国对东盟主要农产品的进口需求呈现疲软态势，中国从东盟进口的稻谷、木薯和香蕉数量虽有增长，但与往年相比，增长幅度明显较少，而棕榈油、榴莲、山竹等进口量均不同程度下降。因此，如何进一步发挥比较优势，刺激双方的农产品有效需求将直接决定下年度双方农产品贸易规模的持续扩大与否。

2. 关注中国食用植物油产业发展

棕榈油是东盟出口至中国的主要经济作物，中国的棕榈油进口基本来源于东盟。随着中国食用植物油产量的增长，以及库存量维持在较高水平，直接导致了中国对东盟棕榈油进口需求的下降，也使得中国从东盟进口农产品总额大幅下跌。但是，中国对东盟棕榈油进口需求的下降并不意味着有利于中国植物油产业的发展。美国农业部资料显示，全球植物油的产量和库存量维持在较高水平，这将对世界植物油市场价格造成冲击，不利于中国植物油产业的发展。尽管近年来中国对东盟棕榈油的进口需求不断下降，全球食用植物油的供应能力也在增强，但这对东盟棕榈油的短期供应没有造成显著影响，东盟棕榈油产量及库存量依然较高。未来全球及中国食用植物油产业的发展态势，中国与东盟棕榈油贸易的变化情况，值得我们密切关注。

3. 双边之间仍存在较多非关税壁垒

虽然中国与东盟农业贸易合作不断加强，但中国与东盟目前依然存在较多的非关税壁垒，双边农产品贸易摩擦依然有可能发生。特别是中国与东盟大部分国家海陆相邻，领海争端时有发生，随着东盟农产品对中国市场的依赖程度日益增加，特别是中国“一带一路”的规划与发展，以及 2015 年中国—东盟自贸区升级版谈判的结束并签署升级《议定书》，中国如何有效利用升级《议定书》推动中国农产品生产和贸易的健康发展，运用贸易壁垒作为解决双方领土纷争的辅助手段，也值得深入探讨。

中澳自贸区重点产品贸易影响研究

中国与澳大利亚于2015年6月签订《中国—澳大利亚自由贸易协定》，该协定于2015年12月开始正式实施。自该协定实施以来，中澳经贸合作日益密切，双边贸易迅速增长。2017年3月，中澳两国签署了《中国政府与澳大利亚政府关于审议中国—澳大利亚自由贸易协定有关内容的意向声明》，宣布于2017年启动中澳自贸协定的服务章节、投资章节以及关于投资便利化安排的审议，进一步提高中澳自贸区的开放水平。

澳大利亚是重要的农产品生产国和出口国，也是中国农产品进口的主要来源国之一。中澳自贸区的建立，使得澳方优质农产品进入中国的渠道更加通畅，中国居民的消费需求能够得到更好的满足。值得关注的是，澳大利亚主要农产品的市场竞争力明显强于中国，进口产品的大量增多必然会对中国弱势产业造成巨大压力。本文以双边贸易中的重点产品为关注点，分析中澳自贸区对中国农业的影响。

一、澳大利亚农业发展状况

澳大利亚是世界农业劳动生产率最高的国家之一，其农业部门的市场化程度也很高。农业在澳大利亚国民经济中发挥着重要作用，但所占份额并不高。澳大利亚的农业产值在不断增长，但农业占GDP的比例整体呈下降趋势，20世纪70年代该比重能够维持在3.5%左右，至2015年仅有2.2%。如果加上食品、纤维加工和农业服务产业，广义农业约占GDP总量的12%。

受农业生产扩张和机械化水平提高两方面因素的综合影响，澳大利亚农业部门的就业人数相对稳定，1972年农业就业总数为38.8万人，占总就业人数的6.8%；2016年农业就业人数增至48.1万人，但占总就业人数的比重下降到4.5%。

农业曾是澳大利亚出口的主要领域，20世纪70年代农产品出口占出口总额的比重高达45%～55%，此后农业出口总量一直呈增长趋势，但占比却不断下降，2016年仅为21.3%。

（一）农业生产特征

澳大利亚幅员辽阔，农业资源丰富，农业门类齐全。据ABARES（Australian Bureau of Agricultural and Resource Economics and Sciences）发布的数据显示，澳大利亚的国土面积总计 7.69 亿公顷，其中畜牧业用地为 4.17 亿公顷，占国土总面积的 54.2%，种植业用地为 0.48 亿公顷，占国土总面积的 6.2%。此外，澳大利亚的农业人口相对稀少，导致其资源人均占有量居世界前列，其中农牧业用地人均占有量为 19.7 公顷，林地为 7.8 公顷，耕地为 2.4 公顷。由于农地面积广阔而农业劳动力匮乏，澳大利亚的农业生产呈现出 3 个突出特点。

1. 农业生产规模化程度高

农场是澳大利亚农业生产的主要单位，与小型农场相比，大中型农场承受风险的能力较强，也更能产生规模效益。为此，澳大利亚政府采取财政补贴、减免税收及贷款优惠等措施，鼓励经济效益低、前景不佳的小农场主放弃土地，导致澳大利亚农场数量逐渐减少，呈现向大农场化集中的趋势。1991 年，澳大利亚共有 15.9 万家农场，至 2015 年已缩减到 12.3 万家。其中，年销售额在 45 万澳元以下的小型农场占 70%，贡献了所有农场销售额的 24%；年销售额在 45 万～100 万澳元的中型农场占 20%，贡献了所有农场销售额的 27%；年销售额在 100 万澳元以上的大型农场占 10%，贡献了所有农场销售额的 49%。

2. 农业生产专业化程度高

澳大利亚农业的专业化体现在两个方面：一是区域分工的专业化。澳大利亚区域气候差异明显，国家根据降水、气温变化、地形地貌和土壤肥沃情况，鼓励农业生产向优势区域集中，使得农业生产明显分为 3 个产业带：东部集约农业带，降水比较充沛，适合发展种植业和奶牛业；中部农牧业混合带，年降水 400～600 毫米，以旱作农业为主，多数农场从事小麦种植和牛羊养殖；西部畜牧业带，气候干燥，以粗放畜牧业为主。二是生产分工的专业化。澳大利亚针对不同产品从生产、加工、流通到销售等不同环节的特点，建立和发展了各种类型的专业化服务机构，使得农业生产分工日益精细化、专业化、高级化。例如，在肉牛生产过程中，育种、育肥、饲料、防疫、销售等环节均有专门的组织、机构或企业负责。

3. 农业生产机械化和信息化程度高

第二次世界大战（简称二战）之前，澳大利亚农业生产基本上是粗放式经营，农业生产水平比较低；二战后，澳大利亚垦荒进展迅速，联邦政府根据本国地广人稀的特点重点发展农业机械化。因此，早在 20 世纪 60 年代，澳大利亚农业就实现了机械化，水稻、燕麦、小麦、大麦和牧草等重点作物在 70 年代已经实现了全程机械化生产。进入 21 世纪以来，计算机自动控制技术被广泛用于农业机械化生产，农用航空技术和保护性耕作技术也已得到普及。此外，澳大利亚也是世界上电脑和互联网普及率最高的国家之一，信息技术被广泛用于农业生产的各个环节，农业从业者普遍利用网络获取农业信息、交易产品、进行社交沟通等。据 2013 年澳大利亚肉类和牲畜报告，信息技术的应用使澳大利亚土壤肥力改进了 13%～26%，生产监测改进了 4%～19%，健康监测改进了4%～13%[①]。

（二）农业产业结构

澳大利亚的农业主要包括种植业、畜牧业、林业、渔业、技术支持和服务业。种植业和畜牧业是澳大利亚农业的两个重要支柱，其中种植业占农业总产值的 43.1%，畜牧业占 44.5%，林业和渔业合计占 5.3%，技术支持和服务业占 6.2%。

澳大利亚农作物按生产季节分为冬季作物和夏季作物，其中冬季作物包括小麦、大麦、燕麦、黑麦等，夏季作物主要包括水稻、大豆、棉花、高粱和玉米。小麦、大麦、水稻是其中较为重要的品种。近年来，澳大利亚农作物的总产量显著提高，但水稻和棉花因为持续干旱，产量增长缓慢。气候的好坏是澳大利亚农作物产值年际变化较大的主要原因，但就总体来看，澳大利亚的粮食生产不仅能满足国内的消费，还能大量出口。

澳大利亚的畜牧业生产以牛羊为主，主要产品为羊毛、牛羊肉和乳制品。澳大利亚的羊毛产量约占世界总产量的 17%，居世界首位，被誉为“骑在羊背上”的国家，其牧羊中 70%为纯种美利奴羊，以其高纤维密度、优良的毛质等成为世界羊毛皮中的珍品。澳大利亚养羊业主要是用来生产羊毛的，但其羊肉产量和出口量均位居世界第二。自 2000 年以来，澳大利亚羊肉总产量稳定在 70 万吨左右，牛肉总产量一直稳定在 200 多万吨。澳大利亚的牛奶生产分布在雨量比较充裕、牧草生长比较好的地区，乳制品产量占世界的 2%，出口仅次于欧盟和新西兰，位居世界第三。

澳大利亚的林业和渔业资源丰富，但产业并不发达，产值较小。澳大利亚拥有 1.49 亿公顷森林，森林覆盖率为 19%，人均森林拥有量高达 7 公顷，是全球人均森林拥有量最高的国家之一。澳大利亚的林业重在发挥社会效益，直接经济效益微乎其微，林业产值不足 GDP 的 1%，从业人员不足 10 000 人。澳大利亚四面环海，拥有世界上第三大海洋专属经济区，海岸线总长 36 735 千米，具有天然优越的海产品养殖和捕捞条件。澳大利亚注重对渔业的保护，具体措施包括对每个渔业经济区限定捕捞总量和作业船只数量，在繁殖期实行

① 郭永田．澳大利亚现代农业发展的特点与启示［J］．世界农业，2016（1）：162-166。

休渔，对渔业实施限量投资，实行严格的养殖许可证制度等，按渔业捕捞数量计算，澳大利亚仅仅位于世界第五十位左右。

（三）农业支持政策

澳大利亚经济运行以市场为导向，政策干预较少，澳大利亚政府对农产品基本不实行价格补贴，农业政策的关注点放在对农业的宏观指导和调控，农业科技研发与推广，提供农业生产服务等方面。

从澳大利亚向 WTO 提交的国内支持通报来看（表 1），2008—2013 年澳大利亚对农业的国内支持总量趋于下降，从 23.12 亿澳元降至 14.47 亿澳元。澳大利亚采取的绿箱支持措施包括 5 类：政府一般服务、收入安全网政策、自然灾害救济、环境保护和区域调整援助计划。其中，一般服务所占比重最大，超过 40%。根据 2013 年的通报，一般服务的支出中，17.9%用于科技研发，19.1%用于病虫害防治，18.4%用于推广及咨询服务，其他用于检验检疫和技术设施建设。

自 2008 年以来，澳大利亚对特定产品的综合支持总量（AMS）均为零，对食糖、小麦、牛和牛奶的 AMS 基本处于微量允许的范围内，且支持水平逐年下降，现几乎为零。澳大利亚对非特定产品的 AMS 支持主要包括运费补贴、利率补贴和灌溉补贴等，均处于微量允许的范围之内，支持水平从 2008 年 1.6 亿澳元下降至 2009 年 0.6 亿澳元，2011 年起又回升至 2 亿澳元以上。

表 1　2008—2013 年澳大利亚通报的国内支持结构

单位：百万澳元

项　目	2008 年	2009 年	2010 年	2011 年	2012 年	2013 年
绿箱	2 312.10	2 233.28	1 587.00	1 808.79	1 480.92	1 447.43
政府一般服务	972.85	1 117.61	952.85	1 012.90	980.10	958.64
约束 AMS	471.86					
总 AMS	161.72	59.55	84.29	243.24	273.35	222.25
特定产品 AMS	0.00	0.00	0.00	12.97	0.00	0.00
牛奶	<u>*0.17*</u>	—	—	—	—	—
食糖	<u>*0.01*</u>	—	—	—	—	—
小麦	<u>*0.41*</u>	<u>*0.19*</u>	<u>*0.00*</u>	<u>*0.00*</u>	<u>*0.00*</u>	<u>*0.00*</u>
牛	<u>*0.08*</u>	<u>*0.10*</u>	<u>*0.00*</u>	<u>*12.97*</u>	<u>*0.73*</u>	<u>*0.54*</u>
非特定产品 AMS	161.72	59.55	84.29	230.27	273.35	222.25

数据来源：WTO 通报，截至 2017 年 10 月。斜体加下划线表示微量允许。

二、澳大利亚农产品对外贸易

澳大利亚的进出口贸易活跃，对外贸易依存度很高，2016 年约为 31%。该国农业资源丰富，是世界上最重要的农产品贸易国之一。20 世纪 80 年代初期农产品贸易额占商品贸易总额的比重曾经达到 45%，其后逐渐下降，2016 年占比为 12%。农业对外贸易以出口为主，农产品国际竞争力强。

（一）农产品贸易规模有下滑趋势

从长周期来看，2000 年以来，澳大利亚农产品出口额从 159.9 亿美元上升至 2016 年的 328.1 亿美元，出口整体呈现阶段式增长的态势，在 2004 年和 2010 年出现跳跃式上涨；各区间内的出口量则相对稳定。澳大利亚农产品进口则一直保持相对稳定的增长态势，进口额从 2000 年 35.9 亿美元上升到 2016 年的 141.1 亿美元。

从短周期来看，澳大利亚的农产品出口受海外市场的影响较大。2014 年至 2016 年，受美元贬值和国际农产品需求不旺的影响，澳大利亚农产品出口出现持续下滑的趋势（图 1）。

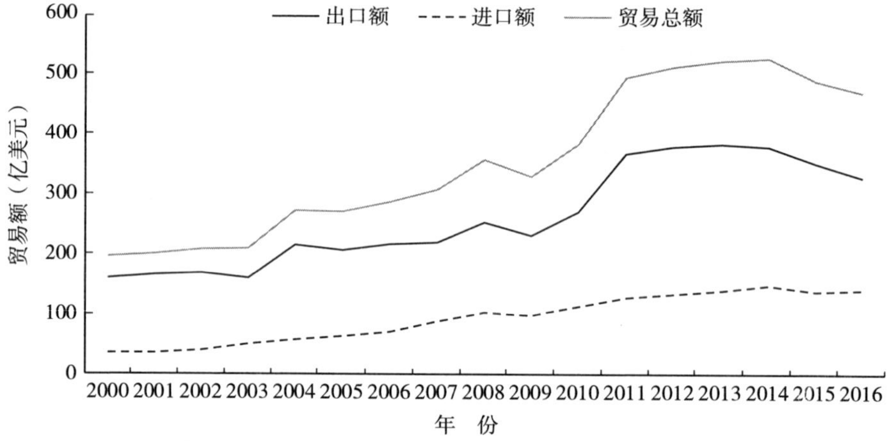

图 1　2000—2016 年澳大利亚农产品进出口贸易规模

数据来源：UN Comtrade

（二）农产品贸易产品结构

出口方面，畜产品、谷物、饮品类、干豆、棉麻丝和水产品一直是澳大利亚出口主要的产品，占农产品出口总额的 80%左右。2016 年，这 6 类产品的出口额依次为 148.7 亿、52.0 亿、22.5 亿、14.7 亿、12.0 亿和 11.2 亿美元。畜产品是最主要的出口产品，重点产品为羊毛、乳制品和牛羊肉。此外，棉麻丝的出口波动较大，近年来干豆出口量也在迅速增加（图 2）。

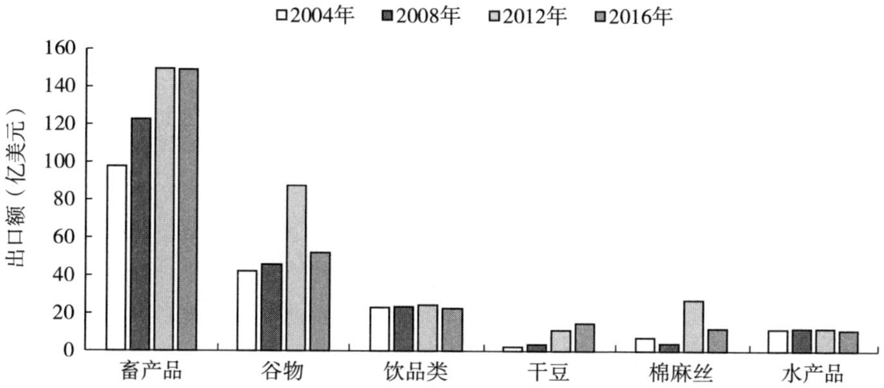

图 2 澳大利亚出口的主要农产品

数据来源：UN Comtrade

进口方面，澳大利亚主要进口的产品包括饮品、水产品、畜产品、水果、粮食制品和蔬菜，年际数量结构相对稳定，且近年来这些重点进口产品类型均呈现出快速增长的趋势。2016 年这 6 类产品进口额占农产品进口总额的 86.9%，进口额分别为 30.7 亿、15.4 亿、15.4 亿、9.1 亿、8.8 亿和 8.2 亿美元（图 3）。

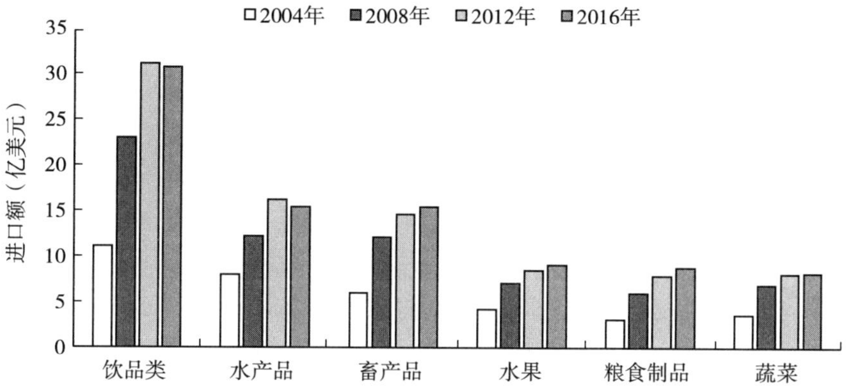

图 3 澳大利亚进口的主要农产品

数据来源：UN Comtrade

（三）农产品贸易市场结构

澳大利亚农产品主要出口到东亚、美国和欧盟（表 2）。2016 年澳大利亚农产品出口前五位的国家和地区分别为中国、日本、美国、欧盟和印度尼西亚，合计占全部出口额的 50.8%。日本曾是澳大利亚最主要的农产品出口国，2005 年和 2010 年都占到澳大利亚农产品出口总额的 15%左右，但 2010 年后澳大利亚对日本的出口所占份额呈现下降趋势，2016 年该比重降到 9.6%。与此同时，澳大利亚对中国的农产品出口增长迅速，2016 年出口额为 62.9 亿美元，占澳大利亚农产品出口总额的 19.2%。中国已经成为澳大利亚第一大农产品出口国。

澳大利亚主要从欧盟、新西兰、美国、中国和泰国进口农产品，合计占全部进口额的 65%以上。欧盟和新西兰一直是澳大利亚最大进口来源地，合计占其进口总额的 40%以上；美国和泰国的市场份额相对稳定，分别维持在 10%和 6%左右；近年来，澳大利亚从中国的进口总量和份额都在逐渐上升，基本保持在第四位，与美国还有一定差距。

表 2 澳大利亚主要农产品贸易对象

单位：亿美元、%

年份	国家/地区	出口		国家/地区	进口	
		金额	份额		金额	份额
2000	日本	27.9	17.5	新西兰	5.8	16.2
	美国	15.2	9.5	美国	5.0	13.9
	中国	11.2	7.0	泰国	2.5	7.0
	中国香港	5.5	3.4	巴西	2.2	6.2
	英国	5.5	3.4	英国	2.0	5.7
2008	日本	40.4	15.9	新西兰	17.3	16.9
	中国	26.9	10.6	美国	11.3	11.0
	美国	23.2	9.1	中国	7.3	7.1
	印度尼西亚	11.5	4.6	泰国	6.4	6.3
	新西兰	11.4	4.5	爱尔兰	4.9	4.7
2016	中国	62.9	19.2	欧盟	33.8	24.0
	日本	31.6	9.6	新西兰	27.9	19.8
	美国	28.9	8.8	美国	14.1	10.0
	欧盟	22.6	6.9	中国	9.9	7.0
	印度尼西亚	20.6	6.3	泰国	8.3	5.9

数据来源：UN Comtrade。

三、中澳农产品贸易特征

澳大利亚是中国重要的农产品贸易伙伴之一，是中国第五大进口来源国，中国是澳大利亚第一大贸易伙伴、最大的农产品进口国，也是其“面向亚洲”

战略的重要合作伙伴。特别是2009年金融危机后，中澳贸易大幅增加，经贸往来更加密切。

（一）贸易规模

根据中国海关数据，1995—2016年，中澳双边农产品贸易总额快速增长，由8.3亿美元增长到76.8亿美元，总量增加8.2倍，年均增速为11.2%（图4）。金融危机之后，中澳农产品贸易出现了跳跃式增长，2013年贸易额最高达到96.1亿美元。整体来看，中国的进口占中澳双边贸易的85%以上，同时1995—2013年中国的出口平均增速要高于进口平均增速，但由于出口规模远低于进口规模，中方的贸易逆差属于不断扩大阶段。2013—2016年，中方对澳方的农产品进口额下降速度较快，自2014年起，受国内纺织产业链下游市场形势不佳、棉花收储政策调整等因素的影响，中国从澳大利亚进口棉花和羊毛大幅减少，进口额有所回落，从2013年的86亿美元下降到了2016年的67亿美元。出口则仅有小幅下降，2016年中国对澳大利亚的农产品出口额为9.85亿美元。整体来看，2013—2016年中澳农产品双边贸易中，中方的贸易逆差有缩小的趋势。

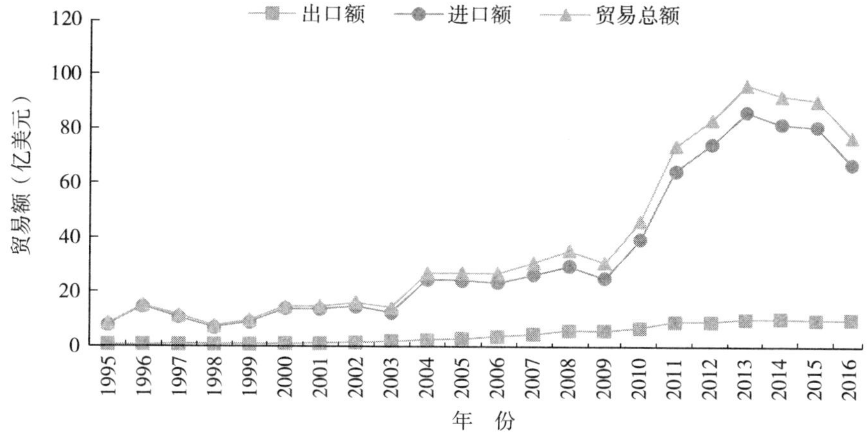

图4 1995—2016年中国与澳大利亚的农产品贸易状况

数据来源：中国海关数据库

（二）产品结构

1. 中国出口结构

中国对澳大利亚出口的农产品种类较多，但贸易规模均较小。2009年以来，中国对澳大利亚的出口结构逐渐趋于稳定，水产品、粮食制品、蔬菜和水果一直处于出口的前四位（表3）。从具体产品来看，中国对澳大利亚出口的农产品较为分散，重点不突出。但是在四大类产品中，水产品所占比重较为稳定，蔬菜所占比重有上升趋势。

表 3　中国向澳大利亚出口农产品结构

单位：%

2010 年		2012 年		2014 年		2016 年	
农产品	比例	农产品	比例	农产品	比例	农产品	比例
水产品	25.2	水产品	27.5	水产品	32.7	水产品	32.1
蔬菜	12.7	蔬菜	11.4	粮食制品	9.9	蔬菜	11.9
粮食制品	11.6	水果	11.3	水果	9.6	粮食制品	7.8
水果	10.6	粮食制品	11.0	蔬菜	9.5	水果	7.2

数据来源：中国海关数据库。

2010—2016 年，中国水产品的出口量从 1.74 亿美元增至 3.17 亿美元，增长了 82.3%，是中国对澳大利亚出口的最主要产品，粮食制品、蔬菜和水果的出口量均在 8 亿～10 亿美元间波动，仅有小幅增长。

中国出口的水产品主要为虾类和软体动物。其中，虾类的出口额约占水产品出口总额的 40%～60%，波动较大。2010—2012 年，对虾、墨鱼和扇贝的出口额迅速增长，使得水产品的出口额迅速超过其他农产品，成为中国对澳大利亚出口的核心产品。

中国出口的粮食制品主要为面食、面包及糕点，2009 年以前，这 3 类传统面食占粮食制品出口总额的 70%～90%；近年来膨化食品等产品的出口有所增长，传统面食的份额降为 60%～65%。中国出口的蔬菜以鲜冷冻蔬菜和加工保藏蔬菜为主，二者占蔬菜出口总额的 80%以上，而水果则以加工水果为主。2008 年以前，中国向澳大利亚出口的水果主要为果汁，占总额的 60%以上，鲜冷冻水果的比例不足 20%；2009 年以来，果汁的出口在波动中减少，鲜冷冻水果的出口则有所增长。

2. 中国进口结构

中国从澳大利亚进口的农产品比较集中，主要为畜产品和谷物。畜产品曾长期占据 60%以上的份额，其次为谷物，约占 10%～20%。2010—2016 年，中国从澳大利亚进口的畜产品从 25.0 亿美元增至 34.2 亿美元，增幅 36.8%；谷物从 5.2 亿美元增至 12.6 亿美元，增长 1.4 倍。同时 2016 年进口饮品类所占比重上升明显，而棉麻丝类进口比重则有所下降。

2009—2014 年在中国从澳大利亚进口的棉麻丝上涨较快，直到 2014 年进口额仍高居 17.3 亿美元。2015 年棉花收储政策调整后，国内产业转向消化内部库存，加之纺织行业不景气，中国从澳大利亚进口棉麻丝的数量大幅下降，

2016 年降至 3.8 亿美元，在农产品中的比重也下降到 5.7%（表 4）。

表 4　中国从澳大利亚进口农产品结构

单位：%

2010 年		2012 年		2014 年		2016 年	
农产品	比例	农产品	比例	农产品	比例	农产品	比例
畜产品	63.4	畜产品	45.0	畜产品	53.8	畜产品	51.0
谷物	13.3	棉麻丝	25.8	谷物	21.9	谷物	18.7
棉麻丝	10.6	谷物	18.1	棉麻丝	13.7	饮品类	8.9
饮品类	3.9	饮品类	3.3	油籽	4.1	棉麻丝	5.7

数据来源：中国海关数据库。

从具体产品来看，中国从澳大利亚进口的重点农产品是各类畜产品、大麦、小麦和棉花。其中，畜产品主要包括羊毛、动物皮和牛羊肉。羊毛是中国进口最多的产品，2012 年起，中国的羊毛进口量开始下降，2016 年自澳进口羊毛 16.3 亿美元，在进口畜产品中的份额降至 45.5%。中国进口的动物皮主要为羊皮和牛皮，受羊群数量减少的影响，动物皮的进口结构已经由以羊皮为主转为以牛皮为主。2012 年起，受国内牛肉价格上涨的影响，中国对澳大利亚中低端肉类的需求迅速扩大，导致从澳大利亚进口的牛羊肉迅速增长。2016 年牛羊肉进口量有所回落，中国从澳大利亚进口的牛肉为 11.1 万吨。

大麦和小麦几乎占到中国从澳大利亚进口谷物的全部份额。1995—2016 年，中国从澳大利亚进口大麦的金额从 0.31 亿美元增加到 7.0 亿美元，小麦进口额从 0.76 亿美元增加到 3.3 亿美元。棉花的进口在 2012 年之后维持了较高的进口水平，澳大利亚已经成为中国棉花进口的第三大来源地，占中国棉花进口总量的 15%；同时，中国也已经成为澳大利亚棉花最大出口市场。

四、中澳自贸区重点产品分析

（一）中澳自贸协定中的敏感产品

中澳自贸协定在货物领域达到了很高的自由化水平，过渡期过后中国 96.8%的税目将实现自由化，且减税过程均采用线性降税这一直接方式；澳大利亚所有产品均将对中国完全降税，自由化水平达到 100%。经中澳双方确认，中澳自由贸易协定于 2015 年 12 月 20 日正式生效并第一次降税，2016 年 1 月 1 日实施第二次降税。

在贸易自由化的问题上，中澳双方都有各自的敏感产品。对澳大利亚而言，由于中国工业品相对具有竞争力，澳大利亚对部分敏感工业品设置了 3 年或 5 年的降税期，为相关产业提供了一定的缓冲期。对中国而言，澳大利亚农业竞争力较强，协定实施后将给中国部分农产品带来一定的竞争压力，因此中国通过对重点农产品设置较长的降税期，并辅以特保措施和国别配额等特殊安排对相关产业给予一定的保护，实施适度开放。此外，中国还对粮食、棉花、植物油和食糖等产品做出例外安排，不进行关税减让，中方的具体保护措施如表 5 所示。

表 5　中澳农产品贸易保护措施

保护措施	农产品种类	过渡期措施
国别关税配额	羊毛	初始配额 3 万吨，9 年内配额每年增加 5%
特殊保障措施	牛肉 奶粉	初始触发水平 17 万吨，第 5 年起每年提高 3% 初始触发水平 1.75 万吨，每年提高 5%
例外安排	粮食、棉花、植物油、糖其他农产品（烟草等）	不减让

总体来看，降税过渡期结束后，中国农产品的平均关税将由实施前的 12.94%下降到 0.51%，占农产品税目 93.7%的产品关税将降为零。澳大利亚 99.4%的农产品关税将在协定生效后立即削减为零，涉及自中国进口农产品总额的 99%，剩余少数产品将在 2 年内完成全部自由化进程。

（二）重点农产品贸易趋势分析

从资源禀赋来看，中澳两国的农产品呈现充分的互补性：澳大利亚农牧资源丰裕，劳动生产率高，畜产品和谷物等土地密集型产品拥有竞争优势；中国虽然面临用工成本上升的问题，但水产品、蔬菜和粮食制品等劳动密集型产品在国际市场仍有价格优势。近年来，中澳农产品贸易保持着良好的发展势头，中澳自贸区带来的贸易福利必然会促进双边贸易，但双方在不同产品上的需求和供给能力有所差别。下面从各项敏感和重点产品入手，对中澳农产品贸易趋势进行分析，并判断自贸区已经和未来可能对双边贸易带来的影响。

1. 羊毛和棉花

羊毛和棉花是中国重点保护的产业，也是澳大利亚的优势产业。中国进口的羊毛大部分来自澳大利亚；从澳大利亚进口棉花近年来有所增加，占中国棉花进口总量的比例由 2010 年的 7.9%扩大至 2016 年的 20.0%。表 6 是中澳两国羊毛和棉花贸易情况。

表 6　中澳两国羊毛和棉花供求状况

单位：万吨

产品	年份	中国消费量	中国产量	中国进口总量	从澳进口量	澳大利亚产量
羊毛	2010	—	38.7	31.5	17.8	35.3
	2011	—	44.4	31.9	18.1	36.8
	2012	—	43.7	30.6	17.3	34.8
	2013	—	47.1	34.5	18.2	36.1
	2014	—	46.0	32.9	16.1	34.6
	2015	—	48.3	35.0	17.4	32.5
	2016	—	48.2	31.9	17.0	33.2
棉花	2010	1 001.5	664.1	260.8	20.5	91.4
	2011	827.4	740.3	534.1	53.0	119.7
	2012	783.8	762.0	442.6	81.8	100.2
	2013	751.1	713.0	307.5	79.7	89.3
	2014	740.3	653.2	180.4	49.6	50.1
	2015	762.0	479.0	95.9	25.2	62.1
	2016	816.5	495.3	109.6	21.9	98.0

数据来源：羊毛产量来自 FAO，统一折合为原毛（wool greasy）；羊毛进口量、棉花从澳大利亚的进口量来自 UN Comtrade，口径为各税目直接加总；其他数据来自 USDA PSD Online。

中国对羊毛的需求增长比较平稳，2010—2016 年中国羊毛进口量基本维持在 30 万～35 万吨。世界上主要羊毛生产国包括澳大利亚、中国和新西兰，2015 年羊毛产量分别占世界总量的 23.76%、15.09%和 9.78%，3 国产量合计占世界总产量的一半。2013—2016 年澳大利亚羊毛产量年均呈现下降的趋势，而中国羊毛产量相对稳定。中国近几年棉花市场供大于求的态势逐渐显现，加之国家政策转向消化国内库存，棉花进口大幅减少。2007—2016 年，中国棉花进出口经历了大幅波动，2011 年中国棉花进口量达到 534 万吨的高点，2014 年起，国内开始实施棉花目标价格补贴政策，棉花贸易出现了新的变化。2015 年下降至近 10 年以来新低。

全球纤维消费在过去的 15 年间呈现上升的态势，其中以化纤消费增长为主，棉花消费也有所增长，而羊毛的消费在过去的 20 年间一直在减少，目前羊毛在全球纤维消费占比约为 1.3%。从使用用途来看，羊毛主要用于服装和室内纺织品的生产，澳毛中 90%是用于服饰生产。中国对羊毛和棉花的需求主要来自纺织业，而纺织行业与国家宏观经济发展密切相关。作为全球最大的羊毛产品零售消费市场，中国人均羊毛消费尚处于较低水平，具有很大的增长潜力。

澳大利亚是世界第一大羊毛出口国和第四大棉花出口国，羊毛和棉花供给能力较强。澳大利亚每年向中国出口羊毛近 20 万吨，约占澳大利亚羊毛出口总量的 75%，其出口受中国的影响很大。在化学纤维替代传统毛料的趋势下，澳大利亚的养羊业正在由绵羊向羔羊倾斜，但依然保留着巨大的增产潜力，足以满足中国的需求。随着中国羊毛配额的逐渐放开，中国对澳大利亚优质羊毛的进口必然会增加。澳大利亚的棉花约有 1/3 至 2/3 出口至中国，但澳大利亚棉花产量有限，历史最高为 2011 年的 119.7 万吨，2016 年产量仅为 98 万吨，不足以完全满足中国的进口需求。此外，澳大利亚棉花产量波动较大，不适合作为可靠的进口来源，未来中澳棉花贸易量稳定增长的可能性较小，预计将维持此前的波动态势。

2. 牛肉

中国肉类消费以猪肉为主，近年来市场对牛肉需求逐步增加，猪肉和牛肉之间表现出较强的替代性。中国牛肉需求主要由国内供给满足，2000—2016 年，中国牛肉产量从 513.1 万吨增至 690.0 万吨，消费量从 510.0 万吨增长至 767.3 万吨，国内供需缺口在缓慢扩大，具体见表 7。近年来，中国猪肉价格不稳定的问题日益凸显，而随着国内消费能力的提高，消费者也逐渐培养出了对牛肉的消费习惯，可以预见，中国牛肉的消费量在未来几年仍将保持增长，进口量也将继续扩大。

表 7　中澳两国牛肉供求状况

单位：万吨

年份	中国				澳大利亚	
	产量	消费量	进口量	从澳进口量	产量	出口量
2000	513.1	510.0	1.6	0.26	205.3	131.6
2001	508.6	505.2	1.9	0.18	207.9	137.6
2002	521.9	521.4	3.2	0.21	209.0	134.3
2003	542.5	541.5	2.6	0.22	199.8	124.1
2004	560.4	556.6	1.4	0.21	211.3	136.9
2005	568.1	561.4	0.9	0.11	209.0	138.8
2006	576.7	568.4	0.2	0.10	218.8	143.0
2007	613.4	605.8	0.5	0.22	216.9	140.0
2008	613.2	608.0	0.6	0.26	213.8	140.7
2009	635.5	633.7	2.0	0.56	210.6	136.4

（续）

年份	中国				澳大利亚	
	产量	消费量	进口量	从澳进口量	产量	出口量
2010	653.1	651.3	3.3	0.58	212.9	136.8
2011	647.5	644.8	2.8	0.79	212.9	141.0
2012	662.3	666.7	8.6	2.73	215.2	140.7
2013	673.0	711.2	41.2	15.48	235.9	159.3
2014	689.0	727.7	41.7	13.52	259.5	185.1
2015	670.0	733.9	66.3	15.60	254.7	185.4
2016	690.0	767.3	82.5	11.08	207.5	138.5

说明：从澳大利亚进口牛肉数据来源于UN Comtrade，口径为鲜、冷、冻牛肉（HS0201和0202），其他数据来源于USDA PSD Online。

2000—2016年，澳大利亚牛肉的产量、出口量都非常稳定，年际波动幅度较小。2016年的产量为207.5万吨，其中138.5万吨用于出口，出口量占到当年产量的66.7%。

目前，中国只批准了从澳大利亚、新西兰、加拿大、阿根廷、巴西、乌拉圭和哥斯达黎加7个国家进口牛肉及副产品。2013年开始，中国牛肉进口初具规模，2016年中国从澳大利亚进口牛肉11.08万吨，占中国牛肉总进口的13.4%。

3. 奶粉

中国对奶粉的进口需求较大，2016年进口奶粉占到国内奶粉总消费的21%。中国从澳大利亚进口的奶粉量一直保持增长，2016年从澳大利亚进口4.3万吨，占中国奶粉进口总量的11%（表8）。

表8 中澳两国奶粉供求状况

单位：万吨

年份	中国				澳大利亚	
	产量	进口量	消费量	从澳进口	产量	出口量
2000	52.2	5.1	56.3	0.9	18.7	16.9
2001	61.0	4.1	60.8	1.2	20.5	18.3
2002	57.7	7.7	62.6	2.5	23.9	21.3
2003	75.0	9.1	82.1	1.7	17.0	14.2
2004	83.2	9.1	89.8	1.7	18.7	17.3
2005	91.8	6.5	95.1	1.4	18.9	16.1

（续）

年份	中国				澳大利亚	
	产量	进口量	消费量	从澳进口	产量	出口量
2006	103.0	7.4	107.1	1.0	15.2	15.3
2007	115.0	5.9	113.7	1.3	13.5	13.0
2008	112.0	4.6	98.4	1.2	14.2	11.1
2009	97.7	17.7	115.4	2.6	13.7	13.3
2010	103.0	32.6	138.3	3.0	14.7	11.5
2011	110.0	32.0	144.1	3.5	14.8	11.6
2012	116.0	40.6	154.7	2.9	12.0	10.9
2013	120.0	61.9	174.6	3.5	12.0	9.6
2014	135.0	67.1	184.5	4.6	10.5	8.1
2015	161.7	34.7	191.0	3.4	8.5	6.5
2016	137.5	39.5	191.8	4.3	5.3	7.0

数据来源：USDA PSD Online，产品口径为干全脂奶粉（dry whole milk powder）。

澳大利亚奶粉供给能力有限，2015 年就出现了中国从澳大利亚大量进口奶粉导致澳大利亚国内奶粉短缺的情况。中国对澳大利亚奶粉进行关税减免后，中国对其进口需求必然会增长，但实际进口增量不会太大。

4. 小麦和大麦

小麦是中国重点进口的谷物之一，在食品用途之外还担负着饲料的需求。中国的小麦需求主要由国内生产满足，许多年份国内产量高于消费量，而且进口来源广泛。近年来，中国小麦消费量和产量均有上升的趋势，供求基本平衡。目前，中国平均每年消费的小麦超过 1 亿吨，2013—2016 年，中国小麦需求旺盛，进口势头强劲，分别进口 550.7 万吨、297.1 万吨、297.2 万吨和 337.4 万吨。

表 9　中澳两国大麦和小麦供求状况

单位：万吨

产品	年份	中国消费量	中国产量	进口总量	从澳进口量	澳大利亚产量
小麦	2010	11 050.0	11 518.0	121.9	57.8	2 741.0
	2011	12 250.0	11 740.0	124.9	149.6	2 990.5
	2012	12 500.0	12 102.3	368.9	194.6	2 285.6
	2013	11 650.0	12 193.0	550.7	75.2	2 530.3
	2014	11 650.0	12 620.8	297.1	90.1	2 374.3
	2015	11 200.0	13 019.0	297.2	146.8	2 416.8
	2016	11 800.0	12 885.0	337.4	136.9	3 500.0

（续）

产品	年份	中国消费量	中国产量	进口总量	从澳进口量	澳大利亚产量
大麦	2010	405.0	197.2	165.6	95.3	799.5
	2011	380.0	163.7	254.1	179.6	822.1
	2012	400.0	162.6	218.3	179.5	747.2
	2013	630.0	170.0	489.1	368.5	917.4
	2014	1 160.0	181.0	985.9	706.2	864.6
	2015	790.0	187.0	586.9	238.5	859.3
	2016	750.0	200.0	540.0	325.2	1 300.0

数据来源：USDA PSD Online，UN Comtrade。

大麦也是中国重点进口的谷物，主要用于饲料和酿制啤酒。就两种用途对大麦的需求来看，中国啤酒酿造中的大麦需求并没有随啤酒产量的增加而同比例增加。近 10 年中国啤酒的口味趋于清淡，麦汁浓度普遍不高，每 1 000 升啤酒消耗的麦芽比重不断降低，2000—2012 年，中国的大麦需求比较稳定，进口量在 170 万～250 万吨波动。2013 年起，受国内玉米价格高涨的影响，中国进口的大麦从 200 万吨猛增至 500 万吨，至 2016 年仍维持在较高的水平（表 9）。

目前，澳大利亚已经是中国最主要的小麦和大麦进口来源地，在弥补中国国内供需缺口、提供替代产品等方面发挥着重要作用。2016 年，中国大麦主要进口来源国仍是澳大利亚、加拿大、法国和乌克兰。其中，从澳大利亚进口 325.2 万吨，居第一位。从历史数据来看，虽然澳大利亚的谷物产量波动较大，但出口基线足以满足中国的进口需求。随着自贸区关税的降低，澳大利亚在中国谷物进口中的地位将更加重要。

五、结　　论

中澳农产品贸易在产品结构上体现出很强的互补性，在长期贸易往来中，双方已经形成了较为稳定的贸易结构，贸易规模总体呈现增长趋势。本文对中澳自贸区的影响做出以下判断。

1. 在农产品贸易层面，目前中澳自贸区的影响尚不显著

自贸区目前正处于稳步推进阶段，两国供求情况波动和中国国内政策的变动是近年中澳贸易变化的主要原因。但在非贸易层面，两国农业领域的合作有了明显进步，由此营造出的良好贸易环境必将有利于双边贸易的长期增长。

2. 中澳农产品贸易总量仍将保持增长趋势

中澳自贸区的发展将进一步降低两国自贸区内农产品关税，产生贸易创造效应和转移效应，促进双边农产品发展。具体来看，中国对畜产品、谷物、水产品等的需求有了更通畅的解决渠道，而传统的优势产品也能够以更低的成本进入澳方市场。

3. 中国农产品贸易逆差将会持续存在

中国在与澳大利亚的农产品贸易中一直处于逆差地位，由于两国生产效率和需求总量的差异，中国对澳大利亚进口增长的同时，出口增长空间却相对有限，这种逆差在未来将长期保持。

4. 部分产业可能受到较大冲击

中国从澳大利亚进口的部分产品总量很大，如羊毛和大麦，进口量占国内产量的比例较大。随着自由贸易的推进，中国贸易层面的产业保护措施会进一步受限，相关产业必须做好迎接挑战的准备。

整体来看，中澳自贸区对双边贸易规模和贸易结构造成的影响将会相对缓和，但由于中国和发达国家、农业强国之间开展自由贸易的经验不足，很多问题都有待时间检验。

中新自贸区重点产品贸易影响研究

2008年，中国和新西兰签署自由贸易协定，这是中国与发达国家签订的第一个自贸协定。自贸区的成立有力推动了双边经贸关系的发展，中新双边贸易量迅速放大。同时随着双边经贸关系日益密切，中新双方仍在不断探索建设更高水平的自贸区。2012年2月，新西兰贸易部部长访华，意在吸引来自中国对于乳业、林业、可再生能源等领域的投资，并解决投资过程中的困难和问题。2014年3月，新西兰总理访华，提出在农业、食品安全领域加强合作。2014年11月，中国国家主席习近平访问新西兰期间，在畜牧业和林业方面签订众多投资合作协议。2015年3月，中新双方建立了中新自贸协定升级谈判联合评估机制；同年7月，中新自贸协定商议修订，乳制品关税再度下调。中新于2016年11月进一步提出了《联合评估工作组关于中国—新西兰自由贸易协定升级的建议》。升级谈判范围将涵盖服务贸易、竞争政策、电子商务、农业合作、环境、技术性贸易壁垒、海关程序合作和贸易便利化、原产地规则等众多领域，将推动中新自贸协定升级成为更高水平的贸易协定，为中新两国经贸合作注入新的动力。

新西兰是世界重要的畜牧业出口国，新西兰的奶粉、羊毛等畜产品是中国进口的重要产品。从近年来自贸区的运行效果来看，新西兰能够有效弥补中国重要产品的供需缺口、丰富中国的消费选择，但是新西兰的优质农产品表现出强大的竞争优势，同时也给中国产业造成了冲击。中国一直将农业作为保护产业，且缺少与发达农业国家开展自由贸易的经验，中国—新西兰自贸区为我们提供了探索的机会。本文以贸易为立足点，对中新自贸区对中国农业的实际影响进行分析，并总结其中的经验教训。

一、新西兰农业产业发展

（一）农业产业结构

2000—2016年，新西兰的农业产值从71.1亿美元增加到117.7亿美元，2014—2016年农业产值波动较大，在2014年其产值达到163.7亿美元的峰值，但2015年又迅速下降到115亿美元（表1）。

畜牧业是新西兰农业的核心产业。新西兰畜牧业用地为1 208.8万公顷，占国土面积的一半，产值占农业总产值的 60%～70%。新西兰的加工业也以农牧产品加工为主，主要产品有奶制品、毛毯、食品、皮革、烟草、造纸和木材，产品主要供出口。

新西兰的种植业较为薄弱，耕地总面积为 54.7 万公顷，人均耕地面积仅有 0.13 公顷。新西兰的主要农作物为小麦、大麦、燕麦、水果等，其中水果是重要的出口产品，但新西兰的谷物不能自给，需要依赖进口。

新西兰四面环海，大陆架面积有 21 万平方千米，接近国土面积的 4/5；海洋专属经济区面积约 220 万平方千米，比新西兰陆地面积大 7 倍。新西兰渔业资源非常丰富，有众多优良的渔港，其中捕鱼量在 500 吨以上的有 23 个。

新西兰的森林面积有 738 万公顷，全国的森林覆盖率接近 30%，林产品是仅次于畜产品的第二大出口产品。近年来，新西兰林业发展迅速，是世界上林业发展较好的典型。

表 1　新西兰农业分行业产值

单位：亿美元

年份	农业	种植业	畜牧业	林业	渔业	服务业
2000	71.1	10.0	41.6	8.8	3.3	7.2
2001	92.9	11.7	59.5	10.1	3.5	8.1
2002	102.7	12.9	67.6	9.7	3.5	9.0
2003	79.1	13.2	44.3	9.9	2.7	9.0
2004	82.8	13.5	49.0	8.1	2.6	9.5
2005	82.9	12.1	50.1	8.0	2.5	10.2
2006	73.6	11.3	42.1	8.1	2.3	9.8
2007	85.7	13.5	48.4	10.0	2.5	11.4
2008	113.3	14.3	75.4	9.0	1.9	12.7
2009	94.9	13.9	57.5	9.0	2.7	12.0
2010	111.7	14.2	72.3	11.3	2.6	11.3
2011	133.9	15.4	91.0	13.4	2.7	11.4
2012	133.9	16.2	90.0	11.3	2.6	13.7
2013	120.0	16.8	74.5	12.2	2.6	13.9
2014	163.7	20.5	110.6	14.4	2.9	15.3
2015	115.0	19.3	62.1	13.1	3.5	17.0
2016	117.7	19.8	63.6	13.4	3.6	17.4

数据来源：Statistics New Zealand。

（二）农业生产特征

新西兰农业受到其资源禀赋、地理位置以及科技和管理水平影响，主要体现出以下 3 个特点。

1. 以农场为主要生产单位

新西兰人少地多，通常一个家庭就是一个农场。根据新西兰统计局 2012 年的普查结果，新西兰共有农场 58 071 个，总面积 1 439.4 万公顷，平均规模为 249.7 公顷。其中，家庭农场占农场总面积的一半以上，农场主及其家庭成员占农场劳动力的 3/4。此外，新西兰的农场专业化程度很高，绝大多数农场只从事某一类产品的生产，根据 2012 年的普查结果，仅有 471 家农场混业经营，且均从事谷物种植和牛羊养殖。

2. 农业实现了现代化，劳动生产率高

新西兰的农业机械化、电气化发展较早，政府每年都对农业科研给予大量投入，目前新西兰农业已经达到了很高的科技化水平。新西兰 90%的农场有电力供应，由于雨量分布较为均匀，一般不需灌溉，但多数牧场、蔬菜基地都有机械化灌溉设施。新西兰航空施肥水平居世界前列，全国施肥面积共 738 万公顷，其中航空施肥面积约占 1/2，居世界领先水平。近年来，新西兰在改良和推广优良品种方面也取得了显著成绩。在这些措施的支持下，新西兰的一个家庭就可以实现对一个农场的有效管理，劳动生产率极高。

3. 农业市场化程度高

新西兰农业生产与工业和商业配合密切，基本实现了按照市场需求调整生产规模和品种规格；同时，新西兰也是重要的农产品出口国，生产的农牧产品除少量供应国内市场外，大多数出口到国际市场，并具有很强的市场竞争力。新西兰农牧产品出口额占全国出口总额的 60%以上，其中乳制品 90%用于出口，拥有 25%的世界市场份额，羊肉出口居世界第一位，羊毛出口居世界第二位。由于与国际市场联系紧密，国际市场的波动有时会对新西兰农业经济产生较大影响。

（三）农业支持政策

新西兰对农产品贸易高度依赖，故其对农业的贸易保护力度并不高。在对外贸易方面，新西兰的农产品关税保护水平远低于欧美发达国家，2015 年平均最惠国税率只有 1.4%，从最惠国进口的 72.4%农产品免税。在国内支持方面，新西兰对农业也没有过多干预，现行的农业扶持政策是一种在市场自由化程度较高条件下的间接支持和保护政策。

根据新西兰向 WTO 的通报，新西兰在国内支持方面只使用绿箱政策。新西兰对农业的保护政策集中在政府一般服务，主要投入于科技研发和病虫害防

治，二者合计占国内支持总量的70%左右。近10年来，科技研发的投入从0.86亿新元增至1.93亿新元，病虫害防治的投入从1.13亿新元增加到2.43亿新元，均增长了1倍以上。除了2002年由于地区调整援助计划导致国内支持激增外，新西兰的国内支持投入约占农业产值的5%，与其他发达国家的支持水平相近。

二、新西兰农产品贸易特征

新西兰是一个出口型国家，长期以来，新西兰主要依赖出口农牧业产品以换取国内所需的燃料、工业产品、原料和粮食等物品。新西兰的传统贸易伙伴为澳大利亚、日本、美国和欧盟。近年来，新西兰越来越把贸易重点转向亚太地区。

（一）贸易规模

2000—2016年，新西兰的农产品出口额从71.2亿美元增加到216.1亿美元，年均增速7.2%；进口额从11.6亿美元增加到43.4亿美元，年均增速8.6%（图1）。这一时期，新西兰的农产品贸易整体增长平稳，2009年和2015年两次贸易下滑分别是因为金融危机和恒天然奶粉质量事件。

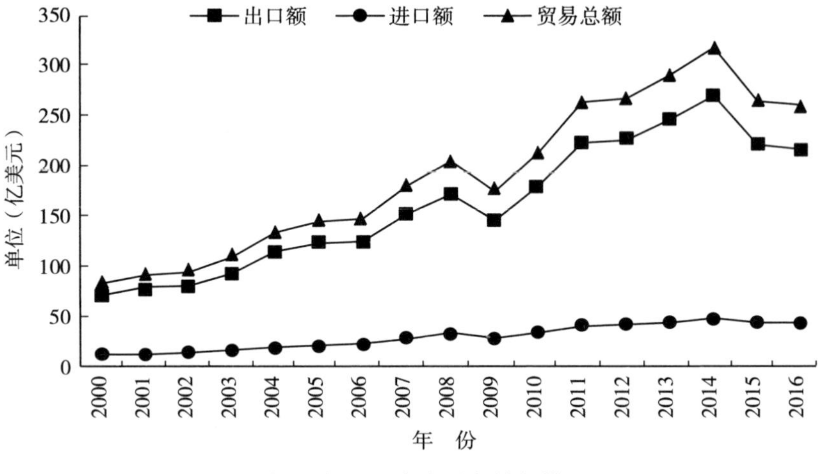

图1 新西兰农产品贸易规模

数据来源：UN Comtrade

（二）产品结构

新西兰出口的农产品集中于畜产品、水产品、水果、饮品和蔬菜，这5类产品几乎占农产品出口总额的全部（图2）。其中，畜产品主要包括乳制品、牛肉、羊肉和羊毛，水产品主要是鱼类，水果主要是猕猴桃和苹果。2000 年以来，各类产品的出口额均呈现出快速增长的趋势，其中畜产品出口在 2015 年有所下降，但出口份额基本稳定。2016 年这 5 类产品的出口额分别为 135.1 亿美元、12.6 亿美元、19.5 亿美元、13.7 亿美元和 4.6 亿美元，占农产品出口总额的比重分别为 62.2%、5.8%、8.9%、6.3%和 2.1%。

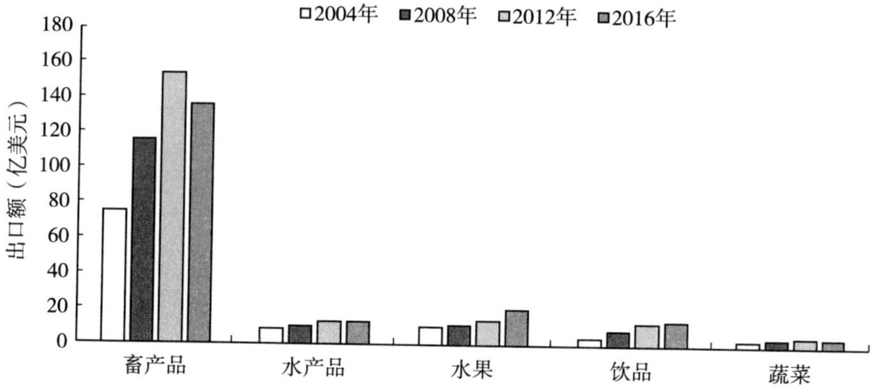

图 2　新西兰出口的主要农产品

数据来源：UN Comtrade

新西兰进口的农产品主要是饮品、畜产品和水果，2016 年这 3 类产品的进口额分别为 7.4 亿美元、4.2 亿美元、3.1 亿美元，分别占农产品进口总额的 17.1%、9.7%和 7.2%（图 3）。新西兰进口农产品主要是满足国内供求缺口，随着新西兰国内消费的稳步增长，这种进口增长的趋势仍会长期保持。

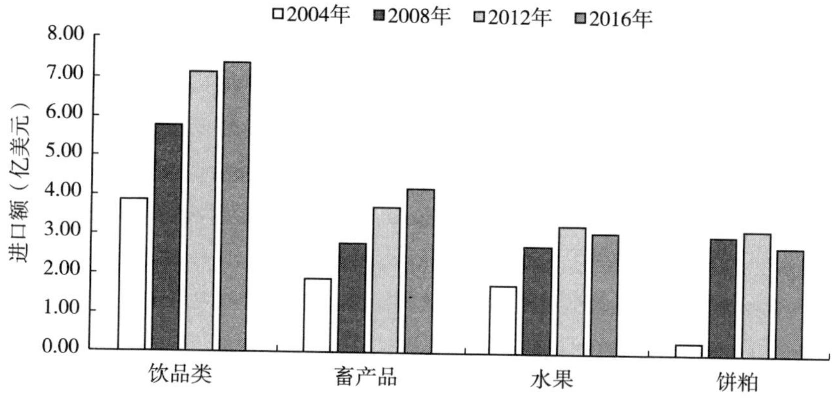

图 3　新西兰进口的主要农产品

数据来源：UN Comtrade

（三）市场结构

出口方面，新西兰农产品的传统出口对象为欧盟、美国、日本、澳大利亚，这 4 国（地区）一直占据新西兰农产品出口市场的前列，且贸易额稳步增长（表 2）。新西兰对中国的出口原本较少，中新自贸区建成以来，中国的贸易地位迅速上升，目前已经成为新西兰最大的农产品出口国。2016 年，中国占新西兰农产品总出口的份额为 19.7%，远超第二位的美国。

表 2　新西兰主要农产品贸易伙伴

单位：亿美元、%

年份	国家/地区	出口		国家/地区	进口	
		金额	份额		金额	份额
2000	欧盟	15.3	21.5	澳大利亚	5.2	44.9
	美国	12.3	17.2	欧盟	1.4	12.5
	日本	8.1	11.4	美国	1.4	12.3
	澳大利亚	5.4	7.6	加拿大	0.4	3.6
	中国	2.4	3.4	泰国	0.4	3.1
2008	欧盟	29.4	17.2	澳大利亚	13.6	40.6
	美国	20.1	11.8	欧盟	4.2	12.5
	澳大利亚	16.4	9.6	美国	3.0	8.9
	日本	13.2	7.7	马来西亚	2.1	6.3
	中国	11.3	6.6	印度尼西亚	1.4	4.1
2016	中国	42.6	19.7	澳大利亚	13.0	30.1
	美国	26.4	12.2	欧盟	7.1	16.5
	澳大利亚	24.4	11.3	美国	4.6	10.5
	欧盟	24.2	11.2	马来西亚	2.1	4.9
	日本	12.8	5.9	中国	2.1	4.7

数据来源：UN Comtrade。

进口方面，新西兰的进口农产品主要来自澳大利亚，其次为欧盟和美国，这 3 个国家（地区）一直占据着新西兰农产品进口的前三位。近年来，新西兰的进口来源逐渐分散，澳大利亚、欧盟和美国的份额从 70%下降到不足 60%，周边的亚太国家（地区）所占份额逐渐上升。中国与新西兰的地理位置较远，新西兰对中国农产品的进口额相对较小，且年际波动较大。

三、中新农产品贸易分析

中国是新西兰农产品的第一大出口对象国和第五大进口来源国。中新自贸区建立后，中新的农产品贸易平稳发展，贸易规模和贸易结构发生了较大变化。

（一）贸易规模

1995—2016 年，中新农产品贸易总额从 3.1 亿美元增至 44.7 亿美元，增长近 14 倍（图 4）。2013 年和 2014 年，由于畜产品尤其是奶粉进口激增，贸易总额最高达到 62.9 亿美元。整体来看，中新农产品贸易以中国从新西兰进口为主，中国的贸易逆差呈扩大趋势，按趋势划分，中新农产品贸易可以分为三个阶段。第一阶段是 1995—2008 年，中新自贸区建立之前，双边农产品贸易额增长缓慢，年均增速 11.3%；第二阶段是 2009—2014 年，中新自贸区的建立极大促进了贸易往来，中新农产品贸易额的年均增速达到 32.2%；第三阶段是 2015 年至今，由于新西兰乳制品巨头恒天然发生质量事故，加之中国启动特殊保障措施，导致奶粉贸易额大幅下降。

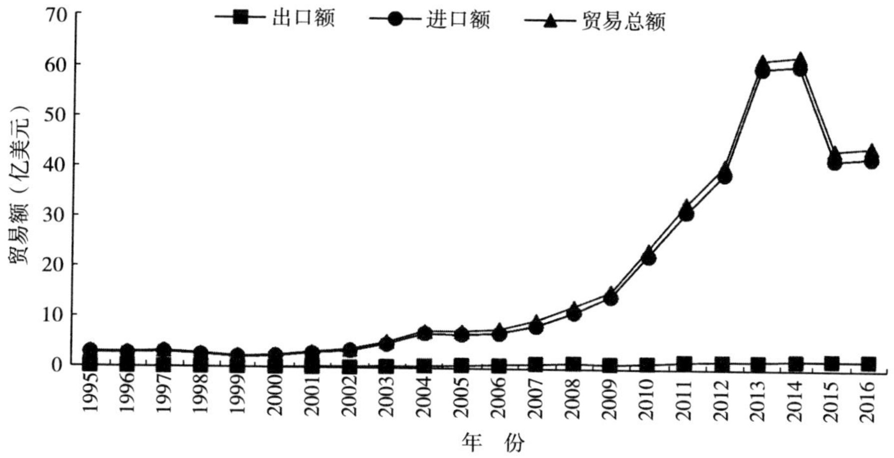

图 4　1995—2016 年中国—新西兰农产品贸易规模

数据来源：UN Comtrade

出口方面，1995—2016 年，中国对新西兰的农产品出口额从 0.16 亿美元增加到 2.06 亿美元，年均增速 13.0%。中新自贸区建立后，中国出口额的总量迅速增加，但增速并未提高，2008 年以前为 17.4%，之后为 9.7%。

进口方面，1995—2016 年，中国对新西兰农产品的进口额从 3.0 亿美元增至 42.6 亿美元，2014 年最高曾达到 61.0 亿美元。自贸区显著提高了中国进口增速，但这很大程度归因于奶粉进口的增加；若不考虑奶粉，自贸区对中国进口的促进作用明显下降。

从贸易份额来看，中新自贸区显著促进了双边贸易。2008 年以前，新西兰占中国农产品进口的份额不断下降，而中国占新西兰农产品进口的份额也不足 7%，详见表 3。

表 3 中国-新西兰双边贸易对两国农产品贸易的重要性

单位：%

年份	新西兰占中国农产品进口的份额	中国占新西兰农产品出口的份额	新西兰农产品出口增速	中国对新西兰农产品出口的增长贡献率
2001	3.0	3.8	10.8	7.6
2002	3.1	4.4	1.2	52.2
2003	2.8	5.4	15.6	11.4
2004	2.8	6.2	23.4	9.6
2005	2.4	5.5	7.7	−2.4
2006	2.3	5.8	1.0	27.9
2007	2.0	5.7	22.2	5.4
2008	1.7	6.6	12.7	13.6
2009	2.6	10.0	−15.2	−12.5
2010	3.0	12.7	23.8	23.7
2011	3.2	14.2	23.9	20.7
2012	3.4	17.4	1.0	338.6
2013	4.7	24.6	9.5	99.9
2014	5.6	22.7	9.4	2.5
2015	3.8	19.1	−18.1	38.8
2016	4.0	19.7	−2.1	−6.8

数据来源：UN Comtrade，由作者测算。

2008 年以来，新西兰占中国的份额从 1.7%增至 2016 年的 4.0%，而中国占新西兰的份额从 6.6%增至 19.7%。值得注意的是，中国极大地拉动了新西兰农产品出口的增长，2008—2016 年中国贡献了新西兰农产品出口额增量的 77.1%。

（二）产品结构

在中新双边农产品贸易中，中国和新西兰各自的优势明显，贸易结构比较稳定。中国的优势产品为水产品、水果、蔬菜等劳动密集型产品，新西兰的畜产品则是其传统优势产品，其特有的水产品和水果（奇异果）也有较好的销量。

中国对新西兰出口的产品种类繁多，但由于新西兰需求有限，且中新地理上相距较远，因此中国各类产品的出口额都不大，前几位的有水产品、水果、蔬菜、糖类和粮食制品（表4）。其中，水产品、蔬菜和粮食制品近几年出口增量较大，水果出口额相对平稳。

表4　中国对新西兰出口农产品结构

单位：万美元、%

2008年			2012年			2016年		
产品	金额	比例	产品	金额	比例	产品	金额	比例
水产品	2 344	18	水产品	2 642	16	水产品	4 061	20
水果	2 336	18	蔬菜	2 517	15	蔬菜	2 846	14
蔬菜	1 664	13	饮品类	2 023	12	水果	2 273	11
糖料及糖	1 522	12	水果	1 961	12	粮食制品	1 951	9

数据来源：UN Comtrade数据库。

中国从新西兰进口的农产品非常集中，畜产品的份额在70%以上，其次为水产品和水果。中新自贸区建立后，中国对畜产品的进口额从8.2亿美元跃升至31.0亿美元，畜产品的份额一直在70%以上（表5）。中国是新西兰水产品的第三大出口市场，重点产品为小龙虾和鱼类，新西兰的奇异果在中国也很受欢迎，近年来这些产品的贸易额也增长迅速，在中国旺盛的需求下，未来还会有一定的增长空间。

表5　中国从新西兰进口农产品结构

单位：万美元、%

2008年			2012年			2016年		
产品	金额	比例	产品	金额	比例	产品	金额	比例
畜产品	81 890	73	畜产品	322 478	82	畜产品	309 644	73
水产品	11 658	10	水产品	26 415	7	水产品	40 527	10
水果	2 904	3	水果	9 854	3	水果	31 673	7
饮品类	472	0	饮品类	2 562	1	蔬菜	3 731	1

数据来源：UN Comtrade数据库。

四、中新自贸区重点产品分析

（一）中新自贸协定中的敏感产品

根据中新自贸协定，新西兰已在2016年1月1日前取消全部自中国进口产品关税，中国将在 2019 年 1 月 1 日前取消 97.2% 自新西兰进口产品关税。为了对中国农业进行保护，中国粮棉油糖等产品不参加自贸区降税（表 6），包括乳制品在内的没有立即实现零关税的产品将分别在承诺的过渡期内逐步降低关税，直至降为零关税；中国为新西兰增设羊毛、毛条零关税进口国别配额。

表 6　中新农产品贸易保护措施

保护措施	农产品种类	过渡期措施
国别关税配额	羊毛	初始配额 2.5 万吨，配额 10 年内每年增加 5%
	毛条	初始配额 450 万吨，配额 10 年内每年增加 5%
特殊保障措施	奶粉	初始触发水平 9.5 万吨，至 2023 年每年增加 5%
	鲜奶	初始触发水平 1 300 吨，至 2021 年每年增加 5%
	黄油	初始触发水平 9 400 吨，至 2021 年每年增加 5%
	奶酪	初始触发水平 3 600 吨，至 2021 年每年增加 5%
中期审议机制	奶类	若造成负面影响，调整降税安排和触发水平
例外安排	粮食、棉花、植物油、糖、其他农产品（烟草）	不减让

资料来源：中新自贸协定文本。

为了避免自贸区带来的乳制品进口增加对国内奶业造成过大冲击，自贸协定还附加了特殊保障措施。自贸协定规定，中国可对 4 类乳制品即鲜奶、奶粉、黄油和奶酪共 11 个税号的产品启动特殊保障措施。该措施属数量触发，即进口上述 4 类产品的量超过触发水平，中国停止按自贸区优惠进口税率征收税款，改为按降税前的最惠国进口税率征收税款。特殊保障措施最晚持续至 2023 年，而后取消。

除特殊保障机制外，双方同意为奶粉设立中期审议机制。自贸协定规定，到 2013 年双方对中国奶粉降税进行中期审议，主要是评估由于实施自贸区关税减让引起的新西兰奶粉进口激增是否对中国奶业造成了负面影响，如果经过评估得出有负面影响的结论，则中国进口奶粉在 2014 年暂停降税 1 年。

（二）重点农产品贸易趋势分析

新西兰是世界最大的乳制品出口国，第二大羊毛生产和出口国，也是肉类生产大国和出口大国。中国重点进口的产品为各类畜产品，奶粉、羊毛和牛羊肉进口额均出现了大幅增长。中新关系紧密，双边关系创造多个“第一”。

2016 年，新西兰出口农产品 239 亿美元，其中 23.72%出口至中国，中国和新西兰互为重要的农产品贸易伙伴。

在中新双边贸易中，奶粉约占中新双边贸易总额的 30%～50%。2000 年中国对新西兰奶粉的年进口额为 0.77 亿美元，2016 年已增至 18.5 亿美元，年均增速 22%。随着中国独生子女政策的取消，中国人口出生率可能有所上升，国内消费者对奶粉的需求会进一步提升，中国对新西兰奶粉的进口将保持增长趋势。

新西兰是中国第二大羊毛进口来源国。2000—2016 年，中国每年从新西兰进口的羊毛总额从 7 693.3 万美元增加到 22 462.4 万美元，进口量占中国羊毛进口总量的 13.9%。

新西兰的肉类生产以羊肉为主、牛肉为辅。2000 年，中国从新西兰进口的牛羊肉仅有 1 278.0 万美元，至 2016 年达到 100 363.1 万美元。近年来，国内对牛羊肉的消费习惯逐渐形成，中国对新西兰牛羊肉的进口额迅速增长；长期来看，中澳自贸区的建立可能会分散中国的肉类进口，但新西兰依然会是重要的进口来源。

自贸区建立以来，中新贸易结构略有调整，但整体变化不大。在重点产品类别中，较为敏感的产品为奶粉和羊毛。

1. 奶粉

乳业是新西兰经济的支柱产业，有悠久的历史。2016 年，新西兰的乳业出口额达到 124 亿新元，占出口总量的 18%。新西兰乳品总产量占世界总产量的 3%，其产量的 95%都出口。奶粉是中国从新西兰进口的核心产品。中国是奶粉消费大国，随着人民生活水平的提高，奶粉需求增长迅速（图 5）。2008 年以来，国内奶粉频频出现质量问题，有关部门对奶粉质量监管日趋严格，导致国内奶粉产量出现一次大幅下降，国内供需缺口逐渐扩大。与此同时，消费者对海外优质奶粉的需求日趋旺盛。

中国从新西兰进口的奶粉约占中国进口奶粉总量的 70%，根据协定安排，中国对新西兰奶粉的关税将在 2019 年降至 0（表 7）。中新自贸区建立以来，中国对新西兰奶粉的进口额从 2008 年的 2.17 亿美元迅速增至 2014 年的 36.9 亿美元，2015 年受恒天然奶粉质量事件的影响，中国奶粉进口额大幅下降，但 2016 年又迅速回升到 18.5 亿美元。

从各种乳品种类来看，新西兰最大的收入来源显然是奶粉，随着技术的发展以及世界需求的增长，新西兰的乳业公司大批投资加工部门，尤其是生产奶粉的加工设备，如奶粉干燥机、特意为婴儿配方奶粉建造的设备等，该投资导致最近 10 年新西兰奶粉类产品的生产及出口总额保持了快速又稳步的增长。根据美

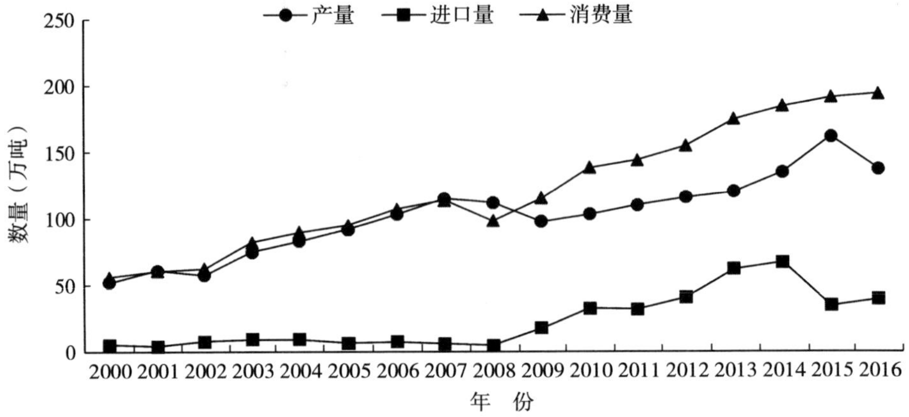

图 5 中国奶粉供求情况

数据来源：USDA PSD Online。统计口径为 dry whole milk powder

国农业部的估计，新西兰的奶粉产量接近 150 万吨，出口量在 140 万吨以上，足以满足中国未来几年的进口需求，中新奶粉贸易还存在很大的增长空间。

表 7 中国对新西兰奶粉进口额及税率

单位：万美元、%

项目	2007 年	2008 年	2009 年	2010 年	2011 年	2012 年	2013 年	2014 年	2015 年	2016 年
进口额	22 390	21 689	47 885	113 649	135 716	167 005	286 971	369 122	104 139	185 109
税率	10	9.8	8.3	7.5	6.7	5.8	5	4.2	3.3	2.5

数据来源：中国海关数据库；中新自贸协定文本。

2. 羊毛

新西兰是中国重要的羊毛进口来源国。自贸区建立后，中国给予新西兰羊毛和毛条共 25 450 吨的零关税配额，每年增长 5%。2009 年起，中国羊毛进口量迅速增加，从 2009 年的 45 000 吨增至 2013 年的 67 089 吨（图 6），前后的进口量差额大致等于零关税配额。可以看到，国别配额发挥了较好的约束作用。但近 3 年来羊毛的进口量呈缓慢下降的趋势，2016 年降至 44 280.4 吨，这与新西兰羊毛产量下降有关，一方面，是新西兰受到乳制品企业对土地占用的影响，绵羊数量和原毛产量逐年减少。另一方面是由于中国市场的变化，澳大利亚羊毛品质较为细长，中国羊毛和新西兰羊毛品质较为粗短，随着中国时髦行业正在发生变化，消费者如今更喜欢更优质柔软的羊毛。依据新西兰羊毛协会的统计，一直以来，新西兰 60%的羊毛都会出口到中国。但从 2016 年 12 月开始，这一数字明显下滑，到如今，来自中国市场的需求仅能占到新西兰羊毛总产量的 30%。

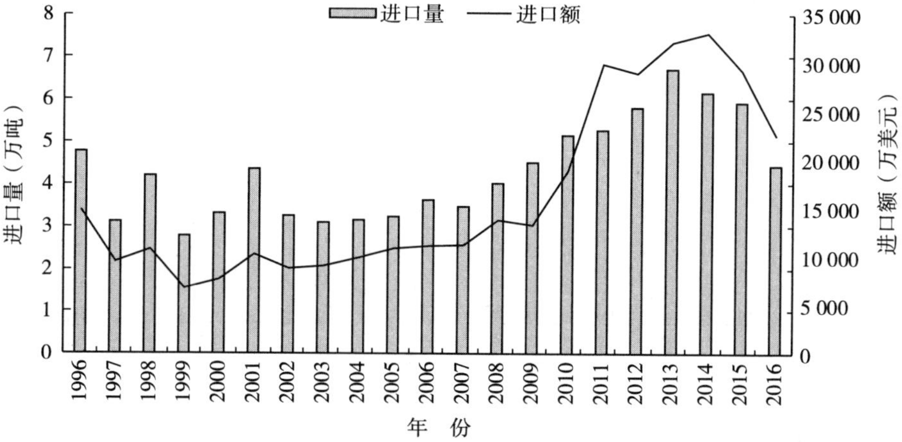

图 6 中国对新西兰羊毛的进口量和进口额

数据来源：中国海关数据库

中国的纺织和服装加工行业对羊毛有着巨大的需求，虽然 2013 年之后因为国内纺织业不景气，中国羊毛进口明显减少，但长期来看羊毛进口仍然会呈增长趋势。未来中国对新西兰羊毛的进口主要受两方面因素影响：一方面，羊毛配额的逐步放开会进一步刺激中国对新西兰羊毛的进口需求；另一方面，中澳自贸区的建立可能会转移中国羊毛的部分进口。总体来看，未来中国对新西兰羊毛的进口增速会放缓。

3. 牛羊肉

牛羊肉并非自贸协定重点关注的产品，但贸易量较大，且自贸区前后贸易特征出现较大变化。2000 年，中国从新西兰进口的牛羊肉仅有 0.26 亿美元，至 2008 年达到 0.96 亿美元。2008 年以后，随着国内猪肉价格的波动和中新自贸区带来的进口肉类价格降低，中国对新西兰牛羊肉的进口额开始增长，至 2015 年最高达 12.0 亿美元，2016 年有所回落（图 7）。进口一定数量的牛羊肉有助于及时填补中国供需缺口，满足消费需求，抑制国内羊肉价格高涨，节约饲草资源，缓解草原放牧压力，但大量进口牛羊肉会加大国内外市场的联动性，冲击中国羊肉产业，加大疫病防控难度，推动羊肉价格的下滑，不利于中国牛羊肉产业持续健康发展。2012 年以前牛羊肉进口量占中国产量的比例较小，进口对中国牛羊肉市场作用微小；2012 年以后进口量猛增，低价进口羊肉对中国羊肉市场冲击不断显露，尽管 2016 年牛羊肉进口量缓慢下降，但对国内牛羊肉市场仍存在一定的冲击。

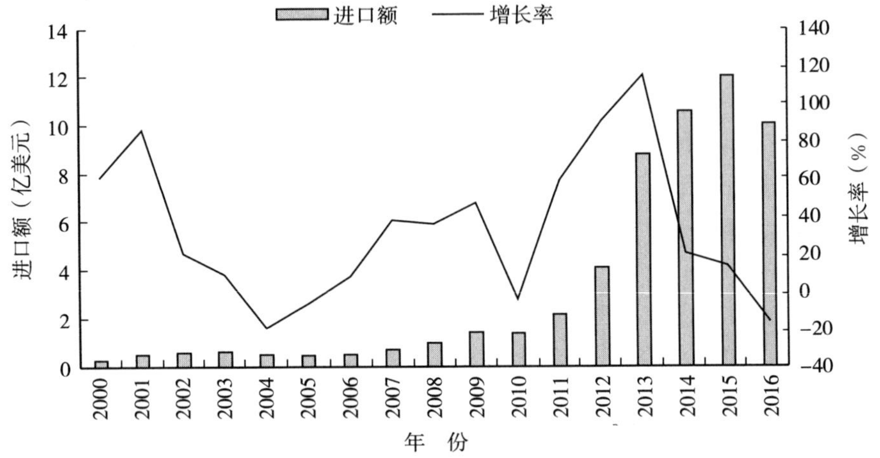

图 7　中国对新西兰牛羊肉进口额及增长速度

数据来源：Statistics New Zealand

随着国民生活水平提高和消费观念改变，肉类消费结构发生变化，牛羊肉因含有较高的蛋白质且脂肪和胆固醇含量低而逐渐受到消费者的欢迎，需求量不断上升。新西兰是世界肉类生产大国和出口大国，其肉类产品质量上乘，健康安全，在全球享有很高声誉。随着 2008 年中新自贸协定签订后关税不断削减，新西兰畜产品出口比例逐年上升，最高达 64.42%（2014 年）。目前中国牛羊肉进口量在 100 万吨左右，随着中国肉类消费逐渐由猪肉转向牛羊肉，中国的牛羊肉进口需求会继续增加，而新西兰也会成为中国重要的进口来源。

五、结　　论

中新自贸区自建立以来已经运行了 8 年，除 2015 年新西兰出现的奶粉质量问题导致贸易量骤减外，中新自贸区运行平稳，重点产品的贸易额都出现显著增长。整体来看，中新自贸区对农产品贸易造成的影响主要有以下三点。

1. 中国进口激增，出口获益有限

中新双边贸易以中国从新西兰进口为主，自贸区放大了中国的进口，从而拉动了新西兰农产品出口的快速增长。UN Comtrade 的数据显示，2008—2015 年中国贡献了新西兰农产品出口增量的 70%，产生了非常显著的创造效应。此外，由于新西兰需求空间小、市场成熟，中国农业产业本身通过出口获益很少，且增长潜力不大。自贸区对中国的贸易利益体现为消费者福利的改进，以及农业资源利用方面。

2. 双边贸易结构趋稳，重点产品突出

自贸区建立后，中新农产品贸易额迅速放大，贸易结构在短暂调整过后已经趋于稳定。中国出口的产品种类繁多，主要为竞争力较强的水产品、水果和蔬菜等，但出口额较小，只在 1 000 万美元左右。中国进口的产品集中于乳品、牛羊肉和羊毛等畜产品。其中，奶粉占进口总额的 30%～50%，贸易额超过 10 亿美元，对拉动中国进口起到了关键作用。

3. 贸易总量仍将扩大，但增速趋缓

新西兰的优势产品很好地补充了中国国内的供求缺口，随着双边市场的进一步开放，中新贸易总量将继续增长，中国的贸易逆差将继续扩大。中新双边贸易的高速增长建立在此前贸易总量较小的基础上，随着贸易潜力不断被挖掘，未来中新贸易额的增速将趋于缓和。实际上，2012 年起除奶粉以外的产品贸易额增速已经连续降低；当奶粉进口相对饱和后，总体增速亦将放缓。

印度农产品市场、贸易和政策研究

一、印度农产品生产和消费状况

印度可利用耕地面积从1960年至今，呈倒U形的演变趋势。20世纪60年代以来，印度耕地面积总体呈先上升后下降的趋势。特别是1990年以来，印度耕地面积出现明显下降趋势，截至2014年，印度耕地面积为1.56亿公顷。由于耕地面积的减少和人口的快速增加，印度人均耕地面积逐年减少，2014年仅为每人0.12公顷。

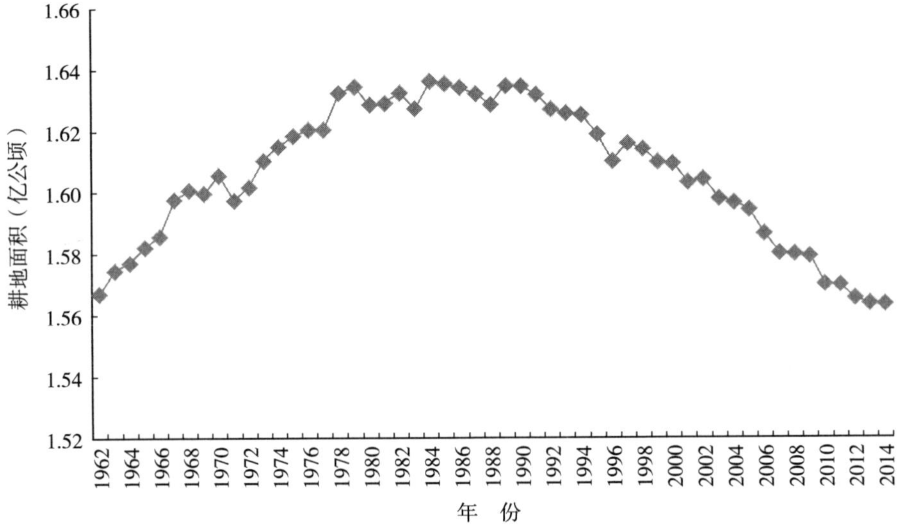

图1 印度耕地面积变迁（1962—2014年）

数据来源：根据FAO数据整理所得（http：//www.fao.org/faostat/zh/#country/100）

农业增加值在GDP中的占比呈下降趋势，农业增加值年增长率呈现周期性波动。农业在国民经济中仍占有非常重要的地位，但重要程度有所降低。从图2可以看出：一方面，农业增加值在国民生产总值中的比重总体呈现下降趋势，从1960年的42.56%下降到2014年的17.39%，从近10年的变化情况来看，农业增加值在GDP中的比重基本保持稳定，但从农业增加值增长率来看，其呈现剧烈波动态势，且近几年不断走低，2014年农业产值的增长率为1.77%，农业增加值增长形势较不乐观。

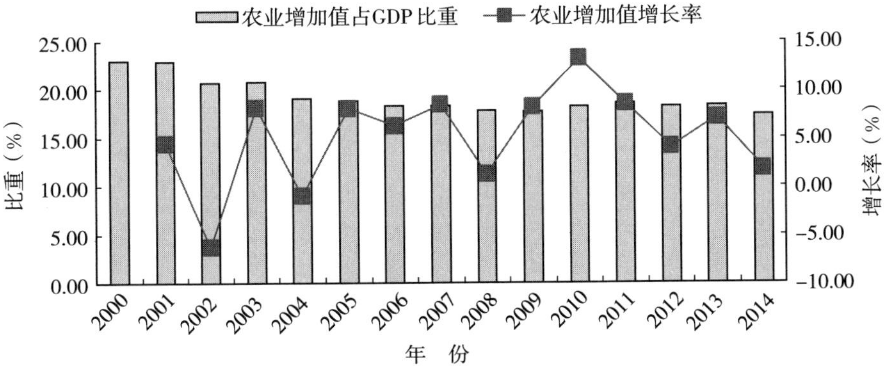

图2 印度农业在经济中的地位

数据来源：根据世界银行（World Bank）数据整理所得

（一）农产品生产情况

1. 农产品产量

印度种植业整体发展态势良好。就谷物生产情况来看，2010年和2011年印度谷物增长速度高达11.6%和7.48%，但在此之后增速呈逐年下滑的趋势；谷物之中除玉米外，小麦和稻谷的产量个别年份为负增长，但总体为增长趋势；粗粮的产量变化呈波浪式，其产量由2001年的3 338.29万吨增长至2011年的4 308.6万吨（顶峰），而在2012年下滑至4 061万吨，随后的3年产量回升至4 231万吨；油料作物和纤维作物也经历了快速发展时期，其产量分别由2001年的747.27万吨和382.77万吨增长至2013年的1 273.84万吨和810.4万吨；蔬菜、瓜类和水果产量呈现大幅度增长态势，2013年较2001年分别增长53.38个百分点和86.32个百分点；与其他作物相比，甘蔗产量增长较慢，2001年其产量为29 595.6万吨，2014年产量为35 214.2万吨，仅增长15.29个百分点；茶叶（144.12%）的增长速度仅次于籽棉（256.11%）；茶叶和坚果的产量相对较低，但从2001年开始，其产量始终呈增长态势，2012年两类产品的增长率分别为6.49%和3.14%，增速明显高于同期小麦、稻谷、粗粮、烟叶等；从薯类产量变化来看，2005年其产量较2001年增长24.46个百分点，2010年其产量较2005年增长22.18个百分点，2011年单年增速高达12.53%，随后增速下滑，2014年产量维持在5 562.23万吨（表1）。

表 1　印度农作物产量变动情况

单位：万吨

农作物	2001 年	2005 年	2010 年	2011 年	2012 年	2013 年	2014 年
谷物	24 296.38	23 999.75	26 783.83	28 786.00	29 329.00	29 394.00	29 399.30
小麦	6 968.09	6 863.69	8 080.36	8 687.40	9 488.00	9 351.00	9 448.30
稻谷	13 990.00	13 769.01	14 396.30	15 790.00	15 780.00	15 920.00	15 720.00
玉米	1 316.02	1 470.99	2 172.58	2 176.00	2 226.00	2 329.00	2 367.00
粗粮	3 338.29	3 367.05	4 307.17	4 308.60	4 061.00	4 123.00	4 231.00
豆类	1 217.65	1 287.61	1 723.63	1 764.7	1 670.37	1 831.12	1 998.00
油料作物	747.27	1 035.69	1 187.89	1 233.83	1 125.76	1 273.84	
纤维作物	382.77	509.71	758.85	806.01	784.24	810.40	
籽棉	531.10	982.80	1 776.00	1 917.80	1 817.90	1 891.30	1 900.00
麻类	212.82	195.21	190.55	207.61	202.50	205.20	
蔬菜、瓜类	7 889.71	7 145.47	10 040.46	10 702.25	11 434.38	12 101.52	
水果（除瓜）	4 435.06	5 149.46	7 512.12	7 391.20	7 549.07	8 263.23	
甘蔗	29 595.60	23 708.84	29 230.16	34 238.20	36 103.70	34 120.00	35 214.20
烟叶	34.00	54.91	69.00	83.00	82.00	83.00	
茶叶	84.70	90.70	99.12	109.55	113.51	120.88	
坚果	47.90	57.60	65.10	71.06	76.50	78.90	
薯类	3 001.85	3 742.99	4 573.18	5 146.20	5 130.23	5 371.26	5 562.23

数据来源：根据 FAOSTAT 数据整理所得。http：//www.fao.org/faostat/zh/＃data/QC。

2. 畜禽产业发展情况

印度牲畜存栏量下降趋势明显。2001—2010 年，马、山羊和绵羊的存栏量呈上升趋势，但 2011 年以后呈逐年下滑趋势，牛存栏量年均下滑幅度为 0.40%，山羊存栏量年均下滑 0.80 个百分点，绵羊的下滑速度最大，年均下滑 1.79 个百分点；2001 年猪的存栏量为 1 344 万头，2010 年和 2014 年存栏量分别下滑至 1 064 万头和 1 000 万头，年均存栏量减少 0.36%（表 2）。

表 2　印度主要牧畜存栏量

单位：万头（只）

牲畜	2001 年	2005 年	2010 年	2011 年	2012 年	2013 年	2014 年
牛	28 483.30	29 358.00	30 156.00	30 061.80	29 960.62	29 840.00	29 700.00
马	77.60	67.80	61.90	62.20	62.47	62.80	63.00
山羊	12 380.50	13 218.80	13 732.10	13 624.80	13 517.31	13 400.00	13 300.00
绵羊	6 011.30	6 631.90	6 774.40	6 651.80	6 506.92	6 380.00	6 300.00
猪	1 344.00	1 226.80	1 064.00	1 048.10	1 029.37	1 013.00	1 000.00

数据来源：根据 FAOSTAT 数据整理所得。

3. 畜禽产品产量

印度畜禽产品产量呈稳定增长趋势。2001—2013 年除羊毛和猪肉外，其他畜禽产品均有所增长，其中，禽肉的增长最为明显，其以 7.75%年均增速由 2001 年的 96.29 万吨增长至 2013 年的 235.79 万吨，禽蛋和奶类以 4.94%和 4.13%的年均增速位居第二和第三，2013 年两者产量分别为 383.52 万吨和 13 560.00 万吨；肉类中占比最大的依旧是牛肉（占比 50%左右），其年均增速为 1.16%，远低于肉类产量 2.70%的平均增速水平；羊肉的产量相对较为稳定，2013 年产量为 74.66 万吨，较 2001 年仅增长 5.34 万吨；2001 年以来猪肉产量一直呈下降趋势，年均下降 2.30 个百分点，产量由 2001 年的 46.72 万吨减少至 2013 年的 35.35 万吨（表 3）。

表 3 畜禽产品产量

单位：万吨

畜产品	2005 年	2010 年	2011 年	2012 年	2013 年	2014 年
禽蛋	256.80	337.81	346.63	365.50	383.52	
奶类	9 561.90	12 184.70	12 790.40	13 243.06	13 560.00	14 631.35
羊毛	4.51	4.47	4.61	4.65	4.65	
肉类总产量	511.25	608.51	611.81	615.02	621.46	
猪肉	42.53	37.10	36.40	35.70	35.35	35.00
牛肉	234.15	253.88	254.41	254.90	257.66	257.21
羊肉	74.80	77.40	76.44	75.50	74.66	74.03
禽肉	144.07	222.62	226.75	230.92	235.79	

数据来源：根据 FAOSTAT 数据整理所得。

4. 自给率

印度食物的自给率整体呈现较高水平。除大豆和植物油产品的自给率较低外，其余农产品产量均超过本国农产品的供给量，说明印度农产品供给不仅满足了国内需求，还有部分剩余农产品出口到国际市场，事实上印度长期以来是农产品净出口国。除 2002 年，近年来谷物产品自给率也基本保持在 98%以上（表 4）。

表 4 印度食物自给率

年份	谷物	大豆	植物油	蔬菜	水果（无葡萄酒）	肉	禽蛋	牛奶（无黄油）	鱼，海鲜
1970	0.97	1.00	1.08	1.01	0.99	1.00	1.00	0.99	1.04
1980	1.01	0.99	0.60	1.00	1.00	1.02	1.00	0.99	1.05
1990	1.07	1.00	0.92	1.01	1.00	1.02	1.00	1.00	1.04

（续）

年份	谷物	大豆	植物油	蔬菜	水果（无葡萄酒）	肉	禽蛋	牛奶（无黄油）	鱼，海鲜
2000	1.08	0.99	0.55	1.01	1.00	1.07	1.01	1.00	1.10
2001	1.10	1.00	0.55	1.01	1.00	1.06	1.02	1.00	1.07
2002	0.94	0.97	0.49	1.01	1.00	1.07	1.02	1.00	1.07
2003	0.98	1.01	0.61	1.02	1.00	1.09	1.03	1.00	1.04
2004	0.99	1.00	0.62	1.02	1.00	1.07	1.03	1.01	1.06
2005	1.01	1.00	0.65	1.02	1.00	1.10	1.04	1.01	1.07
2006	0.99	1.00	0.65	1.03	1.00	1.11	1.03	1.01	1.09
2007	1.06	1.01	0.68	1.02	1.00	1.10	1.04	1.01	1.08
2008	1.10	1.01	0.56	1.03	1.01	1.10	1.03	1.01	1.07
2009	1.04	1.00	0.51	1.03	1.00	1.11	1.03	1.00	1.11
2010	1.03	1.01	0.66	1.02	1.01	1.15	1.02	1.00	1.12
2011	1.09	1.00	0.56	1.02	1.00	1.21	1.02	1.00	1.14
2012	1.14	1.02	0.49	1.02	1.00	1.21	1.02	1.00	1.14
2013	1.11	1.07	0.45	1.02	1.00	1.34	1.02	1.02	1.14
2014	1.07	1.01							

数据来源：FAO 数据库。

（二）农产品消费情况

印度城乡居民消费结构正在逐步改善。从印度城乡居民消费支出构成来看，食物在总支出中的比重呈下降趋势。此外，印度城乡居民食物消费结构也发生了较大变化：谷物、奶及其制品和青菜是居民最重要的食物；谷物、食用油和糖的消费比重在逐步下降，鸡蛋、鱼和肉以及饮料所占比重在逐步上升（表 5）。

表 5　印度城乡居民消费支出构成趋势

项　目	农村居民消费支出比重					城镇居民消费支出比重				
	1993—1994 年	1999—2000 年	2004—2005 年	2009—2010 年	2011—2012 年	1993—1994 年	1999—2000 年	2004—2005 年	2009—2010 年	2011—2012 年
谷物	24.2	22.2	18.0	15.6	12.0	14.0	12.4	10.1	9.1	7.3
鹰嘴豆	0.2	0.1	0.1	0.2	0.2	0.2	0.1	0.1	0.1	0.1
谷物替代品	0.1	0.1	0.1	0.1	0.1	0.1	0.0	0.0	0.0	0.1
豆类及其制品	3.8	3.8	3.1	3.7	3.1	3.0	2.8	2.1	2.7	2.1
奶及其制品	9.5	8.8	8.5	8.6	9.1	9.8	8.7	7.9	7.8	7.8

（续）

项 目	农村居民消费支出比重					城镇居民消费支出比重				
	1993—1994年	1999—2000年	2004—2005年	2009—2010年	2011—2012年	1993—1994年	1999—2000年	2004—2005年	2009—2010年	2011—2012年
食用油	4.4	3.7	4.6	3.7	3.8	4.4	3.1	3.5	2.6	2.7
鸡蛋，鱼和肉	3.3	3.3	3.3	3.5	3.6	3.4	3.1	2.7	2.7	2.8
青菜	6.0	6.2	6.1	6.2	4.8	5.5	5.1	4.5	4.3	3.4
水果及坚果	1.7	1.7	1.9	1.6	1.9	2.7	2.4	2.2	2.1	2.3
糖	3.1	2.4	2.4	2.4	1.8	2.4	1.6	1.5	1.5	1.2
盐和调料	2.7	3.0	2.5	2.4	2.4	2.0	2.2	1.7	1.5	1.7
饮料等	4.2	4.2	4.5	5.6	5.8	7.2	6.4	6.2	6.3	7.1
食物合计	63.2	59.4	55.0	53.6	48.6	54.7	48.1	42.5	40.7	38.6
锅，烟草，酒	3.2	2.9	2.7	2.2	2.4	2.3	1.9	1.6	1.2	1.4
燃料及电力	7.4	7.5	10.2	9.5	9.2	6.6	7.8	9.9	8.0	7.6
服装和床上用品	5.4	6.9	4.5	4.9	6.3	4.7	6.1	4.0	4.7	5.3
鞋业	0.9	1.1	0.8	1.0	1.3	0.9	1.2	0.7	0.9	1.2
杂项与服务	17.3	19.6	23.4	24.0	26.1	27.5	31.3	37.2	37.8	39.7
耐用品	2.7	2.6	3.4	4.8	6.1	3.3	3.6	4.1	6.7	6.3
非食物合计	36.8	40.6	45.0	46.4	51.4	45.3	51.9	57.5	59.3	61.5
总支出	100	100	100	100	100	100	100	100	100	100

数据来源：Agriculturai statistics at a glance 2015。

二、农业支持政策

（一）农产品价格支持政策

为确保农产品（主要是粮食）的有效供给，印度政府实施了多种价格支持政策，主要包括生产者政策和消费者政策。前者主要通过最低支持价格（MSP）、市场干预价格（MIP）和缓冲库存储备（BSO）对农产品生产者施加影响，而后者主要通过定向公共分配系统（TPDS）对农产品消费者发挥作用。

在政府实施价格支持过程中，首先，印度农产品成本和价格委员会根据农产品成本，结合工农产品、作物间的比价、供需状况及农民的合理利润等因素，向政府提供农产品订购的价格建议，经政府有关部门确认后被确立为最低保护价。其次，印度食品公司根据最低支持价格收购农产品，然后经过缓冲库存储备后以中央发行价格向各邦政府销售农产品①。当中央发行价格低于农产

① 印度食品公司在收购农产品过程中发生的费用，包括各类税费、佣金、运费、储藏费用等一同构成农产品收购的成本价格。

品收购成本，两者差额由政府进行补贴。最后，在通过定向公共分配系统向消费者提供农产品阶段，通过政府提供财政补贴并采取差别价格待遇，使高于贫困线的家庭以高价格购买，而低于贫困线的家庭以较低价格购买农产品，以确保不同收入阶层均获得相应的农产品供应。此外，对于最低支持价格未能涵盖的产品，如园艺产品和易腐烂农产品，则实行市场干预价格（MIP），即若农产品市场价格低于特定的价格水平，政府以市场干预价格收购农产品，期间所发生的费用和损失由中央政府和各邦政府共同承担，从而扩大了农产品补贴扶持的范围。

2012—2017 年，印度政府对 25 种农产品实施了价格支持政策，农产品的最低价格支持水平均有不同程度的增长。从相对量变化情况来看，补贴增长幅度最大的是黄麻，其在 2012—2017 年间增长了 45.45%，其次是甘蔗、大麦和马祖尔（小扁豆），增长幅度分别为 35.29%、35.20%和 31.03%。作为印度较为重要的出口经济作物，棉花的支持力度由 2012 年的 3 600 卢比（中绒棉）/3 900 卢比（长绒棉）增长至 3 860 卢比（中绒棉）/4 160 卢比（长绒棉），增长幅度为 7.22%（中绒棉）/6.67%（长绒棉）。在三大粮食作物中，对玉米的支持力度最小，扶持力度由 2012 年的 1 175 卢比增长到 1 365 卢比，对稻谷的支持力度居中，普通稻谷和 A 级稻谷分别增长 17.60%和 17.97%，2012—2017 年对小麦的支持力度增长 20.37 个百分点，增速在所有农产品中处于较高水平。

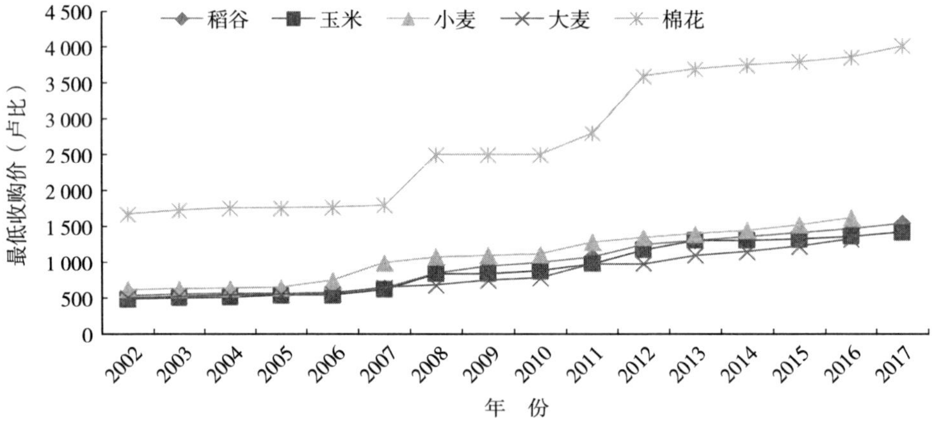

图 3　主要农产品每 100 千克最低收购价的演变趋势（2002—2017 年）

资料来源：http：//eands. dacnet. nic. in/

从图 3 可以看出，主要农产品的最低收购价都呈现整体上涨的趋势，玉米、棉花、小麦和大麦的最低收购价比较接近，其中，棉花的最低收购价要远高于玉米、棉花、小麦和大麦，最低收购价最低的是大麦。此外，还可以看到，棉花的最低收购价年际变化幅度较大，这与印度棉花的贸易频繁有很大关系。

（二）农业投入品补贴政策

自 20 世纪 80 年代开始，印度政府对部分农业生产投入品采取直接补贴政策，并逐步成为印度现行农业补贴架构中的重要组成部分。根据 WTO《农业协议》相关规定，农业生产资料补贴属于对生产和贸易具有扭曲作用的“黄箱”中非特定产品支持政策，需要进行削减，但由于印度非特定产品的支持水平低于农业总产值 10%的微量允许水平，故这部分无须进行削减。2015 年印度农业补贴总额为 8 765 亿卢比（表 6）。主要包括以下 4 个部分。

表 6　2011—2016 年度农业投入品补贴政策

单位：亿卢比

补贴	2010 年	2011 年	2012 年	2013 年	2014 年	2015 年
总补贴	7 162	8 494	7 275	8 043	8 427	8 765
化肥	6 230	7 079	6 561	7 093	7 091	7 297
电力	769	1 118	380	672	708	866
灌溉	56	64	65	66	107	100
其他	106	233	269	212	520	502

数据来源：Indian Public Finance Statistics 2015－2016。http：//dea.gov.in/indian-public-finance-statistics。

（1）化肥补贴。由于政府对化肥生产企业、进口商，包括对化肥运输费用、进口价和零售价差价进行补贴，使得农民可以按照化肥实际成本的 25%～40%购入化肥用于农业生产。《印度经济调查》数据显示，印度化肥补贴绝对额整体上呈现快速上升趋势，补贴总额由 1995 年的 623.5 亿卢比增长到 2015 年的 7 297 亿卢比，可以说，化肥补贴已成为印度农业生产投入品补贴中最重要的补贴方式。

（2）电力补贴。印度的农业电力补贴主要用于弥补供电成本和农户缴纳电费之间的差额。生活在贫困线以下的农民可以免费用电，而其他农民农业用电免费，生活用电则可以享受一定的优惠。1990 年以来，印度农业电力项目补贴额持续上升，2015 年达到 866 亿卢比。

（3）灌溉补贴。印度政府通过免费或低成本的电力供给为农民通过挖掘地下水资源以满足农业灌溉需求提供了良好的条件，近年来，印度政府加大了对农业灌溉设施建设与管护的补贴力度。统计数据显示，2015/2016 年度印度灌溉补贴达到 100 亿卢比。对农业灌溉设施的财政补贴，有效提高了农业灌溉用水的使用效率，一定程度上有助于促进印度农业生产的可持续发展。

(4) 其他补贴。这类补贴主要包括豆类、棉花、水稻、玉米的种子及农作物保险计划等补贴。这类补贴近年来增长很快。2015/2016 年度上升到 502 亿卢比。

（三）一般服务支持政策

广义上讲，政府为提供农业公共产品和服务而对农业领域进行的公共性投入同样属于农业补贴范畴。根据 OECD 国家的分类方法，政府对农业公共产品及服务的补贴支出被归于一般服务支持项目中，称为“一般服务支持”政策，属于 WTO《农业协定》中规定的“绿箱”政策，无须进行削减。对于印度而言，政府一般公共服务投资主要集中在如下两个方面。

1. 农业科研的开发与推广

经过 50 多年的艰苦努力，印度已经建立起世界上庞大的农业研究网，包含了 97 个国家研究所，82 个全印协作研究项目和 40 多所农业大学，主要对农作物、牲畜、渔业和其他农业相关领域进行研究，并进行农业科技成果转让和农业技术教育等。在印度每一个五年计划中用于农业科研和技术推广的预算均占农业总预算额度的 1/5 以上。早在 1994 年，印度农业研究经费在其 GDP 中所占比重已经接近 1%，基本达到发达国家水平。1995 年印度加入 WTO 后，对农业科研更为重视，在诸如良种培育、遗传工程、生物多样性技术等方面均取得长足的进步。进入 21 世纪后，印度推行“第二次绿色革命”，大力推广、应用现代农科技术以促进农业发展，在农村中推广计算机网络技术，通过高科技通信设备为农民提供免费技术咨询和农产品市场信息。印度用于教育的支出从 1995 年的 3 144.3 亿卢比增长到 2014 年的 39 011.9 亿卢比，增幅达 1 140.72%。而科学研究与服务支出则由 1995 年的 202.8 亿卢比增长到 2014 年的 2 084.8 亿卢比，增幅为 928%。可以说，印度政府用于教育、科学研究与服务支出的不断增长为农业科学领域人才的培养以及农业科研的开发与推广奠定了较好的基础，在相当程度上助推了印度农业生产效率的提升及可持续发展。

2. 农业基础设施建设与维护

灌溉、道路、电力等农业基础设施的建设对于减轻农民负担、夯实农业发展基础、提高农业竞争力和农产品产量均有着重要的促进意义。印度政府在 2000 年公布的国家农业政策中指出，要加强农村水库、灌溉渠、排水设施、农村公路、农村电网、农村通讯和农村计算机网络等农业基础设施的建设。同时，打算通过加强农业基础设施建设，增强印度农业发展后劲，保证印度农业的稳定增长，从而确保印度农业特别是印度粮食安全。印度政府 1995 年用于灌溉支出的总额为474.6亿卢比，到2014年增至959.1亿卢比。1995年道路和桥梁建设支出为327.1亿卢比，到2014年则增至5 582.7亿卢比，增幅高达1 606.73%。政府对灌溉、道路等基础设施的扶持在相当程度上减轻了农民在农业生产过程中的经济负担，提升了农民从事农业生产的积极性，保障了农业生产的顺利进行。

三、农产品贸易情况

（一）印度总体农产品情况

印度是人口大国，粮食安全和贫困问题成为关系国家安定和经济发展的重大问题，因此政府极其重视对农业的支持。印度政府分别在20世纪60、70和80年代开展的“绿色革命”“白色革命”和“蓝色革命”，对提高传统农业生产率起到了极大的推动作用。但由于印度人口众多，经济发展水平的限制导致其农产品参与世界贸易的程度不高，2000年占世界农产品贸易额的0.9%，2010年以后该比重在1%～2%徘徊。

就印度农产品出口情况来看，2004—2011年印度农产品出口额在所有产品出口额中的比重均在12%以下，2012年该比重猛增至14.64%，但2013—2016年，该比重逐年下降至11.51%，其中，2016年印度农产品出口总额为327.78亿美元，较2015年下降约4.3%。

就印度农产品进口情况而言，2003—2016年印度农产品进口占所有产品进口比重整体呈现一个W形，2003—2008年整体呈下降趋势，由6.51%下降至2.68%，2009年该比重为4.21%，随后两年分别下降至3.83%和3.57%，2013—2016年呈上扬趋势，占比分别为3.91%、4.54%、5.68%和7.73%，WITS数据显示，2016年印度农产品进口额约为275.75亿美元，低于农产品出口额（表7）。

表7 印度农产品贸易概况

单位：亿美元、%

年份	农产品出口额	农产品进口额	总出口额	总进口额	出口农产品比例	进口农产品比例
2001	63.70	33.95	438.78	506.71	14.52	6.70
2002	69.05	38.29	500.98	574.53	13.78	6.66
2003	71.53	47.14	593.61	724.31	12.05	6.51
2004	87.24	50.12	759.04	989.81	11.49	5.06
2005	102.28	55.84	1 003.53	1 408.62	10.19	3.96

（续）

年份	农产品出口额	农产品进口额	总出口额	总进口额	出口农产品比例	进口农产品比例
2006	123.62	57.33	1 212.01	1 782.12	10.20	3.22
2007	163.08	77.17	1 458.98	2 186.45	11.18	3.53
2008	211.44	84.56	1 818.61	3 157.12	11.63	2.68
2009	161.73	112.16	1 767.65	2 664.02	9.15	4.21
2010	227.45	133.96	2 204.08	3 500.29	10.32	3.83
2011	339.77	165.1	3 014.83	4 624.03	11.27	3.57
2012	423.89	192.68	2 895.65	4 889.76	14.64	3.94
2013	468.27	182.39	3 366.11	4 660.46	13.91	3.91
2014	427.34	208.75	3 175.45	4 593.69	13.46	4.54
2015	342.64	221.82	2 643.81	3 907.45	12.96	5.68
2016	327.78	275.75	2 603.27	3 567.04	11.51	7.73

注：如无特殊说明，以下贸易分析均以印度为报告国。

数据来源：根据世界贸易数据库整理所得。http：//olap. epsnet. com. cn/auth/platform. html。

印度优势农产品为谷物、水产品和肉及食用杂碎。从印度出口前十位农产品分布来看，谷物、鱼、甲壳动物、软体动物及其他水生无脊椎动物和肉及食用杂碎是重要的出口农产品，也是印度的优势农产品，三类农产品出口额在总出口额中的比重分别为20.14%、18.89%和14.40%，以上三类产品再加上咖啡、茶、马黛茶及调味香料（HS09），此四类产品占据印度农产品出口市场64.22%的份额，此外棉花、含油子仁及果实与工业和药用植物的出口也占据较高比重（表8）。

表8　2016年印度前十位出口农产品

单位：亿美元、%

HS代码	商品名称	金额	占比
10	谷物	55.55	20.14
03	鱼、甲壳动物、软体动物及其他水生无脊椎动物	52.09	18.89
02	肉及食用杂碎	39.72	14.40
09	咖啡、茶、马黛茶及调味香料	29.78	10.79
12	含油子仁及果实；杂项子仁及果仁；工业用或药用植物；稻草、秸秆及饲料	16.85	6.11

（续）

HS代码	商品名称	金额	占比
08	食用水果及坚果；甜瓜或柑橘属水果的果皮	15.96	5.79
5201	未梳的棉花	13.46	4.88
07	食用蔬菜、根及块茎	11.61	4.20
23	食品工业残渣与配制饲料	7.75	2.81
2401	烟草，烟草废料	6.71	2.43

数据来源：根据世界贸易数据库整理所得。http：//olap. epsnet. com. cn/auth/platform. html。

印度农产品贸易集中度总体较低，进口集中度略高。通过对2016年印度同世界所有国家农产品进出口额进行计算，并从大到小进行了排序，筛选集中度较高的农产品。结果表明，印度农产品贸易集中度总体较低，其中进口集中度略高；从印度与不同国家的贸易总额来看，印度最重要的农产品贸易伙伴国依次是美国、印度尼西亚、越南、马来西亚和阿联酋（表9）。

表9　印度主要农产品伙伴国贸易概况

单位：亿美元

序列号	进出口总额排名	进出口总额	进口来源地排名	进口额	出口目的地排名	出口额
1	美国	51.86	印度尼西亚	39.77	越南	40.65
2	印度尼西亚	46.73	阿根廷	24.89	美国	37.23
3	越南	44.06	马来西亚	20.60	阿联酋	22.11
4	马来西亚	29.60	乌克兰	16.41	沙特阿拉伯	14.90
5	阿联酋	25.75	加拿大	11.68	孟加拉国	9.49
	前5名合计	198.00	前5名合计	113.35	前5名合计	124.37
	贸易总额	566.95	进口总额	239.15	出口总额	327.80
	占比	34.92%	占比	47.40%	占比	37.94%

数据来源：根据世界贸易数据库整理所得。http：//olap. epsnet. com. cn/auth/platform. html。

（二）中印农产品贸易情况

近年来，中印两国经贸合作密切，农产品贸易也随之迅速发展。中印两国都是农产品生产和消费大国，金融危机后，中印两国农产品贸易蓬勃发展，但近年来有走低的趋势。

1. 农产品贸易额

整体看，印中农产品贸易额呈波动上涨态势，印中农产品贸易顺差也相应呈扩大趋势。印度向中国出口农产品金额与自中国进口农产品金额总额均呈现增长态势。印中农产品出口额和进口额分别由2001年的1.34亿美元和1.54亿美元上涨至2012年的38.37亿美元和7.83亿美元，但2013—2015年印中农产品贸易额呈现下降趋势，从表11印中农产品贸易概况可以看到，2015年两国农产品出口额和进口额分别为10.74亿美元和4.94亿美元，农产品贸易总量仅维持在2008年金融危机前的水平。中国对印度的农产品出口额一直都较小，中国进口增长速度快于出口增长速度正是中国对印度农产品贸易逆差持续扩大的直接原因，印中农产品贸易差额由2000年的中国顺差0.21亿美元转变为2004年的印度顺差0.18亿美元，到2013年印中贸易顺差达到顶峰（印度顺差34.56亿美元），但随着印中农产品贸易额的萎缩，两国间的农产品进出口差额呈减小趋势，2016年农产品进出口差额为印度顺差3.27亿美元，贸易差额缩小趋势极可能持续下去（表10）。

表10　印度与中国农产品贸易概况

单位：亿美元、%

年份	农产品出口额	农产品进口额	总出口额	总进口额	出口农产品比例	进口农产品比例
2001	1.34	1.54	9.23	18.28	14.48	8.45
2002	1.47	2.12	15.32	26.20	9.59	8.11
2003	1.84	1.89	25.67	36.15	7.17	5.24
2004	2.14	1.97	40.99	60.51	5.23	3.25
2005	4.97	2.66	71.84	101.67	6.92	2.62
2006	10.27	2.90	78.29	156.39	13.12	1.86
2007	13.80	3.30	94.92	245.76	14.54	1.34
2008	12.00	3.82	100.94	315.86	11.88	1.21
2009	9.99	4.85	103.70	306.13	9.64	1.58
2010	26.61	4.98	174.40	412.49	15.26	1.21
2011	35.80	8.36	167.18	554.83	21.41	1.51
2012	38.37	7.83	147.29	541.40	26.05	1.45
2013	40.22	5.66	164.17	516.35	24.50	1.10
2014	21.62	5.70	134.34	582.31	16.10	0.98
2015	10.74	4.94	95.77	616.04	11.22	0.80
2016	9.45	6.18	89.16	604.83	10.60	1.02

注：如无特殊说明，以下贸易分析均以印度为报告国。

数据来源：根据世界贸易数据库整理所得。http：//olap.epsnet.com.cn/auth/platform.html。

2. 农产品贸易比重

印度自中国进口农产品所占比重逐年降低，而出口农产品所占比重则出现较大波动。印度向中国出口农产品所占比重相对较高，2012 年仍维持在26.05%的高位，2015 年下降至 11.22%，对印度农产品贸易而言，中国虽然成为印度农产品出口的重要目标国，但近年来持续走低的状况前景堪忧。

表 11 给出了 2010 年中印两国分别具有或都具有显性比较优势的贸易农产品（HS 编码）的显性比较优势指数（RCA）。总体看来，印度具有显性比较优势的农产品的种类远多于中国，且差异明显，即使是双方都具有优势的产品，印度的比较优势也明显大于中国。

对中国而言，显性比较优势指数最为明显的是生丝和废丝、甘露醇、生大麻、其他动物产品、肉鱼甲壳和软体动物等制品，而印度的显性比较指数较为明显的产品有山梨醇、原棉与已梳棉、虫胶、树胶、树脂及其他植物液汁、精油、编结用植物材料和其他植物产品、咖啡、茶、马黛茶及调味香料、谷物、水产品、肉及食用杂碎和糖及糖食等。

表 11 中印农产品显性比较优势指数

HS 代码	名 称	中国 RCA	印度 RCA
01	活动物	0.28	0.12
02	肉及食用杂碎	0.06	2.21
03	水产品	1.02	3.10
04	乳品，蛋品，蜂蜜等	0.07	0.26
05	其他动物产品	1.62	0.68
06	活植物，鳞茎、根、插花等	0.26	0.51
07	食用蔬菜、根及块茎	1.27	1.13
08	食用水果及坚果	0.43	0.99
09	咖啡、茶、马黛茶及调味香料	0.57	4.59
10	谷物	0.04	3.82
11	制粉工业产品；麦芽；淀粉	0.28	0.92
12	含油子仁及果实与工业或药用植物	0.23	1.16
13	虫胶、树胶、树脂及其他植物液汁	1.57	8.36
14	编结用植物材料；其他植物产品	1.18	5.80
15	动植物油脂及分解产品与食用油脂	0.05	0.63
16	肉、鱼、甲壳和软体动物等制品	1.65	0.49
17	糖及糖食	0.33	2.62

（续）

HS代码	名　称	中国 RCA	印度 RCA
18	可可及可可制品	0.09	0.29
19	谷物、粮食粉、淀粉或乳的制品	0.20	0.52
20	蔬菜水果坚果制品	1.06	0.56
21	杂项食品	0.40	0.62
22	饮料、酒及醋	0.16	0.18
23	食品工业残渣与配制饲料	0.33	0.75
24	烟草及烟草制品	0.27	1.59
290543	甘露醇	2.38	0.50
290544	山梨醇	1.35	10.43
3301	精油	0.66	7.69
35.01－35.05	蛋白类物质、改性淀粉、胶	0.47	0.66
380910	整理剂	0.34	0.77
41.01－41.03	生皮	0.02	0.01
4301	生毛皮	0.01	0.00
50.01－50.03	生丝和废丝	5.73	1.98
51.01－51.03	羊毛和动物毛	0.12	0.19
52.01－52.03	原棉与已梳棉	0.11	8.04
5301	生亚麻	0.05	0.11
5302	生大麻	1.24	0.18

进口方面：进口农产品集中在纺织纤维及其废料产品。从贸易农产品细分角度分析，印度自中国进口的农产品一直以来主要集中在生丝和废丝、食用蔬菜、根及块茎等。然而，生丝和废丝占中国出口到印度农产品总量的比例却一直在下降，且下降幅度较大。这主要是由于印度国内织绸业发展较快、中国国内需求增加以及该产品遭遇印度反倾销调查所致。但是目前印度生产丝的等级和质量都不如中国，在短期内要摆脱对中国丝的进口不太现实，故丝产品仍然是中国在印度市场最具发展潜力的农产品。

出口方面：农产品结构更显单一。印度出口到中国的贸易农产品结构更显单一。从2000年的以初级动物产品（如冻鱼、甲壳动物等）为主的模式，逐步向纺织纤维及其废料（主要为棉花）过渡，且棉花出口额快速增长，由以上分析可以看出，两国农产品贸易基于各自的要素禀赋，中国主要出口劳动密集型农产品，而印度则主要出口土地密集型农产品（表12）。

表12　2007年、2012年、2015年、2016年印度—中国前五位进出口农产品

单位：亿美元

	年份	产品代码	名　称	金额
前五位的出口农产品	2007	5201	原棉与已梳棉	8.58
		03	水产品	1.31
		23	食品工业残渣与配制饲料	0.84
		15	动植物油脂及分解产品与食用油脂	0.65
		12	含油子仁及果实与工业或药用植物	0.58
	2012	5201	原棉与已梳棉	26.05
		15	动植物油脂及分解产品与食用油脂	3.80
		13	虫胶、树胶、树脂及其他植物液汁	2.96
		03	水产品	1.70
		3301	精油	1.36
	2015	5201	原棉与已梳棉	2.93
		15	动植物油脂及分解产品与食用油脂	2.81
		03	水产品	1.48
		13	虫胶、树胶、树脂及其他植物液汁	0.82
		3301	精油	0.56
	2016	15	动植物油脂及分解产品与食用油脂	2.70
		5201	原棉与已梳棉	2.29
		03	水产品	1.29
		13	虫胶；树胶、树脂及其他植物液、汁	0.69
		3301	精油	0.50
前五位的进口农产品	2007	5002	生丝和废丝	1.77
		07	食用蔬菜、根及块茎	0.30
		08	食用水果及坚果	0.17
		20	蔬菜水果坚果制品	0.11
		23	食品工业残渣与配制饲料	0.11
	2012	5002	生丝和废丝	2.22
		15	动植物油脂及分解产品与食用油脂	1.07
		07	食用蔬菜、根及块茎	1.04
		08	食用水果及坚果	0.89
		3301	精油	0.36

（续）

	年份	产品代码	名称	金额
前五位的进口农产品	2015	5002	生丝和废丝	1.38
		07	食用蔬菜、根及块茎	0.71
		3301	精油	0.42
		08	食用水果及坚果	0.42
		23	食品工业残渣与配制饲料	0.36
	2016	5002	生丝（未加捻）	1.27
		08	食用水果及坚果；甜瓜或柑橘属水果的果皮	1.22
		3301	精油	0.65
		07	食用蔬菜、根及块茎	0.60
		23	食品工业的残渣及废料；配制的动物饲料	0.39

数据来源：根据世界贸易数据库整理所得。http：//olap.epsnet.com.cn/auth/platform.html。

总体来看，中印农产品贸易具有较强的互补性，竞争性则不显著。中印农产品双边贸易规模与两国人口、经济总量和巨大的潜在市场需求相比极不相称，两国农产品贸易互补潜力并未得到充分发挥，双边贸易可拓展的空间仍然较大。

四、印度与其他主要农产品伙伴国贸易情况

（一）印度与美国农产品贸易情况

美国是印度最大的农产品出口去向国。2001 年来印美农产品贸易发展迅速，但对印度而言，贸易结构并未发生明显改善。印度向美国出口农产品金额由 2001 年的 8.58 亿美元增长至 2016 年的 35.28 亿美元，在总出口中的比例则由 2001 年的 10.21%下跌至 2016 年的 8.40%；印度自美国进口农产品金额由 2001 年的 2.71 亿美元增长至 2016 年的 11.72 亿美元，在总进口中的比例则由 8.41%降至 2016 年的 5.75%（表 13）。

表 13　印度与美国农产品贸易概况

单位：亿美元、%

年份	农产品出口额	农产品进口额	总出口额	总进口额	出口农产品比例	进口农产品比例
2001	8.58	2.71	84.04	32.27	10.21	8.41
2002	10.15	2.72	103.89	38.26	9.77	7.10
2003	9.97	2.80	111.87	50.65	8.91	5.53

（续）

年份	农产品出口额	农产品进口额	总出口额	总进口额	出口农产品比例	进口农产品比例
2004	11.07	2.13	131.05	59.44	8.45	3.59
2005	12.41	2.91	165.43	83.07	7.50	3.51
2006	12.24	3.23	187.05	113.21	6.54	2.85
2007	12.85	4.33	201.33	142.06	6.38	3.05
2008	15.36	5.14	214.07	244.87	7.17	2.10
2009	12.22	6.03	191.28	159.98	6.39	3.77
2010	16.53	8.25	235.87	190.96	7.01	4.32
2011	36.77	7.64	329.19	225.74	11.17	3.38
2012	74.87	8.27	371.71	241.05	20.14	3.43
2013	50.08	10.52	419.57	226.00	11.94	4.65
2014	48.64	11.21	426.85	204.40	11.40	5.48
2015	37.23	12.68	403.13	204.64	9.23	6.19
2016	35.28	11.72	419.92	203.95	8.40	5.75

数据来源：根据 WITS（https：//wits. worldbank. org/）整理所得。

近年来印度与美国农产品贸易结构基本稳定。出口方面。近年来，印度向美国出口的农产品主要有水产品、虫胶、树胶、树脂及其他植物液汁、咖啡、茶、马黛茶及调味香料、含油子仁及果实、工业或药用植物和肉、鱼、甲壳动物、软体动物及其他水生无脊椎动物的制品，但各个年份分品种产品出口量顺序有所变化。进口方面。印度从美国进口的农产品主要有水果及坚果、食用蔬菜、根及块茎、饮料、酒及醋、杂项食品和食品工业的残渣及废料、配制的动物饲料（表 14）。

表 14　2007、2012、2015 和 2016 年印度—美国前五位进出口农产品

单位：亿美元

项目	年份	产品代码	名　称	金额
前五位的出口农产品	2007	03	水产品	2.41
		08	食用水果及坚果	2.02
		09	咖啡、茶、马黛茶及调味香料	1.53
		13	虫胶、树胶、树脂及其他植物液汁	1.48
		12	含油子仁及果实与工业或药用植物	0.87

（续）

项目	年份	产品代码	名　称	金额
前五位的出口农产品	2012	13	虫胶、树胶、树脂及其他植物液汁	52.50
		03	水产品	6.39
		08	食用水果及坚果	2.70
		09	咖啡、茶、马黛茶及调味香料	2.51
		3301	精油	1.72
	2015	03	水产品	12.29
		13	虫胶、树胶、树脂及其他植物液汁	5.70
		09	咖啡、茶、马黛茶及调味香料	3.37
		12	含油子仁及果实与工业或药用植物	2.28
		08	食用水果及坚果	2.21
	2016	03	水产品	14.57
		13	虫胶、树胶、树脂及其他植物液汁	3.89
		09	咖啡、茶、马黛茶及调味香料	3.11
		12	含油子仁及果实与工业或药用植物	2.03
		16	肉、鱼、甲壳动物、软体动物及其他水生无脊椎动物的制品	1.82
前五位的进口农产品	2007	08	食用水果及坚果	1.91
		07	食用蔬菜、根及块茎	0.78
		5201	原棉与已梳棉	0.72
		15	动植物油脂及分解产品与食用油脂	0.15
		21	杂项食品	0.11
	2012	08	食用水果及坚果	4.03
		5201	原棉与已梳棉	1.06
		07	食用蔬菜、根及块茎	0.91
		21	杂项食品	0.33
		22	饮料、酒及醋	0.32
	2015	08	食用水果及坚果	6.86
		07	食用蔬菜、根及块茎	1.34
		22	饮料、酒及醋	1.20
		5201	原棉与已梳棉	1.09
		21	杂项食品	0.45

（续）

项目	年份	产品代码	名 称	金额
前五位的进口农产品	2016	08	食用水果及坚果	6.45
		07	食用蔬菜、根及块茎	1.83
		22	饮料、酒及醋	1.56
		21	杂项食品	0.55
		23	食品工业的残渣及废料；配制的动物饲料	0.23

数据来源：根据 WITS（https：//wits.worldbank.org/）整理所得。

（二）印度与印度尼西亚农产品贸易情况

印度尼西亚是印度第二大农产品贸易伙伴。2001—2005 年，印度从印度尼西亚进口的农产品在所有商品中的占比均在 40%以上，其中，2003 年高达 62.02%，近年来呈现下降态势，2016 年农产品进口占比仅为 32.38%。从出口情况来看，2001 年农产品在印度出口到印度尼西亚所有商品中占据很大比重，2003 年以后该比重变化趋于稳定，2016 年印度出口到印度尼西亚的农产品为 6.01 亿美元，占所有出口商品的 19.20%（表 15）。

表 15　印度与印度尼西亚农产品贸易概况

单位：亿美元、%

年份	农产品出口额	农产品进口额	总出口额	总进口额	出口农产品比例	进口农产品比例
2001	2.19	4.08	4.77	9.67	46.03	42.25
2002	2.95	6.24	7.70	12.63	38.33	49.36
2003	2.45	11.66	10.40	18.80	23.61	62.02
2004	2.65	14.58	12.06	24.28	22.02	60.05
2005	2.25	12.44	13.90	30.19	16.22	41.19
2006	3.70	11.51	18.70	36.10	19.77	31.88
2007	4.78	14.60	18.78	48.40	25.44	30.16
2008	6.27	23.56	26.59	64.31	23.59	36.63
2009	3.50	30.75	30.03	76.00	11.64	40.46
2010	5.79	40.24	45.57	96.95	12.72	41.50
2011	11.57	53.23	64.00	139.65	18.08	38.12
2012	11.71	56.10	60.22	140.68	19.44	39.88
2013	11.80	53.17	55.58	149.84	21.23	35.48

（续）

年份	农产品出口额	农产品进口额	总出口额	总进口额	出口农产品比例	进口农产品比例
2014	9.51	43.11	44.45	151.85	21.40	28.39
2015	4.76	39.97	28.69	139.02	16.60	28.75
2016	6.01	39.47	31.32	121.89	19.20	32.38

数据来源：根据 WITS（https：//wits. worldbank. org/）整理所得。

近年来印度与印度尼西亚农产品贸易结构也出现了一些新的变化。出口方面：出口贸易结构格局发生变化。2016 年印度向印度尼西亚出口农产品位居前三位的分别为含油子仁及果实、工业或药用植物、肉及食用杂碎、咖啡、茶、马黛茶及调味香料。此外，食用蔬菜、根及块茎和谷物在印度农产品出口中占据较大比重。进口方面：贸易结构格局相对稳定。印度自印度尼西亚进口农产品品种主要有动植物油脂及分解产品与食用油脂、咖啡、茶、马黛茶及调味香料、食用水果及坚果、可可及可可制品和食品工业的残渣及废料；配制的动物饲料（表 16）。

表 16　2007 年、2012 年、2015 年和 2016 年印度—印度尼西亚前五位进出口农产品

单位：亿美元

	年份	产品代码	名　　称	金额
前五位的出口农产品	2007	23	食品工业残渣与配制饲料	1.58
		12	含油子仁及果实与工业或药用植物	1.25
		5201	原棉与已梳棉	0.78
		17	糖及糖食	0.65
		09	咖啡、茶、马黛茶及调味香料	0.13
	2012	10	谷物	5.80
		12	含油子仁及果实与工业或药用植物	2.28
		23	食品工业残渣与配制饲料	1.36
		5201	原棉与已梳棉	0.43
		24	烟草及烟草制品	0.41
	2015	12	含油子仁及果实与工业或药用植物	2.14
		5201	原棉与已梳棉	0.60
		09	咖啡、茶、马黛茶及调味香料	0.37
		10	谷物	0.35
		11	制粉工业产品；麦芽；淀粉	0.31

（续）

	年份	产品代码	名　称	金额
前五位的出口农产品	2016	12	含油子仁及果实与工业或药用植物	2.33
		02	肉及食用杂碎	2.03
		09	咖啡、茶、马黛茶及调味香料	0.57
		07	食用蔬菜、根及块茎	0.17
		10	谷物	0.15
前五位的进口农产品	2007	15	动植物油脂及分解产品与食用油脂	13.41
		08	食用水果及坚果	0.49
		09	咖啡、茶、马黛茶及调味香料	0.39
		13	虫胶、树胶、树脂及其他植物液汁	0.10
		3301	精油	0.07
	2012	15	动植物油脂及分解产品与食用油脂	53.72
		09	咖啡、茶、马黛茶及调味香料	0.82
		08	食用水果及坚果	0.59
		18	可可及可可制品	0.35
		3301	精油	0.20
	2015	15	动植物油脂及分解产品与食用油脂	36.97
		09	咖啡、茶、马黛茶及调味香料	0.94
		08	食用水果及坚果	0.62
		18	可可及可可制品	0.43
		3301	精油	0.27
	2016	15	动植物油脂及分解产品与食用油脂	36.96
		09	咖啡、茶、马黛茶及调味香料	1.05
		08	食用水果及坚果	0.40
		18	可可及可可制品	0.37
		23	食品工业的残渣及废料；配制的动物饲料	0.30

数据来源：根据 WITS（https：//wits. worldbank. org/）整理所得。

（三）印度与越南农产品贸易情况

对于印度而言，越南是仅次于美国和印度尼西亚的第三大农产品贸易伙伴。印度向越南出口农产品金额由 2001 年的 0.55 亿美元增长至 2014 年的 46.43 亿美元，而在 2015 年下滑至 36.47 亿美元，2016 年回升至 38.91 亿美元。相应的，农产品出口比重由2001年的25.39%上升至2014年的71.13%（历史最高值），2015年农产品出口占比为68.07%，2016年农产品出口占比为65.30%。就进口情况来看，2001年印度从越南进口的农产品为0.12亿美元，其在所有商品中的占比为68.20%，而至2016年，尽管农产品进口额增长至3.22亿美元，但其在印度从越南进口的所有商品中仅占10.36%，且2010年以后，印度从越南进口的农产品在所有商品中的比重趋于稳定。此外，从表17还可以发现，印度从越南进口的农产品虽然在增长，但增长幅度远远低于出口增长幅度，两国间农产品贸易存在着巨大的贸易顺差。

表17　印度与越南农产品贸易概况

单位：亿美元、%

年份	农产品出口额	农产品进口额	总出口额	总进口额	出口农产品比例	进口农产品比例
2001	0.55	0.12	2.18	0.17	25.39	68.20
2002	1.07	0.19	3.04	0.28	35.03	67.34
2003	1.13	0.17	3.79	0.34	29.71	49.62
2004	1.78	0.34	5.35	0.73	33.31	46.46
2005	2.26	0.55	6.33	1.27	35.74	42.87
2006	3.60	0.47	8.74	1.60	41.16	29.34
2007	6.43	0.29	12.41	1.53	51.80	18.62
2008	11.12	0.39	18.13	3.72	61.33	10.37
2009	9.91	0.78	18.34	4.43	54.03	17.55
2010	11.78	0.96	24.76	9.94	47.57	9.67
2011	23.19	1.51	34.67	15.54	66.91	9.73
2012	25.88	1.86	36.58	19.45	70.75	9.59
2013	41.48	2.00	59.88	28.27	69.28	7.07
2014	46.43	2.94	65.27	27.82	71.13	10.56
2015	36.47	2.95	53.57	26.80	68.07	11.01
2016	38.91	3.22	59.58	31.06	65.30	10.36

数据来源：根据WITS（https：//wits.worldbank.org/）整理所得。

出口方面。2012年和2016年，肉及食用杂碎是印度向越南出口金额最多的产品，其次是水产品；棉花、谷物和食品工业残渣、配制饲料也是印度向越南出口的重要农产品。

进口方面。印度自越南进口农产品多为佐料，如咖啡、茶、马黛茶及调味香料，食品工业残渣、配制饲料与食用水果及坚果的进口金额也相对较大（表18）。

表 18　2007 年、2012 年、2015 年和 2016 年印度—越南前五位进出口农产品

单位：亿美元

	年份	产品代码	名　　称	金额
前五位的出口农产品	2007	23	食品工业残渣与配制饲料	4.36
		02	肉及食用杂碎	0.79
		5201	原棉与已梳棉	0.47
		24	烟草及烟草制品	0.19
		10	谷物	0.15
	2012	02	肉及食用杂碎	8.28
		03	水产品	4.78
		12	含油子仁及果实与工业或药用植物	4.02
		10	谷物	3.27
		23	食品工业残渣与配制饲料	2.55
	2015	02	肉及食用杂碎	19.54
		03	水产品	9.34
		09	咖啡、茶、马黛茶及调味香料	0.03
		5201	原棉与已梳棉	0.02
		23	食品工业残渣与配制饲料	0.00
	2016	02	肉及食用杂碎	19.11
		03	水产品	12.65
		09	咖啡、茶、马黛茶及调味香料	2.79
		12	含油子仁及果实与工业或药用植物	2.11
		23	食品工业残渣与配制饲料	1.40
前五位的进口农产品	2007	09	咖啡、茶、马黛茶及调味香料	0.25
		13	虫胶、树胶、树脂及其他植物液汁	0.01
		11	制粉工业产品；麦芽；淀粉	0.00
		14	编结用植物材料；其他植物产品	0.00
		12	含油子仁及果实与工业或药用植物	0.00
	2012	09	咖啡、茶、马黛茶及调味香料	1.23
		23	食品工业残渣与配制饲料	0.14
		08	食用水果及坚果	0.12
		03	水产品	0.11
		05	其他动物产品	0.06

（续）

	年份	产品代码	名　称	金额
前五位的进口农产品	2015	09	咖啡、茶、马黛茶及调味香料	1.80
		23	食品工业残渣与配制饲料	0.29
		08	食用水果及坚果	0.19
		15	动植物油脂及分解产品与食用油脂	0.18
		03	水产品	0.17
	2016	09	咖啡、茶、马黛茶及调味香料	2.08
		23	食品工业残渣与配制饲料	0.35
		08	食用水果及坚果	0.31
		03	水产品	0.17
		14	编结用植物材料；其他植物产品	0.12

数据来源：根据 WITS（https：//wits.worldbank.org/）整理所得。

(四) 印度与马来西亚农产品贸易情况

马来西亚是印度重要农产品贸易伙伴国之一。2001—2016 年，除 2005—2008 年和 2010 年以外，印度与马来西亚农产品贸易呈逆差状态，其中，2012 年、2013 年、2014 年、2015 年和 2016 年逆差额分别高达 13.9 亿美元、6.3 亿美元、15.4 亿美元、14.0 亿美元和 11.57 亿美元。印度从马来西亚进口的农产品占比多数年份低于出口占比，一定程度上说明马来西亚农产品具有较强的市场竞争力（表 19）。

表 19　印度与马来西亚农产品贸易概况

单位：亿美元、%

年份	农产品出口额	农产品进口额	总出口额	总进口额	出口农产品比例	进口农产品比例
2001	2.10	4.30	7.88	11.52	26.59	37.33
2002	3.00	5.49	7.43	13.31	40.45	41.26
2003	3.06	6.41	7.93	18.94	38.58	33.84
2004	3.53	4.45	10.40	22.14	33.90	20.08
2005	3.20	3.17	11.44	24.36	27.97	13.02
2006	3.52	2.30	13.31	46.56	26.46	4.94
2007	5.84	1.88	18.50	57.26	31.55	3.29

（续）

年份	农产品出口额	农产品进口额	总出口额	总进口额	出口农产品比例	进口农产品比例
2008	9.18	4.07	30.34	74.61	30.26	5.46
2009	6.00	7.72	35.25	49.90	17.01	15.47
2010	8.38	8.11	35.55	59.96	23.57	13.52
2011	12.12	15.65	37.99	91.06	31.90	17.19
2012	12.42	26.36	37.91	104.94	32.75	25.12
2013	13.03	19.38	54.97	93.31	23.71	20.77
2014	10.77	26.22	46.42	109.29	23.20	23.99
2015	10.54	24.49	48.92	95.60	21.55	25.62
2016	8.87	20.44	41.89	86.53	21.17	23.63

数据来源：根据 WITS（https：//wits. worldbank. org/）整理所得。

近年来印度同马来西亚农产品贸易结构发生了较大变化。出口方面。印度向马来西亚出口农产品排名靠前的有肉及食用杂碎、咖啡、茶、马黛茶及调味香料、含油子仁及果实、工业或药用植物、食用蔬菜、根及块茎和水产品，与往年贸易情况相比，谷物的出口份额呈下降趋势。进口方面。近年来印度自马来西亚进口农产品金额激增，动植物油脂及分解产品与食用油脂进口额由 2007 年的 1.70 亿美元增长至 2012 年的 25.62 亿美元，2016 年下跌至 20.07 亿美元，可可及可可制品在印度从马来西亚进口商品中排名稳定在第二位，原棉与已梳棉、杂项食品和谷物、粮食粉、淀粉或乳的制品进口额不稳定（表 20）。

表 20　2007 年、2012 年、2015 年和 2016 年印度—马来西亚前五位进出口农产品

单位：亿美元

	年份	产品代码	名　称	金额
前五位的出口农产品	2007	10	谷物	1.84
		09	咖啡、茶、马黛茶及调味香料	1.07
		02	肉及食用杂碎	0.88
		07	食用蔬菜、根及块茎	0.54
		12	含油子仁及果实与工业或药用植物	0.43

（续）

	年份	产品代码	名　　称	金额
前五位的出口农产品	2012	02	肉及食用杂碎	3.28
		10	谷物	2.77
		09	咖啡、茶、马黛茶及调味香料	1.35
		12	含油子仁及果实与工业或药用植物	1.20
		17	糖及糖食	0.99
	2015	02	肉及食用杂碎	4.21
		07	食用蔬菜、根及块茎	1.16
		09	咖啡、茶、马黛茶及调味香料	1.15
		12	含油子仁及果实与工业或药用植物	1.13
		15	动植物油脂及分解产品与食用油脂	0.68
	2016	02	肉及食用杂碎	3.60
		09	咖啡、茶、马黛茶及调味香料	1.17
		12	含油子仁及果实与工业或药用植物	0.94
		07	食用蔬菜、根及块茎	0.94
		03	水产品	0.39
前五位的进口农产品	2007	15	动植物油脂及分解产品与食用油脂	1.70
		18	可可及可可制品	0.06
		23	食品工业残渣与配制饲料	0.04
		21	杂项食品	0.02
		19	谷物、粮食粉、淀粉或乳的制品	0.01
	2012	15	动植物油脂及分解产品与食用油脂	25.62
		18	可可及可可制品	0.24
		23	食品工业残渣与配制饲料	0.13
		24	烟草及烟草制品	0.10
		21	杂项食品	0.05
	2015	15	动植物油脂及分解产品与食用油脂	24.03
		18	可可及可可制品	0.12
		5002	原棉与已梳棉	0.08
		21	杂项食品	0.07
		19	谷物、粮食粉、淀粉或乳的制品	0.05

（续）

	年份	产品代码	名　　称	金额
前五位的进口农产品	2016	15	动植物油脂及分解产品与食用油脂	20.07
		18	可可及可可制品	0.12
		23	食品工业的残渣及废料；配制的动物饲料	0.06
		21	杂项食品	0.06
		19	谷物、粮食粉、淀粉或乳的制品	0.05

数据来源：根据 WITS（https：//wits.worldbank.org/）整理所得。

五、结论与启示

（一）主要结论

本研究主要通过 4 个方面对 2016 年的印度农业贸易进行了跟踪监测，分别是印度农产品生产情况动态跟踪，印度农业支持政策梳理和追踪，印度农产品贸易情况的比对以及印度与其他主要农产品伙伴国贸易情况的动态追踪。本研究的主要结论如下：

（1）印度农业从衰退走向了复苏，可利用耕地、农业增加值增长率、农产品产量都有了显著增加，但是农业产值在总产值中的地位呈现不断下降的趋势。印度农村居民的食物消费占比下降至 48.6%，食物消费中排在前三位的依次是谷物、奶及制品和饮料等，此外，农村居民对鸡蛋、鱼和肉的消费呈增加态势；食物消费的重点由谷物转向奶及其制品，对饮料等的消费较不稳定。

（2）从贸易角度看，2016 年印度农产品出口总额为 327.78 亿美元，较 2015 年下降约 4.34%。农产品进口总额为 275.75 亿美元，较 2015 年增长 24.31%。2016 年，印度具有优势的农产品是谷物、鱼、甲壳动物、软体动物及其他水生无脊椎动物和肉及食用杂碎，印度农产品贸易集中度总体较低，进口集中度略高。印度向中国出口农产品所占比重有所下降，2014 年为 16.10%，2015 年和 2016 年分别降至 11.22% 和 10.60%。对印度农产品而言，中国市场不稳定性增加，但中国依旧是印度农产品出口的重要伙伴。

（3）对中国而言，显性比较优势指数最为明显的是生丝和废丝、甘露醇、肉鱼甲壳和软体动物等制品、其他动物产品、鱼胶树胶树脂及其他植物汁液，而印度的显性比较指数较为明显的产品有山梨醇、鱼胶树胶树脂及其他植物汁液、原棉与已梳棉、精油、编结用植物材料和其他植物产品、咖啡茶马黛茶及调味香料、谷物、水产品、肉及食用杂碎和糖及糖食等。2016 年，印度进口农产品集中在生丝和废丝、食用蔬菜、根及块茎等，印度出口到中国的农产品结构单一，缺乏多元化，总体来看，中印农产品贸易具有较强的互补性，竞争性则不显著。中印农产品双边贸易规模与两国人口、经济总量和巨大的潜在市场需求相比极不相称，两国农产品贸易互补潜力并未得到充分发挥，双边贸易可拓展的空间仍然较大。

(4) 印度与主要农产品伙伴国贸易情况。美国是印度最大的农产品贸易伙伴。2016 年出口金额最大的品种是水产品，出口贸易结构格局较为稳定；美国是印度重要的农产品出口去向国，2015 年印度向美国出口金额排名前三的品种是水产品，虫胶、树胶、树脂及其他植物液汁和咖啡、茶、马黛茶及调味香料，自美国进口最多的农产品是食用水果及坚果，食用蔬菜、根及块茎和饮料、酒及醋，贸易格局相对稳定。印度尼西亚是印度仅次于美国的第二大农产品贸易伙伴，且农产品贸易存在极大的逆差，含油子仁及果实与工业或药用植物和肉及食物杂碎是印度向印度尼西亚出口的重要农产品，而印度自印度尼西亚进口农产品以动植物油脂及分解产品与食用油脂居多。越南是印度仅次于美国和印度尼西亚的第三大农产品贸易伙伴，近年来两国间农产品贸易存在着巨大的印度顺差；近年来，印度和越南贸易发展突飞猛进，总出口额和总进口额均大幅增长，其中农产品贸易贡献较大；2012 年、2015 年和 2016 年，肉及食用杂碎是印度向越南出口金额最多的产品，其次是水产品；印度自越南进口农产品多为咖啡、茶、马黛茶及调味香料，食品工业残渣、配制饲料与食用水果及坚果的进口金额也相对较大。除此之外，马来西亚也是印度重要的农产品贸易伙伴国之一。2012—2016 年，印度与马来西亚农产品贸易呈逆差状态。肉及食用杂碎和咖啡、茶、马黛茶及调味香料是 2016 年印度向马来西亚出口最多的产品；动植物油脂及分解产品与食用油脂和可可及可可制品一直是印度从马来西亚进口最多的产品。

(5) 印度政府对农产品的财政补贴力度在逐渐增加。2012—2017 年，印度政府对 25 种农产品实施了价格支持政策，农产品的最低价格支持水平均有不同程度的增长。从相对量变化情况来看，补贴增长幅度最大的是黄麻，其次是扁豆、干椰子肉球和干椰子肉粉，在三大粮食作物中，对小麦的支持力度最大，2012—2017 年增长 20.37 个百分点，对稻谷的支持力度居中，对玉米的支持力度在所有农产品中最低。印度对化肥补贴、电力补贴、灌溉补贴以及其他补贴的补贴力度都在不断加大，补贴的种类也在不断增加和细化。一般服务支持补贴，如农业科研的开发与推广、农业基础设施建设与维护等的补贴金额快速增长。

（二）对中国的启示

一是充分发挥中国和印度农产品的互补性和比较优势，继续加强中印的农产品贸易。印度棉花、天然橡胶、生皮等原料型农产品以及牛肉、乳品等产量具有一定的竞争优势，且均是出口导向型农产品，中国应该利用印度的资源优势，进一步加大相关互补农产品的进口；印度对中国的优势农产品，如生丝、蔬菜、水果等需求较旺盛，应进一步开拓印度市场。

二是要充分考虑印度农业消费结构变化对中国农产品贸易的冲击。本研究发现近几年，印度的蛋、肉消费量剧增，这必然导致未来印度对于饲料需求的增加，也会进一步导致印度国内粮食作物价格的波动，进而影响到与中国的农产品贸易品种和格局。

三是进一步促进中国和印度自贸区的谈判。从 2014 年的关税情况看，中国从印度进口的农产品关税仍然很高，且印度与其他国家自贸区的建成，会对中国农产品贸易竞争力产生影响，因此应该进一步促进中印自贸区的谈判，提高中国农产品贸易的竞争力。

四是提高中国出口农产品的深加工程度。从近几年的中印农产品贸易动态来看，印度正在国内大力生产需求量旺盛的农产品，这会导致中国相应农产品优势的进一步丧失，通过加大农产品的加工程度，提升农产品的价值，能够有效保证中国农产品的竞争力。

日本农业产业发展及三产融合经验研究

日本经济经历了战后恢复、高速增长、低速增长和经济低迷的历史阶段，其农业农村问题及矛盾逐步显现，政策重心逐步从政府管制向市场化转型，从小规模经营向大规模经营倾斜，从重视农业与其他产业收入均衡向重视农村振兴及国土均衡演变。日本自20世纪60年代初开始实施“农村振兴运动”，对于推进农业现代化转型、解决农民老龄化、农村空心化等问题取得显著成效。20世纪90年代中期，日本经济刚刚经历了资产泡沫，经济开始陷入低迷，农业农村的发展也涌现出诸多问题，农民收入持续低迷状态也一直难以改变。基于此，日本学者今村奈良提出了“六次产业”的概念，指的是一、二、三产业的相加或者相乘。其本质是通过培育农业生产、农资制造、食品加工、农产品流通、休闲农业旅游等本土化农业产业链和产业范围的拓展，推动农业及其关联产业发展，实现农村一二三产业的融合发展。

后续又有诸多政策出台支持农业及其关联产业的发展。2008年日本政府提出《农山渔村第六产业发展目标》，首次在政策大纲中提及“六次产业”，同年推出《农工商合作促进法》，支持农村地区的农业、工业、商业合作发展，并将“六次产业化”纳入《粮食、农业、农村基本计划》《日本振兴战略》等。日本农林水产省于2009年制定《农业六次产业化》，2010年出台《六次产业化·地产地消法》，标志着“六次产业化”战略正式实施，同年还颁布实施了《农山渔村六次产业化政策实施纲要》《农山渔村六次产业化政策工作相关补助金交付纲要》等，全面规划“六次产业化”相关事项。2013年，日本政府进一步提出大力发展六次产业的指导方针，旨在推动农产品生产向加工、流通、销售领域快速融合，使本国的农业在国际竞争中占据主动优势。经过几年的发展，日本农业及其关联产业的发展取得了突出的成效。

农业是经济发展的基础，是确保中国饭碗端在自己手上的根本保障。2017年粮食总产量达到12 358亿斤、人均粮食占有量稳定在890斤，中国农业进入了以提高发展质量效益和竞争力为目标的新时代。党的十九大报告又提出了实施“乡村振兴战略”，明确了新时代农业发展的目标和方向。而实现这一目标，就需要有效拓展农业发展空间，通过农村一二三产业融合，创新性地提高农业竞争力，并为农业持续发展、农民稳定增收提供持久性动能。

2015年中央1号文件首次明确提出了“推进农村一二三产业融合发展”，同年国务院办公厅印发实施《关于推进农村一二三产业融合发展的指导意见》（国办发〔2015〕93号），2016年“推进农村一二三产业融合发展”被写进了《国民经济和社会发展第十三个五年规划纲要》，十九大报告最终将促进农村一二三产业融合发展作为“乡村振兴战略”的重要组成部分，但是当前中国农村一二三产业融合发展总体上处于初级阶段，在新时代，如何推进农村一二三产业融合，如何加强国家宏观管理和政策支持亟待研究。

鉴于日本与中国同处东亚，虽然两国在人口、经济发展水平等方面存在一定差异，但通过聚焦日本农业及其关联产业发展成效的分析，可以为中国农村一二三产业融合政策的制定和实施提供启示。因此，重点监测日本农业产业发展成效，这对推进乡村振兴战略、促进农村一二三产业融合发展、保障中国粮食安全以及实现农业现代化等均有重要的现实意义。

一、2017年日本宏观经济发展动向

（一）国内生产总值（GDP）

总体来看，日本GDP继续呈现增长态势。据日本内阁发布数据显示，2017年一季度，按当前市场价格核算，日本名义GDP为133.91万亿日元，同比名义增长0.5%；按2011年不变市场价格计算，实际GDP为132.62万亿日元，同比实际增长1.3%。经季节调整后，2017年一季度，日本名义GDP季调值为134.35万亿日元，环比下降0.3%，折年率下降1.2%；实际GDP季调值为131.28万亿日元，环比增长0.3%，折年率增长1.0%。

2017年二季度，按当前市场价格计算，日本名义GDP为133.78万亿日元，同比增长1.0%；按2011年不变市场价格计算，实际GDP为128.79万亿日元，同比增长1.4%。经季节调整后，2017年二季度，日本名义GDP季调值为135.69万亿日元，环比增长0.7%，折年率增长3.0%；实际GDP季调值为132.31万亿日元，环比增长0.6%，折年率增长2.5%。

2017年上半年，日本名义GDP为267.997万亿日元，同比增长0.8%；实际GDP为261.711万亿日元，同比增长1.5%。

据日本内阁发布数据显示，经季节性调整后，2017年第三季度GDP按年率计算增长2.5%，这也是日本经济连续7个季度保持扩张。

日本第四季GDP环比年率增长1.6%。这是日本1986年4～6月到1989年1～3月连续成长12季以来的最长连续增长纪录（当时是日本的泡沫经济时期）。

（二）消费者价格指数（CPI）

从年度数据来看，2012 年以来日本消费者价格指数呈现微弱上升，以 2010 年为基期，2016 年消费者价格指数为 103.48。2017 年 1～11 月，日本消费者价格指数基本保持稳定，2017 年 12 月和 2018 年 1 月消费者价格指数略有上升（图 1，表 1）。

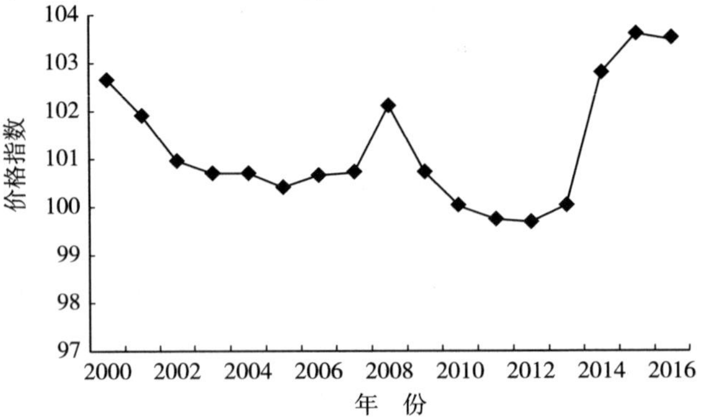

图 1 日本消费者价格指数变动情况（2010 年 ＝ 100）

表 1 日本消费者价格指数月份变动情况（2015 年＝100）

月份	消费者价格指数	与上年同期比（%）
2017 年 1 月	100	0.4
2 月	99.8	0.3
3 月	99.9	0.2
4 月	100.3	0.4
5 月	100.4	0.4
6 月	100.2	0.4
7 月	100.1	0.4
8 月	100.3	0.7
9 月	100.5	0.7
10 月	100.6	0.2
11 月	100.9	0.6
12 月	101.2	1.0
2018 年 1 月	101.3	1.4

注：日本总务省统计局。

二、日本农业发展动向

1. 农业产值

农业在经济中的地位基本保持稳定。2015 年，日本农业增加值为 464.1 亿美元，比 2014 年减少了 47.6 亿美元，占 GDP 的比重为 1.07%（表 2）。在贸易方面，与 2015 年同期相比，日本农业进出口额均增加。日本家庭农场的数量正在减少，但仍然是农业经营主体的主要形式。农业人口呈下降趋势。

表 2 农业在国民经济中的比重

单位：10 亿美元、%

项 目	2005 年	2010 年	2012 年	2013 年	2014 年	2015 年
GDP	4 755.41	5 700.10	6 203.21	5 155.72	4 848.73	4 383.08
农业增加值	53.52	62.83	70.83	56.93	51.17	46.41
农业增加值所占比重	1.12	1.10	1.10	1.11	1.06	1.07

资料来源：世界银行数据库（网站数据更新到 2015 年）。

农业生产总值呈增长趋势。日本农业生产总值 2016 年为 9.2 万亿日元，与 2015 年相比增长 4.6%。其中种植业产值为 5.98 万亿日元，与上年相比增长 6.3%，畜牧业产值为 3.16 万亿日元，与上年相比增长 1.4%，农业加工业产值为 598 亿日元，与上年相比增长 7.7%（表 3，图 2）。

表 3 日本农业产值变动情况

单位：亿日元、%

年份	农业生产总值	变动	种植业产值	变动	畜牧业产值	变动	农业加工业产值	变动
2005	85 119	−2.3	59 396	−3.9	25 057	1.9	666	−8.1
2006	83 322	−2.1	58 179	−2.0	24 525	−2.1	618	−7.2
2007	82 585	−0.9	57 196	−1.7	24 787	1.1	603	−2.4
2008	84 662	2.5	58 204	1.8	25 852	4.3	606	0.5
2009	81 902	−3.3	55 899	−4.0	25 466	−1.5	537	−11.4
2010	81 214	−0.8	55 127	−1.4	25 525	0.2	562	4.7
2011	82 463	1.5	56 394	2.3	25 509	−0.1	560	−0.4
2012	85 251	3.4	58 790	4.2	25 880	1.5	581	3.8
2013	84 668	−0.7	57 031	−3.0	27 092	4.7	545	−6.2
2014	83 639	−1.2	53 632	−6.0	29 448	8.7	559	2.6
2015	87 979	5.2	56 245	4.9	31 179	5.9	555	−0.7
2016	92 025	4.6	59 801	6.3	31 626	1.4	598	7.7

资料来源：日本农林水产省（网站数据更新到 2016 年）。

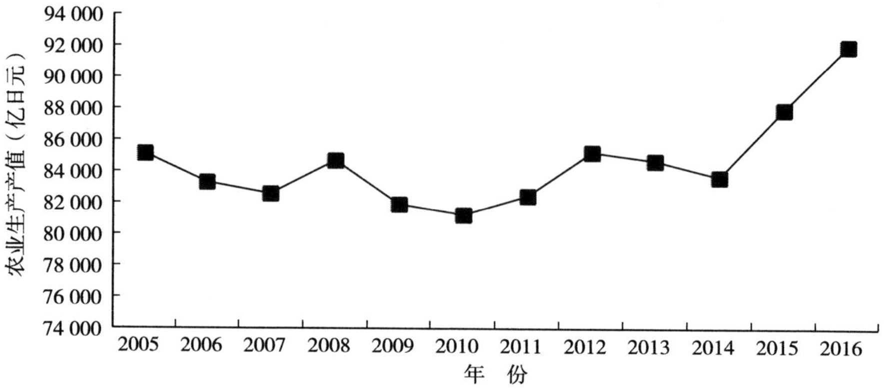

图 2 日本农业生产总值变化

资料来源：日本农林水产省（网站数据更新到 2016 年）

蔬菜和大米的产值占农业总产值的比重较大。从农业生产结构来看，日本种植业产值 2016 年为 5.98 万亿日元，占农业总产值的 64.98%；畜牧业产值 2016 年为 3.16 万亿日元，占农业总产值的 34.37%。从具体农产品的产值来看，蔬菜的产值最大为 2.56 万亿日元，占农业总产值的 27.78%，其次是大米，其产值占农业总产值的 17.98%（表 4）。

表 4 2016 年日本农业产值结构特征

单位：亿日元、%

类 别	产出额	占比	同比
农业总产值	92 025	100.00	4.60
种植业	59 801	64.98	6.32
大米	16 549	17.98	10.37
蔬菜	25 567	27.78	6.90
水果	8 333	9.06	6.32
畜牧业	31 626	34.37	1.43
肉牛	7 391	8.03	7.33
奶牛	8 703	9.46	3.64
猪	6 122	6.65	−1.48
鸡	8 754	9.51	−3.26

资料来源：日本农林水产省（网站数据更新到 2016 年）。

2. 农业耕地面积

截至 2017 年，日本耕地面积为 444.4 万公顷，比上年减少 2.7 万公顷。

从长期来看，耕地面积连年减少，但规模经营面积呈现逐年扩大趋势。耕地面积由1961年的608.6万公顷减少到2016年的447.1万公顷，农地规模经营比例由2000年的27.8%提高到2010年的48.1%，2014年已提高到50.3%，计划到2023年提高到80%。

3. 农产品种植面积

如表5，2017年预估日本大豆种植面积为15.02万公顷，与上年基本相同。红豆种植面积为2.27万公顷，与上年相比增加1 400公顷。其中，红豆主产区北海道的种植面积为17 900公顷（约占全国的80%），由于经济转型，与上年相比北海道的红豆种植增加了1 700公顷。绿豆种植面积为7 150公顷，与上年相比减少1 410公顷。其中，绿豆主产区北海道的种植面积为6 630公顷（约占全国的90%），较上年相比减少1 310公顷。花生种植面积为6 420公顷，与上年相比减少130公顷。其中，花生主产区千叶县种植面积为5 080公顷（约占全国的80%），较上年同期减少了90公顷。

表5 日本大豆、红豆、绿豆及花生种植面积

单位：公顷

年份	大豆	红豆	绿豆	花生
2010	137 700	30 700	11 600	7 720
2011	136 700	30 600	10 200	7 440
2012	131 100	30 700	9 650	7 180
2013	128 800	32 300	9 120	6 970
2014	131 600	32 000	9 260	6 840
2015	142 000	27 300	10 200	6 700
2016	150 000	21 300	8 560	6 550
2017（预估值）	150 200	22 700	7 150	6 420

资料来源：日本农林水产省。

2017年预估水稻种植面积为146.6万公顷，与上年相比减少13 000公顷。2017年水稻预估产量为782.4万吨，与上年相比减少22万吨。2017年预估麦类产量为108.7万吨，比上年增产12.6万吨。其中小麦产量为94.49万吨，比上年增产1.141万吨（表6）。

表6 日本水稻、麦类和蔬菜种植面积及产量

年份	水稻种植面积（公顷）	水稻产量（吨）	麦类种植面积（公顷）	麦类产量（吨）	蔬菜种植面积（公顷）	蔬菜产量（吨）
2010	1 628 000	8 483 000	265 700	732 100	79 600	2 237 000

（续）

年份	水稻种植面积（公顷）	水稻产量（吨）	麦类种植面积（公顷）	麦类产量（吨）	蔬菜种植面积（公顷）	蔬菜产量（吨）
2011	1 576 000	8 402 000	271 700	917 800	78 000	2 339 000
2012	1 581 000	8 523 000	269 500	1 030 000	78 300	2 447 000
2013	1 599 000	8 607 000	269 500	994 600	76 900	2 360 000
2014	1 575 000	8 439 000	272 700	1 022 000	75 500	2 409 000
2015	1 506 000	7 989 000	274 400	1 181 000	74 600	2 365 000
2016	1 479 000	8 044 000	275 900	961 000	74 600	2 158 000
2017（预估值）	1 466 000	7 824 000	273 700	1 087 000	—	—

资料来源：日本农林水产省。

4. 农业经营主体

农业经营者（体）总体数量下降，家庭农场成为农业经营主体的主要形式。日本农业经营主体 2015 年有 137.7 万个，与 2005 年相比减少 18%。其中日本家庭农场 2015 年有 134.4 万个，与 2005 年相比减少 18.4%；合作社有 3.3 万个，与 2005 年相比增长 6.4%（表 7）。

表 7　经营主体变动情况

单位：万个、%

年份	农业经营体	变动百分比	家庭农场	变动百分比	合作社	变动百分比
2005	200.9		198.1		2.8	
2010	167.9	−16.4	164.8	−16.8	3.1	10.4
2015	137.7	−18	134.4	−18.4	3.3	6.4

资料来源：日本农林水产省（网站数据更新到 2015 年）。

日本农业经营主体 2015 年为 137.73 万个，其中，经营规模在 0.5～1 公顷之间的经营主体最多，为 43.62 万个。日本农业用地 2015 年为 345.14 万公顷，其中经营规模在 50～100 公顷之间的农地面积最多，为 40.66 万公顷（表 8）。

表 8　2015 年不同经营面积下的农业经营体个数及农地面积

单位：个、公顷

耕地范围	经营体数量	耕地面积	耕地范围	经营体数量	耕地面积
共计	1 377 266	3 451 444			
未统计到的	16 089		0.3～0.5	256 106	98 823
0.3 以下	32 919	6 247	0.5～1.0	436 249	305 926

（续）

耕地范围	经营体数量	耕地面积	耕地范围	经营体数量	耕地面积
1.0～1.5	215 883	259 044	10.0～20.0	25 396	349 760
1.5～2.0	117 486	199 832	20.0～30.0	10 292	249 503
2.0～3.0	115 983	277 231	30.0～50.0	9 385	354 751
3.0～5.0	81 538	306 703	50.0～100.0	6 121	406 602
5.0～10.0	52 229	354 832	100 以上	1 590	282 189

资料来源：日本农林水产省。

5. 农业劳动力

农业就业人口占比保持稳定。2017 年日本农业就业人口占总就业人口的比重为 3.7%，与 2016 年相同（表 9）。

表 9 农业劳动力占比变动情况

单位:%

	2000 年	2005 年	2010 年	2013 年	2014 年	2015 年	2016 年	2017 年
农业就业人员占就业总数的比重	5.2	4.5	4.1	3.7	3.8	3.8	3.7	3.7

资料来源：世界银行。

6. 农产品价格

农产品价格总体呈上涨趋势。其中，畜产品的价格指数上涨幅度较大，以 2010 年为基期，2016 年畜产品价格指数上涨到 132.8。畜产品中，鸡蛋和肉类的价格指数均存在不同程度的增长，其中肉类价格指数增长较大。小麦价格指数下降幅度较大，2016 年价格指数下降到 64.3（表 10）。

表 10 主要农产品价格指数变动情况

年份	农产品	大米	小麦	蔬菜	畜产品	鸡蛋	肉类
2010	100	100	100	100	100	100	100
2011	97.6	93.3	75.1	95.3	101.9	106	101.2
2012	101.8	111.1	73.1	99.0	100.9	95.7	97.8
2013	102.8	112.8	65.3	98.7	107.7	106.7	106.9
2014	102.2	98.8	65.9	97.8	118.4	119.0	121.4
2015	107.6	88.6	68.1	110.4	126.8	124.1	128.1
2016	114.5	96.4	64.3	118.9	132.8	115.4	127.4

资料来源：日本农林水产省。

三、日本农业贸易发展动向及演变

（一）农产品贸易发展动向

1. 农产品贸易规模变动

2017年日本农林水产品出口额为8 072.7亿日元，与上年同期相比增长7.6%。其中，农产品出口4 967.6亿日元，同比增长8.1%；水产品出口2 750.2亿日元，同比增长4.2%。

2017年日本农林水产品进口额为93 692.1亿日元，与上年同期相比增长9.6%。其中，农产品进口64 245亿日元，同比增长10.2%；水产品进口17 739.4亿日元，同比增长11.0%（表11）。

表11　日本农林水产品贸易状况（2017年）

项目类别		2016年（10亿日元）	2017年（10亿日元）	变化率（%）
出口额	农林水产品	750.21	807.27	7.6
	农产品	459.35	496.76	8.1
	林产品	26.82	35.49	32.3
	水产品	264.05	275.02	4.2
进口额	农林水产品	8 547.96	9 369.21	9.6
	农产品	5 827.31	6 424.50	10.2
	林产品	1 122.79	1 170.76	4.3
	水产品	1 597.87	1 773.94	11.0

资料来源：日本农林水产省。

2. 农产品贸易国别（或地区）结构变动

在农林水产品出口去向地中，排在前三位的是中国香港地区、美国和中国，出口额分别为1 876.9亿日元、1 115.5亿日元和1 008.1亿日元。其中，在农产品出口去向地中，排在前三位的是中国香港地区、美国和中国台湾地区，出口额分别为1 021.0亿日元、745.2亿日元和654.5亿日元；在水产品出口去向地中，排在前三位的是中国香港地区、中国和美国，出口额分别为850.2亿日元、375.6亿日元和347.5亿日元。

在农林水产品进口来源地中，排在前3位的是美国、中国和泰国，进口额分别是17 115.2亿日元、12 110.2亿日元和5 693.5亿日元。其中，在农产品进口来源地中，排在前3位的是美国、中国和澳大利亚，进口额分别为14 564.9亿日元、7 254.0亿日元和4 542.4亿日元；在水产品进口来源地中，排在前3位的是中国、智利和美国，进口额分别为3 168.6亿日元、1 655.9亿日元和1 565.5亿日元（表12）。

表12　日本农林水产品主要贸易市场（2017年）

单位：10亿日元

项　目	排名	主要出口去向地	金额	主要进口来源地	金额
农林水产品	1	中国香港地区	187.69	美国	1 711.52
	2	美国	111.55	中国	1 211.02
	3	中国	100.81	泰国	569.35
农产品	1	中国香港地区	102.10	美国	1 456.49
	2	美国	74.52	中国	725.40
	3	中国台湾地区	65.45	澳大利亚	454.24
林产品	1	中国	15.06	中国	168.76
	2	菲律宾	7.34	加拿大	117.55
	3	韩国	4.10	印度尼西亚	98.86
水产品	1	中国香港地区	85.02	中国	316.86
	2	中国	37.56	智利	165.59
	3	美国	34.75	美国	156.55

资料来源：日本农林水产省。

3. 农产品贸易产品结构变动

2017年日本畜产品出口625.7亿日元，同比增长22.6%；谷物及其制品出口368.4亿日元，同比下降2.5%；水果及其制品出口265.6亿日元，同比下降1.3%；蔬菜及其制品出口100.6亿日元，同比下降7%；糖类出口18.6亿日元，同比增长4%；植物油或原料出口101.8亿日元，同比增长12.2%；棉出口5.2亿日元，同比增长73%。

2017年日本畜产品进口18 731.2亿日元，同比增长15.2%；谷物及其制品进口7 150.8亿日元，同比增长4.6%；水果及其制品进口5 103亿日元，同比增长4%；蔬菜及其制品进口4 992.3亿日元，同比增长6.6%；糖类进口825亿日元，同比下降0.4%；植物油或原料进口5 738.9亿日元，同比增长7.1%；棉进口182亿日元，同比增长19.9%（表13）。

在畜产品出口方面，2017年日本肉类及其制品出口233亿日元，同比增长36.7%，其中牛肉出口191.6亿日元，同比增长41.4%，猪肉出口10.3亿日元，同比增长20.4%，禽肉出口19.8亿日元，同比增长14.8%。与2016年出口金额相比，2017年动物（活体）出口金额增长相对最大，2017年其出口额为27.5亿日元，同比增长60.8%。动物性油脂出口额增长也相对较大，2017年出口金额为81.1亿日元，同比增长29%（表14）。

表13 日本主要农产品进出口情况（2017年）

项　目	出口金额（10亿日元）	出口金额比同期（%）	进口金额（10亿日元）	进口金额比同期（%）
畜产品	62.57	22.6	1 873.12	15.2
谷物及其制品	36.84	−2.5	715.08	4.6
水果及其制品	26.56	−1.3	510.30	4.0
蔬菜及其制品	10.06	−7	499.23	6.6
糖类	1.86	4	82.50	−0.4
植物油或原料	10.18	12.2	573.89	7.1
棉	0.52	73.0	18.20	19.9

资料来源：日本农林水产省。

表14 日本畜产品出口情况（2017年）

项　目	出口金额（10亿日元）	出口金额比同期（%）
畜产品	62.57	22.6
动物（活体）	2.75	60.8
肉类及其制品	23.30	36.7
牛肉	19.16	41.4
猪肉	1.03	20.4
禽类	1.98	14.8
乳制品	11.21	9.5
蛋类	1.25	22.2
动物性油脂	8.11	29.0
动物生皮或者生毛皮	12.73	14.1
其他畜产品	3.21	−10.3

资料来源：日本农林水产省。

在畜产品进口方面，2017年日本肉类及其制品进口14 806.2亿日元，同比增长14.8%，其中牛肉进口3 504.8亿日元，同比增长21.4%；禽肉进口1 509.1亿日元，同比增长24.4%；猪肉进口4 910.5亿日元，同比增长8.4%。动物（活体）进口255.7亿日元，同比增长24.2%；乳制品进口2 215.7亿日元，同比增长26.7%；蛋类进口134亿日元，同比下降10.5%；

动物生皮或者生毛皮进口 271.3 亿日元，同比下降 1.5%（表 15）。

表 15 日本畜产品进口情况（2017 年）

项 目	进口金额（10 亿日元）	进口金额比同期（%）
畜产品	1 530.49	14.9
动物（活体）	25.57	24.2
肉类及其制品	1 480.62	14.8
牛肉	350.48	21.4
猪肉	491.05	8.4
禽类	150.91	24.4
乳制品	221.57	26.7
蛋类	13.40	−10.5
动物性油脂	12.46	3.2
动物生皮或者生毛皮	27.13	−1.5
其他畜产品	92.37	7.1

资料来源：日本农林水产省。

长期来看，2000 年以来，日本农林渔产品的进口和出口贸易额均呈现上涨趋势。农林渔产品进口额由 2000 年的 6.9 万亿日元，增长到 2015 年的 9.5 万亿日元，2016 年又回落到 8.5 万亿日元，但 2017 年又增长到 9.4 万亿日元，其中农产品进口 6.4 万亿日元，水产品进口 1.8 万亿日元。农林渔产品 2000 年出口 3 149 亿日元，2016 年出口创历史新高，增长到 7 502 亿日元，2017 年继续增长到 8 072.7 亿日元，其中农产品出口 4 967.6 亿日元，水产品出口 2 750.2 亿日元。在农产品贸易自由化的背景下，日本农产品进出口贸易额的不断增长得益于政府积极通过促进农产品市场开放、提高产品附加值和扩大出口等方式将农业模式向“主动进攻型”方向转变。

（二）中日农产品贸易发展动向

从出口变动上看，2016 年中国出口日本农产品总金额呈下降趋势，其中药材和花卉出口金额增幅较大，而粮食（薯类）、精油和粮食（谷物）出口金额降幅较大。食用植物油出口总额呈现增长趋势，其中花生油出口金额同比增长 6.99%。食用油籽出口总额呈现下降趋势，其中葵花籽出口呈现上升趋势，而油菜籽出口金额下降明显。粮食（谷物）出口总额呈现下降趋势，其中高粱产品出口呈现增长，而稻谷产品、其他谷物、谷子产品和燕麦产品出口呈现下降。畜产品出口总额呈现下降趋势，各类畜产品出口金额均呈现下降，其中马、驴、骡，兔产品，蛋产品以及动物生毛皮的出口金额与上年同期相比下降幅度较大。

从进口变动上看，2016 年中国进口日本农产品总额呈增长趋势，其中干豆（不含大豆）、棉麻丝、药材、精油、调味香料以及粮食（谷物）的进口金额与上年相比下降幅度均在 10%以上，而坚果、油籽和粮食制品的进口金额与上年相比增长均超过 50%。食用植物油的进口总额呈现增长趋势，其中，玉米油、菜油和其他食用植物油的进口金额同比分别增长 683.3%、55.12%、43.40%。食用油籽进口总额呈现增长趋势，其中大豆、花生、葵花籽和芝麻的进口金额与上年相比上升幅度较大，分别为 88.35%、11.16%、144.48%和 214.52%。粮食（谷物）进口总额呈现下降趋势，其中，大麦产品、燕麦产品、小麦产品以及其他谷物的进口金额均呈上升趋势，而稻谷产品和高粱产品的进口金额均呈现下降。畜产品进口总额呈现下降趋势，且各类畜产品进口金额均呈现下降。

1. 中日农产品出口变动

中国出口日本农产品金额呈下降趋势。2016 年中国出口日本农产品金额为 100.56 亿美元，与 2015 年相比减少 1.53%，出口数量为 497.4 万吨，与上年相比下降 0.16%。

药材和花卉出口金额增幅较大，粮食（薯类）、精油和粮食（谷物）出口金额降幅较大。从出口金额的变动上看，中国出口日本的药材 2016 年增幅较大，出口金额为 2.47 亿美元，同比增长 19.7%；其次是花卉，出口金额为 0.9 亿美元，同比增长 13.65%。中国出口日本的粮食（薯类）2016 年降幅较大，出口金额同比下降 21.9%；其次是精油和粮食（谷物），同比分别下降 16.95%和 16.53%。棉麻丝、植物油和饼粕与上年相比降幅也均在 10%以上（表 16）。

表 16　2016 年中国对日本农产品出口情况

产品类别	出口金额（亿美元）	比同期（%）	出口数量（万吨）	比同期（%）
畜产品	12.26	−7.43	27.52	0.12
水产品	37.03	1.78	61.19	1.03
花卉	0.90	13.65	21.02	1.25
其他农产品	7.69	−2.08	58.75	5.17
蔬菜	21.70	−0.16	139.28	0.67
干豆（不含大豆）	1.18	−6.22	6.50	3.85
粮食（薯类）	0.02	−21.90	0.25	−3.24

（续）

产品类别	出口金额（亿美元）	比同期（%）	出口数量（万吨）	比同期（%）
坚果	1.25	−1.93	2.67	4.60
水果	5.24	−6.27	27.90	−5.05
饮品类	1.22	−5.09	3.09	−4.20
调味香料	0.14	6.51	0.28	16.27
粮食（谷物）	0.71	−16.53	9.36	−6.08
粮食制品	2.04	−5.63	7.16	−3.30
油籽	1.68	−6.74	9.37	−5.14
药材	2.47	19.70	1.79	4.00
棉麻丝	0.24	−10.82	0.34	−26.87
植物油	0.19	−11.61	0.40	6.26
糖料及糖	0.13	−5.47	1.19	8.08
饼粕	4.45	−11.53	119.34	−2.44
精油	0.04	−16.95	0.01	−23.49
农产品（总）	100.56	−1.53	497.40	−0.16

资料来源：中国海关数据库。

调味香料出口数量增幅较大，棉麻丝和精油出口数量降幅较大。从出口数量的变动上看，中国出口日本的调味香料2016年为0.28万吨，同比增长16.27%。棉麻丝和精油的出口数量2016年降幅较大，同比分别下降26.87%和23.49%。

食用植物油出口呈现增长趋势。2016年，中国对日本食用植物油的出口金额为256.61万美元，同比增长115.36%，出口数量为829.33吨，同比增长215.9%。其中，花生油出口金额为42.22万美元，同比增长6.99%，出口数量为158.35吨，同比增长4.71%（表17）。

表17　2016年中国对日本食用植物油出口情况

产品类别	出口金额（万美元）	出口金额比同期（%）	出口数量（吨）	出口数量比同期（%）
花生油	42.22	6.99	158.35	4.71
其他食用植物油	211.97	165.98	650.98	484.88
棕榈油	2.43		20.00	
葵花油和红花油	0.00		0.00	

（续）

产品类别	出口金额（万美元）	出口金额比同期（%）	出口数量（吨）	出口数量比同期（%）
菜油	0.00		0.00	
玉米油	0.00		0.00	
食用植物油（总）	256.61	115.36	829.33	215.90

资料来源：中国海关数据库。

食用油籽出口呈现下降趋势。2016 年，中国对日本食用油籽出口金额为 1.66 亿美元，同比下降 5.7%，出口数量为 9.25 万吨，同比下降 4.49%（表 18）。

表 18　2016 年中国对日本食用油籽出口情况

产品类别	出口金额（万美元）	出口金额比同期（%）	出口数量（吨）	出口数量比同期（%）
大豆	2 674.50	−18.81	28 998.07	−12.35
花生	13 393.14	−1.83	61 374.46	−0.06
亚麻子	3.31	−23.30	20.04	−37.97
油菜籽	1.79	−45.18	17.03	−49.92
葵花籽	72.13	48.63	257.20	28.28
棉籽	0.08		0.10	
芝麻	477.41	−24.65	1 785.60	−12.22
芥子	2.47	−12.66	10.00	−16.67
红花子	0.24		0.17	
食用油籽（总）	16 625.05	−5.70	92 462.67	−4.49

资料来源：中国海关数据库。

从出口品种来看，葵花籽出口呈现上升，2016 年出口金额为 72.13 万美元，同比上升 48.63%。油菜籽出口金额下降明显，2016 年出口 1.79 万美元，同比下降 45.18%。大豆、亚麻子、芝麻和芥子出口金额的下降幅度均在 10%以上。

大豆和花生出口金额占食用油籽出口金额中的比重较大。2016 年，花生出口金额为 1.34 亿美元，占食用油籽总出口金额的 80.56%。大豆出口金额为 0.27 亿美元，占食用油籽总出口金额的 16.09%。

粮食（谷物）出口金额呈现下降趋势。2016 年，中国对日本粮食（谷物）出口金额为 7 060.22 万美元，同比下降 16.53%，出口数量为 9.36 万吨，同比下降 6.08%。其中，高粱产品出口呈现增长，2016 年出口金额为 7.24 万美元，同比增长9.6%。稻谷产品、其他谷物、谷子产品和燕麦产品出口呈现下降，其中其他谷物同比下降幅度最大，为−21.91%（表19）。

表19 2016年中国对日本谷物出口情况

产品类别	出口金额（万美元）	出口金额比同期（%）	出口数量（吨）	出口数量比同期（%）
粮食（谷物）	7 060.22	−16.53	93 629.50	−6.08
稻谷产品	2 998.99	−8.15	37 871.99	3.82
高粱产品	7.24	9.60	77.34	−18.70
其他谷物	4 005.74	−21.91	55 161.73	−11.94
谷子产品	48.24	−11.47	518.45	14.70
小麦产品	0		0	
燕麦产品	0	−100.00	0	−100.00
大麦产品	0		0	

资料来源：中国海关数据库。

畜产品出口金额呈现下降趋势。2016年，中国对日本畜产品出口金额为12.26亿美元，同比下降7.43%，出口数量为27.52万吨，同比上升0.12%（表20）。

表20 2016年中国对日本畜产品出口情况

产品类别	出口金额（万美元）	出口金额比同期（%）	出口数量（吨）	出口数量比同期（%）
畜产品（总）	122 607.19	−7.43	275 198.89	0.12
马、驴、骡	21.32	−43.39	12.93	−36.92
其他畜产品	30 853.43	−11.21	57 267.18	11.24
兔产品	39.25	−42.91	75.41	−0.12
禽产品（其他禽）	0.00		0.00	
乳品	9.75		14.49	
蛋产品	908.38	−22.40	3 708.23	1.73
动物毛	1 909.55	−12.27	1 845.01	−4.37
禽产品（家禽类）	71 133.76	−6.32	170 641.45	−3.20
生猪产品	13 210.21	−0.58	32 875.41	0.07
牛产品	3 373.42	−11.20	3 593.46	−18.28
动物生皮	930.05	−1.80	5 061.26	24.29
动物生毛皮	218.07	−20.68	104.04	−17.09

资料来源：中国海关数据库。

从出口金额上看，禽产品（家禽类）、其他畜产品和生猪产品的出口金额相对较大，分别为7.11亿美元、3.09亿美元和1.32亿美元；禽产品（其他禽），乳品，马、驴、骡，兔产品的出口金额相对较少。

各类畜产品出口金额均呈现下降。从出口金额的变化趋势来看，马、驴、骡，兔产品，蛋产品以及动物生毛皮的出口金额，与上年同期相比下降幅度较大。

2. 中日农产品进口变动

农产品进口呈现增长趋势。2016年中国从日本进口农产品金额为7.85亿美元，与2015年相比增长14.86%，进口数量为16.18万吨，同比下降8.8%（表21）。

表21　2016年中国从日本进口农产品情况

产品类别	进口金额（万美元）	进口金额比同期（%）	进口数量（吨）	进口数量比同期（%）
畜产品	524.58	−6.87	332.26	61.26
水产品	33 481.09	19.09	108 406.83	−13.82
花卉	4 199.52	4.82	677.96	14.53
其他农产品	19 920.63	3.04	23 333.82	−14.66
蔬菜	5 210.24	10.18	704.01	6.91
干豆（不含大豆）	2.07	−56.26	1.398	1.40
粮食（薯类）	1.02	27.96	4.02	53.24
坚果	365.38	141.94	757.83	110.12
水果	694.34	20.18	1 637.69	13.41
饮品类	6 347.81	27.93	15 559.24	14.17
调味香料	16.22	−18.86	15.15	−19.71
粮食（谷物）	285.09	−13.52	1 410.96	29.49
粮食制品	5 353.17	55.38	6 650.48	61.10
油籽	125.50	57.83	277.05	310.85
药材	0.68	−36.21	0.06	−70.05
棉麻丝	44.12	−48.75	198.04	−51.89
植物油	213.30	21.80	533.34	28.84
糖料及糖	1 214.72	19.97	1 246.29	4.67
饼粕	0.00		0.00	
精油	542.46	−31.41	63.61	−26.33
农产品（总）	78 541.93	14.86	161 810.03	−8.80

资料来源：中国海关数据库。

从进口金额变动上看，干豆（不含大豆）、棉麻丝、药材、精油、调味香料以及粮食（谷物）的进口金额均呈下降趋势，下降幅度均在10%以上。坚果进口金额为365.38万美元，同比上升幅度最大，为141.94%。油籽和粮食制品进口金额同比增长均超过50%，分别为57.83%和55.38%。

从进口数量上看，中国进口日本的坚果2016年为757.83吨，同比增长110.12%。药材和棉麻丝的进口数量降幅较大，同比分别下降70.05%和51.89%。

食用植物油的进口呈现增长。2016年，中国从日本进口食用植物油金额为131.23万美元，同比增长46.51%，进口数量为348.92吨，同比增长43.47%。其中，玉米油进口金额为3.68万美元，同比增长幅度最大，为683.3%；菜油进口金额为29.1万美元，同比增长55.12%；其他食用植物油进口金额为92.87万美元，同比增长43.40%，进口数量为141.13吨，同比增长31.17%（表22）。

表22　2016年中国从日本进口食用植物油情况

产品类别	进口金额（万美元）	进口金额比同期（%）	进口数量（吨）	进口数量比同期（%）
花生油	0.00		0.000	
其他食用植物油	92.87	43.40	141.127	31.17
棕榈油	0.40		3.240	
葵花油和红花油	5.18	−7.20	7.066	21.24
菜油	29.10	55.12	196.662	51.67
玉米油	3.68	683.30	0.823	628.32
食用植物油（总）	131.23	46.51	348.918	43.47

资料来源：中国海关数据库。

食用油籽进口呈现增长趋势。中国从日本进口食用油籽金额2016年为124.84万美元，同比上升57.27%，进口数量为263.86万吨，同比上升291.87%。从出口品种来看，大豆、花生、葵花籽和芝麻的进口金额均呈现上升，与上年相比上升幅度较大，分别为88.35%、11.16%、144.48%和214.52%（表23）。

粮食（谷物）进口呈现下降趋势。2016年，中国从日本进口粮食（谷物）金额为285.09万美元，同比下降13.52%，进口数量为1 410.96吨，同比上升29.49%。其中，大麦产品、燕麦产品、小麦产品以及其他谷物的进口金额均呈现上升；稻谷产品和高粱产品的进口金额均呈现下降（表24）。

表 23 2016 年中国从日本进口食用油籽情况

产品类别	进口金额（万美元）	进口金额比同期（%）	进口数量（吨）	进口数量比同期（%）
大豆	2.87	88.35	4.51	1 772.20
花生	58.91	11.16	226.83	262.39
亚麻子	0.00		0.00	
油菜籽	0.00		0.00	
葵花籽	52.86	144.48	3.36	98.52
棉籽	0.00		0.00	
芝麻	10.21	214.52	29.16	938.83
芥子	0.00		0.00	
红花子	0.00		0.00	
食用油籽（总）	124.84	57.27	263.86	291.87

资料来源：中国海关数据库。

表 24 2016 年中国从日本进口谷物情况

产品类别	进口金额（万美元）	进口金额比同期（%）	进口数量（吨）	进口数量比同期（%）
粮食（谷物）	285.09	−13.52	1 410.96	29.49
稻谷产品	177.51	−37.21	388.32	−36.88
高粱产品	0.01	−35.37	0.00	−100.00
其他谷物	2.15	32.60	2.33	8.64
谷子产品	0.00		0.00	
小麦产品	89.89	116.64	971.41	107.50
燕麦产品	15.34	301.68	48.43	1 139.12
大麦产品	0.20	413.28	0.49	168.85

资料来源：中国海关数据库。

畜产品进口金额呈现下降。2016 年，中国从日本进口畜产品金额为 524.58 万美元，同比下降 6.87%，进口数量为 332.26 吨，同比上升 61.26%。

各类畜产品进口金额均呈现下降。从进口金额上看，其他畜产品的进口金额相对较大，为 502.09 万美元，同比下降 0.1%，进口数量为 302.82 吨，同比上升 70.28%。马、驴、骡进口金额为 5.83 万美元，同比下降 80.76%，进口数量为 2.7 吨，同比下降 83.78%。乳品进口金额为 16.17 万美元，同比下降 46.75%，进口数量为 26.66 吨，同比却在上升，上升幅度为 131.01%（表 25）。

表 25　2016 年中国从日本进口畜产品情况

产品类别	进口金额（万美元）	进口金额比同期（%）	进口数量（吨）	进口数量比同期（%）
畜产品	524.58	−6.87	332.26	61.26
马、驴、骡	5.83	−80.76	2.70	−83.78
其他畜产品	502.09	−0.10	302.82	70.28
兔产品	0.00		0.00	
禽产品（其他禽）	0.25		0.012	
乳品	16.17	−46.75	26.66	131.01
蛋产品	0.09		0.03	
动物毛	0.03		0.02	
禽产品（家禽类）	0.00		0.00	
生猪产品	0.00	−100.00	0.00	−100.00
牛产品	0.13		0.01	
动物生皮	0.00		0.00	
动物生毛皮	0.00		0.00	

资料来源：中国海关数据库。

（三）日本欧盟 EPA 农产品贸易发展动向

2017 年 7 月 6 日，欧盟和日本宣布日欧经济伙伴关系协定（EPA）谈判达成了框架协议，力争在 2019 年较早阶段生效。

根据协议，日本在部分农林水产品上同意开放市场，奶酪最终将设置超过 3 万吨的低关税进口配额。欧盟则在 EPA 生效后用 7 年时间下调对日本汽车征收的关税，第 8 年取消关税。占全球国内生产总值（GDP）1/3 的巨大经济圈即将诞生。

日欧之间将有超 9 成商品品种取消关税，达到媲美跨太平洋伙伴关系协定（TPP）的水平。奶酪的低关税额度将从 EPA 生效时的 2 万吨逐渐增加，到第 16 年扩大到 3.1 万吨；额度内税率第 16 年减至零。意面和巧克力糕点的关税在第 11 年取消。林业产品 10 个品种第 8 年取消关税。牛肉关税在第 16 年下调至 9%，猪肉下调至 TPP 同等水平。

此外，欧盟将立即取消 92.1%（以贸易额计算）的汽车零部件关税。日本酒、绿茶和酱油的关税立即取消，虾夷扇贝到第 8 年实现零关税。日本将加大出口，开拓人口超过 5 亿人的欧盟市场。

表 26 为 2015 年日本与欧盟主要的进出口农林水产品。欧盟出口日本的农林水产品主要为酒精饮料、猪肉、烟草、木料和橄榄油；日本出口欧盟的主要农林水产品为酒精饮料、扇贝、种子类、绿茶和调味品类。

表 26　日本与欧盟主要的进出口农林水产品（2015 年）

品　目	关　税	欧盟出口日本（10 亿日元）	品　目	关　税	日本出口欧盟（10 亿日元）
酒精饮料	0～182 日元/升	1 811	酒精饮料	0～0.32 欧元/升	55
猪肉	差额关税制度	1 426	扇贝（冷冻）	11%	32
烟草	0～29.8%	1 114	种子类	0、8.2%	21
木料	0～6%	830	绿茶	0～3.2%	20
橄榄油	0	354	调味品类	0～10.2%	20
总计		10 975	总计		400

资料来源：日本外务省。

（四）东亚地区全面经济伙伴关系（RCEP）农产品贸易发展动向

区域全面经济伙伴关系（Regional Comprehensive Economic Partnership，RCEP），即由东盟 10 国发起，邀请中国、日本、韩国、澳大利亚、新西兰、印度共同参加（“10+6”），通过削减关税及非关税壁垒，建立 16 国统一市场的自由贸易协定。它是东盟国家近年来首次提出，并以东盟为主导的区域经济一体化合作，是成员国间相互开放市场、实施区域经济一体化的组织形式。若 RCEP 成功，将涵盖约 35 亿人口，GDP 总和将达 23 万亿美元，占全球总量的 1/3，所涵盖区域也将成为世界最大的自贸区。

2017 年 11 月 14 日，区域全面经济伙伴关系协定（RCEP）领导人会议在菲律宾马尼拉举行。会后发表的联合声明强调 RCEP 有助于经济一体化和实现包容性增长，敦促各国代表加紧磋商以早日达成协议。这是 RCEP 磋商开始 5 年多来首次领导人会议，不仅为进入攻坚阶段的磋商注入动能、指明方向，更向世界发出强烈信号：本区域国家将进一步加强合作，逆全球化难阻东亚区域一体化进程。

表 27 为 2015 年日本与东盟+5 国主要的进出口农林水产品。东盟+5 国出口日本的农林水产品主要为鸡肉类制品、牛肉、木头片、合板、生鲜和干果；日本出口东盟+5 国的主要农林水产品为扇贝、酒精饮料、鲭鱼、鲣鱼和金枪鱼、调味品类。

表 27　日本与东盟+5 国之间的主要进出口农林水产品（2015 年）

品　目	关　税	东盟+5 国出口日本（10 亿日元）	品　目	关　税	日本出口东盟+5 国（10 亿日元）
鸡肉类制品	0～21.3%	2 281	扇贝	0～14%	356
牛肉	38.50%	2 052	酒精饮料	8%～30%	143
木头片	0	1 591	鲭鱼	0～5%	112
合板	6%～10%	1 567	鲣鱼和金枪鱼	0～5%	105
生鲜和干果	0～32%	1 555	调味品类	8%	94
合计		41 484			2 698

资料来源：日本外务省。

（五）中日韩 FTA 农产品贸易发展动向

中日韩 FTA 是中国、日本、韩国之间正在进行谈判的一个自由贸易协定。协定的协商于 2012 年启动。首轮正式会谈于 2013 年 3 月 26 日至 28 日于韩国首尔进行。三方约定将在 2013 年举行三轮谈判，后两轮将分别在中国和日本举行。如果中日韩达成自贸协定，中日韩自贸区将成为继北美自由贸易协定和欧盟之后的世界第三大经济贸易区。目前中日韩 FTA 处于谈判中。

表 28 为 2015 年日本与中国主要的进出口农林水产品。中国出口日本的农林水产品主要为鸡肉制品、冷冻蔬菜、豆油饼、新鲜蔬菜和鳗鱼；日本出口中国的主要农林水产品为扇贝、原木、三文鱼等、种植树木等和种子类。

表 28　日本与中国之间的主要进出口农林水产品（2015 年）

品　目	关　税	中国出口日本（10 亿日元）	品　目	关　税	日本出口中国（10 亿日元）
鸡肉制品	0～21.3%	913	扇贝	0～14%	242
冷冻蔬菜（藤类）	6%～23.8%	878	原木	0	57
豆油饼	0	630	三文鱼等	10%、12%	43
新鲜蔬菜	0～8.5%	409	种植树木等	0～15%	41
鳗鱼	7.20%	361	种子类（蔬菜种等）	0	31
合计		13 130	合计		839

资料来源：日本外务省。

四、日本农业产业发展状况

（一）世界农业及其关联产业的历史发展规律

本文结合世界银行（2015）和钱纳里工业阶段划分方法，对农业及其关联产业发展的总体规律及其在不同经济发展阶段的阶段性规律进行了梳理和总结。

从总体规律来看，世界主要国家农业及其关联产业占 GDP 比重的均值为 22.54%，区间范围为 10.46%～43.27%（表 29）；随着经济发展水平的提高，该比重呈现出持续下降的趋势。这主要归因于人们生活水平的改善引致消费需求结构改变，由最初的消费可供人生存的初级农产品向消费享受资料等工业产品和劳务消费转变，随之而来的是与农业相关联的产业的比重下滑，而其他不涉农的工业、服务业比重的上升。

表 29　不同经济发展阶段各国农业及其关联产业总体发展状况

单位：%

项目		低收入[a]	中等偏下收入	中等偏上收入	高收入	全部样本
农业及其关联产业/GDP	均值	39.55	32.36	25.98	19.06	22.54
	Bootstrap 标准误	(0.69)	(0.66)	(0.26)	(0.19)	(0.25)
	最小值	34.63	20.75	18.53	10.46	10.46
	最大值	43.27	42.29	34.94	30.59	43.27
亚洲	中国	(2000 年，35.67%)	(2005 年，30.76%)	(2014 年，29.56%)		
	日本				(2014 年，21.04%)	
	印度尼西亚	(2000 年，42.46%)	(2014 年，37.27%)			
	印度	(2000 年，41.71%)	(2014 年，38.89%)			
美洲	美国		(1950 年，33.49%)[b]	(1981 年，22.35%)[b]	(2014 年，16.95%)	
	巴西		(2000 年，20.75%)	(2014 年，22.85%)		
	墨西哥			(2000 年，28.94%)		
欧洲	俄罗斯		(2000 年，36.92%)	(2014 年，24.98%)		
	英国				(2014 年，15.24%)	
	捷克			(2000 年，23.85%)	(2014 年，19.17%)	
	波兰		(2000 年，27.53%)	(2005 年，25.91%)	(2014 年，25.09%)	
	葡萄牙			(2000 年，27.89%)	(2014 年，26.98%)	

注：a“低收入”指人均 GDP 小于 1 045 美元，“中等偏下收入”指人均 GDP 居于 1 045 美元和 4 125美元之间，“中等偏上收入”指人均 GDP 居于 4 125 美元和 12 736 美元之间，“高收入”指人均 GDP 高于 12 736 美元。b 根据美国经济分析局（www.bea.gov）的数据整理。

数据来源：作者根据世界投入产出数据库（http://www.wiod.org）相关数据整理。

农业及其关联产业中农林牧渔业、关联制造业、关联流通业和住宿餐饮业占农业及其关联产业比重的均值分别为 14.98%、21.60%、51.38% 和 12.04%（表 30）。随着经济发展水平的提高，农业及其关联产业中农林牧渔业从最高下降至最低，关联制造业比重则先升后降，关联流通业比重持续升至首位，住宿餐饮业比重也呈上升态势。这与李斯特划分的由“农业”到“农工业”再到“农工商业”的演变思想一致。

表 30　不同经济发展阶段农业及其关联产业的内部结构特征

单位：%

项　目		低收入	中等偏下收入	中等偏上收入	高收入	全部样本
农林牧渔业/农业及其关联产业	均值	44.97	31.41	18.40	10.03	14.98
	Bootstrap 标准误	(1.98)	(1.16)	(0.47)	(0.20)	(0.38)
	最小值	33.04	12.00	8.29	1.92	1.92
	最大值	54.03	46.84	34.36	20.95	54.03
关联制造业/农业及其关联产业	均值	18.35	24.64	25.01	19.87	21.60
	Bootstrap 标准误	(2.10)	(0.86)	(0.45)	(0.21)	(0.22)
	最小值	11.62	10.67	11.28	9.53	9.53
	最大值	28.35	34.10	45.80	30.80	45.80
关联流通业/农业及其关联产业	均值	31.72	37.50	47.13	55.93	51.38
	Bootstrap 标准误	(1.21)	(1.36)	(0.78)	(0.36)	(0.43)
	最小值	23.05	23.90	16.42	38.16	16.42
	最大值	37.43	66.40	72.71	74.08	74.08
住宿餐饮业/农业及其关联产业	均值	4.96	6.46	9.46	14.17	12.04
	Bootstrap 标准误	(0.50)	(0.27)	(0.41)	(0.28)	(0.24)
	最小值	3.09	2.42	3.21	4.42	2.42
	最大值	9.16	13.13	30.70	28.95	30.70
	样本数	13	65	161	406	645

注：Bootstrap 标准误是通过 Bootstrap 重复 10 000 次计算得出。

数据来源：作者根据世界投入产出数据库（http：//www.wiod.org）相关数据整理。

从不同经济发展阶段的规律来看，第一，在经济发展的低收入阶段，农林牧渔业是农业及其关联产业的支柱产业，占比接近半数，关联流通业的比重也较高，而关联制造业和住宿餐饮业的发展水平较低，这是由于在该阶段，第一产业是经济的核心产业，工业化相对落后导致农产品加工业和服务业发展水平极低，而流通业多以初级农产品的批发和零售为主。农业及其关联产业在GDP中的比重最高，均值为39.55%，区间范围为34.63%～43.27%。农林牧渔业、关联制造业、关联流通业和住宿餐饮业占农业及其关联产业比重的均值分别为44.97%、18.35%、31.72%和4.96%。具体符合该阶段特征的国家有2000年的中国、2000年的印度尼西亚和2000年的印度，农业及其关联产业占GDP的比重分别为35.67%、42.46%和41.71%。

第二，在经济发展的中等偏下收入阶段，农业及其关联产业中农林牧渔业收缩到1/3的比重，关联流通业的比例上升到第一位，关联制造业的比重也快速上升，住宿餐饮业的比重仍然较低，但开始上升。究其原因，快速的工业化拉动农产品加工业快速发展，挤占基础农业的空间，同时，流通业中加工农产品的交易增多，人们收入水平的提高也导致外出饮食住宿开始发展。农业及其关联产业在GDP中的比重有所下降，均值为32.36%，区间范围为20.75%～42.29%，农林牧渔业、关联制造业、关联流通业和住宿餐饮业在农业及其关联产业中的比重均值分别为31.41%、24.64%、37.50%和6.46%。符合这一阶段特征的国家有2000年的巴西、俄罗斯和波兰，2005年的中国、2014年的印度尼西亚和印度都符合该阶段的发展规律，美国作为经济最发达的国家，在1950年就已进入中等偏下收入行列。

第三，在经济发展的中等偏上收入阶段，农业及其关联产业中农林牧渔业的比例大幅度下降，关联流通业的比例上升到接近半数，关联流通业的增速放缓，住宿餐饮业的比例依旧小幅提升。这是因为进入工业化的中后期阶段后，产业结构出现转型升级，第一产业迅速萎缩，第二产业的增速放缓，而流通业、住宿餐饮业等第三产业成为农业及其关联产业的核心产业。农业及其关联产业在GDP中的比重均值为25.98%，区间范围为18.53%～34.94%。农林牧渔业、关联制造业、关联流通业和住宿餐饮业在农业及其关联产业中的比重的均值分别为18.40%、25.01%、47.13%和9.46%。20世纪70～80年代的美国基本处于这个阶段，2000年的墨西哥、捷克和葡萄牙，2005年的波兰以及2014年的中国、巴西和俄罗斯也都符合该阶段的规律。

第四，在经济发展的高收入阶段，农业及其关联产业中农林牧渔业的比例继续下降到一成左右，关联制造业出现下降，关联流通业继续上升超过50%，住宿餐饮业大幅上升甚至超过了农林牧渔业。因为在高收入阶段，技术创新推力增强，后备资金充足供给，产业结构进一步升级，第一、二产业逐渐被第三产业挤占，可见，关联流通业在未来很长一段时间内是农业及其关联产业的“基石”。农业及其关联产业在GDP中的比重最低，均值为19.05%，区间范围为10.46%～43.27%；农林牧渔业、关联制造业、关联流通业和住宿餐饮业在农业及其关联产业中的比重均值分别为10.03%、19.87%、55.93%和14.17%。目前，日本、美国以及欧洲的一些国家都已进入高收入行列，2014年日本和美国的农业及其关联产业占GDP的比重分别为21.04%和16.95%，与此规律保持一致。

可见，农业及其关联产业在不同的经济发展阶段会呈现出不同的规律性，内部结构也日趋合理，因此，各国在发展农业及其关联产业的过程中，既要掌握不同经济发展阶段的规律要点，又要结合自己国家的特色促进农业及其关联产业内部结构的合理化。只有这样才能搭上农业及其关联产业发展的“高速列车”。

（二）世界农业及其关联产业发展的地区差异性

经济、供给、需求以及政策制度方面的因素综合作用，导致各大洲以及各国之间的产业结构存在差异。经济层面的影响因素主要是人均收入水平，前一部分已经证明，随着人均收入的不断上升，产业结构会发生改变，这是产业结构演变的动力源泉。供给侧的影响因素，如各产业之间技术发展水平、资源禀赋的自然条件以及人力资源、资金和商品服务的供应情况等因素发展不均衡，都会导致各产业产出水平不一致，从而推动产业结构演变。需求侧的影响因素，如各地区消费需求、投资需求和贸易需求的差异性会使不同产业呈现出不同的发展水平，这是产业结构演变的诱导因素。政策制度因素，如各地区经济制度、经济体制、经济发展战略的不同会影响产业的发展方向，产业政策又会影响某些产业的发展速度，最终都导致产业结构的发展大相径庭，这是产业结构演变的制度保障。但是这只是理论上的分析，还缺乏更为严密的论证。因此，本文采用单因素方差分析法进一步验证农业及其关联产业在各地区存在的差异性。

各地区农业及其关联产业发展具有显著差异，这一结论通过单因素方差分析得到验证。方差分析由英国统计学家Fisher提出，它的实质是通过分析数据的组内和组间误差，进而检验多个总体的均值是否相等。本文采用单因素方差分析，分组变量为洲别或者国别，对各大洲、各国之间农业及其关联产业的总体差异性和内部结构差异性进行了验证。表31展示出了单因素方差分析的结果，可以看出，所有检验的p值都小于0.05，表明在5%的显著性水平，拒绝组间均值相等的原假设，这也表明各地区之间农业及其关联产业的发展水平存在显著差异。因此，有必要进一步对其差异性的具体特征进行分析和探讨。

洲际间农业及其关联产业发展存在显著差异且结构发展不均衡。其中，亚洲农业及其关联产业在GDP中的比重最高，欧洲、美洲结构特征接近高收入发展阶段，亚洲与低收入、中等收入发展阶段较为相似。

表 31 单因素方差分析的检验结果

分组变量		检验变量	F 值	p 值	5%显著性水平下是否拒绝原假设
检验一	大洲	农业及其关联产业占 GDP 比重（%）	31.89	0.000	是
	大洲	农林牧渔业占农业及其关联产业比重（%）	43.43	0.000	是
	大洲	关联制造业占农业及其关联产业比重（%）	5.38	0.000	是
	大洲	关联流通业占农业及其关联产业比重（%）	15.12	0.000	是
	大洲	住宿餐饮业占农业及其关联产业比重（%）	6.40	0.000	是
检验二	国家	农业及其关联产业占 GDP 比重（%）	193.59	0.000	是
	国家	农林牧渔业占农业及其关联产业比重（%）	242.01	0.000	是
	国家	关联制造业占农业及其关联产业比重（%）	96.73	0.000	是
	国家	关联流通业占农业及其关联产业比重（%）	157.87	0.000	是
	国家	住宿餐饮业占农业及其关联产业比重（%）	383.01	0.000	是

数据来源：来源于世界投入产出数据库各国的投入产出表。

洲际间农业及其关联产业比重均呈下降态势。从表 32 可以看出，2014 年亚洲、美洲和欧洲的农业及其关联产业占 GDP 比重的均值分别为 27.94%、20.73%和 20.72%，但都呈现出下降趋势，比 2000 年分别降低了 3.64%、0.23%和 3.31%。

洲际间农业及关联产业结构发展不均衡。2014 年农林牧渔业占农业及其关联产业的比重最高的是亚洲，均值为 23.09%，美洲和欧洲仅为 13.46%和 12.18%；关联制造业的比例由高到低分别为欧洲、亚洲和美洲，均值分别为 21.07%、19.99%和 17.82%；关联流通业在三大洲内部的比例都是最高的，美洲和欧洲的均值都超过了 50%，分别为 56.63%和 53.33%，亚洲为 47.07%；欧洲、美洲和亚洲的住宿餐饮业的比例分别为 13.42%、12.08%和 9.85%（表 32）。

主要国家间农业及其关联产业发展规律呈现出阶段性特征。美国、日本和英国等发达国家呈现出高收入阶段的规律，中国、印度、印度尼西亚、巴西等发展中国家呈现出中、低收入阶段的发展规律。第一，从总体来看，发达国家的农业及其关联产业占 GDP 比重较低，2014 年美国、日本、英国的比重分别为 16.95%、21.04%和 15.24%，比 2000 年分别下降了 1.21%、1.33%和 2.94%，而发展中国家农业及其关联产业占 GDP 比重较高，2014 年中国、印度尼西亚、印度、墨西哥、巴西和俄罗斯的比重在 22.85%～38.89%。

第二，农业及其关联产业结构中，美国、日本和英国等发达国家由于其收

表 32 主要大洲和国家农业及其关联产业的发展特征

单位：%

地区	国家	总体		内部结构							
		农业及其关联产业/GDP		农林牧渔业/农业及其关联产业		关联制造业/农业及其关联产业		关联流通业/农业及其关联产业		住宿餐饮业/农业及其关联产业	
		2000 年	2014 年	2000 年	2014 年	2000 年	2014 年	2000 年	2014 年	2000 年	2014 年
亚洲	中国	35.67	29.56	42.54	32.21	28.35	28.19	23.05	33.02	6.06	6.58
	日本	22.37	21.04	7.20	6.46	22.13	20.84	58.09	58.34	12.58	14.37
	印度尼西亚	42.46	37.27	34.17	36.71	27.90	25.57	30.92	29.36	7.01	8.36
	印度	41.71	38.89	53.80	41.31	13.71	11.02	29.40	43.95	3.09	3.72
	均值	31.57	27.94	27.70	23.09	22.19	19.99	41.66	47.07	8.45	9.85
	最小值	21.34	16.57	7.20	6.46	13.71	11.02	23.05	29.36	3.09	3.72
	最大值	42.46	38.89	53.80	41.31	28.35	28.19	66.13	68.83	14.05	15.69
美洲	美国	18.16	16.95	5.27	7.33	16.51	12.81	62.86	63.27	15.36	16.60
	巴西	20.75	22.85	24.86	22.87	25.63	17.93	40.09	48.92	9.41	10.28
	墨西哥	28.94	27.78	13.15	11.88	25.95	23.52	49.97	56.54	10.93	8.07
	均值	20.97	20.73	14.19	13.46	22.72	17.82	50.61	56.63	12.47	12.08
	最小值	16.02	15.36	5.27	7.33	16.51	12.81	40.09	48.92	9.41	8.07
	最大值	28.94	27.78	24.86	22.87	25.95	23.52	62.86	63.27	15.36	16.60

（续）

地区	国家	总体		内部结构							
		农业及其关联产业/GDP		农林牧渔业/农业及其关联产业		关联制造业/农业及其关联产业		关联流通业/农业及其关联产业		住宿餐饮业/农业及其关联产业	
		2000 年	2014 年	2000 年	2014 年	2000 年	2014 年	2000 年	2014 年	2000 年	2014 年
欧洲	俄罗斯	36.92	24.98	19.43	12.47	13.49	11.28	64.66	72.71	2.42	3.55
	英国	18.18	15.24	5.05	4.48	21.97	18.76	57.44	57.68	15.54	19.09
	捷克	23.85	19.17	14.33	14.11	29.08	28.45	43.97	47.25	12.62	10.19
	波兰	27.53	25.09	12.00	11.99	23.29	24.76	60.30	58.19	4.41	5.07
	葡萄牙	27.89	26.98	12.72	8.62	26.13	22.54	45.33	49.95	15.82	18.89
	均值	24.04	20.72	15.91	12.18	23.93	21.07	48.26	53.33	11.90	13.42
	最小值	13.30	10.97	4.77	2.03	13.49	9.53	29.78	29.60	2.42	3.55
	最大值	36.92	30.81	42.45	26.01	33.91	39.62	64.66	74.08	30.70	28.95
世界	均值	24.71	21.64	17.45	13.89	23.47	20.47	47.57	52.79	11.51	12.85
	最小值	13.30	10.97	4.77	2.03	13.49	9.53	23.05	29.36	2.42	3.55
	最大值	42.46	38.89	53.80	41.31	33.91	39.62	66.13	74.08	30.70	28.95

注：根据不同国家间的发展特征，从全世界选取了 12 个代表性国家。

数据来源：作者根据世界投入产出数据库（http：//www.wiod.org）相关数据整理。

入水平较高，呈现出高收入阶段的发展规律，即农林牧渔业、关联制造业在农业及其关联产业中的比重较低，住宿餐饮业比重迅速上升，关联流通业的比重超过50%，2014年分别为63.27%、58.34%和57.68%。而以中国为代表的发展中国家收入水平仍处于中、低阶段，即农林牧渔业和关联制造业的比例仍很高，关联流通业和住宿餐饮业正在快速崛起。

中国农业及其关联产业发展与世界总体趋势“求同”而“存异”。随着经济发展，中国农业及其关联产业占GDP的比重不断下降，稳定在GDP的30%左右（图3），与高收入国家的均值19.06%相比，比重依然较大。2014年，中国已经迈入中等偏上收入阶段，在农业及其关联产业中，农林牧渔业、关联制造业、关联流通业和住宿餐饮业的占比分别为32.21%、28.19%、33.02%和6.58%，相比于2000年的比例，农林牧渔业的比重下降了10.33%，关联流通业上升了9.97%，而另外两个产业比例基本稳定在28%和6%左右。因此，在乡村振兴战略中，有效把握农业及其关联产业发展路径，遵循经济规律，制定适合中国国情的战略内容变得越来越重要。

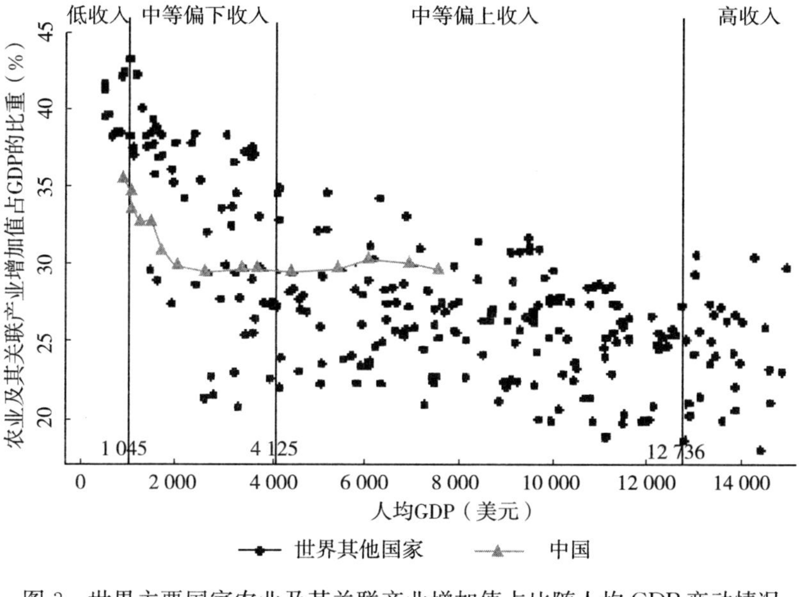

图3 世界主要国家农业及其关联产业增加值占比随人均GDP变动情况

注：为了使中国的特征更清晰，图中人均GDP只截取到15 000美元，高于15 000美元的国家没有绘在图中

数据来源：作者根据世界投入产出数据库（http：//www.wiod.org）相关数据整理

综上所述，世界各地区在经济、供给、需求、政策制度等因素的影响

下，农业及其关联产业呈现出差异化的发展特征。归根结底，这与该地区所处的经济发展阶段密切相关，美国、日本和英国等发达国家处于高收入发展阶段，中国、印度、巴西等发展中国家仍位于中、低收入发展阶段，它们的农业及其关联产业的发展特征都遵循相应阶段的发展规律。

（三）日本农业及其关联产业的发展成效

目前日本是世界主要发达国家之一，二战后经历了不同的经济发展阶段。第一阶段为经济高速增长阶段（1945—1973 年），1956—1970 年的年均 GDP 增长率为 9.7%，使日本跃升为世界第二大经济体；第二阶段为经济放缓阶段（1973 年至 20 世纪 80 年代中期），“石油危机”的爆发使日本制造业成本大幅上升，经济走入低迷，也促使日本进行产业结构调整，虽然最早走出危机，但经济明显放缓；第三阶段为“泡沫经济”阶段（20 世纪 80 年代中期至 90 年代初），日本资产价格飙升，出现大量不良资产，房地产泡沫出现，经济崩溃；第四阶段为长期低迷阶段（20 世纪 90 年代中期以后），“泡沫经济”的崩溃使日本经济全面陷入萧条，虽然政府出台众多政策刺激经济，但日本经济仍然进入了长期低迷期，直至目前仍未完全走出。

20 世纪 90 年代中期，日本经济刚刚经历了资产泡沫，经济开始陷入低迷，农业农村的发展也涌现诸多问题，农村空心化、农业边缘化以及农民老龄化问题突出，农民收入持续低迷状态也一直难以改变。基于此，日本学者今村奈良提出了“六次产业”的概念，指的是一、二、三产业的相加或者相乘。其本质是通过培育农业生产、农资制造、食品加工、农产品流通、休闲农业旅游等本土化农业产业链和产业范围的拓展，推动农业及其关联产业发展，实现农村一二三产业的融合发展。后续又有诸多政策出台支持农业及其关联产业的发展，2008 年日本政府提出《农山渔村第六产业发展目标》，首次在政策大纲中提及“六次产业”，2010 年日本农林水产省制定《六次产业化・地产地消法》，标志着“六次产业化”战略正式实施。经过几年的发展，日本农业及其关联产业的发展取得了突出成效，也有一定的局限。

1. 总体特征

农业及其关联产业在农业产业发展中的地位突出，但对推动总体经济增长相对乏力。六次产业的销售额能反映出农业及其关联产业的发展状况，2010—2015 年，六次产业销售额在农业总产出中的比重较高，维持在 16%～19%，可见六次产业是日本农业发展的中坚力量，“六次产业化”战略初露锋芒，预计将成为日本农业经久不衰的“引擎”。但是，六次产业销售额在国民总产出中的份额非常低，在 0.2%以下，根据表 33，2014 年日本农业及其关联产业占 GDP 的比重仅为 21.04%，从一定程度上反映出日本六次产业在推动日本总体经济增长方面“疲软无力”，这也印证了日本所处的高收入经济发展阶段的规律，农业对其来讲已不是核心的推动力。

表 33　六次产业在国民经济中的地位

单位：10 亿日元

年份	总产出	农业总产出	六次产业销售额	六次产业销售额/总产出	六次产业销售额/农业总产出
2010	943 861	9 666	1 654	0.18%	17.12%
2011	944 222	9 826	1 636	0.17%	16.65%
2012	952 345	10 020	1 745	0.18%	17.42%
2013	973 461	10 004	1 817	0.19%	18.17%
2014	999 615	9 906	1 867	0.19%	18.85%
2015	1 001 576	10 401	1 968	0.20%	18.92%

数据来源：作者根据日本农林水产省（http：//www.maff.go.jp）相关数据整理。

2. 内部结构

农业关联流通业是日本农业及其关联产业成功发展的核心。根据日本农林水产省的相关数据整理，图 4 展示出了近年来日本六次产业的内部结构发展状况。由此可见，以农产品直销所为代表的农业流通业是六次产业发展的核心推动力，2010—2015 年销售额的占比接近半数，吸纳的就业数占比也维持在 46%左右，高居榜首。另外，根据世界投入产出数据库相关数据计算（表 34），2014 年日本的农林牧渔业、关联制造业和住宿餐饮业在农业及其关联产业中的比重分别为 6.46%、20.84%和 14.37%，而关联流通业的比重高达 58%，其中零售业为 24%，相比之下，中国的该比重仅为 33%，零售业更是不足 6%，不言而喻，以零售业为代表的农业关联流通业是中国现阶段农业产业发展的短板。

表 34　2000—2014 年日本农业及其关联产业增加值结构

单位：%

项　　目	2000 年	2005 年	2010 年	2014 年
农业及其关联产业	100.00	100.00	100.00	100.00
农林牧渔业	7.20	6.55	6.39	6.46
农业和畜牧业	5.38	5.20	5.02	5.09
林业	0.85	0.48	0.46	0.50
渔业	0.97	0.86	0.91	0.86

（续）

项　目	2000 年	2005 年	2010 年	2014 年
关联制造业	22.13	20.59	21.62	20.84
食品、饮料和烟草制造业	14.42	13.84	15.24	14.63
纺织品、皮革制造业	2.55	1.61	1.41	1.55
木材和木制品	1.07	0.88	0.68	0.74
橡胶和塑料产品制造业	4.10	4.26	4.29	3.92
关联流通业	58.09	59.49	57.05	58.34
批发业	35.91	40.21	33.28	34.43
零售业	22.18	19.28	23.77	23.91
住宿和餐饮业	12.58	13.37	14.93	14.37
农林牧渔业/GDP	1.61	1.38	1.32	1.36
农业及其关联产业增加值/GDP	22.37	21.10	20.70	21.04

数据来源：作者根据世界投入产出数据库相关数据整理。

3. 地区差异

农业及其关联产业区域差异明显：发展水平高的地区主要集中在耕地资源相对充足的大城市周围等交通发达的地区。根据日本农林水产省和总务省的数据，2015 年日本六次产业销售额排名前 20 位地区的总销售额为 13 129 亿日元，占当年全国销售额的 2/3，表 35 显示出了销售额排名前 20 地区的详细信息，我们计算了销售额同其他和农业相关因素的相关系数。这些因素主要包括三类：第一类是决定农业生产的指标，主要是农业资源拥有情况，用耕地比率来表示；第二类是反映农产品需求状况的指标，主要是人口集中度和老龄化程度，用人口密度和老年人口比例来表示；第三类是反映农产品流通情况的指标，主要是交通便利度，用加油站个数以及道路公里数来表示。

结果发现，第一，从生产的角度，农业及其关联产业在农业资源较多的地区发展状况较好，因为六次产业销售额和耕地比率呈正相关，相关系数为 0.15。第二，从需求的角度，人口越集中、老龄化程度越低的地区，其农业及其关联产业发展得越好，这是由于六次产业销售额和人口密度、老年人口比例的相关系数分别为 0.12 和－0.16。第三，从流通的视角，交通便利极大地促进了农业及其关联产业的发展，因为六次产业销售额和加油站个数以及道路公里数的相关系数都为正，分别为 0.1 和 0.29。根据表 35，综上所述，从地理分布来看，六次产业销售额较高的区域主要为大城市及其周围区域，这些区域的农业生产资源较丰富、农产品需求较高且多样，同时，便捷的交通使农产品

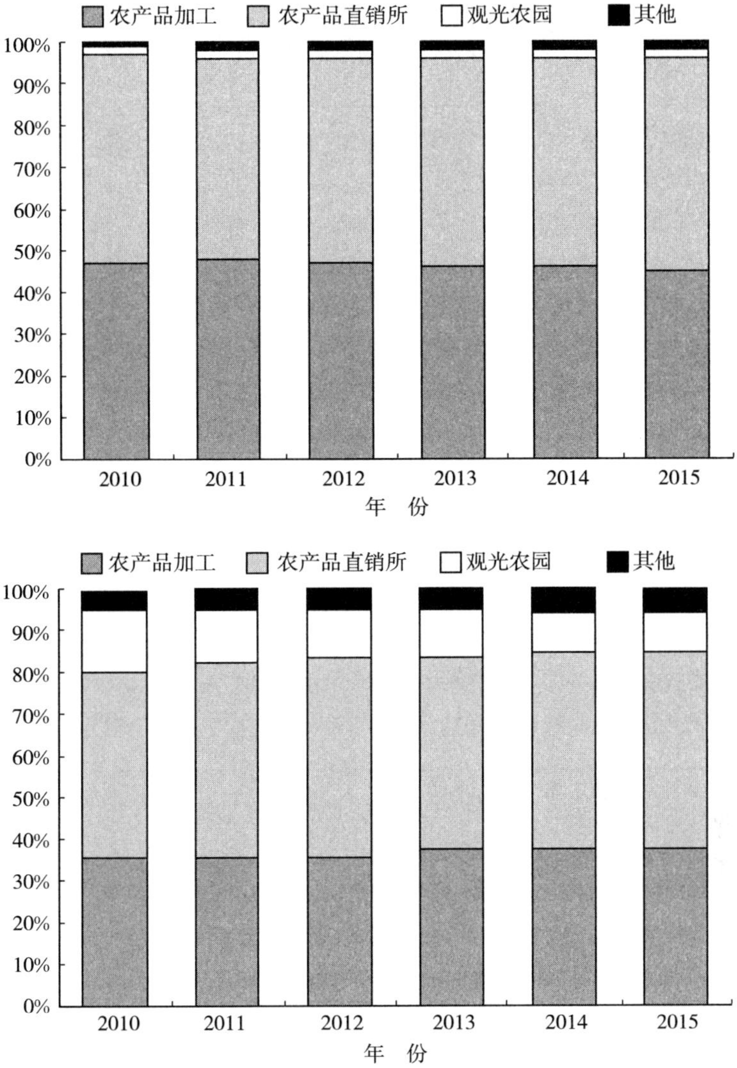

图 4 日本六次产业销售额（上）和就业数（下）内部结构（%）

数据来源：日本农林水产省

流通分销体系更为发达。但是，日本六次产业没有解决交通不发达的农村地区“过疏化”（“空心化”）问题，农村产业融合的发展主要依靠政府资金的支持。

因此，考虑到中国和日本同处东亚，农业发展有诸多相似之处，日本农业农村的发展为中国未来农业发展勾画了蓝图，在中国农村一二三产业融合进程中通过吸取日本农业及其关联产业发展的经验教训，可以缓解中国现阶段出现的三农问题，促进农业现代化，加速实现乡村振兴。

表 35　2015 年六次产业销售额排名前 20 位的地区

单位：百万日元

排名	地区	六次产业销售额	排名	地区	六次产业销售额
1	北海道	150 593	11	群马	60 614
2	静冈	106 150	12	埼玉	57 038
3	福冈	81 138	13	爱知	54 633
4	爱媛	81 134	14	枥木	49 578
5	熊本	75 697	15	茨城	48 830
6	鹿儿岛	71 490	16	山梨	47 383
7	千叶	65 888	17	三重	44 284
8	宫崎	65 045	18	山口	43 643
9	长野	63 248	19	兵库	42 577
10	东京	62 351	20	福岛	41 571

	销售额	耕地比率	人口密度	老年人口比例	加油站个数	道路公里数
和六次产业销售额的相关系数	1	0.15	0.12	−0.16	0.1	0.29

注：表中的相关系数是根据日本除北海道外所有地区数据计算，并不是根据销售额排名前 20 名地区数据计算的相关系数。

数据来源：作者根据日本总务省统计局（http：//www.stat.go.jp）和农林水产省（http：//www.maff.go.jp）相关数据整理和计算。

五、政策建议

农业既是一个最为传统古老的基础产业，也是一个充满活力的朝阳产业。为解决吃饱的问题，中国农业发展长期走的是一条增加粮食产量的发展道路。实现乡村振兴，最根本的是拓展农业发展空间，创新性地提高农业竞争力，为农业持续发展、农民稳定增收提供持久性动能。我们专门组织开展了关于世界及日本农业关联产业发展问题的专题性研究，以下是政策建议：

（一）将大力发展农业关联产业作为实现乡村振兴战略的关键着力点

从发达国家的情况来看，农业具有相当强的延展性和增值力。据世界银行估计，2011 年，美国、日本、英国、法国的农业及其关联产业的产值是农业产值的 12.3 倍、14.6 倍、15.7 倍、7.5 倍。由于与居民日常生活密切相关，农业及其关联产业的发展随着消费水平的提高和消费结构的升级呈现稳定发展的态势。1996—2011 年，美国、法国、英国等高度发达国家农业及其关联产业产值分别从 3.68 万亿美元、6 154 亿美元、6 541 亿美元增加到 4.61 万亿美元、7 812 亿美元、7 180 亿美元，分别增长了 25.35%、26.96%、9.76%。

农业及关联产业是国民经济的基础组成部分，涉及面广，产值规模和从业人员数量大，在整个国民经济活动中具有举足轻重的地位。之所以高度重视农业，持续加大对农业发展的支持保护力度，不仅仅是农业与粮食安全有关，更为重要的是，只有农业发展好了，农业关联产业的发展才具有好的基础，劳动力就业才有更多的机会，乡村振兴才有“定海神针”。近年来，中国农业关联产业的发展虽然也取得长足进展，但中国的工业化采取的是优先发展重工业的方式，二、三产业内部结构不协调和供需脱节的问题至今明显存在，农业关联产业发展不充分是其中重要的表现，因此，加快发展农业关联产业，不仅能够在延伸农业价值链、推动一二三产业融合发展、促进农民收入增长等方面发挥重要作用，而且是补工业化发展短板、实现“四化同步”的重要途径。但是，在推动农业及其关联产业发展的过程中，既要遵循不同经济发展阶段农业及其关联产业的发展规律，又要借鉴和中国农业特点相似的发达国家的经验和教训，不能盲目冒进。

（二）将促进流通业发展作为推动一二三产业融合发展的主要突破口

农业及其关联产业体系包括农林牧渔业，食品、饮料、烟草、纺织、皮革、木材、木制品、橡胶、塑料等制造业，批发零售业；住宿餐饮业等。国际经验表明，在这一产业体系中，批发零售业产值所占的比重最高，也是吸收就业人数最多的领域。从日本“六次产业化”的经验来看，流通业是联系生产、加工和消费的关键环节和纽带，也是农业及其关联产业价值链中最主要的组成部分。由于流通业的牵引带动作用强，政府会通过建设公共设施、人力资源、政策性贷款、补贴、税费减免、提供用地多种方式予以支持。

中国农业及其关联产业产值占总产出的比重并不低，但其内部结构层次明显较低，并突出体现在流通业发展不够充分上，而零售业发展滞后是农业及关联产业这一短腿中的短腿。可见，建立健全农产品及其加工品的分销体系是中国促进一二三产业融合发展中最为迫切需要加快发展的领域。同时，中国在向高收入阶段迈进，根据高收入经济发展阶段农业及其关联产业的结构规律，关联流通业的比例要达到 50%以上，2014 年中国是 33%，还有巨大潜力可以挖掘。

（三）把加强对农村地区的财税政策支持作为促进三产融合发展的重要手段

日本农业及其关联产业发展水平高的地区主要集中在大城市周围等交通发

达的地区，而交通闭塞的偏远农村地区发展水平并不高，六次产业化的繁荣并没有实质性地解决日本农村的“过疏化”问题。中国目前还处于农村一二三产业融合发展的初级阶段，农村的“空心化”等后继无人问题初露萌芽，并且农村发展落后，缺乏发展农业及其关联产业的基础，因此，要及时吸取日本六次产业发展的经验和教训，把中国一二三产业融合发展的重心落在农村，加强对农村地区的财税政策支持。一是要加大对农村地区发展农业及其关联产业基础设施的资金投入力度，尤其是边疆和少数民族聚集的偏远地区，促进交通、网络、仓储、物流等农产品分销体系立体化发展。二是，加强农村地区发展农业及其关联产业的优惠政策支持，给予新型业态、新型商业模式充足的补贴优惠和税收减免。避免走日本的“弯路”，早日实现中国的乡村振兴。

（四）以建立农民参与分享机制作为产业价值链构建的基本出发点

在中国经济进入中等偏上收入阶段的背景下，农业及其关联产业的发展将面临非常好的机遇。中国是一个农业大国，2015 年的农村人口达到 6 亿人，如何让他们参与发展和分享发展农业及其关联产业的发展成果是贯彻落实共享发展理念、实现共同富裕的要求，也是实现城乡协调发展、实现乡村振兴的重要途径。

1. 要引导支持农民自己直接兴办产业经济实体

从发达国家的情况来看，与农产品相关的加工、流通企业相当部分是农民在政府支持下、集体行动起来以灵活多样的方式兴办的，这样农民不仅可以获得农业收入，而且可以就地就近通过从事多种经济活动获得更多的收入以及企业红利，农民的收入水平并不比城市居民低，甚至还要略高。由于农业及其相关产业发展的计划性强，政府支持力度大，经营一般比较稳定，这是农民收入的基本来源。目前，中国的农业关联产业主要由工商资本兴办，农民获得的好处受到明显限制。近年来，中国的农民合作社、家庭农场、种养大户等经营主体发展迅速，但这些主体的经营范围主要在农业生产环节。可以考虑重点从两个方面提高农民的参与度：一是以县域为单位，选择一批运行规范、发展质量高的示范合作社，引导规范农民专业合作社开展联合，对其发展农产品加工业、流通业、旅游业等产业予以引导和扶持；二是引导建立农民以土地承包权、资源资产、生产资料、宅基地使用权等折股的方式，与工商资本形成要素互补、成果共享、和谐发展的利益共同体。

2. 为农民兴办产业经济实体解除资金瓶颈

中国农业关联产业发展过程中农民之所以参与不足，关键的制约在于资金不足。对农民发展产业提供系统和强力的政策性金融支持是发达国家的普遍做法。由于农民可以获得足够资金支持，商业性金融即使想开发农村市场也很难进去，这与中国农村金融的现状存在天壤之别。目前，中国针对农民的政策性金融支持主要是农产品收购和脱贫攻坚，其他方面则很少。要改变主要依靠商业性金融为农民提供金融服务的局面，切实形成政策性金融、商业性金融、合作性金融共同发展、相互补充的新格局。不仅要继续加大对商业性金融支农在准备金、利率、奖励、再贷款等方面的支持，更重要的是要专门研究单独建立政策性农村金融机构或改造扩充农业发展银行系统。在全国性机构难以建立的情况下，可以考虑先在地方开展试点，改变目前农村金融只能做零散边角政策调整的局面。对农村金融，不能只考虑控制住风险，而不考虑发展需要，要放开农村金融市场，让更多机构进入农村提供金融服务，鼓励和规范农民合作组织开展内部信用合作。

3. 为农民兴办产业经济实体提供政策支持

目前农业产业化发展、农村一二三产业融合发展、农产品初加工、农民专业合作社、供销社、现代农业示范区、农村现代流通网络、农产品批发市场建设、农村电商、休闲农业与乡村旅游、农业科技、人员培训等方面的政策都与农业关联产业发展有关，可以向依托农产品、农村特色资源兴办发展农业关联产业的农民合作社、农村集体经济组织、专业技术协会、农户等提供倾斜性支持。

俄罗斯农业生产与贸易研究

一、俄罗斯农业发展现状及特点

2000年以来，俄罗斯农业保持较快发展态势。到2016年，俄罗斯农业总产值为5.62万亿卢布，占其国内生产总值的6.54%，同比增长8.91%，其中种植业占总产值的56.35%，畜牧业占总产值的43.65%。此间俄罗斯农业年均增长率为12.65%，是其为数不多取得较快发展的经济部门。现从以下几方面对俄罗斯农业发展现状及特点进行分析。

（一）农业资源禀赋

俄罗斯拥有世界上最大的黑土地带，土地肥沃、人少地多的土地资源优势是俄罗斯农业发展的较强竞争力。据俄罗斯联邦统计局数据①显示，2016年俄罗斯国土总面积为1 712.5万平方千米，农用土地、林地、水域（包含沼泽地）分别占比13%、51%、13%，其中农用土地面积为2.22亿公顷，人均耕地面积达到0.82公顷。

俄罗斯农作物种植区域主要分布在土壤肥沃、水源充足的境内最大黑土地带。俄罗斯西北部大部分地区有较高的人口密度、悠久的农业开发史和大量闲置且有待开发的农业用地，农业生产潜力较大。

由于地理位置原因，气候条件成为影响俄罗斯农业发展的主要因素。与中国交界的东西伯利亚和远东南部常年气温较低，不利于农作物生长，农业发展较为缓慢。一些土地受特殊气候条件和时常发生的旱灾影响，单位面积的种植成本普遍高于美国等发达国家1～2倍，收益却只有一半。

（二）农业投入与支持

2000年以来，农业成为俄罗斯优先发展部门，俄罗斯不断加大对农业的国家资金扶持，对农业企业采取优惠贷款的政策。2017年，俄罗斯支持农业发展的资金总额达到2 500亿卢布，促进农业播种面积不断增加，产量不断提高。农业固定资产投资方面，2016年俄罗斯农业固定投资为8 704亿美元，同比增长13.44%，其中农业、狩猎、林业投资增加迅速，渔业也保持较快增

① 数据来源：俄罗斯统计局官方资料《Russia in Figures. 2017：Statistical Handbook》。

速，食品加工业投资近两年持续下降。肥料投入方面，2016 年俄罗斯农业矿物肥料投入 230 万吨，同比增长 15%；农业有机肥料投入 6 520 万吨，同比增长 1.56%。机械动力投入方面，俄罗斯具有较高的农业机械化水平，粮食生产基本已实现 100%机械化，虽然农业机械总动力一直在下降，但是俄罗斯农业机械效率水平在不断提升。政策支持方面，2012 年俄罗斯提出 2013—2020 年由财政拨款 1.5 万亿卢布发展农业各项事业，2013 年俄罗斯提出重点支持远东农业开发（表 1）。

表 1　俄罗斯农业投入资料情况

投入资料	2000 年	2005 年	2010 年	2011 年	2012 年	2013 年	2014 年	2015 年	2016 年
农业投资（亿卢布）	348	1 423	3 038	4 469	4 764	5 166	5 103	5 058	6 112
渔业投资（亿卢布）	22	31	54	85	122	143	152	144	164
食品加工业投资（亿卢布）	439	1 126	1 765	1 868	2 185	2 334	2 514	2 471	2 428
矿物肥料（万吨）	140	140	190	200	190	180	190	200	230
有机肥料（万吨）	6 600	4 990	5 310	5 260	5 420	5 570	6 160	6 420	6 520
农机总动力（百万马力*）	240.0	156.9	109.6	106.3	102.6	98.9	97.6	94.2	—
平均动力（马力）	51.3	—	66.9	69.0	69.8	72.5	74.7	74.3	—
拖拉机（台/千公顷）	7	6	4	4	4	4	3	3	3
谷物收割机（台/千公顷）	5	4	3	3	3	3	2	2	2
玉米收割机（台/千公顷）	8	5	1	1	1	<1	<1	<1	<1

数据来源：《Russia in Figures. 2017：Statistical Handbook》。表 2～表 3、图 1～图 2 同。

（三）农业播种面积

随着俄罗斯政府对农业重视程度和扶持力度的加大，其农业播种面积从 2010 年之前的整体下降趋势转变为增加趋势（图 1）。2016 年俄罗斯农业播种

* 马力为非法定计量单位，1 马力=735.498 瓦。

面积为 7 999.3 万公顷，其中，谷物（含豆类）、饲料作物和经济作物的播种面积分别占总播种面积的 58.89%、20.47%和 17.00%。从播种趋势上看，自 2000 年以来，饲料作物的播种面积逐年下降，经济作物播种面积则呈不断上升趋势。蔬菜作物的播种面积较以往差别不大。

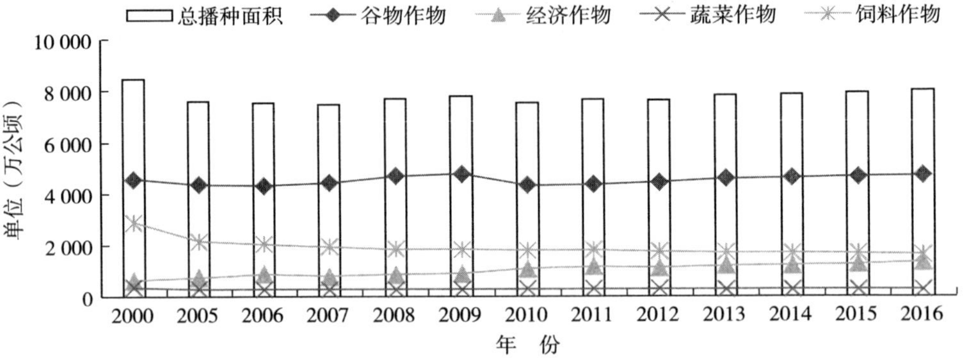

图 1　俄罗斯农业播种面积趋势

（四）主要农产品产量

1. 主要作物农产品[①]产量及单产变化

2000 年以来，俄罗斯主要作物农产品产量总体呈现波动上升的趋势（图 2），2016 年俄罗斯主要农作物产量基本达到或超出 1992 年的水平。其中，谷物产量为 1.2 亿吨且以小麦为主，2016 年俄罗斯小麦产量为 7 330 万吨，较 2015 年的 6 180 万吨增长 18.61%。整体上看，小麦和其他主要粮食作物产量

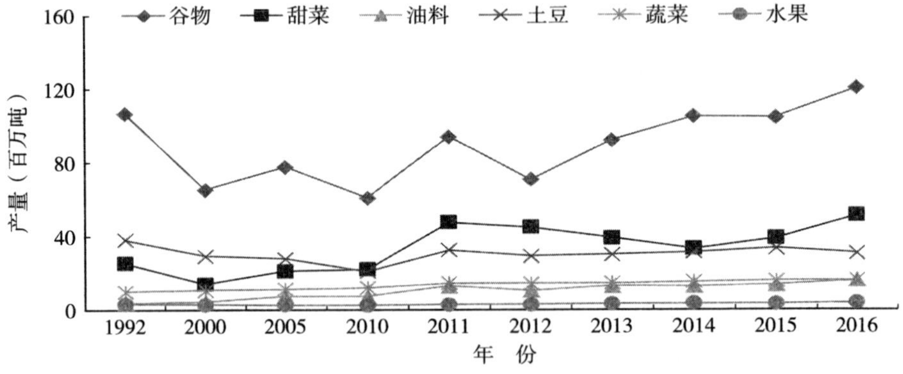

图 2　俄罗斯主要农产品产量变化趋势

① 主要作物农产品包括小麦、坚果、油料作物（油菜籽、葵花籽、大豆）、马铃薯、甜菜、其他蔬菜、烟草、水果等。

都呈现稳步上升的趋势，到2016年，俄罗斯小麦产量占全球小麦总产量的10%，超过美国，位居世界第三位的水平①。

2. 畜牧业与渔业农产品产量

2016年年末，牛、猪、羊存栏数分别为840万、1 840万、420万头（只）。2016年俄罗斯渔业捕捞总产量451.9万吨，同比增长4%，国内生产的水产品总量为96.0万吨，同比下降23.02%（表2）。

表2 俄罗斯畜牧业与渔业农产品产量

产品	2000年	2005年	2010年	2012年	2013年	2014年	2015年	2016年
牛存栏（百万头）	16.5	11.1	9.3	9.1	8.8	8.5	8.5	8.4
猪存栏（百万头）	8.5	7.3	10.8	13.7	14.7	15.6	17.6	18.4
羊存栏（百万只）	4.6	4.3	4.4	4.6	4.4	4.4	4.4	4.2
家禽、牲畜屠宰量（百万吨）	1.8	2.3	4.4	5.4	6.0	6.6	7.1	7.5
牛奶（百万吨）	15.3	14.0	14.3	14.8	14.0	14.4	14.7	15.0
鸡蛋（亿枚）	242	273	313	328	323	326	334	344
水产品（万吨）	—	—	119.4	144.9	151.7	122.7	124.7	96.0

（五）农业生产方式

俄罗斯农业生产主体主要有农业企业、家庭农户和私人农场3种类型，2016年这3种类型分别占比52.8%、34.7%和12.5%。纵向来看，自2000年以来，私人农场所占比例不断上升，而农业企业随着俄罗斯私有化改革进程的推进，其占比在不断减少，但2013年以来快速增长，恢复到一半以上，家庭农户的占比则在不断缩减（表3）。

表3 俄罗斯近年来不同类型农业生产主体所占比重

单位：%

主体	1992年	1995年	2000年	2005年	2010年	2011年	2012年	2013年	2014年	2015年	2016年
农业企业	67.1	50.2	45.2	44.6	44.8	47.6	48.1	45.9	49.5	51.5	52.8
家庭农户	31.8	47.9	51.6	49.3	48	44.3	43.4	46.4	40.5	37.4	34.7
私人农场	1.1	1.9	3.2	6.1	7.1	8.1	8.5	7.7	10.0	11.1	12.5

① 数据来源：USDA、中商产业研究院，中国第一（12 885万吨）、印度第二（8 700万吨）、美国第四（6 286万吨）。

(六) 农产品对外贸易

一直以来，俄罗斯农产品出口额和进口额总体均呈现持续上升趋势，但从2013年以后，进口额呈现大幅下降的趋势，造成农产品贸易规模大幅下降。这主要是由于近年来俄罗斯与西方国家不断进行经济制裁与反制裁，加之本国经济萎靡不振以及卢布贬值，使得俄罗斯进口产品成本陡增，进而造成了进口额及贸易额下降的局面（图 3）。

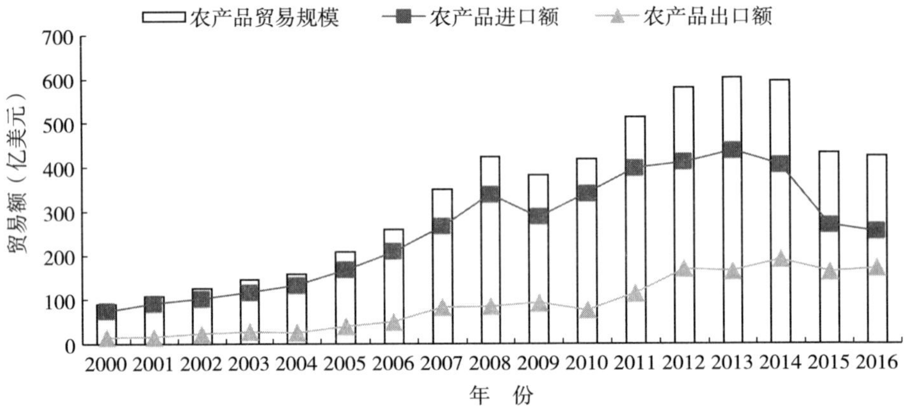

图 3　2000—2016 年俄罗斯农产品进出口及贸易规模

数据来源：UN Comtrade 数据库，由作者自行整理

俄罗斯农产品对外贸易结构总体表现为进口不断下降，农业出口趋于多元化。2016 年中国在俄罗斯农产品进口和出口贸易对象中分别位于第三位和第二位，地位越来越重要。此外，俄罗斯农产品进出口类型集中度较高，出口主要集中在谷物、水产品和油脂及油料产品上；进口农产品相对分散一些，主要集中在干果、蛋奶、肉制品、饮品类等。

二、中俄农产品贸易现状及趋势分析

中国与俄罗斯是全球农产品贸易市场上的重要参与国家，通过对中俄两国农产品进行贸易分析和影响因素分析，从宏观上了解两国农产品贸易概况、结构等方面，掌握影响中俄农产品贸易的根本因素，为下文奠定基础。

(一) 中俄农产品贸易分析

1. 两国农产品贸易概况

根据 UN Comtrade 数据分析，两国农产品贸易呈现以下特征：一是中俄两国农产品贸易额在双边总贸易额中的比重呈现 U 形趋势，特别是在近年来总贸易额下降的趋势下，农产品贸易额占比却呈现上升趋势。在俄罗斯经济疲软、卢布贬值影响下，2016 年中俄贸易额并无多大反弹，而农产品贸易额在总贸易额中所占的比重却呈上升趋势，由 2014 年的 4.37%增加到 2016 年的 5.62%（图 4）。可以发现，中俄两国的农产品贸易是当前两国贸易往来的主力军，中俄双边农产品贸易将是两国未来贸易发展的重中之重。二是中俄两国农产品贸易中，两国的贸易顺差地位不断发生变化。直至 2008 年中国才扭转 1998 年以来的贸易逆差地位，出现顺差且顺差额不断扩大，最大为 7.45 亿美元，2016 年俄罗斯 7 年来首次出现对中国农产品贸易的顺差。

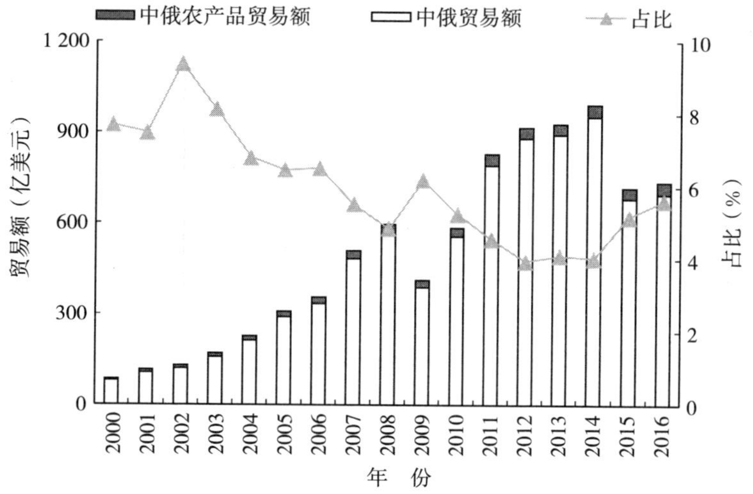

图 4　中俄两国双边贸易及农产品贸易额占比变化趋势

数据来源：UN Comtrade 数据库

基于 2017 年海关数据，跟踪和监测 2016 年中俄双边农产品贸易变化情况，总体概括为两个方面：一是 2016 年中国出口和进口俄罗斯农产品均表现为增长态势，2016 年中国与俄罗斯农产品贸易总额达到 39.13 亿美元，同比增长 11.6%。中国对俄罗斯出口农产品小幅上升，中国进口俄罗斯农产品持续增长。二是对俄罗斯农产品一般贸易出口下降、进口增长，边境贸易进、出口双增。中国向俄罗斯出口农产品以一般贸易方式为主，且边境小额贸易增长较快。中国从俄罗斯进口农产品首要贸易方式为进料加工，其次是保税仓库进出境货物（图 5）。

2. 中俄两国农产品贸易结构分析

中国出口俄罗斯农产品以园艺产品为主，1996—2016 年中国向俄罗斯出口园艺产品在总出口额中平均占比 50.66%，2016 年高达 60.87%；其次是水产品，从 2016 年 21.90%的比重来看，水产品出口占比有略有下降。中国进口俄罗斯农

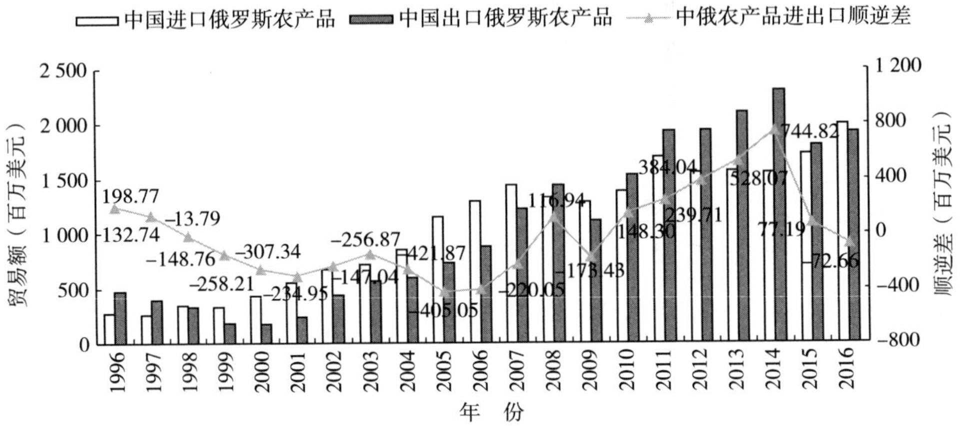

图 5　中俄农产品贸易额变化趋势图

产品种类相对更加集中，1996—2016 年平均有 86.29%的比例集中在水产品进口上，其次是以谷物为代表的大宗农产品，其占比均值为 3.23%，该项比重从 1996 年的 1.38%增加到 2016 年的 19.09%，这在一定程度上削弱了中国对俄罗斯农产品进口种类的集中度，优化了进口产品结构。但总体来看，中俄两国农产品出口贸易结构过于集中，需朝着贸易种类多元化、贸易结构优化等方面努力（表 4）。

表 4　中俄农产品进出口产品结构

单位：%

产　品	中国出口俄罗斯农产品结构		中国进口俄罗斯农产品结构	
	1996—2016 年均值	2016 年	1996—2016 年均值	2016 年
大宗农产品	7.56	3.18	3.23	19.09
动物产品	6.16	0.28	1.73	2.95
水产品	22.60	21.90	86.29	68.33
园艺产品	50.66	60.87	2.29	2.36
饮料及烟草	1.78	0.74	0.41	1.55
其他农产品	11.24	13.03	6.03	5.72

数据来源：根据 UN Comtrade 数据库数据测算整理。

3. 中俄两国农产品进出口贸易特征分析

从进口和出口两个角度对两国贸易特征进行分析，才能深入了解中俄两国农产品贸易特点，准确把握未来两国农产品贸易发展趋势。

（1）中国对俄罗斯农产品进口特征分析。一是在中国对俄罗斯出口总额波动变化背景下，对俄罗斯农产品进口额却在稳步增加。图 6A 所示，2011 年和 2016 年中国从俄罗斯进口农产品增长较大，进口额增幅分别为 22.06%和 15.67%。近年来的增长趋势说明中国对俄罗斯农产品具有较大需求，俄罗斯农产品在进口产品中的分量越来越重。图 6B 所示，中国进口俄罗斯农产品的金额占中国进口世界农产品总额的比例表现为“下降—上升”的趋势，2015—2016 年在中国进口世界农产品总额有所下降的同时，进口俄罗斯农产品的比例却在不断上升，说明俄罗斯农产品在中国农产品市场上的地位明显上升。二是中国从俄罗斯进口农产品种类依然集中，水产品一枝独秀，大宗农产品进口数量在悄然增加。由图 7 不难发现，1996—2016 年中国进口俄罗斯农产品中 80%以上是水产品，与之对应的是大宗农产品进口的增加，增速非常明显。三是 2014 年开始中国与俄罗斯开始开展小麦进口业务且进口额增长很快，说明中国国内市场对以俄罗斯小麦为代表的“硬麦”的需求极大。2017 年 4 月首批以市场化方式进口、经陆路口岸运入的 500 吨俄罗斯小麦运抵中国，随着中国对俄罗斯小麦市场的放开，可以预计未来中国进口俄罗斯小麦的数量将不断增加。

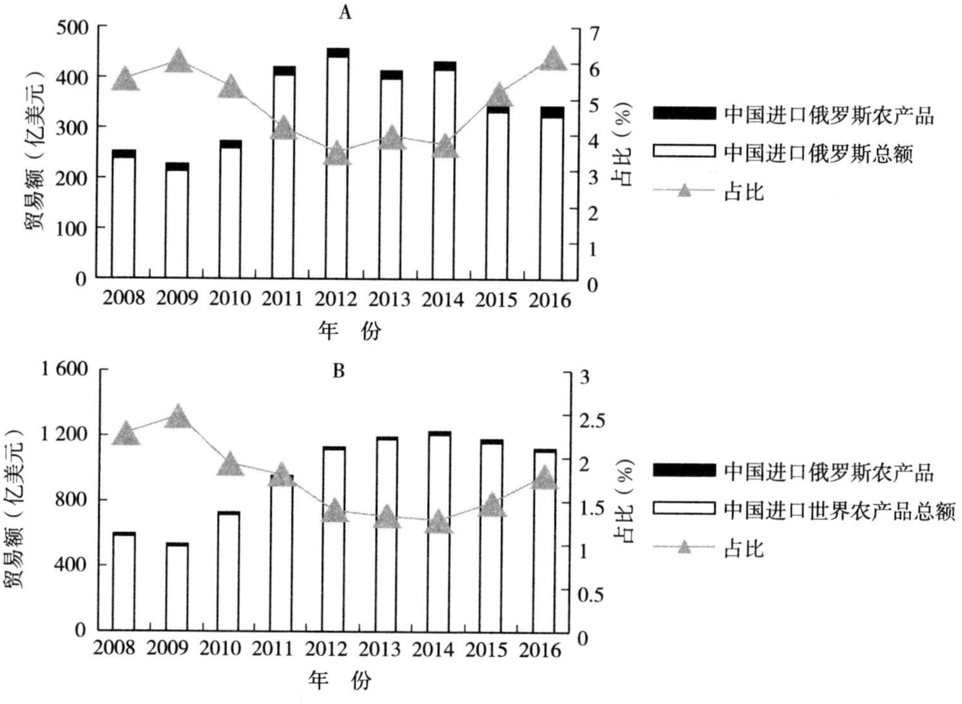

图 6 2008—2016 年中国进口俄罗斯农产品总额及占比

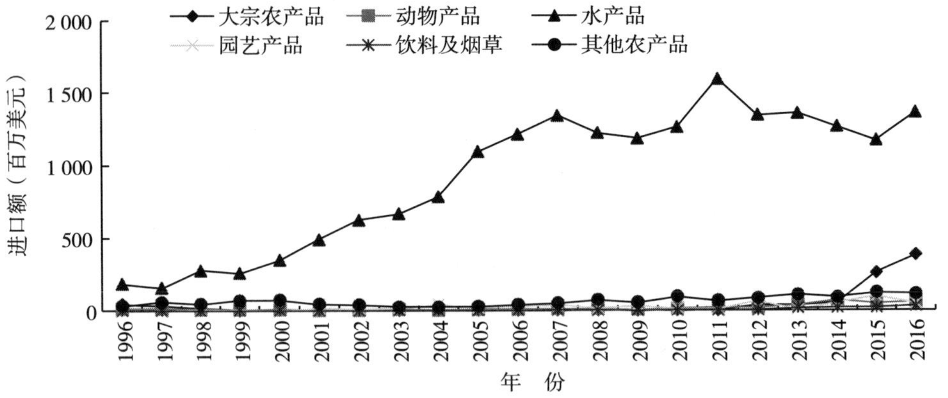

图 7　1996—2016 年中国进口俄罗斯不同品种农产品总额变化趋势

（2）中国对俄罗斯农产品出口贸易特征分析。一是 1996—2016 年中国对俄罗斯农产品出口规模呈波动上升的趋势，由图 8A 可以看出，中国出口俄罗斯商品总额与出口农产品所占份额成反比，这也说明中国出口俄罗斯农产品的总额比较稳定。由图 8B 可以看出，自 2008 年以来，出口俄罗斯的农产品在中国农产品出口总额中的比例不断下降，2016 年仅占比 2.64%。二是出口品种相对集中，出口种类增长缓慢。由于俄罗斯农业劳动力人数逐年下降，仅仅依靠国内农产品生产和供应无法满足自身需求，特别是对劳动密集型农产品需求更大，因此以蔬菜、花卉等为代表的园艺产品需要大量从国外进口，结合中国出口到俄罗斯农产品种类来看，园艺产品出口一直保持较大规模（图 9）。另外，2002—2013 年中国农产品出口俄罗斯品种数量与俄罗斯农产品出口中国品种数量相比增加缓慢。考虑到两国发展良好的政治环境以及俄罗斯加入世界贸易组织进程的不断加深，中俄两国贸易往来的日益频繁，可以预计中国在具有优势的劳动密集型农产品上会进一步扩大对俄罗斯的出口规模。三是中国农产品对俄罗斯出口面临其他出口大国的激烈竞争。由于中国农产品生产成本增加，特别是劳动力成本和地租增长，依靠成本低、价格低占有国际市场的贸易模式已经走不通。据了解，欧盟利用其高附加值和品牌宣传，美国利用自身先进技术，巴西利用灵活外交手段，均不断提高对俄罗斯的农产品出口①。基于此，中国不得不改变对俄罗斯农产品出口结构来适应激烈的市场竞争。

① 资料来源：杨逢珉．中国农产品出口俄罗斯市场存在的问题与对策．国内外市场，2015（3）：48。

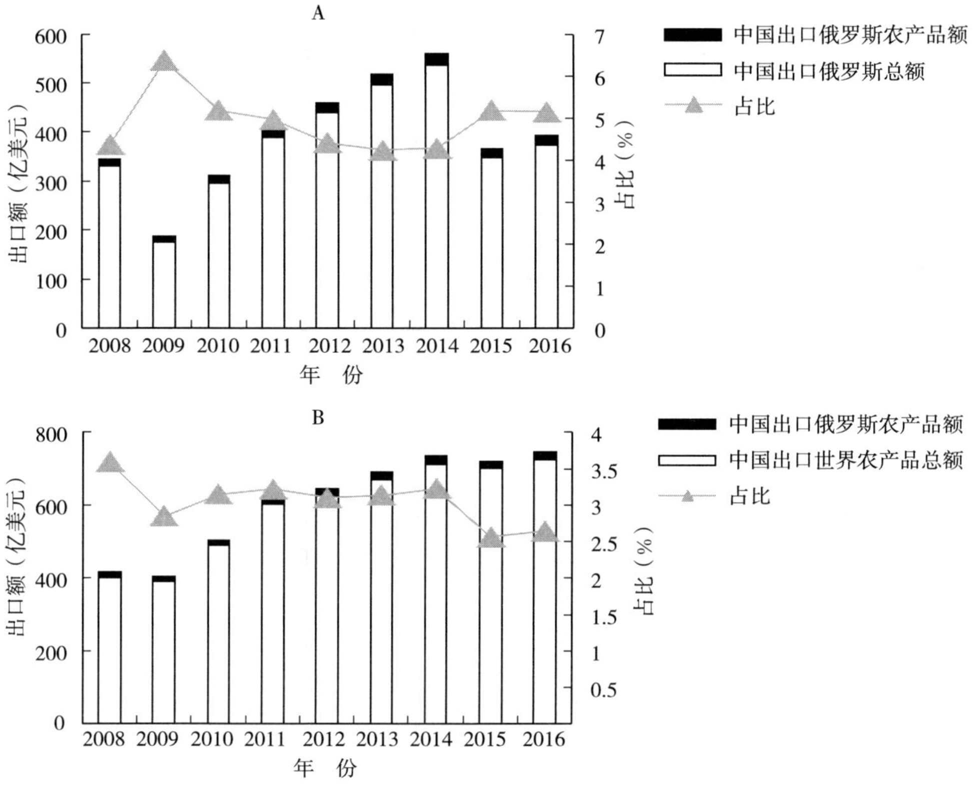

图 8　2008—2016 年中国出口俄罗斯农产品总额及占比

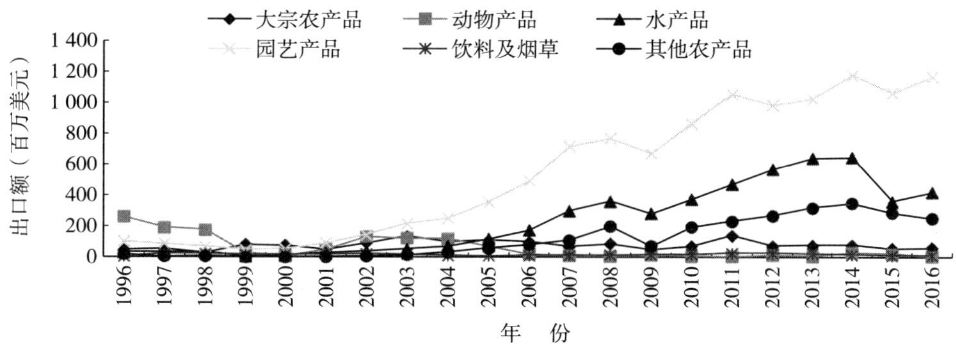

图 9　1996—2016 年中国对俄罗斯不同种类农产品出口变化趋势

4. 中俄两国农产品进出口贸易指数分析

（1）比较优势指数（RCA）。中国农产品比较优势呈现出不断下降趋势，俄罗斯农产品比较优势呈现出波动上升趋势。2000—2016 年，中国农产品

RCA 值由 0.73 持续下降到 0.36；同期俄罗斯农产品 RCA 值由 0.17 上升至 0.61，基本保持稳中有升的趋势，并在 2012 年超出中国，中俄农产品比较优势已经拉开距离，虽然中国农产品 RCA 值近几年保持平稳态势，但俄罗斯处于稳步上升状态。中国园艺产品、水产品等劳动密集型农产品在俄罗斯市场上依然具有非常明显的比较优势。通过对 2016 年两国 24 章（HS1～24）农产品的比较优势进行分析，发现中国具有比较优势的农产品主要以劳动密集型农产品为主，其他种类农产品的比较优势则相对偏弱，也发现俄罗斯小麦的 RCA 值为 7.0，比较优势非常明显，在世界上具有很强的竞争力（图 10）。

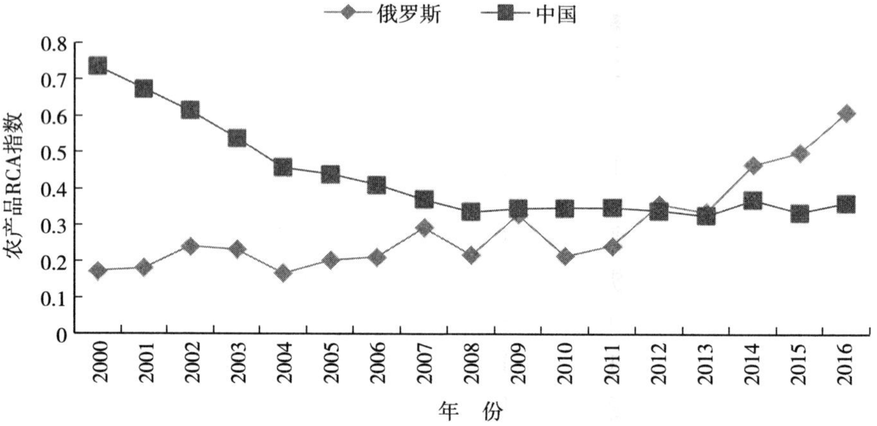

图 10 中俄农产品 RCA 值变化趋势

（2）互补性指数（TCI）。从总体上看，中国与俄罗斯农产品贸易整体互补性小于 1，其中，中俄 TCI 值保持下降趋势，但一直大于俄中 TCI 值，更具互补性，俄中 TCI 值处于不断波动上升态势，显示其对我国的农产品互补性越来越强。从趋势图上看，未来俄中 TCI 值可能会超出中俄 TCI 值。通过对 2016 年两国 24 章（HS1～24）农产品的互补性进行分析，从产品上看，2016 年中国出口与俄罗斯进口间有 8 章农产品 TCI 值是大于 1 的，占中国出口俄罗斯农产品总额的 84.90%。俄罗斯出口与中国进口间有 5 章农产品的 TCI 值是大于 1 的，占中国进口俄罗斯农产品总额的 87.07%。总的来讲，两国农产品贸易是遵循各自的比较优势，进而形成较大互补性的贸易结构成果，两国农产品出口不存在较大竞争性，因此两国农产品贸易前景长远看好（图 11）。

（3）产业内贸易指数。从总体上看，中国与俄罗斯农产品贸易仍然属于产业间贸易，产业内贸易水平较低，但一直保持波动增长的良好势头。2016 年中俄农产品产业内贸易分类指数（GHM）已经增长至 18.62%，说明中俄农

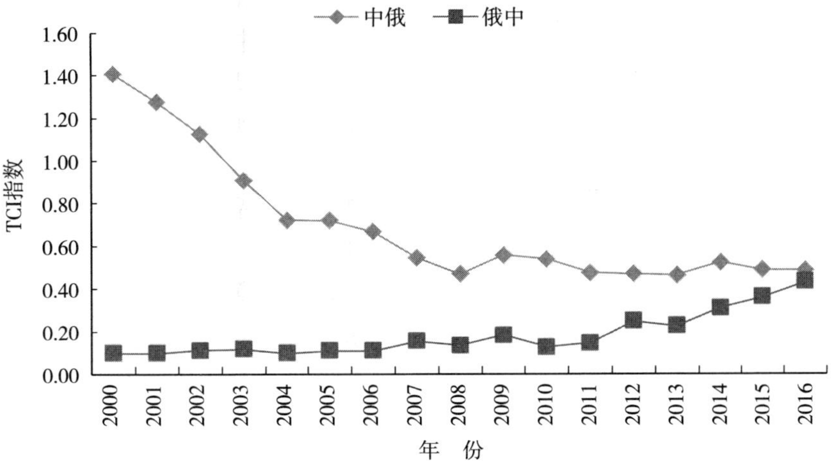

图 11　中俄农产品 TCI 指数值变化趋势

产品贸易关系越来越紧密。通过对 2016 年两国 24 章（HS1～24）农产品的产业内贸易情况进行分析，2016 年中俄农产品贸易中属于产业内贸易的农产品有 5 章，占 2016 年中俄农产品贸易额的 5.34%，真正属于产业内贸易的农产品贸易额依然很低，两国间贸易的最主要的农产品全部属产业间贸易方式。在两国产业内贸易的农产品中，以垂直型农产品产业内贸易为主，水平型产业内贸易较少，价格差异程度还是比较大的。从未来的趋势来看，随着两国农产品贸易联系程度的加强，产业内贸易仍然具有较大发展空间（图 12）。

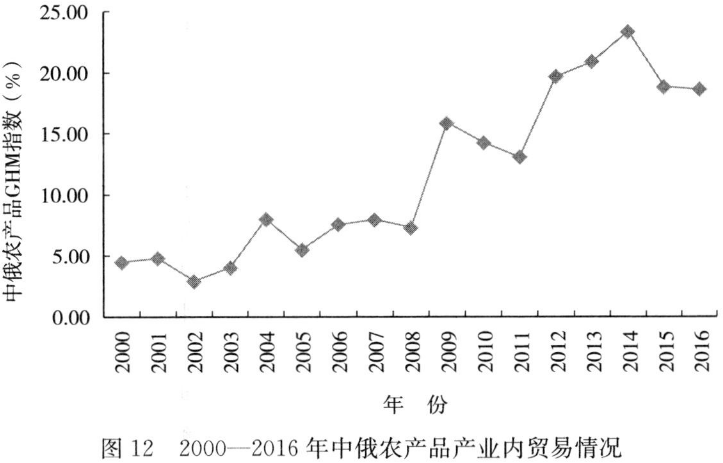

图 12　2000—2016 年中俄农产品产业内贸易情况

（二）中俄农产品贸易影响因素分析

基于经济学理论，从宏观角度分析对中俄两国农产品贸易产生影响的因素，通过把握其规律性，保障两国农产品贸易的持续发展。

1. 中俄农业合作政策对中俄农产品贸易的影响

2017 年 7 月，中国与俄罗斯正式签署《中华人民共和国农业部和俄罗斯联邦农业部关于进一步加强农业合作的谅解备忘录》，将促进双方深化在农业科技、农业投资贸易、动物卫生和植物疫病防控等领域的全方位务实合作。特别是俄罗斯农业部与中国国家质量监督检验检疫总局签署的俄罗斯小麦、燕麦和亚麻籽对华出口植物检疫要求议定书等，将保障双方农产品贸易的深入开展。

2017 年俄罗斯动植物卫生监督局与中国国家质量监督检验检疫总局签订相关议定书，使得俄罗斯具备对华出口小麦资格的联邦主体增加到 6 个，将促进俄罗斯增加对中国出口粮食和粮食制品。从小麦的例子上可以看出，随着中俄农业合作政策的不断出台，两国之间关于农产品贸易的限制会越来越少，农产品贸易的增长空间是非常可观的。

2. 俄罗斯对西方国家农产品禁令对中俄农产品贸易的影响

2013 年，美欧国家针对“乌克兰危机”对俄罗斯展开多轮单边制裁。中国抓住这一契机，充分利用本国具有很强竞争性、与俄罗斯互补性较强的园艺产品、水产品等劳动密集型农产品，同时肉制产品也在一定程度上满足了俄罗斯市场需求。2014—2016 年，俄罗斯农产品进口总额持续 3 年下滑，进口总额分别为 405.09 亿、269.17 亿、253.62 亿美元，同比下降 7.39%、33.55%、5.78%，同期中国出口俄罗斯农产品增长 9.52%、－21.71、6.67%。中国在俄罗斯经济衰退的背景下逆势上涨，很好地把握机遇，为中俄农产品贸易质量提升打下了良好基础。

3. 两国农产品供需结构变化对中俄农产品贸易的影响

两国农产品市场供需结构的变化是影响两国农产品贸易的重要因素之一。从中俄“大农业”（所谓“大农业”，指的是不仅包括粮食等农产品，也包括渔业、林业产品及其深加工）合作的概念来看，两国合作潜力巨大。这种合作的潜力不仅来自两国各自的优势互补，更重要的是中俄两国都在进行结构调整、消费转型和提升市场竞争力。2016 年 7 月，俄罗斯总统普京签署的限制转基因技术使用的法令将推动本国成为生态农业界的领先国家，占领更多世界绿色食品市场的份额。俄罗斯生态、优质安全的农产品和食品将会打入中国市场，中俄的农产品贸易将得到进一步的发展。

4. 卢布贬值对中俄农产品贸易的影响

西方国家对俄罗斯的经济制裁，使得卢布对美元汇率大幅贬值。卢布贬值使进口食品和工业品需要支付更高成本，并导致输入性通货膨胀，因此俄罗斯推出大量财政金融政策支持进口替代战略。卢布贬值的进口替代效应为俄罗斯提供了持续刺激和推动力，尤其是通过进口替代来重新实现工业化和经济结构的调整。卢布贬值对俄罗斯农业产业带来利好消息，使其出口农产品具有竞争优势，从总体看，卢布贬值继续有利于俄罗斯农业出口。数据显示，俄罗斯对中国农产品出口数量在 2015 年呈增长态势，而与之对应的则是两国总贸易额的下降。卢布贬值改变了中国人对俄罗斯农业的投资方式，中俄农业合作和农产品贸易将是未来发展的主要领域和方向。

5. 俄罗斯加入 WTO 对中俄农产品贸易的影响

俄罗斯加入 WTO 有利于促进中俄农产品贸易。2012 年俄罗斯加入 WTO，承诺农产品关税水平从 13.2%降至 10.8%，对具有出口优势的粮、棉、糖等关税减让幅度非常有限。短期内俄罗斯加入 WTO 对其农业保护程度不会显著大幅削减。中国对俄罗斯主要出口农产品的关税水平为 5%～15%，大多数为俄罗斯低关税保护产品，其边境高保护措施对中国肉类出口影响不大。随着加入 WTO，俄罗斯会按照 WTO 规则更加规范、严格地制定与之相适应的农产品贸易政策，有利于保障中国对其农产品需求的持续供应。

6. 中国“一带一路”倡议对中俄农产品贸易的影响

中国与俄罗斯同属“金砖国家”的新兴经济大国，也是“上海合作组织”的农业大国。相互接壤的地理和交通条件、长期形成的政治互信与经济合作为两国在农业领域的经贸合作奠定了坚实的基础。一方面，随着中国农业“走出去”和“一路一带”倡议的实施，经济快速发展所带来的产品与投资需求，推动中国不断寻求新的农业合作，而中俄前期已经在农业合作领域积攒了相当的合作经验；另一方面，俄罗斯远东地区属于农业发展落后地区，“乌克兰危机”后，远东开发需要借助外资和外力进行。俄罗斯政府希望中国在农业方面进行投资，开垦闲置的农业用地以增加农产品产出，以此扩大对中国的农产品出口。不仅如此，俄罗斯还计划在远东地区构建面向亚太的农产品出口基地。从两个方面看，两国在农业合作领域不仅资金、劳动力、技术互补，并且还互相需要，因此，中俄在农业领域的深化合作必将推动两国农产品贸易快速发展，促进两国农产品贸易格局的改变。

三、基于案例分析的中俄农业合作模式趋势——合建农业综合体

随着“一带一路”的推进，在充分利用国际和国内两个市场、两种资源，深入推进农业“走出去”的战略指导下，中俄农业合作取得了显著成绩。通过

以一家与俄罗斯有着很深合作关系的涉农企业为研究对象，分析了解该企业在与俄罗斯农业合作中取得的成功经验和与俄罗斯农业合作模式的新趋势，探讨未来中俄两国农业合作新前景。

（一）合作区的成功经验

随着“一带一路”倡议实施，加上中国经济实力不断增强，在农业“走出去”呼声越来越高的背景下探讨中国涉农企业如何在与俄罗斯农业合作中取得更好效果，实现互利共赢、共同发展的战略预期是值得关注和研究的。华信中俄（滨海边疆区）现代农业产业合作区有着良好的与俄罗斯农业合作的历史和传统，其经历和经验对其他企业开展中俄农产品贸易与农业合作有很大参考价值和借鉴意义。成功经验总结为以下几点：

（1）优良的自然资源禀赋与合理的区位选择。滨海边疆区位于北纬 43 度至北纬 45 度之间，是世界“黄金玉米带”和“黄金奶牛带”。土壤肥沃，适宜种植多种大田作物，土层深厚，耕性良好。土质肥沃，土壤未受污染，有机质含量近 10%。日照、水资源充沛，年有效积温 2 800℃，无霜期 140 天左右，年平均气温 6℃以上，年日照 2 630 小时。年降雨量 500～600 毫米，适合小麦、大麦、玉米、水稻、大豆及果菜类等农作物的大面积种植。

滨海边疆区位于俄罗斯的最东南，面积 16.5 万平方千米，人口 190 多万人，首府符拉迪沃斯托克。滨海边疆区地理位置突出，东面接临日本海，西南与中国黑龙江省相邻，南面与朝鲜接壤，与中国 5 个公路口岸、一个铁路口岸连接。拥有运输条件发达的铁路运输线以及优良的港口，通过港口可将农产品运往韩国、日本和中国。

（2）健康的资源利用方式。长期以来，俄罗斯一直对中国开展农业合作抱有戒心，担心中国掠夺式开发并污染当地环境。但合作区则一直秉承着合理、谨慎使用当地资源的原则。例如，尽管颁布于 2013 年 9 月 23 日的俄罗斯法令 No. 839 中已有关于允许向自然界排放转基因物质及在生产生活中使用转基因技术产品的规定，但是合作区始终坚持生产有机产品——种植非转基因大豆。

（3）发展成果惠及当地居民，助力当地经济社会发展。合作区不仅是发展境外农业合作的典范，也是俄罗斯远东地区农业发展的标杆。其种植的小麦、玉米单产连续多年名列滨海边疆区第一名，并为当地带去了先进的农业技术以及农业综合开发模式，提升了滨海边疆区种植业、养殖业、加工业的发展速度。在进行农业合作开发的过程中，合作区还积极参与社会慈善和公益事业，提供就业岗位，履行社会责任，密切了中俄睦邻友好的合作关系。农业产业合作园区的建设极大地解决了俄罗斯农村居民的就业问题。

（4）企业报团开发，降低交易费用。当地企业报团开发，降低了单个企业与俄罗斯农业合作的交易费用，并形成产业集聚效应，提高中国企业对俄罗斯农业合作的竞争力。截至 2016 年，已有 6 家企业落户合作园区，并带动农垦北大荒牡丹江管理局、宝泉岭管理局的 9 家国有农场进入俄罗斯从事农业种植事业。

（二）综合体（合作区）的影响

（1）有利于促进贸易方式的多元化。传统的对俄罗斯农产品贸易一般有两种方式，一是中国涉农企业到俄罗斯当地自行收购所需农产品，通过贸易方式进入中国，二是与俄罗斯当地有实力的涉农企业和农场合作，让它们帮助收购来利用其储存和加工设备。通过中俄合建农业综合体，可以增加两种新的贸易方式，一是在俄罗斯租地种地，待收获后采用回运的方式进入中国，即一个“头在境外、尾在境内”的跨境产业链。二是直接利用综合体自身强大的农产品加工能力，从产业链源头做起，经过种植与采购、贸易及物流、食品原料和饲料原料的加工、养殖屠宰、食品加工、分销及物流、品牌推广、食品销售等每一个环节，形成最终产品出口国内。中国和俄罗斯合建农业综合体，丰富了两国的农产品贸易方式。

（2）有利于促进农业生产要素流动与合作的牢固性。“一带一路”倡议提出后，中俄双方在农业领域的合作有了新扩展，促进了双方农业生产要素的流动。在境外农业种植、农产品销售、大型农机具通关、粮食返销、农产品贸易合作、农业技术交流等方面政策限制的放宽，为企业创造出更加宽松的经营环境，加强了双方合作的牢固性。

（三）中俄农业合作存在的问题

（1）人才与科技支持少。俄罗斯农业劳动力稀缺，且高素质劳动力匮乏。一方面，俄罗斯农业劳动力缺乏；另一方面中国农业劳动力进入俄罗斯国内条件限制苛刻，进入的高素质人才稀少。科技支持能力不足。农业新技术、新品种等研发能力严重落后，甚至许多技术、品种还停留在 20 世纪 60～70 年代，农业基层技术推广体系趋于瓦解，人才流失严重，难以满足其农业技术需求。

（2）资料设备使用限制多。进口农机具成本高，俄罗斯为保护本国农机工业，其政府出台多项政策以限制农机具进口，其中就包括向进口农机具征收 27.5%的临时关税且无法享受政府 15%的购置补贴。农机具跨境作业困难，俄罗斯政府对农机具跨境作业也设置了配额管理、缴纳保证金和监管费等许多障碍。

（3）生产资料成本高。优质种子价格高，但只能使用俄罗斯的种子且其质量较差。肥料价格高，进口化肥需要交纳两倍的关税。农药价格高且俄罗斯边区农业所使用的农药药效较差，进口农药不仅需要申请许可证，而且还需缴纳高昂的税费。

（4）原粮返运限制多。理论上俄罗斯农产品相对于国内具有明显的价格优势，但事实并非如此。俄罗斯经济政策多变，将俄罗斯农产品回运至中国需要缴纳俄罗斯和中国的关税、增值税、运费、检验检疫费等各项费用。另外，运输条件是制约中俄两国农产品贸易进一步发展的重要因素。

（5）国际国内竞争激烈。俄罗斯优越的农业自然资源条件，引来众多国家大量投资，各国投资者在土地、产品、市场等方面的竞争日益激烈。同样，受政策鼓励和经营效益吸引，国内竞争相当激烈，急功近利、哄抬地价、灰色经营、偷税漏税及一些违法行为屡见不鲜。

（6）政府支持力度不够。政府对农业“走出去”企业的支持力度不够，这种支持并不是财政或资金上的支持，更多的是指对“走出去”企业的服务支持或者配合设施支持力度不够。

（7）竞争压力变大。贸易方式的改变让国内企业面临更大的市场竞争压力，一是一改以往大量出口农产品的态势，大量进口俄罗斯农产品（95%以上为大豆），如俄罗斯大豆的大量进口势必挤占国内大豆市场。二是农产品回运取代进口，这种贸易方式的改变让企业无论在国内还是国外都面临较大压力和风险。

四、结论与政策建议

基于俄罗斯农业及贸易发展现状、两国农产品贸易趋势及特点，结合上述企业调研情况，剖析微观层面中俄两国农产品贸易存在的问题，最后提出政策建议。

（一）结论

（1）俄罗斯农业保持快速发展趋势，农业生产分布特征明显，自然资源丰富，农业投入支持力度不断加大，农产品产出不断提高，特别是粮食产量不断增加，出口增幅增加明显，小麦出口居世界第一。

（2）在俄罗斯经济不景气、卢布贬值、商品贸易额大幅萎缩背景下，中俄两国农产品贸易额有所增长但增幅不大，中国进口俄罗斯农产品数量大幅增加，出口相对平稳。

（3）中俄农产品贸易集中度很高，中国农产品比较优势持续下降，俄罗斯农产品比较优势在波动中缓慢上升。中国出口与俄罗斯进口的农产品贸易结构的互补性有所下降；俄罗斯出口与中国进口的农产品贸易结构的互补性不断增加。

（4）从影响中俄农产品贸易的因素来看，未来俄罗斯农产品竞争力会进一步加强，其出口中国的农产品总量仍会增加，但中国出口俄罗斯农产品持续增长的难度不小。

（5）卢布贬值为中国涉农企业“走出去”提供了便利，共建农业合作综合体成为新的合作模式，促进了两国农产品贸易方式更加多元化，实现了两国资源互补、互惠共赢。

（二）政策建议

（1）建立并完善中俄农产品贸易与农业合作的核心政策协调机制，促成政策工具运用的机制化安排。通过设计和不断完善中俄农业合作机制，签署各项农业合作政策协议，不断改善两国农业合作环境，及时消除中俄农产品贸易中出现的争端、摩擦、壁垒，力促两国农产品贸易呈现平稳发展态势。协调和组织中国各在俄罗斯农业合作企业，提高其合作能力和竞争力。

（2）把握中俄农产品贸易与农业合作机遇。一是把握俄罗斯加入 WTO 为中俄农产品贸易带来的市场机遇；二是把握“乌克兰危机”后中俄农产品贸易机遇；三是抓住“一带一路”倡议契机，进一步推动中俄两国农业合作。

（3）搭建中俄农产品贸易与农业合作的信息交流平台。按照国际农产品市场运行规律，在参照国际农产品贸易成功范式与管理经验的基础上，政府投资与企业投资经营相结合，搭建全面、可靠的中俄农产品贸易信息平台。

（4）推进中俄农业合作综合体建设。一是推动中俄农产品贸易综合体的建设，促进中俄两国农业生产技术的交流，辐射沿线区域中俄农产品贸易合作，带动区域经济的快速发展。二是推动境外农业合作综合体建设。通过优先发展中俄毗邻区域的农业合作，抓住俄罗斯远东农业开发的机遇。

（5）加强中俄农产品贸易物流能力，建设中俄农产品物流体系。在现代物流发展的环境下，以实现物流资源优化配置为目标，以市场为导向、以企业为主体、以技术为核心，建立配套设施齐全、相关服务完善的中俄农产品现代物流服务体系。

（6）提高中俄农业合作的支持力度。提高中俄农业合作政府服务水平、加强资金支持、人员支持、科技支持，特别是需要政府出面解决的困难，政府应该走在前面，针对企业面临的新问题、新困难要采取切实措施，落到实处。

图书在版编目（CIP）数据

国际农业研究．2018 / 农业农村部农业贸易促进中心编．—北京：中国农业出版社，2019.3
ISBN 978-7-109-25225-7

Ⅰ.①国… Ⅱ.①农… Ⅲ.①农业经济—研究报告—世界—2018 Ⅳ.①F31

中国版本图书馆 CIP 数据核字（2019）第 007267 号

中国农业出版社出版
地址：北京市朝阳区麦子店街 18 号楼
邮编：100125
责任编辑：杜 婧
版式设计：韩小丽 责任校对：周丽芳
印刷：北京中兴印刷有限公司
版次：2019 年 3 月第 1 版
印次：2019 年 3 月北京第 1 次印刷
发行：新华书店北京发行所
开本：720mm×960mm 1/16
印张：34.75
字数：650 千字
定价：120.00 元